유교문화연구총서 30 / 비판유학·현대경학 총서 4

유교와 한국 근대성 : 현대 한국 사회의 기원에 대한 고찰

Confucianism and Korean Modernity : Considerations on the Origins of Modern Korean Society

지은이   나종석
펴낸이   오정혜
펴낸곳   예문서원

편집   김병훈
인쇄 및 제책   주) 상지사 P&B

초판 1쇄   2024년 1월 30일

출판등록   1993년 1월 7일(제2023-000015호)
주소   서울시 동대문구 왕산로 239, 101동 935호(청량리동)
전화   925-5914 ㅣ 팩스   929-2285
전자우편   yemoonsw@empas.com

ISBN 978-89-7646-488-0   93150

YEMOONSEOWON   101-935, 239 Wangsan-ro, Dongdaemun-Gu, Seoul, KOREA 02489
Tel) 02-925-5914 ㅣ Fax) 02-929-2285

값 50,000원

이 저서는 2021년 대한민국 교육부와 한국연구재단의 지원을 받아 수행된 연구임
(NRF-2021S1A5C2A02089018)

유교문화연구총서 30
비판유학 · 현대경학 총서 4

유교와 한국 근대성

현대 한국 사회의 기원에 대한 고찰

나종석 지음

예문서원

책을 펴내면서

이 책은 오늘날 작동하는 한국 현대사회의 성격, 그러니까 한국 (현)근대성(modernity)의 특질이 무엇인지를 우리 사회 민주주의에 초점을 두고 탐색해보려고 한다. 필자는 한국 근대성의 기원과 성격을 이해하는 작업에서 이른바 전통 사회가 한국 근대성 형성에 영향을 준 면모를 중시하는 태도를 일관되게 견지하고자 했다. 달리 말하자면 이 저서는 근대성을 성찰하기 위해 '유가적인 대동적 민본주의 전통의 지속적 전개와 그 변형'이라는 입장에서 한국 사회 민주주의가 역사적으로 전개되어 온 경로와 그 질적 특이성을 체계적 방식으로 서술해 보는 것을 목적으로 삼았다.

그러니까 2023년에 나온 『대동민주주의와 21세기 유가적 비판이론의 모색』이 21세기의 거대한 문명 전환의 시대에서 우리 사회가 직면한 여러 도전을 극복하는 데 이바지할 동아시아 및 한국의 유교 전통이 지니는 비판이론으로서의 잠재성을 입증해 보려는 것이었다면, 『유교와 한국 근대성: 현대 한국 사회의 기원에 대한 고찰』은 조선 사회를 통해 축적된 대동적 유교 전통이 민주공화주의적 방식으로 변형되고 민주주의를 유교적으로 전환하면서 오늘날에까지 이어져 오고 있다는 영향사적 측면을 규명함으로써 한국 근대성의 특성을 분명히 하려는 것을 겨냥한다.

필자가 대동민주주의라는 개념을 통해 한국 사회의 특성을 새롭게 탐색해 보려는 주된 이유는 한국 사회의 근대성에 대한 사유와 담론이 대개 서구적 근대의 역사적 경험과 맥락에서 성장해 온 개념들과 사유 틀의 시각에서 바라보는 태도의 한계와 관련된다. 간단히 말해 그런 서구중심적 시각이 오히려 우리 사회의 성격이 무엇인지를 제대로 인식하지 못하게 방해하고 있다고 여겨지기 때문이다.

그리하여 필자는 2010년대 이후 서구 근대의 '문명'과 동아시아 전통 사회의 '야만'이라는 이분법을 통해 동아시아 전통과 역사의 타자화를 강제하는 유럽중심주의의 쌍둥이인 오리엔탈리즘을 상대화하고, 탈식민화의 방법으로 동아시아의 역사 및 전통과 새로운 대화를 시도함으로써 우리 사회의 주류적인 서구중심적 사유와 담론을 대체할 새로운 실마리를 구하려고 노력했다.

그런 과정에서 필자는 한국 사회의 민주주의를 대동민주주의라는 개념을 통해 더 잘 이해할 수 있을 것이라는 결론에 이르게 되었다. 이런 문제의식을 반영해 필자는 2017년에 『대동민주유학과 21세기 실학: 한국 민주주의론의 재정립』(도서출판b)을 선보인 바 있다. 독자는 대동민주주의라는 개념이 단순히 공자와 맹자의 사상이나 주희의 성리학적 사유에 대한 새로운 해석을 통해 만들어진 개념이 아니라는 점에 유념해 주었으면 한다. 필자가 사용하는 대동민주주의는 조선의 유교문화의 정치적 전통을 배경으로 형성된 한국의 독특한 역사적 경험에 터를 두고 있는 민주주의에 대한 이해를 개념화한 것이기 때문이다.

그러므로 필자의 견해에 따르면 한국의 독립운동 이념과 정신을 이어받은 우리의 제헌헌법의 민주공화주의 정신은 외부, 특히 미국에 의해 우리에게 이식된 결과가 아니라 동아시아 유교적 전통의 민주화이자 민주주의의 동아시아화 혹은 유교화의 산물인 대동민주주의로 개념화할 때 비로소 명료하게 이해될 수 있다.

이 저서 중에서 새로 작성된 부분의 초고는 원래『대동민주주의와 21세기 유가적 비판이론의 모색』보다도 더 일찍 완성되었다. 두 저서의 문제의식이 크게 보아 서로 연결되지만, 다루는 주제나 대상이 명확하게 구별되기에 현재 유가 사상에 관한 저자의 변화된 견해를 모두 다 반영할 수는 없었다. 그러나 이 저서에서 저자의 최근 생각을 가능한 한 반영하려고 했다.

절차적 민주주의라고 하든 선거 민주주의라 하든 최소한의 민주주의조차 큰 위기에 처한 오늘날의 시대 상황에서 한국 민주주의의 역사를 중심에 놓고 우리 근대성의 특질을 성찰하는 작업은 그것이 초래하는 수많은 병리적 현상들에 대한 정확한 인식과 아울러 이런 문제점들을 넘어설 대안적 근대성의 전망도 갖추어야 할 것이다. 필자는 한국을 비롯한 동아시아적 역사의 탈식민화와 그 전통의 르네상스를 통한 대안적 사회에 관한 유토피아적 희망을 꿈꾸고 있다. 이와 관련하여 유가적 사상 전통을 보편적인 돌봄 및 생명자유론이라는 대안적 자유 및 상호의존적 평등론으로 해석하는 관점이라든가 유가적 비판이론의 더 구체적인 모습 등에 관심이 있는 독자께서는『대동민주주의와 21세기 유가적 비판이론의 모색』을 참조해 보면 좋을 것이다.

그러니까 필자는 유가적 비판이론을 구상하면서 비판이론의 유가적 전환과 아울러 인류세(Anthropocene)가 언급되고 인간의 행동으로 인해 지구라는 행성의 긴 역사에서 여섯 번째 대멸종의 가능성이 매우 개연성이 높은 것으로 여겨지는 전대미문의 위기 시대에 어울리게 유가적 비판이론의 생태적 전환이라는 이중 전환의 시각을 근본적인 문제의식으로 삼았다. 물론 생태적 시각으로 확충된 유가적 비판이론의 전개 역시 동아시아의 역사적 맥락에서 전개되어 온 우리 사회의 고유한 대동적 민주공화주의 정신에 터를 두고 있음은 두말할 나위가 없다.

이 저서 중에서 새로 작성된 부분은 제1장, 제3장, 제4장, 제7장, 제8장과 제9장이다. 물론 제5장의 제1절은 새로 작성된 것이고, 제5장의 나머지와 제6장을 이루는 일부 내용도 선행 연구를 토대로 한 것이지만, 그 수정 내용이 광범위해서 새로 쓴 글이라고 해도 좋을 것이다. 그 외의 장들은 기존 발표된 글을 토대로 재구성한 것인데, 더할 것은 더하고 뺄 것은 빼는 식으로 내용을 좀 더 명료하게 하려고 애썼다. 상당히 많이 수정된 부분도 있고, 약간 수정되고 보완된 형태로 실린 글들도 있다.

이 저서에 활용된 선행 연구의 출처는 다음과 같다. 제2장의 1절과 2절은 새로 쓴 것이지만 그 외는 『대동민주유학과 21세기 실학』 제9장의 일부(520~536쪽)를 확장한 것이고, 제5장은 『대동민주유학과 21세기 실학』의 제9장 중 제4절에서 제7절까지의 내용을 대폭 수정·확장한 것이다. 제10장과 제11장은 「한국 민주주의와 유교문화: 한국 민주주의론을 위한 예비적 고찰」(『가톨릭철학』 2, 2013)을 대폭 수정·보완한 것이며, 제12장의 6절과 7절은 새로 쓴 것이지만 그 외는 「전통과 근대: 한국의 유교적 근대성 논의를 중심으로」(『사회와철학』 30, 2015)를 수정한 것이다. 출판을 위해 이 글들의 사용을 허락해 주신 출판사와 학술지에 감사를 표한다.

이 저서 역시 성균관대학교 유교문화연구소의 '비판유학·현대경학 연구' 팀의 총서 중 하나로 기획되었다. 총서의 하나로 출판될 수 있도록 도움을 주신 성균관대학교 유교문화연구소장 김도일 교수님께 감사한다. '비판유학·현대경학 연구' 팀의 공동연구원으로 참여하면서 책을 완성하는 데 필요한 여러 도움을 받았다. 특히 이 팀의 여러 구성원과의 만남과 대화를 통해 많은 지적 영감을 받고 이 책에 담긴 구상을 명료하게 발전시킬 수 있었다.

또한 이 책의 탄생에는 연세대학교에서 제공한 1년간의 안식년도 크게 이바지했다. 강의 부담 없이 자유로운 조건에서 저서에 전념할 수 있는 소중한 시간이 없었다면 이 책의 출판은 가능하지 않았을 것이다. 아울러 이 책을 출판하는 데 엄청난 노력을 기울여 주신 예문서원 관계자분들께도 감사한다. 이 책은 『대동민주주의와 21세기 유가적 비판이론의 모색』과 함께 예문서원에서 나오는 필자의 두 번째 저서로, 어려운 출판 상황에서도 멋진 책을 출판하는 데 도움을 주신 오정혜 사장님과 김병훈 선생님께 깊이 감사한다.

2023년 10월 저자 나종석

제1부

조선 사회,

유교적 대동 이념

그리고 한국 근대성의 원천들

제1장
과거제와 노비제 그리고 조선 사회의 성격

1. 들어가는 말

현대 한국 사회의 발전 경로를 형성하는 데 큰 영향을 준 두 가지 흐름이라면 자본주의적 경제성장과 민주주의의 전개를 들 수 있을 것이다. 비록 한반도의 분단체제 속에서 미국 중심의 질서에 깊이 영향받고 제약받는다는 점을 고려하더라도 말이다. 때문에 오늘날 한국 사회의 성격을 이해하는 작업은 매우 중요하며, 이런 작업을 수행하는 데에는 조선 사회의 영향의 문제가 여전히 커다란 쟁점으로 떠오른다.

산업화 과정, 특히 한국 경제성장의 독특한 역사적 경로와 조선 후기의 역사 사이에 존재하는 관련성에 관한 연구도 이제 상당히 축적되어 있다. 그로 인해 조선 후기, 특히 18세기의 역사적 성취가 한국의 현대적인 시장경제 체제를 성공적으로 수용하는 데 상당한 긍정적 역할을 했다는 점은 이제 널리 받아들여지고 있다.[1]

그러나 산업화와 더불어 20세기 후반 한국 사회가 이룩한 또 다른 역사적 성취라 할 민주주의의 성공과 관련해서는 상황이 좀 다르다. 민주주의에 이르는 한국 나름의 역사적 경로가 조선에서 축적되어온 유교적인 정치·문

---

1) 이에 대해서는 나종석, 『대동민주유학과 21세기 실학: 한국 민주주의론의 재정립』(도서출판b, 2017), 456~470쪽 및 이 책 제10장 2절 참조 바람.

화적 전통에 의해 어떻게 규정되고 있는지에 관한 연구는 그리 활발한 것 같지 않다. 특히 가족주의 전통을 비롯하여 여러 유교적 전통을 한국 민주주의의 이른바 정상적인 발전에 장애물로 보는 연구 경향과 비교해, 우리 사회의 민주주의 성공에 유교적 정치문화가 끼친 긍정적 영향을 해명해 보려는 연구는 그리 많지 않은 실정이다.

그런데 한국 민주주의의 독특한 성격이 무엇인지를 제대로 인식하려면 조선의 유교 전통이 우리의 민주주의와 어떤 연관성을 맺고 있는가 하는 문제를 설명하지 않으면 안 된다. 우리 사회가 이룩한 민주주의의 역사적 경로의 독특한 성격을 유교적 정치문화의 영향사와 그 질적 전환, 달리 말하자면 유교적인 민본주의 전통의 민주적 변환과 민주주의 유교적 변형이라는 이중적 시각을 통해서 적절하게 이해될 수 있다는 것이 저자의 기본적 관점이다.

그러므로 조선의 유교 전통이 왜 지금도 현대 한국 사회를 이해하는 데에서 중요한지를 설명하기 위해서는 유교적 전통의 영향사와 한국 민주주의의 상관성에 주목하지 않으면 안 된다. 그리고 이때, 유교적 전통을 근대화에 대한 걸림돌로 보면서 전통을 극복하는 것이야말로 우리 사회가 이른바 서구적 선진 사회로 발전해 가기 위한 필수적 조건이 된다고 바라보는 전통-근대 이분법적 시각은 진지하게 비판적으로 재검토되어야 할 것이다.

그러나 학계는 물론이고 우리 사회 전반에는 동아시아 유교 전통, 특히 조선의 유교 전통에 관한 부정적 인식이 널리 퍼져 있다. 따라서 유교 전통, 특히 유학의 기본적인 성격이 무엇인지에 관한 새로운 인식을 선보이는 작업이 필요하다. 이는 적어도 조선 후기에서 오늘날에 이르는 한국사의 흐름을 서양 근대 모델을 자명한 보편적 모델로 가정함이 없이 새롭게 인식해 보겠다는 시도의 출발점이라 할 것이다.

그러나 필자는, 이런 시도가 근대성에 관한 유럽중심주의적 사유 방식의 문제점을 어떻게 극복할 수 있는지에 관한 보다 거시적인 성찰은 일단 뒤로 미루고, 이 장에서는 우선 조선의 유교적 정치문화가 한국 사회의 민주주의 및 근대성 형성 전반에 어떻게 영향을 주고 있는지를 해석하기 위한 전제 조건으로서 유교 사회 조선이 과연 세습적인 신분제 사회였는지를 다루어 볼 것이다.

2. 유교적 능력주의 사회로서의 조선

조선 사회는 어떤 사회였을까? 이는 과거의 일에 흥미를 지닌 호사가들만을 위한 물음이 아닐 것이다. 오늘날 우리 사회를 이해할 때 조선에서 이어져 오는 유교적 전통의 힘을 무시할 수 없기 때문이다. 그 영향이 부정적이든 긍정적이든 우리 사회가 조선의 전통으로부터 많은 것을 이어받고 있다는 점은 사실이기에 그렇다.

앞으로 좀 더 살펴보겠지만 유교 전통에 뿌리를 두고 있는 능력주의 문화는 다양한 층위에서 오늘날 한국 사회를 형성하는 데에서도 지대한 영향을 주었다. 그래서인지 모르겠지만 조선 사회에 관한 관심은 학계에 한정될 만한 일이 결코 아니었다. 실제로 '헬-조선' 혹은 '탈-조선' 담론이 유행하면서 이 용어는 일반 대중들에게 널리 공유되어 언론에서까지 회자될 정도였다. 그런데 '헬-조선' 혹은 '탈-조선'이라는 용어는 우리 사회를 극한경쟁과 승자독식의 지옥도와 같은 풍경으로 몰고 간 것이 마치 과거 조선의 세습체제의 재현인 것만 같은 인상을 불러일으킬 뿐이다.

결국 조선의 유교 사회의 성격에 대한 정확한 인식이야말로 전통의 부정적 유산을 극복하고 그 긍정적 유산을 변화된 상황 속에서 선용할 방안을 모색하고자 할 때 먼저 요구되는 기본 전제이다. 그렇지만 우리는 조선 사회의 성격에 대해서 아직도 제대로 이해하지 못하고 있다. 예를 들어, 조선 사회가 과연 신분제 사회였는지에 대해서도 아직 이견이 존재한다.

조선 사회를 신분제적 세습사회로 규정하는 것은 우리 역사학계에서도 드물지 않다. 예를 들어 역사학자 한우근은 조선 사회를 양반, 중인, 농민, 천민(대부분 노비로 구성된)이라는 4개의 신분으로 구성된 엄격한 세습 신분사회로 보았다. 그에 따르면 정치권력과 부를 독점한 최상층 양반에서부터 그 밑에 있는 소수의 중인 신분층, 그다음에 사회구성원 대부분을 차지하는 농민층, 그리고 최하층 신분의 천민에 이르기까지의 4개의 신분 지위가 임진왜란 이전까지 매우 엄격하게 구분되어 있었다. 한우근의 견해는 조선 사회를 어떤 의미에서 신분제 사회로 볼 수 있는지를 보여 주는 하나의 사례인데, 그는 양반을 철저하게 세습적인 신분적 지위로 보면서 조선이 세습적 신분사회였음을 강조한다.[2]

그러나 조선의 신분 구조의 성격을 규명하는 작업에서는 노비의 독특한 성격이 무엇인지와 아울러 양반이라는 지배 계층의 특성이 무엇인지를 이해하는 것이 매우 중요하다. 달리 말해 양반과 노비의 독특한 성격을 해명하는 일은 조선의 신분 구조, 즉 조선이 어떤 사회였는가를 이해하는 데 관건이 된다. 특히 양반이 과연 특권적 지위를 지니는 세습 신분인지에 관해서는 학계에서 다양한 견해가 제기되고 있다.

여기서는 일단 조선의 양반을 특권적 세습 신분으로 보는 해석 경향과 달리 양반이라는 존재가 지니는 모호성으로 인해 양반과 양인 사이의 엄격한 신분적 구별과 차별이 존재하지 않았다는 해석 경향에 주목한다. 그러니까, 양반을 특권적 세습 신분이라고 보기 힘들 정도로 양인에서 상층 양반 계층으로의 신분 상승을 어느 정도 허용하고 있었기 때문에 조선 사회는 서양 중세의 귀족사회나 인도의 카스트 사회와 달리 일정한 정도 개방적

---

2) 한우근, 『한국통사』(을유문화사, 1970), 247~251쪽 참조.

성격을 지니고 있었던 사회라는 관점을 받아들인다.

양반의 존재 양식 못지않게 노비 문제 또한 조선 사회를 이해할 때 매우 중요하게 다루어져야 할 주제이다. 물론 현대사회와 비교해 볼 때 조선의 유교 사회는 다양한 가치가 활성화된 사회라고 보기 힘들다. 직업의 수를 현대사회와 비교해 보면 그 다원성의 부족이 더욱 분명해진다. 또한 조선 후기에까지 이르도록 시장경제의 활성화는 같은 시기 중국이나 일본에 비해 뒤떨어진 것이었다.[3]

그러나 조선의 유교 사회는 일본의 에도시대와 비교할 때 나름의 여러 장점이 있는 사회이기도 했다. 경제사학자 이헌창이 강조하듯이 조선에서는 15세기 과전법科田法의 폐지 이후로 토지는 개인적인 재산권의 성격을 띠고 있었다. 노비나 여성도 소유의 주체가 될 수 있었으며 소유 · 매매 · 재판의 법 제도도 상당히 잘 정비되어 있었다. 노비가 지주가 되고 그 노비가 소유한 토지를 양반이 임대하는 예도 존재했다. 이처럼 조선 시대에는 소유권과 계약 질서가 상당한 수준으로 성장해 있었다.[4] 노비에게도 소유권과 재산권을 보장해 주었다는 점은 특기할 만하다. 이는 서양 사회 노예의 특성과 뚜렷하게 대비되는 지점이기 때문이다.

또한 능력주의(meritocracy) 원칙에 의해 관료를 선발하는 제도는 한국, 중국, 베트남 등의 유교문명권에서 최초로 운영되었다. 조선 정치제도의 한 요소인 과거제도는 능력의 원칙에 따라 관료를 선발하는 제도였는데, 이 제도는 일본이나 서양에서도 근대 초기, 적어도 19세기 이전까지는 찾아볼 수 없었던 혁신적이고 합리적인 성격을 보여 준다.[5] 조선의 양반지배층이

---

3) 이헌창, 「근대 경제성장의 기반 형성기로서의 18세기 조선의 성취와 한계」, 역사학회 편, 『정조와 18세기: 역사로서 18세기, 서구와 동아시아의 비교사적 성찰』(푸른역사, 2014), 147쪽 참조.
4) 같은 글, 149쪽.
5) 박훈에 의하면 18세기 말 에도시기 일본에 주자학이 성행하게 된 결과 "學問吟味" 제도라 하여 역인을 시험을 통해 선발하는 제도가 실행되었다. 이는 아주 제한적이어서

순수하게 혈통에 의해 세습되는 귀족적인 신분이 아니었다는 데에서도 알 수 있듯이, 조선 사회는 일본 에도시기의 신분제 사회와는 구별되며 유럽의 봉건제 사회와 같은 신분제적인 사회도 아니었다.[6]

그런데 능력에 기초한 과거제도를 운영했던 조선 사회의 의미를 해명하려 할 때는 알렉산더 우드사이드(Alexander Woodside)의 연구가 시사하는 바가 크다. 그는 조선, 중국, 베트남 등은 과거제도로 인해 세습적인 귀족제가 능력에 기반을 둔 직업적 엘리트로 대체되었다고 평가한다. 그에 의하면 과거제도는 산업혁명과 같은 인류사에 등장한 중요한 혁명적 전환에 비견될 만하다고 한다. 우드사이드의 연구는 서구 중심의 근대성 논의가 산업 성장이나 자본주의 역사에 대한 과도한 관심으로만 흘러가고 마는 일면적 경향을 성찰하면서, '합리화의 과정'으로 이해되는 근대성은 자본주의 및 산업화와 무관하게 발생하고 진행될 수도 있음을 보여 준다.[7]

조선 시대의 지배층을 일컫는 양반兩班이란 원래 문반文班과 무반武班을 합쳐 부르는 용어였다. 그리고 이때 반班은 줄을 지어 늘어서 있는 열列를 뜻한다. 즉 양반이라는 용어는 조정에서 치러지는 의식儀式 등에 참석하는 관료들이 국왕을 향해 줄을 서는 데서 유래한 것이었다. 이때 문관은 국왕을 향해 오른쪽 즉 동쪽에서 줄을 서고 무관은 왼쪽 즉 서쪽에서 줄을 서는

조선이나 중국, 베트남에서 실시된 과거제와 비교할 수 없지만, 학문의 연마를 통해 입신양명할 기회가 부여되었다는 점에서 상당히 중요한 의미를 지닌다고 한다. 박훈, 『메이지 유신은 어떻게 가능했는가』(민음사, 2014), 151쪽.

6) 도쿠가와 시대는 기본적으로 봉건제 사회였지만 에도 막부는 중앙집권적 군현제의 모습도 지니고 있었다. 이에 대해서는 박훈, 『메이지 유신과 사대부적 정치문화』(서울대학교 출판문화원, 2019), 425~427쪽 참조 바람.

7) 알렉산더 우드사이드, 『잃어버린 근대성들』(민병희 옮김, 너머북스 2012), 23~25쪽, 55~63쪽 참조. 사실 우드사이드의 통찰은 능력주의적 원칙에 따라 운영된 동아시아 관료제의 현대적 특성을 강조하는 데 그치지 않는다. 그는 동아시아에서 진행된 과거제의 폐단을 둘러싼 논쟁은 서구 사회가 최근에서야 경험하게 된 능력 본위의 사회가 초래할 여러 위험성을 예견하고 있었다고 강조한다. 과거제의 실시만이 아니라, 합리화된 관료제도가 가져오는 책임감의 결여 문제 등에 대한 동아시아 사회에서 축적된 비판적 성찰의 경험도 근대성에 대한 이해에 많은 시사점을 준다는 것이다.

것이 관례였다고 한다.[8]

과거제도는 고려의 제4대 임금인 광종(949~975)에 의해 958년부터 채택된 이래로 1894년 갑오개혁으로 폐지될 때까지 존속했다. 그 지속 기간이 거의 940년에 이른다. 특히 조선 시대에 들어서면 과거의 비중이 매우 커져서 과거제도를 통한 관료들의 등용이 거의 일반화되었다. 한 선행 연구에 따르면 조선 시대 의정부의 정승 자리에 오른 인물 중 90%가 문과 급제자였다고 한다.[9] 따라서 과거 시험에 급제하는 일이 지배 계층으로 상승할 수 있는 최고의 방법이었다.

물론 음서제와 같이 과거 시험을 통하지 않고서 관료로 진출할 수 있는 특권이 조선 시대에도 일부 양반 자제에게 부여되긴 했지만, 이런 혜택을 보는 범위는 고려 시대에 비해 매우 축소되어 있었다. 고려 시대에 5품 이상 관료의 자손들에게는 음서제도를 통해 관직에 진출할 수 있는 특권이 주어졌다.[10] 그들은 음서제도를 통해 아무런 시험을 거치지 않고도 그냥 벼슬길에 오를 수 있었다. 그러나 조선 시대에 들어서는 과거 시험과 같이 까다롭지는 않더라도 별도의 시험에 합격할 때만 벼슬길에 나아갈 수 있었고, 또 음서를 통해 관료로 나아간 이들이 청요직이나 고위 관직으로까지 오를 가능성은 거의 없었다고 한다.[11]

조선의 통치가 과거제에 의한 관료제로 운영되었기에 조선의 지배 계층인 양반의 존재 양식도 이런 관료제와 깊게 연동되어 있다. 조선 사회의 지배 계층인 양반은 원칙적으로 혈연에 의해 세습되는 유럽의 중세사회에서와

---

8) 미야지마 히로시(宮嶋博史), 『양반』(노영구 옮김, 강, 2006), 38~39쪽.
9) 에드워드 와그너(Edward W. Wagner), 『조선 왕조 사회의 성취와 귀속』(이훈상·손숙경 옮김, 일조각, 2007), 15쪽.
10) 『역사비평』 편집위원회 엮음, 『논쟁으로 읽는 한국사 1 - 전현대』(역사비평사, 2011), 174쪽. 고려 시대에 존재했던 음서제도가 귀족 신분제적 요소보다는 반세습적 요소가 내포되어 있다는 주장도 제기된 상태라고 한다. 같은 책, 175~176쪽 참조 바람.
11) 한영우, 『과거, 출세의 사다리: 족보를 통해 본 조선 문과 급제자의 신분 이동 (태조~선조대』(지식산업사, 2013), 37~39쪽 참조

같은 혈통 귀족이 아니었다.[12] 봉건시대 유럽에서 귀족은 특정한 직책을 통해 자신이 담당하는 사회적 역할을 갖고 있었으며, 그 역할을 후손에게 세습해 줄 수 있었다. 일본의 에도시대도 마찬가지였다. 예를 들어 무사 계층은 무사의 역할을 가문의 대를 이어 세습 받았다. 에도시대 사무라이는 향촌에서 분리되어 도시에서 거주해야만 했다. 이는 병농분리 정책의 결과였다. 도시에 사는 사무라이는 그들의 주군 다이묘들에게서 받은 봉록을 갖고 생활하는 계층이었다.[13]

그러나 양반은 일본 에도시대의 사무라이 같은 세습적인 지위가 아니었다. 관직이 세습되지 않았기 때문이다. 조선의 양반은 자기 토지를 소유하고 있는 지주이자 지방의 선비로서 자율적인 행동의 능력을 지니는 동시에 능력주의(meritocracy) 혹은 성취 원리에 기반을 둔 과거제도에 의해 선발된 정치 관료들의 후손들이었다. 쉽게 말해 조선 시대에는 관직 이를테면 정승이나 판서의 직위를 자손에게 세습할 수는 없었고, 그런 관직은 능력 위주의 과거 시험에 합격한 사람들만이 기대할 수 있는 것이었다. 달리 말해 조선 시대에는 통치를 가업으로 삼아 관직을 자손에게 자동으로 세습할 수 있는 가문이란 존재하지 않았다. 그런 점에서 조선 시대의 신분제를 단순히 중세의 세습적 신분제 사회와 동일시하는 통념은 재고가 필요하다.

우리 사회에서 흔히 능력주의로 번역되는 'meritocracy'는 영국의 사회학자인 마이클 영(Michael Young, 1915~2002)에 의해 새로 고안된 용어이다. 그는 1958년에 출간된 『능력주의의 발흥』(The Rise of the Meritocracy)라는 저서에서 능력주의 체제가 어떤 위험을 안고 있는가를 풍자적으로 묘사했다. 비록 능력주의 원칙에 따라 구성된 사회에 대한 찬성론과 반대론 모두를 염두에

---

12) 양반의 성격에 관한 연구로는 미야지마 히로시(宮嶋博史), 『양반』 참조. 또한 미야지마 히로시(宮嶋博史), 『나의 한국사 공부: 한국사의 새로운 이해를 찾아서』(너머북스, 2013), 제5장과 제6장 참조 바람.
13) 박훈, 『메이지 유신은 어떻게 가능했는가』, 38쪽 참조

두고 능력주의의 양면성을 동시에 서술하고 있지만, 『능력주의의 발흥』은 기본적으로 능력주의 사회가 얼마나 치명적인 부작용을 초래할 수 있는지를 경고한 저서라고 이해할 수 있을 것이다.[14)

능력주의 원칙은 오늘날 서구 민주주의 사회에서도 널리 수용되고 있다. 존 롤스(John Rawls, 1921~2002)가 강조하듯이 능력주의 사회는 '재능이 있으면 누구나 출세할 수 있다'(career open to talents)는 원칙, 즉 능력주의 원칙을 따른다는 점에서 일정한 방식으로 기회의 균등을 긍정한다. 능력주의와 기회의 평등은 서로 깊이 연결되어 있다. 또한 개인의 능력과 노력에 따라 경제적 보상이나 사회적 지위가 적절하게 배분되어야 한다는 생각에 많은 사람이 동의하는 것도 이상한 일은 아니다.

그래서 능력주의는 정의에 대한 매우 설득력 있는 관점인 것처럼 다가온다. 예를 들어 영국의 저명한 정치철학자 데이비드 밀러(David Miller)에 의하면, 능력주의는 "정의에 대한 대중적 사고방식에 확고한 근거를 두고 있는 것 같다. 즉 그것은 각자의 능력과 각자가 얼마나 열심히 일하는가에 따라 불평등한 소득을 향유하는 것이 마땅하다는 사람들의 광범위한 믿음에 상응한다."[15)

왜 많은 사람에게 '재능이 있으면 누구나 출세할 수 있다'는 원칙을 지향하는 능력주의 사회가 매력적으로 다가오는 것일까? 마이클 샌델(Michael Sandel)은 능력에 따라 사회적 지위나 경제적 보상이 이루어지는 능력주의 사회가 경제적 효율성과 공정성의 원칙에 어울린다는 점에서 커다란 매력을 지닌다

---

14) 마이클 영, 『능력주의』(유강은 옮김, 이매진, 2020) 참조. 마이클 영은 영국 노동당의 토니 블레어 총리가 "영국을 완전히 능력주의 사회로 바꾸자"라는 주장을 펼치는 데 반대하여 『가디언』지에 "능력주의를 타도하자"라는 글을 기고해서 능력주의에 대한 맹신을 공격하기도 했다. 유강은, 「옮긴이 글: 능력주의 말하기, 『능력주의』 읽기」, 같은 책, 313쪽 참조.

15) David Miller, *Principles of Social Justice* (Cambridge, MA: Harvard University Press, 2000), p.178. 스튜어트 화이트(Stuart White), 『평등이란 무엇인가』(강정인 · 권도혁 옮김, 까치, 2016), 96쪽에서 재인용함.

고 강조한다. 이를 그는 다음과 같이 설명한다.

> 노력과 선도적 시도, 재능에 후하게 보상하는 경제체제는 각각의 기여도와
> 관계없이 모두에게 똑같이 보상하는 체제나 정실주의로 정해진 사회적
> 지위에 따라 차등 보상하는 체제보다 더 생산적일 것이다. 오직 각자의
> 능력대로만 보상하는 시스템은 공정성을 갖는다. 오로지 실제 성취만으로
> 사람들이 구별될 뿐, 다른 어떤 기준으로도 차별되지 않기 때문이다.[16]

전작에서 필자는 능력주의 원칙이 어떤 한계를 지니는가에 대한 나름의
견해와 능력주의 정의관을 넘어설 유가적인 대안적 정의 이론을 전개한
바 있는데[17], 여기서는 이 주제에 대해 상세하게 다루지 않고 다만 다음과
같은 샌델과 롤스의 지적을 언급해 두는 것으로 만족하기로 한다. 최근에
샌델은 능력주의 원칙이 매우 '폭압적'으로 작동할 수 있음을 비판한 바
있지만[18], 이와 별개로 롤스 또한 이미 1971년의 『정의론』에서 능력주의
사회는 심각한 사회적 격차 혹은 불평등의 구조적 부정의를 초래하는 냉담한
사회일 뿐 진정한 의미의 정의로운 사회라고 볼 수는 없다고 지적한 바
있다. 간단하게 말해 능력주의 사회가 전제하는 기회의 균등이란 "사회적
지위에 대한 사적인 추구에 있어서 보다 불운한 사람들을 뒤에 처진 대로
내버려 두는 그런 식의 평등한 기회를 의미한다"는 것이다.[19]

물론 능력주의 원칙을 긍정하는, 존 롤스가 염두에 두고 있던 사회는
단지 형식적 평등만을 긍정하면서 경제적 효율성과 성장을 목적으로 하는

---

16) 마이클 샌델, 『공정하다는 착각』(함규진 옮김, 와이즈베리, 2020), 66쪽.
17) 나종석, 『대동민주주의와 21세기 유가적 비판이론의 모색』(예문서원, 2023), 제11장
   '대동민주주의와 능력주의적 평등을 넘어' 참조. 능력주의적 정의관과 다른 유가적인
   대안적 정의론에 관해서 이 책 마지막 장에서 유교사상의 기여적 정의관을 중심으로
   선행 연구 내용의 일부를 소개하고 있다.
18) 마이클 샌델, 『공정하다는 착각』, 67쪽.
19) 존 롤스 『정의론』(황경식 옮김, 이학사, 2008), 159~159쪽.

자유방임적 자본주의 사회라는 점에서 조선 시대에 일정 수준에서 실현된 유교적 능력주의 사회와는 엄연히 다르다. 그러나 과거제도를 운영한 동아시아의 유교적 능력주의 사회와 '자연적 자유 체제' 혹은 '자유방임적 자본주의' 사회[20]는 능력과 노력에 따라 사회적 지위를 획득할 기회가 사회구성원에게 열려 있다는 점에서 공통점이 있다.

조선 사회를 과거제도와 관련해서 이해하고자 한다면 과거제의 성격을 둘러싼 논쟁을 검토하는 일은 불가피하다. 그리고 과거제의 성격 논쟁은 조선 사회의 지배 계층인 양반의 성격이 세습적이었는지 개방적이었는지 하는 주제와 밀접하게 관련되어 있다. 그동안 과거제도가 얼마나 개방적이었는지를 둘러싸고 제기된 주장은 대략 세 가지라 한다. ① 양반만이 과거에 응시할 수 있었던 만큼 과거제도는 원칙적으로 폐쇄적이었다. ② 양인도 과거에 응시할 수 있었기에 법제적으로는 제한이 없었다고 하지만, 현실적으로는 여러 난관으로 인해 제한적일 수밖에 없었다. 이른바 '명목상의 개방론' 이 다. ③ 천인을 제외한 양인은 모두 과거에 응시할 수 있었으므로 과거제도는 명목상으로만이 아니라 실제적으로도 개방적이었다.[21]

김경용이 주장하듯이 오늘날 과거제도의 성격에 관한 첨예한 쟁점은 과거제가 명목상의 개방성에 그쳤는지, 아니면 실제로 개방적이었는지에 있다.[22] 어찌 되었든 유교 사회인 조선 시대에서 양반은 출생만으로 획득할 수 있는 세습적인 신분이라고는 보기 힘든 면이 존재했다. 양반은 능력과 노력의 원칙에 따라 선발되는 과거제도에 합격해서 관료로 활동하는 경력이 없이는 얻을 수 없는 사회적 지위였을 뿐만 아니라, 조선 시대의 양반은 기본적으로 폐쇄적인 신분이 아니라 평민에게도 개방되어 있었다. 과거제도

---

20) 같은 책, 119쪽 및 존 롤스 『공정으로서의 정의: 재서술』(에린 켈리 엮음. 김주휘 옮김, 이학사, 2016), 245쪽.
21) 김경용, 『과거제도와 한국 현대교육의 재인식』(교육과학사, 2009), 34~35쪽.
22) 같은 책, 43쪽.

를 통해 관리를 선발한다는 것은, 아무리 좋은 가문 출신이라 해도 시험을 통해 자신의 유교적 경전 능력의 우수함을 인정받지 못한다면 관료가 될 수 없었음을 뜻한다. 즉 자신의 재능과 노력에 따라 과거 시험에 합격해야만 관료로서 출세 가도를 달릴 수 있었고 사회적으로 인정받을 수 있었다.

조선 시대에 과거에 응시할 자격은 원칙적으로 양인 이상의 모든 사람(엄격하게 말하자면 남자)에게 주어져 있었다. 조선 시대에서의 세습적 의미의 신분 구별은 법률적으로는 양인과 천인의 구별이었다고 한다. 달리 말하자면 노비를 제외한 모든 백성은 양인으로 분류되었다는 뜻이다.[23] 『경국대전』에 따르면 양인 중에서 문과에 응시할 수 없는 사람으로 분류된 사람은 다음의 4부류였다. "① 죄를 범하여 영구히 임용될 수 없는 자의 아들, ② 장리贓吏(탐관오리)의 아들, ③ 재가하거나 실행失行한 부녀의 자손子孫, ④ 서얼庶孽의 자손."[24]

이렇게 평민이 법제상으로 과거 시험에 응시할 기회를 부여받았다는 점에서 형식적으로나마 기회의 평등이 존재했지만, 여기에는 많은 한계가 있었다. 예를 들어 과거 시험에 필요한 유교적 경전에 대한 이해를 습득하는 데는 많은 세월이 필요한데, 유학 경전의 공부에 전념할 수 있는 사람은 대개 경제적으로 부유한 계층 출신의 자제로 한정되어 있었다고 해도 지나치지 않을 것이다. 물론 과거 시험을 준비하는 데 유리한 경제적 조건을 갖춘 부유한 계층이 반드시 양반 계층이었다고 미리 단정할 수는 없다. 양민이면서도 부유한 양반 못지않게 경제적으로 좋은 조건을 갖추고 있는 경우가 있을 수 있기 때문이다. 다만 그럼에도 불구하고 양인보다는 양반이 경제적 조건에서 유리한 위치에 있을 가능성이 더 일반적이라는 점은 부인하

---

23) 한영우, 『과거, 출세의 사다리: 족보를 통해 본 조선 문과 급제자의 신분 이동 (태조~선조대)』, 31쪽.
24) 같은 책, 77쪽에서 재인용함. 한영우는 『경국대전』에서 규정된 문과 응시 자격 제한은 잘 지켜지지 않았다고 말한다. 같은 책, 77~78쪽 참조 바람.

기 힘들 것 같다.[25)]

　유리한 경제적 조건에 덧붙여, 양반으로 분류되는 가문에서 태어난 자제들은 유리한 교육 환경 이외에 생활 속에서 자연스럽게 습득할 수 있는 문화적 요소도 지니고 있었기 때문에 더 쉽게 관료의 길로 나아갈 수 있었을 터이다. 양반 행세를 하는 가문의 자제들은 과거 시험의 합격에 도움이 되는 상징자본 혹은 문화자본을 습득하는 데에서도 유리했다. 반면 일반 서민들에게는 이런 조건들이 꿈과 같은 일이어서, 양인에 속하는 사람에게 부여된 과거 시험에 응시할 공정한 기회란 오늘날 신자유주의적 세습체제적 자본주의 사회에서와 마찬가지로 말뿐인 경우가 허다했을 것이다.[26)] 그러니까 양반 가문의 자제들은 태어날 때부터 출발선이 일반 양인의 자제들에 비해 월등하게 앞서 있었던 상황인 셈이다.

　하여간 조선 시대의 지배 계층이었던 양반은 관직이라는 직책을 세습하는 것이 아니라, 관료 생활을 통해 획득한 명성 같은 사회적 지위를 후손에게 이어지게 할 수 있는 독특한 존재였다. 송준호는 조선 시대 지배 계층인 양반에 관한 선구적 연구를 선보인 학자로 유명하다. 그에 따르면 조선 시대의 양반은 "법제적인 절차를 통해서 제정된 계층이 아니라 사회 관습을 통해서 형성된 계층"이다. 그러므로 양반과 양반이 아닌 집단을 명확하게 해 주는 "한계 기준은 매우 상대적이고 주관적인 것"이라고 한다. 상황이 이러한 까닭에 그는 조선 시대의 신분 구조를 논할 때는 중세 유럽이나 도쿠가와 시대 일본의 계급 제도와 유사한 것으로 이해하는 태도를 경계해야 한다고 강조한다. 이를테면 일본 도쿠가와 시대의 사농공상士農工商의 신분

---

25) 김경용, 『과거제도와 한국 현대교육의 재인식』, 44~45쪽.
26) 마르티나 도이힐러(Martina Deuchler)는 과거제도가 명목상의 개방성에 그치고 있다는 관점을 지닌 것으로 보인다. 법적으로는 아닐지 몰라도 사실상 양인 혹은 양민이라 불리는 평민은 과거에서 배제되었다고 결론짓고 있기 때문이다. 마르티나 도이힐러, 『조상의 눈 아래에서: 한국의 친족, 신분 그리고 지역성』(김우영·문옥표 옮김, 너머북스, 2018), 25쪽. 그러나 그의 결론은 지나치게 단순화된 것으로 생각된다.

구별이 법제적으로 강제력을 발휘하는 것인데 반해 조선 시대의 신분 구별은 그렇지 않았기 때문이다.[27]

조선 시대에 양반 계층과 비양반 계층을 구분하는 기준이 법제적이 아니라 주관적이고 상대적이었다는 송준호의 연구를 이어받아서 미야지마 히로시(宮嶋博史)는 중국의 사대부 및 일본의 무사 계층과 비교할 때 조선의 양반 계층이 보여 주는 독특한 성격을 다음과 같이 요약한다.

양반이란 존재의 가장 큰 특징은 그 지위를 세습하는 방법에 있었다고 할 수 있다. 즉 양반이라는 지위는 중국 명·청 시대의 사대부 및 일본의 도쿠가와 시대의 무사와 비교하면 양자의 중간적인 성격을 갖고 있었다. 중국의 사대부는 그 관직과 사회적 지위를 다 세습할 수 없는 존재였던 데 비해, 일본의 무사는 양자를 세습하는 존재였다. 반면에 양반의 경우에는 관직을 세습할 수는 없지만 양반으로서의 사회적 지위를 세습하는 것이 가능했을 뿐만 아니라, 단독 상속의 일본과 달리 양반으로서의 사회적 지위를 모든 후손들이 세습할 수 있었던 것이다.[28]

조선 시대를 주도했던 정치 엘리트들인 문과 급제자에 관한 연구는 조선 사회의 신분적인 개방성의 정도를 보여 준다. 1894년 갑오경장의 개혁조치로 인해 과거제도가 문을 닫기 전까지 약 500년 동안의 조선왕조기에 배출된 문과 급제자 수는 1만 4,615명이었다고 한다.

한영우는 문과 급제자 1만 5천여 명의 신원을 조사하여 신분이 낮은 계층에서 배출된 문과 급제자 비율의 변동을 추적하는 연구를 수행하였다. 그 연구 결과에 따르면, 조선 사회는 비교적 계층 상승의 기회가 보장된 사회였다. 한영우가 신분이 낮은 사람들로 구분한 범주에 속하는 사람들은

---

27) 송준호, 『조선 사회사 연구』(일조각, 1987), 37쪽.
28) 미야지마 히로시(宮嶋博史), 『나의 한국사 공부: 한국사의 새로운 이해를 찾아서』, 154쪽.

내외 4대조의 이름이 없는 급제자, 오랜 세대에 걸쳐 양반 관료를 배출하지 못한 가문이나 서얼 출신 혹은 향리 가계 출신의 급제자, 윗대의 가계를 모르는 급제자, 성관이 좋음에도 불구하고 내외 4대조 혹은 그 윗대에서도 벼슬아치를 배출하지 못한 가문 출신 급제자, '족보'를 위조한 것으로 보이는 신원 미상의 급제자 등이다. 그의 연구 결과에 의하면, 신분이 낮은 급제자의 비율은 조선 전기와 후기를 통틀어 약간의 변동이 존재하기는 하지만 조선 전기 태종 대에 최고 50%로 나타나고 선조 대에 16.72%, 광해군 대에 최저 14.63%로 나타난다.[29]

앞에서 살펴본 것처럼 조선 사회는 양반이라는 지배 계층이 관직이나 벼슬을 세습하는 특권을 누리는 폐쇄적 세습 신분사회였다는 일반적인 시각이 적절하지 않음을 보여 준다. 오히려 조선은 일반 평민이나 드물긴 하지만 노비까지도 양인으로 신분을 바꾼 뒤 능력에 따라 인재를 등용하는 과거제도를 통해 사회적인 신분 상승을 누릴 수 있게 하는 개방사회의 면모를 지니고 있었다. 달리 말해 조선은 문벌이 없는 일반 평민도 과거를 통해 최고위 관료로 성공할 수 있는 개방적이고 역동적인 사회였다.

설령 조선의 과거제도가 재능 있는 사람에게 관료로 진출할 기회를 제공한다는 유교적 능력주의 원칙을 과연 제대로 실현했는지는 회의적이라 할지라도, 일반 사람들에게 과거제도는 사회적으로 신분 상승의 기회를 부여해 줄 출세의 사다리였다는 점은 부인할 수 없다. 간단하게 말해 조선은 여러 제약 조건에도 불구하고 개천에서 용이 될 수 있는 능력주의 사회였다.[30]

송준호와 함께 오랫동안 연구한 에드워드 와그너는 조선 시대 과거급제자

---

29) 한영우,『과거, 출세의 사다리: 족보를 통해 본 조선 문과 급제자의 신분 이동 (태조~선조 대)』, 5~24쪽 그리고 633~635쪽 참조.

30) '개천에서 용 난다'라는 담론은 오늘날 사실 대다수 사람에게는 희망 고문에 지나지 않는 상징폭력으로 전락해 버리고 말았다. 이에 대해서는 선우현, 「상징폭력으로서의 '개천에서 용 난다'」, 사회와철학연구회 지음,『한국 교육 현실의 철학적 성찰』(씨아이알, 2014), 139~190쪽 참조 바람.

들이 소수 문벌이나 수도권에 집중되어 있는 현상에 주목하면서 그 개방적
요소를 상대적으로 박하게 평가했다. 그런데도 그 또한 과거제도의 개방성이
야말로 '체제의 안정'과 왕조의 장기적인 존립에 기여한 중요한 요인이었음
을 강조한다.

> 과거를 통해 출세할 기회가 실제로는 제한되어 있었을지 모르지만 그 기회는
> 여전히 존속했다.…… 어떤 사람이 자기 씨족의 유일한 과거급제자이거나
> 심지어 자기 성씨 중의 유일한 급제자였다고 하더라도 16세기의 상진(尙震)
> (1493~1564)처럼 최고 관직에 올라갈 수 있었다. 과거제도에도 결점이 있었
> 지만 언제나 사회에 활력을 불어넣는 개방성을 지니고 있었으며, 이것이
> 곧 체제의 안정과 왕조의 장명에 기여한 중요한 요인이었던 것이다.[31]

그러니까 비록 조선의 과거제도가 여러 문제점을 안고 있었다고는 하더라
도 그것은 조선 사회의 사회적 이동을 원활하게 하여 사회의 활력과 개방성을
부여했다는 것이다. 이런 사회적 지위의 상승이라는 개방성과 활력이 없었다
면 조선 왕조는 500여 년간이나 지속할 힘을 지닐 수 없었을 것임도 분명하다.

3. 주자학이 본 과거제도의 양면성

과거제도의 운영을 통해 상대적으로나마 사회적 신분 상승을 허용했던
개방성은 조선 사회가 500여 년 장기 지속될 수 있게 한 중요한 원동력이었다.
그러나 능력주의 사회는 능력주의 이념의 성공적 관철의 결과, 자체 내에
자신의 원칙을 배반하고 새로운 형태의 세습적 신분 체제 사회로 전락하게
할 위험성을 안고 있었고, 그런 점에서 조선 또한 예외가 아니었다. 특히

---

31) 에드워드 와그너, 『조선 왕조 사회의 성취와 귀속』, 29쪽.

19세기 들어 소수의 성공한 문벌이나 가문이 출세의 사다리인 과거제도라는 좁은 등용문을 독점함으로써 대다수 평민이 아무리 성실하게 노력한다 해도 과거에 급제할 수 없게 되는 지경으로까지 치달았다는 것은 이미 잘 알려져 있다. 일종의 '출세의 사다리 걷어차기'가 과거급제를 통해 권력을 쥔 세력들에 의해 이루어졌던 셈이다.

알렉산더 우드사이드도 중국과 달리 한국(베트남과 함께)의 능력주의 사회라는 이상을 높이 평가했지만 결국 한국은 "사회적·정치적 재봉건화의 유혹"을 극복하는 데는 성공하지 못했다고 본다.[32] 이런 평가를 눌러싼 갑론을박이 있겠지만, 더 중요한 사실은 조선에서도 제대로 된 능력 본위의 사회를 만들려는 과거제도의 근본 취지를 파괴하는 폐단을 둘러싸고 치열한 논쟁이 있었다는 점이다.

능력의 원칙에 따라 인재를 선발하는 과거제도의 탄생과 운영에는 공자 이후 유가의 영향이 무척 컸다. 공자는 일찍이 세습적 군주제 하에서라도 관료를 선발할 때 가장 중요한 기준이 되는 것은 그 사람의 덕과 능력임을 여러 차례 강조했다. "중궁이 계씨의 가신이 되어 정사政事를 묻자, 공자께서 말씀하셨다. '유사有司에게 먼저 시키고 작은 허물을 용서해 주며 어진 이와 유능한 이를 등용해야 한다.'"[33] 아울러 공자는 훌륭한 인재를 선발하는 것이 군주가 해야 할 의무임도 강조했다. "순임금이 천하를 소유함에 여러 사람 중에서 선발하여 고요皐陶를 들어 쓰시니 불인不仁한 자들이 멀리 사라졌고, 탕임금이 천하를 소유함에 여러 사람 중에서 선발하여 이윤伊尹을 들어 쓰시니 불인한 자들이 멀리 사라졌다."[34]

공자 이후 맹자와 순자에게서도 능력에 따라 인재를 등용하는 것이 정치에

---

32) 알렉산더 우드사이드, 『잃어버린 근대성들』, 74쪽.
33) 『논어집주』(성백효 옮김, 전통문화연구회, 1990), 252쪽, 「자로」 1.
34) 『논어집주』, 250쪽, 「안연」 22.

서 매우 중요한 일로 강조된다. 맹자는 말한다. "현자賢者를 높이고 재능이 있는 자를 부려서 준걸俊傑들이 지위에 있으면 천하의 선비가 모두 기뻐하여 그 조정에서 벼슬하기를 원할 것이다."[35] 순자가 말했다. "명철한 임금은 신하들과 함께 일하기를 좋아하고, 어리석은 임금은 나랏일을 홀로 하기를 좋아한다." 달리 말하자면 훌륭한 군주는 "현명한 사람을 숭상하고 능력 있는 사람을 써서 그들이 이룩하는 공로를 누리는" 것이다.[36]

순자는 나라가 흥하고 망하는 것도 왕이 얼마나 잘 훌륭하고 능력 있는 사람을 발탁하는 제도를 운용하는지에 달려 있다고 생각했다. 그리고 이런 제도를 통해서 공자의 도인 인정仁政이 제대로 구현될 수 있고, 그 결과 백성의 삶이 평안하게 될 수 있을 것이라고 보았다. 그는 말한다.

정치는 어떻게 해야 하는가? 내 생각으로는 어질고 능력 있는 이는 차례를 기다릴 것 없이 등용하고, 변변치 않고 능력 없는 자는 조금도 지체 없이 파면시키며, 매우 악한 자는 교화를 기다릴 것 없이 처벌하고, 보통 백성들은 정치를 기다릴 것 없이 교화시키면 된다.…… 비록 임금이나 사대부들의 자손이라 하더라도 예의에 합당하지 못하면 곧 서민으로 돌리고, 서민의 자손이라 하더라도 학문을 쌓고 행실을 바르게 해서 예의에 합치된다면 곧 경상卿相이나 사대부로 삼는다.[37]

공자와 맹자, 순자 등의 주장에서 우리는 그들이 능력주의적 이상을 바람직한 것으로 보고 매우 높이 평가하였음을 알 수 있다. 그들은 모두 일관되게 타고난 신분이나 혈통의 원칙이 아니라 능력의 원칙에 따라서 정치를 도맡는 관리를 선발하는 것이 중요하다고 강조했다. 그리고 조선 사회는 주자학을 통치이념으로 받아들이면서 능력과 재능을 갖춘 사람을

35) 『맹자집주』(성백효 옮김, 전통문화연구회, 1991), 「공손추상」 5.
36) 『순자』(김학주 옮김, 을유문화사, 2008), 462쪽.
37) 같은 책, 256쪽.

관료로 등용하는 인재 선발 제도인 과거제를 운영했다. 과거제도는 유능하고 현명한 사람이 정치를 담당해야 한다는 유가적 능력주의의 신념과 이상을 정치적 차원에서 제도적으로 구현한 것이었다.

　조선이 나름의 유교적 능력주의 사회를 지향했다는 점은 부인하기 어렵지만, 이와 더불어 능력주의 사회를 지향할 경우 그 사회가 어떤 폐단을 겪게 되는지도 조선의 역사는 매우 생생한 경험을 제공한다. 그것은 조선 사회의 성격을 해명하는 작업에도 유용할 뿐만 아니라 오늘날 한국에 뿌리 깊게 살아 있는 능력주의를 제대로 이해하는 데에도 이바지하는 바가 클 것이다. 이와 관련해 우리가 주목해야 하는 점은, 유교 경전에 대한 교양을 갖춘 사람이라면 누구나 과거제도를 통해 관리로 나아가 나라를 운영할 수 있다고 주장하는 철학적 근거가 무엇인가이다.

　주자학에 의하면 하늘의 이치 즉 천리天理를 부여받았다는 점에서 모든 사람의 본성에는 차이가 없다. 특히 주자학은 사대부(조선의 경우 양반)에게 국가의 정치 업무를 담당하는 주체라는 자각을 심어 주었다. 성리학의 대변인인 주희는 "마땅한 의리를 바로잡고 이익을 도모하지 말라. 마땅한 도리를 밝히고 공적을 헤아리지 말라"[38]라고 말했던 중국 전한前漢의 대표적인 유학자 동중서董仲舒(기원전 176?~104)를 높이 평가한다. 이 말을 통해 그는 공리功利를 추구하는 세상에 일침을 가하면서 유학자가 좇아야 할 진정한 도리는 공리나 공적을 쌓는 데 있지 않다는 점을 분명하게 했기 때문이다. 이런 인식을 분명하게 자각하고 있었다는 이유로 주희는 동중서가 "다른 사상가들보다 뛰어난 점"을 보여 준다고 평가했다.[39] 주희는 1180년 백록동 서원의 학규, 즉 「백록동 서원에 게시한 규약」에서도 "마땅한 의리를 바로잡고 이익을 도모하지 말라. 마땅한 도리를 밝히고 공적을 헤아리지

---

38) 『程氏遺書』, 25-77, "正其義, 不謀其利. 明其道, 不計其功"; 주희·여조겸 편저, 『근사록집해』 2(이광호 역주, 아카넷, 2009), 923쪽.
39) 주희·여조겸 편저, 『근사록집해』 2, 923~924쪽.

말라"라는 동중서의 주장을 받아들여서 이것이 '일을 처리하는 요목'임을 강조했다.[40]

그러므로 주자학이 지향하는 바는 단순히 유교적 능력주의라는 원리만으로 환원되는 것이 아니다. 능력주의라는 말이 세속에서의 지위나 역할을 자신의 능력에 의해 달성할 수 있다는 의미에서 사용된다면 그렇다는 말이다. 달리 말하자면, 오로지 개인의 영달과 출세를 위한 입신양명立身揚名주의 혹은 입신출세立身出世주의로서의 능력주의와 유교적 능력주의 사이에는 근본적인 차이가 존재한다는 점을 잊지 말아야 한다.[41]

입신양명적인, 혹은 입신출세주의적 능력주의는 입신출세와 부귀영화를 위해 온통 타인의 평판과 주목에만 관심을 기울이게 만듦으로써 결국에는 자신의 올곧은 삶을 추구할 가능성마저도 잘라 버린다. 간단하게 말해 입신양명적 능력주의는 자칫하면 우리를 도덕적 자주성과 주체성을 저버리고 오로지 타인의 시선과 평가에만 휘둘리게 만들 수 있다. 이는 공자 이래 유학의 전통에서 소중하게 간직되어 온 교육 혹은 학문의 진정한 목표인 '수기치인' 즉 자신의 몸과 마음을 스스로 연마하여 세상에 도덕 원리를 구현하는 일을 불가능하게 만들어 버린다. 본래 권력이나 명예나 돈과 같은 외물外物에 흔들리지 않는 꿋꿋한 도덕적 자주성을 지닌 인간상이야말로 공자 이래 유가가 이상시해 왔던 바람직한 인격의 소유자인 군자의 본모습이 아니던가! 이런 맥락에서 주희는 사람으로 하여금 헛된 야망과 부귀영화의 꿈으로 인해 참다운 인격의 수양을 불가능하게 만들었던 과거

---

40) 기대승 엮음, 『국역 주자문록: 고봉 기대승이 엮은 주자의 문집』(김근호 외 옮김, 예문서원, 2019), 63쪽.

41) '立身揚名'이란 용어는 본래 "몸을 올바로 간수하고 도를 행하여 후세에까지 이름을 드날린다"라는 『孝經』의 「開宗明義」에 나오는 구절에서 유래한 것이다.(『효경』, 김학주 옮김, 명문당, 2006, 62쪽) '立身出世'란 용어는 일본에서 유래한 것이라 알려져 있다. 예를 들어 가라타니 고진(柄谷行人)은 '입신출세주의'를 근대 "일본인의 정신적 원동력"으로 규정한다.(가라타니 고진, 『근대문학의 종언』, 조영일 옮김, 도서출판b, 2006, 75쪽.)

시험이 "얼마나 많은 사람을 망쳐 놓았던가!"라고 한탄했다.[42]

한갓 세속적 성공과 개인의 영달만을 위한 수단으로 변질되는 학문의 위험성을 경계하는 목소리는 유가의 사상 전통에서 늘 중요한 주제였다. 공자는『논어』「헌문」25에서 위인지학爲人之學과 위기지학爲己之學의 구별을 통해 학문의 진정한 목표가 단순히 관리가 되어 세속적인 부와 명예를 차지하는 데 있지 않음을 강조했다.[43] 공자를 조술祖述한 맹자 또한 군자가 맹목적으로 관리가 되고자 함을 경계하기 위해서 출처에 관한 공자의 태도를 다음과 같이 강조했다. 그에 따르면 공자는 "벼슬할 만하면 벼슬하고 그만둘 만하면 그만두며, 오래 머물 만하면 오래 머물고 빨리 떠날 만하면 빨리 떠나셨다"[44]고 한다. 맹자가 보기에 "속히 떠날 만하면 속히 떠나고 오래 머물 만하면 오래 머물며, 은둔할 만하면 은둔하고 벼슬할 만하면 벼슬한 이"[45]가 바로 공자였다.

성리학의 창시자인 주희도 위인지학爲人之學과 위기지학爲己之學을 구별하면서 도덕적 본성의 자각과 실현을 위한 학문에 힘쓸 것을 강조했던 공자의 가르침을 이어받아서 세속적 성공을 위해 과거의 공부에만 전념하는 세태를 크게 비판하고, 그러면서 성현의 가르침의 본래 의미를 되찾을 것을 강조한다. 그에 의하면 공자와 맹자의 진정한 가르침은 자신의 몸을 제대로 수양하여 이를 바탕으로 나라를 다스리고 천하를 태평하게 하는 데 있다. 그래서 그는 「옥산현학에서 한 강의」에서 다음과 같이 말한다.

내가 이번 방문에서 학교가 새롭게 세워지는 것을 보게 된 데다 또한 뛰어난 학생들이 있음을 알게 되었다.……그리고 따로 강의 자리를 마련하여

---

42) 黎靖德 편,『주자어류』4(허탁·이요성 역주, 청계, 2001), 764쪽.
43)『논어집주』, 290쪽.
44)『맹자집주』, 94쪽,「공손추상」2.
45) 같은 책, 288쪽,「만장하」1.

여러분께 강연하고자 하니, 비록 감당할 수 없는 바이기는 하나 내가 들은 바를 여러분께 말하지 않을 수 없다.

옛 학자들은 자신을 위한 공부를 했고 지금의 학자들은 남에게 보이기 위한 공부를 한다고 들었다. 성현이 사람들에게 학문을 가르친 것은 사람들이 말이나 주워 모아 아름답기만 한 글을 지어서 오로지 과거나 명예, 벼슬, 녹봉 등을 꾀하라는 것이 아니다. 사물에 나아가 앎을 지극히 하고 뜻을 성실히 하며 마음을 바로잡아 한 몸을 잘 닦고, 이를 바탕으로 집안을 다스리고 나라를 다스리는 데 이르며 더 나아가 천하를 태평하게 다스릴 수 있도록 한 것이다. 이것이 바로 제대로 된 학문이다. 여러분들이 이 학문을 아침저녁으로 힘써 익힌다면 이 학문에 대해 반드시 깊이 얻는 바가 있을 것이다.[46)]

그런데 주희는 과거제도가 인간의 본래적인 도덕적 자주성을 해칠 수 있음을 경계하기는 했지만, 과거제도 자체를 거부한 것은 아니었다. 비록 과거 시험을 위해 공부하는 제자들에게 과거를 포기하도록 종용하기는 했어도, 과거를 통해 관료로 진출하는 것이 유일한 입신의 길이었던 상황에서 과거 공부를 포기한다는 것은 유학자인 주희 자신이 꿈꾸었던 '공자의 도를 이 세상에 실현하는' 중요한 방법을 포기하는 것에 불과했기 때문이다.

실제로 송대 유학자들이나 뒷날의 조선 시대 유학자들에게는 벼슬길에 나아가고 물러나는 것, 즉 출처出處의 문제가 매우 중요한 문제였다. 여영시余英時에 따르면 출처 문제가 송대 사대부 사이에서 중대한 토론의 대상으로 대두된 까닭은 "황제와 공동으로 천하를 다스리려" 했던 송대 사대부들의 정치적 주체로서의 자각과 깊게 연관되어 있다. "천하를 자신의 임무로 삼아야 한다"는 범중엄范仲淹(989~1052)의 정신을 보편적으로 공유했던 송대 사대부들은 황제가 벼슬자리를 준다고 해서 곧바로 그에 응하는 것을 사대부

---

46) 黎靖德 편, 『주자어류』 4, 53~54쪽.

의 자립성을 저버리고 하인처럼 구는 비굴한 행동으로 보았다.

물론 이때 송대 사대부의 모델은 여전히 공자와 맹자였다. 일찍이 맹자는 "지사志士는 죽어서 도랑이나 골짜기에 버려질 것을 잊지 않는다"라는 공자의 말을 언급하면서, 이 말은 군주의 부름이 없는데도 군주에게 나가는 일이 그릇된 것임을 경계하려는 공자의 뜻이라고 이해했다.[47] 맹자의 이 주장과 관련해 주희의 말이 『주자어류』에 기록되어 있다. 주희는 제자들에게 "배우는 사람은 언제나 '지사는 죽어서 도랑이나 골짜기에 버려질 것을 잊지 않는다'라는 말을 염두에 두어야 한다"라고 당부하고 있다.[48]

그런데 사대부의 정치문화 속에서 벼슬로 나아가고 벼슬에서 물러나는 출처 문제가 송대에 이르러 '보편적이고 집중적인 논의의 대상'이 되는 것은 자연스럽다. 더구나 송대 사대부의 정치적 주체 의식은 주희에 의해 집대성되는 성리학의 선구자들인 이른바 리학자 혹은 도학자들에게서 아주 심화되었다는 것이 여영시의 분석이다.[49] 실제로 『근사록집해』 2에는 출처 문제를 다룬 항목이 있는데, 거기에 과거 공부를 둘러싼 논쟁이 소개되어 있다. 과거 공부를 둘러싼 논쟁과 관련하여 정이程頤(1033~1107)의 주장을 인용해 보자.

내가 사람들에게 과거 공부를 익히도록 가르치지 않는다고 말하는 자가 많다. 내가 어찌 일찍이 사람들이 과거 공부를 익히도록 가르치지 않았겠는가? 사람들이 만일 과거 공부를 익히지도 않으면서 급제하기를 바란다면 이는 천리에만 의지하고 인사를 닦지 않은 것이다. 그러나 과거 공부는 이미 급제할 만하면 곧 그만두어야 한다. 만일 그 이상 나아가서 힘을 다하여 반드시 합격하는 방법을 구한다면 이것은 미혹된 것이다.…… 어떤

---

47) 『맹자집주』, 168쪽, 「등문공하」 1.
48) 黎靖德 편, 『주자어류』 4, 757쪽.
49) 위잉스(余英時), 『주희의 역사세계』 상(이원석 옮김, 글항아리, 2015), 31~32쪽.

사람들은 과거를 준비하는 일이 사람의 공부를 방해한다고 말하기도 하는데 이것은 그렇지 않다. (다만) 한 달 중에서 과거 공부를 열흘만 하고 나머지 날들은 학문한다면 그것으로 충분하다. 그러나 사람들이 이것에 뜻을 두지 않고 반드시 저것에 뜻을 둔다. 그러므로 과거의 일이 공부를 방해하는 것이 걱정이 아니라, 오직 뜻을 빼앗기는 것이 걱정이다.

주희도 과거 시험에 관해서는 정이의 주장과 궤를 같이한다. 그는 다음과 같이 말한다. "과거는 또한 학문하는 것을 해치지 않는다. 다만 오늘날 사람들이 마음을 안정되게 잡지 못하기 때문에 해가 되는 것이다. 득실에 마음을 쓰게 되면 문자를 이해한다 해도 생각은 전혀 다르게 된다."50) 과거 공부가 근본적으로 참된 학문의 연마에 해가 되지 않는다고 보았기 때문에 그는 당시 과거 공부를 하지 않는 것이 하늘이 놀랄만한 큰일인 것처럼 생각하는 세태에 대해서도 비판적이었다. 그는 과거 시험에 응시하지 않는 것이 무슨 대단한 일이 될 수는 없다고 조소했다.51)

주희가 볼 때 유학자들이 진정으로 고민할 문제는 "사람이 과거에 얽매이는 것"에서 벗어나는 것이었다. 당대에는 공자가 다시 태어난다 해도 과거 시험을 보지 않을 수 없는 상황이라고 생각하면서도 그는 공자라면 과거에 전혀 얽매이지 않을 것이라고 결론지었다. "오늘날과 같은 세상에서는 공자가 다시 태어나더라도 역시 과거 시험을 피할 수 없었겠지만, 어찌 과거 시험이 공자를 얽어맬 수 있겠는가?"52) 결국 위기지학과 과거의 양립 가능성을 어떻게 확보할 수 있을지가 주희가 진정으로 고민하는 문제였다.53) 참된 유학자가 되는 것과 과거에의 응시를 동시에 수행할 수 있다고 보았던

---

50) 주희·여조겸 편저, 『근사록집해』 2, 648쪽.
51) 여정덕 편, 『주자어류』 4, 774쪽.
52) 같은 책, 778쪽.
53) 과거 공부에 관한 주희의 열린 태도에 대해선 미우라 쿠니오, 『인간 주자』(김영식·이승연 옮김, 창작과비평사, 1996), 211~212쪽 참조 바람.

주희가 내린 타협책은 진정한 학문에 더 큰 비중을 두면서 적절한 비율로 과거 공부를 해도 좋다는 것이었다.[54]

더욱 주목해야 할 부분은 주희가 서원을 개축하거나 새로 세워서 독자적인 학문 공동체를 형성하고자 애썼다는 점이다. 선행 연구에 의하면 주희는 서원이 과거 준비로부터 자유로운, 참다운 공자의 도를 연마할 수 있는 배움터가 될 수 있다고 생각했다.[55] 이와 더불어 우리는 송대의 사대부들이 정치적 행위를 중앙정부의 관료로 진출하는 것으로 한정하지 않았다는 점을 기억해야 한다. 그들은 중앙정부와 지방 행정관료 체제로부터 독립적인 사대부들의 공동체를 건설하여 정치적 영향력을 행사하고자 했다. 그리고 이런 새로운 방식의 정치활동을 정당화하는 과정에서 성숙해진 학문이 바로 정주학 혹은 성리학이었다.[56]

대동세계라는 유교적 이상사회를 구성하는 과제를 스스로 담당할 수 있다는 것이 송대 사대부의 자부심이었다. 여영시余英時가 주장하듯이 송대 사대부 계층은 문화 주체이자 정치 주체였다.[57] 물론 송대 사대부 그리고 주희를 대동사상과 연관시켜서 언급하는 것이 엉뚱하고 사리에 어긋난다고 볼 사람도 있을 것이다. 그러나 제2장에서 대동 이념과 주자학의 내적 연관성 문제[58]를 다룰 예정이기에, 여기에서는 다만 주희와 송대 사대부에게는 대동 · 소강의 요순 · 삼대야말로 그들이 본받고 이어받고자 한 이상적인 정치의 모범이었다는 점만을 언급하고자 한다. 주희는 이렇게 말한다. "국초 (송초)에 사람들은 이미 예의를 숭상하고 경전을 존중함으로써 요 · 순 두

---

54) 여정덕 편, 『주자어류』 4, 765쪽.
55) 대니얼 가드너(Daniel K. Gardner), 「도학의 회복 ─ ─ 주희의 교육활동」, 같은 책, 307쪽.
56) 피터 볼(Peter K. Bol), 『역사 속의 성리학』(김영민 옮김, 예문서원, 2010), 228~234쪽 참조.
57) 여영시, 『주희의 역사세계』 상, 22쪽.
58) 주자학의 대동유학적 성격에 관한 보다 상세한 언급에 대해서는 나종석, 『대동민주주의와 21세기 유가적 비판이론의 모색』, 제3장 참조 바람.

황제와 하·은·주 삼대로 돌아가려는 생각이 당나라 사람들보다 강했다. 다만 아직 그 이론이 철저하지 못했을 뿐이다."[59]

앞에서 본 것처럼 과거제도 또한 사대부 혹은 조선 시대의 양반이 유교적 교양을 토대로 왕권의 남용과 월권을 견제하고 비판하면서 수기치인의 유가적 이상을 구현하려고 했던 제도로서의 의미도 지니고 있다. 그러니까 학문을 연마하여 과거에 응시해서 정치 세계에 진출하려는 것이 유학자들의 웅대한 책임 의식과도 맞닿아 있음에 주목해야 한다. 간단하게 말해 과거제도 의 진정한 의미는 입신양명을 위한 출세의 사다리였다는 점에 있는 것이 아니라, 온 백성이 온전한 삶을 영위할 수 있는 대동의 세상을 구현하려는 제도적 장치였다는 점에 있는 것이다.[60]

앞으로 좀 더 상세하게 입증하겠지만, 부당한 권력 이를테면 권력의 사유화에 대한 견제와 비판이 없이는 요순 삼대의 지극한 인정仁政이 제대로 구현될 수 없을 것이라는, 조선 선비의 정신에 뿌리를 두고 있는 과거제도의 역사적 경험이 그저 사라져 버린 것은 아니다. 과거제도의 운영과 관련해서는 그것이 오늘날 한국 사회의 민주주의 및 능력주의 사회와 긴밀하게 연결되어 있다는 점에 주목할 필요가 있다.

조선 개국에 크게 이바지한 삼봉三峯 정도전鄭道傳(1337?~1398)은 "국가가 과거를 실시해서 선비를 뽑는 것은 참다운 선비를 얻어 지극한 정치를 이룩해 보자는 것"임을 강조했다. 그에 따르면 "요행을 바라 분주하여 이利가 있으면 가로채고, 또 평상시에는 고담준론高談峻論을 일삼으며 능하지 못한 바가 없는 듯하다가도 일을 맡기게 되면 아득하여 할 바를 알지 못하는

---

59) 여영시, 『주희의 역사세계』 상, 28쪽에서 재인용함.

60) 필자가 보는 관점과 전적으로 일치하진 않으나, 강상규 또한 "과거제도는 왕이나 소수 세습 귀족의 자의적 권력 행사에 강력한 비판 욕구를 가진 정치 엘리트를 배출해 내는 정치적 창구 역할을 담당"했음을 강조한다. 강상규, 『조선 정치사의 발견』(창비, 2013), 99쪽.

자'들은 진정한 유자儒者로 불릴 자격이 없다.[61] 조선 후기의 유학자 성호星湖 이익李瀷(1681~1763) 또한 "벼슬아치와 공부하는 선비들이 입으로는 공자·맹자의 도를 지껄이고 있으나 실제로는 조금도 존중하여 받드는 뜻이 없다"라고 개탄했다. 이익이 보기에 당대의 많은 선비는 명예와 벼슬만을 탐할 뿐 성인의 도에는 관심이 없었다.[62] 달리 말해, 과거를 통해 한갓 부귀만을 추구하는 부류의 사람들은 진정한 유학의 이념과 정신을 배반한 천한 유자賤儒에 지나지 않는다는 것이다.

요약하여 보자면, 주희와 정도전이 진정한 선비가 걸어가야 할 학문의 근본정신을 강조했지만, 이로부터 이들이 과거 시험을 전적으로 부정했다는 결론을 도출할 필요는 없다. 과거제가 관료 등용의 제도로 확립된 상황에서 과거제를 완전히 부정한다면, 이는 유자의 정치적 책임을 실현할 결정적인 길을 도외시하는 것이 되기 때문이다. 그래서 조선 후기의 유학자 유수원柳壽垣(1694~1755)은 주희의 주장을 본받아 학문과 과거는 구별되어야 하지만 학문과 과거제의 양립이 불가능한 것은 아님을 역설했다.

삼대三代 이전에 실시되었던 '선비를 양성하는 법'을 후세 사람들이 능히 그대로 시행할 수는 없겠지만 그 뜻을 잘 이해한다면 삼대의 법을 따르는 데 해롭지 않을 것이다. 주자는 말하기를 "오늘날이라면 공자·맹자 같은 사람이라도 과거를 보지 않고서야 어떻게 그 도道를 시행하겠는가. 그러나 과거가 어찌 공자를 더럽힐 수 있겠는가"라고 했으니, 이는 학문과 과거가 서로 방해되지 않는 것임을 명백하고 통쾌하게 논한 것이다.[63]

우리는 앞에서 조선의 능력주의를 분석할 때 입신양명적 능력주의와

---

61) 정도전, 『삼봉집』(김도련 옮김, 한국고전번역원, 1977), 권3, 「조생의 부거를 전송하는 서(送趙生赴擧序)」.
62) 이익, 『성호사설』(최석기 옮김, 한길사, 2007), 314쪽.
63) 유수원, 『迂書』(한영국 옮김, 한국고전번역원, 1981), 권2, 「학교를 논함(論學校)」.

유교적 능력주의를 구분할 필요성이 있음을 강조했다. 분명 유교적 능력주의의 이상은 극단적인 불평등 체제를 개인의 능력과 노력의 부족 탓으로 돌리면서 그것을 정당화시켜 주는 오늘날 신자유주의 사회에서의 능력주의와 구별될 필요가 있다. 물론 유교적 능력주의도 불평등 구조를 능력의 구실로 정당화하는 위험성과 내적 논리를 지니고 있지만, 유가적 능력주의는 늘 유가가 궁극적으로 실현하고자 했던 도道, 달리 말해 대동적 이념에 의해 규제되고 있다.

존 롤스의 사례를 통해 좀 더 부연 설명한다면, 주지하듯이 그는 능력주의적 정의관을 불충분한 정의관으로 비판하면서 그에 대한 대안으로 민주적인 평등의 원칙과 공정으로서의 정의관을 제언했다. 마찬가지로 유가적 능력주의 또한 입신양명적 능력주의의 폐단을 극복할 대안으로 대동적 능력주의를 제언하고 있다고 평가할 수 있을 것이다. 간단하게 말하자면, 전체 사회 구성원의 평등과 공동체적 연대를 해체하지 않는 선에서 개인의 능력과 자발성을 존중하려는 것이 유가적 능력주의의 이상이었다. 그런 점에서 유가적 능력주의는 사실상 입신양명적 혹은 출세지향적 능력주의와 달리 대동적 능력주의로 규정될 수 있다는 것이 필자의 생각이다.

오늘날 우리 사회에서도 능력주의는 커다란 쟁점이 되고 있다. 과거제도를 운영한 조선이라는 유교적 능력주의 사회의 역사적 경험, 달리 말해 과거제도 운영의 긍정적인 얼굴과 자기파괴적인 역설적이고 부정적인 측면은 오늘날 우리 사회의 능력주의와도 무관하지 않을 것이다. 현대 한국 사회가 거둔 산업화와 민주화라는 두 가지 영역에서의 성취가 어떻게 가능했는지를 성찰할 때 그 배경에 있는 조선에서부터 본격적으로 축적되어 온 유교적 정치문화 및 능력주의 전통의 맥락을 지운 채 그런 성취를 온통 서구의 영향에 의한 결과로만 보는 것은 설득력이 없다. 조선 시대의 유교 전통과 오늘날 한국 사회에서 압도적 영향을 발휘하는 능력주의 사이에는 상당한 친화성이 존재한다는 것이 저자의 생각이다.[64] 이와 관련하여 역사학자 한영우의 주장을 언급하고 싶다.

오늘날 한국은 세계적으로 가장 높은 교육열을 보여 주는 나라 가운데 하나로 인정받고 있으며, 누구나 열심히 노력하면 여러 분야에서 정상에 오를 수 있다는 꿈을 가지고 살아가고 있다. 그런 치열한 교육열과 성취욕이 바로 대한민국을 지금 선진국 대열로 끌어올린 원동력이라고 할 때, 그런 문화적 유전인자를 만들어 준 것은 바로 과거제도라고 보아도 좋을 것이다.[65]

4. 조선 사회의 노비와 서구 사회의 노예

그러나 조선 사회가 지니고 있던 상대적인 신분제적 개방성은 분명 한계가 있었다. 그것을 보여 주는 가장 극명한 사례 중의 하나가 노비의 존재이다. 노비 문제는 조선 사회 성격을 해명하는 데에 있어 양반 못지않게 중요한 주제이다. 물론 젠더 문제, 이를테면 여성에 대한 차별의 문제 역시 조선 사회가 안고 있는 문제였다. 그런 점에서 조선 시대에 여성의 지위가 어떠했 는지를 여타 중국이나 일본 등지에서의 여성의 지위와 비교하는 작업도 조선 사회의 성격을 분명히 파악하기 위해서는 빼놓을 수 없음이 당연하다.

유교 사회 조선 역시 철저한 남성 중심적 가부장 사회였고, 이런 사회 속에서 여성의 지위는 매우 열악했을 뿐만 아니라, 그들은 갖가지 차별과 배제 속에서 잔인하고 비인간적 대우를 받았다. 그렇지만 선행 연구에 따르면 조선 시대 여성의 법적 지위에는 독특한 면이 존재했다. 예를 들면

---

64) 오늘날 한국 사회의 능력주의와 조선 시대의 과거제도 사이의 연관성에 관해서는 박권일, 『한국의 능력주의: 한국이 기꺼이 참거나 죽어도 못 참는 것에 대하여』(이데아, 2021), 제1장 참조 바람.
65) 한영우, 『과거, 출세의 사다리: 족보를 통해 본 조선 문과 급제자의 신분 이동(태조~선조 대)』, 24쪽.

동시대 중국이나 유럽에서는 결혼한 여성의 경우 남편을 통해서만 법정에 설 수 있었던 것과 달리, 조선 시대 여성들은 직접 법정에서 자신의 문제를 해결할 수 있었다는 점에서 다른 백성과 다를 바 없이 동일한 법적 주제로 인정받았다. 김지수는 이때 법적 주체를 다음과 같이 정의한다. "법적 주체는 소송을 제기하고, 물건을 사고팔고, 계약을 체결하고, 돈을 빌리거나 빌려주고, 유산을 남기는 것과 같은 법률 행위를 할 능력이 있는 주체를 말한다."[66]

그러나 이곳이 조선 시대 신분 제도 전반을 살펴보는 자리는 아니기에 여기서는 노비 문제에만 초점을 맞추고자 한다. 유럽 역사의 경험에서 나온 소위 역사 발전 모델에 따르면 고대 노예제로부터 중세 봉건제를 거쳐 자본주의 사회로 이행하는 것이 보편적인 인류 역사의 진행 과정이었다. 필자는 이런 발전 모델에 찬성하진 않으나, 우리에게는 이 이론이 자명한 것으로 널리 알려진 터인지라 조선 시대에 존재했던 노비의 존재는 조선 사회를 바라보는 시각을 더 어렵게 만들고 있다. 바로 뒤에서 보겠지만 조선 사회를 노예제 사회로 볼 것인지가 학계의 주제 중 하나로 떠오른 것도 하등 이상하지 않다.

조선 시대 노비의 지위와 관련해서 우선 언급할 것은, 조선에서의 노비와 대조되는 서양의 노예(slave) 또한 서구 근대사회에서 장기간 존재했음을 망각해서는 안 된다는 점이다. 우리가 조심해야 할 것은 조선 시대의 노비와 서구의 노예를 동일시할 수 있는가 하는 문제이다. 1864년 공식적으로 흑인 노예가 해방되기 전까지는 민주국가라는 미국도 수많은 흑인 노예를 두고 있었다.

유럽에서도 마찬가지이다. 영국의 노예제도는 1833~1838년에 폐지되었고, 프랑스의 노예제도는 1792년에 없어졌다가 1803년 나폴레옹에 의해 부활된 후 1848년에 완전히 폐지되었다고 한다.[67] 노예에 대한 유럽 사회의

66) 김지수, 『정의의 감정들』(김대홍 옮김, 너머북스, 2020), 10쪽 및 25쪽 참조

반응 역시 늘 비판적인 것은 아니었다. 존 로크는 흑인 노예를 당연시했으며, 1756년에 어느 신문에서는 흑인이나 개에게 사용할 목줄을 선전하는 광고를 싣기도 했다. 이 신문 광고는 당시에 노예가 개와 동등하게 취급되었음을 보여 준다.[68]

물론 서구 근대사회에서도 조선의 노비와 유사한 존재가 있었음을 말하면서 노비제도의 야만성을 부인코자 함은 결코 아니다. 성호 이익도 주장하듯이 노비법은 "천하고금에 없는" 잔인한 제도이다. 그는 "노비를 소나 말처럼 매매하며 함부로 그들의 목숨을 끊는 것은 천리를 어기고 인륜을 저버리는 일"이라 갈파한 전한 말기 왕망王莽(기원전 45~기원후 23)의 주장을 옳다고 본다.[69] 이영훈에 의하면 조선 시대 노비문서에 '수개壽介'라는 노비의 이름이 등장하는데 이 수개는 바로 수캐라는 뜻이었다고 한다.[70] 이처럼 노비의 운명이 얼마나 고통스러웠는지 그리고 그들이 당했던 고통과 억압의 역사를 늘 기억해야 한다. 그런데 서구에서도 조선과 마찬가지로 노예는 동물적인 존재와 동일시되었다. 앞서 언급했듯이 흑인 노예의 목줄을 개에게 사용하는 목줄과 같은 것으로 보는 관행이 18세기 서구에서도 공공연하게 행해졌다.

조선 사회에서의 노비 문제를 집중적으로 탐구한 학자는 미국 출신의 한국학자 제임스 팔레(James Bernard Palais, 1934~2006)였다. 그는 노비 인구가 한 사회 인구 구성의 30% 정도를 차지하면 그 사회를 노예제 사회로 규정할 수 있다고 하면서, 이런 기준에 따라 18세기 중반 정도까지의 조선은 노예제 사회에 해당한다고 강조한다. 한편 그는, 노예제는 자본주의적 생산양식에서도 발견되는 것이므로 남북전쟁 이전의 미국 남부 역시 노예제 사회로

---

67) 토마 피케티(Thomas Piketty), 『21세기 자본』(장경덕 외 옮김, 글항아리, 2014), 196쪽 참조.
68) 이에 대해서는 수전 벅모스(Susan Buck-Morss), 『헤겔, 아이티, 보편사』(김성호 옮김, 문학동네, 2012), 51~53쪽 참조.
69) 이익, 『성호사설』, 242쪽 및 250쪽.
70) 이영훈, 『대한민국 이야기』(기파랑, 2007), 226쪽.

보아야 한다고 말한다.[71]

그러나 이런 팔레의 주장은 많은 한계를 안고 있다. 물론 조선 시대의 노비 역시 서구의 노예처럼 사회적 인격이 거의 말살될 정도로 비천한 존재로 여겨지는 측면이 존재했다. 그래서 노奴의 이름은 "개, 소, 말, 돼지 등 동물의 분뇨나 돌과 같은 무인격의 물상에 빗대어" 지어졌고, 비婢의 이름 또한 "태어난 달을 빌리거나 꽃과 같은 식물에 비유되었다."[72] 또한 조선 시대에 노비는 독립적인 인격체로 인정받지 못하고 재산으로 간주되어 매매될 수 있었을 뿐만 아니라 상속의 대상이기도 했다. 그러나 조선 시대를 매우 부정적으로 보면서 식민지근대화론을 옹호하는 이영훈조차도 노비를 노예(slave)로 이해해서 다수의 노비가 존재했던 조선 시대를 노예제 사회로 규정해 버리고 나면 수많은 해결하기 힘든 문제들이 돌출하게 된다고 말할 정도이다.[73]

노예제의 비교 연구로 유명한 올랜드 패터슨(Orlando Patterson)은 노예제의 근본적 특성을 노예에게 법적으로 재산을 소유할 권한을 박탈하는 것으로부터 구했다.[74] 이런 기준에서 볼 때 노비의 지위에는 독특한 면이 있었다. 노예와 달리 조선의 노비들은 토지 소유자로서 농업 경영을 하면서 부를 축적할 수 있었고, 토지를 매매하거나 자손에게 상속할 수도 있었다.[75] 노비의 상당수를 차지했던 납공노비는 주인가와 떨어져 자신의 가족과 토지를 보유한 존재였는데, 이들은 법적으로 토지 소유를 인정받고 있었던 것이다. 그리하여 분쟁이 발생했을 때에는 노비도 국가에 소송을 제기하여

---

71) 한홍구·제임스 팔레, 「미국 한국학의 선구자 제임스 팔레: 정년 기념 대담」, 『정신문화연구』 24-2(2001), 212~213쪽 참조.
72) 이영훈, 『한국경제사 1: 한국인의 역사적 전개』(일조각, 2016), 383쪽.
73) 이영훈의 식민지근대화론의 한계에 관해서는 이 책 제10장을 참조 바람.
74) 마르티나 도이힐러, 『조상의 눈 아래에서: 한국의 친족, 신분 그리고 지역성』, 759쪽 각주 24 참조.
75) 미야지마 히로시, 『양반』, 164~165쪽.

재산과 관련한 법적 권리를 보장받을 수 있었다. 1886년부터 1887년까지 미국의 임시대사로 조선에 왔던 록힐(W. Woodvill Rockhill)은 다음과 같은 기록을 남겼다.

> 노비에 대한 주인의 권리는 법의 제한을 받았다. 따라서 주인이 서울에 산다면 형조, 지방에 산다면 수령의 허락을 얻기 전까지는 노비를 함부로 처형할 수 없었다. 게다가 노비는 사법私法상의 권리도 누렸다. 노비는 손해를 배상받거나 채권을 되찾기 위해 다른 사람을 상대로 소송을 제기할 수도 있었다.[76)

그래서 마르티나 도이힐러는 조선 시대 노비가 지녔던 독특한 성격 때문에 노비란 "본질적으로 재산을 소유할 수 없는 사람"이라고 이해하는 통념과 어긋난다며 놀라움을 표하지만, 그러면서도 그는 조선의 노비를 농노나 노예와 구분하려는 일부 한국학자들의 시도를 비판하고 노비를 서구의 노예나 농노와 같은 범주에 속하는 존재로 간주한다. 왜냐하면 그들은 모두 주인의 재산으로 여겨졌으며 강제 노동에 시달리던 존재였기 때문이다.[77)

그러나 조선의 노비와 서양의 노예 등이 동일한 범주로 분류되어야 한다는 도이힐러의 시각은 재검토되어야 한다. 이와 관련하여, 신유학(성리학)에 뿌리를 둔 조선의 과거제도는 "고대 서구의 아리스토텔레스 식의 존재관 즉 생래적으로 노예인 인간이 존재하고 이들에 대해서는 노예제가 그리 나쁘지 않고 정당했다는 식의 의견이 확고하게 뿌리내릴 수 없을 정도로" 개혁적이었다는 알렉산더 우드사이드의 입장이 더욱 설득력을 지닌다.[78)

---

76) 김지수, 『정의의 감정들』, 24쪽에서 재인용함.
77) 마르티나 도이힐러, 『조상의 눈 아래에서: 한국의 친족, 신분 그리고 지역성』, 28쪽 및 758쪽 각주 12.
78) 알렉산더 우드사이드, 『잃어버린 근대성들』, 75쪽.

마르티나 도이힐러와 달리 이영훈은 노예와 노비 사이에는 사회적 대우의 방식에서도 차이가 존재함을 강조한다. 앞에서 언급했듯이 조선 시대에는 노비를 비천한 존재로 보는 관념이 상당했지만, 그런 사회적 처우가 "노비들의 사회적 인격을 박탈할 정도는 아니었다"고 그는 주장한다. 또한 노비와 양인의 경계도 분명하지 않았을 뿐만 아니라 노비와 양인을 차별하는 사회적 상징도 발달하지 않았다고 한다. 요약해 보자면, "조선 시대의 노비들에게 그들이 사회적으로 죽은 자라는 상징은 강요되지 않았다"고 이영훈은 결론짓는다.[79]

사회적인 죽음을 강요당한 노예의 처지를 잘 보여 주는 것은 로마 시대에 노예 소유주들이 노예가 보는 앞에서 버젓이 성관계를 맺고는 했다는 사실이다. 노예는 사람이 아니기에 그들에게 그런 장면을 보여 주었다고 해서 수치심이나 부끄러움을 느낄 필요는 없다고 생각했기 때문에 그런 행동이 가능했을 것이다.[80]

로마 시대의 예는 어떤 사람에게는 너무 먼 과거의 일로 여겨질지 몰라서 다른 세 가지 예를 들고 싶다. 먼저 17~18세기 유럽이 아프리카 대륙에서 강제로 데려온 흑인들에 관한 처우이다. 클라이브 폰팅(Clive Ponting)의 다음 서술을 보자.

노예들은 기본적인 인권을 모두 상실했기 때문에 유럽 사회에서 가장 비인간적인 취급을 받는 노동자들과도 다른 존재였다. 노예는 자유는 물론이고 가족과 아이들조차 마음대로 가질 수 없었다.…… 1677년에 잉글랜드의 법무차관이 다음과 같은 공식 의견으로 확인해 준 것처럼 아프리카인들은 소유물이었다. "니그로는 재화와 상품으로 보아야 한다." 최후의 수단으로는 노예제도는 폭력에 의존했다.(사실 최후의 수단이 아닌 경우도 많았다.) 노예주는 노예에게

---

79) 이영훈, 『한국경제사 1: 한국인의 역사적 전개』, 390~391쪽 참조.
80) 장은주, 『정치의 이동: 분배 정의를 넘어 존엄으로 진보를 리프레임하라』(상상너머, 2012), 89쪽 참조.

일을 시키되 죽지 않을 만큼만 다그치는 아슬아슬한 줄타기를 하곤 했다. 노예제의 기본은 채찍과 매질이었고, 필요하면 얼마든지 더 가혹한 벌을 내리기도 했다. 법 제도는 노예주 편이어서, 그들에게 자유로운 권리를 부여했다. 잉글랜드 식민지들에서 노예를 죽이는 것은 범죄가 아니었는데, 주인이 자기 재산을 이유 없이 파손할 리는 없다고 여겼기 때문이다. 반란을 일으킨 노예는 사지를 땅에 못 박은 후 손과 발부터 팔과 다리까지 불에 태워 천천히, 고통에 찬 죽음을 맞게 했다. 그보다 죄질이 가벼운 경우에는 거세하거나 도끼로 발의 절반을 잘라 내기도 했으며, 채찍질을 한 후 상처가 난 살갗에 후추와 소금을 문지르기도 했다. 노예주들은 이렇게 잔인한 벌들이 안정상의 이유로 필요하다는 입장이었다. 카리브해의 몇몇 섬에서는 인구 다섯 명 중 네 명이 노예였다. 세계 역사상 전례 없는 규모였다.[81]

폰팅이 서술한 상황은 다시 언급하기도 버겁고 역겹다. 어찌 인간이 다른 사람에게 그런 짓을 할 수 있을까? 일반인의 상상을 넘어선다. 잔인성의 극단을 보여 준다고밖에는 달리 표현할 길이 없다.

다른 한 예는 미국의 저명한 철학자 마사 누스바움(Martha C. Nussbaum)이 경험한 당대 미국의 현실에 관한 것이다. 누스바움에 따르면 미국 남부에서는 그가 성장하던 시기까지도 흑인 남성이 백인 여성을 함부로 쳐다보지 못했다고 한다. 흑인 남성이 백인 여성을 쳐다보는 행위는 때때로 형사 범죄로 이어져 처벌을 감수해야 할 위험천만한 짓이었다. 1951년 노스캐롤라이나주에서 잉그러햄(Mark Ingraham)이라는 이름의 한 흑인이 열일곱 살의 백인 소녀를 바라보았다가, 그렇게 "추파를 던지는 식"으로 바라본 것은 그녀를 강간하려는 의도를 지녔음을 입증하는 것이라고 해서 기소를 당했다. 이때 검찰은 그가 "눈으로 이 사랑스러운 어린 소녀의 옷을 벗겼다"라고 주장했다고 한다.

---

81) 클라이브 폰팅(Clive Ponting), 『클라이브 폰팅의 세계사 2: 근세에서 현대까지』(박혜원 옮김, 민음사, 2019), 44~45쪽.

1953년 앨라배마주에서 맥쿼터(McQuirter)이라는 흑인은 단지 한 백인 여성과 너무 가까운 거리에서 걸었다는 이유로 기소되어 유죄 선고를 받았다. 이런 사례를 설명한 후 누스바움은 개인적 경험담을 소개하는데, 자신은 어릴 때부터 집에서 흑인 하인들이 쓰는 화장실을 같이 사용하지 말라는 교육을 받으며 자랐다고 했다.[82]

앞에서 살펴본 것처럼 서구 노예의 본질적 특성은 재산을 소유할 수 없었다는 데 있으며, 이렇게 소유의 주체로 인정받는 인격적 독립성을 박탈당했다는 점에서 노예는 사회적 죽음을 강요당한 존재였다. 노예는 법률에 호소하여 자신의 억울함을 호소할 가능성도 존재하지 않았다. 즉, 소송을 제기할 법적 주체로서도 인정받지 못했던 것이다. 조선 시대의 경우 결혼한 여성은 남편을 통해서가 아니라 자신이 직접 소송을 제기할 수 있었으며 노비 또한 자기 소유의 재산을 지키기 위해 소송을 제기할 수 있었다는 점과 대비되는 지점이다.

소송의 주체로 인정받지 못했던 노예의 비참한 경우를 알려 주는 매우 유명한 사례는 미국에서 일어난 1857년 드레드 스콧 대 샌드퍼드 판결이다. 이 판결은 미국을 남북전쟁으로 치닫게 하는 데 큰 영향을 준 판결이었다고 한다.

이 사건은 노예였던 드레드 스콧이 제기한 소송으로 시작되었다. 그는 노예제를 반대하는 변호인들의 도움으로 노예제도가 합법화되어 있던 미주리주에서 소송을 제기했다. 그는 미주리주에 오기 전에 자유주였던 일리노이주와, 노예제도가 인정되지 않았던 위스콘신 준주에 살았다는 점을 근거로 제시하면서 자신이 자유 신분임을 주장하였다. 그런데 드레드 스콧의 소송에 관한 미연방대법원의 최종 판결의 핵심 취지는 드레드 스콧이 노예이기

---

82) 마사 누스바움, 『혐오와 수치심』(조계원 옮김, 민음사, 2015), 649쪽 각주 243. 필자가 과문한 탓인지 모르지만 조선 시대의 노비가 과연 1950년대 노예의 후손들인 미국 흑인들처럼 극심하게 사회적으로 모욕당하고 살아갔던 존재인지는 의문이 든다.

때문에 소송을 제기할 권한이 없다는 것이었다. 그 판결 내용의 일부는 다음과 같다.

> 흑인들은 이미 한 세기가 넘도록 열등한 신분의 존재로서 사회적 또는 정치적 관계에서 백인 인종과 연합하기에 부적합한 존재로 간주되어 왔다. 그들은 너무나도 열등한 나머지 백인이 존중해 주지 않으면 안 되며, 권리를 전혀 가질 수 없다. 검둥이들은 그들 자신에게 이득이 되도록 공정하고도 적법하게 노예제로 되돌려 보내질 것이다.…… 이러한 견해는 문명화된 백인 인종에게는 확고부동하고 보편적인 것으로, 그 누구도 이에 대해 이의를 제기하겠다는 생각을 품거나 공개적으로 이의를 제기할 수 없는 정치와 도덕의 원칙이다.[83]

이 판결이 보여 주듯이 1857년에 미국에서는 백인에 비해 열등한 존재인 흑인을 노예로 삼는 것은 공정하고 적법했다. 이런 노예제도는 그 누구도 이의를 제기하지 못할 정도로 명백하고 확실한 "정치와 도덕의 원칙"이라고 판결문은 강조한다.

그런데 최근 들어 여기저기서 들려오고 있는 "흑인의 목숨도 소중하다"(Black Lives Matter)라는 구호는 미국이 서구 근대가 보여 준 야만적이고 어두운 역사를 오늘날까지도 완전히 극복하지 못하고 있다는 점을 선명하게 보여 준다. 오늘날 우리 사회 역시 극심한 차별과 불평등, 상상할 수 없을 정도로 높은 자살률과 최저 출산율, 호남 지역 차별의 온존, 탈북민과 조선족 동포에 대한 모욕과 차별과 무시(외국인 노동자에 관한 것 등은 언급하지 않더라도) 등 다양한 문제로 몸살을 앓고 있다. 그러면서도 미국에서 일어나는 인종차별적인 극단적 분열 상태로까지 치닫지 않는 것은 어쩌면 노비의 존재가 노예와 다른 측면을 안고 있었다는 것, 그리고 뒤에서 보듯이 노비 해방을

---

83) 찰스 밀스(Charles W. Mills), 『인종 계약』(정범진 옮김, 아침이슬, 2006), 51쪽에서 재인용함.

향한 우리의 지속적인 노력의 성과와도 완전히 무관하다고 보긴 힘들 것 같다.

노비의 독특한 성격과 관련해 조선 시대에 존재한 노비가 서양의 노예와는 다른 면이 있음을 우리는 알게 되었다. 이제 과연 팔레의 주장처럼 조선이 노예제 사회로 규정될 정도로 많은 수의 노비를 거느리고 있었는지를 다루어 보자.

선행 연구에 의하면 노비와 양민과의 구별은 모호하고 그 경계가 분명하지 않았다. 이를테면 외거노비인 납공노비는 그들의 토지에 부과된 조세와 공물을 국가에 납부한다는 점에서 일반 양인인 농민과 동등한 조선의 공민으로 인정받았다. 이런 납공노비를 단순하게 노비의 범주로 일관해서 분류하기는 매우 어렵다. 그리고 이런 납공노비를 제외한 노비의 수만으로 팔레가 노예제 사회의 성립 조건으로 제시한 전체 인구의 30%를 충족시킬 수는 없었을 것이라고 이영훈은 결론짓는다.[84]

그뿐만 아니라 조선 사회에서는 야만적인 노비제도의 폐지 문제가 지속해서 거론되었으며, 실질적으로도 노비제의 해체에 버금가는 해방의 조치들이 자체적으로 이루어졌다는 점에도 주목할 필요가 있다. 전통과 서구 근대의 이원론이 여전히 사회에서 통설로 통하기에, 조선 사회는 신분제적 불평등을 자체적으로 타파하는 역사를 보여 주지 못했던 것이 아닌가 하는 의구심이 널리 퍼져 있는 것 같다. 이런 의구심은 신분제적인 전통 사회와 근대의 자율적 사회라는 서구중심주의적 이원론의 한 사례에 불과할 것이다. 사실 이영훈 등이 주장하는 자본주의적 경제성장 중심의 협애한 시각에 초점을 두고 있는 식민지근대화론은 이런 전통-근대 이분법의 극단화된 표현 형식일 것이다. 그래서 조선에서 이루어진 노비제도 폐지의 역사에 대해서 간략하게나마 언급해 두고자 한다.

---

84) 이영훈, 『한국경제사 1: 한국인의 역사적 전개』, 388쪽.

양인 출신의 여자와 결혼하여 낳은 자녀를 양인으로 삼는 종모법從母法은 조선 후기에 시행된 대표적인 노비 해방의 법제적 길이었다. 강만길에 의하면 부모 중 어느 한쪽만 노비라도 그 자녀 또한 모두 노비가 되는 종모종부법從母從父法은 전체 인구 중 노비 인구의 비율을 현저하게 증가시키게 되는데, 그런 폐단을 없애기 위해 조선은 현종 10년(1669) 종모법을 시행했다. 당시 서인 세력의 대표적 인물이었던 송시열宋時烈은 노비종모법 실행을 건의하면서 다음과 같이 말한다.

이경억李慶億이 충청감사로 있을 때 상소하기를 공公·사천私賤 가운데 양민 처의 소생은 남녀를 막론하고 한결같이 어미의 역을 따르도록 하기를 청했는데, 이는 선정신先正臣 이이李珥의 논의였습니다. 그 당시 묘당에서 방계防啓하여 시행되지 못했는데, 지금 양민이 날로 줄어들고 있는 것은 실로 이 법이 시행되지 않았기 때문입니다. 속히 제도를 정해 변통하소서.[85]

현종은 대신들의 논의를 거쳐 일부 반론에도 불구하고 노비종모법을 실행토록 하였다. 이후 노비종모법은 남인 세력이나 노비 소유층 등의 반대로 다시 폐지되는 등의 우여곡절을 겪기도 했다가 영조 대인 1731년부터 비로소 불변의 법으로 정착되었다.[86] 이렇게 확립된 종모법에 대해 "노비 소유층의 반대를 이기고 노비 해방에 또 하나의 법제적인 길이 열린 것"이라고 강만길은 평가한다.[87]

종모법의 시행으로 인해 노비는 어머니가 비婢인 경우로 한정되는 모습으로 격감한다. 그 결과 노비의 가계는 여러 세대에 걸쳐 세습되기 힘들게

---

85) 『현종개수실록』, 10년 1월 10일.
86) 다만 현종 시기 노비종모법 시행에서 특정 붕당 세력만이 그 정책을 옹호한 것이 아니었음은 강조될 필요가 있다. 현종 10년에 노비종모법의 시행에는 남인 출신으로 좌의정이었던 허적의 지지도 큰 역할을 했다. 이헌창, 『김육 평전』(민음사, 2021), 528쪽 참조.
87) 강만길, 『고쳐 쓴 한국 현대사』(창비, 2015), 176쪽.

되었고, 19세기에 이르러서는 비가 여러 딸을 낳을 경우 큰딸만 어머니의 신분을 계승하고 나머지 딸은 양녀 신분으로 해방되었다. 노의 경우는 그 해방의 정도가 더 확실했다. 그리하여 남자인 노奴가 양녀와 결혼하면 양인의 신분으로 될 수 있게 됨에 따라, 노의 신분은 자신의 당대에만 노의 역할을 하는 예속인으로 변화한 것으로 평가된다.[88]

남자인 노奴의 경우 노비 신분이 자기 당대에 한할 정도로 노비제가 해체되고 있었다는 점은 주목할 필요가 있다. 이는 19세기 초 서유럽의 상황과 비교해 볼 때도 매우 의미 있는 것이었다. 당시는 노예무역이 성행하고 있을 때로, 영국이 노예무역을 법적으로 금지한 해가 1807년이었고 미국은 1808년이었다. 마커스 레디커(Marcus Rediker)는 서구 자본주의 노예제 사회에서의 흑인 노예들의 희생 규모를 다음과 같이 요약한다.

> 1807년에서 1808년 대영제국과 미국에서 노예무역이 폐지될 때까지 노예선이 남긴 성과는 무엇이었을까? 노예선은 이미 9백만 명의 사람들을 아프리카에서 신세계로 운송했다.(이후 3백만 명이 추가로 운송되었다.) 영국과 미국의 노예선이 18세기 전체에 걸쳐 3백만 명을 운송했다. 이러한 운송 과정에서 희생된 사람의 수는 실로 엄청났다. 거의 5백만 명이 아프리카에서, 노예선에서, 그리고 신세계에서 일한 첫해에 사망했다. 1700년에서 1808년 사이의 기간에 50만 명의 사람들이 노예선으로 끌려오는 도중에 사망했고, 또 다른 40만 명은 배 위에서 사망했다. 거기에 배가 항구에 정박하고 얼마 지나지 않아 25만 명이 사망했다. 노예무역이 폐지된 시기까지 대략 330만 명의 노예가 영국과 미국, 덴마크, 독일, 프랑스, 포르투갈, 스페인 주인이 운영하는 대서양의 '농장 단지'에서 일했는데, 이들 중 거의 120만 명이 미국에서 일했고 70만 명은 영국의 카리브해 식민지에서 일했다.[89]

---

88) 이영훈, 『한국경제사 1: 한국인의 역사적 전개』, 447쪽 참조.
89) 마커스 래디커, 『노예선』(박지순 옮김, 갈무리, 2018), 409쪽.

그렇다면 조선의 영·정조 시기 무렵 서유럽 각국의 국내 상황은 어땠을까? 서구 근대의 가장 위대한 계몽철학자로 인정받는 칸트의 『법철학』에 따르면 가정 내 하인들은 "가장의 자기 것에 속한다." 가정 내의 하인들에 대한 주인의 권리는 물건에 대한 권리와 동일하다는 주장이다. "왜냐하면 가장은 종복이 도망간다면 그를 일방적인 의사로써 자기의 통제력 안으로 되돌릴 수 있기 때문이다." 이처럼 하인은 자유로운 의지에 따라 집밖으로 나갈 수 없는 예속적인 존재이며, 가장은 마음대로 집 밖으로 도망친 예속인을 "물건들(도망간 가축들)처럼 점령 포획할 권리"[90]를 지니고 있다고 칸트는 주장한다. 오늘날 보편적 인간 평등 이념을 주장한 대표적 사상가로 높이 평가되는 칸트이지만 그의 법이론을 보면 그런 평가에는 좀 의아스러운 면이 없지 않아 있다.

또한 칸트는 당대 프로이센 법률(Allgemeines Landrecht für Preuβischen von 1794)과 마찬가지로 범죄로 인한 개인의 인격성 상실을 인정했다. 달리 말하자면 칸트는 사형을 받을 정도의 중범죄자에게는 인격성이 없을 수도 있음을 긍정했다. 그리하여 그는 그런 중범죄자에 대한 타인의 소유권을 인정하고 있다. 예를 들어 그는 사형수는 노예로 취급받아 마땅하다고 보았는데, 이런 생각을 다음과 같이 기록하고 있다. "노예 신분은 인격의 죽음이되 동물의 삶이다. 그것은 사형의 범죄의 경우에 일어난다. 그러나 그것은 계약에 의거하는 것이 아니다. 그러한 자는 아무런 권리도 가질 수 없는 자로서, 일체의 법리적 신뢰와 책무 능력이 없을 것이기 때문이다." 그리고 칸트가 살았던 시기의 프로이센 법은 기사령을 가진 귀족에게 노예를 그 신민으로 삼는 것을 허용했다.[91]

---

90) 물론 "도망간 가축들처럼 점령 포획할 권리"를 언급할 때 칸트가 염두에 둔 것은 집안에서 도망간 자식들이었다. 그러나 가정 내에서 자식들을 물건처럼 취급하는 것과 하인에 대한 그런 취급은 동일한 것이다. 임마누엘 칸트, 『윤리형이상학』(백종현 옮김, 아카넷, 2012), 222쪽·224쪽.

칸트의 『법철학』이 나온 해는 1797년, 그러니까 조선의 정조 말기였다. 당대 프로이센의 노예에 관한 규정이나 하인 같은 예속인에 대한 법적 대우를 조선 시대의 노비 처우와 비교해서 보면 서구 사회라고 해서 결코 더 문명화되었거나 앞서 있지 않았음을 알 수 있다. 더 나아가, 막스 베버(M. Weber)가 활동하던 20세기 초반 무렵까지도 독일에는 봉건적 유산이 강력하게 남아 있었다. 알렉산더 우드사이드가 강조하듯이 1914년까지 프러시아 지방 장관 중의 84%는 귀족 태생이었다.[92]

능력주의라는 용어의 창시자인 마이클 영 또한 책에서 19세기 유럽 사회의 전반적 상황이 능력의 원칙에 따라서가 아니라 혈통적 세습의 원리에 따라 운영되고 있었음을 강조한 바 있다.

공무원 조직 개혁이 단행되기 전까지 사회의 많은 부분에서 정실 인사가 횡행했다. 19세기가 한참 지날 때까지 지배적이던 농업 세계에서 신분은 능력으로 얻을 수 있는 결과가 아니라 타고나는 요소였다. 계급, 신분, 직업에서 모두 아들은 아버지의 발자국을 충실하게 따랐고, 아버지는 충실하게 할아버지의 뒤를 이었다. 사람들은 사내아이한테 커서 뭐가 되고 싶은지를 묻지 않았다. 앞선 조상들처럼 땅에서 일하게 되리라는 운명을 알았기 때문이다. 대부분의 사람들에게 직업의 선택 같은 기회는 없었다. 그냥 물려받을 뿐이었다.[93]

---

91) 같은 책, 224쪽 번역자 주 71. 칸트 역시 유럽중심주의적 사상가였다는 점에 대해서는 그에게 매우 호의적인 위르겐 하버마스조차도 인정한다. 위르겐 하버마스 『분열된 서구』(장은주·하주영 옮김, 나남, 2009), 184쪽. 게다가 오늘날에는 칸트가 인종주의 철학자였다는 주장도 강력하게 제기되고 있다. "근대 시기의 가장 중요한 도덕 이론가로, 어떤 의미에서는 근대 도덕 이론의 아버지이자 ―존 롤스와 위르겐 하버마스의 연구를 통하여― 점차 근대 정치철학의 중심인물로 널리 인정되고 있는 칸트가 **또한** 근대적 인종 개념의 아버지이기도 하다"라고 찰스 밀스는 주장한다. 찰스 밀스 『인종계약: 근대를 보는 또 하나의 시선』, 120쪽. 강조는 밀스의 것임.

92) 알렉산더 우드사이드, 『잃어버린 근대성들』, 82쪽.

93) 마이클 영, 『능력주의』, 41~42쪽.

이런 역사적 사실을 비교해 볼 때 우리는 조선의 전통 사회를 전근대적인 봉건적 예속사회 혹은 야만 사회로 놓고서 그에 대비되는 서구 근대를 문명화된 사회로 보는 시각이 얼마나 편견에 가득 찬 것인가를 새삼스럽게 깨닫게 된다.

거듭 강조하지만, 이런 비교를 통해 서구 근대문명에 비해 조선 시대가 더 우월하다는 것을 입증하려는 의도는 조금도 없다. 다만 어떤 한 시대가 다른 시대에 비해 총체적으로 우월하다는 문명 의식, 그러니까 서구중심주의적 사유 방식이 가정하는 단선적인 역사 발전 도식에 따른 '전근대사회의 야만성'과 '서구 근대사회의 문명'이라는 이원론적 대립의 패러다임이 아무런 학문적 타당성을 지니고 있지 않다는 것을 강조하고 싶을 따름이다.

조선 시대 역시 노비 문제를 고민했고 노비의 차별을 개선하는 조치가 자체적으로 이루어졌다는 사실이 지니는 의미는 아무리 강조해도 지나치지 않을 것이다. 그리고 유교 국가 조선에서 일어난, 신분적 차별을 해방하려는 나름의 독자적인 노력이 유교적 민본주의의 평등주의적이고 인본주의적인 이념과도 무관하지 않다는 점도 진지하게 생각해 볼 주제이다. 그런 점에서 조선 후기 사회에서 일어난 노비제의 해체를 이끌어 낸 "궁극적 힘은 시장경제의 대두, 집약농법의 진전, 인구 증가 등 소농小農으로 자립할 수 있게 한 사회경제의 새로운 환경"으로 보는 것도 일면적인 것처럼 여겨진다.[94]

조선 후기의 사회경제적 변화의 특성을 소농 사회의 성립으로 보는 이영훈과 달리 조선 후기 사회에서의 상업 발전을 중세적 신분 질서의 해체라는 시각에서 바라보는 강만길의 노비 해방에 대한 이해도 문제인 것으로 보인다. 그는 노비계급의 신분 해방을 분석하면서 조선의 관료 지배층이 종모법 시행을 주장한 목적이 "노비의 신분 해방 문제보다 양역 부담 인구의 수를 늘리려는데 있었다"라고 분석하는데, 이런 해석 역시 지나친 것으로 생각되

---

94) 이영훈, 『한국경제사 1: 한국인의 역사적 전개』, 447쪽.

기 때문이다.[95] 해방 조치를 단행한 세력의 의도와 그 조치로 인해 변화된 현실을 명백히 구분할 필요가 있다.

사회경제사적인 조건의 변동이 노비의 처우 개선과 신분제적 제약으로부터의 해방에 매우 중요한 조건이었다는 점도 분명할 것이고, 지배층이 노비 해방을 위한 법적 조치를 취한 배경에 나름의 계산이나 이데올로기적 이유가 존재하고 있었다는 점도 부인될 수 없을 것이다. 그러나 이데올로기 분석이나 사회경제적 조건의 변동만으로 한 사회의 신분제 변동 혹은 조선의 노비제 해방의 과정을 다 해명할 수 있다고 보기는 힘들다.

사회에는 늘 그 사회 나름의 공유된 이념이 존재하는데, 피지배층과 지배층이 공유하는 가치관에 노비제도를 부정적으로 바라보는 요소가 없었다거나 매우 희박했다고 한다면 아무리 경제성장이 이루어졌다고 해도 노비의 해방은 이루어지지 못했을 것이기 때문이다. 따라서 조선 시대 노비 해방의 역사는 양반 지배 계층은 물론이고 일반 백성과 같은 피지배 계층도 공유했던 당대의 통치이념인 유교적(성리학적) 민본주의의 평등 이념 및 인본주의의 사회적 확산이 없었다면 불가능했을 것이다.

노비제도의 해체와 직접 관련이 없는 사안일지도 모르지만, 과거제도는 노비에게도 신분 상승의 기회를 주었다. 노비도 신분을 속이고 과거 시험에 응시하여 급제할 수 있었기 때문이다. 예를 들어 효종 6년 2월 18일의 기록에는 매우 흥미로운 기사가 실려 있는데, 그 기록을 보면 조상의 신분을 속이고 과거에 응시해서 진사로서 양인이 된 경우가 있었음을 알 수 있다.

물론 과거 응시자의 신원을 확인하는 절차가 마련되어 있었다고는 하나 수많은 응시자의 신원을 철저하게 조사하여 응시자가 과연 신분을 조작했는지를 판가름한다는 일은 쉽지 않았을 것이다. 그런데 효종은 과거에 합격한 사람 중에 나중에 신원을 위조한 것이 밝혀졌을 때도 그 사람의 신분을

---

95) 강만길, 『고쳐 쓴 한국 현대사』, 177쪽.

원래대로 다시 복귀하도록 하지 말라고 말한다.

차라리 국가의 공천公賤을 잃더라도 차마 우리 백성에게 유리流離하여 시름
하고 탄식하는 괴로움이 있게 할 수 없다. 도감을 시켜 그 할아버지 때에
혹 급제해서 생원生員이나 진사進士가 되었다가 그 아들과 자손이 그대로
법을 어기고 양인이 된 자는 특별히 탕척하는 법을 써서 그대로 양인이
되는 것을 허가하라. 그 아버지 때에 비로소 급제해서 생원 · 진사가 되어
그 아들이 그대로 법을 어기고 양인으로 있는 자와, 혹 그 아버지와 할아버지가
숨기고 빠뜨려서 법을 어기고 양인이 되었더라도 미처 급제하지 못했다가
그 손자가 비로소 출신出身하였거나 생원 · 진사가 된 자는 모두 대속代贖하도
록 허가하라. 여자도 다 남자와 같이 하라. 그 외는 논하지 말고 법대로
하되, 3대 이전에 급제한 자일지라도 반드시 자수自首한 뒤에야 위와 같이
시행하고, 자수하지 않고 혹 진고陳告나 추핵推覈으로 말미암아 드러났으면
모두 논하지 말고 도로 천적에 붙여서 나라의 기강을 바르게 하라.96)

어떤 사람들은 효종의 처분을 국왕의 예외적인 조치에 불과한 것으로
보고 그 의미를 평가절하할지도 모를 일이다. 그런 반론도 일정 정도 설득력
이 있다. 신분을 속이고 과거에 응시, 시험에 합격하여 신분 상승을 한
사람을 그대로 두는 효종의 결정은 국왕의 일시적이고 자의적인 결정이었다
는 점에서 한계가 있기 때문이다.

그런 점에서 성호 이익의 노비제도에 대한 태도는 매우 흥미롭다. 그는
노비세습법이 매우 잔인한 것임을 강조하면서 노비에게도 "과거에 응시하는
것을 허락"해야 하며 과거 시험에 합격한 노비는 노비의 신분에서 벗어나게
해주자고 제안한다. 이런 방식으로 노비의 수는 점점 줄어들 것이라는
것이 이익의 생각이었다.

---

96) 『효종실록』.

응시자 가운데 문무과 및 진사에 합격한 자는 관에서 값을 내어 속량贖良시켜 준다. 또 능히 사서四書 중 하나 이상의 경서經書에 밝은 자는 삼 년에 한 번씩 경사京師와 각 도에서 시험을 치게 하되, 권卷마다 각각 한 조목을 묻는 것으로 문제 삼아서 그들로 하여금 자신의 생각을 써 답안을 내도록 한다. 말뜻이 패려하지 않은 자 약간 명을 뽑아서 또한 위와 같은 규례에 따라서 관에서 속량시켜 준다. 이렇게 하면 노비는 점점 줄어들고 나라는 반드시 힘을 입을 것이다. 그리고 정말로 비범한 재주가 있다면 들어서 쓰는 것이 도리에 무슨 해가 되겠는가.[97]

이처럼 유교적 능력주의 사회인 조선에서는 노비제도를 비인간적인 제도로 보고 노비제의 해체를 시도하는 움직임이 부단히 존재했다. 영조 때 이루어진 종모법 이후에도 조선에서는 지속해서 노비 해방의 시도가 이어졌다. 순조 1년(1801)에 내수사 노비와 관노비가 폐지되었다. 정조 승하 후에는 윤행임尹行恁(1762~1801)이 공노비 해방을 주도했는데, 공노비 폐지는 정조의 개혁 구상을 이어받은 것이었다.[98] 그는 공노비 해방의 명분을 정조의 유지를 받든다는 데에서 구했다. 실제로 정조는 노비제 개혁에 대한 강력한 의지를 지니고 있었다. 그는 늘 백성들의 고통을 자신의 고통인 양 생각하면서 백성들의 원한을 풀어주고자 애쓴 왕이었다.

물론 정조의 노비제 개혁이 신분제 자체의 전적인 부정으로 나아갈 정도로 철저하지 않았다고 할 수 있을지 모르지만, 그렇다고 그의 노비제 개혁안의 중요성이 폄하될 수 없음은 분명하다. 그는 노비제를 없애고 이를 고용인으로 전환시켜서 그 지위가 자식에게 대물림되지 않도록 하는 고용법의 도입을 구상했다. 『홍재전서弘齋全書』에서 그는 다음과 같이 말한다.

---

97) 이익, 『성호전집』(서정문 옮김, 한국고전번역원, 2015), 권46, 「노비에 대하여 논함(論奴婢)」.
98) 노대환, 「19세기 정조의 잔영과 그에 대한 기억」, 『역사비평』 116(2016), 177~178쪽 참조.

나는 이 세상에서 제일 억울한 존재가 노비보다 더한 것이 없다고 생각한다.…… 내가 국정에 바쁜 여가를 이용하여 두 쪽 다 똑같이 편리한 방법이 없을까를 고심하다가, 우선 노비 규정을 모조리 없애 버리고 대신 고용雇傭의 법을 만들어서 대물림은 하지 않고 자신에게만 한하도록 조처를 취하고, 그에 관한 방략方略을 먼저 정하여 대금을 주고 드나들게 하는 데도 다 일정한 수를 제한하도록 하는 것으로 뜻을 같이한 한두 신하들과 함께 그 영令을 발표하려고 생각했다.…… 추쇄관推刷官을 혁파한 것만으로 충분히 하늘의 명을 따르는 것이라고 말하지 말라. 그것은 단지 작은 절목 내의 일에 불과할 뿐이다. 그들이 평민과 섞여 사는 것과 본분을 지키는 일이 어그러지지 않고 병행될 수만 있다면 단연코 결행할 것이다.[99]

정조의 노력은 순조를 거쳐 고종의 시대로 이어지면서 공노비뿐만 아니라 사노비의 혁파로까지 이어졌으니, 고종은 1886년 1월 2일 사노비 해방을 위한 준비를 하라 명하고 3월 11일 사노비 혁파에 관한 절목節目을 시행하도록 했다. 1886년 1월 2일, 고종은 순조가 공노비의 문서를 불살라 공노비 제도를 폐지한 것을 크게 평가하면서, 순조의 뜻을 이어받아 사노비의 신역身役을 당대에 한할 뿐 세습하여 대대로 부리지 못하게 할 방안을 찾아볼 것을 명하였다.[100] 이런 고종의 명을 받아 만들어진 사노비 혁파의 구체적인 내용을 담은 절목이 3월 11일에 고종의 허락을 받아 실행에 옮겨진다. 그 내용은 다음과 같다.

1. 구활救活 및 자매自賣 노비, 세전世傳 노비는 모두 다만 자신 한 몸에 그치고 대대로 부리지 못한다.
1. 구활과 자매 노비의 소생은 매매할 수 없다.
1. 세전 노비로서 이미 사역使役 중인 자도 그 한 몸에 그치며, 만약 소생이

---

99) 『弘齋全書』, 권12, 「翼靖公奏藁財賦類叙: 奴婢引」(양홍렬 옮김, 한국고전번역원, 1998).
100) 『고종실록』, 23년 1월 2일.

있는데 의탁할 곳이 없어서 사역을 자원하는 경우에도 새로 사는 예로 값을 준다.

1. 자매 노비는 비록 하루 동안 사역을 당하더라도 명분이 이미 정해진 뒤에는 쉽게 모면할 수 없으며, 가주家主가 몸값을 갚으라고 허락하기 전에는 몸값을 갚겠다고 청할 수 없다.

1. 단지 자신 한 몸에 그치고 대대로 부리지 못하게 하는 만큼 매입한 돈 문제는 자연히 제기할 수 없으며, 본인이 죽은 뒤에 절대로 소생에게 징출徵出 할 수 없다.

1. 약간의 돈과 쌀에 의한 숙채宿債 때문에 양인良人을 억눌러서 강제로 종으로 삼는 것은 일절 금지한다.

1. 노비 소생으로서 스스로 면천免賤하겠다고 하면서 분수를 업신여기고 기강을 위반하는 자는 특별히 엄하게 징계한다.

1. 이처럼 규정을 세운 뒤에는 높고 낮은 사람을 막론하고 모든 사람들이 전철을 답습하여 조령朝令을 어기게 될 경우 적발되는 대로 법에 따라 감처勘處한다.[101]

이처럼 조선에서의 노비제도 폐지는 서구 근대의 충격을 받아서가 아니라, 자체적인 경로를 통해 자생적으로 이룩된 신분 해방의 역사에서의 커다란 성취였다고 볼 수 있다.

여기에서는 논하지 못했지만, 노비 해방을 결코 왕의 결정에 따라 위에서부터 이루어진 개혁의 성과물로 보아서는 안 된다. 조선 시대에 노비는 자신의 지위를 향상하기 위해 다양한 방식으로 노력했고 자신들이 겪는 원통함을 극복하기 위해 끝없이 투쟁하며 자신의 목소리를 냈기 때문이다.

노비는 주인에게서 도망하는 방식으로든 아니면 신분을 세탁하여 양인으로 되든가 신분을 속여 과거 시험에 합격함으로써 신분제적 억압에서 벗어나고자 했다. 상언·격쟁 등의 호소 수단을 통해서도 노비는 자신의 사회경제적

---

101) 같은 책, 23년 3월 11일.

문제와 관련된 억울함을 토로하는 데 적극적으로 목소리를 내었다.[102] 극단적으로는 민란에 가담하는 행동까지 서슴지 않았다. 어쨌든 황태연이 지적하듯이 갑오농민전쟁에서 분출된 일반 백성들의 강렬한 요구를 반영하여 이룩된 1894년의 갑오경장으로 인해 비로소 신분 해방이 이루어진 것으로 보는 것은 오해라 할 것이다.[103]

5. 나가는 말

과거제도가 상징하듯이 유교 국가 조선은 신분 구별이 매우 엄격했지만, 그런 신분적 지위가 혈연에 의해 세습되는 폐쇄적 사회가 아니라 개인의 능력과 노력에 따라 신분 상승이 가능한 나름의 개방적인 능력주의 사회였다. 그런 점에서 조선 사회의 지배 계층인 양반을 특권적인 세습 신분으로 바라보면서 그런 특권적 정치 엘리트들이 통치했던 조선을 중세 봉건적 세습 신분 체제로 보는 시각은 잘못이다.

오늘날 우리 사회나 여러 나라에서 실현된 정도와 비교해 볼 때 조선이 결코 보편적이고 완전한 능력주의 사회가 아니었다는 점은 사실이다. 그렇지만 조선 사회는 제한적으로나마 개인의 능력에 따라 신분의 상향 상승이 가능한 역동적 사회였는데, 그런 유교적 능력주의 사회를 가능하게 한 중요한 요인 중 하나는 조선 사회의 통치이념인 주자학 혹은 성리학이 지니는 대동사회적 이상이 지닌 설득력 때문이었다. 그러므로 유교적 대동세계에 대한 이상은 조선에서 본격적으로 뿌리를 내린 우리 전통의 핵심적 요소의 하나로 평가되어야 할 것이다.

---

102) 한상권, 『조선 후기 사회와 訴冤제도: 상언·격쟁 연구』(일조각, 1996), 116쪽.
103) 황태연, 『대한민국 국호의 유래와 민국의 의미』(청계, 2016), 181~183쪽 참조.

여기에서 다루지 않았지만, 조선은 능력주의적 사회가 지닐 수 있는 불평등의 문제를 시정하는 유교적인 대동사회 이념과 그것을 실현하려는 구체적인 제도적 방안 등도 실시했다는 점을 기억해 두어야 한다. 이를테면 조선은 일반 백성들, 소민의 삶을 안정시키는 데 큰 관심을 기울인 일종의 유가적인 사회복지국가이기도 했다. 이를 잘 보여 주는 제도 중 하나가 바로 환곡제도이다. 물론 환곡제도는 백성들의 삶을 보호하는 역할과 더불어 국가의 재정확보 수단이라는 상반될 수 있는 기능을 지녔기 때문에 많은 폐단을 낳기도 했음은 널리 알려져 있다.

특히 환곡제도는 19세기 중반 이후 그 본래적인 기능인 소민보호적인 역할에서 벗어나 국가 재정을 보완하는 기능으로 변질돼 백성들의 삶을 파탄지경으로 빠트리는 주범으로 전락했다. 이런 부정적 결과만을 기억하면서 환곡제도가 백성들을 수탈하는 제도였다고 단정하는 것은 지나친 과장일 것이다. 실제로 17~18세기 조선 후기에 환곡제도는 흉년, 기근 그리고 홍수나 가뭄 등과 같은 예상하기 힘든 조건으로 인해 어려워하는 일반 백성들의 삶을 보호해 주는 국가정책의 하나로 그 기능을 잘 수행하기도 했다. 국가가 어려운 백성을 도와야 한다는 것은 '백성이 나라의 근본'이라는 유교적 민본주의를 그 정당성의 기초로 삼았던 조선에서는 너무나 당연한 일이었다. 그리고 조선은 당대 중국과 비교해 볼 때 소민보호를 하는 데 더 큰 노력을 기울였다.

예를 들어 조선은 환곡제도를 통해 연 20% 이상의 고이자율의 사채 및 공채를 불법화하고 국가가 비축하고 있었던 곡물을 통해 연 10%의 이자를 받는 정책을 펼쳤다. 그래서 환곡제도는 손상익하損上益下의 원칙, 즉 '위를 덜어 아래를 이롭게 한다'는 유교적 민본 이념에 입각한 재분배 체제의 일환으로 이해된다.[104] 더구나 18세기 후반 조선 왕조가 환곡제도를 운영하

---

104) 박이택, 「17, 18세기 환곡에 대한 제도론적 접근: 재량적 규제체계의 역할을 중심으로」,

기 위해 1,000만 석에 달하는 곡식을 비축했는데, 이를 당대 중국이 실시한 상평곡의 1인당 비축곡과 비교할 때 7~8배에 이르는 규모였다. 이런 점을 두고 이영훈은 "18세기 조선 왕조처럼 거대 규모의 국가적 재분배 체제에 토대를 둔 도덕경제(moral economy)의 예를 세계사의 다른 나라에서 찾기란 그리 쉽지 않을" 것이라고 주장한다.[105] 그러므로 조선을 "소민대부형 사회보장국가"라고 정의하는 김상준의 주장은 설득력이 있다.[106]

이렇게 조선 사회는 사회의 통합과 연대를 유지하려는 대동사회 속의 능력주의를 추구했다. 달리 말하자면 조선은 능력주의가 초래할 사회적 불평등의 문제를 대동적인 유교 이념에 따라 해결하려는 노력도 보여 주었다. 물론 주희에 의해 집대성되어 조선 500년 역사를 지배해 온 성리학적 사유란 본래 중세 봉건적인 세습사회를 정당화하고 그것을 지탱해 주었던 전근대적 사유 방식에 불과하다고 보는 통념에 익숙해진 사람에게는 위에서 언급된 주장이 매우 낯설고 놀랍게 다가올 수도 있을 것이다. 어쨌든 유교적 능력주의와 대동적 사상 및 정치문화는 지금도 현실적인 의미를 지닌다.

현대 한국 사회가 직면하고 있는 능력주의 문제는 유교적 능력주의 사회의 역사적 전통을 배경으로 할 때 더 잘 이해될 수 있다. 간단하게 말해, 유교적 능력주의 전통은 오늘날 변형된 형태로 많은 병리적 현상을 초래한 장본인이기도 하다. 그러나 유교적 능력주의 문화는 우리 사회 특유의 평등주의 지향의 문화를 형성하는 데 크게 이바지했다. 유교적 능력주의 전통은 우리 사회에 능력에 따른 신분 상승의 기회를 주고 사회적 개방성을 실현하는 역사를 축적해 옴으로써 오늘날 한국 사회가 추구하는 평등과 민주주의의

이헌창 엮음, 『조선 후기 재정과 시장: 경제체제론의 접근』(서울대학교출판문화원, 2010), 177~181쪽.
105) 이영훈, 「총설: 조선 후기 경제사 연구의 새로운 동향과 과제」, 이영훈 편, 『수량경제사로 다시 본 조선 후기』(서울대학교출판부, 2004), 377~378쪽.
106) 김상준, 『유교의 정치적 무의식』(글항아리, 2014), 150쪽.

문화의 토대를 제공하고 있다는 점을 놓치면 안 된다.

오늘날 우리 사회는 조선 시대에 축적된 유교적 사회로의 전환으로 가능했던 역사적 성취만이 아니라 그 어두운 면으로부터도 전적으로 자유로울 수 없다. 그것은 오늘날 능력주의 원칙의 전면적 관철이 초래한 새로운 형태의 세습적 체제의 등장이 잘 보여 준다. 이런 세습적 신분 체제의 등장은 능력주의 자체가 지니는 역설적이고 자기파괴적인 성격을 잘 보여 준다. 한국 민주주의의 위기도 이런 능력주의의 한계가 표현된 결과라는 점을 부인하기 힘들다.

그러나 능력주의 원칙의 성공적 관철로 인해 초래된 세습적 신분 체제의 격화는 우리 사회에서 처음 겪는 일은 아님도 기억해 둘 필요가 있다. 이미 앞에서 언급했듯이 19세기 세도 정치가 보여 주는 특정 세력에 의한 권력과 자원의 집중은 유교적 능력주의 원칙의 수혜자들인 일부 기득권 계층이 사회적 신분 상승의 사다리를 걷어차 버린 결과로 인한 것이었기 때문이다. 그러니까 오늘날 자본주의적 능력주의 사회에서 신자유주의적 능력주의로 인해 가속화되고 있는 세습적 신분 사회의 등장은 능력주의 사회의 역설을 보여 주는 반복임을 알게 된다.

물론 대동적 능력주의와 천하위공 이념의 현대적 변형 중 하나라고 할 경제적 공공성 이념이 분단체제의 강고한 지속으로 인해 제대로 구현될 수 없는 역사적 맥락을 우리 사회의 뒤틀린, 무한 질주하는 능력주의 일변도의 각자도생 사회의 병리적 현상을 이해할 때 염두에 두어야 할 것이다.

하여간 전면적인 능력주의 사회의 도래가 안고 있는 극단적인 양극화 현상을 극복하고 더 평등한 민주주의 사회로 우리 사회를 재구성하려고 할 때 우리는 사회적 연대의 구축을 통해 능력주의의 어두운 면을 규율하고자 한 조선 사회의 시도가 보여 준 성공과 실패의 경험 모두로부터 많은 것을 배울 필요가 있을 것이다.

제2장
조선 사회에서의 대동사상 전개에 대한 간략한 사적 고찰

1. 들어가는 말

유럽발 자본주의 세계질서가 19세기에 본격적으로 동아시아로 팽창할 즈음에 같은 유교문화권에 속하는 한국과 일본이 그에 대해 어떻게 서로 다른 반응을 보였는지는 널리 알려져 있다. 동아시아에서 서구적 근대화의 길에 가장 성공적으로 적응하는 듯 보였던 일본은 제2차 세계대전에서 패배하기 전까지 줄기차게 대외적인 팽창과 전쟁의 길을 걸었던 데 반해, 한국은 일본이 걸었던 제국주의적인 대외침략적 근대화의 도정으로 인해 나라가 망하고 식민 지배로 전락하는 뼈아픈 역사를 경험했으니 말이다.

그럼에도 해방 이후, 그러니까 일본 제국주의의 제2차 세계대전 패전 이후로부터 오늘날에 이르기까지 한국 사회는 분단이라는 구조적 제약 상황에서도 나름의 방식으로 산업화와 민주화의 길을 성공적으로 걸어왔다. 그러나 한국 민주주의의 역동적 성격이 무엇이고 그것이 어떤 역사적 배경과 조건을 통해 형성되었는지를 해명하는 학문적 작업이 제대로 이루어졌는지는 의문이다.

필자는 한국 민주주의의 역사적 특이성을 조선 시대 유교 전통, 특히 유교적 대동주의 전통의 영향사라는 관점에서 해명하려는 문제의식을 견지한다. 바꿔 말하자면, 한국 민주주의 질적 특성을 제대로 파악하려면 조선 시대에 축적된 유교적 정치문화, 특히 유가적 대동 민본주의의 전 사회적 확산과, 그로 인해 조선의 일반 백성들이 유가적 대동사회의 이상을 바람직한 것으로 내면화하는 역사가 지니는 역할에 관한 제대로 된 분석과 이해가 요구된다. 그러므로 이 글에서는 주로 조선 주자학이 과연 대동사상과 어떤 방식으로 연결되어 있는지를 살펴보고, 연이어 유교적 대동주의 및 천하위공天下爲公의 유학 전통을 간략하게 사적으로 요약할 것이다.

물론 사적인 개요는 주로 18세기 탕평 시대 및 19세기 초까지로 제한되어 있고, 다루는 부분 역시 매우 선별적이라는 한계를 넘어서지 못한다.[1] 그렇지만 이 글은 천하위공의 대동유학의 흐름이 조선 시대 유학의 하나의 중요한 특징임을 입증하는 데 나름대로 이바지할 것으로 생각된다. 그리고 이런 조선 유학의 특질이 오늘날 민주주의에 이르는 우리 사회의 고유한 성격을 형성하는 데 큰 역할을 했다고 한다면, 조선 유학과 달리 천황에 대한 절대적 충성을 매개로 하여 특유의 국가주의적 유학의 전통이라는 문화적 배경 위에서 대외팽창적이고 제국주의적 패도의 길을 걸었던 근대 일본의 길이 가능했다는 비교사적 관점을 발전시키는 작업에도 의미가 있을 것이다.

2. 성리학과 대동사상

여기에서 우리는 대동유학의 사상사를 상세하게 다룰 수 없다. 그러나 공맹유학이 왜 대동유학으로 규정될 수 있는지 그리고 성리학은 어떻게 대동유학으로서의 공맹유학을 계승하고 있는지를 개괄적으로나마 살펴볼

---

1) 18세기 탕평 시대, 19세기 이후 일제강점기의 독립운동으로 이어지는 대동사상의 전개에 관한 서술은 이 책의 제3장에서 제5장에 할당되어 있다.

필요가 있다. 조선 주자학의 보편화 과정을 매개로 해 대동사상의 평민적 길이 한국 민주주의적 근대성의 특질을 크게 규정했다고 보는 것이 이 저서의 중요한 제언이기 때문이다. 또한 조선 주자학에서 등장하는 대동유학적 성격에 대한 탐색은 주희에 의해 집대성된 성리학이 지니는 대동유학적 성격을 전제하기에 그렇다.

1) 공맹 대동사상의 기본 이념

유가 경전에서 대동大同이라는 개념이 등장하는 경우는 그리 많지 않다. 대략 두 경서에 대동이라는 이념이 등장한다. 유학의 경전 중에서 대동 이념과 관련해 가장 널리 알려진 것은 아마도 『예기』 「예운」편을 통해서일 것이다. 그곳에서 공자는 "큰 도가 행해진 세상", 즉 대동세계에서는 권력이 특정한 개인이나 특권 세력에 의해 전유되어 세습되지 않는다고 말한다. 그런 점에서 유가적 이상인 대동세계는 "천하위공", 즉 "천하가 모두 만인의 것"으로 여겨지는 공통의 세계이었다. 이를 구체적으로 설명해 주는 것 중 하나가 바로 권력을 이양하는 방법에 관한 것인데, 대동세계에서는 천하의 백성들 혹은 일반 사람들이 "현명한 자와 능력이 있는 자를 선출하여 관직"에 오르게 한다.[2]

이렇게 권력을 사사로이 이용하여 남용하는 것을 방지하기 위해 일반 사람들 사이에서 현명하고 덕이 있는 사람을 추천하거나 선발하여 그런 유덕자에게 권력을 위임하는 일은 대동세계가 지향하는 또 다른 이상의 측면이라 할 사회 구성원 사이의 화목하고 조화로운 연대 사회의 구성에 이르는 길이기도 했다. 간단하게 말해 특정한 세력이 권력을 독점하고 사유화하여 공공의 것인 권력의 공공성을 해치지 않도록 할 공공적인 정치제

---

2) 『예기』 중(이상옥 옮김, 명문당, 2003), 617~618쪽.

도의 구현은 분화된 사회 영역 사이의 상호 연대와 신뢰의 구축을 통한 화목하고도 조화로운 사회를 구성하는 첩경이라는 것이다.

대동 이념이 등장하는 또 다른 경전은 『서경』이다. 『서경』「홍범洪範」에 대동이라는 구절이 등장한다. 「홍범」은 기자箕子가 지어 올린 글이라고 하는데, 그는 임금에게 왕이 지켜야 할 도리를 언급하면서 왕이 따라야 하는 일곱 번째 규칙을 설명하는 과정에서 대동을 언급한다.

> 당신에게 큰 의문이 있으면 마음에 물어 보고, 공경公卿과 관리들에게 물어 보고, 서인庶人에게 물어 보고, 거북점과 시초점으로 물어 보십시오. 그리하여 당신이 따르고, 거북이 따르고, 시초가 따르고, 공경과 관리들이 따르고, 백성들이 따르면, 이것을 일컬어 '대동'이라고 하는 것으로, 자신은 안락해지고 자손들은 창성하게 될 것이니 길한 것입니다.[3]

강정인이 주장하듯이 위 인용문에 나오는 대동사상은 큰 관심을 얻지 못했다. 그러나 그는 『서경』「홍범」에 나오는 대동 이념을 의사결정과 관련된 대동을 강조하는 것으로 이해하면서, 이런 대동 이념이 원시적 민주주의 사상의 원형을 이루고 있다고 강조한다. 그래서 그는 『예기』「예운」편에 등장하는 대동을 "위대한 조화"(great harmony)로서의 대동이라 하면서, 이와 비교해 『서경』「홍범」에 나오는 대동 이념을 "위대한 합의"(great consensus)라고 규정한다. 이는 매우 중요한 지적이라고 여겨진다.[4]

그런데 "위대한 합의"을 강조하는 대동 이념은 사실 유교의 정치사상에서 늘 강조된 민의에 기반한 통치 사상과 통한다. '민심이 천심'임을 주장하는 천명사상이나 맹자의 백성이 군주보다 더 귀하다는 주장은 말할 것도 없고, 백성들이 자유롭게 정치에 대해 논의하고 비판하는 것을 적극적으로 옹호했

---

3) 『서경』(김학주 옮김, 명문당, 2002), 292쪽. "庶人에게 물어보고"(謀及庶人)라는 구절이 누락되어 있어 필자가 넣었다.
4) 강정인, 『넘나듦(通涉)의 정치사상』(후마니타스, 2013), 194쪽 및 206~207쪽.

던 정나라의 명재상 자산子産에 대한 공자의 높은 평가 등은 모두 민의를 반영하는 정치에 대한 강조의 예이다.[5] 간단하게 말해 민의를 중시하는 정치를 통한 정당성의 확보는 유교적 민본정치를 구성하는 핵심적 요소 중 하나라 할 것이다. 바로 뒤에서 살펴보겠지만 민의를 중시하는 유교적 민본주의의 유구한 전통은 송대 주자학에 이르러 공론公論 정치의 강조로까지 이어진다.

그리고 이런 민의를 중시하는 유교적 민본사상은 역사 현실과 무관한 한갓 사상에 불과한 것이 아니다. 백성의 뜻을 중시하는 유교의 민본사상은 나름 역사적 현실 속에서 구현된 경험에 터를 두고 있다. 이와 관련해 두 가지 사례가 흥미롭다.

첫째로, 『주례』의 '소사구小司寇' 제도이다. 이에 따르면 "소사구의 직분은 외조外朝의 정사를 관장한다"라고 규정되어 있다. 그리고 그 직분에 관해 다음과 같이 구체적으로 설명한다.

소사구의 직분은 외조의 정령政令을 관장하여 모든 백성이 이르도록 책략을 세운다. 첫째는 나라가 위태로울 때 (백성에게) 묻는다. 둘째는 수도를 옮길 때 상의한다. 셋째는 군주의 후계자를 도모한다.…… 소사구는 번갈아 나아가서 인도하여 묻고 많은 의견으로 왕을 보좌하여 계획을 세운다.[6]

위 인용문에서 드러나듯이 소사구는 중요한 정무가 있을 때 백성의 의견을 알아보는 직무를 담당했다. 소공권에 따르면 소사구 제도는 춘추시대에 더러 사용되었던 것으로, 늘 운영되는 보편적 제도는 아니었다고 한다.[7] 물론 이런 제도가 고대 중국에 얼마나 실현되고 제도적으로 튼튼히 운영되어

---

5) 자산에 대한 공자의 평가에 대해서는 나종석, 『대동민주주의와 21세기 유가적 비판이론의 모색』, 93~96쪽 참조 바람.
6) 『주례』(이준영 옮김, 자유문고, 2002), 410~411쪽.
7) 蕭公權, 『중국정치사상사』(최명·손문호 옮김, 서울대학교출판부, 2002), 159쪽.

있는지를 따져 보는 것도 중요한 일일 터이지만, 그보다 더 중요한 점은 유교적 민본사상이 나름의 현실 속에서 작동하던 전통을 해석하면서 등장한 이론이라는 사실이고, 그런 역사 속의 경험은 동아시아에서도 고유한 민주주의의 뿌리가 작동하고 있었음을 보여 주는 사례라는 점일 것이다.

한국 학계에서도 소사구 제도의 의미에 주목하면서 유교적 민본주의의 민주주의적 특질을 강조하는 학자들이 존재한다. 이를테면 이상익은 궁궐 밖에 백성들의 의견 즉 민의를 수렴하는 기관을 설치하여 국가의 중대사가 있을 때 백성의 뜻을 존중해서 정사를 처리하는 '외조外朝'를 오늘날의 "일종의 민회"로 이해하는 장승구의 연구를 이어서 그것을 오늘날의 "국회"로 보고, 또 외조의 정무를 관장하는 '소사구'를 오늘날의 '국회 사무총장'으로 해석한다.[8] 배병삼도 바로 뒤에서 언급하는 맹자의 국인國人 이론을 소사구 제도와 연결하여 해석하는 성호 이익을 거론하면서 그가 "만민萬民(인민 대표)이 참석"하는 일종의 "거국 의회"를 구상하고 있었다고 높이 평가한다.[9]

둘째로, 『맹자』 「양혜왕하」 7에서 등장하는 '국인國人'의 사례이다. 맹자는 '국인國人'이라 분류되는 사람들의 견해를 중시하면서 국가의 공적 사안을 결정할 때 이들의 의견이 결정적으로 반영되어야 함을 역설한다.

> 맹자孟子께서 말씀하였다. "나라의 군주君主는 어진 이를 등용할 때는 부득이
> 한 것처럼 해야 합니다. 장차 지위가 낮은 자로 하여금 높은 이를 넘게
> 하며 소원한 자로 하여금 친한 이를 넘게 하는 것이니, 신중히 하지 않을
> 수 있겠습니까. 좌우의 신하가 모두 (그를) 어질다고 말하더라도 허락하지
> 말고 여러 대부大夫가 모두 어질다고 말하더라도 허락하지 말며 국인國人이
> 모두 어질다고 말한 뒤에 살펴보아서 어짊을 발견한 뒤에 등용하며, 좌우의
> 신하가 모두 (그를) 불가不可하다고 말하더라도 듣지 말고 여러 대부가

8) 이상익, 『현대문명과 유교적 성찰』(심산, 2018), 429쪽.
9) 배병삼, 『맹자, 마음의 정치학』 1(사계절, 2019), 206쪽.

모두 불가하다고 말하더라도 듣지 말며 국인國人이 모두 불가하다고 말한 뒤에 살펴보아서 불가한 점을 발견한 뒤에 버려야 합니다. 좌우의 신하들이 모두 (그를) 죽일 만하다고 말하더라도 듣지 말고 여러 대부가 모두 죽일 만하다고 말하더라도 듣지 말며 국인國人이 모두 죽일 만하다고 말한 뒤에 살펴보아서 죽일 만한 점을 발견한 뒤에 죽여야 합니다. 그러므로 국인國人이 죽였다고 말하는 것입니다. 이처럼 한 뒤에야 백성의 부모父母라고 할 수 있습니다."10)

위 구절에 따르면 '국인國人' 즉 일반 백성11)의 동의가 나라의 중요한 공적 사안을 결정할 때 그 토대가 된다. 달리 말하자면 백성의 동의가 모든 정치적 결정의 궁극적 정당성의 근원이 됨을 강조하는 것이라고 해석할 수 있다. 사람을 등용하는 일에서부터 사람의 생명과 관련된 사형 문제에 이르기까지 모두 국인의 동의를 통해 결정이 내려져야 한다고 강조하기 때문이다.

소공권에 따르면 "국인國人이 모두 죽일 만하다고 말한 뒤"에 왕이 잘 살펴서 결정해야 한다는 맹자의 주장은 『시경』에 나오는 '말이나 소에게 먹일 풀을 베는 사람이나 나무꾼 등과 같은 평범한 백성'과 상의하여 민의를 수렴하는 정치제도와 같다.12) 바로 앞에서 언급했듯이 성호 이익도 맹자의 국인國人 관련 이론을 소사구 제도와 관련해 이해하고 있다. 여기에서도 우리는 공맹의 유교적 민본주의가 고대 중국의 역사적 경험 내에 뿌리내린 민주주의적 요소들에 기인한다는 점을 다시 인식할 수 있다.

그리고 위에서 언급한 민의를 중시하는 정치와 천하의 공공성을 구현하는

---

10) 『맹자집주』, 61~63쪽.
11) 물론 국인이 과연 모든 백성을 뜻하는 것인지에 관해서는 학계에 여전히 쟁점으로 남아 있다. 이에 대해서는 나종석, 『대동민주주의와 21세기 유가적 비판이론의 모색』, 129~131쪽 참조 바람.
12) 소공권, 『중국정치사상사』, 159쪽.

대동적인 민본주의 이념에 크게 거슬러 권력을 오로지 왕이나 소수의 특권 계층의 전유물인 것으로 착각하여 권력을 남용하여 백성들의 삶을 힘들게 한다면 공맹의 대동유학에서는 백성들에게 최후의 방책으로 저항권과 같은 행위를 허용한다는 것이 주지의 사실이다. 이를 보여 주는 것은 바로 역성혁명론일 것이다.13)

2) 성리학과 대동사상

(a) 천하위공 사상의 전환: 선양禪讓의 공공성에서 천리天理의 공공성으로의 이행

이제 우리는 성리학이 세습 신분 질서와 전제적인 군주정을 옹호한 보수적 학문이라는 통념을 넘어서기 위해 과연 성리학이 공맹의 대동사상을 어떻게 이어받고 확장하였는지를 살펴보기로 하자. 우선 필자는 성리학의 성격을 다음 네 가지로 요약할 수 있다고 본다. 1) 천즉리天卽理에 의한 보편주의적 인간관의 유교적 옹호, 2) 천하위공天下爲公에 의한 중앙집중적 국가권력을 견제하고 통제할 이론 정립을 통한 유교적 문명주의의 확립, 3) 성인가학론聖人可學論에 입각한 일반 백성의 자발성과 자율성(선비 자율주의)을 존중하는 이론, 4) 균분적인 공公 관념에 의한 조화로운 사회의 지향.14)

그런데 천리天理의 보편성과 평등성에 기반을 둔 누구나 다 배움을 통해 성인이 될 수 있다는 평등주의적 '성인가학론聖人可學論'은 공맹의 대동사상과 궤를 같이한다. 그러나 주자학은 공맹 원시유학이 이상으로 삼았던 요순의 대동적 천하태평의 세상을 단순히 반복하지 않는다. 어떤 점에서 성리학이 공맹의 대동유학의 계승자라고 볼 수 있는지를 천리의 논리적

---

13) 공자와 맹자의 대동유학의 성격에 대한 보다 상세한 설명은 나종석, 『대동민주주의와 21세기 유가적 비판이론의 모색』, 제1장과 2장 참조 바람.
14) 나종석, 「헤겔과 아시아: 동아시아 근대와 서구 근대성에 대한 비판적 성찰」, 『헤겔연구』 32(2012), 115~139쪽 참조.

귀결 중 하나인 도통론과 관련해 살펴보자. 배움을 통해 성인이 될 수 있다는 주장은 도학 즉 성리학이 바로 성인이 될 수 있는 올바른 학문의 계승자라는 도통론과 밀접하게 연관되어 있다.[15]

성리학이 공자와 맹자를 잇는 성인의 학을 회복해서 계승하고 있다는 주장으로 인해 천명론에서도 큰 변화가 발생하게 된다. 천명이 바뀌면 천자의 지위가 변동하여 유덕자 즉 덕이 있는 사람에 의해 새로운 왕조가 들어선다는 주장은 이제 그 성격이 크게 바뀌게 된다. 황제가 천명을 부여받았는지를 따지는 일보다도, 성인의 학문인 도학 혹은 성리학이 제대로 발휘될 수 있는지가 더 중요한 사안으로 부각된 것이다.

천리론과 결합된 성인가학론에 의해 천명의 주체가 통치자로부터 배움을 통해 공맹의 성학聖學을 이어받은 학인들 혹은 유학자들로 이동됨에 따라 천하위공의 기존 해석도 크게 변화한다. 선행 연구에 따르면 송나라 시기까지 천하위공은 천자 지위의 교체 방식에 한정되어 있었다. 천하위공이 천자 지위의 계승이라는 선양의 문제에 한정해서 이해되었다는 말이다. 이에 따라 공공성의 덕목은 지배자인 천자 한 개인의 덕성 문제로만 수렴된다. 물론 여기에서도 황제에게는 지배자에 어울리는 공적 덕성이 요구된다.[16]

그리고 요순 선양의 방식을 본받아 새로이 왕조를 세운 천자의 자손은 그 왕조가 무너지지 않는 한 정통성과 권위를 인정받을 수 있었다. 상황이 이러했기에, 중국에서는 형식적으로나마 조광윤이 송나라를 세울 때까지 선양의 방식으로 왕조가 교체되었다. 달리 말해 위·진시기를 비롯하여 조광윤이 후주에서 선양을 통해 황제로 즉위할 때까지는 선양에 의한 역성혁명이 이루어졌다. 물론 대부분 형식상의 선양일 뿐 실질적으로는 폭력과 무력에 의해 이루어진 왕조 교체나 다름없었다. 그러나 적어도 표면적으로나

---

15) 이하 성리학의 대동사상과의 연관성은 나종석,『대동민주주의와 21세기 유가적 비판이론의 모색』, 제2장 5절과 제3장 5절을 중심으로 대폭 축약하고 수정한 것이다.

16) 미조구치 유조 외,『중국의 공과 사』(정태섭 외 옮김, 신서원, 2004), 19쪽 참조.

마 천명을 받은 덕 있는 사람에게 왕위를 양보한다는 선양의 탈이 활용되었다고 한다.

그러나 송나라 시대 주자학의 등장과 더불어 이런 전통은 파괴된다. 성인의 학을 이어받았다고 자부하는 성리학의 견해에 의하면 "천자가 천자일 수 있는 것은 단순히 천명을 받은 자의 자손이기 때문이 아니라, 자기 자신이 뛰어난 인격자이기 때문이다." 달리 말하자면 하늘에 의해 부여받은 인간의 선한 본성인 천리天理가 보편성을 띠듯이 각 개개의 황제도 그러한 천리天理에 따라 도덕적 인격자가 될 것을 요구받게 되는 것이다. 도덕적 인격자로서의 덕성을 지니지 않는다면 그 어떤 황제라도 정당한 통치의 권위를 제대로 확보하기 힘들게 된다.[17]

이처럼 타고난 도덕적 본성의 평등성과 보편성의 강조인 천리天理의 등장과 더불어 황제 개인에게만 한정해 이해되던 기존의 천하위공에 대한 인식이 내파되고 천하위공의 이념 역시 보편화되기에 이른다. 이제 원칙적으로 황제만이 아니라 모든 인간이 천리를 실현할 주체로 이해되기에 이르렀기 때문이다. 누가 성인이지 아닌지는 인간이 하늘로부터 부여받은 내재하는 도덕적 본질을 충실하게 발휘하는지에 의존해 있으며, 인간 본연의 도덕적 본성인 천리天理가 제대로 발현되느냐 그렇지 않으냐는 원칙적으로 각 개인의 노력과 수양에 달린 문제일 뿐이었다. 이제 인간이 신경을 써야 할 제일의 과제는 하늘이 내려준 인간의 도덕적 본성을 개인의 주체적 노력을 통해 얼마나 충실하게 구현할 수 있는가이다. 그리고 인간에 내재하는 보편적 본성이란 다름이 아니라 바로 인仁 즉 어진 마음이다. 이런 천리의 보편성과 평등주의에 대한 주자학적 강조는 뒤에서 보듯이 백성을 정치적 주체로 긍정하는 태도로까지 이어진다.

---

17) 미조구치 유조 외, 『중국제국을 움직인 네 가지 힘』(조영열 옮김, 글항아리, 2012), 154~155쪽 및 158쪽.

(b) 이윤伊尹의 뜻의 보편화를 통해 본 성리학의 대동유학적 성격

천리의 보편성과 평등주의를 바탕으로 하는 주자학이 정치적 주체에 관한 태도에서도 큰 변화를 보인다는 것도 주자학의 대동사상적 성격을 해명하는데 적지 않은 의미를 지닌다. 필자는 이런 주자학의 성격을 맹자가 올바른 재상의 모델이라고 높이 평가한 이윤伊尹의 뜻의 백성화 혹은 보편화라는 측면에서 접근하는 것이 필요하다고 본다. 맹자가 말하듯이 "탕왕은 이윤에게 배운 뒤에 그를 신하로 삼았기 때문에 수고롭지 않게 왕 노릇"을 할 수 있었다.[18] 달리 말하자면 이윤은 원래 "밭을 갈면서 요순의 도를 좋아한" 평범한 백성이었다. 그런 이윤이 탕왕의 부름을 받아 정치 세계로 나가게 되었던 동기를 설명하는 부분을 보면 이윤의 뜻이 무엇인지가 명확하게 잘 드러난다.

> 탕왕湯王이 세 번이나 사람을 보내어 초빙하시니, 이윽고 번연幡然히 마음을 고쳐 생각하기를 '내가 견묘畎畝의 가운데 처해서 이대로 요순의 도를 즐기는 것이, 차라리 내 어찌 이 군주로 하여금 요순과 같은 군주를 만드는 것만 하겠고 이 백성으로 하여금 요순의 백성이 되게 하는 것만 하겠으며 내 몸에 직접 이것을 보는 것만 하겠는가'라고 하였다.[19]

위 인용문에서 보듯이 이윤의 뜻은 "이 군주로 하여금 요순과 같은 군주를 만들고 이 백성으로 하여금 요순의 백성이 되게 하는" 것에 있다. 자신이 모시는 군주를 요순과 같은 성군으로 만들고 천하의 백성을 요순이 통치하는 세상의 백성으로 만든다는 이윤의 뜻은 정말로 후대 주희가 마음속 깊이 새기고 실현하고자 했던 숭고한 뜻이었다.

선행 연구에서 주희의 사상 속에 들어 있는 대동 이념의 모습을 논증하면서

---

18) 『맹자집주』, 「공손추하」 2.
19) 같은 책, 「만장상」 7.

필자가 특히 주목한 부분 중의 하나는 『대학혹문』에 등장하는 이윤의 뜻에 대한 급진적 해석이다.[20] 주희는 "치국평천하"(나라를 다스리고 천하를 평온하게 함)는 일반 백성이 관여할 바가 아니라 오로지 천자나 제후의 일일 뿐이라고 보는 사람의 반론에 비판을 제기한다. 그런 반론에 따르면, 나라를 다스리고 천하를 편안하게 하는 일은 오로지 천자나 제후의 일이기 때문에 주희 등에 의해 사서의 하나로 숭앙된 『대학』의 가르침은 오류일 뿐만 아니라 월권을 정당화하는 위험한 주장이다. 왜냐하면 『대학』은 모든 사람의 보편적인 도덕 본성을 천하에 밝히는 작업임을 강조하고 있기 때문이다.

그러나 이런 반론에 대해 주희는 하늘이 부여하는 도덕적인 잠재력인 명덕明德을 모든 사람이 함께 보편적으로 얻는 것이기에 "군자의 마음은 드넓게 크고 공정하여, 천하를 바라볼 때 어느 한 생명체라도 내 마음으로 사랑해야 할 대상이 아닌 것이 없으며 어느 한 가지 일이라도 나의 직분상 해야 할 바가 아닌 것이 없다"라고 강조한다. 그러니까 군자는 모든 사람이 지향하는 이상적 인간형이기에 "비록 형세상 비천한 신분의 일반인일지라도 자기 임금을 요임금이나 순임금 같은 분으로 만들고자 하고 자기 백성을 요순시대의 백성으로 만들고자 하는 포부가 그들 분수 안에 있지 않은 때가 없다"라고 그는 결론짓는다.[21]

주희의 주장에서 보듯이 일반 사람, 이를테면 사회적 지위가 낮은 사람이든 경제적 상황이 궁핍한 사람이든 그들은 당당하게 요순 세상의 구성원으로 활동할 자격이 있다. 그러니까 일반 사람들은 누구나 다 이윤의 뜻을 품고 천하의 일에 책임을 갖고 참여할 명분과 포부를 지녀야 마땅하다고 주희는 강조한다. 여기에서 우리는 주희가 이윤의 주장과 같은 내용을 반복하고 있음을 본다. 즉 "비록 형세상 비천한 신분의 일반인일지라도 자기 임금을 요임금이나

---

20) 나종석, 「주자학과 대동사상」, 『유교사상문화연구』 81(2020), 37~72쪽.
21) 주희, 『대학혹문』; 『대학』(최석기 옮김, 한길사, 2014), 193쪽.

순임금 같은 분으로 만들고 자기 백성을 요순시대의 백성으로 만들고자 하는 포부가 그들 분수 안에 있지 않은 때가 없다"라고 말이다.

그런데 여기에서 우리가 주목해야 할 것은 이윤과 주희가 보여 주는 태도의 차이이다. 앞에서 보았듯이 이윤은 자신이 모시는 군주를 요순과 같은 군주로 만들고 자신이 통치하는 백성을 요순의 백성이 되게 하는 것이 자신의 본래 뜻이라고만 말했을 뿐이다. 그런데 주희는 이 명제를 확장해 '배우는 사람이나 사대부(양반)는 모름지기 모두 다 그러해야 한다'에서 그치지 않고, '모든 사람이 다 그러해야만 한다'라는 명제로 보편화한다. 물론 맹자의 설명에 따르면 이윤이 재상으로 발탁되기 전에 그는 이름 없이 농사를 짓는 평범한 백성의 한 사람이었을 뿐이다. 여기에서 일종의 이윤이라는 모델의 보편화 가능성이 잠재해 있다 해도 좋을 듯하다.

필자의 해석에 따르면 이런 잠재성을 명시적으로 주장한 사람이 바로 주희라는 말이다. 우리는 일반 백성들도 당당한 정치적 주체로서 천하의 일을 책임지는 사람임을 강조하는 주희의 모습을 통해 그가 공자와 맹자의 대동 이념을 이어받고 있음을 알 수 있다. 이런 견해를 지닌 사상가를 소강유학자로 한정하거나 심지어 세습 전제 독재 체제의 정당화 이념을 제공한 사람이라고 평가절하하는 것은 수정되어야 할 것이다.

(다) 공론 정치와 대동 이념의 연계성

게다가 우리는 '나무꾼이나 소나 말에 먹이로 줄 풀을 베는 사람' 즉 사회에서 가장 하층에 속하는 사람들이 나라의 중요한 일에 대해 자신의 견해를 밝히고 이를 존중하여 정사를 처리하는 것, 바로 이것이야말로 군왕이나 정치 엘리트들이 지녀야 할 마땅한 도리라고 했던 고대 중국에서 기원한 유구한 대동적 이념이 주희에게도 면면히 이어지고 발전되고 있음을 발견하게 된다. 주희는 이런 공맹의 대동 이념을 이어받았을 뿐만 아니라, 그것을 천의 공공성 이론을 토대로 새로운 공론 정치 이론으로 발전시키고 있기 때문이다.

물론 새로운 공론 정치에 대한 주희의 이론도 천리天理의 보편성과 평등성에 대한 자각에 토대를 두고 있다. 앞에서 본 것처럼 주희는 천리를 정치의 궁극적 근거인 천하의 바른 이치이면서 인간에 내재하는 도덕적인 본성으로 이해한다. 그리하여 천리의 보편성과 평등주의적 개념에서부터 정치적 주체에 관한 새로운 사상이 움터 오른다는 점은 이미 강조하였다. 이제 하늘의 이치를 실현할 주체는 황제나 최고 권력자로 제한되지 않는다. 원칙적으로 모든 사람이 천리의 천하위공을 실현할 주체로 자임할 수 있기에 이른다. 이전까지 군주 한 개인의 정치적 덕성의 문제로 여겨졌던 공공성, 즉 공公이란 이제 만인이 갖추어야 할 보편적 덕목으로 격상되고, 공의 보편화와 법칙화를 보여 주는 천리天理의 공공성은 하늘과 정치를 연계하는 유가적 민본주의 사상에서 일대 혁신을 가져온다.

이와 관련해 필자는 선행 연구에서 다음과 같이 주장한 바 있다.

따라서 천하위공天下爲公의 관념에서 보듯이 천하나 천리天理의 하늘은 규범적으로 국가나 황제보다 더 상위의 개념으로 이해될 뿐만 아니라 공의 발현이 군주 한 개인에 달린 것이 아니라 원칙적으로 사대부와 백성의 노력에도 의존해 있는 것이다. 황제 권력을 견제하고 비판하는 역할은 군주 개인에게만 해당되는 것이 아니라 관료, 사대부 그리고 백성들에게도 개방된다는 것이다. 달리 말하자면 천리의 공에 어긋나는 국가나 황제의 자의적 권력은 비판되고 견제되어야 할 사사로운 존재에 지나지 않는데, 이런 황제와 조정의 사사로운 권력 행사를 견제하고 비판하여 천리의 공공성을 실현하는 것은 사대부와 백성들의 몫으로 이해된다. 그래서 주희는 황제가 천하를 다른 사람에게 줄 수 없다는 맹자의 말에 대해 설명하면서 "천하는 천하 사람들의 천하요, 한 사람의 사유물이 아니"라고 말한다.22) 선진유학先秦儒學에서도 천명의 소재를 정확하게 파악하기 위하여 '민심은 곧 천심'이라는 명제로 표현된 민심론이 요구되었으나, 주희는 이런 민심론을 계승하면서 민심의 공정성을

---

22) 『孟子集註』, 「萬章章句上」 5, 272쪽.

확보할 방법으로 공론의 정치를 내세워 전통적 유학 사상에서의 민심론을 발전시키고 있다.[23] 이런 점에서 천리天理의 공공성은 공론公論 정치를 매개로 해서 그 구체적 의미를 띠게 된다.[24]

위 인용문에서 보듯이 천리의 보편성과 평등성에 대한 자각에서 비롯된 천리의 공공성은 백성 일반을 정치적 주체로 승인하는 것을 정당화한다. 그리고 일반 백성을 정치적 주체로 승인한다는 점은 앞에서 본 것처럼 "비록 형세상 비천한 신분의 일반인일지라도 자기 임금을 요임금이나 순임금 같은 분으로 만들고자 하고 자기 백성을 요순시대의 백성으로 만들고자 하는 포부가 그들 분수 안에 있지 않은 때가 없습니다"라는 주장으로 응결되어 나타난다.

그런데 우리가 여기에서 주목해야 할 부분 중 하나는 정치적 주체에 대한 성리학의 사유가 공론 정치 이론을 통해 그 구체성을 확보한다는 점이다. 이런 맥락에서 이제 주희의 공론 이론을 좀 더 살펴보자.[25] 그는 공론公論을 국시國是와 같은 것으로 보면서 국시를 "천리를 따르고 인심에 화합하여 온 천하가 모두 옳다고 하는 것"이라고 규정한다.

오직 천하의 사람들이 옳다고 한 것에 화합하지 않고, 천하의 사람들로 옳게 여기도록 강요하기 때문에 상을 내걸어 회유하고 엄한 형벌로 독책한 연후에야 겨우 사대부들이 불평하는 입을 억지로 막을 수 있겠지만, 천하의 진정한 시비는 끝내 속일 수 없습니다. 오늘날 화의和議와 같은 일이 과연 천리에 따르고 인심에 화합하는 것인지 아닌지 모르겠습니다. 진실로 천리를

---

23) 이상익, 「송대 주자학에서의 민심과 공론」, 『민의와 의론』(장현근 외 지음, 이학사, 2012), 178쪽 이하 참조.
24) 나종석, 「주희 公 이론의 민주적 재구성의 가능성」, 『철학연구』 128(대한철학회, 2013), 146~147쪽.
25) 이하 주희의 공론 이론에 대한 설명은 나종석, 같은 글, 152~155쪽을 짧게 재구성한 것임.

따르고 인심에 화합한다면 천하의 사람들이 옳다고 여길 것이니, 다른 이론異論들이 어디에서 생겨나겠습니까? 만약 그렇게 생각지 않고 편견을 주장하여 그 사이에 사심을 꿰어 넣고 억지로 국시國是라 이름 짓고, 임금의 위엄을 빌려서 천하의 모든 사람이 한결같이 말하는 공론과 다투려 한다면, 저는 옛사람들이 이른바 '덕만이 (사람의 마음을) 하나로 통일시킨다'고 한 말과 다른 것 같습니다."26)

천하 사람들의 공론에 화합하고 순응하는 것이야말로 통치권자인 군주가 해야 할 마땅한 도리라는 주장에서 보듯이 주희는 공론을 형성하는 주체에 관해서도 일종의 보편화를 감행한다. 그러니까 공론의 장은 국왕과 일부 관료로 이루어진 조정에서만 이루어지는 것으로만 보지 않는다. 주희는 공론을 구성하는 주체를 왕, 사대부 그리고 백성 일반으로 설정한다. 백성의 뜻을 살피고 그들의 의사를 반영하는 정치, 즉 민의를 중시하는 유교적 민본주의의 전통은 주희의 성리학에 이르러 그 보편성이 뚜렷하게 드러난다. 물론 여기에서 실제로 이른바 서구 근대와 조우하기 이전 전통 동아시아 사회에서 공론의 주체가 대개는 왕과 사대부에 한정되었다는 점도 부인할 수 없는 사실이다. 그러나 그런 상황에서도 천리에 대한 성리학의 보편성 주장은 정치 현실에서도 일반 백성의 뜻을 외면하지 못하도록 하는 비판적 견제력의 모습도 완전히 잃지 않았다는 점도 눈여겨보아야 할 터이다.

하여간 주희는 다음과 같이 말한다.

안으로 관료와 백공百工, 밖으로 백성들에 이르기까지 임금의 마음을 열어 일깨워 주시고 잘못된 정치를 지적하여 진술하는 이가 있다면, 친소귀천을 따지지 말고 모두 자신의 견해를 임금에게 밝힐 수 있게 하십시오.27)

---

26) 주희, 『주자대전』 5(주자대전번역연구단 옮김, 전남대학교 철학연구교육센터·대구한의대학교 국제문화연구소, 2010), 444쪽 이하.
27) 주희, 『朱子封事』(주자사상연구회 옮김, 혜안, 2011), 195쪽.

그리고 주희에 따르면 사람들이 공론의 장에서 사사로움이 없어야 공론장의 순기능이 제대로 발휘될 수 있다. 사사로움의 개입은 바로 공론장의 왜곡이자 변질을 초래할 것이기 때문이다.

더 나아가 주희는 공론 정치가 "정치의 바탕"(治之體)이라고 보고 공론을 통한 공개성의 의미도 강조한다. 그에 따르면 공론의 결과를 일반 백성에게 널리 알리는 공개성을 통해 조정과 군주의 정치적 정당성이 더 확실하게 확보될 수 있다. 이와 관련해 주희의 다음 주장은 아주 중요하다.

> 군주는 제명制命이 직분이지만, 반드시 대신들과 의논하고, 급사給舍들과 참작하여 익숙하게 의논해서 공의公議의 소재를 구해야 합니다. 그런 다음에 왕정에 게시하고 명령을 밝게 내어 공평하게 시행하는 것입니다. 이런 까닭으로 조정은 존엄하고 명령은 자세해서, 비록 부당함이 있더라도 천하 또한 모두 그 잘못이 어떤 사람에게서 나왔는지를 알게 되고, 인주도 홀로 그 책임을 뒤집어쓰지 않게 됩니다. 의논하려는 신하들도 자신의 뜻을 다해서 말을 다하면서 거리낌이 없어야 한다는 것은 고금의 불변하는 이치요 조종의 가법입니다.…… 가령 진실로 폐하의 독단에서 나왔고 일이 모두 이치에 합당하다 하더라도 정치의 바탕(治之體)은 아니어서 훗날의 폐단을 열어놓을 것이다.[28]

위 상소문에서 보듯이 주희에 따르면 황제의 독단적인 결정은 결코 올바른 정치적 결정이라고 존중받을 수 없다. 달리 말하자면 공론의 과정을 거치지 않고 이루어진 왕의 사사로운 독단은 설령 그 내용이 타당하다 하더라도 정당성을 확보하기가 매우 힘들다는 것이다. 이는 매우 중요한 지적이다. 예를 들어 어떤 시대에 필요한 개혁정치라 하더라도 그것이 백성의 뜻을 구하는 절차를 없이 이루어진다면 그런 개혁정치는 일반 백성들의 광범위한

---

28) 주희, 『주자대전』 3(주자대전번역연구단 옮김, 전남대학교 철학연구교육센터·대구한 의대학교 국제문화연구소, 2010), 365쪽 이하.

이해에 기반한 실행력을 확보하기 힘들 것이기 때문이다. 이런 맥락에서 조정에서의 공론이 백성에게 공개되어야 함을 정치의 요체로 주장하는 주희의 이론은 오늘날의 심의민주주의 이론과 관련해서도 생각해 볼 여지가 있는 것이다.

더 나아가 위 상소문에서 보듯이 공적 사안에 관한 논의 과정에서 신하는 황제에게 아무런 두려움이나 거리낌 없이 자신의 의견을 말할 수 있어야 함을 주희는 역설한다. 이런 맥락에서 주희가 논의의 과정에서 왕과 신하가 대등하고 수평적인 토의의 주체로 인정되어야 함을 인정한다고 해석해도 크게 그르지 않을 것으로 생각된다. 사실 주희는 백성의 의견 수렴과 조정에서 이루어지는 공론이 군주의 정치적 권력 행사의 사사로움과 독단을 막을 수 있는 중요한 제도적 틀임을 역설한다. 그러므로 공론公論의 이론에서도 주희는 일관되게 올바름과 천리 그리고 인仁을 실현할 방법으로 공공성(公)의 중요성을 강조한다.

주희는 상소문에서 다음과 같이 말한다.

가까운 사이가 아니더라도 현자이면 비록 멀더라도 빠뜨리지 마시고, 친한 사람일지라도 부적격한 사람이며 비록 가깝더라도 반드시 버리십시오. 벼슬에 먼저 들어온 사람의 의견만을 옹호해서 한쪽 말만 듣고(偏聽) 특정인에게만 일을 맡긴다(獨任)는 비난을 불러일으키지 마십시오.…… 나아가게 하든지 물러나게 하든지, 버리든지 택하든지 오직 공론의 소재를 돌아보시면 조정이 바르게 되고 내외·원근이 올바르게(正) 귀결되지 않음이 없을 것입니다.[29]

위 인용문에서 보듯이 주희에게 공론의 형성은 왕과 신하의 논의에 국한되어 있지 않다. 천하의 공론, 즉 일반 백성들의 목소리로서의 '공론의 소재'에

---

29) 주희, 『주자대전』 8(주자대전번역연구단 옮김, 전남대학교 철학연구교육센터·대구한의대학교 국제문화연구소, 2010), 34쪽.

대한 경청이 없이는 공론公論이 기대하는 정치적 공공성과 공정성은 확보될 수 없다는 것을 주희는 주장하고 있다.

3. 조선 주자학과 대동사상

조선 이전의 유학 사상의 역사를 여기서 상론할 수는 없지만, 조선의 유학 혹은 주자학의 전통의 전모를 잘 이해하기 위해서는 분명 삼국시대와 고려 시대로 거슬러 올라가는 그 이전의 우리 사회의 지적 전통의 맥락까지 살펴보아야 한다. 다만 이 글이 한국 유학사 전반이나 조선 유학사 전체를 대상으로 한 것이 아니기에 여기서는 이를 상세하게 다루지 않는다.

그런데 대동 이념이 우리나라에 소개된 것은 매우 오래전 일이다. 예를 들어 대동 이념에 관한 언급은 통일 신라 시대 최치원崔致遠의 글에서도 발견할 수 있다. 그는 「대운사 중수를 위해 보시하기를 청한 글」(求化修大雲寺疏)에서 다음과 같이 말한다.

> 그리하여 상고上古의 기풍을 제대로 일으키고 대동大同의 교화를 길이 이루어서, 머리털을 이고 치아를 머금은 인간으로부터 물속에 잠기거나 공중을 나는 것들에 이르기까지 모두 자비의 힘을 입어 빠짐없이 해탈解脫할 수 있게 하는 것입니다.[30]

그러나 대동사상이 일반 백성에게까지 널리 알려지게 된 것은 아마도 조선 사회에 들어서였을 것이다. 오랜 세월이 걸려 이루어진 것이긴 하지만, 조선이 전반적으로 유교적 사회로 전환되어 가면서 유교적 사상이 양반이라는 특정 계층에 한정되지 않고 일반 백성의 생활 곳곳에 이르기까지도

---

30) 최치원, 『계원필경집』(이상현 옮김, 한국고전번역원, 2010), 권16, 「疏」.

영향을 주게 됨에 따라 대동사상이나 요순 세상에 관한 유가적 관념이 사회 전반에 확산되었을 것이기 때문이다. 그러므로 우리는 조선 사회에서 대동 이념이 어떤 방식으로 이해되었는지를 살펴볼 필요가 있겠다.

조선이 성리학을 국가의 통치이념으로 삼아 유교 국가를 지향했다는 것은 널리 알려져 있다. 그리고 "조선의 성리학자들이 그렇게 소망하던 지치至治는 바로 맹자가 기획한 왕도정치를 통한 인정仁政의 실현"이었다는 것도 틀림없다.[31] 그런데 일부 학자들은 오늘날까지도 도통론과 성인가학론을 주창하며 맹자를 아성亞聖의 지위로 격상시켰던 성리학을 공맹유학의 근본정신인 대동 이념을 외면한 소강유학으로 분류하면서, 그것을 세습신분제 사회를 지탱해 준 통치이념이었다고 규정한다.[32]

주자학, 좁게 한정해 조선 주자학의 성격을 공맹의 대동유학과 대비되는 소강유학으로 분류될 수 있을지는 의문이다. 주자학이 나름으로 대동유학의 전통을 이어받고 있음을 밝히는 바로 앞 절의 서술과 저자의 선행 연구[33]를 토대로 해서 이제 조선 주자학을 중심으로 대동사상이 어떤 방식으로 전유되는지를 살펴볼 것이다. 이러한 연구는 실제로 조선 주자학의 성격을 해명하는 데에 매우 중요한 의미를 지닌다. 예를 들어 19세기 말 20세기 초 양계초梁啓超(1873~1929)의 대동사상이 조선 유학자들에게 엄청난 영향을 주었을 때에도 유학사상이, 좁게는 주자학이 대동사상으로 이해될 수 있는지를 둘러싸고 커다란 논쟁이 발생했다. 특히 대동사상에 대한 부정적인 견해를 보여 준 대표적인 인물은 전우田愚(1841~1922)이다.

전우는 대동사상을 유가의 근본정신으로 바라보는 양계초의 주장을 강력하게 비판했는데, 그는 당대 조선에서 양계초에 대해 가장 많은 비판적

---

31) 함영대, 『성호학파의 맹자학』(태학사, 2011), 16쪽.
32) 이에 대해서는 나종석, 『대동민주주의와 21세기 유가적 비판이론의 모색』, 171~179쪽 참조 바람.
33) 같은 책, 제3장 참조 바람.

글을 발표한 학자로 평가받는다.[34] 그가 양계초의 이론을 비판한 까닭은, 양계초의 영향을 받아 대동사상을 유학의 근본정신으로 인식한 구한말의 조선 유학자들이 시대 변화에 적응하지 못한 채 타락한 조선 유학의 타성을 비판적으로 극복하려는 문제의식 때문에 도리어 주자학과 유학의 전통을 훼손하고 있다고 보았기 때문이다.[35]

대동사상에 관한 전우의 입장은『간재선생문집사차艮齋先生文集私箚』권1에 수록된「양집제설변梁集諸說辨」(1909)에 잘 나타나 있다. 전우가 보기에 양계초는 그의 스승 강유위康有爲(1858~1927)의 군신君臣·부자父子·부부夫婦 관계가 평등함을 인정하는 삼강평등설三綱平等說을 이어받아 유교의 인륜질서를 무너뜨리고자 한 위험한 사람이었다.[36]

삼강 관계의 평등함을 대동사상에서 구하면서 이를 공맹의 학설에 있는 진정한 오의奧義라는 점을 강조하는 양계초에 대해 전우는, 우선 대동설이 성인聖人의 말씀일 수가 없다고 반박했다. 예를 들어 전우는 주희의 다음과 같은 주장을 자신의 주장을 뒷받침하는 핵심적 근거로 인용한다. "주자가 말했다. 이것은 성인의 글이 아니다. 호명중胡明仲(胡寅)이「예운禮運」은 자유子游의 작품이라고 말했지만, 자유도 이처럼 천박한 지경은 아니었을 것이다."[37] 또한 전우는 주희의 편지를 인용하기도 한다. "(「예운」의 이 구절은) 분열됨이 매우 심하다. 이제二帝와 삼왕三王에게 서로 다른 도리가 있었다고 비판한다면 이는 잘못 보는 것이다."[38] 이처럼 전우는 양계초의 대동설을 부인하기 위해『예기禮記』「예운禮運」편이 공자의 학설이 아니라는 주희의

---

34) 김건우,「한말 유학자의 위기의식과 근대문명 담론 비판: 간재 전우의 양계초 비판을 중심으로」,『유교사상문화연구』61(2015), 97~98쪽.
35) 이하 간재 전우와 권근의 학설에 관한 설명은 나종석,『대동민주주의와 21세기 유가적 비판이론의 모색』, 181~188쪽을 토대로 축약한 것이다.
36) 김건우,「한말 유학자의 위기의식과 근대문명 담론 비판: 간재 전우의 양계초 비판을 중심으로」, 117쪽.
37)『朱子語類』, 권87, "朱子曰, 不是聖人書. 胡明仲云, 此是子游作, 想子游亦不至如此之淺."
38)『朱子大全』, 권33,「答呂伯恭」, "分裂太甚. 幾以二帝三王爲有二道, 則有病耳."

관점을 강조한다.[39] 더불어 간재 전우는 대동설이 공자의 학설이 아니라는 점은 주희朱熹 이외에도 여조겸呂祖謙(1137~1181), 원나라 시기의 진호陳澔 (1260~1341) 등 중국의 주자학자들이 널리 공유했던 견해임을 강조한다.

강경현에 따르면, 전우가 자신의 견해를 입증하기 위해 주희를 비롯한 여러 중국 주자학자들의 견해를 인용하면서 대동大同과 소강小康의 구분은 공자의 말이 아니라 노자의 영향을 받은 자유子游 문인의 기록이었음을 강조한다는 점에 주목할 필요가 있다. 강경현은 전우가 인용한 대동설이 공자의 말이 아니었다는 견해는『예기』「예운禮運」에 대한 주자학적 이해로 서 "조선 주자학계의 일반적 입장"이었다고 보아도 무방하다고 말한다.[40]

그러나 강경현의 해석에는 문제가 있다.『예기』「예운禮運」에 등장하는 대동 학설에 관한 문헌적 이해와 관련해 조선 주자학자 대부분이 그 출처를 공자에게서 기인한 것이 아니라고 보았다 해도, 주자학 자체 내에 대동 이념이 가로 새겨져 있는지는 별도의 문제라고 여겨지기 때문이다. 사실 주자학에는 기본적으로 대동적 이념이 다양한 층위에서 재구성되고 보존되어 있는데, 이에 대해 필자는 앞 절 이외에도『대동민주주의와 21세기 유가적 비판이론의 모색』에서 상세하게 언급해 두었다.[41] 따라서 이에 대한 설명은 피하고 조선 주자학 내에서는 과연 대동 이념이 공맹의 유학에 어긋나는 사조로 이해되었는지를 간략하게 서술해 보기로 하겠다. 다음 절에서 조선에 서의 대동 이념의 흐름을 다룰 것이기에, 여기서는 몇몇 조선 주자학자들의 주장을 통해 조선 주자학의 흐름 내에서도 대동 이념이 반유교적인 사상으로만 여겨지지는 않았음을 살펴볼 것이다.

조선 초기에 활약한 양촌陽村 권근權近(1352~1409)의『예기천견록禮記淺見

---

39) 강경현, 「"대동민주"와 조선주자학」,『헤겔연구』43(2018), 233쪽 각주 20에서 재인용함.
40) 강경현, 같은 글, 233~234쪽.
41) 나종석,『대동민주주의와 21세기 유가적 비판이론의 모색』, 제3장.

錄』에 나타난 「예운禮運」에 관한 인식은 간재 전우의 그것과는 사뭇 다른 모습을 보여 준다. 그는 대동에 대한 주희의 학설을 잘 이해하고 있었다. 그 또한 주희와 마찬가지로 요순의 도와 삼왕의 도가 다르지 않음을 강조하면서 「예운」을 기록한 사람의 오류를 지적하고 있기에 그렇다. 그는 대동세계에서 행해지는 대도와 소강사회에서 행해지는 도는 모두 한 가지의 도일 뿐이라고 하면서, 이 두 세계에 서로 다른 도가 운행되리라고 보는 것이 바로 노장 부류에서 온 그릇된 인식임을 강조한다. 그래서 그는 「예운」을 기록한 사람이 견강부회하여 공자 본래의 의미를 잘 살리지 못했다고 비판한다. 그 내용을 인용하면 다음과 같다.

상고의 까마득한 옛 세상에서는 인위적으로 행함이 없이 천하가 잘 다스려졌기 때문에 '도道'를 가지고 말한 것이고, 하夏·상商·주周 삼대는 때에 따라 예禮를 제작해서 다스림을 이루었기 때문에 '사람'을 가지고 말한 것이니, 오제의 세상을 성세盛世로 여기고 삼왕의 시절을 부족한 것으로 여긴 것은 아니었다. 그러나 기록하는 자가 이에 "큰 도는 오제의 시절에 행해져서 '대동'이 되었고, 삼왕의 세상에는 드러나지 않아서 '소강'이 되었다"라고 하였는데, 무릇 오제와 삼왕의 관계는 비록 시절에 쇠락함이 있어도 도는 쇠락함이 없었다. 어찌 오제의 시절에는 행해졌다가 삼왕의 시절에는 숨는 일이 있겠는가. 또한, 예를 언급하면서 "충신忠信이 박해지자"라고 한 것에 대해 선유가 "이것은 노자와 장자의 소견에서 나온 것이지 유자의 말이 아니다"라고 말한 것은 진실로 옳지만, 만약 수장首章을 아울러서 (모두) 공자의 말씀이 아니라고 한다면 지나치다고 할 것이다. 이 두 절은 기록한 자가 수장首章에 있는 공자의 말씀에 근거해서 견강부회한 것이기 때문에 공자의 본뜻을 잃어버렸는데, 수장首章에 근거해서 해석한 것이기 때문에 마땅히 전문傳文이 되어야 한다.[42]

---

42) 金在魯, 『禮記補註』(해동경사연구소, 성백효·박성자·이영준 공역, 한국고전종합DB, 2017), 「禮運第九」에서 재인용.

위 인용문에서 보듯이 권근은 「예운禮運」의 기록에 약간의 부족한 점이 있음을 지적하고 있다. 권근에 따르면, 「예운」의 처음에 나오는 장은 공자의 말씀인 경經이지만 이어지는 대동과 소강을 설명하는 부분은 공자의 말이 아니다. 다만 권근은 대동소강설이 공자의 직접적인 말은 아닐지라도 공자의 사상에 대한 일종의 해석인 전문傳文으로서의 의미까지 부인해서는 안 된다고 강조한다. 권근도 대동과 소강에 대한 설명은 기록자가 공자의 입을 빌려서 말한 것임을 인정한다.

그렇지만 대동과 소강에 대한 학설이 성인聖人 공자의 직접적인 말씀을 담은 경經은 아닐지라도 그 뜻이 공자 사상의 본의에 크게 어긋나지 않는 내용을 담고 있다는 점에서 전문으로 삼아야 한다는 것이 권근의 입장이다. 이처럼 권근은 간재 전우와 달리 「예운禮運」의 대동소강설을 상당히 적극적으로 받아들이고 있다.[43] 아울러 권근이 전우보다 대동설에 대한 주희의 태도를 더 잘 인식하고 있었다는 사실을 언급하는 것은 불필요한 첨언일지도 모르겠다.[44]

그런데 요순의 선양이 공자의 뜻을 분명히 밝히는 것이라고 해석한 주희의 글은 『주자봉사朱子封事』에도 실려 있다.[45] 이 책은 주희가 관료로 재직하던 때 황제에게 올린 여러 상소문을 모아서 묶은 책자로, 조선에서는 17세기

---

43) 물론 간재 전우의 관점과 비교하는 연구는 아니었지만, 권근이 대동설을 상당히 적극적으로 수용하고 있다는 점은 이미 김성윤이 강조한 바 있다. 김성윤, 「조선 시대 대동사회론의 수용과 전개」, 『조선시대사학보』30(2004), 14쪽. 전우와 유사하게 『예기』 「예운」의 대동설을 기록자의 오류로 보아 그것을 매우 격렬하게 비판한 조선 말기 학자는 沈大允 (1806~1872)이다. 같은 글, 17~19쪽 참조 바람. 반면 비록 그 수가 많지는 않았다고 하나 조선 후기에 대동설을 적극적으로 수용하는 학자들도 존재하였다는 점도 주목할 만한 사항임에는 분명하다. 김성윤은 상대적으로나마 대동설을 적극적으로 긍정하는 모습을 보인 학자들로 실학자 安鼎福(1712~1791), 영조 대의 노론 척신으로 유명한 金龜柱(1740~1786), 洪奭周(1774~1842) 등을 들고 있다. 같은 글, 19쪽 각주 37 참조
44) 간재 전우가 어떻게 주희의 주장을 축약하고 간략하게 다루면서 주희의 본래 뜻을 왜곡하는지는 나종석, 「주자학과 대동사상」, 52~53쪽 참조 바람.
45) 주희, 『주자봉사』, 62~63쪽.

중엽 이후 널리 출간 보급되었다. 『주자봉사』를 간행하고 보급함으로써 조선 사회, 특히 조선의 양반 사대부들에게 주희의 상소문이 널리 알려지게 되었음은 물론이다. 심지어 조선의 국왕들은, 특히 영조와 정조는 이 책을 경연에서 신하들과 함께 강독하며 주희의 정치사상을 자신의 것으로 삼고자 했다.

17~18세기에 이루어진 『주자봉사』의 간행과 보급 그리고 국왕의 경연 자료로서의 활용은 이전 시기 조선에서는 볼 수 없었던 새로운 상황이었다.[46] 이렇게 『주자봉사』가 조선 후기에 일반화되었다는 점을 고려한다면 간재 전우 역시 이 책의 존재를 알고 있었을 것이다. 그러나 그는 양계초의 대동설을 비판하기 위해 주희를 내세우면서도 요순 성왕의 선양제를 공자의 본령으로 받아들이는 주희의 모습은 언급하지 않는다.

조선 주자학의 흐름 내에서 대동사상이 결코 주변적인 지위에 있지 않았음을 보여 주는 또 다른 사례는 남당南塘 한원진韓元震(1682~1751)의 예이다. 한원진은 주지하듯이 송시열－권상하의 학통을 이어받은 정통 성리학자이자 노론 계열의 대표적 인물 가운데 한 사람이다. 공맹의 대동유학에 대비되는, 세습 신분 체제를 옹호하는 소강유학을 조선 주자학의 주류적 흐름으로 보는 입장과는 관점을 달리하여 놀랍게도 그 역시 "선양은 상고의 보편적 원칙(經)"이라고 긍정한다. 더 나아가 "천하라는 것은 천하의 천하이지 한 사람의 천하가 아니다"라고 하면서 천하를 '개인의 재산'으로 여겨서는 안 된다고 누차 강조한다.[47]

이처럼 정통 성리학자들이라 불리는 사람들도 대동사상을 공자의 사상을 저버린 것으로 보진 않았다. 여기에서 알 수 있듯이 주희의 성리학 내에 들어 있는 대동유학적 요소도 아마 조선 주자학자들에게는 어느 정도 공유된

---

46) 주자사상연구회, 「조선 후기 『주자봉사』의 간행과 활용」, 같은 책, 11~38쪽 참조.
47) 한원진, 『주자언론동이고』(곽신환 역주, 소명출판, 2002), 440쪽 및 445~446쪽.

이론이었을 것이다. 필자가 보기에 주희의 성리학을 대동유학에 대비되는 의미에서의 소강유학이라고 분류하기는 어렵다. 따라서 필자는 성리학을 대동지향적 소강유학이나 대동적 소강유학 혹은 소강적 대동유학이라고 명명하는 것이 더 적절하지 않겠냐고 조심스럽게 주장한 바 있다.[48]

물론 이렇게 공유된 주자학을 둘러싸고 조선 주자학의 역사 속에서도 늘 해석의 갈등이 존재했음도 사실이지만, 어쨌든 18세기 조선에서 일어난 개혁의 향방을 두고 발생한 논쟁을 신분 세습체제를 옹호하는 소강적 주자학 대 공맹의 대동유학 혹은 탈성리학적 사조로 대비하여 보는 것은 오해라고 여겨진다. 차라리 주자학 내에 존재하는 대동적 이념의 전면적인 분출과 그로 인한 주자학을 둘러싼 해석 갈등의 첨예화로 해석하는 편이 더 좋지 않을까 생각된다.

조선 주자학과 대동사상의 연관성을 이해할 때 또 하나 흥미로운 점은 노비제 혁파와 관련된 것이다.[49] 앞 장에서 본 것처럼 노비제도의 폐지를 향하는 과정에서 종모법은 매우 중요한 개혁 정책이었고, 종모법 이후에 실시된 조선의 노비 해방 과정에서의 획기적 사건은 순조 1년(1801)에 단행된 내수사 노비와 관노비의 폐지였다. 공노비 폐지는 원래 정조의 개혁 구상의 하나였지만 그의 사망으로 실행되지 못했다. 윤행임尹行恁은 정조가 승하한 후 공노비 해방을 주도한 인물이었는데, 그는 공노비 해방의 명분을 정조의 유지에서 구했다.[50]

그런데 우리가 주목해야 할 점은 당시 노비 폐지를 반대한 세력은 노론 세력이 아니라 남인 세력이었다는 점이다. 현종 시기 송시열의 건의를

---

48) 나종석, 『대동민주주의와 21세기 유가적 비판이론의 모색』, 특히 180~188쪽 참조 바람.
49) 조선 사회의 노비 문제와 조선 후기 노비제 혁파 과정에 대해서는 나종석, 『대동민주유학과 21세기 실학』, 501~508쪽 참조 이하 노비제에 관한 서술은 이 부분을 참고로 해축약, 수정한 것임. 조선의 노비제의 성격에 관해서는 이 책 제1장도 참조 바람.
50) 노대환, 「19세기 정조의 잔영과 그에 대한 기억」, 177~178쪽 참조.

받아 노비종모법이 시행되었으나 남인 세력이 권력을 장악하면서 그 정책을 없던 것으로 만들곤 했다. 정조 시기에도 노론 세력은 송시열이 공노비 폐지를 주장한 사례를 근거로 내세워 찬성했는데, 정조는 노비제 폐지를 최선으로 생각하면서도 공노비 폐지가 사노비 폐지로 이어질까 염려했다고 한다.[51] 사실이 이렇다면 서인 - 노론 계열의 정통 주자학자들이 주희를 이어받아 그들의 "종신적 또는 세습적 지배자 신분을 정당화"하려고 했다는 주장은 과도하다 할 것이다.[52]

4. 율곡 이이와 정여립에서부터 19세기 초에 이르는 대동 이념의 전개

조선은 주자학을 통치이념으로 내세워 전체 사회를 그 이념에 맞추고 변화시키려 했던 유교 국가였다. 그러나 앞에서 강조했듯이 조선의 유학자들이 유학의 이상사회가 서술되어 있는 『예기』「예운」편에 대해 상세히 언급한 경우는 그리 많지 않다. 조선 전기와 중기에 대동사상을 구체적으로 다룬 유학자로는 양촌陽村 권근權近과 율곡栗谷 이이李珥 등이 언급될 수 있다.[53] 특히 율곡 이이는 자신만의 독특한 대동 이론을 전개한 조선의 대표적인 유학자로 손꼽힌다.[54]

이이는 『성학집요聖學輯要』「위정하爲政下」 제10장 '위정공효爲政功效'에서 다음과 같이 말한다.

---

51) 김정인, 『민주주의를 향한 역사: 시대의 건널목, 19세기 한국사의 재발견』(책과함께, 2015), 26쪽.
52) 황태연, 『대한민국 국호의 유래와 민국의 의미』, 107쪽.
53) 김성윤, 「조선시대 대동사회론의 수용과 전개」, 13쪽·20쪽 참조
54) 강정인, 『넘나듦(通涉)의 정치사상』, 제6장 '율곡 이이의 정치사상에 나타난 大同, 小康, 少康: 시론적 개념 분석' 참조 바람. 이이의 대동 이념에 대한 기초 자료는 강정인의 글을 통해서 주로 알게 되었다.

대도大道가 행해질 때에는 천하가 공평해져 어진 이와 능한 이를 선발해서 신의信義를 강구하고 화목을 닦는다. 그러므로 사람들은 자기의 어버이만 어버이로 여기지 않고 자기의 아들만 아들로 여기지 아니하며, 늙은이는 생을 잘 마감할 곳이 있고 젊은이는 쓰일 곳이 있으며, 어린이는 자랄 곳이 있고 홀아비와 과부와 고아와 독신, 불구자도 모두 부양을 받는다. 그러므로 모략이 막혀서(謀閉) 일어나지 않고 도둑이 일어나지 않아서 사립문을 열어 놓고 닫지 않으니, 이것을 대동大同이라고 한다.[55]

강정인이 지적하듯이 이이는 위 인용문에서 『예기』「예운」에 나타나는 대동 이념을 설명하면서도 대동과 함께 짝이 되어 등장하는 소강에 대해서는 아무런 언급을 하지 않는다.[56]

더 나아가 이이는 『성학집요』을 마무리하는 「성현도통」에서 다시 대동을 언급하고 있는데, 이곳에서의 대동에 관한 설명은 우선 인문人文이나 군왕이 없는 태초의 인간 사회에서 출발한다. 그에 따르면 인간은 처음에 "인문人文이 구비되지 못하여 임금도 없이 모여" 살았지만 곧 소박한 생활이 무너지면서 서로 "물어뜯고 손톱으로 할퀴며 싸워" 엄청난 혼란이 발생하려는 상황에 빠지게 된다.

신이 가만히 생각해 보니, 태초의 생민들은 기풍氣風이 처음으로 열리자 새처럼 거처하고 날고기를 먹으며 살 뿐 생활해 가는 방법을 갖추지 못했습니다. 머리를 풀어헤친 채 발가벗고 살았으며, 인문人文이 구비되지 못하여 임금도 없이 모여 살면서 물어뜯고 손톱으로 할퀴며 싸워 대니 순박한 생활은 흐트러지고 대란이 일어나려고 했습니다.

이렇게 대란이 발생하여 인간 사회가 일대 혼돈에 빠지려는 순간에 성인이

---

55) 이이, 『율곡선생전서』(권오돈 외 옮김, 한국고전번역원, 1968), 권25, 「聖學輯要」 7.
56) 강정인, 『넘나듦(通涉)의 정치사상』, 239쪽.

등장하여 세상의 질서를 바로잡게 되자 사람들은 이런 성인을 임금으로 받들게 되었다고 이이는 설명한다. 이때는 왕과 스승이 분리되어 있지 않아서, 왕이 곧 스승인 군사君師의 직책을 맡게 되었다는 것이다. 그런데 이런 시대에 대한 이이의 설명에서 주목할 점은, 위대한 성인 즉 군사君師가 각종 제도와 가르침을 통해 백성을 교화함으로써 "부자父子·군신君臣·부부夫婦·장유長幼·붕우朋友가 각각 그 도리를 얻으니 하늘의 질서가 밝아지고 또 행해졌습니다"라는 부분이다. 이에 대한 부분을 인용해 보자.

이때 성인이 무리 가운데서 가장 뛰어나서 총명과 지혜로써 그 성품을 온건하게 하니, 억조의 백성들이 자연히 그를 향해 귀의했습니다. 다툼이 있으면 해결해 주기를 구하고 의문이 있으면 가르쳐 주기를 구하여, 받들어 임금으로 삼으니 민심이 향하는 바가 바로 천명天命의 돌아보는 바입니다. 성인은 억조의 백성이 귀의함을 스스로 알고 군사君師의 직책을 맡지 않을 수 없었습니다. 그러므로 천시天時를 따르고 지리地理를 인하여 백성을 기르는 기구를 만들었습니다. 그러자 궁실과 의복과 음식과 기용器用이 점차 구비되어 백성들이 필요한 물품을 얻어서 생을 즐기면서 생업에 편안할 수 있게 되었습니다. 그러자 또 편안하게 지내면서 가르침을 받지 못하면 금수에 가까워짐을 근심하여, 인심을 따르고 천리를 근본으로 해서 교화教化의 기구를 만들었습니다. 그러자 부자·군신·부부·장유·붕우가 각각 그 도리를 얻으니, 하늘의 질서가 밝아지고 또 행해졌습니다. 또 시대가 같지 않기 때문에 제도를 마땅하게 하는 방법을 고려하고, 현명함과 어리석음이 한결같지 않기 때문에 바로잡아 다스리는 방법을 고려하여, 인정을 절제하고 시무時務를 헤아려서 더하고 줄이는 규법을 만들었습니다. 그러자 문질文質과 정령政令과 작상爵賞과 형벌이 각각 마땅하게 되었는데, 그 과한 것은 억제하고 그 미치지 않은 것은 끌어올려서, 착한 이는 일으키고 악한 자는 징계하여 마침내 대동大同으로 돌아왔습니다.[57]

---

57) 이이, 『율곡선생전서』, 권26, 「聖學輯要」 8.

이이는 대동사회의 출현을 설명하면서『예기』「예운」에 대동에 대비되는 소강사회에 어울리는 오륜五倫을 언급한다. 대동에 관한 이런 설명에서 강정인은 이이가『예기』「예운」의 대동소강설의 구분, 즉 '천하위공'이라는 요순의 대동세와 '천하위가'라는 삼대의 소강세 사이의 구별을 삭제하였다고 이해한다. 그리고 그는 이이가 서술했던 대동사회는『예기』「예운」의 소강사회에 더 어울린다는 점에서 "소강적 제도 정비와 백성의 교화를 통해 '마침내 귀결된 상태', 즉 '소강의 최대치'"로 이해될 수 있다고 해석한다.[58] 율곡 이이의 이 대동 이론은 '소강적 대동' 이념의 전개로 보아도 좋을 것이다.[59]

이이의 대동 이론이 지니는 혁신적 면모를 상세하게 다룰 수는 없지만, 저자가 보기에 그는 적어도 맹자를 존숭하는 성리학 혹은 주자학의 대동 이념을 계승하고 있다. 앞에서 보았듯이 주희는 대동 이념을 전적으로 부인하지 않는다. 그가 주장하는 바는 대동과 소강 사이의 예리한 구별이 마치 유가적인 도의 유무로 판별되는 식으로의 접근 방식을 피해야 한다는 것이다. 달리 말하자면 주희는 대동사회에서 실행되었던 도와 도가 상실된 이후에 발생한 소강사회의 도가 별개의 것이라는 식의 인식은 틀렸다고 보는 것이다. 주희에 따르면 도는 유일하게 인仁의 길일 뿐이다. 그러므로 주자학에 따르면 요순 세상에서든 왕이 세습되는 군주정 하에서든 실현되어야 할 유가의 도는 동일한 것이지만, 시대적 상황이 다르기에 그 도를 실현하는 방법도 다를 뿐이다. 이렇게 본다면『예기』「예운」에 등장하는 대동·소강의 구별 혹은 천하위공과 천하일가의 구별을 서로 양립할 수

---

58) 강정인,『넘나듦(通涉)의 정치사상』, 243쪽.
59) '소강적 대동 이념'이란 개념은 필자가 맹자의 이윤에 관한 학설이나 주자학에 나타난 대동의 이념을 표현해 보려는 의도에서 창안한 새로운 개념이다. 그런데 이런 저자의 문제의식과 율곡 이이의 대동 이론의 변형에 관한 강정인의 해석 사이에 많은 유사성이 존재한다고 여겨진다. 저자의 소강적 대동 이념과 성리학의 대동 이념에 관해서는 나종석,『대동민주주의와 21세기 유가적 비판이론의 모색』, 151~161쪽 및 188~205쪽 참조 바람.

없는 것으로 보는 것은 일면적인 인식에 불과하다.

세습적 왕정의 조건에서든 그것이 아니든 유가가 이상적으로 구현하고자 하는 것은 당연히 요순 세상이다. 이런 점에서 성리학자들은 이윤伊尹의 뜻을 매우 존숭할 수밖에 없었다. 맹자는 『맹자』 「만장하」 1장에서 이윤의 뜻이 무엇인지를 구체적으로 설명하고 있다.

이윤伊尹은 말하기를 "어느 사람을 섬기든 군주가 아니겠으며 어느 사람을 부리든 백성이 아니겠는가"라고 하여, 세상이 다스려져도 나아갔고 혼란해도 나아갔다. 말하기를 "하늘이 이 백성을 낸 것은, 먼저 안 사람으로 하여금 뒤늦게 아는 사람을 깨우치게 하고 먼저 깨달은 사람(先覺者)으로 하여금 뒤늦게 깨닫는 사람을 깨우치게 하신 것이다. 나는 하늘이 낸 백성 중에 먼저 깨달은 사람이니, 내 장차 이 도道로써 이 백성을 깨우치겠다"라고 하면서, 천하의 백성 중에 필부필부匹夫匹婦라도 요순의 혜택을 입는 데 참여하지 못한 자가 있으면 마치 자기가 그를 밀쳐서 도랑 가운데로 넣은 것처럼 여겼다. 이는 천하天下의 중함으로써 자임自任한 것이다.[60]

이윤은 천하가 극도의 혼란스러운 상황에서라도 기회가 되면 정치적 책임을 다할 자리에 나아가 천하를 구제하려는 마음을 늘 유지하고 있었다. 그래서 그는 유가가 성왕으로 떠받드는 인물 중의 한 사람을 도와서 세상에 요순의 도나 왕도정치의 이상을 구현하고자 했을 뿐만 아니라, 폭군 중의 폭군으로 악명 높은 걸왕을 다섯 차례나 찾아가서 벼슬에 임하고자 했다. 이런 이윤의 행동을 두고 임금이 누구든 상관없이 정치 세계로 나아가 명예와 부귀영화를 누리고자 했던 기회주의적 정치라고 평가하는 것은 오해이다.

이윤은 그 어떤 상황에서라도 세상에 나아가 천하의 백성이 "요순의

---

60) 『맹자집주』, 287~288쪽.

백성"이 되도록 하는 것을 목표로 삼아, 자신이 섬기는 군주가 탁월하고 현명하든 그렇지 않든 아랑곳하지 않고 그 군주를 "요순과 같은 군주"로 만드는 데 전력을 다했던 인물이다.[61] 그리고 바로 앞 절에서 살펴본 것처럼 이윤의 뜻을 강조하는 맹자의 왕도사상을 이어받은 주희는 이런 이윤의 뜻을 더 보편적인 방향으로 혁신한다.[62] 이렇게 본다면 주희의 성리학에는 분명 대동적 이념이 매우 선명하게 들어 있다. 이 점에 대해 필자는 선행 연구에서 다음과 같이 주장했다.

> 앞 절에서 살펴본 것처럼 우리는 「예운」에서의 대동과 소강의 구분을 이항대립적인 것으로 볼 필요가 없다. 어떤 사람은 대동세상을 왕이 없는 세상으로, 소강 세상을 군주가 지배하는 세상으로 보면서 이 둘을 대립적인 것으로 이해할 수도 있을 것이다. 그러나 필자는 군주정의 상황이라 해서 대동의 도가 완전히 실현될 수 없다고는 보지 않는다. 이런 점에서 필자는 대동의 이념은 승평세가 지난 다음에야 이루어진다고 보는 강유위 식의 역사발전단계설에도 완전히 동의할 수 없다. 간단하게 말해 소강적 대동사회의 형태도 존재할 수 있다고 본다. 이를테면 군주정의 시대적 상황에서라도 대동적 이념을 구현할 방법이 존재할 수 있다는 것이다.[63]

그런데 유교적 대동세계에 대한 이상이 기존 질서를 거부하는 행위로 나아갈 가능성도 존재했다. 조선에서 천하위공의 대동사상이 왕조 질서에 반하는 사상으로 사용된 사례는 이미 조선 중엽에 나타난다. 대표적인 사례 중 하나가 선조 시기 역모로 몰려 죽은 정여립鄭汝立(1546~1589)의 경우이다.

---

61) 같은 책, 278~279쪽, 「만장상」 7.
62) 주희가 어떻게 이윤의 뜻을 더 발전시키고 있는지는 나종석, 『대동민주주의와 21세기 유가적 비판이론의 모색』, 160~162쪽 참조 바람.
63) 같은 책, 194쪽.

기록에 의하면 정여립은 평소 천하위공 및 공천하 사상, 예를 들어 "천하는 공물公物인데 어찌 정해진 임금이 있겠는가. 요堯임금, 순舜임금, 우禹임금은 서로 전수하였으니 성인이 아닌가"[64]라는 생각을 지녔다고 한다. 군주가 혈통에 의해 세습되는 정치체제가 운영되었던 조선 사회에서 정여립은 공천하 사상, 달리 말하자면 요임금이 순임금에게 선양했듯이 능력 있는 사람에게 천하를 다스리는 지위를 물려주는 대동사상을 강조했다.

또한 정여립은 임금에 대한 충성을 강조하는 '불사이군' 즉 '두 임금을 섬기지 않는다'라는 주장은 맹자와 같은 성현의 말씀이 아니라고 생각했다. 실록에 따르면 그는 "두 임금을 섬기지 않는다는 것은 왕촉王蠋이 죽음에 임하여 한 말이지 성현聖賢의 통론通論은 아니다. 유하혜柳下惠는 '누구를 섬긴들 임금이 아니겠는가'라고 했고 맹자는 제선왕齊宣王과 양혜왕梁惠王에게 왕도王道를 행하도록 권했는데, 유하혜와 맹자는 성현이 아닌가"라고 말했다. 이러한 그의 주장에 대해 문도들은 앞선 성인이 "발명하지 못한 뜻을 확장한 것"이라고 칭찬하면서 따르는 문도들이 꽤 되었다.[65]

달리 말하자면, 맹자의 왕도사상에 의한 역성혁명과 같은 학설이 보여주듯이 임금에 대한 충성을 맹목적으로 받아들이는 것 자체가 유학의 가르침에 어긋난다고 생각하는 견해는 정여립 한 사람에게 한정된 것이 아니라 그를 따르는 상당수 문도도 인정하고 있었던 것이다.

정여립은 하층민과 무사들, 노비들과 함께 대동계大同契를 조직하여 대동 사회를 구현하려는 이상을 지니고 있었다.[66] 정여립의 반역에 대해 선조가 보여 준 반응은 아마 조선 후기에 전면화될 대동사상, 혹은 성리학 속에

---

64) 『선조수정실록』, 22년 10월 1일, "天下, 公物, 豈有定主? 堯, 舜, 禹相傳, 非聖人乎?"
65) 같은 글.
66) 이긍익, 『燃藜室記述』(김규성 옮김, 한국고전번역원, 1967), 권14, 「기축년 정여립의 獄事」 및 신병주, 「정여립: 반역자인가, 혁명아인가?」, 『선비문화』 6(2005), 11쪽 참조. 신병주에 의하면 정여립이 지니고 있었던 사상은 예외적인 것이 아니라 남명학파 및 화담학파의 학자들에게서도 나타나는 경향이었다고 한다. 신병주, 같은 글, 12쪽 참조.

있는 대동 지향의 요소에 대한 두려움 때문이었을 것이다. 달리 말하자면 요순堯舜 성왕의 지극한 정치에 대해 벌어질 해석의 갈등, 즉 양반 위주의 전통적 민본주의 대 평민적 혹은 대동적 민본주의 사이의 갈등과 대립의 전주곡처럼 여겨진다는 점에서도 매우 흥미롭다.

선조는 역적의 괴수 정여립이 "사대부士大夫의 반열에서 나올 줄이야 생각이나 하였겠는가"라면서 놀라워했다.[67] 뒤에서 살펴보게 되겠지만, 자신의 나라를 요순 성왕이 다스리는 이상적인 나라로 만드는 일에 뜻을 두는 것은 사대부만의 소임이 아니라 일반 백성들의 소임이기도 하다는 자각이 조선 후기 유학의 대중화와 더불어 민란 및 동학농민전쟁을 통해 전면에 부각된다. 사대부에 의해 독점된 유교적 민본주의에 대한 해석권이 이제는 일반 백성들 사이로 널리 내면화되었다는 말이다. 이런 현상을 필자는 조선의 유교적 민본주의가 대동적 민본주의와 사대부적 민본주의로 분기해 가는 과정으로 개념화하고자 시도했다.

정여립의 경우를 제외해도 대동사상은 조선에서 지속적인 관심의 대상이 었는데, 특히 17세기 대동법의 시행은 대동이라는 용어를 더욱 널리 사용되게 했다.[68] 이렇게 17세기를 거치면서 대동사상은 중요한 사회 이념으로 인식되 었으며, 그것은 18~19세기를 거치면서 여러 실학자뿐만 아니라 일반 백성들 에게도 광범위하게 수용되기에 이른다.[69] 실제로 율곡 이이의 대동사회 이론을 이어받아 반계磻溪 유형원(1622~1673)은 유교적 이상사회론을 구상 했으며, 담헌湛軒 홍대용(1731~1783)[70]과 정약용 또한 대동사회론을 구상했 다. 이들 실학자에게 중요한 이념 중의 하나는 사회적 평등이었다. 그래서

---

67) 『선조수정실록』, 22년 10월 1일.
68) 안병욱, 「조선 후기 대동론의 수용과 형성」, 『역사와 현실』 47(2003), 188쪽 참조.
69) 정연태, 『한국 근대와 식민지근대화 논쟁: 장기근대사론을 제기하며』(푸른역사, 2011), 397쪽.
70) 홍대용의 사회사상에 대해서는 박희병, 『범애와 평등: 홍대용의 사회사상』(돌베개, 2013), 참조.

실학의 창시자로 평가받는 유형원은 유교적 이상사회의 실질적 내용을 '균均' 즉 평등으로 이해했다.[71]

그런데 유가적 균, 즉 평등 이념이 몇몇 유학자들에 의해서만 강조된 것은 아니었음에 거듭 주목해야 한다. 바로 앞에서 대동법을 통해 대동이라는 용어가 보편화되기에 이르렀음을 선행 연구에 따라 언급한 바 있는데, 대동법이 조선 사회에서 이루어진 위대한 개혁이었다는 점은 많은 동의를 얻고 있다.[72]

인조 원년(1623)에 포저浦渚 조익趙翼(1579~1655)은 임금에게 올리는 소에서 "대동법大同法이야말로 동방에서 훌륭한 정치를 펼치는 근본"이라고 강조하면서, 이런 주장의 근거를 유가의 인정仁政에서 구한다. 그는 "요순堯舜과 같은 도를 소유하고 있더라도 인정仁政을 쓰지 않으면 천하를 화평하게 다스릴 수 없다"라는 『맹자』의 구절과 이 구절에 대한 "인정이 바로 천하를 다스리는 법도가 된다"라는 주註를 언급한다. 아울러 그는 "성인이 이미 마음과 생각을 다하고 나서 뒤이어 사람을 차마 해치지 못하는 정치를 펼치자 그 인덕이 천하를 덮게 되었다"라고 하면서, "사람을 차마 해치지 못하는 마음을 가지고 사람을 차마 해치지 못하는 정치를 펼친다면 천하를 다스리는 것은 손바닥 위에서 굴리는 것처럼 쉬울 것"이라고 강조한다. 간단하게 말해 그는 "사람을 차마 해치지 못하는 정치"가 바로 인정仁政이라고 요약한다.[73]

물론 유가의 인정, 어진 정치에 대한 언급은 유학자들 사이에서 통용되는 상식이다. 그런데 조익은 대동법을 정당화하기 위해 '인정'이라는 유가

---

71) 유형원과 홍대용의 대동사회 이론에 대해서는 김성윤, 「조선 시대 대동사회론의 수용과 전개」, 5~59쪽 참조. 여기에서 조선 후기 사상을 연구할 때 사용되는 실학 개념의 타당성 여부는 논의하지 않겠다.

72) 이정철, 『대동법: 조선 최고의 개혁』(역사비평사, 2010) 참조 바람.

73) 조익, 『浦渚集』(이상현 옮김, 한국고전번역원, 2005), 권2, 「宣惠廳의 일을 논한 소」.

정치의 기본을 되새기면서 왕도정치王道政治는 "공평하고 균등"한 법도를 통해 백성을 다스리지 않으면 안 된다고 강조한다. 그러면서 그는 "치우침이 없고 패거리를 짓지 않으면 왕의 도가 평탄하게 펼쳐진다"(無偏無黨, 王道平平)라는 『서경書經』의 구절과 "여유 있는 곳에서 덜어 부족한 곳을 보충해 줌으로써 각 존재에 걸맞도록 공평하게 베풀어 준다"(裒多益寡, 稱物平施)라는 『주역周易』의 말을 인용한다. 이 인용문에서 보듯이 대동법의 사상적 정당화의 근거는 인정과 균평이다. 그래서 조익은 대동법의 "목적은 바로 균등하고 공평하게 해 주려는 것"이라고 결론 내린다.[74]

바로 뒤에서 우리는 영조와 정조와 같은 탕평 군주에 의해 균평 이념과 대동 이념이 어떻게 대중화되는가를 살펴보게 될 것이다. 따라서 여기서는 대동법을 정당화하는 조익의 핵심적 논거가 탕평 군주의 이념과 상통하고 있다는 점만을 언급해 두고 싶다. 물론 미묘한 차이는 있다. 예를 들어, 조익이 신하로서 대동법이 실현되면 "삼대三代의 이상사회"에 이를 수 있음을 강조하는[75] 데 비교해 탕평 군주는 요순을 본격적으로 표방한다는 점이다.

탕평 시기에 대동 이념이 대중화되는 과정을 살펴보기 전에 마지막으로 정약용 및 여성군자의 등장과 관련된 대동 정신의 사회적 확산을 검토해 보자.

유교적 대동 이념에 뿌리를 둔 평등사상은 다산 정약용에게서도 찾아볼 수 있다. 그는 정치의 근본을 논하는 글 「원정原政」에서 "정치란 정이다"(政者正也)라고 주장한 공자의 사상을 균평의 이념으로 해석한다. "정政이란 바르게(正) 하는 것이다. 모두 같은 우리 백성인데, 누구는 토지의 이익을 겸병하여 부유하게 할 것이며 누구는 어찌 땅의 윤택을 막아서 빈박하게 할 것인가? 땅과 백성을 헤아려 고르게 나누어서 바르게 함을 정치라 이른다."[76] 일제

---

74) 같은 글.
75) 같은 글.

시기의 대표적인 민족주의 이론가이자 독립운동가였던 민세民世 안재홍은 1935년에 정약용의 사회개혁론을 "일종의 국가적인 사회민주주의의 명백한 사상체계를 방불케 하는 것"으로 평가했다.[77]

그런데 정약용이 대동세계의 이상을 경제적 평등의 관점에서만 추구했던 것은 아니다. 그는 정치권력, 특히 왕권의 발생에 대한 유교적인 대동 이념을 이어받아 발전시킨다. 정약용에 의하면 원래 천자 즉 황제도 사람들의 추대에 의한 것이었다. 따라서 사람들에 의해 추대된 천자는 사람들에 의해 추대되지 못하면 물러나는 것이 상례라고 그는 생각했다. 더 나아가 정약용은 군주를 춤추는 무리를 지휘하는 사람에 비유하면서, 춤을 잘 지휘하면 춤추는 사람들의 지휘자가 되지만 그렇지 못한 경우라면 춤추는 사람들에 의해 다른 사람으로 교체되는 것이 마땅하다고 주장한다.

대저 천자天子의 지위는 어떻게 해서 소유한 것인가? 하늘에서 떨어져 천자가 된 것인가, 아니면 땅에서 솟아나 천자가 된 것인가? 생겨진 근원을 더듬어 보면 이러하다. 5가家가 1린隣이고, 5가에서 장長으로 추대한 사람이 인장隣長이 된다. 5린隣이 1리里이고, 5린에서 장으로 추대한 사람이 이장里長이 된다. 5비鄙가 1현縣이고, 5비에서 장으로 추대한 사람이 현장縣長이 된다. 또 여러 현장들이 다 같이 추대한 사람이 제후諸侯가 되고 제후들이 다 같이 추대한 사람이 천자가 되니, 천자는 여러 사람이 추대해서 만들어진 것이다. 대저 여러 사람이 추대해서 만들어진 것은 또한 여러 사람이 추대하지 않으면 물러나야 한다.…… 뜰에서 춤추는 사람이 64인인데, 이 가운데서 1인을 선발하여 우보羽葆를 잡고 맨 앞에 서서 춤추는 사람들을 지휘하게 한다. 우보를 잡고 지휘하는 자의 지휘가 절주節奏에 잘 맞으면 모두들 존대하여 "우리 무사舞師님" 하지만, 지휘가 절주에 잘 맞지 않으면 모두들

76) 정약용,「原政」,『정다산 시문선: 경세제민의 작품을 중심으로』(김지용 역주, 교문사, 1991), 565쪽.
77) 안재홍,「현대사상의 선구자로서의 다산 선생 지위」, 안재홍선집 간행위원회 편,『민세 안재홍 선집』4(지식산업사, 1992), 150쪽.

그를 끌어내려 다시 전의 반열班列로 복귀시킨 뒤 유능한 지휘자를 재선再選하여 올려놓고 "우리 무사님" 하고 존대한다. 끌어내린 것도 대중大衆이요 올려놓고 존대한 것도 대중이다. 대저 올려놓고 존대하다가 다른 사람을 올려서 교체시켰다고 해서 교체시킨 사람을 탓한다면, 이것이 어찌 도리에 맞는 일이겠는가.78)

천자의 지위는 하늘에서 떨어진 것도 땅에서 솟아난 것도 아니라 일반 사람들에 의해 '하이상下而上' 즉 '아래에서 위로'의 방법으로 추대된 데 따른 것이라는 정약용의 생각은 권력은 사사로운 것이 아니라 공공의 것이라는 천하위공의 사상과 맞닿아 있다.79)

성리학의 이념을 국가 이념으로 삼아 이상적인 유교 국가를 지향했던 조선 시대가 결코 봉건적인 사회가 아니었던 것과 마찬가지로, 조선 후기 사회의 여러 문제점을 비판하면서 그에 대한 대안을 새로운 유학 사상의 구성 속에서 제안했던 정약용은 결코 봉건적 사상가가 아니었다. 아직도 실학사상, 특히 정약용 실학사상 연구의 고전적 연구자로 평가받는 최익한은 정약용의 사상으로부터 "인권 평등과 재산 평등을 인간의 천부의 권리"로 옹호하는 진취적 이상을 읽어 낸다.80) 그리고 최익한은 정약용의 개혁 사상이 갑오농민전쟁의 지도자인 전봉준과 김개남에게로 이어졌다고 본다.81)

78) 정약용, 「湯論」, 『다산시문집』 11권(임정기 옮김, 한국고전번역원, 1983).
79) 정약용의 '하이상' 사상과 전제 군주론에 가까운 강력한 군주의 역할을 강조하는 그의 왕권 강화론 사이에는 논리적 긴장이 있다. 이 문제에 대해서는 박현모, 『정조 사후 63년: 세도정치기(1800~1863) 국내외 정치 연구』(창비, 2011), 203~219쪽 참조. 정약용의 정치이론에 대한 우리 학계의 연구 현황에 대해서는 다음 글이 상세하고 정치하다. 이봉규, 「경학적 맥락에서 본 다산의 정치론」, 송재소 외 지음, 『다산 정약용 연구』(사람의무늬, 2012), 65~129쪽 참조.
80) 최익한·송찬섭 엮음, 『실학파와 정다산』(서해문집, 2011), 463쪽.
81) 같은 책, 391쪽. 그런데 임형택은, 북한의 대표적 역사학자인 김석형도 최익한과 유사한 주장을 펴지만 갑오농민전쟁을 지도한 전봉준이나 김개남에게 『경세유표』 별본이 비밀리에 전해졌다는 학설에 대해서는 구체적인 입증이 불가능하다고 본다. 임형택, 『실사구시의 한국학』(창비, 2009), 400~401쪽, 432쪽 참조. 그러나 민중적 민족주의

조선 후기에 유학의 가치관이 백성들에게 확산되는 유학의 대중화 혹은 일반화 현상은 여성들에게서도 확인된다. 이런 현상 자체는 대동세계 이념의 확산과 상관이 없을지도 모른다. 그러나 유학이 지니고 있었던 평등주의가 관철되는 현상으로 본다면 이를 유교적 대동 정신의 관철로 보지 않을 이유도 없을 것이다. 하여간 임진왜란과 병자호란을 거치면서 조선 사회는 극심한 변동을 겪었는데, 이 과정에서 남성 중심의 유교 사회가 매우 보수적으로 흐르는 경향도 발견된다.

그 과정에서 여성의 정조와 절개를 강조하는 가치관이 강화되었던 것도 사실이지만, 조선 후기에 문화가 융성하면서 여성 성리학자 즉 여성 선비가 등장하여 여성을 선비이자 군자로 높이 인정받게 한 일도 있었다. 예를 들어 임윤지당任允摯堂(1721~1793)이나 이사주당李師朱堂(1739~1821)이 그러한데, 이들은 여성 성리학자로 이름이 매우 높았다고 한다.[82] 임윤지당을 깊이 흠모했던 또 다른 조선 후기의 여성 성리학자 강정일당姜靜一堂(1772~1832)은 남편에게 임윤지당이 배움을 통해 성인의 경지에 이를 수 있었다고 말했다.

> 윤지당께서 말하기를, "나는 비록 부인이지만 하늘에서 받은 성품은 애당초 남녀의 차이가 없다"고 하였고, 또 "부인으로 태어나서 태임과 태사와 같은 성녀가 되기를 스스로 기약하지 않는 사람들은 모두 자포자기한 사람들이다"라고 하였습니다. 그렇다면 비록 부인들이라도 큰 실천과 업적이 있으면 가히 성인의 경지에 이를 수 있습니다.[83]

사학을 대표하는 학자인 정창렬은 최익한의 해석에 동의한다. 정창렬, 정창렬저작집 간행위원회 편, 『정창렬 저작집 1: 갑오농민전쟁』(선인, 2014), 374쪽 이하 참조 동학이 조선 주자학에 대해 비판적이었지만 그 사상의 중심은 유학이라는 점 그리고 동학의 창시자인 최제우가 공자의 계승자라는 의식을 강하게 갖고 있었다는 점에 대해서는 조경달, 『이단의 민중 반란』(박맹수 옮김, 역사비평사, 2008), 48~50쪽 참조

82) 이에 대해서는 이남희, 「여성 선비(女士)와 女中君子: 조선 후기 지식인 여성의 자의식」, 김석근 엮음, 『선비 정신과 한국 사회』(아산서원, 2016), 112~142쪽 참조

5. 18세기 탕평 군주와 대동 이념의 보편화

조선의 유교적 정치문화 중에서 우리 사회의 민주주의와 연결되는 지점 중의 하나는 왕의 자의적 권력의 행사를 최소화하려고 노력한 역사이다. 조선 사회는 기본적으로 가족에서 향촌으로, 그리고 국가로 이어지는 유교적 사회의 구성 원리에 의해 형성된 것이어서 그 자체로 나름의 정합성을 지니고 있었다. 그러므로 조선 사회에서는 늘 성공적인 것은 아니었으나 자율적 지방사회를 바탕으로 하는 선비들의 활동공간이 존재했고, 중앙집권 적인 국가권력(특히 왕권)의 자의적 폭력을 견제하고자 하는 대간臺諫이나 사관史官 같은 유교적인 공론 정치 제도는 물론이고 경연經筵이나 서연書筵 제도 등 다양한 정치 제도적·사회문화적 장치가 존재했다.[84]

대간 제도나 경연 제도 등을 통해 언로를 개방하고 언관의 역할을 강화함으로써 언론 제도를 활성화하려는 것은 정도전을 비롯한 신진 사대부들이 주축이 되어 건립한 조선 왕조에서부터 비롯된 것이었다. 그러므로 유교적 헌정주의나 유교적 입헌주의라는 개념을 통해 조선의 정치제도를 새로 평가하려는 시도가 등장하는 것도 이상한 일은 아닐 것이다.[85]

대간 제도는 간관諫官과 어사御使(司憲)이라는 두 제도를 합해서 일컫는 말이다. 간관은 군주에게 수시로 시시비비를 논의하는 기관이었고, 사헌司憲은 군주의 눈과 귀가 되어 군주와 재상 및 백관百官의 비행과 위법행위를 규찰하고 탄핵하는 기관이었다. 또한 대간 제도가 지니는 장점에도 불구하고 혹시나 그런 제도가 악용되어 밑으로부터 올라오는 언로를 차단하고 간관이 언로를 독점하는 폐단을 우려하여 대간을 택할 때 불편부당하고 강직한

---

83) 같은 글, 120~121쪽에서 재인용함.
84) 유학에서의 공론의 이념에 대해서는 이상익, 『유교 전통과 자유민주주의』(심산, 2004), 제8장 '유교의 公論論과 정치적 정당성의 문제' 참조.
85) 함재학, 「유교적 입헌주의와 한국의 헌정사」, 『헌법학연구』 제14권 제3호(2008) 참조.

인물로 구성함으로써 기관의 독립성을 유지할 수 있도록 하려는 노력도 병행되었다.

사관 제도 역시 대간 제도와 아울러 조선의 유교적 정치이념을 잘 반영하고 있는 제도라고 평가된다. 사관은 시종일관 왕의 좌우에 입시하여 왕과 주변의 사항을 꼼꼼하게 기록하는 역할을 담당하는 관리로, 사관이 올바르게 기록할 수 있도록 하기 위해 사관이 기록한 내용은 국왕도 볼 수 없었다. 이런 사관 제도는 왕의 언행을 일일이 기록하여 왕으로 하여금 역사의 심판을 두려워하도록 하려는 취지에서 운영된 제도였다.

경연經筵 및 서연書筵은 조선에서 세종대에 이르러 정착된 것인데, 경연은 왕에게 유교 경전을 교육하는 것이었고 서연은 왕세자를 대상으로 한 교육제도였다.[86] 조선의 경연 제도 연구의 권위자인 권연웅에 따르면 경연 제도 역시 중국 송대에 완성되었다고는 하나 송나라를 이은 중국의 여러 왕조에서는 그 제도가 유명무실하게 되었지만, 조선에서 꽃을 피웠다. 세종은 경연 제도를 정착하는 데 크게 이바지한 왕이었다. 그는 거의 매일 학자들이나 신하들과 경연을 열었다고 하며, 그 이후 성종 대에 이르러 경연 제도는 다시 비약적으로 발전하게 되었다.

경연 제도는 성종 대에 이르러 그 절정에 달했다. 심지어 성종은 하루에 세 번 경연을 열고 경연을 매개로 신하들과 국정을 논하고 협의하는 방식으로 정치를 행했다고 한다. 경연에 참석하는 사람도 성종 대에 이르러 세종 시대보다 더 많아졌다. 세종 때의 경연에는 대신과 대간이 참석하지 않았으나 성종은 대간과 대신을 늘 경연에 참여하도록 했고, 그로 인해 경연의 정치적 역할도 강화되었다.[87]

그러나 경연 제도가 늘 동일한 방식으로 이루어진 것은 아니었다. 다음

---

86) 강상규, 『조선 정치사의 발견』, 100쪽 각주 70 및 102~115쪽 참조.
87) 권연웅, 『경연과 임금 길들이기』(지식산업사, 2015), 특히 4~8쪽 및 173~175쪽 참조

장에서 보듯이 경연 제도는 신하가 왕권을 견제하는 제도로 활용되기도 했지만, 탕평 시대에는 역으로 왕이 신하를 주도하는 장으로도 활용되었다. 하여간 숙종(재위 1674~1720), 영조(재위 1724~1776), 정조(재위 1777~1800) 등이 통치했던 17세기 말에서 18세기까지는 그 이전 시기 붕당 정치의 폐단을 시정하고자 탕평 정치를 시행했던 시대로 이해된다. 이들 탕평 군주는 유교적 이상 국가를 구현하기 위해 주자학의 성인군주론聖人君主論을 받아들여 스스로 학문 수양을 통해 군주이자 스승(君師)의 역할을 담당함으로써 국왕이 중심이 되어 국가체제를 정비하고 사회 전반의 개혁을 주도하고자 했다.[88]

그런데 영조 대의 탕평 정치와 정조 시대의 탕평 정치는 그 지속성에도 불구하고 차이가 존재한다. 영조의 탕평은 여러 당파의 온건한 인물들을 중심으로 하는 완론緩論 탕평으로 규정되는 데 반해, 정조의 탕평은 당파의 옳고 그름을 가리는 의리와 청론 중심의 준론峻論 탕평으로 여겨진다. 한국사 연구자들은 대체로 영조의 탕평 정치보다 정조의 탕평 정치를 한 단계 더 진전된 것으로 평가한다.[89]

유교 국가인 조선에서 요순 성왕이 다스리던 세계는 늘 이상적인 사회로 간주되었다. 15세기 성종 대와 16세기 중종 대의 실록에 등장하는 '요순지치', 즉 유교에서 가장 이상적인 사회로 보는 요순시대의 정치에 대한 강조는 사림士林이 새로이 정치의 주도 세력으로 등장하는 것과 맞물려 군주를 계도하기 위한 수단으로 활용되었다.[90]

그러나 영조 시대에 이르러 요순에 대한 표방은 국왕 중심의 정치를

---

88) 김백철, 『두 얼굴의 영조: 18세기 탕평 군주상의 재검토』(태학사, 2014), 40쪽.
89) 김인걸, 「총론: 정조와 그의 시대」, 김인걸 외 지음, 『정조와 정조시대』(서울대학교 출판문화원, 2011), 2쪽 참조. 또 한영우, 『다시 찾는 우리 역사』(경세원, 2014), 362쪽 참조.
90) 김백철, 『조선 후기 영조의 탕평 정치』(태학사, 2010), 32쪽 참조.

정당화하는 방식으로 변형되었다. 영조와 정조는 탕평 정치를 요순의 정치 이상을 실현시키려는 방안으로 정당화하고자 했다. 예를 들어 영조는 요순의 정치를 탕평 정치의 구체적 실천 모델로 이해했다. 그래서 영조 시기에는 요순이 실제로 행한 유교적인 이상 정치가 바로 탕평 정치라고 이해되었다. 원래 '탕평蕩平'이라는 개념 자체가 군주 주도하에 이룩된 삼대 이상사회의 화평한 상태를 가리키는 말이었다.[91]

정조도 요순 및 삼대의 정치를 회복하는 것이 자신의 목적임을 분명히 했다. "돌아보건대, 나(정조: 필자)의 정치가 뜻대로 되지 않아 비록 삼대三代를 만회할 수 없었지만 곧 원하는 바로는 삼대가 아니면 달갑지 않다."[92] 영조와 마찬가지로 정조 또한 왕 스스로 학문에 정진하여 만백성들을 가르치는 스승의 역할을 담당하면서 백성들이 왕과 한마음이 되도록 교화시켜서 대동사회를 구현하는 정치를 이끄는 궁극적 추동자이고자 했다.[93]

대동을 표방하는 탕평 정국을 이끌었던 영조는 사대부 혹은 사족士族보다도 일반 백성, 즉 소민小民을 더 중요하게 생각하는 모습을 보여 준다. 백성은 나라의 근본이라는 인식, 즉 '민유방본'의 이념은 조선 왕조가 택한 유교적 민본정치의 기본 이념이었지만, 18세기에 들어서자 나라의 주인을 국왕과 양반 관료로 보면서 소민을 통치의 대상으로만 바라보던 기존의 관점에서 주목할 만한 변화가 일어난다.

백성과 국가의 관계에서 소민을 보호해야 한다는 관점은 18세기에서도 변함이 없었으나 소민보호론의 성격이 바뀌어 새로운 소민보호론이 등장하게 된 것이다. 18세기에 이르면 양반 관료보다도 소민의 중요성이 더욱 강조되면서 소민보호의 수단 또한 한층 더 구체화된다고 이태진은 강조한

---

91) 같은 책, 17~18쪽 및 29~30쪽 참조.
92) 『홍재전서』 166권(한국고전번역원), 「日得錄 6」, '政事 1'.
93) 김기봉, 「태양왕과 만천명월주인옹: 루이 14세와 정조」, 역사학회 편, 『정조와 18세기: 역사로서 18세기, 서구와 동아시아의 비교사적 성찰』, 292쪽.

다.[94] 18세기에 등장한 새로운 형태의 소민보호론의 성격은 영조가 백성을 자신과 같은 피를 나눈 '동포'임을 강조하는 데에서도 잘 드러난다.[95]

탕평 군주인 영조와 정조는 백성을 위한 유교적 민본정치가 더욱더 효과적으로 되려면 백성들이 겪는 고통을 직접 들어야 한다고 보아서, 다양한 방법을 통해 백성의 여론을 정치에 반영하고자 했다. 특히 이들은 직소 및 상언·격쟁과 같은 다양한 제도적 장치를 통해 일반 백성들의 뜻이 정치에 반영될 수 있도록 애썼다.[96] 1799년(정조 23)에 대사간大司諫 송전宋銓이 제기한 정조의 소민 위주의 정치가 지니는 폐단에 대한 다음과 같은 주장은 정조의 탕평 정치로 인해 양반 관료 및 지배층이 느끼는 불안한 감정을 알 수 있게 한다.

전하께서는 매양 백성들을 보살피는 마음으로 이용후생하는 방책과 고통과 어려움의 실상을 낱낱이 통찰하고 훤히 알고자 하십니다. 그러나 사랑하고 덮어 주는 일이 너무 과하여, 상하존비의 차이가 없어져서 우매한 무리들이 명분의 엄정함을 알지 못한 채 질고를 알리고자 하는 일에만 몰두하고 있습니다.[97]

영조와 정조와 같은 탕평 군주들이 소민보호에 적극적이었던 것이 단순하게 왕권을 강화하는 수단의 의미만을 지니는 것은 아니었다. 그들은 적어도 명시적으로는 왕권 강화 시도를 정당화하는 명분을 대동의 안민安民·균평均平의 이념에서 구하고 있었다. 예를 들어 영조는 양역 변통을 실시하려던 "당초의 뜻이 양민의 괴로움을 없애 주고 싶어서 대동大同의 정사를 행하려던

---

94) 이태진, 「조선 시대 '민본' 의식의 변천과 18세기 '민국' 이념의 대두」, 이태진·김백철 엮음, 『조선 후기 탕평 정치의 재조명』 상(태학사, 2011), 32~33쪽.

95) 『영조실록』, 7년 1월 5일.

96) 이에 대해서는 한상권, 『조선 후기 사회와 訴冤제도: 상언·격쟁 연구』 참조.

97) 『승정원일기』 정조 23년 8월 25일. 이경구, 「총론: 새롭게 보는 정조와 19세기」, 『역사비평』 115(2016), 115쪽에서 재인용함.

것"이었다고 강조한다.[98] 이를 통해 영조의 탕평 정치는 대동 정신에 입각한 민생경제의 안정과 사회적 통합의 확충을 중요하게 간주했음을 알 수 있다.

정조 역시 소민小民을 나라의 근본으로 파악하였고 백성들과의 소통을 위해 매우 애를 썼다. 특히 정조는 규모를 세우는 데는 "상하사방上下四方 균제방평均齊方平"보다 더 중요한 원칙은 없다고 강조하면서, "위아래와 사방을 고르고 가지런하게 한" 균평 사회를 가장 바람직한 사회상으로 보았다.[99] 균평한 사회는 다름 아닌 유교적 이상사회인 대동사회였다. 그는 대동사회를 당대에 실현하기 위해 '위를 덜어 아래를 이롭게 한다'는 손상익하損上益下과 '서울과 지방의 인재를 골고루 등용한다'는 일시경외一視京外의 원칙을 내세워서 계층 간, 지역 간 갈등 및 불균등 상황을 극복하고 사회가 통합된 균평 사회를 구현하고자 했다.[100]

탕평 군주들이 강조했던 대동적 안민安民·균평均平의 이념은 당대 유학자들에게서도 승인받고 있었다. 예를 들어 그런 이념은 조선 실학의 집대성자로 평가받고 있는 정약용丁若鏞에게서도 발견된다. 그 또한 당대 조선의 병폐를 극복하기 위한 개혁 조치의 일환으로 사람들이 모두 다 골고루 잘사는 균평의 이념을 실행에 옮길 것을 강력하게 추천한다. 그는 「전론田論」에서 다음과 같이 말한다.

어떤 사람이 있었는데, 그의 전지田地는 10경頃(1경은 1백 이랑, 즉 100畝의 地積을 말함)이었고 그의 아들은 10인人이었다. 그의 아들 1인이 전지 3경을 얻고 2인이 2경을 얻고 3인이 1경을 얻고 나니, 나머지 4인은 전지를 얻을

---

98) 『영조실록』, 26년 7월 3일.
99) 『홍재전서』 175권, 「日得錄 15」, 「訓語 2」.
100) 한상권, 「정조의 군주론과 왕정」, 김인걸 외, 『정조와 정조시대』, 158~159쪽 참조. 정조 시기 손상익하의 이념이 실현되는 구체적 모습과 그 의미에 대해서는 송양섭, 『18세기 조선의 공공성과 민본 이념: 손상익하의 정치학, 그 이상과 현실』(태학사, 2015) 참조.

수 없었다. 그래서 그들이 부르짖어 울고 이리저리 굴러다니다가 길바닥에서 굶어죽는다면 그들의 부모 된 사람이 부모 노릇을 잘한 것일까? 하늘이 이 백성을 낸 뒤 그들을 위해 먼저 전지田地를 두어 그들로 하여금 먹고살게 하고, 또 그들을 위해 군주君主를 세우고 목민관牧民官을 세워 군주와 목민관 으로 하여금 백성의 부모가 되게 해서 그 산업産業을 골고루 마련해 다함께 살도록 했다. 그런데도 군주와 목민관이 된 사람은 그 여러 자식들이 서로 치고 빼앗으며 남의 것을 강탈해서 제 것으로 만드는 것을 팔짱을 긴 채 눈여겨보고서도 금지시키지 않으니, 강한 자는 더 차지하고 약한 자는 떠밀려서 땅에 넘어져 죽게 된다면 그 군주와 목민관이 된 사람이 과연 군주와 목민관 노릇을 잘한 것일까? 그러므로 그 산업産業을 골고루 마련하여 다함께 잘 살도록 한 사람은 참다운 군주와 목민관이고, 그 산업을 골고루 마련하여 다함께 잘 살도록 하지 못한 사람은 군주와 목민관의 책임을 저버린 사람이다.101)

대동의 안민安民·균평均平의 이념은 요순의 도道를 실현하는 것을 궁극적 목적으로 삼았는데, 정약용의 실학사상이 당대 현실에서 철저하게 외면되면 서 실학자들의 목소리가 조선의 국정과 무관했던 것이 아닌지라고 생각하는 사람도 꽤 있을 것이다. 그러나 최근 연구에 의하면 실학자들의 학설은 영·정조와 같은 탕평 군주들에 의해 광범위하게 활용되었다.102) 앞에서도 언급했듯이 영조와 정조의 탕평 정책은 요순의 도, 즉 요순의 대동적 이상세계 를 당대에 구현하겠다는 것이었다. 예를 들어 영조는 "한 사람(一人: 군주)으로 써 천하를 다스리는 것이지, 천하가 한 사람을 받드는 것이 아니다"(以一人治天

---

101) 정약용, 「田論」 1, 『다산시문집』 11권(임정기 옮김, 한국고전번역원, 1983). 영조 21년 (1745)에 부교리 洪益三도 "천하 국가는 한 사람이 사사로이 할 바가 아니라, 천하의 중지를 합하여 천하의 일을 함께 하는 것이 바로 왕(王者)의 공천하의 마음"(天下國家, 非一人之所自私, 則合天下之衆智, 以共天下之事者, 是王者公天下之心)이라고 말하였 다. 『승정원일기』 54책(탈초본 988책), 영조 21년 7월 14일.
102) 김백철, 「'탕평'을 어떻게 볼 것인가」, 이태진·김백철 엮음, 『조선 후기 탕평 정치의 재조명』 상, 44~76쪽 참조.

下, 不以天下奉一人)라는 공천하 이념을 강조했다.[103] 즉 천하와 나라는 한 개인의 사유물이 아니라 천하 만백성의 것으로, 일개 국왕이 사사로이 국정을 농단해서는 안 된다는 것을 천명한 것이었다.

영조의 발언은 유가의 대동적 천하위공 이념의 반복이다. 주지하듯이 맹자의 역성혁명론과 요순선양론도 천하위공의 사상과 긴밀하게 연결되어 있다. 그리고 천하위공의 사상은 『여씨춘추』「귀공貴公」편에 다음과 같이 잘 요약되어 있다.

> 옛날 선대의 성왕聖王들이 천하를 다스릴 때는 반드시 공公을 앞세웠으니, 공을 실천하여 천하가 태평하였다. 태평은 공으로부터 얻을 수 있는 것이다. 한번 옛날 기록들을 시험 삼아 살펴보자. 천하를 얻은 자는 많았거니와, 그들이 천하를 얻을 수 있었던 것은 공을 실천하였기 때문이다. (천하를 잃은 자도 많았는데,) 그들이 천하를 잃은 것은 꼭 (어딘가에) 치우치기 때문이었다. 그러므로 『서경書經』「홍범洪範」편에서는 말한다. "치우치지도 않고 패거리를 짓지도 않으니 왕도가 탕탕하도다. 기울지도 쏠리지도 않으니 왕의 의로움을 따르는구나. 편애하지 않으니 왕의 도리를 밝는구나. 미워하지 않으니 왕의 길을 따르는구나." 천하는 한 사람의 천하가 아니라 천하의(모든 이들의) 천하인 것이다. 음양이 조화를 이루는 것이 (어떤) 한 족속만을 기르려 해서가 아니고, 감로가 내리거나 때맞추어 비가 오는 것이 (어떤) 사물 하나만을 편애해서가 아니다. 만백성의 주인은 (어떤) 한 사람만을 위하지 않는다.[104]

그런데 조선 후기를 거치면서 유교적 이상세계를 구현할 수 있는 담당자가 양반이나 참다운 선비들로 한정될 수 없으며 이상사회 구현의 궁극적인 주체는 백성들 자신이라는 의식이 널리 확산했다. 특히 영조와 정조의

---

103) 『승정원일기』 62책(탈초본 1115책), 영조 31년 1월 6일.
104) 呂不韋, 『여씨춘추』(정하현 옮김, 소명, 2011), 40쪽 이하.

탕평 정치를 거치면서 일반 백성들에게도 유교적 대동세계의 이념이 점차 일반화된 것이다. 17~18세기를 거치면서 일어난 '온 나라 사람들의 양반되기 현상'도 유교적 가치관의 대중화 및 통속화의 경향과 연결되어 있다. 그러나 탕평 군주 시절에 사족 중심의 정치가 후퇴하고 정조 사후에 소수 문벌 가문의 권력 독점으로 이어져서 사대부 중심의 정치가 약화되어 가는 현상만을 주목하는 한[105] 이런 현상이 제대로 인식되기는 힘들다.

6. 대동 이념의 보편화와 19세기 민의 정치의식의 출현

역사학자 오수창에 의하면 조선 후기 18세기 탕평 정치와 19세기 세도 정치 사이의 관계를 어떻게 볼지에 대한 학계의 동의는 존재하지 않는다.[106] 그런데 탕평 정치와 세도 정치 사이의 관계에 대한 박현모의 주장은 흥미롭다. 박현모는 영조와 정조가 정력적으로 추진한 탕평 정치의 결과 유교 사회 조선의 정치적 역동성 체제를 구성했던 '유교적 공론 정치'(Confucian deliber-ative politics)가 변질 혹은 약화되어 정조 사후 세도勢道 정치의 등장을 촉진했다고 비판했다.

달리 말하자면 18세기 탕평 군주들의 개혁이 커다란 한계를 지녔다는 것이다. 그래서 그것이 예상치 않게 19세기 소수 문벌에 의한 세도 정치의 등장을 유리하게 함으로써 조선 사회가 장기적으로 지속할 수 있도록 해준 공론 정치 제도와 이에 기반하고 있었던 유교적 민본주의 정치문화의 틀을 파괴했다고 그는 지적한다.[107]

---

105) 박훈, 『메이지 유신은 어떻게 가능했는가』, 168~169쪽 참조. 박현모, 『정조 사후 63년: 세도정치기(1800~1863) 국내외 정치 연구』, 참조.
106) 오수창, 「오늘날의 역사학, 정조 연간 탕평 정치 및 19세기 세도 정치의 삼각대화」, 『역사비평』 116(2016), 205쪽.

박현모의 지적은 18세기 개혁정치 시기 대 19세기 민란의 시대 혹은 혼란과 쇠퇴의 시기라는 식으로 18세기와 19세기를 극적으로 대비시켜 보는 종래의 시각이 안고 있는 한계를 잘 보여 준다. 비록 그가 18세기와 19세기 사이에 존재하는 연속성을 매우 예리하게 드러내고 있기는 하나, 세도 정치 속에서 사대부 정치문화가 크게 위축되는 19세기를 조선 정치의 쇠퇴기로 보면서 19세기 정치의 핵심으로 이해되는 백성의 전면적 등장과 연동되어 있는 유교적 정치문화의 확산이라는 계기를 소홀히 하는 점[108]은 문제이다. 18세기 탕평 정치와 19세기 백성들의 전면적 등장이라는 정치적 사건 사이에는 일정한 지속성의 요소가 있다는 점을 간과하는 것은 사대부나 양반 중심으로 조선의 역사를 바라보는 데서 기인한 것이라고 여겨진다.

18세기 탕평 군주의 개혁 정책으로 인해 사대부적 정치문화의 주도 세력이었던 사림의 영향력이 쇠퇴하고 양반 중심의 공론 정치를 제도적으로 보장했던 삼사 언관의 위상이 추락하면서 붕당 정치의 역기능을 해체하는 수준을 넘어 붕당 정치의 토대 자체를 허물어뜨리게 됨으로써 조선 시대 사림 혹은 양반 중심의 공론 정치 및 유교적인 사대부 정치문화의 체제가 크게 흔들리게 되었음도 사실이다. 박광용에 의하면 탕평 정치는 "붕당의 공론을 인정하지 않음으로써 붕당을 타파한다고 표방했는데, 이는 붕당이 군주 및 권력 집단에 대한 견제 기능을 수행할 수 없도록 하는 선택이었다."[109]

---

107) 박현모, 『정조 사후 63년: 세도정치기(1800~63)의 국내외 정치 연구』, 50~54쪽 참조
108) 박훈, 『메이지 유신은 어떻게 가능했는가』, 169~170쪽 참조
109) 박광용, 「조선의 18세기, 국정 운영 틀의 혁신」, 역사학회 편, 『정조와 18세기: 역사로서 18세기, 서구와 동아시아의 비교사적 성찰』, 62쪽. 그런데 최성환의 연구에 따르면 정조의 탕평 정치는 조선 후기 특유의 붕당 정치 질서를 존중하면서 여러 당파의 이해관계 및 상호 갈등을 조정하는 정치를 지향했다. 최성환, 「조선 후기 정치의 맥락에서 탕평 군주 정조 읽기」, 『역사비평』 115(2016), 137~139쪽 참조 이 글에서 그는 '갈등의 조정'을 정치의 본질로 보고 정치의 영역에서 '사회혁명과 같은 혁명의 경험'을 배제하는 시각을 전제하는데, 오수창은 이런 정치에 대한 이해가 지니는 문제점을 지적한다. 오수창, 「오늘날의 역사학, 정조 연간 탕평정치 및 19세기 세도 정치의 삼각대화」 참조

그러나 탕평 군주의 개혁정치를 배경으로 새로이 성장하기 시작한 일반 백성들의 정치적 각성과, 그에 따른 다양한 방식의 정치적 요구의 분출이라는 측면도 함께 고려되어야 한다. 18세기 탕평 군주들은 그 이전의 유교적 민본주의 이념에 비추어 볼 때 백성에 대한 인식에서 새로운 면모를 보여 준다는 연구 성과도 주목할 필요가 있다. 이런 맥락에서 이태진은 탕평 군주 시기에 등장하는 '민국民國'이라는 용어를 '민과 왕이 함께 나라의 주인이 되거나' '백성과 국왕이 함께 정치의 주체가 되는' 새로운 인식을 담고 있는 것으로 해석한다.110)

앞에서 본 것처럼 영조와 정조가 군주 주도의 탕평책을 통해 추구했던 것은 요순 삼대의 대동세계를 구현하는 것이었다.111) 영조와 정조 시기 민본 이념의 새로운 면모는 일반 서민에게만 부과된 양역의 폐단을 시정하기 위해 양역의 균등화를 모색했던 데서도 발견된다. 그뿐만 아니라 탕평 군주들은 왕과 백성 사이의 소통 통로를 확장하기 위해 다양한 방법을 활용했다. 탕평 개혁을 계기로 사대부 중심의 공론 정치에서 배제되었던 일반 백성들도 공론의 주체로 등장하게 되는 것이다. 그래서 18세기에 시작된 탕평 정치는 '공론'의 주체와 영역을 사족으로부터 일반 서민으로까지 확산시켰다는 평가를 받고 있다.112)

게다가, 세도 정치로 상징되듯이 19세기 조선의 정치는 소수 문벌에 의해 권력이 독점되지만, 그토록 부패하고 특권적인 지위를 점하고 있는 지배 계층에 대한 저항과 항거를 통해 백성들은 스스로 요순 성왕의 유교적 태평세계를 여는 새로운 정치적 주도 세력으로 성장하게 된다. 달리 말하자면

---

110) 이태진, 「18세기 한국사에서의 民의 사회적·정치적 위상」, 이태진·김백철 엮음, 『조선 후기 탕평 정치의 재조명』 상 참조.
111) 박광용, 「조선의 18세기, 국정 운영 틀의 혁신」, 역사학회 편, 『정조와 18세기: 역사로서 18세기, 서구와 동아시아의 비교사적 성찰』, 56~58쪽 참조. 한상권, 「정조의 군주론과 왕정」, 김인걸 외, 『정조와 정조시대』, 158~166쪽 참조.
112) 박광용, 같은 글, 74쪽 참조.

19세기는 흔히 민란의 시기라고 일컬어지듯이 백성들과 중앙집권적 권력이 대립하면서 그 권력에 대해 정치적 책임을 묻는 시기이기도 했다.[113]

비록 정치적 책임에 대한 문제 제기가 유교적 성왕론에 입각해서 당대 군주에게 성왕이 될 것을 호소하는 형식으로 이루어졌다고 해도 그 의미는 결코 상실되지 않는다. 백성이 조선의 유교적 민본주의를 내면화하여 지배층의 부패와 학정에 대해 이의를 제기할 수 있었던 시기가 19세기 조선의 또 다른 모습이기도 하다는 것이다.

강조되어야 할 또 다른 지점은, 사족들의 일부가 도탄에 빠진 백성들의 이의제기에 적극적으로 참여하는 모습을 보여 주는 현상도 19세기에 전면으로 등장한다는 점이다. 17세기에 절정에 달한 사림의 공론 정치가 18세기 탕평 정치에 의해 일정하게 동요하게 되지만, 사족들이 이상적인 가치관으로 받아들였던 유가적 사상을 실현할 수 있는 새로운 길과 방법을 모색하는 흐름도 밑에서부터 등장하게 된다는 것이다. 따라서 양반 중심의 공론 정치는 물론이고 그에 경합하면서 새로이 등장한 서민적 공론장 현상도 유교적 정치문화의 양상들 가운데 하나라고 할 수 있다. ─물론 그것이 유교적 정치문화나 유교적 인정의 정치이념을 실현시킬 수 있는 유일한 방법이라고 볼 이유는 없다. ─

그래서 조경달은 "사족이 그 덕망과 정의감으로 인해 민중과 함께 궐기하는 사태야말로 임술민란 이후 일어난 민란의 특징이며, 이것은 갑오농민전쟁에까지 계승된다"라고 강조한다.[114] 이처럼 18세기의 탕평 정치를 거치면서 일반 백성들에게 대중화되기 시작한 유교적 선비 의식과 대동세계관은 부패한 정치권력에 대해 저항하는 양상과 방법을 규정하는 정신사적 조건으

113) 오수창, 「18세기 조선 정치사상과 그 전후 맥락」, 역사학회 편, 『정조와 18세기: 역사로서 18세기, 서구와 동아시아의 비교사적 성찰』, 53쪽 참조
114) 조경달, 『민중과 유토피아: 한국 근대 민중 운동사』(허영란 옮김, 역사비평사, 2009), 66쪽.

로 작용하고 있다. 즉, 국가권력에 대한 민중의 저항방식이나 의식을 가능하게 한 것이 바로 조선 후기 백성들의 일상생활 속으로 광범위하게 파급된 유교적 정치문화였다는 것이다.[115] 그리고 사림이나 사족과 별도로 백성들이야말로 유교적 선비 의식 및 정치적 책임 의식을 지니는 정치적 주체라는 자각은 갑오농민전쟁에서 가장 높은 수준으로 표출되었다. 우리는 이런 현상을 제9장 4절에서 성리학적 공론 정치의 서민화 과정을 매개로 해 유교적 입헌주의의 제도를 한층 심화·확충해 가는 유교적 대항민본주의의 출현이라는 관점에서 더 상세하게 다룰 것이다.

앞에서 간략하게나마 살펴본 것처럼 유교적 이상사회 이론인 대동사회 이론은 조선 후기에 이르러 보편화되기에 이른다. 즉, 유교적 이념이 지배층에 국한되지 않고 일반 백성들에 의해 널리 수용되기에 이르렀다는 말이다. 그 결과 일반 백성들도 유교적 이상사회 이념을 통해 부당한 현실을 비판하고 양반사회의 폐쇄성에 저항하는 행동을 정당화할 수 있게 되었다. 기존 연구에 의하면, 자치적으로 운영되었던 향회鄕會에서 계층 사이의 갈등과 이해 대립을 조정하고 합의를 끌어내는 과정에서 대동사상은 중요한 정당화의 논리로 활용되었다. 유교적 대동 의식을 논리적 정당화로 활용하여 일반 백성들은 양반지배층의 완강한 저항에도 불구하고 세금을 부과할 때 토지로 일원화하는 획기적 변화를 이룩해 냈다.[116]

향회는 신구 사족뿐만 아니라 요호·부민, 그리고 소민이라 불리는 일반 백성 등 다양한 계층으로 구성된 향촌 사회의 합의 기구였다. 그리고 계층이 다양한 만큼 그런 향회가 늘 이해 갈등을 조화롭게 해결할 수는 없는 노릇이었다. 그럴 때 향회는 민란으로 변화되기도 했다. 향회가 민란의 조직 기반으로 전환되었던 현상에 관한 연구는 많이 축적되어 있다.

---

115) 역사학자 김호도 조선 후기 민중의 정치적 성장에는 성리학의 대중화와 깊은 관련이 있다고 강조한다. 김호, 『100년 전 살인사건』(후마니스트, 2018), 372쪽.
116) 안병욱, 「조선 후기 대동론의 수용과 형성」, 188쪽 참조

선행 연구에 의하면, 18세기 후반을 거쳐 19세기에 이르러 향회·민회 등을 중심으로 이루어진 향촌 사회에서의 공론 즉 '향중 공론'은 독자적인 영역을 확보하기 시작했고, 그것의 정치·사회적 영향력은 점차 확대되어 갔다. 그래서 일반 백성 즉 소민은 향중 공론을 통해 사족 중심의 공론 영역을 무력화시키면서 독립적인 새로운 정치적 공론의 장을 통해 자신의 목소리를 형성해 가기 시작했다. 그리고 향촌 사회에서 독자적인 활동 조직이 활성화되어 감에 따라 19세기에는 민이 향촌 사회 내부의 여러 자발적인 조직을 바탕으로 민란 및 농민전쟁과 같은 극단적인 형태의 정치적 저항까지도 수행할 수 있게 되었다고 한다.

이처럼 18세기 후반 이후 본격적으로 대두된 향중 공론을 바탕으로 19세기에 일반 백성들은 자신들의 고유한 목소리를 정치에 반영하기 위해 노력했다. 양반 및 사족 중심의 전통적인 사대부 공론 정치가 붕당의 폐단 및 그로 인한 탕평 정치의 등장으로 인해 커다란 위기와 변화를 겪게 되고 그 결과 공론이 분기되어 서민층 위주의 향중 공론이 형성되어 가는 과정은, 공론을 통한 성리학적 이념의 정치적 구현이라는 조선 특유의 유교적 정치문화의 확대로 이해될 수 있다. 그래서 박광용은 18세기 이후 탕평 정치에 의해 공론의 주체와 영역이 "사류뿐 아니라 성리학적 공론 정치가 서민화 내지 보편화되는 과정으로도 개념화할 정도로 중간계층 및 일반 서민에까지 확산"되었다고 말한다.[117] 이런 공론 정치의 확대는 성리학적 공론 정치가 서민화 내지 보편화되는 과정으로도 개념화될 수 있을 것이다.

조선의 유교적 정치문화와 천하위공의 대동사상이 18세기를 거치면서 일반 백성들에 의해 널리 공유됨에 따라 유교적 대동 이념 및 민본주의는 정치에 대한 사회적 상상으로 습속화된다. 이런 상황에서 천리의 공 혹은

---

117) 박광용, 「조선의 18세기, 국정 운영 틀의 혁신」, 역사학회 편, 『정조와 18세기: 역사로서 18세기, 서구와 동아시아의 비교사적 성찰』, 74쪽. 서민적 공론장의 형성에 관한 보다 상세한 서술은 이 책 제4장에서 이루어진다.

천하위공의 담지자가 오로지 왕이나 사대부로만 한정될 수밖에 없다는 관념은 위기에 처하게 된다.[118] 천하위공의 이상을 구현할 정치 담당자가 국왕이나 양반 사족으로 한정되는 것이 아니라, 이름 모를 평범한 백성들 또한 유교적 천리의 공을 실현할 수 있는 당당한 주체라는 자각이 분출되는 현상은 자연스럽다. 이렇게 유교적 민본주의는 백성에 의한, 그리고 백성의 민본주의, 즉 대항민본주의라는 차원으로까지 전개되어 나간다.

7. 나가는 말

이 장에서는 한국 사회의 민주주의가 서구 근대에 의해 일방적으로 이식된 수동적 수용의 역사가 아니라 그 이념을 주체적으로 수용하여 자신의 것으로 만들 수 있었던 정신사적 조건이 조선의 유교적 정치문화의 역사적 경험을 통해 마련되어 있었음을 밝히려는 과제와 연동해서, 공맹유학과 성리학이 지니는 대동유학의 근본 성격이 무엇인지 그리고 대략 18세기말과 19세기 초 무렵까지의 조선 사회를 대상으로 유가적 대동 이념이 어떻게 이해되고 수용되어 왔는지를 확인해 보고자 했다. 그러니까 이 장의 연구는 18~19세기를 거쳐 망국과 광복 및 분단 이후 산업화 및 민주화에 이르는 역사를 유교적 정치문화의 대중화의 영향사라는 좀 더 거시적이고 장기적 관점에서

---

118) 송양섭, 「19세기 부세 운영과 '향중공론'의 대두」, 『역사비평』116(2016), 148~167쪽 참조. 이미 김인걸은 1989년의 논문에서 안병욱의 선행 연구를 토대로 해서 향회의 역할이 변화되는 지점을 다음과 같이 요약했다. "이전 시기까지 재지 지배층이라 할 사족들의 지배기구였던 향회가 수령의 부세자문기구화가 되고 그 구성원에 있어서도 일정한 변동이 있게 되면서, 단지 부세 결정 과정에 있어서 관권에 기생하는 차원을 넘어서서 민인의 이해를 대변할 수 있게까지 된 것은 이 시기 민인의 성장을 잘 보여주는 것이라 할 수 있다. 그러한 가운데 이제 향회는 농민항쟁의 조직 기반으로까지 전화하기도 하였던 것이다." 김인걸, 「조선 후기 촌락조직의 변모와 1862년 농민항쟁의 조직 기반」, 『진단학보』67(1989), 157쪽.

보려는 탐구의 일환이다.

앞으로 더 상세하게 살펴보아야겠지만, 18세기 조선에서 본격화하기 시작한―물론 18세기 이전까지의 역사적 경험을 기반으로 해서 출현한 것이지만― 유교적 대동세계 지향 및 평등 지향의 일반화 추세는 조선 왕조의 위기와 해체의 시기를 거치면서 변형된 형태로 지속되었다. 조선 후기에 축적된 유교적 대동세계 및 평등사회에 대한 백성의 열망은 19세기 민란이나 갑오농민전쟁 등과 같은 정치적 저항의 형태로만 나타났던 것이 아니다.

그것은 일본 제국주의의 침략에 맞서 한국의 주권을 수호하기 위한 구한말 의병운동119)과 서구 근대의 충격에 대한 주체적 수용의(제국주의적 침략에 저항하면서 동시에 서구 현대의 공화주의적 및 민주주의적 기획의 합리적 핵심을 능동적으로 수용하는) 문화적 기반으로 작용하였다. 그리하여 대동세계 지향의 유교적 정치문화 및 유교적 문명주의는 일본 제국주의 침략에 대한 저항 및 일제 식민지시기의 독립운동에서, 대내적으로는 공화주의적이고 민주주의적인 독립국가를 지향하는 한편 대외적으로는 배타적 민족주의와 침략전쟁을 거부하면서 민족 사이의 평등과 동아시아 및 세계의 평화를 지향하는 민족해방 이념의 형성에 긍정적으로 이바지했다.

---

119) 한말 의병운동이 일본 제국주의와의 전체 민족적 차원의 '전쟁'이었으며, 당대 여러 개화·개혁운동이나 계몽운동의 흐름보다도 전체 민족의 의지를 대변하고 있었던 민족운동의 주류를 형성했다는 점에 대해서는 조동걸·한국독립운동사편찬위원회 편, 『한국독립 운동의 이념과 방략: 한국독립 운동의 역사』 1(경인문화사, 2007), 22~24쪽 참조.

제3장
영·정조 시기의 유교적 대동사회론

1. 들어가는 말

흔히 탕평 군주로 이해되는 영조와 정조는 국왕 중심의 개혁정치를 주도하여 18세기 조선을 다시 크게 부흥시켰다. 따라서 조선의 18세기는 탕평 군주가 통치하는 시대이자 문예가 부흥하고 상공업이 발달한 세기로 이해된다. 그러나 18세기를 뒤이은 조선의 19세기는 우리가 이미 잘 알고 있듯이 그렇게도 번영했던 18세기와 달리 민란의 시대 혹은 세도정치기로서 일본 제국주의의 침략에 속수무책으로 몰락하는 시기이다.

왜 이런 뚜렷한 대조가 발생하게 된 것일까? 이 글에서는 이런 문제까지 상세하게 다룰 수는 없다. 소략하지만 이에 대해서는 제2장에서 다루었다. 이 글에서 탐구되는 대상은 영·정조 같은 탕평 군주의 시대에 전유되는 유교적 대동사회 이론의 모습이다. 우선 우리는 17세기 조선의 정치를 규정했던 붕당 정치의 폐해를 극복하기 위해 등장한 새로운 군주론을 조선 후기에서의 대동 이념의 전유라는 관점에서 이해해 보고자 한다.

영조와 정조는 강력한 왕권에 기반한 국가개혁론 즉 탕평 정치를 주도하고자 했는데, 유교 국가인 조선에서는 이런 시도가 당연히 유교적 맥락에서 정당화될 것을 요청받고 있었다. 영조와 정조는 고질적인 당쟁의 문제점을 극복하기 위해 강력한 왕권 강화가 필요하다고 생각했는데, 강력한 국왕의 권한은 임금과 신하가 공동으로 정치에 임해야 한다는 군신공치君臣共治의 유교적 이념에 배치되는 측면이 존재하기 때문이었다. 임금과 사대부들의 적극적인 정치 참여가 요구되는 군신공치의 이념은 18세기 이전 조선의 정치를 주도한 사림 정치의 이념적 토대이었다.

본문에서 더 상세하게 언급되겠지만 영·정조 시기에 새로운 현상으로 등장하는 '민국' 개념의 의미를 둘러싸고 학계에서는 논쟁이 활발하게 진행 중이다. 간단하게 말하자면, 영조와 정조가 중시한 민국 개념이 백성을 왕과 같은 핏줄로 보아서 이런 백성은 곧 나라 자체를 뜻하는 것이라고 여길 수 있고, 그리하여 그런 새로운 민국 개념을 조선 초기의 민본주의와 질적인 차이를 보여 주는 유교적 정치이념의 특정한 역사적 유형으로 평가해도 좋은지가 18세기 조선의 성격을 규정하는 맥락에서 핵심 쟁점의 하나로 등장한 것이다.

물론 이런 쟁점에 대해 긍정적 태도를 견지하면서도 그 의미를 과연 어떤 방식으로 이해해야 하는지도 여전히 또 다른 쟁점으로 남아 있다. 18세기 영·정조가 중시한 민국 개념을 서구의 계몽전제군주와의 대비 속에서 이해하려는 태도가 그 한 사례일 것이다.[1]

이 글은 18세기 조선 사회 '진보성'이 확인될 수 있다는 그 의미를 절대적 군주제나 계몽전제군주 혹은 민주주의적 지향성과 같은 서구적 근대의 경험을 기준으로 삼아 해명하려는 접근 방식을 공유하지 않는다. 18세기 조선 사회의 진보성과 개혁성이 확인될 수 있다면 그것은 철저하게 유교적 전통이 지니는 대동적 이상세계의 구현이라는 기준에 의해 이해되어야 한다는 것이 이 글의 기본 입장이다.

달리 말하자면, '천하위공' 또는 인간 모두가 다 요순과 같은 성왕이

---

1) 김경현, 「서문: 역사로 본 18세기」, 역사학회 편, 『정조와 18세기: 역사로서 18세기, 서구와 동아시아의 비교사적 고찰』, 9쪽 참조

될 수 있다는 유교적 평등주의의 이상이 구현된 '대동세계'를 향한 도정에서의 질적 차이 같은 것이 18세기 조선 사회의 혁신성과 진보성의 의미를 제대로 이해하고 평가할 수 있는 기준이 된다는 것이다. 그러므로 이 글에서는 유교의 천하위공 사상이 민주주의적 계기를 함축하고 있으며 그런 잠재성이 늘 사상의 잠재성으로만 있었던 것이 아니라 동아시아 역사 속에서 불충분하지만 나름대로 구현되어 가고 있었다는 점을 출발점으로 삼는다.

또한 여기에서는 대동적 세계를 구현하기 위한 영조와 정조의 노력으로 인해 조선이 어떤 방식으로 소민들의 기본적인 생계를 보장하려는 소민보호적인 사회국가 지향의 모습을 보이게 되었는지를 다루어 볼 것이다. 특히 영·정조 시기 정전제 도입을 둘러싼 논쟁과 소민보호적인 재분배 정책의 일환으로 이해될 수 있는 환곡제도의 명암을 살펴본다.

2. 군사론君師論과 탕평군주론

숙종(재위 1674~1720)과 영조(재위 1724~1776), 정조(재위 1777~1800) 등이 통치한 17세기 말 및 18세기는 그 이전 시기의 붕당 정치의 폐단을 시정하고자 탕평 정치가 이루어진 시대로 이해된다. 이들 탕평 군주는 유교의 이상적인 국가를 구현하기 위해 주자학의 성인군주론聖人君主論을 받아들여서 스스로 학문 수양을 통해 군주이자 스승(君師)이 되어 국가체제를 국왕 중심으로 정비하고 사회 전반의 개혁을 주도하고자 했다.[2]

성인군주론은 유학의 기본 이념이었지만, 주자학에서의 성인군주 이념은 사대부나 선비가 왕권을 견제하면서 왕과 더불어 백성을 통치하는 성격을 지니고 있었다. 그것은 왕통과 도통의 분리에 의한 것이었다. 도통과 왕통을

---

2) 김백철, 『두 얼굴의 영조: 18세기 탕평군주상의 재검토』, 40쪽.

구별하면서 스스로 도통을 이어받았다고 생각한 조선의 유학자들(성리학자들)은 왕을 요순 성왕과 같은 유가의 이상적인 군주상에 가깝게 만들기 위해 때로는 견제하기도 하고 때로는 도움을 주면서 함께 통치해 나가고자 했다.

요순의 이상적인 정치를 조선에 구현하려는 시도는 이처럼 양반 관료인 신하의 입장에서 볼 때 군주에 대한 중요한 견제 수단이었지만, 영조가 표방했던 요순 성왕의 정치 이상에는 이전 시대와 구별되는 특징이 존재한다. 정치의 중심이 국왕으로 설정되면서 요순 성왕 이념의 주체가 탕평 정국 이전의 붕당 정치에서는 조정 신하와 사대부였던 것과 달리 국왕 자체로 변하게 되었기 때문이다. 붕당정치기에는 양반 관료들이나 재지 사림의 선비들이 스스로를 국왕을 도와 요순 성왕의 정치 이상을 구현하는 능동적 주체로 여겼지만 탕평 시기의 군왕은 스스로 요순 성왕의 이상적 역할을 할 수 있는 행위자로 나서면서 기존의 양반과 사대부 세력을 견제하며 백성과 잦은 접촉을 꾀하게 되는데, 바로 이때 성인군주론이 활용된다.

이런 점으로 인해 조선 후기의 탕평 정치는 그 이전의 성리학적 왕도정치관의 반복이 아니라 그것의 새로운 변용으로 이해되어야 한다는 주장이 등장한다.[3] 15세기 성종 대와 16세기 중종 대의 실록에 등장하는 '요순지치', 즉 유교가 가장 이상적인 사회로 보는 요순시대의 정치에 대한 강조는 사림이 새로이 정치의 주도 세력으로 등장하는 것과 맞물려 군주를 계도하기 위한 수단으로 활용되었다.[4]

탕평 정치의 출현과 더불어 새로이 강조된 요순성왕론은 붕당을 중심으로 정국을 운영하던 17세기 붕당 정치의 한계를 극복하기 위한 군주 주도의 정치 혹은 정치 주체로서의 국왕의 역할 강조와 맥을 같이하는 것이다.

---

3) 김성윤, 「탕평의 원리와 탕평론」, 이태진·김백철 엮음, 『조선 후기 탕평 정치의 재조명』 하(태학사, 2011), 211쪽 참조.
4) 김백철, 『조선 후기 영조의 탕평 정치』, 32쪽 참조.

탕평 정치를 정치 운영의 이론으로 삼은 영·정조 시기에 국왕은 도통과 왕통의 분리를 거부하면서 중국 고대의 요순 및 하·은·주 삼대처럼 왕이 곧 정치적 지도자인 동시에 다른 어떤 사대부보다 더 탁월한 학문적 지도자인 성인聖人임을 주장하며 도통과 왕통의 통일을 지향했다. 그리하여 18세기 탕평 군주인 영조와 정조는 사림에 비교해 훨씬 우월한 위치에서 자신을 왕이자 스승, 즉 군사君師로 자처하면서 정국을 주도해 나갔다.[5]

본래 군사君師라는 개념은 『상서』에서 유래한 단어로, 군주가 성인聖人이면서 성왕聖王의 역할을 동시에 수행하는 삼대의 이상적 군주상을 말한다.[6] 그러나 군사君師라는 개념이 널리 알려지게 된 것은 주희의 「대학장구서」를 통해서이다. 주희는 이 서문에서 하늘로부터 인의예지를 본성으로 부여받은 인간들 가운데 그 본성을 온전하게 완성한 사람으로 하여금 하늘이 "억조 만백성의 군주와 스승으로 삼는다"고 주장한다.[7]

요순 및 삼대의 융성기는 그처럼 군주와 스승의 역할을 동시에 수행할 수 있는 시대였고, 그 뒤 쇠퇴하고 성스러운 왕이 나오지 않는 주나라 이후의 세상에서는 공자와 같은 성인조차도 왕과 스승의 지위를 얻어 정치를 하고 가르침을 행할 수 없었다는 것이 주희의 생각이었다.[8] 이렇게 요순·삼대의 시대가 가고 성스러운 임금이 나타나지 않는 상황에서는 왕과 사대부가 함께 정치를 수행함으로써 도통을 이어받은 선비 및 사대부가 왕을 도와 요순과 같은 성스러운 임금으로 만들기 위해 힘써야 한다는 것이 주희 이후 성리학자들의 기본적인 생각이었다.

성리학의 이념을 최고의 정치이념으로 숭상했던 조선의 선비들이 요순

---

5) 한승현, 「중국의 18세기 : 서유럽과 조선과의 비교를 중심으로」, 역사학회 편, 『정조와 18세기: 역사로서 18세기, 서구와 동아시아의 비교사적 고찰』, 201쪽.

6) 김문식, 『정조의 제왕학』(태학사, 2007), 28쪽.

7) 주희, 『대학·중용집주』(성백효 역주, 전통문화연구회, 2001), 13쪽.

8) 같은 책, 13~14쪽 참조.

성왕의 이상 정치를 내세워 왕권을 강화하고자 하는 탕평 정치의 명분을 거부할 수는 없었다. 요순은 유교 사회에서 그 누구도 이의를 제기할 수 없는 이상적인 군주상을 대변하는 것으로 받아들여졌기 때문이다. 다만 탕평 정치의 방법과 그 궁극적인 목표에 대한 이해에서는 차이가 존재했다.[9]

사대부나 사림의 입장에서 볼 때 국왕이 성왕聖王이 되어야 한다는 주장에는 "성대한 정치를 해 달라는 뜻과 아울러 정사는 현명한 신하에게 맡기고 유학 공부에나 전념하라는 이중의 의미가 담겨 있었다"고 한다.[10] 예를 들어 영조 7년(1731) 6월에 이종성李宗城은 율곡 이이의 저서를 언급하면서 이이가 『성학집요』를 지은 뜻은 "우리 임금을 요순堯舜처럼 되게 하려는 마음"이었음을 강조하고 있다.[11] 이 자리에서 이종성은, 신료들은 임금을 요순과 같은 이상적인 유교적 군주로 만들기 위해 노력해야 하며 그러기 위해서는 신하들이 임금을 성학聖學 즉 성리학을 체화할 수 있도록 도와야 함을 역설한다.

또 영조 13년 5월 28일에는 임금이 자신의 능력이 요순과 같은 성왕에 미치지 못함을 탄식하는 사건을 기록하면서 사관史官은 "사직社稷의 복이 아니다"라고 신랄하게 비판하고 있다.

> 인군人君이 평일에 비록 요순이 되기를 스스로 기약한다 하더라도 역시 중류의 임금됨을 면하지 못한다. 지금 성상께서 바로 이르기를 "오직 성인이라야 남보다 크게 뛰어난 업적을 이룰 수 있다. 나 같은 자가 그것을 만회할 수 있겠는가?"라고 하였으니, 정자程子로 하여금 이 말을 듣게 하였더라면 반드시 "사직社稷의 복이 아니다"라고 했을 것이다.[12]

9) 김성윤, 「탕평의 원리와 탕평론」, 211쪽.
10) 김기봉, 「태양왕과 만천명월주인옹: 루이 14세와 정조」, 역사학회 편, 『정조와 18세기: 역사로서 18세기, 서구와 동아시아의 비교사적 고찰』, 292쪽.
11) 『영조실록』.
12) 같은 책.

숙종 42년(1716)에 조상건趙尚健은 송시열을 옹호하는 상소문에서 스승과 국왕 사이에는 비중의 차이가 없이 대등함을 강조한다. 그에 의하면, 임금과 스승이 분리된 삼대 이후로 국왕은 신하를 스승으로 모시고 성인 군주가 되도록 자신을 연마하는 학문의 길에 소홀함이 없어야 한다. 이런 논리로 그는 국왕과 신하의 공치의 이념, 달리 말하자면 어진 신하가 마땅히 국왕을 도와서 요순 성왕과 같은 군주로 만들어야 함을 강조했다.

아! 사도師道가 어찌 중대하지 않겠습니까? 삼대 이전에는 임금이 사도를 겸했으므로 『서경』에는 '임금이 되게 하고 스승이 되게 하였다' 하였고, 『대학大學』의 「서序」에서는 "하늘이 반드시 명하여 백성의 군사君師로 삼는다" 하였습니다. 임금을 말하면 으레 스승을 말하고 스승을 말하면 으레 임금을 말하였는데, 삼대 말기에 세도世道가 쇠퇴하고 교계教戒가 해이해지자 공자는 대성大聖의 자질로서도 군사의 지위를 얻지 못했습니다. 이에 (공자가) 선왕先王이 백성을 교화한 방법이 없어지고 전해지지 못할까 염려하여 말로 가르쳐서 사사로이 서로 그 무리에게 전수傳授하니, 임금과 스승이 비로소 둘로 나뉘었습니다. 이것이 『예경禮經』에 "세 사람(君·師·父)에게 생육되어 한결같이 섬기고, 죽게 되어서도 치우쳐 폐기해서는 안 된다"라고 한 까닭입니다. 이 때문에 예전부터 성현聖賢은 이 세 사람에 대하여 감히 경중의 차이를 나누지 않고 모두 3년 동안 복상服喪하는 것으로 단정했던 것이니, 그 뜻을 알 만합니다.[13)]

그러나 영조와 정조는 사대부들이 붕당을 형성하여 공론 정치를 통해 군주를 보필하거나 군주의 잘못된 권력 행사를 견제함으로써 유교적 이상사회의 구현에 이바지할 수 있다는 17세기 사림의 붕당 정치에 대해 매우 비판적이었다. 붕당 정치가 실제 정치 현실에서 상대 붕당의 의리를 전적으로 부인하고 자당의 의리만을 극단적으로 옹호하면서 다른 붕당을 죄인으로

---

13) 『숙종실록』, 42년 2월 3일.

만들어 살육하는 지경에 이르는 당쟁의 폐단을 보고 영조는 군주 주도의 탕평책을 통해 요순 삼대의 대동세계를 구현하고자 하였다.[14]

영조는 자신이 유학의 도통을 이어받았다고 자부하는 성리학자 즉 양반 관료들의 가르침을 받아야 하는 존재라고 생각했던 것이 아니라 자신을 요순으로 상정하고 있었다.[15] 그리하여 영조는 성리학에 정통한 신하들이 왕도정치 구현이라는 유교적 이상을 전면에 내세우면서 왕권을 견제하기 위해 고안했던 경연 제도를 적극적이고 능동적으로 활용한다. 이는 정조도 마찬가지였다. 영조와 정조는 신하들에게서 요순 성왕의 길을 배우는 수동적인 군주가 아니라, 신하들보다 더 탁월한 지적·도덕적 권위를 갖고 경연 제도를 국왕의 권한을 강화하는 장으로 활용했던 군주였다.[16]

실제로 영조는 조선 후기에 경연을 가장 열심히 하였던 군주라고 평가받는다. 그는 숙종을 본받아 경연에 부지런히 참여하고 경연에서 신하들이 실수하는 것을 곧바로 지적하고 경연 내용을 두고도 신하와 다른 견해를 피력하며 적극적으로 토론에 임했다. 더 나아가 경연을 통해 영조는 탕평 정치를 정당화하고 붕당 정치에 따라 자신들의 이해관계를 반영하는 목소리를 적극적으로 차단하고 붕당들이 서로 격렬하게 대립하지 못하도록 했다.[17] 권연웅은 영조가 경연 제도를 통해 이룩한 업적을 다음과 같이 평가한다.

영조의 경연은 그의 통치에 기여한 바가 크다. 경연관들은 경서를 강독하면서 왕이 현재의 정치를 반성하도록 유도했고, 왕도 자신의 언동과 정책을 재검토했다. 경연은 군주와 신하들 사이에 의견 교환을 촉진했고, 당면한 문제의 해결에도 중요한 단서와 계기를 제공했다. 영조가 시행한 균역법과

---

14) 박광용, 「조선의 18세기, 국정 운영 틀의 혁신」, 역사학회 편, 『정조와 18세기: 역사로서 18세기, 서구와 동아시아의 비교사적 고찰』, 56~58쪽 참조.
15) 김백철, 『두 얼굴의 영조』, 126~127쪽.
16) 강상규, 『조선 정치사의 발견』, 226~227쪽 참조.
17) 권연웅, 『경연과 임금 길들이기』, 253~255쪽.

탕평책, 노비제도와 형벌 제도의 개혁 등은 모두 경서와 역사책에서 촉발되고 경연에서 논의되었다.[18]

정조도 탕평을 자신이 추구하는 정치의 이상이라고 보았다. 그는 "탕평이란 곧 편당偏黨을 버리고 상대와 나를 잊는 이름"이라고 이해하면서 노론이나 소론 등의 신하들 사이의 붕당의 차이가 없이 임금의 입장에서 보면 "균등한 한 집안의 사람이고 다 같은 한 동포"라고 강조한다. 그러므로 정조는 붕당의 폐해를 바로잡기 위해 "착한 사람은 상을 주고 죄가 있으면 벌을 주는 것에 어찌 사랑하고 미워하는 구별"이 있을 수 있겠느냐고 말한다. 달리 말하자면 임금을 지극한 정성으로 섬기면서 백성의 삶을 윤택하게 하는 대도의 길로 나설 것을 정조는 신하들에게 촉구하고 있다. 그러면서 앞으로 자신의 정치는 당색에 따라 인재를 등용하지 않고 능력이 있는 사람을 중용하고자 한다고 말한다.

이제부터는 내가 마땅히 용사用捨하는 즈음에 '노소老少' 두 글자를 먼저 마음속에 두지 않을 것이고 오직 그 사람을 보아서 어진 이를 등용하고 불초한 사람은 버릴 것이다. 아! 그대 대소 신료들은 또한 '노소' 두 글자를 마음에 싹틔우거나 입에서 꺼내지 말 것이며, 다시 바라건대 여러 신하는 내가 한 말이 오활하여 사정에 절실하지 않다고 하지 말라. 경 등이 협력하여 돕고 효과를 이루는 것은 마땅히 먼저 정사의 주의注擬한 것을 보면 알 것이다. 치도治道의 요점은 심정을 펼쳐 유시하며 내가 두 번 말하지 않을 것이니, 경 등은 모두 알라.[19]

영조와 마찬가지로 정조도 왕 스스로 학문에 정진하여 만백성들을 가르치는 스승의 역할을 맡으면서 동시에 백성들이 왕과 한마음이 되도록 교화하여

18) 같은 책, 267쪽.
19) 『정조실록』, 즉위년 9월 22일.

대동사회를 구현하려는 정치의 궁극적 추동자이고자 했다.[20] 예를 들어 정조는 자신이 "군사君師의 지위에 있으면서 군사의 책임을 맡고 있다"고 공공연히 주장했다.[21] 군사를 자임하면서 심지어 유학의 도통까지도 국왕인 본인이 이어받고 있다는 정조의 입장은 다음과 같은 주장에 잘 드러나 있다.

> 대체로 스승이 있는 바에 도가 보존되어 있는 것이다. 지금 내가 군사君師의 지위에 처해 있으니 스승과 도에 대한 책임이 실로 나에게 있다. 사문斯文을 천명하고 세교世敎를 부식하는 것에 대해 일찍이 깨우쳐 주고 교도함에 부지런히 하지 않은 바가 없었는데, 습속이 점점 어그러지고 선비들의 기풍이 예스럽지 못해서 크게 변화되어 도를 따르는 효과를 보지 못하고 있으니 어찌 개탄스럽지 않겠는가. 내가 원하는 바는 공자를 배우는 것이다.…… 비록 아래에 있는 문성文成(이이)으로서도 오히려 이와 같이 말했는데, 더구나 지금 사문의 대일통大一統의 도가 나 한 사람에게 달려 있으니 어찌 종향하는 중요한 전례에 대해 참작하여 재량하지 않을 수 있겠는가.[22]

3. 18세기 유교적 민본주의의 질적 전환

물론 천하위공의 대동사상은 영조의 왕권 계승의 정당성 확보와도 밀접한 관련이 있다. 경종의 뒤를 이어 왕위에 오른 영조는 먼저 자신의 왕위 계승의 정당성을 둘러싼 시비 논쟁부터 극복해야 했다. 그는 자신이 경종의 계승자로서 왕위에 오르게 된 정당성을 아무런 사심私心이 없었다는 데에서 구했다.[23] 경종에서 영조에로의 왕위 계승은 유덕자가 유덕자에게로 왕위를

---

20) 김기봉, 「태양왕과 만천명월주인옹: 루이 14세와 정조」, 292쪽.
21) 『정조실록』, 20년 8월 10일.
22) 같은 책, 20년 8월 8일.
23) 『영조실록』, 9년 1월 19일 참조

넘겨주었던 요순의 선양과 마찬가지로 지극히 공평한 행위라는 것이었다.[24]

그러나 천하위공의 대동사상이 조선 후기, 특히 영·정조 시기에 대두되는 것은 영조의 왕위 계승과 관련한 분란 소지를 해소하려는 정치적 차원을 넘어서 있다. 18세기에는 군왕을 요순 같은 성왕으로 만들려고 노력했던 사대부들을 벗어나 군왕이 직접 정치의 주체로서 요순 성왕의 시대를 구현하려고 노력하면서 백성에 대한 관념에서도 변화가 나타나게 된다.

18세기 탕평 정치가 본격적으로 전개됨에 따라 탕평 군주-양반-일반 백성(소민) 사이의 삼각관계에서도 일대 변화가 일어나게 된다. 물론 이런 변화를 가능하게 한 배경에는 대동적 유교 이념의 보편적 확산이라는 요인 이외에도 소민과 왕 사이의 더 밀접한 관계 형성에 도움을 준 다양한 요인이 존재한다. 예를 들어 소민과 왕 사이의 상호 신뢰 형성을 위한 쌍방의 노력도 중요한 요인임에는 분명하지만, 사회경제적 조건의 변화, 이를테면 농업 생산성의 향상과 시장경제의 발달 등으로 일반 백성의 지위가 향상될 조건이 무르익고 있었다. 이런 여러 조건의 변화를 반영하면서 탕평 군주들의 개혁정치는 소민의 권한을 더 구체적으로 보호하는 방향으로 흘러갔고, 그로 인해 소민 보호에서도 질적 전환이 이루어진다.[25]

18세기에 등장한 새로운 형태의 소민보호론의 성격은 영조가 백성을 자신과 같은 피를 나눈 '동포'임을 강조한 데서도 잘 드러난다.[26] 영조가 언급한 "백성은 나의 동포同胞이다"라는 말은 장재의 『서명西銘』에 나오는 유명한 구절이다. 김백철에 의하면 장재의 주장, 즉 백성을 국왕의 동포로 간주하는 사상은 18세기 이전에도 잘 알려져 있는 것이었으나 숙종 이후로 더욱 보편화되었다.

---

24) 김백철, 『조선 후기 영조의 탕평 정치』, 41쪽 참조.
25) 이태진, 「조선 시대 '민본' 의식의 변천과 18세기 '민국' 이념의 대두」, 이태진·김백철 엮음, 『조선 후기 탕평 정치의 재조명』 상, 32~33쪽.
26) 『영조실록』, 7년 1월 5일.

예를 들어 '백성은 나의 동포'라는 주장을 영조는 성균관 유생들에게
군역을 지우는 개혁 정책을 옹호하면서 사용한다. 성균관 유생들에게도
군역을 부과하는 정책은 명분을 어그러뜨리게 된다는 반론에 대해 영조는
다음과 같이 말한다.

> 너희들은 유생儒生에게 호전을 부과하는 것을 불가하게 여길 것이나, 위로
> 삼공三公에서부터 아래로 사서인士庶人에 이르기까지 부역은 고르게 해야
> 한다. 또 백성은 나의 동포이니 백성과 함께해야 한다. 너희들 처지에서
> 백성을 볼 때에는 너와 나의 구별이 있을지 모르나, 내가 볼 때에는 모두가
> 나의 적자赤子인 것이다. 피차간에 어찌 애증愛憎이 다를 수 있겠는가? 내가
> 만일 잠저潛邸에 있을 때라면 나도 의당 호전을 내야 하는 것이다. 한 집에서
> 노비나 주인이 똑같이 호전을 내는 것은 명분을 문란케 하는 일이라고 말하지만,
> 호戶가 있으면 역역役役이 있는 것이 상례이다. 또 양민은 오래도록 고역苦役에
> 시달려 왔으니, 기어코 부역을 고르게 하고자 한 것이다.…… 공자가 말하기를
> "병兵을 버리고 먹을 것을 버릴지언정 신信은 버리지 못한다. 신이 없으면
> 서지 못한다"라고 하였다. 내가 이미 한 필疋을 감하겠노라고 말을 하였는데
> 어떻게 백성에게 차마 실신失信할 수 있겠는가?[27]

위 인용문에서 보듯이 영조는 삼공三公과 같은 고위 관료나 유생은 일반
서민과 같은 부역을 담당함이 옳다고 강조한다. 그것을 정당화하는 논변이
바로 유생이나 일반 서민 모두 왕의 같은 자식이기에 부모의 처지에서 모든
자녀를 다 소중하게 돌보야 하듯이 부역에 관해 고르게 함이 진정한 왕의
태도라는 것이었다. 또한 우리는 왕은 백성을 위해 존재하며 왕과 백성 사이의
신뢰가 바로 국가의 바탕이라는 영조의 주장에도 주목해야 한다.

이처럼 숙종 이후 영조기에 이르면 군주와 백성의 관계가 국가의 문제로까
지 확대되어 이제는 백성을 국가의 흥망과 직결시켜 이해하는 태도까지

---

27) 같은 책, 26년 7월 3일.

등장하게 되었다. 그리하여 "백성을 단지 가엾게만 여기는 대상으로 인지하는 것에서 벗어나 백성"을 나라와 흥망성쇠를 같이할 "운명공동체로까지 이해"하는 인식의 전환이 일어나게 된다.[28]

이태진은 유교의 민본사상을 초시대적이고 고정불변적인 것으로 보는 경향을 비판하면서, 18세기에 이르러 왕과 사대부 중심의 유교적 민본 이념이 "왕과 백성 중심의 민국 정치사상으로" 변화되는 점에 주목해야 한다고 강조한다. 그에 의하면 18세기에 이르러 등장한 왕과 백성 중심의 민국적인 정치사상은 기존의 민본사상보다 "진일보한 정치의식"으로, 민국의 정치사상은 왕과 백성을 나라의 주인으로 설정하는 "새로운 정치의식의 표현"이다.[29]

조선 왕조의 유교적 민본정치 이념은 기본적으로 '백성은 나라의 근본'이라는 '민유방본'의 정신에 입각한 소민보호 의식을 동반하는 것이었다. 조선 건국에 지대한 공헌을 한 정도전은『조선경국전상』「부전賦典」에서 다음과 같이 말한다.

대개 임금은 나라에 의존하고 나라는 백성에 의존하는 것이니, 백성이란 나라의 근본이며 임금의 하늘인 것이다. 그러므로『주례』에서는 인구수를 왕에게 바치면 왕은 절하면서 받았으니, 이것은 그 하늘을 존중하기 때문이었다. 인군이 된 사람이 이러한 뜻을 안다면 백성을 사랑함이 지극하지 아니할 수 없을 것이다.[30]

---

28) 김백철,「영조 대 '민국' 논의와 변화된 왕정상」, 이태진·김백철 엮음,『조선 후기 탕평 정치의 재조명』상, 118쪽.

29) 이태진,「조선 시대 '민본' 의식의 변천과 18세기 '민국' 이념의 대두」, 20쪽. 민국의 정치사상이 유교적 민본주의와 비교해 더 진일보한 유교적 정치사상이라는 관점에 대한 비판으로는 오수창,「18세기 조선 정치사상과 그 전후 맥락」, 역사학회 편,『정조와 18세기: 역사로서 18세기, 서구와 동아시아의 비교사적 고찰』, 38~43쪽 참조. 특히 김인걸은, '민국' 개념은 백성과 국가(혹은 왕)를 일체로 보고 왕과 백성이 정치의 주체가 되는 새로운 정치체제나 정치이념을 나타내는 용어로 보기 어렵다는 점을 '민국' 개념이 사용되는 여러 사례를 통해 반박하고 있다. 그에 의하면 영조와 정조 시기에 사용되는 '민국' 개념은 "백성의 삶과 국가의 살림살이 정도의 의미"를 지니는 것으로 보아야 한다. 김인걸,「정조의 '국체' 인식」, 김인걸 외 지음,『정조와 정조시대』, 123쪽.

그러나 18세기 이전의 유교적 민본정치 이념에서는 통치의 주체가 왕과 양반 관료들로 이해되면서 일반 백성은 오로지 어린아이와 같이 보호하고 돌보아 주어야 할 통치의 대상일 뿐이었는데, 이와 달리 18세기의 소민은 양반 관료나 사족보다도 더 중요한 존재로 간주되면서 이런 소민에 대한 인식의 변화로 인해 소민보호의 수단이 더욱더 구체화되는 변화가 발생하게 된다고 이태진은 강조한다. 이태진에 의하면 소민이 중요하게 간주되어 소민을 보호하려는 다양한 정책이 실시되면서 '민국'이라는 새로운 용어가 사용되기 시작한다.31)

이태진이 강조하고 있듯이, '민국'이라는 용법에서 변화를 보여 주는 사용의 일례로 우리는 『정조실록』에 등장하는 다음과 같은 문답에 주목할 필요가 있다. "노나라 임금은 부세의 율을 올리려고 했는데 공자의 제자들은 오히려 경감하려고 했으니, 그것은 어째서인가?"라는 영조의 질문에 정조는 다음과 같이 답했다. "백성은 나라를 의지해서 살고 나라는 백성을 의지해서 존재하는데, 백성들이 풍족하다면 임금이 부족할 까닭이 어디 있겠습니까?"32)

18세기에 조선에서 유교적인 민본사상이 질적으로 더 심화되는 현상과 관련하여 '경민론敬民論'에 주목해야 한다는 주장도 제기된 바 있다. 박광용에 의하면 사대부 특히 소론계의 사대부들은 군주가 '민오동포民吾同胞'라는 관점에서 사대부나 양반 관료들의 특권을 제한하고 소민을 보호하려는 입장을 강화하려는 데 대응해서 훌륭한 신하를 등용하여 하늘을 두려워하고 백성을 공경하는 정치를 펼쳐야 한다는 논리를 군주에게 제시했다. 그런데 사대부들이 하늘을 두려워하고 백성을 공경하는 것 즉 '외천경민'을 정치의

---

30) 정도전, 『조선경국전』 상(김동주 옮김, 한국고전번역원, 1977).
31) 이태진, 「조선 시대 '민본' 의식의 변천과 18세기 '민국' 이념의 대두」, 32~36쪽 참조
32) 『정조실록』, 부록 「정조대왕행장」(한국고전번역원). '民國' 개념은 백성과 나라라는 두 가지 단어를 병렬하여 사용되어 오다가 18세기에 이르러 '민국'이라는 단일 의미의 개념으로 활용되는 경향이 두드러진다고 김백철은 강조한다. 민국 개념 사용의 변천사에 대한 상세한 연구는 김백철, 『조선 후기 영조의 탕평 정치』, 278~296쪽 참조

요체로 설정하여 군주에게 요청한 것은 군주의 입장에서 백성을 자신과 같은 한 핏줄로 인정하는 것과 동일한 맥락이다. 즉 군주의 입장에서의 '민오동포론'이나 사대부 입장에서 제기된 '경민론'은 모두 "백성에 대한 파악 방식이 이전과는 분명하게 달라져야 함을 강조하는 논리"라는 점에서 공통적이다.[33]

김백철도 요순 및 삼대의 유교적 이상사회를 조선이라는 현실 세계에 구현하려는 탕평 정치의 궁극적 목표가 '민국'이었다고 강조한다.[34] 영조는 25년(1749) 왕세자를 거느리고 홍화문의 누각에 나아가 가난한 백성들에게 쌀을 나누어 주고 나서 다음과 같이 말하였다.

> 아! 창창蒼蒼한 하늘이 나에게 부탁한 것도 백성이요, 척강陟降하신 조종祖宗께서 나에게 의탁한 것도 또한 백성이다. 지금 초기抄記한 바를 보니 그 수효가 아주 많은데, 문루에 나아가서 보니 마음에 더욱 긍측矜惻하다. 옛적에 이윤伊尹은 한 사람이라도 안정을 얻지 못하면 자신이 수렁 속에 빠져 있는 것같이 여겼다. 다섯 걸음밖에 안 되는 가까운 거리에 억울함을 호소할 길 없는 백성이 이처럼 많은데도 백성의 부모가 되어 오늘날 처음 보게 되니, 어찌 백성의 부모된 도리라고 하겠느냐?

이러한 영조의 말에는 그의 백성관이 집약되어 있다.[35] 영조는 조선의 모든 백성의 부모로 자처하면서 부모의 입장에서 모든 자식을 잘 돌보는 것이 임금이 해야 할 올바른 직분이라고 보았다. 그리하여 그는 국왕의 존재 이유를 백성을 돌보고 사랑하고 구제하는 데에서 구한다. 백성을 구제하지 못하는 임금은 백성의 삶을 도탄에 빠지게 하고 그들을 괴롭히는

---

33) 박광용, 「조선의 18세기, 국정 운영 틀의 혁신」, 66~67쪽.
34) 김백철, 「영조 대 '민국' 논의와 변화된 왕정상」, 118쪽. 김백철, 『조선 후기 영조의 탕평 정치』, 260~261쪽 참조 바람.
35) 김백철, 『두 얼굴의 영조』, 223쪽 참조

폭군일 뿐이어서 그 어떤 백성으로부터도 도움을 받지 못하는 한 명의 필부에 지나지 않게 된다고 영조는 말한다.

그러니까 영조에 의하면, "저 창창한 하늘이 나에게 명하여 임금이 되게 한 것은 임금을 위한 것이 아니고 곧 백성을 위한 것이다. 천명天命의 거취去就와 민심民心의 향배向背는 오로지 이 백성을 구제하는지 구제하지 못하는지에서 연유될 것인데, 백성을 사랑하지 아니하고 백성을 구제하지 아니하면 민심은 원망할 것이요 천명도 떠날 것이니 비록 임금의 자리에 있다고 하더라도 곧 독부獨夫일 뿐이다."[36]

또 1756년 1월 사단에서 풍년을 비는 날 밤에 영조는 함인정涵仁亭 뜰에 앉아서 후대의 왕에게 권하는 말을 남겼는데, 여기서도 백성과 왕의 관계를 다음과 같이 설명하고 있다.

『서경書經』에 "백성은 나라의 근본이니, 근본이 튼튼해야 나라가 평안하다" 하였다. 술편述編에서도 이미 말했듯이, 한 사람으로 천하를 다스리는 것이지 온 천하가 한 사람을 받드는 것이 아니다. 또한 나라는 백성을 근본으로 삼고 백성은 음식을 하늘로 삼으니, 백성을 평안하게 하고자 하면 농사를 중시하는 것을 우선으로 삼아야 한다.…… 아, 임금이 되고 스승이 됨은 바로 백성을 위함이다. 백성을 위해 임금이 있는 것이지 임금을 위해 백성이 있는 것이 아니다.…… 백성이 편안하면 천명天命이 보존되고, 백성이 곤궁하면 천명이 떠나간다. 그 보존되거나 떠나감이 오직 한 사람에 달려 있으니, 두렵지 않을 수 있겠으며 떨리지 않을 수 있겠는가? 어찌 한갓 왕위를 계승한 왕뿐이겠는가? 비록 신하들이라 할지라도 이와 같아야 하니, 또한 어찌 감히 각자 편안한 길만 찾고 나랏일은 도외시하여 방치한 채 자손들이나 데리고 놀면서 장자張子가 『서명西銘』에서 "백성과 우리는 동포이며 만물과 우리는 함께한다"라고 말한 뜻을 생각지 않을 수 있겠는가?[37]

---

36) 『영조실록』, 25년 8월 15일.
37) 『社稷署儀軌』, 권4, 「御製」(한국고전번역원, 2012).

위의 발언을 볼 때 영조는 군왕으로서의 사명을 "한 사람으로 천하를 다스리는 것이지 온 천하가 한 사람을 받드는 것이 아니다"라는 데서 구한다. 이는 조선이 비록 왕위가 세습으로 이어지는 왕조였지만 왕권 정당성의 근거는 단순한 세습적 혈연만으로는 충분히 확보될 수 없었음을 점을 잘 보여 준다.

"한 사람으로 천하를 다스리는 것이지 온 천하가 한 사람을 받드는 것이 아니다"라는 영조의 주장은 유교 전통에서의 '천하위공天下爲公'과 맞닿아 있다. 임금이라도 천의 공공성을 위배해서 백성 전체의 삶을 돌보지 않고 어느 특정한 계층의 이익만을 우대한다든가 자신의 사사로운 이익만을 추구하는 방식으로 왕권을 남용하게 된다면 그런 임금은 단지 왕의 자리를 차지하고 있는 도둑이나 일개 폭군에 지나지 않는다는 주장인데, 이것은 하늘과 천하를 공공의 것으로 여기는 관점으로부터 나온 것이기 때문이다. 더 나아가 영조는 신하들에게 자신과 마찬가지로 천하의 공공성, 즉 백성을 같은 동포로 여기는 마음을 지녀야 함을 역설한다.

앞 절의 인재 등용과 관련해 보았듯이 정조도 영조를 이어 탕평 정치를 펼치면서 관료와 백성을 모두 한 집안사람이나 마찬가지라고 보았다. 그러므로 그는 "이른바 노론도 또한 나의 신자臣子이고 이른바 소론도 또한 나의 신자이다. 위에서 본다면 균등한 한 집안의 사람이고 다 같은 한 동포"라고 하면서 편당과 붕당을 지어 나라를 어지럽게 하지 말라고 당부했다.[38]

영조와 정조가 펼친 탕평 정치에서 또 하나 주목해야 하는 것은 신하와 백성을 '모두 한 집안의 사람이자 동포'로 보는 사유가 서얼의 차별 철폐의 개혁으로 이어지고 있었다는 점이다. 서얼 차별을 완화하고 서얼들에게 관직을 개방하려는 개혁 조치가 조정에서 논의되기 시작한 것은 인조 3년에 당시 부제학이었던 최명길 등의 상소로 인한 것이었다고 한다.[39] 그러나

---

38) 『정조실록』, 즉위년 9월 22일.

서얼 허통을 위한 개혁 조치는 지지부진해서 이렇다 할 진전을 보지 못하고 있었다. 1695년 숙종 대에 이르러서도 경상도의 서얼 생원인 남극정을 중심으로 988인의 경상도 서얼이 서얼의 차별을 없애고 능력에 따라 관직에 임용될 수 있는 길을 넓혀 달라는 상소를 올렸으나 역시 별 효과는 없었다.

영조가 즉위했을 때 서얼은 큰 기대를 했다. 왜냐하면 영조 자신이 서얼 출신이었기 때문이다. 1724년 영조 즉위년에 정진교鄭震僑 등이 상소하여 서얼의 벼슬길을 막는 법을 비판하면서 "신들이 삼가 듣건대, 하늘이 인재를 낼 때에는 본래 문벌에 따라 차별을 두지 아니하며, 제왕이 인재를 등용할 때도 문벌을 따지지 아니하고 그 재능 여부만 보고서 취한다고 하였습니다"라고 주장하면서 서얼의 차별 문제를 해결해 달라고 요청했다.[40]

그러나 영조는 오랫동안 서얼의 차별을 개혁하는 데에 신중하고 미온적인 태도를 보였다. 그런데 영조 48년인 1772년에 서얼 출신 문관 여귀주呂龜周를 사헌부 지평에, 윤밀尹謐과 오준근吳濬根을 사간원 정언에 임명하고 무관 김취대金就大를 선전관에 임명하는 대개혁을 단행했다. 이는 서얼 문관과 무관에게 청직을 개방했다는 점에서 커다란 의미를 지닌다. 영조는 이런 조치가 지방에도 확산되기를 희망했고, 서얼 허통에 관한 지시를 내렸지만, 지방 사족의 완강한 거부에 봉착했다. 특히 경상도 사족의 반발이 매우 거셌다. 그리하여 1774년인 영조 50년에 경상도 경주의 유생 이희겸李希謙이 상소하여 조정에서 이루어진 개혁이 지방에서는 여전히 시행되지 않는다고 아뢰었다.

> 향교와 서원의 인명록에 이름을 올릴 수 없어서 신들이 유의를 입은 유생과 학교에 들어가 나란히 서지 못하게 막고 있습니다.……

---

39) 이하 서얼 허통에 관한 정보는『통색촬요』(박헌순 외 옮김, 한국고전번역원, 2016), 김성우의「해제」(7~29쪽)를 따른 것임.
40)『통색촬요』, 권2(한국고전번역원, 남지만 옮김, 2016).

조정은 전하의 조정이고 태학도 전하의 태학이며 향교와 서원도 전하의 향교와 서원입니다. 조정에서도 이미 청직과 현직을 허통하여 구애됨이 없고, 태학에서도 나이순으로 차례를 정하는 것을 허용하여 구애됨이 없는데, 오직 저 향교와 서원에서만 무엇이 조정과 태학보다 존엄하고 중요하여서 이렇게 엄격히 막는단 말입니까?

위 상소문을 접한 영조는 정부의 지시에 불응하여 지방에서 계속 서얼을 차별한다면 "3대까지 파면하여 향민으로" 삼아 과거를 보지 못하도록 했다.[41]

탕평 군주 정조 역시 영조를 뒤이어 서얼의 차별 문제를 해결하려고 무진 애를 썼다. 그의 서얼 차별 정책의 과감함과 진취성에 대해서는 다음과 같은 김성우의 설명을 인용하고자 한다.

1792년 이후 탕평 정치에 대한 자신감을 넘어서 황극 정치를 실현하려는 정조의 인재 등용 방식은 더욱 거리낌이 없었고 또 파격적이었다. 그해 11월 정조는 부친인 사도세자의 재궁인 경모궁과 국가 제례인 종묘 제사의 제관에 서얼 출신 문사를 임명했다. 이덕무李德懋, 유득공柳得恭, 서이수徐理修, 이집기李集箕, 김기남金箕南, 서유년徐有年 등이 그들이다. 나라의 가장 중요한 제사인 종묘 제향과 가장 정성을 드렸던 경모궁 제사의 제관에까지 서얼 음관을 대거 발탁한 상황에서, 더 이상 서얼을 가로막을 장애물은 존재하지 않았다. 노론 문벌도 이제 정조가 추진하는 파격적인 서얼 정책에 대해 더 이상 시비 걸기가 어려웠다. 이런 파격은 그가 급사한 1800년 6월까지 계속되었다.[42]

탕평 정치는 붕당의 폐단이나 적서 차별을 일소하는 정치적 차원에서의 개혁적 의미만을 지니는 것이 아니었다. 그것은 일반 백성의 삶의 조건을 개선하기 위한 개혁이기도 했다. 영조는 양인에게만 군역을 부과하고 양반들

---

41) 같은 글.
42) 김성우, 「해제」, 23~24쪽.

은 면제해 주었던 군역에서의 신분 차별적인 대우를 없애고 균역법을 통해 군포 징수의 단위를 가호家戶 단위로 정함으로써 사대부를 포함한 모든 이들에게 호포를 걷고자 했는데,[43] 양역의 불균등을 시정하기 위해 시행된 이러한 균역법은 대동을 표방한 탕평 정국의 등장과 매우 밀접하게 연결된 정책이었다. 그러므로 여러 학자가 영조의 균역법을 유교적 평등주의를 적용한 대표적 사례로 강조하는 것도 우연이 아니다. 양역 변통의 논의를 거쳐 실시된 균역법은 18세기 대동사회 구현과 매우 밀접한 연관성을 지니고 있었다.[44]

4. 18세기 대동유학과 소민보호 지향의 유교적 사회국가

정조의 대동세계 구상은 특정 지역 및 소수의 문벌에만 관로가 독점되는 현상을 막고 각 지역의 인재를 골고루 등용하려는 개혁 정책으로도 나타난다. 정조는 공평하고 공정한 인재 등용을 통해 백성을 차별하지 않음으로써 자기 동포의 일부를 배제하여 그들이 아무런 몫도 지니지 못하게 되는 상황을 타파하고자 했다. 정조의 인재 등용의 원칙은 출신 성분과 지역을 가리지 않는다는 것이었다.

인재人才에 서울이나 지방이 어찌 차이가 있겠는가? 그런데 근래 전주銓注가 모두 서울에서만 나오고 먼 지방에 이르러서는 백에 하나도 거론되지 않으니,

---

43) 물론 영조도 이런 방식의 양역 변통에 대한 양반 기득권 세력의 거센 반발로 호포제를 포기한다. 영조 초기 탕평 정치의 강력한 지지기반이었던 소론의 李光佐(1674~1740)와 趙文命(1680~1732)도 호포제의 도입을 적극적으로 반대했다고 한다. 김백철, 『조선 후기 영조의 탕평 정치』, 206쪽 참조.

44) 같은 책, 194~195쪽 및 같은 쪽 주석 4번 참조 박광용에 의하면 "탕평은 기층사회에 대한 시책에 적용될 때 대동으로 표현되기도 했다." 박광용, 「영조 대 탕평 정국과 왕정 체제 정비」, 『조선 후기 탕평 정치의 재조명』 하, 20쪽.

이 어찌 어진 이를 세우는 데 특별한 방소方所를 두지 않는다는 뜻이겠는가?[45]

정조의 발언에서도 드러나듯이 18세기 영·정조 시대의 성격 중의 하나로 거론되는 것은 '경향분기京鄕分岐'라고 불리는 서울과 지방 사이의 격차 심화였다. 18세기에는 정치적으로 경화벌열이 형성되면서 정치권력의 서울 집중 현상이 강화되고, 또한 경제적으로도 서울은 상업화가 진전됨에 따라 도시화가 이루어졌다. 이런 변화를 통해 서울과 서울 주변에 거주하는 사족인 '경화사족京華士族'이 형성됨으로써 서울과 지방의 사상 및 문화의 분기가 확대되었다.

이런 상황에서 지방 소외의 문제들 가운데 가장 직접적으로 대두된 문제는 인사의 편중이었다. 조정의 인사가 경화사족에 의해 거의 독점되다시피 함에 따라 지방 출신이 조정 관료로 진출할 수 있는 문은 점점 좁아지기만 했다. 그러므로 서울 및 서울 교외 지역 출신들에게만 중앙 관료로서의 진출이 집중되는 현상을 타파하고 지방 사람들이 당하는 부당한 차별을 시정하는 것은 매우 중요한 개혁의 과제 중 하나였다.[46]

물론 정조가 인재를 등용할 때 서울과 지방의 격차만을 염두에 둔 것은 아니었다. 그는 오랫동안 지역적으로 불이익과 차별을 받은 서북도민의 애환을 어루만져 주고자 했다. 정조는 평안도와 함경도 출신의 인재들이 조정에 제대로 등용되지 못하고 있는 실정을 비판하면서 이를 시정하고자 노력했다. 군왕은 세 가지 사사로움이 없이 공평해야 한다는 점, 즉 『예기』 「공자한거孔子閒居」에 나오는 "하늘은 사사로이 덮어 주는 것이 없고, 땅은 사사로이 실어 주는 것이 없으며, 해와 달은 사사로이 비춰 주는 것이 없다"는 삼무사三無私의 말을 인용하면서 정조는 만백성을 공평하게 다스리

---

45) 같은 책 168권, 「日得錄 8」, 「政事 3」.
46) 박현순, 「정조 대 서울·지방의 분화와 지방 사족의 등용」, 김인걸 외 지음, 『정조와 정조시대』, 171~173쪽 참조.

지 않으면 안 된다고 강조한다.

> 왕자王者는 삼무사三無私의 뜻을 받들어 만백성을 공평하게 다스려야 하니,
> 우리나라 수천 리의 땅에 멀고 가까움을 막론하고 모두 나의 신자臣子이다.
> 기성箕聖의 고도故都였던 평안도나 용흥龍興의 옛터인 함경도가 풍속과
> 인물에 있어 어찌 다른 도보다 갑자기 못해질 수 있겠는가? 그런데도 근세에
> 들어와 갑자기 물리쳐 버리고는 등용하지 않아서 이내 스스로 포기하고
> 기꺼이 하류下流에 처해 있게 만들었으니, 이는 실로 조정의 잘못이다.[47]

또한 정조는 경상우도와 경상좌도의 수많은 인재가 오랫동안 정계 진출을
하지 못한 상황을 타파하여 영남 남인들이 중앙 정계에 진출할 수 있도록
도모하기도 했다.[48]

정조의 대동세계를 향한 기획은 언로의 확장을 통한 백성들의 의견 수렴이
나 탕평책을 통한 인재 등용에서의 지역 간 불균등을 해소하는 노력에
그치지 않았다. 그는 대동세계가 실현되기 위해서는 사회경제적 불평등을
완화시켜 경제적인 균등사회를 이루는 것이 꼭 필요하다고 생각했다. 양반으
로의 신분 상승이 보편화되는 조선 후기의 양상은 단순히 유교적 평등
이념의 대중화나 유교적인 생활방식의 보편화·민중화만으로 충분하게
설명될 수 없다. 그런 변화는 조선 후기의 급속한 경제성장 및 시장경제의
활성화를 배경으로 하고 있었다. 영조와 정조 시기는 시장 활성화와 상업
발달이 두드러진 시대이기도 했다. 영조와 정조는 세 차례의 통공 정책을
통해 상업 활동의 활성화를 촉진하고자 했다.[49]

---

47) 『홍재전서』 31권, 「敎 2」, '서북의 문무를 거두어 등용하라는 하교'.
48) 정조의 영남 남인의 중앙 정계 진출을 위한 노력에 대한 상세한 언급으로는 김문식,
   『정조의 제왕학』, 제6장 '영남 남인에 대한 조치' 참조. 그러나 남인 세력이 강했던
   경상 지역보다 전라도와 서북 지역의 소외가 더 심했음이 강조되어야 한다. 박현순,
   「정조 대 서울·지방의 분화와 지방 사족의 등용」, 김인걸 외 지음, 『정조와 정조시대』,
   182쪽 참조.

18세기에는 농업에서도 엄청난 발전이 이루어졌다. 조선에서 농업이 발전하게 된 이유는 집약적인 벼농사가 획기적으로 확대된 16~18세기의 상황 때문이었다. 집약적인 벼농사는 모내기 즉 이앙법의 전면적인 보급으로 인해 널리 확대되었다. 원래 한국은 중국의 강남 지방이나 일본 열도와 비교해 기후가 건조하고 장마가 늦게 시작되는 환경이었기 때문에 모내기철이 되어도 물을 확보하기가 어려웠다.

그래서 대하천 중하류 지역에서의 집약적인 수도작이 이루어지고 있었는데, '논농사 초기 단계에서 물이 없는 상태로 벼를 키우는' 건전직파법乾田直播法이라는 농업기술의 발달로 인해 광대한 평야 지대에서까지 수도작이 널리 행해질 수 있었다. 그 결과 높은 인구밀도와 유례를 찾아볼 수 없을 정도로 높은 토지생산성이 실현되었다.[50] 그리고 이러한 인구밀도 증가와 토지생산성 향상에 따라 장시도 발전하게 되었다.

인구 증가는 거래 상대자를 찾는 데 드는 비용이 절감되는 효과를 불러왔는데, 이는 시장의 거래 비용을 절감하게 해 시장의 성장을 도왔다.[51] 농업 생산성이 향상되어 잉여 생산물이 많아지면서 그것을 시장에 내다 팔아 이익을 얻는 활동도 활발해졌기 때문이다. 그 결과 대부분의 사람이 하루 내에 장을 볼 수 있을 만큼 농촌 정기시의 밀도가 높아졌다. 일례로 조선의 18세기 중엽에 5일마다 열리는 장시場市는 1만km²당 50개 정도에 달했다. 18세기 이전에 이런 정도의 밀도를 달성했던 나라는 아시아에서 중국이 유일했다. 그래서 이헌창은 18세기 조선에서는 같은 시기 중국이나 일본에 비교해 국제무역이 활성화되지 못해서 대도시라는 시장 상층은 발달하지

---

49) 송호근, 『인민의 탄생: 공론장의 구조변동』(민음사, 2011), 328쪽 참조.
50) 미야지마 히로시, 「동아시아 소농 사회론과 사상사 연구」, 『한국실학연구』 5(2003), 124쪽 참조. 미야지마 히로시, 『나의 한국사 공부: 한국사의 새로운 이해를 찾아서』(너머 북스, 2013), 38~39쪽 참조.
51) 이헌창, 「총론」, 『조선 후기 재정과 시장: 경제체제론의 접근』, 33쪽 참조.

못했지만 높은 인구밀도로 인해 시장 하층의 발달 수준은 매우 높았다고 주장한다.[52]

그러나 기본적으로 조선 왕조의 경제체제에서 시장의 발달은 그리 활발하지 못했다. 이는 조선의 르네상스 시기라 불리는 18세기 영조와 정조 시기에도 해당된다. 물론 앞에서 언급했던 것처럼 조선 후기에 이르러 시장이 성장하는 경향은 뚜렷하다. 특히 대동법의 전국적인 실시로 인해 조선은 '국가권력에 의해 희소한 자원을 관리하고 분배하는' 재분배 체제가 주도적인 경제체제로부터 "재분배와 시장이라는 양대 배분 체제로 통합된 경제로 전환"되었다는 평가가 존재한다.[53]

그런데 이렇게 시장의 역할과 기능이 확대되자 영조는 "동전의 폐지, 쌀값과 고리대의 통제를 시도"하여 시장경제의 과도한 확산을 제어하고자 했다. 이 때문에 이헌창은 "조선 왕조처럼 장기간에 걸쳐 시장에 대한 방어·억제책을 열심히 추진한 나라를 찾기는 어려울 것"이라 말한다.[54] 따라서 호혜(reciprocity)나 재분배(redistribution)가 주도하는 배분 체제로부터 시장이 주도하는 경제체제[55]로의 전환을 근대 시대의 근본 규정으로 설정하는 관점에서 보면 조선의 경제체제는 전근대적인 성격을 지닌 것으로 간주되지 않을 수 없다.[56]

---

52) 이헌창, 「근대 경제성장의 기반 형성기로서 18세기 조선의 성취와 그 한계」, 역사학회 편, 『정조와 18세기』, 146~147쪽 및 173쪽 참조.
53) 이는 이헌창의 주장인데, 이런 입장과 달리 대동법으로 인해 재분배 체제가 강화되었다는 박기주의 주장도 존재한다. 이헌창, 「총론」, 『조선 후기 재정과 시장: 경제체제론의 접근』, 24쪽 참조.
54) 같은 책, 25쪽.
55) 생산 및 소비 과정에서 희소한 자원을 관리하는 활동을 의미하는 배분의 체제는 역사적으로 다양했다. 칼 폴라니(Karl Polanyi)는 이런 배분 체제(allocating system) — 통합형태(forms of integration)라고도 한다 — 를 경제체제로 이해할 것을 제안한 대표적인 경제학자였다. 그에 따르면 인류사에서 발견될 수 있는 배분 체제 혹은 통합형태는 세 가지인데, 그것은 바로 호혜, 재분배, 시장교환이다. 시장거래의 목적은 경제적 이익인 데 반해, 호혜적 교환은 사회적 연대감의 형성과 증진을 목적으로 삼는다. 재분배 체제는 국가권력이 자원을 관리하면서 이를 분배하는 교환양식으로 이해된다. 같은 책, 20쪽.

그러나 이헌창은, 비록 조선의 18세기가 "시장의 상층이 발달하지 않았고 농촌공업지대가 발견되지 않고 계몽주의와 과학혁명에 상응하는 변화가 없어서 과학·기술에 유용한 지식의 보급이 제한된 점에서 근대 경제성장의 단계로 도약할 수는 없었다"라고 해도, "근대 경제성장의 기반 형성기"로 규정될 정도로 기술발전, 인구 증가, 시장 발전, 제도 발전, 인적자본의 형성 등의 측면에서 주목할 만한 발전을 이룩했다고 평가한다.[57]

다만 이헌창이 보기에 한국을 비롯한 동아시아의 근세(early modern)는 유럽의 근세에 비해 취약했다. 유럽의 근세가 과학혁명과 계몽주의 시대를 통과하면서 산업혁명을 수행하여 자체적으로 근대적인 경제성장의 단계로 나가게 되었던 데 반해, 동아시아의 근세는 서구의 충격에 의해 비로소 근대화로 갈 수 있었다고 그는 결론짓는다. 즉, "동아시아의 근세는 자체로 근대를 열 수 있다는 차원이 아니라 유럽 근대문명을 잘 흡수할 수 있는 기반을 닦았다는 의미로 이해"되어야 한다는 것이다.[58]

그러나 근세론을 조선 시대 및 동아시아에 적용할 때 생기는 문제는 많다. 미야지마 히로시에 의하면, 동아시아 근세론은 "일국사적 시대구분을

---

56) 일례로 사회철학자 윤평중은 '시장체제와 시민정신의 불가분리성'의 입장에서 한국 사회에 필요한 '시장의 철학'을 제시하고자 한다. 『시장의 철학』(나남, 2016) 참조. 이헌창 역시 근대의 기준을 시장경제 체제의 발전에서 구하고 있지만, 재분배 체제가 강고하게 유지된 조선 경제체제의 독자적인 작동 구조와 그것의 의미를 반드시 후진적인 것으로 볼 필요는 없다는 균형 잡힌 시각을 보여 준다. 이헌창, 「총론」, 『조선 후기 재정과 시장: 경제체제론의 접근』, 26쪽. 필자는 시장경제의 중요성을 긍정하고 시장의 기능과 역할을 중앙계획 경제체제가 대신할 수 없다는 점을 인정하지만, 시장경제의 발달과 인간의 자유 신장 사이의 '불가불리성' 주장에는 동의하지 않는다. 오히려 필자는 자유로운 시장경제 제도가 사라지면 양심의 자유 및 언론의 자유는 물론이고 종교 및 결사의 자유 등을 상실하게 될 것이라는 주장은 시장경제 체제와 자유의 상관성에 대한 지나친 믿음에 기초하고 있다는 칼 폴라니의 입장에 동의한다. 이에 대해서는 칼 폴라니, 『칼 폴라니 새로운 문명을 말하다』(홍기빈 옮김, 착한책가게, 2015), 제3장 '경제사와 자유의 문제' 참조 바람. 시장경제 체제와 민주주의 사이의 상관성의 문제에 대해서는 나종석, 「시장과 민주주의: 적대적 공생관계?」, 『헤겔연구』 17(2005), 289~350쪽 참조.
57) 이헌창, 「근대 경제성장의 기반 형성기로서 18세기 조선의 성취와 그 한계」, 역사학회 편, 『정조와 18세기』, 144~159쪽 참조, 특히 158쪽.
58) 같은 글, 170 및 174쪽.

버리고, 게다가 서구의 역사적 경험을 기준으로 하여 동아시아를 이해하고자 하는 방법을 자각적으로 비판했다는 점에서 높이 평가받아야" 하겠지만, 그럼에도 그것은 기존의 세계사 인식에 관한 패러다임을 비판하는 측면에서 볼 때 매우 큰 한계를 보여 준다.

근세라는 용어는 중세 및 근대와 구별되는 독자적 개성을 지닌 시대라는 의미를 지니고 있지만, 유럽의 역사에서도 근세라는 개념을 적용하고 있기에 종래의 세계사를 보는 인식 틀과 차이가 없어지게 된다고 미야지마 히로시는 비판한다. 근세론이 지니는 결정적인 문제점은 근세를 근대와 구별하면서 근세 동아시아는 "결국 전근대적인 것"으로 이해되고 "근대는 역시 서구의 충격에 의해서 시작되었다고 하는 종래의 틀 그 자체"를 받아들이는 데 있다.[59]

우리에게 필요한 것은 조선 후기 사회에서 서구의 충격을 매개로 한 근대사회로의 이행을 수월하게 해 주는 요소들을 발견하는 작업만이 아닐 것이다. 진정으로 필요한 것은 조선 사회의 성격을 그 사회의 내적 논리에 의해 재구성하고, 그것의 의미를 서구 근대 중심의 사유 패러다임을 상대화하는 작업과 연결해 보는 것이다.

조선 후기 사회는 재분배가 강고하고 호혜적 관계를 중시하는 경제체제를 유지했기 때문에 본격적으로 시장경제체제를 발달시키지 못했고, 이런 이유로 구한말 서세동점의 시대를 맞아서는 조선과 비교해서 시장경제체제의 힘이 더 강력했던 일본과 달리 경제체제의 근대적 전환을 성공적으로

---

59) 미야지마 히로시, 『나의 한국사 공부: 한국사의 새로운 이해를 찾아서』, 321~322쪽. 미야지마 히로시도 한때 '동아시아 초기 근대론'을 주장한 적이 있었는데, 그는 이전의 그 자신의 주장을 비판하면서 동아시아 근세를 "유교적 근대"라고 불리는 독자적 근대의 시대로 설정한다. 같은 책, 322~323쪽 참조. 최근에 존 던컨은 근세론에 입각하여 조선 시대를 이해하려는 시도가 부적절하다고 비판한다. 이에 대해서는 존 던컨, 「한국사 연구자의 딜레마」, 미야지마 히로시 · 배항섭 엮음, 『동아시아는 몇 시인가?』(너머북스, 2015), 제4장 참조 바람.

이루지 못했다.[60] 그러나 이런 한계에도 불구하고 조선 후기 경제체제는 나름의 독자적 성격을 지니고 있었을 뿐만 아니라 상업의 발달을 둘러싼 유학자들의 논쟁도 치열했다.[61]

더구나 우리는 오늘날 효율성과 이익의 극대화를 정상적인 것으로 간주하는 자본주의적 시장경제체제를 넘어 효율성의 원리가 모든 사회 영역을 지배하는 시장전일주의 사회로의 전환 속에서 살아가고 있는데, 시장전일주의 사회가 안고 있는 심각한 여러 사회적인 문제들은 우리의 삶을 강력하게 지배하고 있다. 따라서 자본주의 시장경제 체제를 역사 발전과 진보의 목적으로 설정하여 시장경제체제의 형성과 발달을 중심으로 우리의 역사를 바라보는 시각은 이제 비판적으로 검토되어야 할 것이다. 이런 맥락에서 '국가권력이 주도하는 재분배'와 '시장을 통한 희소 자원의 교환'이라는 두 가지 배분 체제를 동시에 지녔던 조선 후기 경제체제의 성격을 오늘날의 시장중심주의적 편견에서 벗어나 새로운 시각으로 접근할 필요가 있다.

5. 나가는 말

유교적 대동 이념은 조선 후기에 이르러 새로 주목받게 되고, 그것은 점차 일반 백성들에 의해서도 받아들여져 보편화된다. 특히 군왕의 권력 강화를 통해 개혁을 달성하기 위해서 중간 세력을 배제하면서 백성과 국왕(국가)의 일체성을 강조했던 탕평 군주들의 시도는 19세기까지도 지속적인 영향력을 발휘한다.

---

60) 이헌창, 「총론」, 『조선 후기 재정과 시장: 경제체제론의 접근』, 26쪽 참조.
61) 예를 들어 성호 이익은 상업을 억제하고 농업을 중시할 것을 주장한 데 반해 유형원, 유수원, 박제가 등은 상업의 중요성을 강조한 유학자들이다. 송호근, 『시민의 탄생: 조선의 근대와 공론장의 지각변동』(민음사, 2013), 330쪽 참조 바람.

특히 19세기 동아시아 최대의 농민전쟁으로 일컬어지는 갑오농민전쟁에서는 백성들 사이에서도 유교적인 대동 이상의 실현이라는 과업에 결코 소홀해서는 안 된다는 이념과 정신이 강력하게 살아 숨 쉬고 있었다. 당대 국왕을 요순과 같은 성왕으로 만들어 모든 백성의 삶이 편안한 태평성대를 만들겠다는, 즉 요순 정치의 실현을 방해하는 부패한 간신배들과 조정 관료들 및 지방 탐관오리들의 착취와 수탈을 혁파하여 위기에 처한 나라와 도탄에 빠진 백성들을 구제하겠다는 '보국안민輔國安民'이 전봉준을 비롯한 갑오농민전쟁시기 모든 지도자와 백성들의 한결같은 염원이었다.

구한말 이후 조선이 외세의 희생양으로 전락해 가는 과정에서나 식민지 지배를 당하는 와중에서도 유교적 문명주의와 민본주의가, 좁게는 유교적 대동사상이 그 생명력을 완전히 상실한 적은 없었다. 물론 유교적 정치문화는 유교문명의 보편성과 우월성을 고수하면서 서구 제국주의 침략에 저항하는 위정척사의 모습으로도 나타났지만, 서구 근대문명에 대해 그 침략성을 비판하면서도 그들의 장점을 적극적으로 수용하는 태도에 적지 않은 영향을 주었다. 예를 들어, 요순 삼대를 이상사회로 간주했던 유학의 전통은 많은 우리나라의 유학자들로 하여금 서구 민주공화정의 이론과 제도를 적극적이고 긍정적인 방식으로 수용하게 한 문화적·사상적 토대의 역할을 했음을 간과해서는 안 된다.

또한 유교적 평천하주의 및 천하위공의 사상은 한국의 독립운동이 매우 강력한 평화지향의 성격을 지니도록 하는 데에도 큰 영향을 준 것으로 알려져 있다. 구한말 이른바 서세동점의 시기는 국제적으로는 만국공법의 이념이 동아시아의 중화 중심 조공체제를 해체하던 시기였다. 이때 서구 제국주의는 입으로는 모든 나라가 대등하다는 국가 평등의 만국공법을 내세우면서도 실제로는 부국강병과 약육강식의 사회진화론적 논리로써 약한 국가를 침략하여 식민지로 만들고 마는 양면성을 보여 주었다.

그런 서구 근대 자본주의 체제가 필연적으로 동반하는 식민 지배라는 폭력성에 직면하여 많은 우리나라의 선각자들과 독립운동가들은 문명화의 이름으로 이 세상에 혹독한 고통을 주고 있는 제국주의를 상대화시켜서 그것과의 치열한 비판적 대결을 수행할 수 있었다. 서구 근대의 상대화를 가능하게 했던 문화적 동력 또한 평화지향의 대동적 유학 전통에 힘입은 바가 크다고 할 것이다.

제4장
18세기 대동사회 이상과 서민적 공론장의 출현

1. 들어가는 말

우리는 앞 장에서 동아시아 대동유학, 특히 천하위공과 대동세계를 구현하기 위한 유학의 전통이 18세기 조선에서 탕평 군주들에 의해 새로이 주목을 받게 되면서 그 민주적 계기도 역시 분출되고 있음을 살펴보았다. 그런데 영조와 정조 같은 탕평 군주들은 사림 정치가 아닌 왕권 중심의 정치를 주장하면서 국가개혁 정당성의 근거를 요순시대의 정치인 대동사회의 구현에서 구하고자 했다.

영조와 정조의 탕평 정치 이념은 그 이전 시기의 사림 정치와는 달리 신하나 사대부에 의해서가 아니라 절대적인 군주의 재량권을 강화하여 왕 자신이 군주와 백성 사이의 관계를 새로운 국면으로 전개하려는 시도와 관련되어 있었다는 점에서 유교적 민본주의의 질적 전환을 이루어 내는 데 이바지한 것으로 볼 수 있다. 물론 그런 전환에 대한 평가는 상이할 것이다. 그래서 대두되는 쟁점은 새로운 군주상을 바탕으로 이루어진 백성과 왕 사이의 관계에 대한 탕평 군주들의 인식이 과연 그 이전의 유교적 민본주의와 질적 차이를 지니고 있는지에 관한 것이다. 이런 쟁점과 관련하여 우리는 특히 18세기 조선에서 사대부 중심의 공론 정치 및 사대부 공론장과 구별되는 일반 백성 즉 소민들 중심의 서민적 공론장의 출현이 탕평 군주들의 정치개혁과 맞물려 진행되고 있었음에 주목하면서 그 시기에 일어난 유교적 민본주의의 질적 전환의 모습을 그려 보고자 한다.

2. 18세기 대동사회 이상과 서민적 공론장의 출현

영조 시기에 본격적으로 시작된 대동적 탕평 정국과 더불어 조선 후기부터 왕과 백성의 관계가 변화하기 시작한다. '민국' 개념과 관련하여 앞 장에서 살펴보았듯이 영조 시기에는 백성이 나라와 긴밀한 연관 속에서 이해되기에 이르렀다. 간단하게 말하자면, 18세기의 탕평 군주들에 의해 새로운 개념으로 설정된 '민국' 개념은 '백성을 위한 정치'라는 기존의 유교적인 민본적 정치이념을 넘어 국가의 주인은 왕과 백성이라는 의미를 지칭하는 것으로 변하게 된다고 평가받는다.[1] 따라서 요순의 정치를 이상으로 하는 영조와 정조의 탕평 정치를 거치면서 더욱 분명하게 자리 잡게 된 '민국' 개념은 유교적 민본 이념을 계승하면서도 동시에 그 이전의 것과 질적 차이를 보여 주고 있기도 하다는 역사학자 이태진의 주장은 학계에 큰 쟁점으로 받아들여지고 있다.

실제로 백성과 나라의 밀접한 연관이 보여 주는 새로운 양상은 왕과 백성 사이의 직접적 관계에 대한 질적인 심화로 구체화된다. 18세기 탕평 군주들의 백성에 대한 인식에서의 새로운 면모는 일반 서민에게만 부과되는 양역의 폐단을 시정하고 균등화를 모색했던 대동적인 균등사회 지향에서도 발견되는데, 특히 탕평 군주들이 왕과 백성 사이의 소통 통로를 확장하기 위해 다양한 방법을 활용했다는 데에서 두드러진다. 사대부 중심의 공론

---

1) 이태진, 「조선 시대 '민본' 의식의 변천과 18세기 '민국' 이념의 대두」, 『조선 후기 탕평 정치의 재조명』 상, 41쪽 참조.

정치에서는 배제되었던 일반 백성들도 공론의 주체로 등장하게 되는 것이다. 그래서 학자들은 18세기에 시작된 탕평 정치로 인해 '공론'의 주체와 영역이 사족을 비롯해서 일반 서민으로까지 확산되었다고 평가한다.[2]

왕과 백성 사이의 직접적인 소통의 변화를 보여 주는 것 중의 하나가 왕이 직접 백성들에게 질문하여 그들로부터 답을 듣는 순문詢問의 확대·강화이다. 왕이 일반 백성을 접촉하는 경우가 그 이전에 전혀 존재하지 않았던 것은 아니지만, 영조는 백성과의 직접적인 만남을 빈번하게 하여 백성들로부터 직접 그들의 고충을 듣고 그에 대한 해법을 구하고자 애썼다. 특히 그는 백성들과의 만남을 정례화하여 중요한 정책 결정 과정에서 백성들의 의견을 적극적으로 반영하고자 했다.[3]

이런 점은 백성을 단순히 통치의 대상으로만 여기는 것과는 사뭇 다른 모습이다. 백성을 나라의 근본으로 여긴다는 점에서는 전통적인 유교적 민본정치의 지속으로도 평가할 수 있지만, 유교적 이상사회인 요순의 정치가 구현된 대동세계를 형성하는 데에 있어 백성 역시 공동의 협력자가 되어야 한다는 인식을 전제하지 않고서는 영조와 정조의 지속적인 대민 접촉을 이해하기 힘들다.

그런데 백성을 공동의 협력자로 인식하는 탕평 시기의 태도가 그 이전의 유교적 민본주의 이념과는 질적 차이가 있다는 주장은 약하게 이해되어야 한다. 그렇지 않으면 다음과 같은 비판적 문제 제기, 예를 들어 정조 시기에는 백성의 지위가 그 이전 시기보다 "상대적으로 나아진 것이 사실"이지만, 여전히 국왕은 백성을 "정치의 주체로 인식한다거나 정치적 동반자로 상정할 수 있는 단계는 아니었다"는 김인걸의 주장이 설득력을 얻게 된다.[4]

---

2) 박광용, 「조선의 18세기, 국정 운영 틀의 혁신」, 역사학회 편, 『정조와 18세기』, 74쪽 참조.
3) 한상권, 『조선 후기 사회와 訴冤제도 : 상언·격쟁 연구』, 37 및 43쪽 참조.
4) 김인걸, 「정조의 '국체' 인식」, 김인걸 외 지음, 『정조와 정조시대』, 134쪽.

실제로 민국 이념에 대한 이태진의 과도한 의미부여, 즉 서구적 근대 지향의 인식 틀을 18세기 조선의 민국 이념에 과도하게 투여하는 해석은 김인걸과 같은 반론을 야기할 수밖에 없다. 이태진은 민국 이념을 일반 백성에 의한 자치로서의 민주주의 이념과 연결시키고 있기 때문이다. 이태진에 의하면, 18세기 탕평 군주들의 노력으로 전개된 민국의 이념은 "군민일체, 만민평등의 세계를 지향"하는 것으로 이해되어야 하며, 따라서 "유교 정치사상의 근대적 지향이라고 규정해야 할 민국 이념이 서양 민주주의의 정치사상이 소개되기 전에 이미 성립하고 있었다는 것은 주목할 만한 일이라 하지 않을 수 없다"라고 강조한다.[5] 그러나 18세기 탕평 군주 시기에 새로이 등장한 것으로 평가받는 '민국' 이념을 이처럼 서구적 의미의 민주주의와 같은 것으로 이해하는 것은 지나친 확대 해석인 것으로 보인다.[6]

물론 김인걸의 반론 또한 국왕이 백성을 정치의 주체 혹은 정치적 동반자로 인정하는지를 판가름하는 기준이 모호하다는 문제점을 안고 있다. 국왕이 백성을 정치적 주체로 인정한다는 말이, 오늘날의 영국에서 보이듯이 왕은 국가의 통일을 상징하고 모든 백성(투표권을 지니는)이 실제로 선거와 같은 방식으로 정치 운영에 참여한다는 의미인가?

만약에 이런 식의 기준을 통해서만 국왕이 백성을 정치적 주체로 받아들이는지 아닌지를 결정할 수 있는 것으로 본다면 당연히 정조 시기 더 나아가 조선 왕조 전체는 백성을 정치적 주체로 인정하지 않았던 사회가 될 것이다. 그렇다면 이전 시기보다 백성의 '지위'가 나아졌다는 김인걸의 주장은 무엇

---

5) 이태진, 「18세기 한국사에서의 民의 사회적 · 정치적 위상」, 『조선 후기 탕평 정치의 재조명』 상, 153쪽.
6) 최근 황태연은 '민국' 개념을 민주정 혹은 공화정과 같은 정체를 지향하는 것으로 보아서는 안 된다고 하면서, '민국' 개념은 "신분제적 '양반국체'와 구별되는 탈신분제적 '국민국가'를 지향한 평민의 '국체'를 지향하는 것"으로 이해되어야 한다는 가설을 내세운다. 황태연, 『대한민국 국호의 유래와 민국의 의미: 국호에 응축된 한국 근대사』, 130쪽 참조 바람.

을 의미하는가? 단순히 백성의 경제적 조건이 나아졌다는 의미는 아닐 것이다.

정조 시기에 밑으로부터 올라오는 민의의 수렴을 강조했던 현상이나 유교적 대동세계의 이상을 추구하면서 다양한 방식으로 소민을 보호했던 것은 백성이 정치에 대한 발언권을 더욱더 분명하게 행사하게 되었음을 시사한다. 특히 영조와 정조가 구현하고자 했던 대동세계가 한 개인의 천하가 아닌 모든 사람의 천하라는 '공천하'의 가치를 지향했음을 고려해 볼 때, 대동적 공공성은 경제적 평등과 같은 민본적 공공성뿐만 아니라 모든 백성과 더불어 정치적 사안을 논의하고 결정하려는 유교적인 '민주적' 공공성의 측면도 지니고 있었다고 볼 여지가 충분하다.

이런 현상을 두고 백성이 단순하게 통치의 대상 또는 객체로 머무르는 것이 아니라 정치의 협력자 또는 공동의 주체로 받아들여졌다고 해석해도 무방할 것이라고 본다.

3. 탕평 시대 군주와 백성과의 직접 접촉의 제도화: 직소·상언·격쟁

탕평 군주들이 일반 백성들과의 대면을 강화하는 모습을 살펴보자. 탕평 정책을 시도했던 영조는 자신들에게 불리한 개혁 정책에 극렬하게 반대하는 기득권 세력의 저항을 극복하기 위해 일반 백성들과 직접 대화하여 그들의 의견을 듣고 민의를 정치에 반영하고자 했다. 그 한 사례로 양역 변통의 여러 방법에 들에 대해 왕과 일반 백성들이 서로 소통하고 의견을 나눈 사실을 들 수 있다.

실록은 1750년(영조 26)에 영조가 홍화문에 나아가 양역 변통의 올바른 방안이 무엇인지를 물은 뒤 백성들에게 다음과 같이 말했다고 기록하고 있다.

아! "백성은 나라의 근본이니 근본이 튼튼해야 나라가 태평하다"라고 성훈聖訓에 실려 있다. 오늘날에 나라의 근본이 튼튼하다고 할 것인가, 못할 것인가? 백성들이 편하다고 할 것인가, 못할 것인가? 아! 양민은 지금 도탄塗炭에 빠져 있다. 옛날 이윤伊尹은 한 사람이라도 제자리를 얻지 못하면 저자市에서 매를 맞는 것처럼 부끄럽게 여겼다. 하물며 몇 십만의 백성이 바야흐로 못 살겠다고 아우성인데도 그 임금이 되어 구제해 주지 못하고 있으니, 이 어찌 백성의 부모된 도리라 하겠는가?

영조와 백성의 만남은 참으로 조선다운 현상이다. 동시대의 일본이나 청나라에서는 황제나 왕이 직접 백성에게 다가가 대화를 한다는 것을 상상하기 힘들다. 특히 일본에서 그러했다. 왕(통치자)과 백성 사이의 거리는 동아시아 삼국 가운데 조선이 제일 가까웠다. 이는 조선의 건국이념인 민본주의로 인한 것으로, 위에서 영조가 말했듯이 "백성을 중히 여기려는" 것과 "나라의 근본을 튼튼하게 하려는" 것을 정치의 목적으로 삼았기 때문이었다.

영조는 또한 맹자가 그토록 중시했던 이윤의 뜻을 강조한다. 이윤은 "한 사람이라도 제자리를 얻지 못하면 저자市에서 매를 맞는 것처럼 부끄럽게 여겼"던 사람이다. 그는 비록 자신이 신하의 지위에 있다고 해도 자신이 섬기는 왕이 요나 순임금 같지 못하다면 그 역시 자신의 책임이라고 생각했다. 자신의 임금을 요순 같은 대동 세상의 이상적 군왕으로 만들어 백성을 요순의 백성으로 만들려는 것이 이윤이 추구한 뜻이었고, 이는 일반 사대부가 군신공치를 통해 천하를 자임하게 된 주자학의 이론적 근거 중 하나였다. 이런 주자학의 대동적 이상을 받아들인 조선의 국왕 영조는 "하물며 몇 십만의 백성이 바야흐로 못 살겠다고 아우성인데도 그 임금이 되어 구제해 주지 못하고 있으니, 이 어찌 백성의 부모된 도리라 하겠는가?"라고 하면서 조선을 요순의 이상적 세상으로 만들려는 개혁 의지를 표현하고 있다.

그러므로 영조는 오랜 법이 시대 상황에 맞지 않는다면 그것을 폐지하고 다른 것으로 변통함이 마땅하다고 본다.

무슨 법이건 처음에는 좋지 않은 것이 없으나 오래되면 폐단이 생기게 마련이다.…… 바야흐로 삼복三伏의 더위를 맞아 또 백성 앞에 나선 것도 이러한 뜻에서였다. 아! 하늘이 굽어보고 조상들이 살피고 계시다. 내가 비록 성의가 얕고 덕이 모자라기는 하지만 이번의 이 마음은 하늘을 두고 맹세할 수 있다. 순舜임금이 순임금다웠던 것은 두 끝을 절충하여 중간을 취했기 때문이다. 친히 물음에 있어서 나는 긍정도 부정도 하지 않겠다. 아! 우리 경사卿士와 군민軍民은 각자 소회를 다 말하고 물러가서 허튼 말을 하지 말라. 나의 솔직한 심정을 다하여 하유하노니 모름지기 모두 다 알지어다.[7]

위에서 보듯이 영조는 자신의 정치의 정당성을 요임금와 순임금의 치세에서 구한다. 이런 요순치세를 만들려면 백성의 목소리를 경청하는 것이 중요하다고 본 영조는 "우리 경사卿士와 군민軍民은 각자 소회를 다 말하고 물러가서 허튼말을 하지 말라"라고 힘주어 강조한다.

더 나아가 제3장에서 언급했듯이 영조는 균역법을 도입하는 정당성의 근거를 백성이 임금과 같은 동포라는 이론에서 구한다. 모든 백성이 다 임금의 자식과 같은 동포이기에 사대부와 일반 백성을 차별하여 일반 백성에게만 과도한 세금을 걷을 수 없다는 것이었다. 백성들 또한 사대부와 마찬가지로 임금의 동포이기에 그들과 사대부들 사이에 존재하는 부역의 불균등을 고르게 함이 옳다는 주장이다. 양인과 동등하게 군역을 부과하려는 조치에 이의를 제기하는 유생들과 달리 영조는 기본적으로 유생이나 일반 백성이 모두 다 똑같은 군왕의 '동포'라고 이해하였고, 이들과 함께하는 것이야말로 군왕의 진정한 도리라고 보았다.

---

7) 『영조실록』, 26년 7월 3일.

모든 백성을 고루 편안하게 하려는 영조의 탕평 정치는 정조에게로 이어진다. 조선 왕조 500여 년 동안의 여러 왕 가운데 정조처럼 백성들을 자신의 몸처럼 아껴서 골고루 보살피고자 했던 국왕도 드물었다. 정조는 실제로 노비나 상인 혹은 공인을 포함하여 산골에 살거나 강가에 사는 사람, 제주도민이나 서북인, 어린아이 등 모든 백성의 삶에 관심을 기울이면서 그들을 보살피고자 애를 썼다.[8] 이런 백성에 대한 사랑 정신과 백성을 하늘로 받들어 모시려는 태도를 보고 한상권은 정조의 백성관을 '백성과 하나 되는 마음' 즉 '군민일체론'이라 불렀다.[9] 한상권이 「정조의 군주관」이란 글에서도 인용했듯이 정조는 "백성이 굶주리면 나도 굶주리고 백성이 배불러야 나도 배부르다"[10]라고 말할 정도로 백성과 하나가 되려는 마음이 치열했고 확고했다.

영조·정조 시기에는 백성과 국왕의 직접적인 접촉과 관련하여 상언이나 격쟁도 중요하게 사용되었다. 조선 후기에 유교적 민본주의가 한 걸음 더 진전되었다는 사실은 동시대의 중국이나 일본과 비교해 왕과 백성의 거리가 더욱 긴밀했다는 점과 무관하지 않을 것이다. 실제로 조선 시대의 왕과 일반 백성 간의 거리는 중국의 명·청 시대 및 일본 에도 시대와 비교해 훨씬 더 가까웠다. 조선의 왕궁 건축 양식에서도 왕과 백성의 관계가 상당히 밀접했음이 나타난다. 하라 다케시(原武史)는 한중일 삼국의 왕궁(황궁)의 모습을 비교하면서 왕과 백성 간의 거리는 조선이 가장 가까웠다고 말한 바 있다.

게다가 중국의 황성 자금성, 그리고 일본의 에도성은 주위를 거대한 호수로 둘러싸고 여러 개의 문으로 바깥과 차단되어 있다. 그곳으로 들어갈 수

---

8) 한상권, 「정조의 군주관」, 『조선시대사학보』 41(2007), 160쪽 참조.
9) 같은 글, 162쪽.
10) 『홍재전서』 169권, 「日得錄 9」, '政事 4'.

있는 사람은 등록된 관리 혹은 다이묘(大名)만으로 엄격히 제한되어 있었다. 이에 비해 조선의 왕궁에는 그런 도랑이 없고, 문을 열면 바로 일반인들이 다니는 도로와 닿아 있다. 따라서 국왕은 자주 이 문 앞에서 백성과 대화하고, 때로는 백성을 왕궁으로 부르기도 했다. 군주와 백성의 거리가 중국이나 일본과는 달리 상대적으로 가까웠던 것이다.[11]

이렇게 왕궁의 존재 방식이 백성과 공간적으로 가까웠다는 점은 사소한 일로 보일 수도 있겠지만 실제로는 그렇지 않다. 왕궁의 공간 배치도 유교적 민본주의의 표현 양식의 하나로 이해되어야 한다. 게다가 조선 시대 특히 18세기 탕평 군주들이 일반 백성과 직접 소통하는 다양한 방법을 통해 백성의 고충을 해결하고자 노력함으로써 유교적 민본 이념을 한층 더 발전시켰던 것도 따지고 보면 왕과 백성 사이의 거리가 긴밀했기에 가능했었을 터이다.

　이 때문에(왕과 백성의 거리가 상대적으로 가까웠기 때문에 - 필자) 18세기가 되어 조선에서는 노비를 포함한 일반 백성들이 왕궁 밖으로 나오는 국왕에게 생활의 불안이나 고충 등을 '직소直訴'하는 일이 합법화되었고, 널리 퍼지게 되었다. 중국이나 일본과 달리 조선에서는 백성의 소리가 신하를 매개로 하지 않고 국왕에게 직접 전달되는 것이 가능했다. 동시에 군주 측에서도 그것을 유교 정치의 본질로 보려는 사상이 뿌리내리게 되었다.[12]

물론 일반 백성이 왕에게 지방 수령의 부정부패를 직접 알리고 시정을 요하는 직소의 전통이 영조·정조 시기에 새로이 형성되었던 것은 아니다. 원통하고 억울한 일을 국왕에게 직접 알리는 직소를 제도적으로 보장한 장치 중의 하나로 신문고가 있는데, 이 신문고 제도는 조선 건국 초기에

---

11) 하라 다케시, 『직소와 왕권 : 한국과 일본의 민본주의 사상사 비교』(김익한·김민철 옮김, 지식산업사, 2000), 19∼20쪽.
12) 같은 책, 20쪽.

이미 설치되어 있었다.[13]

또 일반 백성이 자신이 당한 억울함을 풀기 위해 직접 왕에게 호소하는 수단으로는 신문고 제도 외에 상언과 격쟁이 있었다. 상언과 격쟁은 조선 초기 신문고 제도가 특정 신분이나 특정 지역에 한정되고 또 호소하는 과정에 대한 다양한 통제가 가해짐에 따라 그 제도의 취지가 제대로 실행되기 어려워지자 그것을 해결하기 위한 보다 효과적인 수단으로 등장한 것이었다. 상언은 '아랫사람이 국왕에게 올리는 글'이라는 뜻인데, 국왕이 왕궁 밖으로 행차行次[14]했을 때 그 앞에 엎드려 한문으로 작성된 소장을 올리는 '가전상언駕前上言'이 가장 일반적으로 통용된 소원 방식이었다. 격쟁은 일반 백성이 궐내로 몰래 들어가 징이나 꽹과리 혹은 북을 쳐서 이목을 집중시킨 다음 자신의 억울함을 알리는 직소 수단을 말하는데, 실제로는 이런 궐내격쟁보다는 임금이 궁 밖으로 행차했을 때 징이나 북을 두드려 격쟁하는 위외격쟁衛外擊錚이 일반적이었다.[15]

16세기에 새로이 등장한 소원 제도로서의 상언과 격쟁은 18세기에 이르러 더욱더 활성화된다. 특히 자신의 무고함뿐만 아니라 자신의 손자나 아내, 형제 등이 억울함을 당했을 경우 그들을 대신하여 소원을 할 수 있게 되는 등 소원 주체의 영역이 확대됨에 따라 상언과 격쟁의 중요성은 더욱 강화되었다.[16] 소원할 수 있는 범위와 영역 또한 대폭 확대되었다.

16~17세기에는 소원할 수 있는 범위와 주체가 대단히 제한적이었다.

---

13) 한상권, 『조선 후기 사회와 訴冤제도: 상언·격쟁 연구』, 14쪽 참조.
14) 왕이 궁 밖으로 외출하는 것을 뜻하는 '행차'라는 단어 대신에 '幸行'이나 '巡行'이라는 용어가 사용되기도 하나, '행행'이나 '순행'이라는 일본풍의 말은 20세기 초까지 잘 쓰이지 않다가 일본의 영향으로 인해 사용되었다고 하라 다케시는 주장한다. 하라 다케시, 『직소와 왕권 : 한국과 일본의 민본주의 사상사 비교』, 65쪽 참조. 그러나 정조도 임금의 행차를 '행행'이라 한다고 하면서 그 본래 뜻대로 백성들에게 은택을 베풀고 싶다고 말하고 있다. 이에 대해서는 김문식, 『정조의 제왕학』, 329쪽 참조.
15) 한상권, 『조선 후기 사회와 訴冤제도: 상언·격쟁 연구』, 19~21쪽 참조.
16) 같은 책, 35쪽 참조.

그 당시 상언과 격쟁의 주체는 억울함을 당한 당사자만으로 엄격하게 제한되었고, 소원의 내용 역시 형륙刑戮이 자신에게 미치는 일, 부자 관계를 밝히는 일, 적첩을 가리는 일, 양민과 천민을 가리는 일의 네 가지 사건으로 한정되어 있었다. 그러나 18세기에 이르러서는 당사자가 아니더라도 대신해서 상언과 격쟁을 할 수 있도록 허용하되 그 대상 범위를 "자손이 부조父祖를 위해, 부인이 남편을 위해, 동생이 형을 위해, 노奴가 상전을 위해" 하는 경우로 제한하도록 했다.17)

이렇게 일반 백성이 국왕에게 직접 민의를 전달하는 기회가 확대될 수 있었던 중요한 이유 중의 하나는 영조나 정조 같은 탕평 군주들이 백성들과의 만남을 중요하게 생각하여 궁 밖으로 자주 나왔기 때문이기도 하지만, 이를 백성의 편에서 본다면 사회적 모순의 격화로 인해 초래된 여러 문제를 백성들이 스스로 해결하려는 정치적 의지가 성숙된 결과라고 볼 수 있을 것이다. 수령이나 감사의 부당한 결정을 순종적으로 받아들이지 않고 그에 맞서서 자신의 권리를 수호하려 했던 백성들의 의식 성숙과, 백성들 삶의 조건을 향상시키고 그들의 뜻을 정치에 적극적으로 반영하려 했던 탕평 군주들의 개혁 의지가 서로 만남으로써 상언과 격쟁이 더욱 활성화될 수 있었다.18)

앞에서 언급했듯이 조선의 왕궁은 중국이나 일본의 그것과 달리 상대적으로 백성과의 거리가 멀지 않았고, 조선의 왕(18세기 이전의 왕들을 포함하여)들이 궁 안에서만 생활하지 않고 궁성이나 도성을 나오는 때도 있었다. 그런데 18세기 이전까지는 국왕이 궁 밖으로 나오는 횟수가 극히 제한적이었던 데 반해 영조와 정조는 궁 밖으로 나가는 행차 횟수를 대폭 강화했다. 영조가 재위 52년간 107회, 정조가 재위 24년간 77회 바깥 행차를 했으니,

---

17) 이태진, 「18세기 한국사에서의 民의 사회적·정치적 위상」, 『조선 후기 탕평 정치의 재조명』 상, 150쪽.
18) 한상권, 『조선 후기 사회와 訴冤제도: 상언·격쟁 연구』, 48쪽.

영조는 연평균 2회, 정조는 연평균 3회꼴로 궁 밖으로 나온 셈이다. 이렇게 국왕이 거의 정례화된 방식으로 궁 밖 행차를 하게 됨에 따라 숙종 때부터 격화되었던 상언과 격쟁이 정식적인 민소 제도로 자리 잡게 되었다. 일례로 정조는 재위 24년 동안 총 77회의 행차에서 4,427건에 달하는 상언과 격쟁을 접수했다.[19]

관찰사나 수령을 통해서가 아니라 직접 백성들의 뜻을 듣고 백성들의 실생활을 가감 없이 관찰해서 민의를 정치에 올바로 반영하기 위해 영조는 궁 밖으로 나갈 때 국왕이 행차하는 길의 통행 규제를 없앴다. 그리하여 영조가 궁 밖으로 나갈 때는 몰려드는 백성들의 인파로 큰 혼란이 일어나기도 했는데, 당연히 일부 신하들은 이런 상황을 못마땅해하면서 통행 규제를 강화할 것을 상소하기도 했다. 일례로 부제학으로 있던 송성명宋成明(1674~?) 은 영조에게 다음과 같은 상소를 올렸다.

전하께서 길에서 백성이 모여 뵙고자 하는 것을 금하지 말라고 분부하셨으므로 어지러이 모여들어 뵙고자 난화鸞和 옆을 곧바로 범하여 조금도 존엄한 뜻이 없습니다. 대가大駕를 막아서서 호소하는 자도 이따금 있어 마치 외방에 나간 사신의 행차 때와 같은 형상인데, 전하께서 모두 친히 듣고 이르시느라 거동을 멈추신 것이 여러 번이었습니다. 지극한 정성으로 백성을 돌보시는 뜻이 간절하고 성대하니, 무릇 보고 듣는 자가 누구인들 감동하지 않겠습니까? 그렇기는 하나, 정鄭나라의 공손교公孫僑는 열국列國의 한 재상宰相인데, 자기 승여乘輿에 사람들을 태워 물을 건네준 일에 대해 맹자가 그 작은 은혜를 비평하기를, "군자가 그 정사를 공평히 하면 길에서 사람을 물려도 괜찮다. 어찌 사람마다 건네 줄 수 있겠는가?" 하였습니다. 더구나 전하께서는 당당한 천승千乘의 존귀하신 몸이니 대가가 지나는 곳에서 백성을 위무하시려면 도신道臣을 불러들여 덕의德意를 선포하게 하시는 것이 옳을 것인데,

19) 이태진, 「18세기 한국사에서의 民의 사회적·정치적 위상」, 『조선 후기 탕평 정치의 재조명』 상, 149 및 151쪽 참조

어찌하여 위존威尊을 굽히고 옥성玉聲을 번거롭게 하여 촌야의 천한 백성과
각각 상대하여 수작하기를 이처럼 초솔하고 수월하게 하십니까?[20]

송성명의 언급 중에서 정鄭나라의 공손교公孫僑의 사례는 중요하다. 그가
공손교의 사례를 통해 강조하듯이 왕이나 재상이 일일이 백성들과 접촉해
그들의 개인적 상황을 듣고 이를 해결하는 것은 어쩌면 그리 효율적인
정치가 아닐 수 있기 때문이다. 정치를 잘해서 백성들의 은원이 발생하는
근본 원인을 해결함이 더 중요하다는 의미다.

그러나 이런 원론적인 반론은 당대 역사적 상황과 맥락을 고려하여 평가하
지 않으면 안 된다. 영조 시대에 과연 관료가 백성을 위하는 정치에 전념했는
가를 따져보아야 한다. 영조가 백성을 친히 만나 그들의 어려움을 듣고자
한 이유 중 하나는 백성들을 마음대로 부리면서 자신의 이익만을 탐하는
특권화된 관료와 양반 계층의 힘을 제어하려는 의도 때문이기도 하였다.
정조가 강조한 바와 같이 균역법의 폐단은 "중간에서 소멸되어 버려서"
생긴 것이다. 달리 말하자면 탐욕스러운 관리들에 의해 균역법의 취지가
손상되고 있다는 정조의 비판이다.[21]

특히 정조는 이전까지 개인이나 가족과 관련된 일만을 소원의 대상으로
삼았던 제한도 폐지하고 '민은民隱'이라고 일컬어지는 '백성들의 남모르는
고충'도 상언과 격쟁의 대상으로 삼을 수 있음을 인정했다. 그리하여 정조
대에 이르러서는 일반 백성들의 사회·경제적인 이익과 관련된 문제들도
임금에게 직소할 수 있는 영역으로 인정됨으로써 상언과 격쟁이 양적으로뿐
만 아니라 질적으로도 변화하였다. 예를 들어 정조는 1789년(정조 9)에 "민폐民
弊에 관계되면" 격쟁의 대상으로 삼아도 처벌하지 말 것을 명하여 민폐

20) 『영조실록』, 4년 9월 5일.
21) 『정조실록』, 2년 5월 4일.

일반에 대해 백성들이 격쟁할 수 있도록 했다. 이는 상언 및 격쟁의 내용에 근본적인 변화를 초래한 획기적이고 중대한 조치였다. 그 결과 "상언·격쟁은 개인적인 원억冤抑이나 강상綱常의 문제를 호소하는 청원 수단에서 벗어나 민인들의 사회·경제적인 이익을 쟁취하기 위한 저항 수단으로 변모할 수 있는 가능성을 부여받게 되었다"라고 한상권은 강조한다.22)

4. 상언과 격쟁의 제도화와 유교적 대동세계

군왕이 애민 정책을 펴서 민폐와 관련된 사안들도 국왕에게 직소할 수 있도록 허용하자 양반 사대부들은 그런 상황을 매우 못마땅하게 생각했다. 그들은 일반 백성이 자신들의 이익을 옹호하기 위해 상언 및 격쟁을 양반과 지방 수령의 지배 질서에 대해 저항하는 수단으로 활용하고 있음을 염려하였다. 특히 헌납獻納 김광악金光岳(1735~?)은 정조에게 올린 상소에서 상언 및 격쟁이 변질되고 있음을 다음과 같이 염려하고 있다.

전하께서 백성을 위하시는 정치가 대개 이미 지극하였습니다. 그러나 오늘날 방백이나 수령들이 임금의 뜻을 널리 백성들에게 알리는 데 급하여, 애휼愛恤의 뜻만이 지나치고 경계하고 독려하는 정사는 도리어 가볍습니다. 그러므로 백성들이 법을 두려워함이 없이 은혜만 믿고 오만한 버릇을 키워서 사부士夫를 구타하고 모욕하는 것을 능사로 여기고 관장官長을 침범하는 것을 예사로운 일로 아니, 조금만 제 뜻대로 되지 않으면 어려움 없이 격쟁하고 상언하며 터무니없는 일을 꾸며서 요행을 바라는 자가 열에 항상 여덟아홉입니다. 삼가 바라건대, 은위恩威를 병행하는 동솔董率의 타당한 방법을 생각하소서.23)

---

22) 한상권, 『조선 후기 사회와 訴冤제도: 상언·격쟁 연구』, 74쪽.
23) 『정조실록』, 12년 1월 22일.

이처럼 가능한 한 격쟁과 상언의 허용 범위를 줄이고 통제하고자 하는 여러 대신들의 비판이 있었다. 그럼에도 불구하고 정조가 상언과 격쟁의 중요성을 적극적으로 옹호했던 데에는 그의 기본적인 정치관과 백성관도 중요한 역할을 했다. 정조는 격쟁 및 상언의 중요성을 다음과 같이 옹호한다.

> 내가 격쟁한 사람을 치죄하지 않는 이유는 민간의 질고疾苦와 미천한 사람의 어리석은 소견을 이로 인하여 들을 수 있을까해서이다. 지금 만약 격쟁할 수 있는 길을 일절 막아 버린다면 민간의 걱정거리와 원통한 사연들이 어디를 통해 위로 전달될 수 있겠는가?[24]

정조는 격쟁과 상언의 제도가 바로 일반 백성들의 진정한 목소리를 국정에 반영할 수 있는 효과적인 제도라고 보고 있었다. 그래서 설령 격쟁과 상언이라는 백성들에 대한 제도적 보호 장치가 오·남용되는 사례가 있더라고 결코 그 오·남용한 백성들을 처벌하지 말도록 했다. 격쟁과 상언을 "엄중히 막으면 아랫사람들의 사정을 알릴 수 없다"고 생각했기 때문이다.

달리 말하자면, 정조는 백성들이 위로 자신들의 뜻을 밝혀서 그것을 조정의 정치에 반영하고자 하는 새로운 공론의 정치가 이루어져야 한다고 보았다. 그러므로 밑에서 위로 올라오는 '하이상'의 공론 정치를 활성화하고 그렇게 형성되어 올라온 일반 백성의 목소리를 군주로서 존중하지 않으면 안 된다고 생각했던 것이다.[25]

공론의 중요성에 대한 정조의 신념은 확고했다. 그리하여 그는 다음과 같이 힘주어 말한다.

> 소통疏通의 정치를 어찌 폐할 수 있겠는가? 옛말에 이르기를 "성인이 다스리는 세상에는 버려지는 물건이 없다"라고 하였고, 또 이르기를 "물건은 끝까지

---

24) 『일성록』, 정조 5년 12월 15일.
25) 『정조실록』, 7년 1월 18일.

앞길을 막아서는 안 된다."라고 하였다. 백성의 입을 막는 것은 오히려 냇물을 막는 것보다 심하다고 하였다.[26]

백성과의 소통이 정치의 근본 중의 근본이라는 생각은 사실 공자에게서 비롯된다. 백성의 입을 막는 것을 냇물을 막는 것으로 비유하는 전통 역시 유가 사상에서는 새로운 것이 아니다. 냇물을 막아 버리면 언젠가는 둑이 터지면서 물이 일거에 쏟아져 흐르듯이, 백성의 목소리를 억누른다면 언젠가는 더 크고 험하게 표출될 수밖에 없다. 이렇게 폭발하는 민심은 그 어떤 정권도 막을 방도가 없다는 것이 유가의 전통적인 정치사상의 주장이었다. 그리고 이런 소통의 정치를 강조하는 것 역시 유가적 대동사상의 핵심을 이루는 것이었음도 이미 제1장에서 상세하게 언급해 두었다.[27]

이처럼 백성들이 자유로이 자신의 의견을 표현할 수 있게 해서 이를 정치에 반영하는 '소통의 정치', 즉 국왕 및 관료와 일반 백성 사이의 의사소통적 관계를 통해 이루어지는 국정 운영에 대한 정조의 확신은 언로의 중요성을 강조하는 데로 이어진다. 그는 국가의 언로를 몸에 있는 피의 순환에 비유하면서, 피가 잘 통해야 몸이 건강할 수 있듯이 언로가 잘 통해야 국가가 번영할 수 있음을 강조한다.

국가가 흥하고 쇠하는 것은 언로의 개폐에 달려 있으니, 언로가 국가에 어찌 중요하지 않겠느냐? …… 대체로 국가에 언로가 있는 것은 마치 사람에게 혈맥이 있는 것과 같아서, 혈맥이 통하면 편안해지고 통하지 않으면 위험해지듯이 열어서 확장하면 번화가의 대로처럼 탄탄해지고 폐색하여 막히면 일백 굽이의 소로처럼 어려워진다. 선을 좋아하면 천 리를 마다 않고 찾아와서 일러 주지만 말을 막으면 한 세상이 어두운 진흙탕이니, 나라의 존망융체存亡隆替가 흑백처럼 분명하다. 옛 현명한 군왕은 그러한

---

26) 『홍재전서』 174권, 「日得錄 14」, '訓語 1'.
27) 나종석, 『대동민주주의와 21세기 유가적 비판이론의 모색』, 제1장 참조 바람.

것을 알았으므로 꺼리지 않고 문을 활짝 열고서 받아들이는 창을 높이 들어 대도大道를 보여 달라고 하면서 반드시 도리로 구하였다. 이에 쟁신爭臣과 올곧은 선비들이 이 길을 따라서 벼슬길에 나오고 좋은 잠언과 강직한 의논이 이 길을 따라서 군왕을 보필하게 됨으로써 상하가 모두 영화로워지고 서민들도 의뢰할 수 있었으니, 언로가 국가에 있어서 과연 어떠하냐?

이렇게 국가의 존망을 가를 수 있을 정도로 언로의 개방성 확보가 중요하다고 본 정조는 이제 조선 시대 간관의 전통을 언급하면서 신하의 간언과 언로의 보호를 통해 군왕이 바르지 않은 길로 가지 못하도록 견제하는 제도적 장치를 칭찬한다.

아, 우리나라는 언로를 가장 신중하게 여겼으니, 강직하고 방정한 선비를 선발하여 대각의 위에 높이 두고 영광스럽게 해 주면서 군왕의 미비한 점을 공박하라고 권하기도 하고 풍자하여 들려줄 것도 허락하였다. 또한 사대부를 독려하여 각기 해당 직책에서 진달한다는 뜻을 살렸으며, 사방으로 초야를 수색하여 야인의 정성도 반드시 채택하였다. 간할 수 있는 길이 하나가 아니며, 말을 진달할 수 있는 샛길도 수없이 많다. 대궐에 와서 외치면 상賞이 있고 입을 다물면 꾸중을 하였으며, 겹겹의 대궐 문을 활짝 여니 공거公車에는 진언이 산처럼 쌓였다. 이에 백 가지 천 가지 일 가운데 언로를 따라서 시행되지 않은 것이 없었다.

물론 정조는 붕당 정치가 극단으로 치달아 간관 제도의 본래 취지가 어그러지고 사라졌다는 데에서 당대 문제를 진단했다. 이를테면 대사간 유한녕兪漢寧이 상소를 올려 "임금의 위엄을 무릅쓰고 감히 대드는 자"가 없어졌다고 하면서 언로를 개방하는 일이 급선무라고 하고 언로가 막히면 나라가 망할 것이라는 뜻을 전하자, 정조는 이런 진언에 대해 조정 관료들이 "입 다물고 말을 하지 않는 폐단"을 언급하는 것에 동의를 표한다. 그러면서도 그는 당대 관료나 간관들의 타락을 질타한다. 그래서 정조는 당대 관료나 유학자들은 관직과 관련된 일에 대해 말할 때 "아주 서슬이 시퍼레서 비할 데가 없지만, 막상 그 밖의 시정時政이나 관사官師에 관한 문제에 있어서는 너도나도 토란을 씹고 대추를 삼켰는지 묵묵무언"이라고 비판한다.[28]

대사간 유한녕과 정조 사이의 대화에서 보듯이 정조 시대에 왕과 신하 관료들 사이의 대화가 치열하게 진행되지 못했음을 알 수 있다. 이는 간관 제도를 혁파한 정조의 개혁 조치의 폐단이라고만 해석하기에는 무리가 있다. 어쨌든 임금 앞에서도 할 말을 하는 이런 간관의 전통이 자신의 시대에 들어와 시들어졌음을 지적하면서 왕 앞에서 침묵하는 조정 관료들의 행태를 정조는 염려한다.

그러니까 정조는, 왕이 잘못이라도 하면 신하들이 강직하게, 공자의 표현대로 한다면 왕에게 '대들 듯이' 솔직하게 말하는 모습을 보이지 않음을 안타까워한다.

어쩌다 근래에 들어서는 이 길이 협소해져서 벙어리 노릇이 풍속처럼 되어, 침묵으로 능사를 삼으며 모두가 입을 꾹 다문 채 한마디 말도 없이 적적하기만 하게 되었는가. 내가 즉위한 후의 일만 가지고 말한다 하더라도 자신을 책망하는 교서와 도움을 요구하는 윤음이 무릇 몇 차례 있었는데, 알아들을 수 없는 논설로써 더러 형식적으로 응하였으나 강직한 말이 귀에 들린 적은 없었다. 그 이유는 크게는 나의 잘못이고, 작게는 백관들이 규간을 필요 없는 것처럼 여겨 울 밖으로 던져 버렸기 때문이다. 저 언로를 바라보면 해묵어 잡초가 무성하다. 처음은 살대처럼 곧던 것이 지금은 갈고리처럼 굽어 있다.

정조는 언로의 기풍이 타락하게 된 이유 중의 하나를 왕 자신의 부족함에서 구하면서도 신하들에게도 유감을 표하고 있다. 그러면서 그는 언로의 막힘을 개탄하지만 말고 과감하게 진언하는 용기를 갖출 것을 그들에게 권한다.

---

28) 『정조실록』, 24년 2월 27일.

어떻게 하면 재야에는 좋은 말이 잠복되지 않고 조정에는 과감하게 말하는 풍조가 일어나서 올곧은 소리가 나날이 들려오고 좋은 충고가 나날이 진달됨으로써 언로가 활연히 관통하여 해맑은 태평 세대에 오를 수 있게 되겠느냐? 자대부子大夫는 평소에 반드시 언로의 막힘을 개탄하였을 것이니, 말할 수 있는 기회를 맞아 각기 대책편에 저술하라. 내 친히 열람하리라.[29]

특히 정조의 언론관과 관련해 주목해야 할 부분은 다양한 의견을 존중하는 태도이다. 그는 다양한 의견을 존중하는 것을 유교적 이상사회인 대동의 세계를 실현할 방법으로 이해한다. 다양한 의견의 표출을 억압해서도 안 되며 다른 의견을 지니는 사람들이 서로 시비를 가리면서 논쟁하는 것을 바람직한 것으로 보고 있다.

게다가 정조는 어떤 한 사람의 의견에 부화뇌동하거나 순응하는 것을 소통의 정치를 해치고 뜻있는 논의 과정을 어지럽히는 것이라고 경계한다. 달리 말하자면, 다양한 의견이 개진되지 못하고 다양한 견해를 가진 사람들 사이에 쟁론이 없다면 결코 대동의 세계가 이룩되지 못할 것이라고 정조는 생각하고 있다는 것이다. 이런 정조의 생각을 인용하면 다음과 같다.

사물이 같지 않은 것이 사물의 본질이니, 억지로 이를 같게 해서는 안 된다. 여러 신하가 일을 논의하면서 왈가왈부하는 것은 바로 맑은 조정의 아름다운 일이니, 만약 한 사람이 창도하고 모든 사람이 고분고분 부화附和해서 이견이 없다면 반드시 이것은 진정한 대동大同의 의논이 아닐 것이다.[30]

실제로 정조는 모든 백성의 의견을 반영하기 위해 백방으로 노력하였다. 그래서 그가 왕으로 있던 시절에는 "말로 인해 죄를 받은 사람이 없었다"라는 평가를 받을 정도로 언론의 자유가 확대되고 향유되었다. 다음은 『정조실록』

---

29) 『홍재전서』 48권, 「策問 1」, '言路'.
30) 『홍재전서』 177권, 「日得錄 17」, '訓語 4'.

부록 「시장諡狀」에 나오는 내용으로, 정조가 언로의 중요성을 얼마나 진지하게 다루었는지를 설명하는 부분이다.

언로言路를 활짝 열어 두고 모두를 받아들여서 되도록 정책에 반영하였으며, 비록 대놓고 잘못됨을 말하거나 전혀 숨김없이 막 대드는 자라도 반드시 너그럽게 포용하였기에 일찍이 말 때문에 죄를 얻은 자라곤 없었다. 그러면서도 때마다 다시 영을 내려 구언求言을 했는데, 그때면 아무리 먼 곳이라도 다 의사소통이 되었다.[31]

언로를 확대하고 다양한 의견을 청취하여 정책을 결정하는 것이 대동의 이념에 어울리는 올바른 정책 운영 방식이라고 본 정조의 입장은 요순 및 삼대의 이상적 세계와 밀접한 관련성을 지닌다. 다양한 의견을 죽여 하나의 목소리만이 주도하는 것은 대동의 이념과 무관하다.

『서경』 「홍범」편에는 여러 의견의 조화로운 어울림이 있을 때 비로소 대동세계가 실현 가능하다는 점이 잘 나타나 있다. 「홍범」편은 주나라 무왕이 은나라를 멸한 뒤 기자箕子를 찾아가서 천도天道의 이치를 물은 데 대한 기자의 답변을 싣고 있는데, 의견의 일치와 관련된 '대동'에 관한 설명은 의문스러운 일에 직면했을 때 그것을 잘 살펴서 명백히 밝히는 '계의稽疑'에 나온다. 제2장에서 한 번 인용했듯이 「홍범」편에 따르면 국가의 큰일을 결정할 때 군주는 서인庶人, 즉 뭇 백성의 의견을 묻고 그들과 상의함으로써 대동에 이를 수 있다.[32]

대동세계가 추구하는 정치적 정당성의 근거가 어떤 한 군주나 조정 관료들의 자의적 결정에 의해 확보될 수 없다는 점은 사실 전통적인 유교 사상의

---

31) 『정조실록』, 부록 「諡狀」. 정조의 소통관에 대한 서술은 한상권, 「정조의 군주관」, 163~165쪽에 나오는 기본 자료를 바탕으로 필자 나름으로 재구성한 것임.
32) 『서경』, 292쪽. 『서경』(신동준 옮김, 인간사랑, 2016). 216쪽도 참조 바람.

핵심적 강조 사항 중의 하나였다. 실제로 공자는 정치에서 늘 소통의 중요성을 강조한 인물이었다.

공자에게 많은 영향을 주었고 공자로부터 높은 평가를 받았던 정나라 출신의 자산子産은 정치에서 소통의 중요성을 강조한 고대 중국의 대표적인 인물이다. 향교鄕校에서 자산의 정치에 대해 왈가왈부하는 사람들이 많음을 말하면서 차라리 향교를 없애 버리는 것이 좋지 않겠느냐고 묻는 사람에게 자산은, 사람들이 향교에 모여서 늘 정치의 옳고 그른 점을 논의하는 것에 바탕을 두고 정치를 해야 한다고 역설한다. 그는 정치에 대한 사람들의 공적 논의야말로 자신의 '스승'이라고 말하며, 정치에 대한 백성들의 논의는 막아서도 안 되고 막을 수도 없다면서 다음과 같이 언로를 물길에 비유한다.

> 사람들의 입을 막는 것은 내(川)의 물길을 막는 일과 같소. 막았던 냇물의 제방을 크게 터서 와르르 한꺼번에 흐르게 하면 사람을 상하게 함이 반드시 많소. 그러면 나는 그 수해를 구하지 못할 것이오. 그러니 작게 둑을 터서 넘치는 물이 흘러나가게 하는 것만 못한 것이오. 내 그들의 논평을 들어서 그것을 약으로 삼는 것만 못하오.[33]

이런 정자산의 주장을 두고 공자는 어진 사람이라고 평했다. "이 말로써 보건대, 어떤 사람이 자산이 어질지 못하다고 이르더라도 나는 믿지 못하겠다."[34] 그 누구를 어질다고 말하기를 극구 꺼렸던 공자는 백성의 소통을 정치의 근본으로 간주하는 자산을 인仁한 인물로 보았다. 달리 말하자면, 백성들이 자유롭게 정치에 대해 논의할 수 있어야 하고 이런 백성들의 논의를 바탕으로 정치를 수행하는 것이야말로 올바른 정치를 구현하는 방법, 즉 인정仁政의 핵심적 요소의 하나라고 공자는 이해한다.

---

33) 『춘추좌씨전』 중(문선규 옮김, 명문당, 2009), 746~747쪽.
34) 같은 책, 같은 곳.

5. 탕평 정치와 조선의 유교적 공론 정치의 변모

그런데 탕평 군주들의 개혁 정책과 관련하여 쟁점이 되는 것 중의 하나는 그것이 역설적으로 조선 왕조의 지속성을 가능하게 해 준 사림 중심의 '유교적 공론 정치'(Confucian deliberative politics)의 변질 혹은 약화를 초래하여 정조 사후 세도勢道 정치의 등장을 촉진했는지에 관한 것이다.

예를 들어 제2장에서도 언급했듯이 박현모는 18세기 탕평 군주들의 개혁이 예기치 않게 악명 높은 19세기 세도 정치의 등장을 유리하게 함으로써 조선 사회의 장기적인 지속을 가능하게 한 정치적 동력인 공론 정치를 파괴했다고 지적한다. 탕평 군주들인 영조와 정조는 사대부 및 양반들이 붕당을 지어 공론을 형성하는 것을 '붕당의 이해관계를 당론과 공론으로 내세워 국가를 망치는 행위'로 규정하면서 국왕 중심의 정치를 통해 붕당을 타파했는데, 이것이 군주 및 권력 집단에 대한 비판적 견제 기능을 수행하던 붕당 및 유교적 공론 정치의 순기능마저도 파괴해 버리는 역설적 결과를 초래했다는 것이다.[35]

앞에서 살펴본 것처럼 탕평 군주들의 개혁정치는 일관되게 국왕과 백성의 관계를 강화하는 것이었다. 특히 정조는 국왕과 백성의 관계를 더욱 긴밀하게 만들기 위해 정치의 기본 구도를 종래의 "사림 정치 구도, 즉 군君−신臣−민民의 3단계 구도에서 신의 역할을 부정 내지 최소화한 군−신민의 2단계 구도"로 설정했다.[36] 다시 말해 정조의 개혁 정책은 백성과 국왕 사이의 원활한 소통을 방해하는 중간 세력, 특히 사대부 세력의 약화를 동반하는 것이었다. 그리하여 영조와 정조 시기를 거치면서 조선 시대 사대부 정치의 핵심적 요소인 사대부 공론 정치의 위축이 초래되었던 것이다.

---

35) 박현모, 『정조 사후 63년: 세도정치기(1800~63)의 국내외 정치 연구』, 50~54쪽 참조.
36) 같은 책, 8~9쪽.

원래 조선이 개국된 이래 대간이라 불리는 사간원 및 사헌부는 '공론의 소재'로 매우 중요하게 간주되었다. 예를 들어 정종 시기에 대간은 "인주人主의 이목耳目과 같은 기관이요 공론公論이 있는 곳"(人主耳目之官, 公論所在)으로 규정되었다.[37] 조선이 건국된 첫해에 신하들은 이미 태조 이성계에게 나라가 번성하기 위해 존재해야 할 근본이 바로 공론이라는 의미에서 공론이야말로 '국가의 원기元氣'라고 강조한 바 있다.

신 등이 가만히 생각하건대, 공론公論이란 것은 천하 국가의 원기元氣입니다. 간쟁諫諍은 공론의 근저根柢가 되고 영유佞諛는 공론의 모적蟊賊이 되니, 국가를 다스리는 사람이 항상 그 근저를 배양하고 그 모적蟊賊을 제거한다면 바른 의논議論이 날로 앞에 나아오고 감언甘言·비사卑辭가 귀에 들리지 않게 될 것입니다.⋯⋯ 바야흐로 지금 명철한 군주와 현량한 신하가 서로 만났고 정치에 필요한 법령·예악이 다 갖추어져 있으므로 일에 대해 말할 것이 없는 것 같은데도 신 등이 공론을 들어 주어야 한다는 말을 매우 간절하게 하는 까닭은, 반드시 전하께서는 포용할 만한 도량이 있어서 그 귀에 거슬리는 말을 싫어하지 아니하시고 으쓱거리는 기색이 없어서 자기를 굽히기를 꺼리지 아니하시기 때문입니다. 삼가 원하옵건대 전하께서 가르쳐 인도해 줄 간언諫言을 구하시어 진실로 믿고 들어 주신다면, 신 등은 마땅히 할 말을 다하고 숨김이 없게 됨으로써 백성의 이해利害를 모두 다 진술하여 막힘이 없고 국가의 원기가 유통하여 막힘이 없게 될 것입니다.[38]

"공론이란 것은 천하 국가의 원기元氣"로, 국가의 존망이 공론의 성공 여부에 달려 있다. 그러므로 조선이 건국되자마자 공론이 원활하게 형성되어 왕에게까지 직접 전달될 수 있도록 보장해 주는 제도적 장치를 강구했던 것은 우연이 아니다. 그런 제도적 장치가 바로 위에서 말한, 공론의 근저根柢라

---

37) 『정종실록』, 2년 1월 24일.
38) 『태조실록』, 1년 11월 9일.

고 언급된 '간쟁諫諍'의 임무를 담당하는 관료를 두는 것이었다. 그리하여 '대간'은 유교적 공론公論 정치의 핵심적인 기관으로서 권력의 자의적인 남용을 견제하고 비판하는 역할을 담당했다.

이처럼 조선 시대에도 왕권을 견제하려는 제도가 정비되었다는 점에서 조선은 일종의 유교적 헌정주의, 즉 유교적 입헌주의를 운용한 나라였다는 견해도 등장한다. 이를테면 함재학이 바로 그런 견해를 강조한다. 그에 따르면, "군주의 언행과 결정을 감시하고 비판할 수 있도록 간쟁 기능을 법제화시킨 사간원司諫院이나, 원래는 관리들을 규찰하는 목적으로 설치하였지만 간쟁 기구로서의 역할까지 담당한 사헌부司憲府 등의 기관들도 유교의 시각에서 입헌주의적 문제의식에 대한 제도적 해결책을 모색한 일례라 할 수 있다."[39]

그러나 공론의 소재가 반드시 조정에만 국한된 것은 아니었다. 공론 정치의 또 다른 축은 유림 혹은 사림이라고 할 수 있는 양반층에 의해 이루어지는 재야 공론이었다. 조정에서의 공론 정치의 주체는 물론이고 지방 유생층儒生層에 의해 이루어지는 초야草野 공론의 주체도 사림士林이었다. 주지하듯이 조선 왕조의 중앙 관료는 유교적 교양을 갖춘 인물들로 구성되어 있었다. 특히 주자학적 소양을 풍부하게 갖추는 것은 과거제도를 통해 조정 관료로 나갈 수 있는 선결 조건이었는데, 일정 정도의 재산을 지닌 양반층이 그런 조건을 상대적으로 잘 충족시킬 수 있었다.

그런데 조정 내에서의 공론 정치는 주로 대간에 의해서 이루어졌지만, 양반층이 지방으로까지 확산되어 가고 성리학적 소양을 지닌 유생층이 확대됨에 따라 조정 외의 유림도 상소를 통해 국정에 참여할 수 있게 된다.[40] 이들 지방 유림이 주도하는 공론 형성도 조정에서의 공론 정치 못지않게

---

39) 함재학, 「유교적 입헌주의와 한국의 헌정사」, 106쪽.
40) 강상규, 『조선 정치사의 발견』, 151~152쪽 참조.

중요한 조선의 유교적 공론 정치의 한 축이었다. 그리하여 율곡 이이는 「옥당진시폐소玉堂陳時弊疏」를 올려 공론의 주체를 유학자의 정신을 제대로 갖춘 사람으로 규정하면서 사림에 의해 이루어지는 공론의 중요성을 다음과 같이 말한다.

> 대저 마음으로는 옛 도를 흠모하고 몸으로는 유생儒生의 행실을 지키며 입으로는 법도에 맞는 말을 얘기함으로써 공정한 이론을 지탱하는 사람들을 곧 사림이라 말합니다. 사림이 조정에 있으면서 그것이 사업에 시행되면 나라가 다스려지며, 사림이 조정에 있지 아니하고 그것이 헛된 말에 붙여지면 나라가 어지러워집니다.[41]

위에서 인용한 이이의 글에서 보듯이 공론의 주체는 사림이었는데, 이때 사림은 조정 안과 조정 밖에 있는 사대부를 총칭하는 개념이다. 물론 이이도 조정에서 정사를 올바르게 논의하여 왕도정치를 구현하는 것이 가장 바람직한 것이라고 보았다. 그러나 조정에 사림이 없다면, 즉 조정에서 정치적 사안을 다룰 때 그것이 옳은지 그른지를 논의하는 공론을 구하는 작업이 제대로 이루어지지 못할 경우에는 조정에 있지 않은 선비나 사대부들이 정사를 논하는 것은 부득이하므로 그것을 억압해서는 안 된다는 것이 이이의 기본 입장이었다. 조정 밖 사림에서의 공론조차 없다면 그 나라는 지속되지 못하고 망할 것이기 때문이다.

또한 이이가 볼 때, 여항閭巷 즉 일반 백성들이 사는 곳에 공론이 있는 것을 싫어하는 것 역시 나라를 망하게 하는 일이나 다름없다. 백성들이 정사의 옳고 그름에 대해 다양한 의견과 목소리를 내는 것을 분수에 어긋나는 일로 보아서 억압해서는 안 된다. 만약 그것을 억압한다면 이는 나라가 지속될 수 있게 하는 공론이라는 힘 자체를 박탈하는 것이어서 나라를

---

41) 이이, 『栗谷全書』, 권3, 「玉堂陳時弊疏」.

망하게 만드는 패도적인 폭력적 행위에 지나지 않는다고 이이는 강조한다. 이이는 공론을 다음과 같이 설명하기도 했다.

> 공론이란 나라의 원기입니다. 공론이 조정에 있으면 그 나라가 다스려지고, 공론이 여항에 있으면 그 나라가 어지러워지며, 만약 위아래에 모두 공론이 없으면 그 나라가 망합니다.…… 금일에는 조정에 공론이 신장되지 않고 있으므로 여항에서 과연 시비是非를 의논하는 자가 있습니다. 이것은 선비로 자처하는 데 있어 진실로 잘못되었습니다. 그 자리에 있지 않고서 본래 그 정치를 논의해서는 안 됩니다. (그러나) 만약 윗사람으로서 자신에 대해 의논하는 것을 싫어하여 금절禁絶한다면 주周 · 진秦의 멸망을 재촉한 위법과 같습니다. 나라에 공론이 없으면 망하는데, 어찌 금절할 수 있겠습니까?[42]

위 인용문에서 보듯이 이이 또한 조정에서 다루는 정사의 시비를 일반 백성들이 논하는 것은 적절하지 못하다고 보면서도 사대부 혹은 선비, 즉 양반은 물론이고 일반 백성들은 부득이한 경우 조선 사회의 진정한 공론의 주체가 되어야 함을 강조하고 있다.

이렇게 이이에 의해 조선 사회의 참다운 공론의 주체로 인정된 사림 세력의 성장은 전국에 걸친 향약鄕約의 실시 및 사학기관으로서의 서원의 광범위한 보급을 배경으로 하였다. 향약과 서원의 확산으로 인해 향촌에 머무르는 재지 사족들은 유교적 이념의 전파자이자 지역의 엘리트로서 해야 할 역할을 확고히 했으며, 이를 바탕으로 자신들의 정치적 · 사회적 영향력을 키워 나갈 수 있었다. 그리고 유교적 이념을 공유하면서 향촌에 굳건하게 토대를 구축한 사림 세력의 성장은 군신공치를 지향하며 붕당을 이루어 정치에 참여하는 붕당 정치의 시대를 열 수 있었다.[43]

---

42) 같은 책, 권4, 「代白參贊仁傑論時事疏」.
43) 조선 중기에 사림 중심의 공론이 형성되는 양상에 관한 상세한 연구로는 김돈, 「朝鮮中期 士林의 公論과 그 구현 형태」, 『國史館論叢』 86(국사편찬위원회, 1999), 1~40쪽 및 강상규, 『조선 정치사의 발견』, 171~172쪽 참조. 강상규에 따르면 조선 중기 이후

물론 사대부 중심 공론 정치의 위축은 사림 정치의 구체적 형태이자 유교적 공론 정치의 한 유형인 종래의 붕당 정치[44]를 극복·대체하고자 했던 시도의 필연적인 결과이기도 하다. 그러나, 붕당 정치가 비록 많은 폐단을 초래하기는 했지만 결코 부정적으로만 평가되어서는 안 된다.

17세기 조선의 정치를 주도했던 붕당 정치는 18세기 탕평 군주 시대를 보는 시각과 밀접하게 관련되어 이해되어 왔고, 그 평가 역시 시대에 따라 큰 변화를 보여 주었다. 예를 들어 붕당 정치를 비판적으로 보는 시각은 대체로 탕평 정치를 긍정적으로 보는 경향이 강하다. 김백철에 의하면 특히 일제강점기에 식민사학자들은 붕당 정치에 대한 비판적 견해를 당쟁 사관으로 변질시켜서 극심한 당쟁으로 인해 조선은 망했다는 시각을 강화했고, 그 결과 붕당과 탕평의 극단적인 대립 구도가 일반화되었다고 한다. 이런 당쟁 사관은 1980년대 들어 붕당정치론에 의해 극복되었는데, 그 뒤부터 붕당 정치는 건전한 여론에 의한 공론 정치의 요소를 지닌 것으로 재평가될 수 있었다.[45]

조선 사회의 붕당 정치가 초래한 극심한 당쟁의 모습을 정확하게 이해하기 위해서는 그것을 전근대 봉건사회의 부정적인 측면을 보여 주는 것으로만

사림세력의 정치적 성장으로 인해 공론화되는 '군신공치'는 군신간의 이질성보다는 동질성을 강조하는 뉘앙스가 들어 있다. 달리 말하자면, 이때 군신공치는 실질적으로 왕과 신하가 다 같이 통치의 '주체'라고 하는 의미가 담겨 있다는 말이다. 이와 달리 군신공치를 "군주가 한 나라의 현자들과 더불어 천위와 천록을 함께하며 천공을 대신한다"(人君所以與一國賢者, 共天位共天祿, 而代天工也;『성종실록』, 8년 윤2월 27일)라는 맥락에서 이해한다면 그것은 '군신간의 협력에 의한 통치'라는 정도의 의미만을 지니며, 이런 의미에서라면 조선 왕조는 건국 이후 500년간 군신공치를 이룬 국가로 보아야 한다고 그는 말한다. 같은 책, 167쪽 각주 94 참조 붕당 정치 역시 군신공치의 양상을 새롭게 지속하는 것으로 이해될 수 있다.

44) 박현모는 붕당 정치를 선조 이후에 등장한 조선의 유교적 공론 정치의 특수한 한 양상이라는 점을 강조한다. 이때 그는 붕당에 의한 정치는 조선 왕조가 구현하고자 했던 유교적인 공론 정치의 이상을 배경으로 출현한 "공론 정치의 특정한 역사적 유형"이 라고 분류하고 있는 김용직의 입장을 따른다. 박현모,『정조 사후 63년: 세도정치기(1800 ~1863) 국내외 정치 연구』, 46쪽.

45) 김백철,『두 얼굴의 영조: 18세기 탕평 군주상의 재검토』, 제9장 참조.

보는 기존의 인식에서 벗어나야 한다. 필자는 조선 사회에서 당쟁이 극심하게 대두된 원인을 조선 사회가 지녔던 능력주의 사회의 특성에서 비롯된 것으로 보아야 한다고 생각한다. 만약에 정치가 특정한 카스트나 세습적인 특정 신분에 전적으로 맡겨진 사회라고 한다면 정치권력을 둘러싼 경쟁은 원칙적으로 능력주의 사회에 비교해 그리 치열하게 전개될 필요가 없을 것이다. 이런 맥락에서 보자면, 능력주의 사회는 모든 관료 엘리트들이 자신에 대한 능력을 매우 높게 평가하기에 권력이라는 희소한 자원을 둘러싸고 격렬한 투쟁이 일어나고, 궁극적으로는 내전으로 치달을 위험성을 안고 있다고 보는 파스칼의 견해는 커다란 설득력을 지니고 있다.[46]

붕당 정치의 폐해를 극복하기 위해 영조와 정조는 국왕의 강력한 정치적 역할을 강조하면서 각 붕당에 의해 자당의 정치적 이해득실 관철을 위한 수단으로 전락해 버린 언관과 사관史官 제도를 폐지시키거나 그 권한을 약화시켰다. 이로 인해 권력의 독점과 부패를 상호 견제하며 공론의 정치라는 유교적 정치 이상을 실현하기 위해 제도화되었던 견제 장치가 붕괴했으며, 조정 차원의 공론 정치와 함께 조선 공론 정치의 또 다른 축을 형성하고 있던 재지 사림 내지 산림山林[47]이 주도하는 재야 언론의 비판적 견제 기능도 축소되기에 이르렀다.

이렇게 권력의 과도한 집중 현상을 제어할 수 있는 제도적 장치들이

---

46) 파스칼의 주장을 비롯하여 당쟁의 치열성을 능력주의 사회와 관련하여 해석한 것은 알렉산더 우드사이드에게서 배운 것이다. 알렉산더 우드사이드, 『잃어버린 근대성들』, 111쪽 참조.

47) 산림은 '儒賢'이라고도 하는데, 성리학에 정통한 재야의 명망가로서 조정에 의해 중용된 학자를 뜻하는 용어이다. 산림은 경연을 비롯한 여러 국정 운영의 영역에서 조정에 의해 공인된 최고 학자로서의 역할을 담당했고, 인재를 천거하는 데도 특별한 권한을 행사했을 뿐만 아니라 공론을 대변하는 역할도 지녔다고 한다. 이처럼 막강한 정치적 영향력을 행사하는 산림의 출현은 대체로 17세기 초 광해군 시기에 이르러서였다. 조선 정치사에서 유현 즉 산림의 정치적 비중이 가장 막강했던 시기는 효종 대 후반 이후부터 숙종 대까지라고 한다. 이에 대해서는 강상규, 『조선 정치사의 발견: 조선의 정치지형과 문명 전환의 위기』, 222~223쪽 참조.

약화 내지 붕괴되자 권력이 국왕 및 국왕과 가까운 소수의 관료나 외척들에게로 집중되는 현상이 나타났다. 정조 시기에도 이런 현상은 나타났지만[48], 정조는 탁월한 정치적 지도력을 통해 자신의 정치를 지속할 수 있었다. 그러나 탕평 군주들과 같은 정도의 정치적 지도력을 발휘할 능력이 없는 사람에게 왕위가 계승되자 상황은 달라졌다. 임금 주변의 세력들이 무제한적인 방식으로 권력을 행사한다 하더라도 그것을 견제할 기반이 더 이상 존재하지 않게 된 것이다.[49]

공론 정치와 관련하여 강력한 군주권을 바탕으로 탕평 군주들이 실시했던 여러 개혁 정책의 역설적 결과들을 김백철은 '영조의 두 얼굴'로 표현했다.

> 사족에게는 치통과 도통을 겸비한 군사君師의 권위를 바탕으로 절대적인 심복을 요구하는 군주의 모습을 보인 반면에, 백성에게는 요순의 이상사회를 그리는 한없이 자애로운 군주상을 만들어 나가고자 노력하였다.…… 국왕 자신도 전제화되는 모습으로 인해 간언이 줄어든다고 직접 지적할 정도였다. 그래서 그는 강력한 권력의 형성을 오직 백성을 명분으로 정당화하였다.[50]

박현모가 지적하듯이 정조 시기와 정조 사후 조선의 19세기 초반을 통치한 순조 시기는 너무나 대조적이다. 정조 시대는 조선의 문예부흥기라고 일컬어질 정도로 국왕이 지칠 줄 모르고 개혁을 추진했던 '변화와 희망'의 시기인 것처럼 보이는 데 반해, 이른바 19세기는 소수 가문이 권력을 농단했던 세도정치기인 동시에 수많은 민란이 '도미노 현상'처럼 발생하여 조선의 지배체제를 심각하게 동요시켰던 민란의 시기였다.[51] 민란의 발생은 백성들

---

48) 안확에 의하면 19세기 세도 정치의 시초는 정조 초반에 큰 권력을 행사한 홍국영으로부터 비롯되었다고 한다. 안확, 『조선 문명사』(송강호 역주, 우리역사연구재단, 2015), 360쪽.
49) 박현모, 『정조 사후 63년: 세도정치기(1800~63)의 국내외 정치 연구』, 52~54쪽 참조
50) 김백철, 『두 얼굴의 영조』, 141쪽.
51) 박현모, 『정조 사후 63년: 세도정치기(1800~63)의 국내외 정치 연구』, 7~8쪽 및 145쪽 참조

의 삶의 문제에 적극적으로 대응하여 합리적 해결책을 제시해야 할 지배층의 정치적 무능력과 밀접한 관련이 있다. 그런데 그러한 지배층의 정치적 무능력은 18세기 탕평 군주들의 개혁 조치로 인해 조선의 공론 정치가 파괴된 상황과도 무관하지만은 않을 것이다.

안확은 이미 일제강점기 시절인 1923년에 나온『조선문명사』에서 탕평 정치에 의해 조선의 건전한 공론 정치, 즉 그의 표현대로 한다면 '정당 정치'의 기반이 파괴되어 백성에 대한 지배계급의 착취가 본격화되었기에 그에 대한 반동으로 홍경래의 난이 발생했음을 지적했다.

> "사실 독재 정치라는 것은 오랜 기간 동안 지속하는 것이 불가능하며 신속한 활동으로 변화가 일어나는 것이 원칙이다. 그런데 우리 근세 정치에서는 그 기간이 많이 소요되어 500년 동안 지속되었음에도 그사이에 조금도 반동反動조차 발생하지 않았으니, 이는 무슨 까닭인가?" 하고 물어 본다면 나는 정당이 발생했기 때문이라고 대답할 것이다.
> 군권이 무한히 발전하였으나 서양의 전제 시대와는 달라서, 어느 정도 민권이 존재했을 뿐만 아니라 정당의 쟁의를 제기하는 기풍 때문에 군권이 함부로 무한정 신장될 수 없었다. 그러다 보니 반동이 발생하는 일이 없었다. 정조 때부터는 정당이 멸절하고 독재 정치의 본색이 되는 계급작용이 극심해지자 이때부터 반동이 일어나기 시작했는데, 홍경래가 일으킨 난이 그 첫 번째 운동이었다. 그렇게 해서 정조 이후로 120년 동안은 사실상 독재 정치의 극성기로, 국운이 쇠퇴하기 시작하여 새로운 시대를 갈망하는 사조가 태동하기 시작하였다.[52]

그러나 탕평 정치를 통한 공론 정치의 위축으로부터 19세기 조선 정치가 실종된 결정적 원인을 구하는 태도는 좀 문제가 있다. 달리 말하자면, 세도 정치라 일컬어지듯이 특정 정치 세력에 의해 권력이 장기간 독점된 상황에서

---

52) 안확,『조선 문명사』, 367쪽.

당대의 정치력 실종과 민란의 원인을 탕평 군주들에 의해 실시된 공론 정치의 무력화로부터 구하는 것은 일면적이라는 느낌이다.

18세기에 이르러 산림 영수들에 의해 주도되었던 붕당 정치는 이제 유교적 공론 정치의 이상을 실현하기에는 너무나 심각한 폐단을 안고 있었다. 따라서 탕평 정치로 인해 조선의 공론 정치가 위축되었다기보다는, 여러 붕당이 선의의 경쟁을 통해 공론 정치를 유지할 수 있는 모습을 보여 주지 못하고 오히려 대간臺諫이나 사관 같은 제도를 정치투쟁을 위한 수단으로 전락시켰기 때문에 유교적 공론 정치의 축소가 초래된 것이라고 보아야 할 것이다.

그러니까 탕평 군주의 간관 제도의 혁파와 그 역할의 축소가 조선의 유교적 공론 정치의 맥을 끊어 버려서가 아니라, 시대가 요구하는 개혁을 하는 데 소홀히 하고 오로지 권력 투쟁의 맥락에서만 대의명분을 수단으로 동원해 공론 정신의 근본이라 할 조선의 유교적 간쟁의 정신인 일종의 파르헤시아(parrhesia), 즉 두려움 없이 진실을 말할 자유를 사대부 지배층들이 스스로 더럽히고 타락시킨 결과 19세기의 위기가 초래되었다고 보는 것이 더 진실에 가깝지 않을까 한다.

하여간 조선 후기의 정약용 같은 학자도 공론 정치 본연의 역할을 하지 못한 채 오로지 극단적인 정파 투쟁의 장으로 변질된 홍문관·사헌부·사간원이라는 언론 삼사가 폐지되어야만 천하가 잘 다스려지고 백성의 삶이 편안해질 것이라고 역설했다.

온 천하가 어떻게 하면 잘 다스려지겠는가? 관각館閣이나 대간臺諫의 관직을 없애야만 온 천하가 잘 다스려질 것이다. 백성들이 어떻게 하면 편안하겠는가? 관각이나 대간의 관직을 없애야만 백성들이 편안해질 것이다. 임금의 덕이 어찌하면 바르게 되며, 백관이 어찌하면 직무를 잘 수행하게 되며, 기강이 어찌하면 서게 되며, 풍속이 어찌하면 돈후해지겠는가? 관각이나 대간의 관직을 없애야만 임금의 덕이 바르게 되고, 백관이 직무를 잘 수행하게 되고, 기강이 서게 되고, 풍속이 돈후해질 것이다.[53]

더 나아가 19세기 민란의 발생을 기존의 공론 정치가 그 순기능을 상실한 데 따른 결과라고 이해할 때, 우리는 어떤 공론 정치인가를 되묻지 않으면 안 된다. 조선의 유교적 공론 정치를 구현하는 양상은 시대에 따라 다양할 수 있을 것이다. 붕당 정치가 특정한 시대에 발생한 '공론 정치의 특정한 역사적 유형'으로 규정될 수 있다면, 유교적 공론 정치의 생명력은 변화된 시대 상황에 어울리는 새로운 형태의 공론 영역 및 공론 주체의 출현을 제도적으로 보장함으로써 지속될 수 있었을 것이다.

붕당 정치의 토대인 사림 중심의 재야 공론의 권위가 약화되었다고 하더라도 시대에 적합한 새로운 방식의 유교적 공론 정치의 가능성이 모색되었다면 정치의 실종과 대규모 민란 등을 유발한 공론 정치의 붕괴라는 사태로까지 전개되지는 않았을 것이라는 생각이 단순한 상상은 아니리라 본다. 영조와 정조에 의해 새로이 실시된 상언이나 격쟁처럼, 백성들이 왕에게 직접 자신들의 어려움을 알리는 새로운 공론 정치 즉 아래로부터의 서민적 공론 정치가 출현했기 때문이다.

그런 새로운 공론 영역과 주체의 확장이 지속되고, 그런 일반 서민의 공적 논의의 장을 정치권력의 자의적 행사를 제어하고 비판하는 유교적 민본 정신과 어울리는 것으로 적극적으로 받아들이는 방식으로 민본 이념을 확충하려는 시도를 추진하였였다면 19세기 조선의 상황은 상당히 달라졌을 것이다. 이런 맥락에서 볼 때 왕과 백성 사이에 존재하는 중개 세력인 세도 정권에 의해 국왕에게 직소하는 글이 차단되고 봉쇄되었다는 점을

---

53) 정약용, 『與猶堂全書』 제1집(임정기 옮김, 한국고전번역원, 1983), 詩文集 11, 「文集」, '職官論'.

19세기 후반 대규모 민란이 발생한 중요한 원인 중의 하나로 꼽는 이태진의 입장은 설득력이 있다.[54]

물론 우리는 민란과 공론 정치 사이의 관계를 양자택일의 것으로 설정하고, 이 둘을 대립적으로 보는 자세도 지양해야 할 것이다. 우리는 이 책 제9장과 제10장에서 대항민본주의라는 개념을 통해 공론 정치와 봉기 혹은 민란의 형식을 띤 저항 행위가 서로 긴장하면서도 대동적 민본주의를 구현할 두 축으로 이해될 수 있음을 살펴볼 것이다.

6. 탕평 정치와 공론장의 분기

유교적 공론 정치의 위축이라는 관점에서 영·정조 시대 탕평 정치와 19세기 세도정치기 사이의 내적 연관성을 분명하게 제시해서 탕평 정치가 지니는 어두운 면을 밝혀낸 박현모의 연구는 탁월하다. 그러나 우리는 탕평 정치를 매개로 하여 사족 혹은 사대부 중심의 공론과 다른 서민적 공론이 새로 성장하게 된 점의 중요성에도 주목할 필요가 있다. 실제로 18세기는 공론의 분기가 본격적으로 시작된 시기이다.

앞에서 본 것처럼 공론에 의한 정치는 크게는 유학 전체, 좁게는 주자학에서도 인정仁政 내지 왕도정치의 핵심적 요소 중의 하나로 중요시되었다. 선진유학先秦儒學에서도 정치권력의 궁극적 정당성은 천명天命에 있었기 때문에 현실의 정치권력 즉 황제의 권력은 늘 천명의 소재를 정확하게 파악하기 위해 노력하지 않으면 안 되었고, 천명을 파악하기 위해서는 "민심이 곧 천심"이라는 명제에서 보듯이 민심의 향배에 촉각을 곤두세워야

---

54) 이태진, 「18~19세기 서울의 근대적 도시발달 양상」, 『고종 시대의 재조명』(태학사, 2000), 328쪽.

만 했다. 그리고 주희는 전통적인 유학에서 존중된 "민심이 곧 천심"이라는 관념을 계승하면서 민심의 공정성을 확보할 방법으로 공론의 정치를 내세우며 전통적 유학 사상의 민심론을 발전시킨다.[55]

그런데 주자학에서 천명은 천리天理로 이해된다. 모든 권력의 정당성의 근원이 천명에서 천리로 이행함에 의해 주자학에서는 민심이나 그것의 구체적 의미를 파악하기 위한 방법인 공론公論이 천하위공의 유교적 대동사상의 주자학적 변형이라 할 수 있는 천리의 공공성(天理之公)과 관련해서 이해된다. '백성의 소리가 곧 하늘의 소리'라 해도 민심 자체가 늘 올바른 것은 아니기에, 민심으로 표출된 것을 성찰해서 그것이 어떤 점에서 보편적이고 공정한 천리의 공공성에 부합하는지를 파악하는 것이 중요한 과제로 대두하게 되는 것이다.

이미 공자도 민심 속에 들어 있는 합리적 핵심이 무엇인지를 이해할 것을 강조한 바 있다. 백성의 소리가 하늘의 소리라고 하면서 모든 것을 백성의 뜻대로 하는 것은 백성을 맹목적으로 추수하는 것에 지나지 않는다. 그래서 공자는 "여러 사람이 그를 미워하더라도 반드시 살펴보며, 여러 사람이 그를 좋아하더라도 반드시 살펴보아야 한다"라고 강조했다.[56] 주희가 강조하는 『중용』의 구절로 표현한다면 "인심人心은 위태롭고 도심道心은 은미隱微하니, 정精히 하고 한결같이 하여야 진실로 그 중中을 잡을 수 있다"[57]라고 할 수 있을 것이다.

주자학에서 공론은 민심 속에서 천리에 부합하는 것을 파악하는 방법인데, 이런 방법이 제대로 실현되기 위해서는 우선 모든 사람 즉 일반 백성들의

---

55) 이상익, 「송대 주자학에서의 민심과 공론」, 장현근 외 지음, 『민의와 의론』, 178쪽 이하 참조. 이 책 제2장도 참조 바람.
56) 주희, 『논어집주』, 319쪽. 또한 공자는 "지방 사람이 모두 좋아하거나" 아니면 "지방 사람이 모두 다 미워하더라도" 그것을 그대로 따르지 않아야 한다고 말했다. 같은 책, 270쪽.
57) 주희, 「중용장구서」 『대학·중용집주』, 53쪽.

발언권이 존중되지 않으면 안 된다. 백성이 자신들의 다양한 의견을 개진할 수 없는 상태에서 민심 속에 들어 있는 천리의 공공성을 찾는다는 것은 불가능할 것이기 때문이다. 그러므로 민심 속에서 천리를 파악하기 위한 방법으로서의 공론은 다양한 의견의 개시를 허용한 뒤 그런 다양한 의견 속에서 모든 사람이 옳다고 동의할 수 있는 지점을 찾아 나가는 작업에 다름 아니다. 그래서 주희는 공론을 "천리에 따르고 인심에 부합하여 천하 사람들이 모두 함께 옳다고 여기는 것"[58]이라고 규정하고 있으며,[59] 이런 공론 정치를 매개로 해서 천리의 공공성은 더욱 구체적인 의미를 지니게 된다. 게다가 주희는 공론의 정치가 바로 "정치의 바탕"(治之體)임과, 공론을 통한 공개성이 조정과 군주의 책임 및 정치적 정당성을 더 확실하게 보장해 줄 것임을 강조한다. 이는 이 책 제2장에서 언급한 그대로이다.

앞에서 언급했듯이 성리학을 통치 이념으로 내세운 조선은 건국 초부터 공론의 정치를 지향했다. 그러나 18세기에 이르러 조선의 공론 정치는 어떤 질적 전환을 경험하게 된다. 이는 전통적인 사대부 중심 공론 정치의 약화 현상과 맞물려 있는 공론의 주체와 영역 확대라는 현상에서도 확인된다. 18세기는 박광용이 지적하는 것처럼 탕평 정치로 인해 '붕당' 중심으로 이루어지던 유교적 공론 정치가 파괴되는 것이 아니라 새로운 형태의 공론 정치가 출현되는 시기이기도 하다. 붕당을 타파하려는 탕평 군주들의 노력으로 인해 사대부 중심의 공론 정치가 커다란 변화를 겪게 되는 것이다. 붕당 정치로 인해 유교적 공론 정치의 주체와 영역이 향촌에 거주하는 재지사족 및 사림들에게로까지 확장되는 계기가 마련되었다면, 일반 백성과의 직접적인 접촉 범위를 넓혀 나갔던 탕평 군주들의 정치는 공론의 영역과 주체를 일반 백성에게로까지 확장되도록 만들었다.

---

58) 주희, 『주자대전』 5, 444~445쪽.
59) 주희의 공공성 이론에 대해서는 나종석, 「주희의 公 이론의 민주적 재구성의 가능성」, 137~165쪽 참조.

탕평 군주들은 일반 백성과의 접촉 범위를 넓혀 가면서 새로이 등장한 민의 성장을 정치에 반영하려는 노력을 꾸준하게 했다. 영조와 정조가 민에게 상언 및 격쟁을 광범위하게 허용한 것도 "민의가 상달될 수 있는 통로를 적극적으로 제도화하여 사회 문제를 파악하는 한편, 이로써 새로 성장하는 사회세력을 체재 내로 흡수하여 사회를 안정시키려는" 노력과 불가분의 관계 속에 있었다.

비록 탕평 군주들의 개혁 정책으로 인해 기존의 사대부 혹은 전통 사족들의 공론 정치는 위축되었다고는 하지만 탕평 군주들의 정책은 백성의 지지를 받고 있었다. 백성들과 직접적인 접촉 범위를 꾸준하게 확대하려 했던 탕평 군주들의 일관된 정책으로 인해 일반 백성들의 뜻과 결합된 "새로운 여론의 향방을 파악할 수 있는 제도적 기회"가 확보되기에 이르렀다.

사족 중심 공론 정치의 위축과 새로운 공론 영역의 대두는 중앙권력의 영역에 한정되어 있지 않았다. 박광용이 김인걸의 연구 성과에 의지하여 지적하고 있듯이, "중앙의 '공론' 정치의 변화와 맞물려 지방 사회에서도 사족이 주도하는 '일향공론—鄕公論'이 분열되기도 하고 서얼까지 포함하는 새로운 향족(新鄕)이 대두되면서 이른바 '향전鄕戰'도 자주 발생하였다."

이처럼 향촌 사회에서의 공론장의 변화로 인해 "사대부 '공론' 영역이 분기"되어 갔고, 이에 따라 "민서民庶(민중)의 공론 영역이 성장"할 수 있었던 것이다.[60] 요약해서 말하자면 18세기를 거치면서 사대부 중심 공론과는 별도로 일반 서민 즉 민서民庶 중심의 서민적 공론장이 활발하게 대두되는데, 이런 분기 현상은 탕평 군주들의 군주권 강화를 통한 일반 백성을 존중하는 개혁정치와 밀접하게 관련이 있다.

실제로 정조는 백성을 단지 우매한 존재로 보고 그들을 불쌍히 여길

---

60) 박광용, 「조선의 18세기, 국정 운영 틀의 혁신」, 역사학회 편, 『정조와 18세기』, 73~74쪽 참조

대상으로만 생각하지 않았다. "백성은 어리석다 하지만 어리석으면서도 또한 신명한 것"이라고 하면서 임금의 개혁정치의 뜻을 일반 백성에게 설득시킬 수 없다는 주장을 반론하는 내각제학內閣提學 정민시鄭民始의 상소를 그는 매우 칭찬한다.[61] 그러니까 일반 백성을 한 가족의 구성원으로 차별 없이 대하려는 탕평 군주들의 개혁 정신에는 그들에 대한 신뢰가 깔려있던 셈이다. 이런 백성을 신뢰하는 믿음이 없이는 백성들이 스스로 나서 자신의 억울함이나 고통을 왕에게 직접 알려 문제를 해결하려는 움직임이 아무런 반향을 불러일으키지 못했을 것이다.

그러나 조선의 백성은 군주의 개혁정치의 수혜자로 만족하지 않고 개혁정치에 호응하면서 적극적으로 자신과 관련된 문제를 해결하려고 목소리를 내는 데 주저함이 없었다. 이런 현상을 박광용은 공론 영역의 '분기', 즉 사대부 공론과 민서民庶(민중) 공론의 분화 및 서민 주도의 '새로운 공론 영역의 대두'로 이해한다.

> 18세기 초반에 시작된 일반 민서民庶에까지 미치는 '탕평'의 정치는 '공론'의 주체와 영역을 사류뿐 아니라 중간계층 및 일반 서민에까지 확산시키는 역할을 보여 주었다.…… 곧 조선의 '공론' 영역은 그 참여층이 지속적으로 확대되어 '사림'에서부터 '일반 백성'(民庶 즉 민중)에까지 이르면서, 공론 영역 자체가 분기되어 가는 과정 중에 있음을 알 수 있다.[62]

7. 서민적 공론장의 출현과 그 의미

18세기에는 사대부 중심 공론 정치의 약화나 파괴에도 불구하고 이러한

---

61) 『정조실록』, 22년 4월 9일.
62) 박광용, 「조선의 18세기, 국정 운영 틀의 혁신」, 역사학회 편, 『정조와 18세기』, 70~74쪽.

기존 공론 정치의 부정이라는 토대 위에서 새로운 공론 정치의 가능성이 대두되고 있었는데, 공론 정치의 주체 및 영역의 지속적인 확대는 조선 왕조의 통치 이념인 성리학적 이념의 확대·심화 과정과 궤를 같이하고 있다. 달리 말하자면, 탕평 군주들의 개혁 정책으로 인한 유교적 대동세계에 대한 열망이 일반 서민에게까지 확산되어 가고 양반 의식이 보편화되어 가는 과정과, 새로운 공론 정치의 가능성 대두는 서로 깊게 연결되어 있다는 것이다.

18세기 조선 사회에서의 양반층의 급증 현상은 1778년 정조 2년에 대사성 유당柳戇이 올린 상소문에서도 확인된다. 그는 다음과 같이 말한다.

> 백성들 가운데 사족士族이라는 명색名色의 사람이 거의 5분의 2나 됩니다. 농農·공工·상商은 천민賤民이 아닐 경우 하지 않게 되고, 사족으로서 이를 하면 천하게 여기므로 문사文士도 아니고 무사武士도 아니면서 편안히 앉아서 먹고 살기를 바라고 있으며, 천민인 경우도 겨우 보리 10석石만이라도 있게 되면 사족들의 하는 일을 본받아 스스로 좋아하고 있습니다.[63]

유당의 상소문에 의하면, 사족士族 즉 양반 행세하는 사람이 백성 중 40%에 달하며 천민이라고 해도 재산이 조금이라도 있으면 양반의 행동거지를 따라 하고 있다고 한다. 성호 이익도 『성호사설』에서 양반을 지향하는 사회적 추세를 지적하고 있다. 그는 양반만이 아니라 일반 백성들까지도 주자가례를 본받아 모든 사람이 4대 봉사를 하고 있음을 강조하면서, 일반 백성들이 경쟁하듯이 양반의 전유물이었던 유교적인 생활 습관을 채택하는 세태를 들추어낸다.

> 가례家禮가 생긴 이후로 사민士民의 상喪·제祭와 선조를 받드는 데에 분수를 넘는 것이 많다. 사당이 4대에 미치는 것은 제후의 예인데도 벼슬이 없는

---

63) 『정조실록』, 2년 윤6월 23일.

서인이 또한 모두 4대를 제사하고, 대부 이하는 띠(茅)를 묶어 신주神主로 삼아야 하는데도 집집마다 목주木主를 하고, 지자支子가 감히 사당을 세우지 못하는 것은 종宗을 높이기 위함인데 종자宗子가 친진親盡하면 장방長房으로 신주를 옮겨서 적파嫡派와 동등이 되게 한다. 천자의 제사도 8변籩 8두豆를 넘지 않고 제후는 6변 6두를 넘지 않는데, 사서士庶의 제사에 과품果品이 6첩牒이고 포脯·해醢·소蔬·채菜가 또한 6첩이니, 이와 같은 종류가 심히 많다. 하물며 공후의 경대부는 천자의 상사上士·중사中士에 준하는데, 소국의 백성들이 모두 본받아서 전연 등쇄等殺가 없으니, 이것은 무슨 까닭인가?[64]

이익의 지적은 18세기에 일반 백성들도 가족을 구성해서 3대나 4대의 조상에게 제사를 지내는 등 양반적 삶의 방식을 모방하고 있었음을 보여 준다.

선행 연구도 이런 경향을 확인시켜 준다. 미야지마 히로시가 최재석의 한국 가족제도사 연구에 기초하여 설명한 것에 의하면, 일반 백성이나 천민층에서 결혼이 일반화되고 부모, 자식, 손자의 3세대가 동거하는 호가 점차 증가하게 된 것은 18~19세기에 이르러서였다. 가족의 영속성이 현실적으로 됨에 따라 상민이나 천민층에서도 같은 조상을 가진 사람들끼리 동족의식을 형성함으로써 기존 양반지배층의 가치관과 생활이념이 사회 전체로 확산되어 갔던 것이다. 이렇게 18세기를 거치면서 가족 관념 및 조상 관념이 일반화되고 가족구성에서도 양반과 동일한 양상이 보편화됨에 따라 신분별 가족 유형의 차이도 점차 해소되어 갔다.[65]

조선의 일반 백성이 양반을 따라 하는 풍조가 일반화됨에 따라 반상의 구별이 무너지는 것을 걱정하는 논의가 조정에서도 이루어지고 있었다. 정조 10년 1월 22일에 조정에서 관료들이 시전 상인이나 일반 백성들이 서로 양반이라 칭하는 상황을 언급하는 장면이다.

64) 이익, 『성호사설』(이식 옮김, 한국고전번역원, 1978), 권13, 「人事門」, '四世木主'.
65) 미야지마 히로시, 『양반』, 267~268쪽 참조.

문장文章은 귀천을 표시하는 것입니다. 그런데 근년 이후로는 어찌 그리도 의복이 문란해졌단 말입니까? 소민과 천례가 총모騣帽와 도포를 착용하여 마치 조관朝官과 사부士夫의 모양을 하고 있는 것도 진실로 이미 매우 한심한 일인데, 심지어 시전의 백성과 항오의 부류들이 서로 양반이라고 부르기까지 합니다. 무릇 양반의 호칭은 동반東班과 서반西班의 직임을 이르는 것인데, 어찌 조관도 아니고 사부도 아니면서 양반의 명칭을 함부로 차지한단 말입니까?[66]

선행 연구에 의하면 17~18세기에 재지 사족 사회가 분열하면서 양반으로의 신분 상승 추세가 강력하게 대두된다. 이태진이 기존 연구를 토대로 요약한 바에 의하면, "18세기를 거치면서 준양반準兩班 또는 중인中人으로 분류되는 신흥 양반층이 대폭 늘어나서 양반층은 전체 가호家戶(인구)의 30% 정도로 늘어나고, 19세기(중반)에 이르면 대부분의 가호 호주들이 유학幼學을 칭하는 상황이 그려진다."[67] '유학幼學'이라 불리는 사람들은 양반 사족의 하한선으로, 군역의 의무를 지지 않는 대신에 과거 시험을 위해 서원에서 공부하는 사람들의 직역을 뜻한다.[68] 19세기 중반에 이르러 모든 가호의 호주들이 유학을 칭하는 직역을 지니게 되었다는 것은 모든 호주가 다 양반 행세를 하게 되었다는 뜻이다.

이처럼 모든 백성이 양반의 삶의 방식을 추구한다는 것은 양반이 추구하는 가치를 자신의 것으로 삼는다는 의미이기도 하다. 백성들이 유교적 예법을 따라 하거나 사대부의 옷을 입고 양반 행세를 대대적으로 하게 되는 것은 그들의 신분 상승 욕망의 분출로 이해되어야 한다. 또한 "온 나라 사람들이 모조리 다 양반되는"[69] 이러한 현상은 조선의 양반이 일본 에도시대의

---

66) 『일성록』, 정조 10년 1월 22일.
67) 이태진, 「18세기 한국사에서의 民의 사회적·정치적 위상」, 『조선 후기 탕평 정치의 재조명』 상, 139쪽.
68) 같은 글, 138쪽 참조.

사무라이나 유럽 봉건사회에서의 귀족과 같은 엄격하게 고정된 세습적 계급이 아니라 양반 계층으로의 신분의 상향 이동이 허용된 개방적인 성격을 지니고 있었다는 점과 관련되어 있다.

온 백성이 양반되기를 열망하는 것은 조선 후기 신분제적 사회질서의 동요를 상징적으로 보여 주는데, 그런 욕망의 광범위한 분출은 조선 사회가 축적해 온 유교적 평등화 정신의 광범위한 확산의 결과로 이해할 수 있다. 이런 맥락에서 김상준은 조선 후기 사회에 나타나는 온 나라 양반되기 현상의 동력은 '유교적 평등화'의 고유한 작동 논리를 통해 더 잘 이해할 수 있음을 강조한다.[70] 모든 백성이 다 양반이 되려는 현상이 유교적 평등화 경향의 표현이라고 했을 때, 백성이 양반 행세를 하기 위해서는 위선적인 방식으로라도 선비 의식 즉 사대부 의식을 갖추지 않으면 안 되었다. 달리 말하자면, 백성들이 광범위하게 양반으로의 신분 상승을 도모했던 이유 중의 하나는 양반의 생활방식과 사유 방식에 대한 선망도 큰 역할을 했다는 것이다.

조경달이 적절하게 지적하고 있듯이 조선의 일반 백성 즉 대다수 농민이 "일상적으로 접하는 양반은 농민에게 선망의 대상이자 농민의 규범의식을 규정하는" 측면을 지니고 있었다.[71] 그래서 양반으로의 신분 상승은 일반 백성들에게 광범위한 사대부 의식 즉 선비(士) 의식을 동반하는 것이기도 했다.

그리고 이렇게 모든 백성이 양반이 된다는 것은 일반 백성들도 선비 의식을 내면화하게 됨을 의미한다. 이렇게 해서 조선 후기에 이르러 백성과 선비 사이의 경계가 모호해지면서 모든 사람이 선비가 되는 현상 즉 "전

---

69) 정약용, 「고정림이 지은 '생원론'의 발문」, 『정다산 시문선: 경세제민의 작품을 중심으로』 (김지용 옮김, 교문사, 1991), 721쪽.
70) 김상준, 『맹자의 땀 성왕의 피: 중층 근대와 동아시아 유교문명』(아카넷, 2011), 제12장 참조 바람.
71) 조경달, 『민중과 유토피아』, 27쪽.

인민의 총체적인 사화士化'가 전면화하는 것이다. 이처럼 조선 사회는 특유의 신분 해방과 사민평등의 길을 개척하고 있었다고 평가된다.[72]

사상적 측면에서 볼 때 주자학 역시 공론 주체에 관해서 원칙적으로 사민평등의 성격을 분명하게 갖고 있었다. 앞에서 언급했듯이 주희는 대화의 형식을 빌려서 치국·평천하, 즉 나라를 다스리고 천하를 평온하게 하는 주체를 천자 및 제후에 한정하지 않는다. 그에 의하면, 모든 사람이 하늘로부터 부여받은 천리인 마음속의 명덕明德을 밝혀서 나라를 다스리고 천하를 평화롭게 만드는 일에는 신분 고하에 의한 제약이 있을 수 없다. 그래서 그는 모든 사람이 나라를 다스리고 천하를 평온하게 하는 일에 관여할 수 있다는 생각은 결코 백성들의 본분에 어긋나는 일이 아니라는 점을 역설한다.[73]

조선의 양반지배층 유학자들이 과연 주희가 내세우는 성리학적 천하위공의 측면을 진정으로 수용하고 존중했는지는 다른 문제이고, 아무튼 중종 시절 조광조의 다음과 같은 주장도 사실 주희의 주장을 반복하는 것에 지나지 않는다. 그는 "필부천사匹婦賤士일지라도 요순堯舜 같은 임금과 요순 시대의 백성이 되게 하려는 것은 곧 분수 안의 일"임을 강조하면서 백성을 제 몸같이 아껴 요순 성왕의 왕도정치를 펼 것을 중종에게 역설한다. 이어서 그는 공론의 주체가 조정 관료로만 국한되는 것이 아니라, 초야의 미천한 선비도 정사를 논할 수 있음을 다음과 같이 말한다.

> 공론公論이 공경公卿에게 있지 않으면 대각臺閣에 있고, 대각에 있지 않으면 초야에 있습니다. 공경에게 있으면 다스려지고 대각에 있으면 어지러워지며 환시宦侍에게 있으면 망한다고 하나, 대각에 있으면 어지러워진다는 말은 그릅니다. 왜냐하면, 삼공三公에게 있지 않으므로 대각에 돌아가고 대각에

---

72) 같은 책, 39쪽.
73) 주희, 「대학혹문」, 『대학』, 193쪽.

있지 않으므로 절로 초야에 돌아가는 것인데, 초야의 미천한 선비일지라도 요순 같은 임금과 백성이 되게 하려는 뜻은 누구나 분수 안의 일이니 어찌 조정의 일을 의논하지 않겠습니까?[74]

공론 영역의 새로운 분기, 즉 서민적 공론 정치의 출현에 따라 일반 백성들이 스스로 정치적 의식을 지니면서 기존 지배 질서에 저항하는 것도 유교국가 조선 사회 특유의 평등 지향의 길로 이해되어야 한다. 달리 말하자면 사대부의 공론 정치와 구별되는 서민들의 공론 정치의 출현과 확산은 진정한 사대부 의식을 두고 벌이는 지배 계층과 일반 백성들 사이의 갈등과 경쟁으로 이해될 수 있다는 뜻이다. 이 때문에 조선 후기에 이르러 백성들은, 바로 뒤에서 살펴보듯이, 대동 의식을 내면화함으로써 양반지배층과 공유하고 있는 공통의 규범의식인 대동세계의 정당성을 근거로 삼아 지배층의 착취와 부당한 차별에 저항하면서 그것을 일정 정도 성공적으로 교정할 수 있었다고 보아도 좋을 것이다.

이처럼 18세기는 일반 백성의 자치 역량이 성숙하는 시기이기도 했다. 백성들의 자치제도와 관련하여 주목되는 것은 18세기에서 19세기에 발생한 향회鄕會의 성격 변화이다. 향회는 16세기에 이르러 재지 양반 계층이 전면적으로 형성되면서 이들 양반 가문들이 자신들의 기득권을 확립하기 위해 만든 조직이다. 이들 양반 사족들은 16~17세기를 통해 서원書院을 중심으로 활동하면서 지방의 공론을 좌지우지할 수 있었을 뿐만 아니라, 학파를 중심으로 붕당을 이루고 지방의 공론을 바탕으로 삼아 중앙 정계에도 영향을 미칠 수 있었다. 그러므로 이 시기는 15세기 조선의 중앙집권관료제 중심의 정치 형태와 구별되는 '사림 정치 혹은 붕당 정치' 시기로 불리기도 한다.[75]

---

74) 『중종실록』, 12년 11월 20일.
75) 이태진, 「18세기 한국사에서의 民의 사회적·정치적 위상」, 『조선 후기 탕평 정치의 재조명』 상, 138쪽.

양반 사족들의 향촌 지배 양상을 좀 더 살펴보자.

양반 사족들이 향촌 사회에서 사족 지배체제를 유지할 수 있었던 물적 토대는 토지, 노비, 각종 특권(군역에서의 면제와 같은) 등이었다. 그리고 재지 사족들은 이런 향촌 사회에서의 사족 지배체제를 유지하기 위해 지방의 서원, 향교, 유향소 같은 여러 권력 기구들을 장악하고 있었다.[76) 재지 양반층은 지역 사회에서 지배층의 지위를 확고하게 하고자 서얼 및 향리층을 배제한 채 자신들만의 사회적 조직인 향안郷案을 만들었다. 향안은 본래 각 지역에서 작성된 양반들의 명부로, 엄격한 심사 절차를 거쳐 서얼과 향리 출신의 사람들이 향안에 등록되지 못하도록 제한을 가했다. 재지 양반층의 폐쇄성은 16세기 중반에 이르러 더욱 강화되었다.

재지 양반 집단의 사회적 결집체로서의 향안 조직은 지방행정에도 관여했다. 조선 시대에 지방행정을 담당하는 사람은 중앙에서 파견된 수령이었지만, 수령은 임기가 길지 않았을 뿐 아니라 교체도 잦았다. 게다가 자신의 출신지에는 부임할 수 없는 제도적 장치로 인해 지방행정을 효율적으로 하기 위해서라도 수령은 재지 양반들의 도움을 받지 않을 수 없었다. 그래서 만들어진 것이 향안 등록자들로 구성된 향소郷所 혹은 향청郷廳이다. 그러니까, 향안 조직이란 향소의 구성원 자격이 될 수 있는 향안 등록자들의 집합체였던 것이다.

향소에는 한 명의 좌수와 여러 명의 별감이 있었는데, 향소의 일상 업무 중에서 가장 중요한 것은 지방 통치의 실무 담당자들인 향리층을 감독하는 일이었다. 비록 향리층을 지휘하는 권한이 수령에게 있었다고는 하나 수령이 지방 사정에 정통하지 못한 관계로, 향소는 수령을 보좌하여 향리를 감독하거나 때로는 향리를 직접 지휘하기도 했다. 따라서 향청은 중앙에서 파견된

---

76) 김인걸, 「조선 후기 향촌 사회 권력구조의 변동과 '민'」, 『한국문화』 9(1988), 323~324쪽 참조.

수령을 도와서 지방 통치를 보좌하는 자문기관의 성격도 지니고 있었다. 이처럼 재지 양반층은 향소를 통해 지방 통치에 관여할 수 있었다. 그뿐만 아니라 재지 양반층은 성리학적 이념에 바탕을 둔 향약을 만들어 지방 사회(일반 백성을 포함한)를 교화함으로써 지방의 풍속과 질서를 안정적으로 관리하고자 했다.[77]

그리고 향회는 향안에 등록된 양반 구성원들이 운영하는 자치적 회의체의 성격을 지니는 것이었다. 향안에 속한 재지 양반들은 향회를 소집하여 향청 혹은 향소의 운영을 담당하는 좌수와 별감을 추천하는 등 지방에 관련된 여러 일을 처리하곤 했다.[78] 안병욱에 따르면, 18세기 중엽에 이르기까지 향회는 일향一鄕의 회의로서 주로 양반지배층의 집합이라는 성격을 지니는 것이었다. 그래서 향회는 기본적으로 신분제적 양반 지배 질서를 유지하기 위한 기구라는 성격을 지니고 있었다.

그러나 18세기 중엽에서 19세기 중엽에 이르는 시기에 향회의 성격은 이전과는 매우 다르게 변해 간다. 거칠게 요약하자면, 이 시기에 향회는 지배체제 유지를 위한 기구에서 반체제적인, 혹은 지배 질서에 저항하는 기구로 질적 전환을 이룩하게 된다. 향회의 질적 전환은 결국 향회가 "민란과 역사적 기능을 같이하게 되며 때로는 향회가 곧 민란을 의미"하기에 이른다고 안병욱은 주장한다.[79]

지배체제 질서를 유지하기 위한 기구에서 지배 계층에 대한 피지배 계층의 저항 기구로 향회의 역사적 기능과 의미가 전환되어 가는 모습을 안병욱은 이렇게 설명한다.

---

77) 미야지마 히로시, 『양반』, 171~177쪽 참조.
78) 안병욱, 「조선 후기 자치와 저항조직으로서의 향회」, 『성심여대 논문집』 18(1986), 104쪽 참조.
79) 같은 글, 104쪽.

후기에 와서 향회가 피지배층의 저항을 위한 조직이라는 성격을 지니게 되는 데는 상이한 두 가지 측면을 상정해야 할 것이다. 우선 위에서 언급한 기존 향회의 성격이 일부 달라진 측면과, 또 달리는 향회라는 명칭만 같을 뿐 전혀 별도의 역사적 산물로서 새로운 민의 자치기구라는 측면이다. 향회의 기능이 달려졌다고 한다면 이것은 바로 사회가 변했음을 전제로 하는 것이며, 실상 전통적인 향회 안에도 변하는 역사를 수용할 수 있는 여지는 있었다. 어느 경우에 해당되든 향회의 새로운 경향은 대체로 18세기 중엽까지 거슬러 올라 설명할 수 있다. 일향─鄕의 모임이 윤리적인 측면만이 아니라 부세 수취에 관여하게 되는 데서 기존 향회의 성격 변화가 생기게 되었다. 18세기에 이르러 조세정책과 그 제도가 자주 바뀌게 되는 과정에서 향촌의 여론을 참작할 필요가 있었고, 그러한 필요성에 쉽게 응용될 수 있는 것이 향회였다. 또 달리는 정규적인 세 외에 지방에서 편의적으로 부과하는 여러 명목의 수취가 행해졌는데, 이것들은 지방민의 의사를 무시한 채 관권의 전횡만으로 이루어질 수 없었다. 따라서 형식적으로라도 납세자의 동의를 얻어야 했다. 이때 수령의 입장에서는 기존의 향회를 적절한 방편으로 이용하거나 혹은 별도의 방법으로 민의를 수렴하였다.[80]

물론 사족 중심의 향촌지배체제가 동요하고 향회의 기능이 변화된 데에는 당시 일반 백성들의 신분 상승 욕구 및 이를 가능하게 한 경제적 능력의 확보라는 사회경제적 조건의 변동이 깊게 연루되어 있었다.[81] 17세기 후반 이후 조선 사회는 이앙법의 보급, 대동법의 시행, 화폐의 유통 등에 힘입어 경제가 빠르게 성장했다.[82] 그러나 우리가 놓쳐서는 안 되는 것은, 백성의 자치기구인 향회가 지배 질서에 대한 저항조직으로서의 역할까지 담당하게 된 데에는 유교적 평등 이념, 달리 말하자면 천하위공으로 대변되는 유교적

---

80) 같은 글, 105쪽.
81) 김인걸, 「조선 후기 향촌 사회 권력구조의 변동과 '민'」, 330쪽 참조.
82) 이헌창, 「근대 경제성장의 기반 형성기로서 18세기 조선의 성취와 그 한계」, 역사학회 편, 『정조와 18세기』, 175쪽.

대동세계에 대한 의식이 일반 백성들에게까지 확산되고 내면화되었다는 점이 관련되어 있다는 사실이다.

앞에서 본 것처럼 영조와 정조로 대변되는 18세기 탕평 군주들의 개혁정치는 요순 성왕의 시기, 즉 유교적 이상사회인 대동사회의 구현을 그 정당성의 근거로 삼으면서 백성의 뜻이 직접 정치에 반영될 수 있는 다양한 방법을 강구했다. 공론 정치의 주체가 서민에게까지 확산되는 것과 관련해서 우리는 이미 일반 백성이 직접 삶의 고충을 국왕에게 알릴 수 있게 한 상언과 격쟁의 중요성을 언급했다.

이들 제도는 조선 후기에 이르러 보편화되기에 이른다. 즉 유교적 이념이 지배층에 국한되지 않고 일반 백성들에 의해 널리 수용되었기에 그런 제도가 정착될 수 있었다. 그 결과 일반 백성들도 유교적 이상사회 이념을 통해 부당한 현실을 비판하고 양반사회의 폐쇄성에 저항하는 행동을 정당화할 수 있게 되었다.

안병욱에 의하면, 자치적으로 운영되는 향회에서 계층 사이의 갈등과 이해 대립을 조정하고 합의를 이끌어내는 과정에서는 대동사상이 중요한 정당화의 논리로 작용했다. 일례로 순조 26년 회양현감淮陽縣監의 상소에 의하면 회양마을에서 양반 및 부민들이 일반 백성들과 공동으로 향회를 열어서 양반에게는 부과되지 않았던 군역도 일부 분담하기로 했다고 한다. 이런 사례 외에, 그동안 가난한 백성들이 부당하게 떠맡아 왔던 것을 향회를 통해 양반이나 부유한 사람들이 함께 부담하자는 결정을 스스로 내리는 사례들도 여러 차례 있었다.

이처럼 지배층이 누리는 신분적 특권을 일부 포기하는 결정을 내리게 된 이념적 배경으로 안병욱은 대동 의식을 지목한다. 그는 당시에 대동 의식은 "피지배 계층의 사상적 기저"를 이루고 있었다고 강조한다.[83] 이는

---

83) 안병욱, 「조선 후기 자치와 저항조직으로서의 향회」, 110~111쪽.

유교적 대동 의식의 평민적 전유라고 할 수 있을 것이다. 광범위하게 공유된 대동 의식을 활용하여 일반 백성들은 양반지배층의 완강한 저항에도 불구하고 세금을 부과할 때 토지로 일원화하는 획기적 변화를 이룩해 냈다.[84]

백성들에 의해 공유된 대동 의식이 수행한 역할은 기존의 향회를 양반들과 함께 마을의 중대사를 논의하여 결정하는 자치조직으로 변경하게 하는 데에서만 한정되지 않았다. 타협과 조정의 방식으로 문제해결이 되지 않을 때, 혹은 지배 질서가 가혹하게 일반 백성을 수탈할 때 향회는 저항조직으로 변화하기도 했다. 이처럼 18세기를 거쳐 19세기에 이르러 조선의 백성들에 의해 광범위하게 공유된 대동 의식은 19세기의 백성들이 수많은 민란에서 저항하는 주체로 성장하는 데 큰 역할을 했다.[85] 여기에서 우리는 향회를 비롯한 서민적 공론장의 형성과 확대라는 흐름이 저항이라는 정치적 행위와 긴밀하게 연결되어 있음을 보게 된다. 달리 말하자면 민란의 형태로 19세기에 전면에 등장하는 백성의 정치적 저항 행위와 서민적 공론장의 확장은 유교적 민본주의 이념을 변화된 시대 상황에 어울리게 구현하게 할 새로운 제도의 형태로 이해되어도 좋을 것이다.

그리고 우리는 몰락한 양반들이나 유교적 교양을 갖추고 선비로 자처한 향촌 지식인들이 19세기 민란의 시기에 일반 백성들의 처지를 개선하고 유교적 대동세계를 달성하고자 하는 저항에서 큰 역할을 했다는 사실도 기억할 필요가 있다. 조경달이 지적하듯이 "사족이 그 덕망과 정의감으로 인해 민중과 함께 궐기하는 사태야말로 임술민란 이후 일어난 민란의 특징이며, 이것은 갑오농민전쟁에까지 계승된다."[86]

앞에서 살펴본 것처럼 19세기는 '민란의 세기'라 일컬어질 정도로 백성이

---

84) 안병욱, 「조선 후기 대동론의 수용과 형성」, 『역사와 현실』 47(2003), 188쪽 참조.
85) 안병욱, 「조선 후기 자치와 저항조직으로서의 향회」, 111쪽 참조.
86) 조경달, 『민중과 유토피아』, 60~61쪽 및 66쪽.

정치의 전면에 부각하는 시대였는데, 백성의 전면 부상이라는 이런 19세기의 시대적 상황을 우리는 탕평 정치를 통해 구축된 유교적 대동 이념의 대중적 확산이라는 관점에서 바라볼 필요가 있다. 그렇게 된다면 19세기 조선 정치사의 근본 성격을 "민 일반과 국가권력의 직접 대면이라는 상황"으로 규정하면서 "평민 등 사회구성원 절대다수가 주체가 되는 정치를 건설"[87] 하는 방향으로 조선의 역사가 진행해 가고 있었다고 보는 태도는 18세기 탕평 정치의 역사적 성과와도 연결될 수 있을 것이다.

즉, 일반 민이 정치적 주체로 등장하는 19세기 조선의 역사는 18세기 탕평 정치가 추구했던 '민국'이라는 유교적 대동세계의 이상을 자력으로 쟁취하고자 하는 움직임이었다고 이해할 수 있고, 그런 맥락에서 19세기 민의 전면적 부상은 탕평 시기에 축적된 유교적 대동세계의 이념을 내면화하면서 그것을 급진적 방식으로 혹은 비판적 방식으로 계승하는 것이었다고 이해할 수 있지 않을까 한다.

8. 나가는 말

유교적 정치문화가 지니는 적폐나 한계가 없는 것은 아니다. 이미 우리는 유교적 전통이 지니는 한계에 대하여 너무나 많은 이야기를 들어 왔다. 그렇기에 필자는 그런 비판을 반복하는 것에는 큰 관심이 없다. 그렇다고 해서 유교의 사상과 전통 그리고 조선의 유교 사회가 지니는 부정적 양상에 대해 눈을 감자는 것도 아니다. 필자는 유교문화의 단점들에 대한 성찰을 절대 게을리하지 않는다.

---

87) 오수창, 「18세기 조선 정치사상과 그 전후 맥락」, 역사학회 편, 『정조와 18세기: 역사로서 18세기, 서구와 동아시아의 비교사적 고찰』, 53쪽.

다만 필자가 거부하는 것은 유교문화가 독립 정신이라고는 하나도 없는 노예적 정신을 만들어 버린 사상이며, 조선의 망국의 주범이고 우리 사회가 안고 있는 모든 문제점의 근원인 것처럼 생각하는 문화환원주의적 관점이다. 동아시아 전통의 무시와 멸시를 당연시하는 관행과 과감하게 작별을 고해야 할 시점이다. 우리의 역사성을 인식한다는 것은 오늘날 우리의 모습을 규정한 전통의 영향사의 모습을 여러모로 검토하면서 그 힘을 제대로 성찰하려는 자세일 뿐이다.

더구나 21세기는 서구 근대문명의 여명기가 아니라 황혼기이다. 그 문명이 지니는 장점에도 불구하고 그것 역시 엄청난 폭력성과 어두운 면을 지니는 역사적 구성물임이 이미 명백해졌다. 오늘날 서구 근대가 문명의 기준으로 설정하면서 자랑해 마지않는 선거민주주의의 온갖 폐단이 나타나고 또 자본주의와 민주주의 사이의 느슨한 형태의 결합조차도 효율성 위주의 신자유주의적 자본주의로 인해 해체되어 나가는 상황이 초래되고 만 것도 결코 우연은 아닐 것이다. 그뿐만 아니라 신자유주의적 자본주의의 세계화는 지구 온난화로 상징되는 생태 위기를 초래하여 인류를 비롯하여 지구상에 존재하는 모든 생명체의 멸종을 현실적 문제로 만들어 가고 있다.

이런 21세기의 거대한 문명 전환의 시대에 민주주의의 위기를 극복하는 과제는 매우 중요하다. 우리나라는 물론이고 미국 및 유럽의 여러 나라에서 나타나듯이 민주주의의 후퇴와 위기는 인류 사회의 보편적 현상이 되었다. 우리가 이런 위기 상황을 슬기롭게 극복하기 위해서는 동아시아의 사상 전통과의 대화를 다시 새롭게 시작해야 한다. 유교적인 천하위공의 대동적 보편주의와의 새로운 대화를 통해 민주주의에 새로운 생명력을 제공해 보려는 시도 역시 그런 지적 모색의 일환임은 두말할 나위가 없다.

제2부

대동 이념으로 보는 한국 독립운동과 민주 정신

제5장

한국 민주주의의 영향사적 고찰 Ⅰ

- 조선 후기의 대동 이념과 관련하여 - [1]

1. 동아시아 사상의 과제로서의 한국 민주주의

오늘날 한국 사회의 민주주의는 다양한 곳으로부터 높은 관심을 받고 있다. 한국 민주주의에 관한 흥미로운 고찰 중의 하나는 우리 사회의 민주주의 실현 정도가 미국이나 일본과 같은 나라에 뒤지지 않는다고 평가받고 있다는 사실이다. 물론 한 나라의 민주주의 발전 정도를 평가하는 기준이 얼마나 객관적 타당성을 지닐 수 있는지는 회의적일 수 있다. 그런 점에서 영국에서 발행되는 시사주간지 『이코노미스트』(*The Economist*)가 매년 여러 나라의 '민주주의 지수'(Democracy Index)를 통해 나라별 순위를 매기는 일에 관해서도 지나친 의미를 부여할 필요는 없을 것이다.

하여간 이코노미스트의 부설 조사기관인 인텔리전스 유닛(The Economist Intelligence Unit, 이하 EIU)은 매년 민주주의 지수를 통해 세계 여러 나라의 민주주의 수준을 평가한 연례 보고서를 내놓는다. '완전한 민주주의'(full democracy), '결함 있는 민주주의'(flawed democracy), '혼합체제'(hybrid regimes), '권위주의 체제'(authoritarian regimes)로 각 나라의 정치체제 유형을 분류한

---

1) 이 장의 제1절 이외의 내용은 『대동민주유학과 21세기 실학』, 제9장 중 제4절에서 제7절까지의 내용을 대폭 수정하고 확장한 것이다.

다음 각 국가의 민주주의의 수준을 평가하여 나라별 순위를 정하는 것이다. EIU의 2019년 민주주의 지수 발표에 따르면 한국은 23위인데, 22위까지는 '완전한 민주주의' 국가로 분류되었으니 결함 있는 민주주의 국가 중에서는 민주주의 지수가 가장 앞선 국가로 분류되었다. 미국이나 일본도 한국과 마찬가지로 결함 있는 민주주의 국가로 분류되었는데, 이들 국가는 한국보다 순위가 뒤처진다.[2]

한국 민주주의의 역동성과 그 수준을 높이 평가하는 것은 서방 언론에 한정되어 있지 않다. 세계적인 명성을 누리는 여러 학자도 이구동성으로 우리 사회의 민주주의의 활력에 관해 큰 관심을 보인다. 이를테면 비지배 자유론을 옹호하는 신공화주의 이론가인 필립 페팃(Philip Pettit)의 평가를 언급해보자. 그는 『왜 다시 자유인가』에서 2017년 박근혜 대통령의 탄핵을 가져온 촛불시위를 불만스럽게 바라보는 일부 한국인의 반응을 비판한다. 그는 탄핵을 기존 정치체제가 제대로 작동하지 않았다는 증거로 보는 듯한 일부 한국인의 반응을 받아들이지 않는다. 이런 반응은 최장집의 촛불시위에 관한 평가에서 찾아볼 수 있다. 그는 촛불시위를 한국 사회의 "포퓰리즘적 민주주의관의 대두"라는 관점에서 보면서 촛불시위로 인해 한국 사회의 민주주의가 위기에 빠지게 되었다고 진단한다.[3]

그러나 최장집의 경우와 달리 페팃은 탄핵으로까지 이어진 촛불시위를 매우 긍정적으로 평가한다. "정당한 절차를 거쳐 탄핵이 진행되었고, 평화로운 정권교체가 이루어졌다는 것은 대한민국이 잘 굴러가고 있다는 것을 증명한다."라고 그는 말한다. 다시 말해, "수많은 자칭 공화정과 달리, 대한민국은 민주공화국으로 불리기에 합당하다는 것을 스스로 입증한 것"이라고

---

2) 전진영·김유정, 「OECD 국가의 민주주의 지수 비교 및 시사점」, 『국제 통계 동향과 분석』 제12호(국회입법조사처, 2020) 참조 바람.
3) 최장집, 「자유주의적 민주주의의 위기: 한국에서의 비자유주의적 민주주의에 관한 하나의 이해」, 네이버 열린연단 강연 발표문(2023년 2월 25일), 17~33쪽 참조 바람.

그는 평가한다. 그러면서 민주공화정은 단순히 주요 관직을 개방적이며 경쟁적 선거를 통해 선출하는 데 그치지 않는다는 점을 언급하면서, 그는 선출직이든 임명직이든 모든 관직을 효과적으로 견제할 가능성도 민주공화정의 절차의 핵심으로 열거한다.

그러니까 민주공화정은 "거리에서 행해지는 대중의 견제까지도 포괄"한다는 것이다. 이런 공화주의적 전통에 따라서 볼 때도 우리 사회의 최근의 헌정적 격변은 공화정으로서의 대한민국의 허약성을 보여 주는 것이 아니라, 오히려 그 건강함과 역동성을 증명하고 있다고 페팃은 강조한다. 이처럼 그는 우리 사회의 공화주의적 역량을 높이 평가한다.[4]

최근에 작고한 좌파 이론가로 널리 알려진 안토니오 네그리(Antonio Negri)와 마이클 하트(Michael Hardt)도 2020년 『한겨레』와의 이메일 인터뷰에서 다음과 같이 말한다.

우리는 지난 수십 년 동안 일어난 한국의 거리 시위와 여러 형태의 저항 전통에 큰 감명을 받았습니다. 우리는 '다중'을 하나의 정치기획으로 생각하고 있으며, 혐오·지배와 싸우기 위해 조직되어야 한다는 데 전적으로 동의합니다.[5]

그런데 한국 민주주의의 역동적 성격이 무엇이고 그것이 어떤 역사적 배경과 조건을 통해 형성되었는지를 해명하는 학문적 작업이 제대로 이루어졌는지는 의문이다. 그러니까 우리는 오늘날 한국 민주주의의 기원과 그 동력학에 대한 학문적 궁금증에 목말라 있다. 이는 한국에 관심이 있는 해외의 여러 지식인에게서도 나타난다. 그들은 한국사회의 역동성, 특히 민주주의의

---

4) 필립 페팃, 『왜 다시 자유인가』(곽준혁 외 옮김, 한길사. 2019), 7~9쪽.
5) 마이클 하트와 안토니오 네그리 — 한겨레 이메일 인터뷰 전문.
   등록: 2020-04-13, 18:07; 수정: 2020-04-14 14:44.

역동성과 그 상대적인 강력함이 무엇으로 인한 것인지 궁금해한다.

예를 들어 대만의 비판적 지식인인 천광싱(陳光興)은 한국 민주주의의 발전 경로에 대한 학적 인식을 해명하는 작업이 "동아시아 사상계가 공동으로 짊어질 숙제"라고 역설한다. 이와 관련해 그는 다음과 같이 말한다.

> 우리는 다음의 질문에서 아직도 자유롭지 못하다. 지난 한 세기 동안 한국이 보여준 강인한 민중운동의 역량을 역사적으로 어떻게 해석할 것인가? 이 문제에 대해 한국 사회과학계의 친구들은 아직 설득력 있는 해석을 내놓지 못했다. 내 생각에 이는 동아시아 사상계가 공동으로 짊어질 숙제다.[6]

일본학자 마루카와 데쓰시(丸川哲史)의 견해도 유사하다. 그는 『리저널리즘』의 한국어판 서문에서 지난 동아시아 150년의 역사에서 한국의 경제성장 및 민주화운동이 19세기 후반 일본의 메이지유신과 20세기 전반 중국혁명과 더불어 동아시아 전체에 커다란 영향을 준 사건이라고 평가한다.[7]

이 장에서는 한국 민주주의의 역사적 특이성이 무엇인지를 조선 시대 유교 전통, 특히 유교적 대동주의 전통의 영향사라는 관점에서 해명해 보려고 한다. 바꿔 말하자면, 한국 민주주의의 정신사적 고찰을 통해 우리 민주주의의 역사적 전개의 고유성과 그 성격을 좀 더 분명하게 분석해 보려는 것이다.

특히 이 자리에서는 갑오농민전쟁을 천하위공의 유교적 민본주의가 일반화하는 현상과 맞물려서 전개된 조선 후기 최대의 정치적 사건으로 보고자 한다. 이를 통해 조선의 유교적 민본주의와 민주주의 사이의 연관성을 부정적으로 바라보는 시각을 비판적으로 검토해 볼 수 있을 것이다. 그뿐만

---

6) 천광싱, 「경험으로 본 한국-대만의 지적 교류와 연대」, 최원식 · 백영서 엮음, 『대만을 보는 눈』(창비, 2013), 275쪽 이하.
7) 마루카와 데쓰시, 『리저널리즘』(백지운 · 윤여일 옮김, 그린비, 2008), 8~9쪽.

아니라, 갑오농민전쟁을 천하위공의 유교적 민본주의의 급진적 전개로 보는 시도도 이루어진다.

이와 더불어 유교적 민본주의가 양반 중심의 사대부 민본주의로부터 평민적 혹은 대동적 민본주의로 분기되어 나타나는 현상을 통해 갑오농민전쟁이 어떤 지점에서 유교적 민본주의 전통을 민중화하는지 살펴본다. 기존 양반 중심의 민본주의로부터 분기되어 등장한 대동적 혹은 평민적 민본주의를 통해 갑오농민전쟁을 새롭게 이해하는 작업은 전통과 근대를 지나치게 단절적으로 바라보는 시각을 극복할 분석 틀을 제공하려는 데 목적이 있다. 새로운 개념을 통해 현실을 더 적절하게 파악할 수 있다고 보기 때문이다.

이러한 새로운 분석 틀은 나아가 전통과 근대의 이원론, 즉 유럽중심주의적 사유가 한국 민주주의의 역사적 전개 과정-조선 후기의 역사는 물론이고 그 이후 전개되는 의병전쟁 및 일제하 독립운동 등을 포함해서-이 지니는 고유한 성격을 왜곡하는 현상에 대해 비판적으로 재검토해 볼 기회도 제공할 것이다.

2. 동학, 갑오농민전쟁 그리고 천하위공의 유교적 민본주의

갑오농민전쟁 당시 조선의 백성들은 위기에 처한 나라를 구하고 백성을 편안하게 한다는 '보국안민輔國安民'의 유교적 가치를 구현할 수 있는 진정한 담당자가 일반 백성이라는 자각을 온몸으로 보여 주었다. 이런 자각은 1894년 고부에서 백성들을 지도하여 봉기를 일으킨 전봉준 등이 "동학이 하늘을 대신하여 세상을 정리하고 나랏일을 도와 백성들을 편안하게 할 것"이라 주장했다고 기록한 매천 황현(1855~1910)의 글에도 오롯이 드러나 있다.[8]

---

8) 황현, 『오동나무 아래에서 역사를 기록하다: 황현이 본 갑오농민전쟁』(김종익 옮김, 역사비평사, 2016), 125쪽.

한국 사학계에는 동학사상과 갑오농민전쟁 사이의 관계를 두고 여러 갈래의 해석이 존재하는데,[9] 이 글에서 필자는 동학사상이 농민들의 저항적 정치의식 형성에 큰 도움을 주었다는 시각을 견지하고자 한다. 또한 필자는 동학을 기본적으로 유학의 전통 속에서 등장한 종교로 이해하고자 한다.[10] 사실 동학의 창시자인 수운水雲 최제우崔濟愚(1824~1864) 역시 동학의 가르침이 공자의 학설과는 크게 보면 같고 약간 다를 뿐이라고 강조했다.[11] "공부자의 도를 깨달으면 한 이치로 된 것이요, 오직 우리 도로 말하면 대체는 같으나 약간 다른 것이니라."[12]

이 책 제11장 3절 '민주화운동과 유교 전통의 변형'에서도 언급되는 바이지만, 동학은 만민평등사상을 천명하고 있다. 모든 사람이 하늘처럼 존중받아야 마땅하므로 사람들 사이의 차별은 정당하지 않다는 동학의 선언은 유학 전통 속에 내장되어 있는 만민평등사상의 급진적 표현으로 보아야 한다. 성리학의 경천애인敬天愛人 사상이나 성인가학론이 동학에서는 사람이 곧 하늘이라는 '인내천人乃天' 사상으로 전개된다. 달리 말하자면, 경천애인 사상의 유교적 민본주의가 동학의 '사람을 하늘처럼 섬기라'는 사인여천事人如天의 사상으로 이어지는 것이다.

주자학에서 동학으로 유교적 사유가 급진화해 나가는 과정에서 주희의 다음과 같은 사고는 주목을 요한다. 주희는 모든 사람이 천리를 부여받았기에 도를 얻을 수 있다는 성인가학론을 주장하면서 하늘과 사람의 연속성 혹은 하늘과 사람의 불리불가분성不離不可分性을 역설한다. 사람과 하늘 사이의

---

9) 나종석, 『대동민주유학과 21세기 실학』, 제5장 3절 참조 바람.
10) 김상준, 『맹자의 땀 성왕의 피』, 제13장 '동학: 대중 유교와 인민주권' 참조. 조경달도 동학이 결코 유학에 반대하는 사상이 아니었음을 강조한다. 조경달, 『이단의 민중 반란』, 48~49쪽 참조.
11) 그러나 조선 정부와 영남의 유학자들은 동학이 천주교를 따르고 있다고 오해했다. 이에 대해서는 김정인, 『민주주의를 향한 역사』, 81쪽 및 표영삼, 『동학 1: 수운의 삶과 생각』(통나무, 2004), 266~276쪽 참조.
12) 최제우, 「수덕문」, 『천도교 경전 공부하기』(라명재 주해, 모시는사람들, 2010), 58쪽.

관계에 대한 주희의 생각은 『주자어류』 권17에 실려 있다. 그에 따르면 "하늘과 사람의 근본이 하나의 이치"이다. 그러니까 천리를 통해 하늘과 인간이 서로 만난다는 점에서 이 둘 사이에는 어느 것이 크고 어느 것이 작다고 할 수 없다. 즉, "하늘과 사람의 근본이 하나의 이치"임을 깨닫는다면 "하늘이 어찌 큰 적이 있으며, 사람이 어찌 작은 적이 있겠는가?"라고 말한다. 곧이어 주희는 하늘과 인간이 곧 하나임을 강조하기에 이른다. 하늘과 인간의 관계에 관한 질문에 그는 다음과 같이 답한다.

> "하늘은 본디 사람을 위하지 않음이 없고 사람은 본디 하늘을 위하지 않는 바가 없다는 말은 무엇입니까?" 답했다. "하늘이 곧 사람이고 사람이 곧 하늘(天卽人, 人卽天)이라는 뜻이다. 사람이 처음 태어날 때에 하늘로부터 얻었으니, 이 사람이 태어나면 하늘에 또 사람이 있는 것이다. 모든 말하고 행동하고 보고 듣는 것이 다 하늘이다. 지금의 말도 하늘이 이 속에 있다. '이것을 돌아본다'는 것은 항상 광명하고 찬란한 가르침을 보고 눈앞에 그 조망이 있는 것이다."[13]

성리학의 집대성자 주희가 천리의 보편성에 따라 "하늘이 곧 사람이고 사람이 곧 하늘이다"(天卽人, 人卽天)라고 천명하는 것은 놀랍다. 비록 조선의 유학자들이 주자학을 때로는 보수적으로 전유하여 통치 이데올로기로 사용했다고 할지라도, 그런 이유만으로 주자학 자체가 지니고 있던 유교적 평등주의의 이상 및 그 급진적 잠재성을 간과해서는 안 된다는 것이 여기에서도 드러난다.

조선에서 성리학에서 동학으로의 이행을 연결시켜 주는 사상가 중 하나로 다산 정약용이 있다. 이런 연결 지점에서 특히 주목을 요하는 것은 '하늘을 섬기는 일'(事天)과 '사람을 섬기는 일'(事人)에 대한 상호호환성을 강조하는

---

13) 황준길/황준지에, 『이천년 맹자를 읽다: 중국맹자학사』(함영대 옮김, 성균관대학교 출판부, 2016), 253쪽에서 재인용함.

정약용의 사상이다. 주지하듯이 정약용은 공자 이래 유학의 가장 근본적인 가르침인 인仁을 실현하는 방법을 구체적인 인륜 관계의 완성에서 구하는데, 이때 인륜 관계를 최상의 경지로 만들기 위해 노력하는 일은 하늘을 섬기는 것과 다름이 없다고 강조한다.

달리 말해 정약용은 하늘을 섬기는 일이 곧 인륜 관계를 최상의 상태로 향상시키는 일이라고 보면서 임금과 신하, 아버지와 아들, 친구와 친구 등의 관계에서 요구되는 도덕적인 일을 최고도로 실현하는 것이야말로 인을 실현하는 길이자 하늘을 섬기는 가장 올바른 길이라고 역설한다. 이렇게 '하늘을 섬기는 일'(事天)과 '사람을 섬기는 일'(事人)은 별개의 것이 아니다. 인간 세상을 교화하여 모든 사람이 서로에게 어질게 대하는 세상을 만드는 것이 바로 하늘을 섬기는 일이라는 것이 정약용의 생각이었다. 이렇게 사람을 섬기는 '사인事人'과 하늘을 섬기는 '사천事天'이 등가의 것이라는 정약용의 사상은 동학의 '사인여천事人如天' 및 '인내천人乃天' 사상과 무리 없이 연결될 수 있으리라고 생각된다.[14)]

최제우에 이어 동학을 이끌었던 해월海月 최시형崔時亨(1827~1898)은 사람 사이의 차별을 비판하고 만민평등사상을 적극적으로 옹호했다. 그는 1866년에 신분제적 차별의 하나였던 적서 차별의 부당성을 비판하면서 "대동평등의 의義"를 존중해야 함을 역설하였다.[15)] 갑오농민전쟁에도 영향을 준 동학 정신이 만민평등의 이상을 지향하고 있음을 우리는 매천 황현의 기록에서도 볼 수 있다.

황현은 동학교도들이 "귀천과 노소를 가리지 않고 모두가 서로 대등하게 두 손을 마주 모아 잡고 인사하는 예를 법도로 삼았다"라고 적고 있다. 심지어 "노비와 주인이 함께 입도한 경우에는 마찬가지로 서로 상대방을

---

14) 흥미로운 것은 동학의 창시자인 최제우도 서학의 현실개혁 의식의 부재를 비판한다는 점이다. 조광, 『조선 후기 사회와 천주교』(경인문화사, 2010), 469쪽 참조.
15) 표영삼, 『동학 1: 수운의 삶과 생각』, 338쪽 각주 294에서 인용함.

'접장'이라고 불렀는데, 마치 친구를 사귀는 것처럼 평등하게 대했다."[16)

백범 김구 또한 『백범일지』에서 동학이 신분제적 차별을 거부하고 모든 사람을 차별 없이 대했다는 점을 강조하고 있다. 김구는 18세 무렵이던 1893년에 동학교도가 되고자 관계자를 만났다가 동학의 평등 의식으로 인해 매우 감동했던 경험이 있었다고 한다. 당시 그가 만났던 동학교도는 젊은 양반이었는데, 초면에 그는 18세의 김구에게 공손하게 맞절하면서 공대하며 질문을 했다. 그러자 김구가 당황해하면서, 자신이 어른이라도 양반에게 공대를 듣지 못할 터인데 어린 자신에게 왜 공대하는지를 물었다. 이 질문에 대한 젊은 양반의 답변을 김구는 다음과 같이 기록하고 있다.

천만의 말씀이오. 나는 다른 사람과 달리 동학 도인이기 때문에 선생의 교훈을 받들어 빈부귀천에 차별 대우가 없습니다. 조금도 미안해하지 마시고 찾아오신 뜻이나 말씀하시오.[17)

갑오농민전쟁을 이끈 지도자들의 인식에서도 우리는 유교적 전통의 지속과 민중화를 바라볼 수 있다. 전봉준全琫準, 김개남金開男, 손화중孫華仲 등으로 구성된 갑오농민전쟁 지도부는 농민전쟁의 정당성을 백성들에게 널리 알리는 포고문을 만들어 배포했다. 그중「무장포고문」이 유명하다. 매천 황현의 기록에 남아 있는「무장포고문」의 내용 중 일부이다.

세상에서 사람을 가장 귀하게 여기는 까닭은 바로 사람에게 인륜이 있기 때문이다. 임금과 신하, 부모와 자식의 관계는 인륜의 요체이다. 임금은 어질고 신하는 강직하며 부모는 자식을 사랑하고 자식은 부모에게 효성을 다해야만 비로소 가정과 나라가 이루어지고 끝없는 복을 누릴 수 있다.

---

16) 황현, 『오동나무 아래에서 역사를 기록하다: 황현이 본 갑오농민전쟁』, 217쪽.
17) 김구, 『백범일지』(도진순 주해, 돌베개, 2015), 41쪽.

지금 우리 임금은 인자하고 효성스러운 성품과 이치를 밝히 아는 총명한 자질을 겸비하신 분이다. 만약 선량하고 정직한 신하가 임금을 보필하여 나라를 다스린다면 요순堯舜의 덕화德化를 이룸은 물론이요 한나라 문제文帝·경제景帝 시대와 같은 훌륭한 정치에 도달하는 것도 그리 오래 걸리지 않을 것이다.…… 마침내 온 나라가 결딴나고 만백성은 도탄에 빠졌다. 수재守宰들의 탐욕과 학정이 진실로 이런 지경에 이르렀는데 어떻게 백성의 생활이 곤궁하지 않을 수 있겠는가? 백성은 나라의 근본이다. 근본이 약해지면 그 나라는 망할 수밖에 없다.…… 우리는 비록 시골에 살면서 망해 가는 이름 없는 백성일 뿐이지만, 임금의 땅에서 먹고 입고 사는 까닭에 이 존망의 위기를 모른 척할 수 없다. 그래서 팔도의 백성이 마음을 같이해서 수많은 백성의 의논을 거쳐 지금 의義의 깃발을 높이 치켜들고 보국안민輔國安民에 생사를 걸 것을 맹세한다.[18]

「무장포고문」의 핵심 주장은 이미 다른 자리[19]에서 다룬 바 있으므로, 여기서는 이 포고문을 유교적 민본주의와 대동 이념의 보편화 혹은 일반화의 측면에서 간략하게 고찰해 볼 것이다.

첫째, 이 포고문에 의하면 갑오농민전쟁에 참여하는 지도부와 백성들은 기본적으로 유교적인 민본주의 이념을 통해 자신들의 행위를 정당화하고 있다. 그들은 백성의 삶을 도탄에 빠뜨리며 나라를 위기에 처하게 만든 타락한 지배층에 대한 저항을 '백성이 나라의 근본'이라는 점을 내세우면서 정당화한다.

둘째, 전쟁 지도부는 농민들의 봉기가 존망의 위기에 처한 나라와 백성을 구해내는 것을 목표로 삼음을 천명한다. 달리 말하자면 나라의 근본인 백성이 저항을 통해 '보국안민' 즉 위기에 처한 나라를 구하고 백성의 삶을

---

18) 황현, 『오동나무 아래에서 역사를 기록하다: 황현이 본 갑오농민전쟁』, 125~127쪽.
19) 나종석, 『대동민주유학과 21세기 실학』, 제5장 3절 '유교적 평등주의와 민주공화주의' 참조

편안케 함으로써 나라를 태평세계로 만들어 가겠다는 선언이다.

셋째, 나라의 근간인 백성을 위하는 민본의 길이 훌륭한 성왕의 길과 연결되어 있다고 하면서 어진 성품과 총명한 자질을 지닌 국왕을 도와 요순의 세상을 만들겠다는 뜻을 분명히 밝힌다. 그러므로 위 포고문은 조선을 유교가 가장 이상시했던 요순 성왕의 세계와 삼대지치의 세계, 즉 대동세계로 만들기 위해 백성들 스스로 당대의 고종을 성왕이 될 수 있도록 돕겠다고 천명하고 있다.

넷째, 이 포고문은 이제 '시골에 사는 이름 없는 백성들'이 조선이 꿈꾸어 왔던 유교적인 이상세계, 즉 대동적 세계를 실현할 수 있는 주체임을 선언하고 있다. 조선을 유교적 이념에 어울리는 이상사회로 만들어 갈 주역은 양반 같은 일부 지배층이 아니라 "시골에 살면서 망해 가는 이름 없는 백성"이라는 것이다.

다섯째, 이 포고문은 고종을 도와 유교적 이상사회인 대동세계를 구현해 낼 궁극적 주체가 백성 일반이라는 자각의 선언을 넘어, 실제로 죽음을 각오하고 그런 자각을 실천해 갈 것임을 당당하게 천명하는 서약서이다. 일반 백성이 유교적 이상사회를 만들어 낼 참다운 선비라는 것을 천명하고, 이를 몸소 실천으로 보여 주고 있는 셈이다. 선비 혹은 군자가 본래 하늘에 의해 인간에게 구비되어 있는 인간의 도덕성 즉 인간다움을 실현하는 주체라는 본래 유학의 기본 인식을 이어받아서, 실제로 위기에 처한 나라와 도탄에 빠진 백성의 삶을 구제하여 조선을 유교적 이상사회로 만들고자 실천하는 사람이라야 진정한 선비라고 할 수 있는데, 백성도 바로 그런 선비로 자임을 할 수 있다는 의식이 수반되어 있다.

물론 갑오농민전쟁에 참여한 모든 사람에게 선비로서의 자각이 있었는지는 여기에서 중요한 문제가 아니다. 중요한 것은 농민전쟁 지도부뿐만 아니라 수많은 일반 백성으로 하여금 목숨을 걸고 투쟁에 나설 수 있도록 고무했던 정신이다. 달리 말하자면, 위기에 처했을 때 이들로 하여금 목숨을 걸고 싸움터로 나가게 할 정도로 강렬하게 농민전쟁 지도부와 일반 백성들이 공유하고 있던 정신적 논리는 무엇이었나 하는 점이 중요하다. 그것은 바로 유교적 유토피아 즉 대동세계를 구현하는 궁극적 주체가 다름 아닌 백성 일반이고, 따라서 백성 일반 모두가 자기 및 다른 모든 사람의 도덕적 완성을 지향하는 수기치인의 담당자인 군자=선비라는 공유된 집단정신이었다고 보아야 할 것이다.

간단하게 말하자면, 포고문의 정신은 조선이 내걸었던 통치이념인 유학의 진정한 담당자가 백성이라는 선언으로 이해될 수 있을 것이다. 그리고 이런 정신은 조선 후기를 거쳐 백성 전반에 일반화된 유교적인 가치관 및 양반적인 생활 규범을 바탕으로 백성이 곧 선비 혹은 군자라는 유교적 선비·군자 관념의 보편화를 대변하는 것으로 이해되어야 할 것이다.

유교적 군자 관념의 보편화, 그러니까 '백성의 군자화=군자의 백성화'는 유교적 평등주의의 궁극적 실현에 다름 아니다. 이는 '성인가학론'의 민중적 버전으로 이해될 수 있을 것이다. 공자 이래로 유학의 근본이념은 인간의 도덕적 자율성의 보편성을 긍정하는 사상이었다. 그런 유학의 평등 지향은 성리학에서도 기본적으로 받아들여졌다. 앞에서 언급한 "하늘이 곧 사람이고 사람이 곧 하늘이다"(天卽人, 人卽天)라는 주희의 주장은 말할 것도 없거니와, 『대학혹문』에 실린 주희의 자문자답을 통해 '치국·평천하'(나라를 다스리고 천하를 평온하게 하는 것)가 일반 사람 모두가 다 관심을 기울여야 할 일임을 긍정하는 부분을 이미 다룬 바 있다. 주희에 의하면, 평범한 일반 사람들도 나라의 왕을 요순 성왕과 같은 통치자로 만들어서 자신을 포함한 모든 백성을 가장 이상적인 요순 세상 즉 대동세계의 일원으로 되게 하는 일에 관심을 기울여야 한다. 일반 백성이 그런 일에 관심을 기울인다 해서 결코 자신의 분수를 어기는 일이 아님을 주희는 긍정했다.

자신의 왕을 요순 성왕으로 만들고 자신과 백성을 요순 성왕의 백성으로 만드는 일은 모든 사람이 관심을 기울여야 할 과제라는 주희의 주장과 위에서 인용한 「무장포고문」의 정신은 서로 통한다. 이 포고문에서 전봉준 등 전쟁 지도층은 유교적 민본주의 이념을 철저하게 긍정하면서, 고종을 요순과 같은 성왕으로 만들어 요순 성왕의 백성으로 살고자 하는 열망을 분명하게 표현하고 있다.

　　이렇게 본다면 유학의 정치이념은 대간 제도 등을 핵심으로 하여 운영되는 유교적 공론 정치의 틀 내에 국한되어 있지 않다는 것이 명백해진다. 유교적 성왕론 및 역성혁명론이 보여 주듯이 유교적 정치이론에서는 기본적으로 백성 자신이 하늘을 대신하여 부당한 현실을 혁파할 가능성을 늘 포함하고 있었기 때문이다.

　　"하늘은 우리 백성들이 보는 것을 통해 보며, 하늘은 우리 백성들이 듣는 것을 통해 듣는다"[20]라는 맹자의 주장이나 천리의 보편성에 대한 성리학적 긍정은 이제 하늘 혹은 천리가 곧 백성이요 백성의 뜻이라는 생각으로 전개된다. '천리=백성의 뜻'이라는 사유는 갑오농민전쟁을 겪으면서부터 일반화되어 백성의 목소리와 뜻 자체가 하늘이자 정치 세계 정당성의 최후 근거라는 유교적 공화주의 및 민주주의의 문턱에까지 이른다.

　　갑오농민전쟁에서 보여 주었듯이, 백성의 삶이 곤란하여 사회가 위기에 처할 때 인간다운 세상을 이룩하기 위해 백성들이 직접 나서야 한다는 전통이 최근의 일만은 아니다. 그리고, 나라와 백성을 위하여 헌신하는 학문과 덕망을 지닌 사람만이 참다운 지식인 혹은 선비라고 보면서, 그런 사람을 이상적인 인간상으로 존중하던 유교적인 정치문화 속에서 모든 백성이 그런 선비의 이상을 구현할 수 있는 주체라고 보는 관념은 일제강점기의 독립운동과 해방 이후 민주주의 운동에도 변형된 형태로 지속되어 왔다.

---

20) 동양고전연구회 역주, 『맹자』(민음사, 2016), 323쪽.

3. 급진적 민본주의와 온건적 민본주의의 분화와 대립

부국강병의 이데올로기로 전락한 국가주의적 유교 역시 서구 주도의 '근대 문명'이라는 시대적 도전에 대한 나름의 유교적 대응이라고 볼 수 있다.[21] 그러나 그런 변형이 유교적 이상의 전통에 가져온 상실도 매우 컸다는 점을 바로 보지 않으면 안 된다. 더욱이 근대 일본이 보여 주었던, 부국강병의 패권적 논리에 부응하는 식으로 서구 주도의 근대 자본주의 체제 및 국민국가 체제에 적응하는 방식과는 다른 유교적 대응 방식이 존재했다는 점을 인식할 필요가 있다. 그것은 바로 천하위공의 유교적 세계주의 및 문명주의의 전통에 뿌리를 둔 것이었다. 이제 유교 전통을 비판적으로 계승하면서 서구 열강의 제국주의적 패도정치에 대응하는 흐름에 주목해 보자.

위에서 말한 또 하나의 흐름은, 압도적인 군사력과 자본주의의 생산력을 내세워 비서구 사회를 침략해 온 서구 제국주의의 패도적이고 강권적인 팽창 야욕에 저항하는 한편, 민족과 인류의 평등 및 공존공영의 질서를 창출하는 방식으로 유교적인 인의의 원칙을 새롭게 실현하려는 노력으로 전개된다. 그 흐름은 다름 아닌 한국의 저항적 민족주의와 결합하여 변화되어 나가는 유교문명주의의 거대한 물결이다. 우승열패의 신화, 즉 성공한 개인 이나 민족을 문명세계의 일원으로 보면서 실패한 자나 나라를 열등한 민족이 나 사람(생존할 권리도 인정받지 못할)[22]으로 취급했던 19세기 서구 제국주의의 전형적 논리인 사회진화론의 광풍을 극복할 수 있었던 요인 중의 하나도 이런 유교적 문명주의의 평천하적 평화지향의 저력 덕분이었다.

---

21) 일제강점기에 조선의 유학이 국가(천황)에 대한 충성을 최고 가치로 설정하는 일본의 황도유학으로 변질되어 가는 과정에 대해서는 나종석, 『대동민주유학과 21세기 실학』, 제13장 '일본의 황도유학과 한국의 국가주의적 충성관의 탄생' 참조 바람.

22) 최남선에 의하면 "금일의 세계는 문명의 세계이니, 오직 문명인만이 생존의 권리를 향유"하는 세계이다. 박정심, 『한국 근대사상사』(천년의 상상, 2016), 382쪽에서 재인용.

이 자리에서 민족주의와 관련된 여러 쟁점을 다룰 수 없다. 제6·7장에서 필자는 민족주의와 자유주의 및 민주주의 사이의 관련성을 포함해 우리 민족주의의 대동적 특성에 관해 더 깊게 다룰 것이다. 그러므로 민족주의를 권위주의나 나치즘 등과 같은 전체주의와 밀접하게 관련된 것으로 보는 관점에 대해서는 간단하게 언급하고 싶다. 민족주의에 대한 부정적 태도는 우리 학계나 사회에 과도하리만치 넘쳐흐르고 있다고 생각된다. 위에서 언급한 우리나라의 저항적 민족주의에서 알 수 있듯이, 민족주의를 배타적이고 억압적인 위험한 사조로 보는 관점은 민족주의의 역사와 그 다양한 갈래에 대한 균형 잡힌 관념이 아니라 지나치게 단순화된 관념인 까닭에 학문적으로 견지되기 힘든 견해라는 점이 강조될 필요가 있다.

서구에서도 자유주의와 민족주의는 오랜 세월 함께한 것이었다. 존 스튜어트 밀의 자유주의[23]는—그의 제국주의적 시각은 제외해야겠지만— 전형적으로 민족주의적 정체성을 기반으로 한 자유주의였으며, 오늘날의 존 롤스 역시 기본적으로 자유주의적 민족주의를 옹호하는 사상가이다.[24] 그뿐만 아니라 이사야 벌린(Isaiah Berlin)도 자유주의적 민족주의를 옹호하는 사상가로 알려져 있다.[25] 영국의 저명한 정치철학자 데이비드 밀러(D. Miller) 역시 민족주의가 사회복지국가와 사회민주주의를 지탱해 주는 사회적 연대와 사회적 정의를 가능하게 한다고 강조한다.[26] 민족적 정체성은 사회정의와 민주주의를 지지하는 역할을 하는 것으로 활용될 수 있다는 것이다. 따라서 민족주의

---

23) 에릭 홉스봄은 19세기 자유주의의 고전 시대에 작성된 민족주의에 관한 최고의 작품으로 『대의 정부론』에 나오는 존 스튜어트 밀의 민족주의에 관한 언급과 에르네스트 르낭의 "민족이란 무엇인가"라는 강의를 꼽는다. 에릭 홉스봄, 『1780년 이후의 민족과 민족주의』 (강명세 옮김, 창비, 1994), 16쪽.
24) 존 롤스, 『만민법』(장동진 외 옮김, 동명사, 2017), 48~51쪽 참조 바람.
25) 마크 릴라 외 엮음, 『이사야 벌린의 지적 유산』(서유경 옮김, 동아시아, 2006), 208~209쪽 참조 바람.
26) 곽준혁, 『경계와 편견을 넘어서: 우리 시대 정치철학자들과의 대화』(한길사, 2010), 101~105쪽 참조 바람.

를 단순하게 전체주의나 권위주의로 환원해서 독해하는 태도는 매우 협소하고 편협한 시각이다.

1990년 소비에트 몰락과 미국 중심의 신자유주의적 세계화의 흐름이 본격화되는 국면에서 탈민족주의 담론이 국민국가의 종언이나 포스트 내셔널 시대라는 담론, 혹은 지구화(세계화) 시대 담론 등의 형태로 한국 사회를 비롯하여 유럽, 미국 등지에서 큰 목소리를 낸 적이 있었다. 그러나 동시에, 신자유주의적 세계화와 연동해서 형성되었던 탈민족주의 담론이 사실상 민주주의의 위기를 초래한 요인 중 하나라는 점에 대해서도 좀 더 섬세하고 복합적인 접근이 필요한 시점이다. 달리 말하자면 민족주의에 대한 더 치열한 논쟁과 토론이 진행되어야 할 시점이라는 뜻이다.

그런데 우리 학계와 달리 앞에서 거론된 민족주의의 순기능을 긍정하는 학자들은 서구 학계를 대표하는 정상급에 속한다. 하지만 우리나라 지식인 사회에서 탈민족주의를 옹호하는 글을 보면 서구에서 민족주의를 긍정하는 이론가는 그 무슨 극우적인 별종의 학자들에 한정되어 있다는 식의 과감한 단정이 넘쳐날 뿐이다. 과문한 탓인지 모르지만, 우리 사회에서 민족주의에 대한 치열한 학문적 논쟁과 토론이 진행되고 있지 못한 상황도 이런 인식의 협소함과 무관하지는 않을 터이다.

하여간, 민족주의와 민주주의를 비롯한 한국 근대성의 특질을 이해하려고 할 때 그것을 형성하는 중요 원천인 조선의 유교적 전통에 관한 고찰은 결정적 의미를 지닌다. 예를 들어 일본의 근대성과 대비되는 우리의 근대성 경험의 질적 차이를 파악하는 데에서도 한국과 일본의 유교 전통의 상이성에 관한 인식이 매우 중요하다. 시마다 겐지(島田虔次, 1917~2000)는 일본의 주자학이 조선 및 중국의 주자학과는 성격이 다르다고 본다. 그는 일본의 "주자학에는 '천지를 위해서, 인류를 위해서, 학문의 전통을 위해서, 만세를 위해서'라는 것과 같은 웅대한 정신이 매우 결여되어 있는 것처럼 생각된다"

라고 말했다. "천지를 위해서, 인류를 위해서, 학문의 전통을 위해서, 만세를 위해서"로 그가 요약해서 말하는 구절은 본디 송나라 주자학 형성에 크게 이바지한 횡거橫渠 장재張載(1020~1077)의 말인데, 그것은 다음과 같다.

> 천지를 위해서 마음을 세우고, 생민을 위해서 명을 세우고, 옛 성인을 위해서 끊긴 학문을 잇고, 만세를 위해서 태평을 연다.(爲天地立心, 爲生民立道, 爲去聖 繼絶學, 爲萬世開太平)

시마다 겐지는 장재의 이 말을 '송학의 근본정신'을 보여 주는 것으로 평가하면서[27] 일본의 유학에는 이런 웅대한 정신이 크게 부족하다고 지적하고 있다.

일본 유학 전통과 달리 장재의 구절이 보여 주듯이 송대 주자학의 웅대한 현실개혁 의식은 '불가능한 줄 알면서도 세상에 대한 참여 의식을 불태우는' 공자의 정신을 이어받고 있다. 여영시余英時가 탁월하게 밝혀 주고 있듯이, 송대 사대부들은 자신들이 정치적 주체라는 철저한 자각을 지니고 있었으며 그들은 "천하를 자신의 임무로 삼는다"(以天下爲己任)는 정신을 공유하고 있었다.[28] 이런 점에 대해서는 성리학의 나라였던 조선의 상황도 다르지 않았다.

앞에서 강조했듯이 갑오농민전쟁을 계기로 유학의 도를 담당하는 주체는 양반 계층에서 일반 백성 즉 민으로 이행했다. 그리하여 백성들은 유학적 가치관을 자기 것으로 만들어 유교적 이상세계의 이념에 호소하면서 기존 질서의 폐단과 부당한 현실에 대한 자신들의 저항을 정당화하고자 했다. 그러나 유학의 비판 정신을 이어받은 것이 그런 흐름만인 것은 아니다.

---

27) 시마다 겐지, 『주자학과 양명학』(김석근 옮김, 에이케이커뮤니케이션즈, 2020), 6~7쪽. 장재의 구절도 이 책에서 재인용함.
28) 여영시, 『주희의 역사 세계』 상, 30쪽 및 43쪽 참조

조선의 선비 정신 및 유교적 대동세계 인식은 일반 유학자들에게도 계속 이어졌다. 예를 들어 매천 황현은 선비 즉 유학자의 진정한 임무는 "나라를 잘 다스려서 온 세상을 평안하게 하는 것"이라고 강조했다. 이런 주장은 앞에서 본 갑오농민전쟁 지도부의 '보국안민'의 이념과 다르지 않다. 그리고 황현은 참다운 유학자의 모습이 어떠해야 하는지를 다음과 같이 구체적으로 설명하고 있다.

유학자의 마음이란 한 사람의 백성이라도 태평성세의 혜택을 누리지 못하면 자기가 마치 길거리에서 매를 맞는 것처럼 아파해야 하고, 유학자의 예법이란 임금이 부르면 수레를 기다리지 않고 달려갈 정도로 간절하고 정성스러워야 하며, 유학자의 올바른 도리란 임금의 눈치를 보지 않고 옳고 그름에 대한 자기 생각을 과감하게 진술함으로써 임금의 잘못을 바로잡고 탐욕스러운 사람을 청렴하게 만들며 나약한 사람을 부추겨 떨쳐 일어나게 만들어야 한다.[29]

황현의 주장은 "나라를 잘 다스려서 온 세상을 평안하게 하려는" 유학자의 근본 과제를 구현하는 방법에 대한 것으로, 갑오농민전쟁 지도부가 선언했던 「무장포고문」의 근왕 및 민본 정신도 공유하고 있다. 왕의 잘못을 바로잡는 일을 유학자가 담당해야 할 올바른 도리로 보고 있다는 점에서 그렇고, 맹자와 이윤의 뜻을 이어받은 주자학이 "한 사람의 백성이라도 태평성세의 혜택을 누리지 못하는 경우에는 마치 자기가 길거리에서 매를 맞는 것처럼 아파해야 한다"라고 하여 사대부의 책임의식을 철저하게 긍정한다는 점에서 그렇다.

그뿐만 아니라 황현의 주장에서 보듯이 선비 즉 참다운 유학자는 어떤 신분적 집단에 소속되었는가와 무관하다. 천하 및 국가에 유학의 도를 실천하는 주체가 바로 선비라는 것이다. 이런 선비 의식은 공자로부터

---

29) 황현, 『오동나무 아래에서 역사를 기록하다: 황현이 본 갑오농민전쟁』, 25쪽.

유래한 것으로, 본래 공자에게서도 원칙적으로 유학자인 군자나 선비는 신분이나 혈통과 무관한 것이었다.

그런데 황현 같은 유학자들은 갑오농민전쟁에 대해 비판적이었다. –물론 그들도 백성들이 그렇게 나올 수밖에 없었던 불행한 처지에 대해서는 깊게 공감했다.–[30] 이런 현상은 황현에게만 국한된 것이 아니었다. 조경달에 의하면, 갑오농민전쟁을 진압하기 위해 나선 여러 유학자도 유학의 근왕 및 민본 정신을 공유하고 있었지만 민본 및 근왕 정신의 해석과 관련해서는 갈등이 존재하고 있었다. 간단하게 말하자면 19세기 후반에 민본과 근왕의 정신을 누가 진실하게 이어받고 있는가를 둘러싸고 사회적 인정투쟁이 발생했다. 황현의 주장에서 보듯이 진정한 유학자 즉 선비의 길은 근왕과 민본 정신에 투철한 사람을 일컫는 말인데, 갑오농민전쟁이 실현하고자 한 것이 바로 이런 민본과 근왕 정신이었기 때문이다.[31]

그렇기에 필자는 갑오농민전쟁은 백성이 참다운 선비라는 각성이자 유학의 도를 실현할 수 있는 참다운 주체라는 자각을 선언한 획기적 사건으로 이해되어야 한다고 강조한 바 있다. 사회적으로 양반 의식을 지니고 있었던 재지 사족의 일부가 민본과 근왕 실현의 주체임을 자임하고 나선 갑오농민전쟁을 극도로 위험한 것으로 간주하여 농민군을 탄압하고 나섰던 것은, 조선 후기에 이르러 일반화된 양반 의식 및 유교적 가치관을 대변하는 주체가 누구인가를 둘러싸고 진행된 사족과 백성 사이의 정치적 인정투쟁의 격화된 표현으로 이해되어야 할 것이다.

그리고 그런 정치적 인정투쟁에서 백성이 지향한 것은 양반지배층에 의해 독점되어 왔던 유교적 인정 이념 혹은 유교적 대동 이념인 문화적 · 정치적 상징 권력의 확보였다. 즉 갑오농민전쟁은 백성들이 유교적 문화 권력

---

30) 전통적인 우민관을 완전히 극복할 수는 없었던 황현은 갑오농민전쟁의 주력인 농민을 '도적'이라 묘사했다.

31) 조경달, 『민중과 유토피아』, 126~129쪽 참조.

혹은 상징 권력을 자신들의 것으로 만들고자 했던, 유교적 상징 권력의 평민화 운동이라고 이해할 수 있을 것이다.

갑오농민전쟁을 계기로 유교적 민본주의 정신을 구현할 방법과 주체가 무엇인지를 둘러싸고 대립이 극명하게 분출되었지만, 이런 대립이 하루아침에 이루어진 것은 아니다. 이는 17~18세기 이후 전개된 조선 사회의 변동과 맞물려 있다. 동학이 주장하는 만민의 군자화 즉 군자관의 대중화는 근왕과 민본의 구현을 지향하는 선비 의식의 보편화 현상을 배경으로 출현한 것인데, 선비 의식의 일반화 및 대중화가 본격적으로 이루어진 시기는 조선 후기였다고 여겨진다.

이런 의식 변화를 가능하게 했던 요인 중의 하나가 바로 사회경제적 조건의 변동이었다. 17세기 이후 조선 사회가 경제적으로 소농 사회로 이행하면서 독립적인 소농을 이루는 백성들이 많아지고, 새로운 부민富民들의 등장으로 인해 대다수 백성이 양반이 됨으로써 양반과의 평등을 지향하는 조선 특유의 만민평등에로의 길이 발생했기 때문이다. 그리고 그러는 과정에서 지배 계층인 양반의 권력과 위신은 실추되어 갔고, 사족 내에서도 적장자 우위의 상속 관행의 일반화로 인해 계층 분화가 일어나서 경제력을 바탕으로 하는 신향층新鄕層(신흥 사족)과 구향층舊鄕層 사이의 대립이 격화되어 갔다. 그 결과 선비란 어떤 존재인가 하는 정체성의 물음이 제기되는 것은 당연했다.

조선 후기 양반지배체제가 동요하면서 제기된 '선비의 정체성'이라는 물음에 대한 답이 바로 공자의 도를 제대로 실현할 수 있는 사람이면 누구나 다 선비라는 관념의 태동이다. 이를 잘 보여 주는 것이 환재瓛齋 박규수朴珪壽 (1807~1876)의 선비관이다. 그는 농업이나 공업에 종사하는 일반 백성들도 '효제충순孝悌忠順' 같은 유학의 기본 덕성을 갖춘 사람이라면 선비일 수 있다는 혁신적인 선비 관념을 옹호했는데, 이 '효제충순'이라는 유교적 관념을 기준으로 확립된 새로운 선비 관념으로 인해 현실에 존재하는 양반 계층의 신분은 '상대화'되었다. 그리하여 박규수의 선비관은 그가 조선의 신분지배체제를 부정했는지의 문제와 무관하게 "사민평등의 논리적 기초"를 제공한 것으로 평가된다.[32]

위에서 필자는 갑오농민전쟁은 백성 일반이 민본과 근왕 이념, 즉 유교적 정치이념을 실현할 수 있는 주체임을 선언한 획기적 사건으로 이해되어야 함을 강조했다. 필자가 볼 때 갑오농민전쟁은 일반 백성이 유교적인 보편적 도의 관념을 실현할 수 있는 진정한 군자요 선비라는 의식을 내면화하는 데 그치지 않고 이를 공개적으로 천명하고 나선 사건이었다. 이런 경향을 필자는 유교적 민본주의의 급진적 흐름으로 명명하고자 한다. 그것은 군자관의 대중화 내지 선비화를 주장하는 동학 사상과, 유교적 생활양식과 가치관의 일반화 및 대중화의 흐름 속에 내장되어 있던 급진적인 유교적 민본주의 혹은 급진적 민중 유학의 정신을 대변하고 있다고 여겨진다.

온건한 흐름의 유교적 민본주의는 농민군이 반란을 일으키지 않을 수 없었던 어렵고 고통스러운 처지를 십분 이해하면서도, 백성이 스스로 선비임을 자처하고 나서는 것을 유교적 전통 관념을 거스르는 위험한 행위로 보는 사람들에 의해 옹호된 것으로 이해된다. 그런데 조선의 유교적 민본주의가 낳은 두 가지 흐름, 즉 온건한 유교적 민본주의와 급진적인 유교적 민본주의 사이의 대립도 중요한 것이지만, 급진적인 유교적 민본주의 정신이 공맹 사상 및 성리학적 사유 내에서 잉태되고 전개될 수 있었다는 점은 더욱더 중요하게 여겨져야 할 것이다.

위에서 여러 번 언급한 매천 황현은 온건한 유교적 민본주의 흐름에 속해 있는 전형적인 유학자이다. 그런데 황현의 사례에서 우리는 매우 흥미로운 현상에 직면하게 되는데, 그것은 유교적 선비 정신을 전유하는

---

32) 같은 책, 35~39쪽 참조. 박규수의 선비관과, 그것이 연암 박지원의 선비론을 어떻게 계승하고 있는지는 김명호, 『환재 박규수 연구』(창비, 2008), 152~154쪽 참조.

방식의 다양성이다. 주지하듯이 황현은 1910년 조선이 일본에 강제로 합병되자 격분하여 자결을 택했던 전형적인 조선의 올곧은 선비였다. 방법상의 차이는 있지만, 황현 역시 모든 백성이 제자리를 찾아 편안하게 생활하는 세계를 구현하는 데서 유학자의 진정한 모습을 구했다.

그러나 황현과는 다른 길을 걸었던 단재丹齋 신채호申采浩(1880~1936)는 조선의 선비 정신에서 독특한 위상을 보여 준다. 신채호는 유학자로서 성균관 박사이기도 했지만, 갑오농민전쟁의 지도자 전봉준을 '혁명가'로 높이 평가했을 뿐만 아니라 의병에 냉담한 채 애국계몽운동의 추진에 힘썼던 개혁적인 엘리트들과 달리 의병을 '의사' 혹은 '충신'으로 인식했다.[33] 우리는 신채호에게서 급진적 유교 민본주의 흐름에 동참하는 유학자의 전형을 발견한다. 그가 황현과 달리 백성의 전면적인 출현을 위험한 것으로 보지 않고 오히려 그 흐름의 중요성을 긍정함으로써 급기야 참다운 선비와 민중을 구분하지 않게 된 것은 우연이 아니었다고 보아야 한다.

4. 나가는 말

앞에서 본 것처럼 19세기 조선 사회에서는 유교적 민본주의의 내에 해석의 갈등이 전면에 등장하고, 전통적 사대부나 양반 중심의 민본주의는 백성 중심의 급진적 혹은 대동적 민본주의의 흥기로 인해 위기에 처하게 되었다. 유교적 민본주의 내에서 대동적 민본주의라 개념 정의할 정도로 백성들 스스로 유교적 정치이념을 실현할 주체이자 민본정치의 최종적 수호자로 자임하고 나선 현상은 동아시아에서 조선만이 보여 준 독특한 현상이 아닌가 한다.

---

33) 조경달, 『식민지 조선과 일본』(최혜주 옮김, 한양대학교 출판부, 2015), 258~259쪽 참조

조선 후기에 유교적 생활양식과 규범이 보편화되면서 일반 백성들도 유교적 민본주의가 내세우는 이상적인 인간형인 군자다움의 삶을 통해 참다운 인간성을 실현할 수 있으리라는 조선 시대 선비가 공통으로 공유한 권위를 내면화하게 되었다. 이는 기존의 민본주의 이념 자체를 전적으로 거부하는 것과는 다르다. 그러나 이렇게 평민에게 내면화된 민본의식은 유교적 덕성을 함양하여 성취될 수 있는 궁극적 선이자 목표로서 군자다움에 대한 기존 관행을 그대로 답습한 것도 아니었다.

　민중 유학 혹은 대중 유학이라 불리는 동학에서 보듯이 조선 후기에 백성들은 유교적 전통 속에서 살아가면서 유교적 민본주의가 가장 이상적이고 훌륭한 삶의 방식으로 존중하는 삶의 문법을 새롭게 이해하려고 애썼다. 백성들은 이제 유가적 덕성의 실현과 관련해서도 기존 양반들이 해석하던 민본주의에 대한 인식과 판단을 무비판적이고 수동적으로 받아들이지 않고 그 해석의 한계에 문제를 제기하면서 기존 민본주의를 급진적 방식으로 변형해 나갔다.

　이를 통해 조선 사회의 백성들은 유교적 민본주의 전통 자체를 완전히 파괴하거나 거부하는 방식으로서가 아니라, 위기에 처한 기존의 유교적 민본주의와 비교해 민본주의를 더 잘 이해할 수 있는 새로운 개념과 인식 틀―대동적 민주공화주의로 재해석될 수 있는 잠재력을 풍부히 지닌 대동적 민본주의와 그 제도적 형식 중 하나로 이해될 대항민본주의―을 개발할 길을 스스로 준비해 가고 있었다고 이해된다.

　그러므로 동아시아 사상의 미해결 과제인 한국 민주주의의 역사적 경로와 그 특이성에 대한 인식은 유교 전통의 자기 혁신과 그 변형 속에서의 지속이라는 관점을 고려하지 않고는 절대 해결될 수 없으리라는 점도 분명해졌으리라 생각된다.

제6장

한국 민주주의의 영향사적 고찰 Ⅱ

─ 대동 이념의 영향사와 독립운동 정신 ─

1. 단재 신채호

　　대동 이념은 갑오농민전쟁 이후 한말의 위기 상황에서도 지속적으로 존재했다. 앞 장에서 언급했듯이 유학자 출신의 단재 신채호는 민중과 자신을 일체로 보는 관점으로 나아간 급진적 민본주의 흐름 내에서 독보적 지위를 차지한다. 한국사학자 신용하는 신채호를 "우리나라가 낳은 위대한 민족주의자이자 사학자이며 언론인이고 독립운동가"라고 묘사한다.[1]

　　단재 신채호는 전형적인 유학자로 출발했다. 그는 1880년 12월 8일(음력 11월 7일) 충청남도 대덕군 산내면 어남리에서 농촌 선비의 둘째 아들로 태어났다. 신숙주의 18대손에 해당되는 만큼 신채호는 사회적으로 양반 신분에 속했다. 그는 호를 '일편단생一片丹生'과 '단생丹生'로 지어 쓰다가 나중에는 단재丹齋로 고쳤는데, 여러 호에 공통으로 들어가는 단丹은 고려 말기의 충신 정몽주鄭夢周의 「단심가丹心歌」에서 유래된 것이었다.[2] 어려서 부터 조부로부터 서당에서 글을 배우기 시작해서 19세에는 성균관에 들어갔고, 26세에는 회시會試에 합격하여 성균관 박사가 되었다. 그의 학문적 역량은

---

1) 신용하, 『(증보) 신채호의 사회사상 연구』(나남, 2004), 95쪽.
2) 같은 책. 13~14쪽.

성균관 학생 동료들이 경복할 정도로 탁월해서, 당시 성균관 관장이던 수당 이종원이 "나를 아는 자는 오직 그대 한 사람뿐이다"라고 할 정도였다. 그는 엄청난 독서광이기도 했다. 성균관에서 공부할 때는 며칠씩 세수를 잊어버릴 정도로 독서에 몰두했다고 한다.

신채호가 태어난 19세기 말의 동아시아는 서구 제국주의 열강과 서구를 재빠르게 모방해서 아시아의 새로운 강국으로 성장한 일본의 도전으로 인해 중국 중심의 중화 질서가 빠르게 해체되어 가는 거대한 문명 전환의 시기였다. 주지하듯이 당대 조선은 오랫동안 중화 질서에 편입되어 있었고, 명나라가 청나라에 의해 망한 이후에는 유교적 문명을 보존하고 있는 유일한 나라라는 '소중화' 혹은 '조선중화주의' 의식이 강력하게 퍼져 있는 상태였다.[3] 서양 중심의 세계질서 재편기에 일본과 달리 조선은 서구 근대의 자본주의 체제 및 국민국가 질서에 편입하는 데 실패하여 망국에까지 이르렀다는 점은 누구나 다 아는 사실이다.

유교문명권의 조선은 19세기 말 거대한 문명의 전환기에 극도의 위기 상황에 직면했는데, 이런 위기를 어떻게 대처해야 하는가를 두고 다양한 갈래의 사조들이 형성되었다. 위정척사파도 그중의 하나였다. 위정척사파는 서구 근대가 주도하는 새로운 세계질서에 편입되기보다는 성리학적 가치관과 세계관을 고수하려고 했다. 이에 반해 서구 근대를 문명의 모델로 설정한 개화파는 서구의 모방에 성공한 근대 일본을 조선이 따라야 할 새로운 모델로 삼았다.

이러한 위정척사파와 개화파의 대립에는 문명론의 대립이라는 측면도 존재했다. 그러나, 비록 둘 사이의 대립이 겉으로는 극도로 격렬했을지

---

3) 정옥자에 따르면, 조선 전기에는 중국 송나라를 모델로 하여 이를 따르려는 소중화 의식이 나타났는데, 명나라가 멸망한 이후에 동아시아 유교문명권에서 "유교문화를 담지하고 있는 정통이 조선이므로 조선이 곧 중화"라는 조선 중화주의가 성립되었다. 정옥자, 『조선 후기 조선 중화사상 연구』(일지사, 1998), 17쪽.

몰라도 개화파 역시 특정한 문명 즉 서구 근대문명을 문명 그 자체로 오독하고 무조건 선망했다는 점에서 조선을 유교 문명의 정통으로 이해한 조선중화주의 의식과 본질적인 차이를 보이지 않는다.

급진개화파들과 위정척사파들은 조선이 취할 수 있는 현실적 선택이 두 가지뿐이라고 보았다. 중화주의의 고수, 아니면 서구 근대문명의 전면 수용이 그것이다. 비록 지향하는 바는 서로 정반대였지만 이 두 입장은 다른 어떤 대안이 가능하다는 점을 배제한다는 점에서 의견의 일치를 보인다. 저자가 보기에 개화파는 19세기 위기 시대에 등장한 서구적 근대를 새로운 중화로 보고 이를 조선에 이식시키고자 했다는 점에서 조선 중화 의식의 단순 반복이자 거꾸로 선 중화주의인 셈이다.

그러나 신채호는 조선이 처한 위기의 시대에 위정척사파의 유학자들이나 개화파와는 다른 길을 걷는다. 그가 상경해서 성균관에 입학했던 1898년은 독립협회 활동이 매우 활발하게 전개되던 시기였다. 이 무렵 서울 시민들은 독립협회와 함께 그 유명한 만민공동회를 개최하여 열강의 간섭과 침략을 준엄하게 비판하고 자주독립의 기치를 옹호하고 있었고, 『독립신문』, 『황성신문』, 『매일신문』 등이 독립협회의 자주 민권 혹은 자강 운동을 지원하는 한편 세계정세의 변화를 외치며 조선 사회 내부 개혁의 필요성을 강조하기도 했다.

이런 개화자강의 분위기가 고취되는 상황에서 신채호는 종로의 여러 서점을 찾아다니며 새로운 문물에 대한 정보를 습득했다. 특히 신채호는 1898년 11월 5일 당대 친러 수구파 정부가 독립협회 지도자를 체포하고 독립협회를 강제 해산하려 했을 때 독립협회를 다시 건설하고 지도자를 석방할 것을 요청하는 서울 시민들의 활동에 적극적으로 참여한 것으로 알려져 있다.

또한 신채호는 만민공동회가 강제로 해산되고 주동자 430여 명이 체포되던

1898년 12월 25일의 활동으로 인해 그 역시 일시 체포되었다가 석방되었다. 신용하에 따르면 그는 만민공동회의 참가와 활동을 계기로 주자학자에서 개화자강파로 전환했다. 신용하가 이에 대한 논거로 들었던 것 중의 하나는 1901년 22세 때 향리 인근인 청원군 근처에 설립된 문동학원에서 강사로 있을 때 신채호가 "시대의 변천과 한문무용론을 주장하다 배척당한 것"이다. 왜냐하면 한문무용론은 당시 독립협회의 급진파 정도만이 주장하던 혁명적 주장이었기 때문이다.[4]

신용하는 개화자강파의 애국계몽사상가로 전환한 이후의 신채호 사상을 세 시기로 구분한다. ① 가장 길었던 1898년부터 1922년까지의 "열렬한 시민적 민족주의자 시기", ② 의열단의 요청으로 「조선혁명선언」을 집필했던 1923년 초부터 1924년까지의 비교적 짧은 시기인 "민족주의 사상에 무정부주의의 방법을 포용한 혁명적 민족주의자 시기", ③ 무정부주의에 매우 깊게 공감했던 1925년부터 무정부주의동방연맹의 창립에 조선 대표로 참가하는(1927) 등 무정부주의자로 활동하다가 일제에 체포되어(1928) 여순 감옥에서 순국한 1936년까지의 "무정부주의자 시기"가 그것이다. 신용하는 이 세 시기 가운데 신채호 사상에서 가장 중요하고 학문적으로도 가장 많은 업적을 쌓은 시기는 첫 번째 시기였다고 평한다.[5]

채 20세도 되기 전에 만민공동회의 활동에 성균관 유생으로 참여하고 당대 신문물 흡수에도 개방적이었던 신채호가 조선 유학의 문제점들을 비판하는 것은 당연했다. 1905년 그는 성균관 박사를 그만두고 향리 부근에 산동학원을 개설하여 신교육운동을 했다.[6] 그러나 그는 기존 유학을 비판하

4) 같은 책, 18~21쪽.
5) 같은 책, 95~97쪽.
6) 윤사순, 『한국 유학사』 하(지식산업사, 2012), 346쪽. 이하 신채호의 생애에 대한 요약으로는 이만열, 「단재 신채호의 민족운동과 역사연구」, 충남대학교 충청문화연구소 편, 『단재 신채호의 사상과 민족운동』(대전광역시, 2010), 4~9쪽 참조.

면서 민족주의 및 국민국가 시대에 어울리는 방향으로 유학을 개혁하려고 시도했다는 점에서 박은식 등과 함께 개신유학자라는 평가를 받기도 한다.[7]

앞서 언급했듯이 한말에 애국계몽운동에 동참하기도 했던 신채호는 망국의 위기에 처한 조선을 구제할 대안으로 조선의 백성들에게 국가주의 및 애국심을 고취시키고자 노력했다.[8] 이와 관련해 그가 서구 문명 연구를 게을리하지 않으면서도 외국 문명에 대한 무비판적 수용의 자세에 대해서는 비판적 태도를 보이면서 민족적 정체성을 확립하는 것이 급선무라고 강조했다는 점에 유념해야 한다.[9] 그러는 과정에서 그는 위정척사파적 유학자들과는 달리 국가 혹은 왕조의 멸망에 개의치 않고 유교적 도를 지키기 위해 죽음을 아끼지 않는 것이 참다운 유학자의 모습이라고는 생각하지 않았다. 그는 당시 국제사회에는 보편적인 도의와 같은 것은 없기에 약육강식이라는 국제 현실의 논리를 철저하게 긍정해야 한다고 생각했다.

이처럼 신채호는 당대 서구 열강이 내세우는 진화론적 문명관을 바탕으로 한 냉엄한 국제정치의 현실을 긍정하였지만, 강자에게 유린당하는 약자로서의 처지를 마냥 받아들일 수는 없었다. 그래서 그는 그런 현실에서 조선이 살아남을 수 있도록 강력한 민족주의 및 국가주의를 채택할 것을 주장했다.[10]

---

7) 윤사순, 『한국 유학사』 하, 313~314쪽 참조. 신채호와 유학과의 관계에 대한 여러 관점이 존재한다. 그를 철저한 유학비판자로 바라보는 견해도 있고, 단재 사상과 유학 사상 사이의 연속성을 강조하는 견해도 존재한다. 이 문제에 대해서는 박정심, 『한국 근대사상사』, 303~306쪽 참조.

8) '애국계몽운동'이란 개념은 1948년 손진태가 사용한 용어인데, 이 용어는 현재 국사학계의 통설로 정착되어 있다. 그런데 조동걸은 '애국'이란 관두어는 불필요하고 한말계몽운동의 개념과 성격을 혼란스럽게 할 우려가 있다고 주장한다. 그에 의하면, 한말 일본 제국주의의 노골적인 침략에 맞선 반제국주의 구국운동은 의병운동과 계몽운동으로 전개되었는데 이런 두 저항 다 애국적 성격을 지닌 것이다. 그러므로 의병전쟁과 계몽운동을 별도로 거론할 경우 계몽운동에 '애국'이라는 관두어를 사용하면 오해의 소지가 있다는 것이다. 조동걸·한국독립운동사편찬위원회 편, 『한국독립운동의 역사 1: 한국 독립운동의 이념과 방략』(경인문화사, 2007), 42쪽 각주 33 참조.

9) 이만열, 「단재 신채호의 민족운동과 역사연구」, 13쪽.

10) 신채호는 1897년 신기선의 추천으로 성균관에 입학한 이후 사회진화론을 수용하게 되었다고 한다. 이호룡, 「신채호의 아나키즘」, 충남대학교 충청문화연구소 편, 『단재

한말에 많은 한국 지식인들이 사회진화론을 수용했지만, 그 수용 양상은 크게 두 가지로 대별된다. 하나는 진화의 측면을 강조하는 관점이고, 다른 하나는 경쟁을 강조하는 것이다. 전자의 관점에서 사회진화론을 수용하는 경우, 서구 근대문명의 선진성과 우수성을 인정하여 독립보다는 실력 배양에 우선적 관심을 기울인다. 그리고 이런 태도는 일본과 같은 문명국의 도움도 적극적으로 받아들여야 한다는 결론으로 나간다. 이에 반하여 경쟁의 입장에서 사회진화론을 수용할 때는 생존경쟁이 지배하는 엄연한 현실에서 경쟁의 주체로서 민족과 국가의 자강에 힘쓰는 것을 우선적 과제로 삼아 제국주의적 침략에 저항하는 태도로 나간다.

신채호는 후자의 길을 걸었다.[11] 그래서 그는 서구의 근대 문물에 대해 개방적 태도를 유지하면서도 일제의 침략 논리인 동양주의를 무비판적으로 수용하였던 당시의 많은 지식인과는 다른 길을 걸어갈 수 있었다.[12]

그러나 신채호의 국가주의는 평등주의와 공화주의의 성격을 분명하게 지니고 있었다. 이미 1908년에도 그는 "국가는 한 개인의 소유가 아니라 모든 이들의 것이다"라는 공화주의적 사유 방식을 갖고 있었다.[13] 한국 민족주의의 상징과도 같은 인물이 이른 시기부터 국가주의를 만민평등의 민권중심적 공화주의와 결합하여 바라보고 있었다는 점은 주목받을 만하다. 이는 한국의 저항적 민족주의가 그 탄생 시기부터 민주적 성격을 띠고 있었음을 보여 주기 때문이다. 신용하는 1892~1922년 사이의 신채호에 대해 시민적 민족주의를 열렬하게 옹호한 위대한 민족주의 지도자 중 한 사람이었다고 평가한다.

신채호의 사상과 민족운동』, 192쪽 참조

11) 같은 글, 196쪽 참조
12) 같은 글, 195쪽 참조
13) 헨리 임, 「근대적·민주적 구성물로서의 '민족': 신채호의 역사서술」, 신기욱·마이클 로빈슨 엮음, 『한국의 식민지 근대성』(도면회 옮김, 삼인, 2005), 480쪽.

신채호는 애국계몽사상과 애국계몽운동을 통하여 한국이 낳은 가장 위대한 민족주의자 중 한 사람이 되었다. 신채호의 생애를 통하여, 국민에 대한 영향력이 가장 컸고 민족운동에 대한 공헌이 가장 컸던 시기는 이 애국계몽운동기였다고 할 것이다.[14]

그런데 중국이나 한국의 민족주의와 달리 일본의 민족주의는 인민주권적인 민주주의와의 "행복한 결합의 역사"를 잘 알지 못했다고 평가받는다. 민권 및 국민주권적인 공화주의 혹은 민주주의와 결합되는 민족주의 흐름이 대단히 미약했고 근대 일본의 국민국가적 정체성을 천황제 국가에 대한 복종에서 구했던 일본의 민족주의는 초기부터 대내적으로는 억압적이고 대외적으로는 침략적인 성격을 갖고 있었다. 그래서 전후 일본의 최고 지성인으로 손꼽히는 마루야마 마사오(丸山眞男, 1914~1996)는 "일찍부터 국민적 해방의 원리와 결별"한 일본 민족주의는 "국가주의로, 나아가서 초국가주의(ultra-nationalism)로까지 승화"되지 않을 수 없었다고 비판한다.[15]

이에 비해 공화주의적 사유를 옹호하면서 "천하는 한 사람의 천하가 아니라 천하 모든 사람의 천하"라는 유학의 대동적 공천하 사상을 꿈꾸었던 신채호가 공천하 사상을 국민국가 개념으로 변형하여 활용하고 있다는 점은 흥미롭다. 박찬승도 신채호 등에 의해 형성된 '민족' 개념은 남녀노소의 차별은 물론이고 양반−평민−노비의 신분 차별을 거부하는 평등주의적 요소를 갖고 있었음을 강조한다.[16]

신채호는 말년에 무정부주의를 받아들이면서 조선의 민중들이 독립과 사회변혁의 주체임을 발견하게 되고, 또한 무정부주의 사상을 통해 사회진화론적 사고를 벗어나게 된다. 특히 한 연구자는 신채호가 1919년 러시아혁명

---

14) 신용하, 『(증보) 신채호의 사회사상 연구』, 27쪽.
15) 마루야마 마사오, 『현대정치의 사상과 행동』(김석근 옮김, 한길사, 1997), 205~206쪽.
16) 박찬승, 「한국에서의 '민족' 개념의 형성」, 『개념과 소통』 1(한림대학교 한림과학원, 2008), 106쪽 참조.

이후 접하게 된 사회개조·세계개조론과 대동사상을 통해 사회진화론적 사고를 극복하게 되었다고 주장한다.[17)]

그러나 신채호가 무정부주의를 언제 어떻게 수용했는지는 의견이 분분하다. 신채호는 일제에 체포되어 재판을 받는 도중에 자신이 무정부주의자가 된 시기에 대해 두 가지 서로 다른 말을 한 바 있다. 1928년 12월 13일 대련지방법원에서 일제에 의해 이루어진 제1회 공판에서 그는 재판관과 무정부주의에 관해 다음과 같은 대화를 주고받는다.

재판관: 그대는 언제부터 무정부주의에 공명하였나?
신채호: 내가 황성신문사에 있을 때에 고토쿠(幸德秋水)의 무정부주의 장광설을 읽은 때부터요.
재판관: 그대는 아나키스트인가?
신채호: 나는 의심 없는 무정부주의자요.[18)]

그러나 1929년 4월 4일의 제3회 공판에서 신채호는 제1회 공판 때 고토쿠의 저서를 접한 이후 무정부주의자가 되었다고 한 진술은 기억의 착오로 인한 것이라고 하면서 다음과 같이 말한다.

다만 나는 그간 오랫동안 옥중에서 시달리어 이따금 정신상 착각이 되므로 내가 한 말도 알 수가 없으니 이전에 말한 것은 다 어떻게 되었는지 모르겠지만, 전심前審 공술한 가운데서 어렴풋이 기억되는 점은 내가 본시 무정부주의연맹을 조직할 때 어떤 책자를 보고 동기가 되었다고 말한 듯하나 절대로 그런 것이 아니고, 오직 현 제국주의 제도의 불평과 약소 민족의 미래를 위하여 단행한 것이다.[19)]

---

17) 이호룡, 「신채호의 아나키즘」, 199쪽 참조.
18) 「제1회 공판 기사」, 『조선일보』 1928년 12월 28일자. 신용하, 『(증보) 신채호의 사회사상 연구』, 87쪽에서 재인용함.
19) 「제3회 공판 기사」, 『동아일보』 1929년 4월 8일자. 신용하, 같은 책, 88쪽에서 재인용함.

하여간 신채호는 선비가 민중 속으로 들어가 그들과 함께 활동해야 한다고 역설했는데, 그가 사회진화론의 한계를 극복하면서 독립운동의 이념과 방법에 대해 새로운 전기를 마련하게 된 사상적 동기 중의 하나가 바로 이른 시기부터 알고 있었던 유교적 대동사상의 영향이었다는 점은 강조될 필요가 있다. 그는 1923년의 「조선혁명선언」에서 조선의 독립이 전 인류 사회에 존재하는 모든 차별이나 억압, 침략을 없애는 투쟁과 결부되어 있음을 강조한다.[20] 그에 의하면 "강도 일본의 통치를 타도"하는 것은 "인류로써 인류를 압박하지 못하며 사회로써 사회를 수탈하지 못하는" 독립된 "이상적 조선"을 달성하기 위한 것이다.[21]

위에서 본 것처럼 신채호에게서는 조선의 독립운동과 무정부주의 사상 사이에 내적 연결 가능성이 독해될 수 있다. 그런데 신용하는 만년에 무정부주의로 전환한 신채호의 사상과 행적을 애석해한다. 그는 신채호가 "만년에 그의 민족주의를 더욱 심화 발전시키지 않고 무정부주의로 전환한 것은 이해하기 어려운 일"이라고 했다.[22] 역사학자 이만열 또한 신채호의 민족주의와 무정부주의 사이에는 양립하기 어려운 면이 있음을 강조한다. 신채호가 "아나키스트 운동을 전개하면서도 민족해방이라는 끈을 놓지 않았다는 것을 들어 민족주의자의 반열에 묶어두려는 것은 그가 지향했던 진실을 외면하는 것은 아닐까"라고 이만열은 주장한다.[23]

물론 신채호의 독립운동과 무정부주의 사이의 관계를 쉽사리 해결할 방안은 없을 것이다. 그러나 우리는 위에서 인용한 신채호의 주장을 통해 적어도 그의 무정부주의와 민족주의 혹은 조선의 독립운동이 서로 연결되어

---

20) 「조선혁명선언」을 작성할 당시 신채호는 의열단원이 아니었으나 김원봉의 요청으로 이 선언문을 작성했다. 조경달, 『식민지 조선과 일본』, 133쪽.
21) 신채호, 「조선혁명선언」, 안병직 편, 『신채호』(한길사, 1995), 196쪽.
22) 신용하, 『(증보) 신채호의 사회사상 연구』, 374쪽.
23) 이만열, 「단재 신채호의 민족운동과 역사연구」, 25쪽.

사유될 수 있다고 추론할 실마리를 발견할 수는 있다.

첫째, 그는 무정부주의 운동을 "현 제국주의 제도의 불평과 약소 민족의 미래"를 위한 것으로 주장한다. 1923년의 「조선혁명선언」에서도 그는 "강도 일본의 통치를 타도"하여 조선의 독립을 이루는 것을 목표로 삼으면서도 조선 독립을 "인류로써 인류를 압박하지 못하며 사회로써 사회를 수탈하지 못하는" 상황과 연결해서 이해한다. 이렇게 인류나 사회가 더는 서로를 수탈하거나 강제적으로 폭력을 일삼지 않는 상황을 추구하는 것이 동시에 "이상적 조선"을 달성하기 위한 길이라고 그는 강조하고 있다. 그러므로 적어도 그에게는 조선의 독립운동이 무정부주의가 추구하는 전체 인류의 자유를 실현하는 과제와 무관한 것이 결코 아니었다. 그는 이 둘 사이가 서로 모순적이고 배타적인 것이 아니라고 이해하고 있었음을 추론할 근거가 있는 셈이다.

둘째, 위에서 서술한 저자 나름의 해석, 즉 신채호에게서는 무정부주의와 조선의 독립운동이 인류의 자유로운 사회를 향한 열망과 함께하고 있다는 점이 다음에 인용하는 그의 주장에서도 등장한다. 그는 1929년 10월 3일 제4회 공판에서 재판관의 질문에 답하면서 자신의 무정부주의는 동아시아의 모든 사람이 "다 같은 자유로써 잘살자는 것"이라고 주장한다.

재판관: 동방연맹이란 일본·중국·인도 등 동방에 있는 여러 무정부주의 동지가 결탁하여 기성 국체를 변혁하여 자유노동사회를 건설하자는 단체인가?
신채호: 무정부주의로 동방의 기성국체를 변혁하여 다 같은 자유로써 잘살자는 것이오.[24]

---

24) 「제4회 공판」, 『동아일보』 1929년 10월 7일자. 신용하, 『(증보) 신채호의 사회사상 연구』, 88~89쪽에서 재인용함.

이제 독립운동의 주체를 민중으로 설정하는 신채호의 사상을 조선 후기 이후 전개된 유학 사상과 관련해서 좀 더 살펴보자. 조선 독립운동의 참다운 주체가 조선의 민중임을 천명한 신채호의 인식은 조선 후기에서부터 본격화되기 시작한 선비 의식의 민중화 경향과 관련되어 있기 때문이다. 신채호의 독립운동과 그 사상의 형성을 이해하려면 무정부주의 영향을 비롯하여 서구 근대와의 조우를 통한 자극도 중요하게 취급해야 함은 옳다. 그러나 그것은 유학의 대중화 현상을 배경으로 삼아 만민평등을 만인의 군자화로 표현했던 동학사상 및 백성이 유교적 민본주의 구현의 당당한 주체일 수 있음을 보여 준 갑오농민전쟁 등의 역사적 전개와 관련해 더 잘 이해될 수 있다.

역사학자 조경달은 신채호에 의해 전개된 민중관을 "제국주의뿐만 아니라 국가의 강권 일반에 대항하는 저항 주체, 변혁 주체로서의 민중을 발견함으로써 사士에서 민民으로 자기규정의 전환을 이루고, 전봉준도 가능하지 않았던 우민관을 극복했다"라고 평가한다. 참다운 선비는 유학자적인 지식인상을 넘어 민중 속으로 들어가서 민중과 함께하고 민중이 되어야 한다는 신채호의 민중관은 18세기 이래로 조선 사회에 제기되었던, 선비 즉 사士는 어떤 존재인가라는 질문에 대한 "가장 혁신적인 회답"이라는 것이다.[25]

앞에서 보았듯이 신채호는 유학자로 출발하였지만, 유교를 그 누구보다도 치열하게 비판했다. 그러나 그는 유학 전체를 폐기하지는 않았다. 그는 유교 국가 조선을 거치면서 형성된 전통 일체를 파괴한다는 것은 조선을 근대적인 국민국가로 재편할 가능성 자체를 없애는 것이나 다름없다고 생각했다. 그래서 신채호는 "파괴 2자字를 오해하여 역사적 관습의 선악을 불분하고 싸잡아 소각하면 장차 어디로부터 무엇에 기초하여 국민의 정신을 유지하며, 무엇에 근거하여 국민의 애국심을 환기하리오"라고 하면서 전통

<hr>

25) 조경달, 『민중과 유토피아』, 388~389쪽.

자체를 경멸하고 파괴하려는 심성을 극히 경계했다.[26) 그에게는 우리의 오랜 역사 속에는 꼭 소중하게 간직하고 비판적으로 계승할 것이 있음을 자각하는 것이 매우 중요했다. 나아가 신채호는 유교를 국민종교로 만들어 선용할 필요도 있음을 역설했다.

> 지금 한국 종교계가 진력할 것은 유교를 개량改良하는 동시에 그 발달을 여도勵圖하며, 예수교를 확장하는 동시에 그 정신을 보전하는 것이다. 유교는 한인韓人에게 준 감화력이 매우 크다. 그러므로 이를 양법良法으로 발휘하여 현 세계 국민적 종교의 지위를 얻게 하는 것이 옳다.[27)

또한 신채호는 위기에 처한 유학을 재건하기 위해서는 그것이 대동유학으로 거듭나야 함을 역설했다. "유교의 진리를 확장하여, 허위를 버리고 실학에 힘쓰며 소강을 버리고 대동에 힘써서 유교의 빛을 우주에 비출지어다."[28) 그는 유교적 대동 정신의 비판적 계승이 없이는 유학의 앞날을 보장할 수 없다고 생각했다. 무수히 많은 유학자가 친일의 길을 걷고 일본의 천황과 국가중심주의적 황도유학에 무릎을 꿇던 일제강점기에, 유학의 근본정신을 되살려 조국 독립의 방도를 모색하려 했던 신채호의 고민 속에서 오히려 갑오농민전쟁으로 분출된 급진적 유교 민본주의 정신을 비판적으로 계승하려는 모습을 발견한다.

물론 앞에서 보았듯이 신채호에게서도 유교적 대동사상은 단순히 유학을 재건하는 방법에 그치지 않는다. 그것은 한국 독립운동의 정당성을 유교적 색채를 띤 보편주의적인 세계시민의 이념과 결합할 수 있는 사유의 틀을 제공한다. 달리 말하자면, 유교적 대동사상은 약육강식의 논리가 국제 관계

---

26) 신채호, 「國粹保全論」, 단재신채호선생기념사업회 편, 『단재 신채호전집』 별집(형설출판사, 1987), 117쪽.
27) 신채호, 「20세기 신국민」, 같은 책, 228쪽.
28) 신채호, 「유교 확장에 대한 론」, 『단재 신채호전집』 하(형설출판사, 1987), 119~120쪽.

를 지배하는 철의 법칙처럼 간주되던 시기에 우리 민족독립의 정당성을 모든 민족과 인류가 평등하고 평화롭게 살아가는 새로운 세계를 향한 희망과 결합하여 사유할 수 있도록 해 준 유력한 정신적 자산이었다. 그러므로 신채호가 한국의 독립을 동양 평화라는 보편적 대의와 연결해서 이해하는 것 역시 우연한 일이 아닌 셈이다.

동양 평화를 말하고자 한다면 조선의 독립을 능가할 상책이 없다. 조선이 독립하면 일본은 사방을 경영하던 힘을 수습하여 자신의 영토를 보존할 것이요, 러시아 볼셰비키는 약한 민족을 돕는다는 구실을 빙자하기 어렵게 되어 북쪽에 웅크릴 것이며, 중국 역시 혁명으로 혼란한 국면을 정돈할 기회를 얻는다. 이것이 동양 평화의 요의要義이다.[29]

2. 백암 박은식

백암 박은식은 조선 철종 10년인 1859년에 황해도 황주에서 태어나 대한민국 임시정부 7년인 1922년 중국 상해에서 서거했다.[30] 처음에 그는 전형적인 유학자였다. 그의 부친인 박용호가 황해도 황주에서 이름난 성리학자였기에

---

29) 신채호, 「조선독립 及 동양평화」, 『단재 신채호의 천고』(최광식 역주, 아연출판부, 2004), 61쪽. 박정심, 『한국 근대사상사』, 334쪽에서 재인용함. 물론 신채호가 늘 동양주의 혹은 아시아주의를 긍정적으로 본 것은 아니다. 그는 1909년에 「동양주의에 대한 비평」이라는 글에서, 동양의 여러 나라가 힘을 합해 서구 제국주의의 동진에 대항해야 한다는 동양주의를 주창하는 사람들에 대해 "나라를 그르치는 자"요 "외국에 아첨하는 자"이자 "혼돈한 무식자"라고 신랄하게 비판한다. 신채호, 「동양주의에 대한 비평」, 최원식·백영서 엮음, 『동아시아인의 '동양' 인식: 19~20세기』(문학과지성사, 1997), 216~217쪽. 백영서에 따르면 중국에서의 망명 생활을 통해 신채호는 사상의 변화를 겪어 한국독립과 동양 평화의 내적 연관성을 강조하게 되었다. 백영서, 『동아시아 담론의 계보와 미래』(나남, 2022), 34쪽 및 46쪽.
30) 박은식의 출생 연도와 출생 지역에 관해서는 오류도 존재하는데, 이에 대해서는 노관범, 『백암 박은식 평전』(이조, 2021), 21~27쪽 참조 바람.

그도 어렸을 때부터 부친의 서당에서 성리학과 관련된 유교 경전을 익혔다. 20대 때 박문일朴文一(1822~1894)·박문오朴文吾(1832~1899) 형제에게 성리학을 배웠다. 이들은 박은식과 같은 밀양박씨 가문이었는데, 그래서 박문일·박문오 형제는 박은식을 '종인宗人'이라 불렀고 박은식 역시 이들을 '종인'이라 칭했다.[31] 또한 이들 형제는 위정척사파의 거두 화서 이항로의 학맥을 이어받은 관서 지방의 대표적 주자학자로 이름 높은 인물들이었다.[32]

박은식은 신채호와 마찬가지로 사회진화론의 영향을 받아 당대를 국가 경쟁의 시대로 여기면서 조선이 근대적인 국민국가로 나가기 위해서는 민족적 정체성을 확립하는 것이 관건이라고 생각했다. 일제로 인해 조선이 망한 뒤, 1915년 중국 상해에서 발행한 『한국통사韓國痛史』 서언에서도 박은식은 민족의 역사가 나라의 근본임을 강조하면서 민족의 역사의식을 고취하고 보존하는 길이 바로 독립을 위한 초석을 닦는 일이라고 하였다.

옛사람이 이르기를 나라를 멸할 수가 있으나 역사는 멸할 수가 없다고 하였으니, 그것은 나라는 형체이고 역사는 정신이기 때문이다. 이제 한국의 형체는 허물어졌으나 정신은 홀로 존재할 수 없는 것인가? 이것이 통사痛史를 짓는 까닭이다. 정신이 보존되어 멸하지 아니하면 형체는 부활할 때가 있을 것이다.[33]

위에서 보듯이 나라는 역사적인 정체성, 즉 민족적 정신에 바탕을 두고 형성된 몸으로 이해된다. 그러니까 민족정신을 발흥하고 보존하는 길과 일제를 끝장내고 새로운 자주적 독립국가를 건설하는 길은 별개의 일이 아니다.

---

31) 같은 책, 28쪽. 노관범에 따르면, 박은식이 17세에 유교 경서인 사서삼경을 두루 섭렵했지만 20~30대까지 그가 주로 관심을 기울였던 것은 과거학과 문장학이었지 성리학은 아니었다고 한다. 같은 책, 30쪽.
32) 윤사순, 『한국 유학사』 하, 318~319쪽 및 노관범, 『백암 박은식 평전』, 50~55쪽 참조.
33) 박은식, 『한국 통사』(김태웅 역해, 아카넷, 2012), 26쪽.

하여간 1906년 『서우西友』 제1호의 글인 「교육이 흥해야 생존을 얻는다」에서 박은식은 조선인이 약육강식의 세계에서 생존하는 데 필요한 것은 교육이라고 역설하면서 당대를 "생존경쟁은 천연이요 우승열패는 공례"로 관철되는 시대라고 본다.[34] 그래서 애국계몽운동 시기의 그는 신채호와 마찬가지로 국제사회에서 관철될 수 있는 보편적인 가치의 현실 적합성을 매우 회의적으로 보았다. 그리고 그들은 민족주의야말로 약육강식의 정글 법칙이 지배하는 세상에서 한민족이 거듭날 방안이라고 생각하는 경향을 보여 주기도 한다.

박은식이 당대 조선 주자학의 '존화양이' 사상을 부정적으로 보는 것도 시대 인식에 기인한 것이었다. 그는 당대 세계 여러 나라가 모두 "제각기 자기 나라 존중을 의리로 삼고" 있는데도 조선만이 "다른 나라를 존중하여 일대 의리로 삼으니, 이것은 자기 나라 정신을 소멸케 하는 일대 마력"이라고 비판한다. 그러므로 그는 "지리의 안팎"에 따라 중화와 오랑캐로 가르는 관념을 비판하면서 공자가 춘추대의에 의해 주창한 '존화양이'의 본뜻은 "오랑캐가 중국에 들어가면 중국으로 대우하고, 중국이 오랑캐가 되면 오랑캐로 다루는 것"이라고 했다. 중국과 중화란 본래 문화적인 이념이지 그 어떤 지역 혹은 국가와 불변적인 방식으로 결합해 있는 것이 아니라는 뜻이다.[35]

이처럼 박은식은 공자의 대의를 존중하는 것이 나라의 존망보다도 더 중요하다고 보는 '존화양이'의 관점도 비판한다. 그가 볼 때 그런 주장은 조선 사람을 노예로 만드는 것에 지나지 않았다. 달리 말하자면 그는 "존화의 의리를 주창하는 힘으로 애국의 의리를 주창"하지 않았기에 당대 조선이 일본에 의해 식민지로 전락하게 되었다고 본다.

---

34) 이만열 편, 『박은식』(한길사, 1980), 83쪽.
35) 박은식, 「몽배금태조」, 『대통령이 들려주는 우리 역사』(조준희 옮김, 박문사, 2011), 251쪽.

조선은 선비들의 주장으로 다스려지는 나라다. 사림의 영수로서 국민의 태두가 된 자가 '존화'의 의리를 주창하는 힘으로 '애국'의 의리를 주창했다면 어찌 오늘날 같은 현상이 일어났겠는가? 이 역시 중화인의 글월에 심취하여 현실의 문제를 강구치 못했을 따름이다.……

따라서 정치계와 교화계에서 다른 나라의 문물을 수입하여 자기 나라의 정치와 교화에 보탬이 되더라도, 내게 맞지 않는 것은 취하지 말아야 할 것이며 또 그 옳음과 장점을 취하고 그 그릇됨과 단점을 버려야 할 것이다. 그런데 오늘날 조선 사람들은 다른 나라의 문화가 자기 나라에 적합한지 적합하지 않은지를 살피지 않을 뿐 아니라…… 지나 땅에서 난 것이라 하면 모조리 선망하고 부러워하며 기쁜 마음으로 따라서, 남의 술 찌꺼기를 좋은 술로 여기고 남의 연석을 보물로 착각하니 이는 다 '노예근성'이다.[36]

그런데 박은식은 1895년 일본인이 명성황후 즉 민비를 무참하게 시해한 여파로 일어난 유림의 의병투쟁을 긍정적으로 평가한다.[37] 또한, 이미 언급 했듯이 그는 화서학파의 흐름을 잇는 박문일 문하에서 주자학을 배웠다. 그렇다면 그가 존화양이와 존화론을 비판했던 것이 위정척사 계열의 사상이 나 의병항쟁 등을 포함한 유학 사상 전반을 부정 일변도로 평가함을 뜻하는 것 같지는 않다.[38] 아마도 그가 비판적으로 보았던 존화파는, 당대 조선의 실권을 장악하고 있으면서도 시대에 걸맞게 개혁하지 않고 오히려 그것을

---

36) 같은 책, 252~253쪽.
37) 박은식, 『한국독립운동지혈사』(김도형 옮김, 소명출판, 2008), 47~50쪽. 노관범은 박은식
   이 일찍이 홍승운의 영향으로 "조선 후기 경화학계의 대명의리론을 깊이 체득했을
   것"이라고 추측한다. 그는 1900년대 조선 말기의 정치적 격변기에서 크게 타오른 존화양
   이의 기치, 즉 중화를 존중하고 양이를 배척하는 것이 공자가 『춘추』를 지은 대의라는
   점을 분명히 하는 대명의리론을 받아들였다는 것이다. 그리고 이런 사상은 "19세기
   후반 조선 사회에 진동했던 위정척사의 조류와 일치하는 것"이라고 주장한다. 노관범,
   『백암 박은식 평전』, 37~39쪽.
38) 신용하는 박은식이 존화 사상과 소중화 의식을 비판하는 것을 위정척사파에 대한
   비판과 연결시켜 이해한다. 신용하, 『박은식의 사회사상 연구』(서울대학교 출판부,
   1998), 240쪽.

방해하기 위해 청나라에 의존적이었던 수구파와, 이런 완고한 수구파의 위선과 무능력과 부패에 눈감고 겉으로만 존화양이를 되뇌면서 유학자인 척하는 부패한 유림이었을 것이다.

실제로 박은식은 유인석, 이인영 등이 일제에 살해당한 국모의 복수를 위해서 의병을 일으켜 항쟁한 사건을 "의리를 외치며 적을 토벌"하는 것이라고 인식하면서 이를 춘추의리와 연결시켜 이해한다. 그러므로 그는 의병항쟁이 비록 실패로 끝나 "공을 이루지 못했으나 적을 토벌하여 원수를 갚으려던 그들의 의리는 실로 백성의 떳떳한 도리를 북돋워 키우기에 충분했다"라고 평가했다.[39]

박은식은 신채호와 유사하게 유가의 천하위공 사상을 국민국가의 공화제를 정당화하는 논리로 변형한다. 예를 들어 1907년의 한 글에서는 "국가는 군주나 몇 명의 관리가 소유하는 것이 아니라 2천만 동포가 공유하는 것"이라고 말했는데, 이는 분명 "천하는 황제 한 사람의 것이 아니라 천하 사람의 것"이라는 유가의 천하위공 사상을 근대 국민국가 차원의 인민주권적 사상의 맥락으로 재해석한 것으로 보인다.[40]

이렇게 박은식과 신채호가 생존경쟁의 시대에 우리 민족의 나갈 길을 민족주의에서 구하는 모습을 조경달은 유교적 사유 방식의 해체와 관련하여 다음과 같이 해석한다.

대한 내셔널리즘을 적극적으로 고취하였던 인물이 바로 박은식과 신채호였다. 양자의 사상적 특징은, 당시 사회진화론의 '진보'를 중시하여 이해하는 경향이 강한 와중에 반대로 철저하게 '경쟁'을 중시하여 이해하였다는 점에 있다. 그 결과 양자는 현실 세계에는 가혹한 경쟁이 있을 뿐 보편적 도의 등은

---

39) 박은식, 『한국독립운동지혈사』, 49~50쪽.
40) 박은식, 「人民의 生活上 自立으로 國家가 自立을 成함」, 『西友』 8號, 1907; 『白巖朴殷植全集』 5권(백암박은식전집편찬위원회, 동방미디어, 2002), 365쪽.

없다고 생각하였다. 국제법 등은 조금도 기대할 것이 없으며, 열강이 생각하는 대로 해석하여 약소국을 고통에 빠지게 만드는 도구에 지나지 않는다는 인식이었다. 그 때문에 두 사람은 국가주의의 입장에 서야 함을 집요하게 주장하였다. 국가는 도의보다도 무겁다고 주장한 것이다.…… 조선의 전통적 교학인 주자학에서는 훌륭한 인격자가 훌륭한 정치를 실천할 수 있다고 생각했다. 도덕과 정치는 연속되어 있는 것이었다. 정치의 세계에서는 본래 권모술수 등을 써서는 안 된다는 인식이다. 주자학적 사유에 젖어 있었던 조선의 지식인은 이러한 사유로부터 쉽게 벗어날 수 없었는데, 박은식과 신채호는 도덕과 정치를 분리시킴으로써 진정한 국가주의를 정립하였다.[41]

그러나 국가 및 민족 중심의 사유, 그러니까 평천하와 분리된 국가의 안위만을 고려하는 생각은 당시의 절박한 시대정신을 반영하고 있었다고 해도 그 자체로서는 이미 한계가 있었다. 거듭 강조하지만, 서구 근대 자본주의 세계 체제의 국가 형태인 국민국가에 바탕을 둔 국제질서에서, 더구나 전 세계가 사회다윈주의로 무장한 제국주의 열강의 약탈 지역으로 되어 가고 있던 시기에 평천하의 이념은 한가로운 낭만적 몽상가의 생각처럼 여겨질 수도 있었을 것이다. 이런 상황에서, 더욱이 국가의 독립도 국가들 사이의 상호 인정에 의해서만 진정하게 달성될 수 있다는 점을 생각해 보더라도 피식민지의 일반 민중들은 국가 사이의 지속 가능한 평화 체제 구축 방안을 스스로 모색해야만 했다.

그러기 위해서는 모든 민족국가의 대등한 자결권이 보편적 원리로 승인되어야 할 터인데, 이런 논리 개발에는 조선의 문화적 맥락에서는 유학의 평천하 이념이 큰 도움이 될 것이 분명했다.

40세 되던 해인 1898년 여름에 상경한 박은식은 이때부터 사상과 행동에서

---

41) 조경달, 『근대 조선과 일본: 조선의 개항부터 대한제국의 멸망까지』(최덕수 옮김, 열린책들, 2015), 256~257쪽.

커다란 전환기를 맞이하게 된다. 그가 주자학에서 양명학으로 관심을 변경하게 된 것도 이 무렵이다.[42] 그는 양명학을 수용함으로써 조선이 망국에 이어 식민지로 전락한 상황을 극복하고 세계 여러 나라와 대등한 위상을 확립하는 방안을 모색할 수 있으리라고 기대했다. 노관범에 따르면, 1898년 이후 박은식의 사상 변화를 추동한 이유 중의 하나는 당대 조선 백성들이 처한 참혹한 현실이었다. 간단하게 말해, 서울로 상경한 이후 박은식은 "줄곧 서울 양반들의 착취에 시달리는 인민의 고통을 자각하고 유교적인 인정을 갈구했다."[43] 그러다가 그는 『서북학회월보』 1909년 3월호에 실린 글 「유교구신론」을 통해서 한국의 유학이 주자학에서 양명학으로 전환해야 함을 역설했다.[44]

박은식은 조선의 유학이 주자학 일변도로 흘러 사상의 자유가 꽃피기 어려웠다고 비판한다. 주자학과 약간이라도 다른 견해를 펴기만 하면 즉시 사문난적으로 몰려 멸문의 화를 면하기 어려웠기 때문이다. 박은식이 보기에 조선은 주자학의 독존에 만족해서 새로운 시대에 새로운 사상이 전개되어 가는 데 관심을 기울이지 못한 채 그저 "옛 학문을 지키는 것을 숭상하여 새로운 변화를 막고 거부"한 결과 결국 나라가 망하고 말았다.[45] 그리하여 양명학에 주목하게 된 그는 주자학과 비교해서 양명학이 시대에 더 적합한 유학 사상이라는 점을 다음과 같이 말한다.

세속의 유학자들은 주자와 양명 이론의 같고 다름이 매우 단단하여 그 논의를 그칠 수 없다고 한다. 그러나 금일에 이르러 이러한 같고 다름의

---

42) 박은식의 생애에 대해서는 이종란, 「박은식의 구국 활동과 양명학」, 박은식, 『왕양명실기』 (이종란 옮김, 한길사, 2010), 13~21쪽 참조. 박은식의 양명학과 강화학파 사이의 연관 문제에 대해서는 박정심, 『한국 근대사상사』, 275쪽 참조.
43) 노관범, 『백암 박은식 평전』, 93~95쪽.
44) 같은 책, 193쪽.
45) 박은식, 『왕양명실기』, 71쪽.

변론은 모두 무익하여 더 이상 묻지 않는 것이 옳을 것이다. 우리 동료들이 학문하는 까닭은 무엇인가? 자신의 몸을 닦아 남에게 미치게 하여 세상에 보탬이 되고자 함이 아닌가? 오늘날에 이르러 이른바 성현의 학문을 전적으로 폐지해 버리면 그만이지만, 이 학문을 강명해서 자신의 몸을 닦아 남에게 미치고자 하는 요령으로 삼고자 한다면, 오로지 왕학王學의 간단하고 쉬우며 진실하고 절실함이 시의적절할 것이다.[46]

이처럼 박은식은 양명학을 주자학에 비교해 시대에 적절한 유학이라고 판단하였지만, 그는 주자학과 양명학의 대비를 선과 악의 이분법으로 접근하지 않았다. 그러니까 그는 사실상 주자학과 양명학의 차이를 그리 크게 두는 것 같지 않고, 둘 사이의 상통함을 인정하는 것으로 여겨진다. 그는 주자학과 양명학에 서로 다름이 있기는 하지만 결국 둘이 서로 떨어져 있는 것은 아님을 말하면서 『왕양명실기』를 다음과 같이 끝맺고 있다.

또 주자와 왕양명의 같고 다름을 말한다 하더라도, 주자는 여러 사물의 이치를 궁구하여 얻은 것을 앎의 지극함으로 여겼고 왕양명은 양지를 이루어 얻는 것을 앎의 지극함으로 여겼다. 주자의 앎을 이루는 것은 후천적인 앎이요 왕양명의 앎을 이루는 것은 선천적인 앎이니, 선천과 후천이 원래 서로 떨어져 있는 것이 아니다. 주자가 언제 본심의 앎을 버렸으며, 왕양명이 언제 물리에 대한 앎을 버렸던가? 다만 그 입각한 곳에 밀고 곧바른 차이가 있을 뿐이다.[47]

그러나 이 자리는 박은식의 사상 전모를 밝히는 자리가 아니기에 글의 취지에 어울리게 박은식의 유교적 대동사상의 몇몇 모습에 주목할 것이다. 그의 유교적 대동사상은 양명학의 '만물일체의 인' 사상과 관련되어 있다.

---

46) 같은 책, 346쪽.
47) 같은 책, 347쪽.

그는 '만물일체의 인'을 양명학의 핵심으로 파악했고,[48] 이 관념을 사해동포주의 및 대동사상과 연결시켜서 강권強權을 위주로 한 제국주의의 폐해를 극복할 수 있는 새로운 세계시민 지향의 유교적 평등주의 혹은 대동적 세계 이념으로 발전시켜 나가고자 했다.[49]

박은식은 사회진화론적인 약육강식의 논리를 통해서는 인류의 병폐를 치유할 수 없다고 보고, 20세기 인류가 적자생존 및 약육강식의 정글에서 벗어날 길을 유교적 대동세계를 구현하는 데에서 찾을 수 있다고 생각했다. 1909년 『황성신문』에 실린 「유교 발달이 평화를 위한 최대의 기초」라는 글에서 그는 유교 논리의 평화 지향성과 당대 제국주의 열강의 시대를 규정하는 적자생존 논리의 폭력성을 다음과 같이 대조시키고 있다.

> 유교는 세계평화를 지향한다. 『논어』의 충서忠恕와 『중용』의 중화위육中和位育, 「예운」의 대동이 모두 평화의 본원이며 평화의 극공極功이다. 또 『춘추』에는 천하열국으로 하여금 경쟁을 쉬게 하고 난리를 그치게 하며 강신수목講信修睦하여 대동 평화를 이루는 것을 종지로 한 내용도 있다. 이런 주의가 경쟁 시대에는 적합지 않은 듯하지만, 장래 사회 경향이 평화에 기울면 우리 유교의 큰 발달을 확연히 기약할 수 있다. 우리나라의 유교여, 유교의 형식에 구애되지 말고 유교의 정신을 발휘하여 세계 동포로 하여금 대동 평화의 행복을 균일하게 향유하게 해야 할 것이다.[50]

또 1911년경에 작성된 「몽배금태조夢拜金太祖」라는 글에서 박은식은 강권強權 즉 강자의 권리(the right of the stronger)가 당대 인류 역사를 지배하는 보편적 진리라고 보고 이를 비판한다.[51] 강자의 권리가 신성한 것으로

---

48) 박은식, 「일본 양명학회 주간에게」, 이만열 편, 『박은식』, 158쪽 참조. 박은식의 대동사상에 대해서는 박정심, 『한국 근대사상사』, 292∼297쪽에서 많은 시사점을 받았다.
49) 박정심, 『한국 근대사상사』, 287쪽 및 291쪽 참조.
50) 박은식, 「유교 발달이 평화를 위한 최대의 기초」, 『황성신문』 1909년 11월 6일. 박정심, 『한국 근대사상사』, 296쪽에서 재인용.

여겨지는 문명 세계에서는 약자의 권리가 존재하지 않으며, 강자가 승리하게 된 동인은 바로 지력의 발전과 더 우월한 문명에 기인한 것임을 옹호하는 약육강식의 사회진화론적 논리는 유교의 대동세계적인 이념, 즉 천지만물일체의 인의 이념과 상충됨을 유학자인 박은식은 간파했다. 그는 이 점을 다음과 같이 분명하게 천명한다.

어찌하여 세운世運의 문명이 더욱 진보하고 인간들의 지식이 더욱 발달할수록 경쟁의 기회와 살벌의 소리가 더욱 극렬하여, 소위 국가 경쟁이니 민족 경쟁이니 하는 허다한 문제가 층층이 생기고 첩첩이 나타나 세계에 전쟁의 역사가 그치지 않음은 물론이요,…… 허다한 사람을 죽여 성을 덮고 들판을 덮는 기구가 정교에 정교를 더하여 소위 극노포이니 속사포이니 모비총이니 철갑선이니 경기구이니 하는 각종 기계가 바다와 육지를 진탕하고 하늘과 땅을 뒤흔들어 인민의 피로 시내를 이루고 인민의 뼈로 산을 쌓았는데, 약육강식을 공례公例라 하고 우승열패를 천연天演으로 인식하여 나라를 멸하고 종족을 멸하는 부도불법으로써 정치가의 양책을 삼되, 소위 평화재판이니 공법담판이니 하는 문제는 강권자와 우승자의 이용물에 불과할 뿐이요 약자 열자는 그 고통을 호소하고 원통함을 펴나갈 곳이 없으니, 상제의 일시동인과 성인의 만물일체에 대하여 유감이 없기 어려운 바로소이다.[52]

박은식은 대동세계 같은 유교적 이상사회 이념을 약육강식의 논리로 고통받는 우리 민족과 모든 인류를 구원해 줄 이념으로 삼아야 한다고 생각했다.[53] 이렇게 그는 인류를 우승열패와 생존경쟁과 같은 전쟁의 참화로 몰고 가는 서구 근대문명의 야만성과 폭력성을 해결할 방안을 혁신된 유교적 대동세계의 이념에서 구할 수 있다는 신념을 지니고 있었다. 그의 이런

51) 강자의 권리(the right of the stronger)를 '强權'으로 번역한 사람은 일본인 가토 히로유키(加藤弘之)라고 한다. 박노자, 『우승열패의 신화』(한겨레출판, 2007), 136쪽.
52) 박은식, 「몽배금태조」, 이만열 편, 『박은식』, 180~181쪽.
53) 같은 책, 181쪽.

신념은 동양 사회가 21세기의 새로운 인류 역사의 주역으로 등장하게 될 것이며 공자의 도는 상실되지 않고 지속될 것이라는 믿음과 통하는 것이었다. 서구 근대문명의 지도적 지위가 쇠퇴하고 새로운 문명 전환의 시대가 도래할 것임을 예측한 것이다.

공자의 도가 21세기 인류 사회에 크게 이바지할 수 있으리라는 그의 믿음은 「유교구신론儒敎求新論」의 다음과 같은 주장에 잘 표현되어 있다.

> 대개 과거 19세기와 현재 20세기는 서양의 문명이 크게 발달한 시기요, 장래의 21세기와 22세기는 동양의 문명이 크게 발달할 시기이다. 그러니 우리 공자의 도가 어찌 땅에 떨어지겠는가? 장차 온 세계에 그 빛을 크게 나타낼 시기가 올 것이다. 아아! 우리 한국의 유림이 눈을 똑바로 뜨고서 보고, 몸을 떨쳐 이를 책임질 것이다.[54]

박은식은 20세기를 경쟁의 논리가 극한으로 치닫고 제국주의의 폭력이 난무해서 약한 민족이나 나라를 멸망에 이르게 하는 강권주의적인 난세로부터 "평등주의가 부활"하게 될 전환기로 이해한다. 그는 이런 시대적 전환 속에서 우리 민족이 제국주의의 폭력성을 극복하고 세계평화를 이룰 수 있는 대동적 이상을 구현하는 데 이바지할 것을 강조한다. 즉, 우리 민족의 독립운동은 이런 대동적 태평세를, 다시 말해 세계 인류의 평등과 평화를 지향해야 한다는 것이다.

> 이른바 20세기에 들어와서 나라를 멸망시키고 종족을 멸족하는 것을 공례로 삼는 제국주의를 정복하고 세계 인권의 평등주의를 실행하는 데에 우리 대동大東 민족이 그 선창자가 되고 주맹자가 되어 태평스러운 행복을 세계에 두루 미치게 한다면 끝없는 은택이고 더없는 영광이겠습니다.[55]

---

54) 박은식, 「유교구신론」, 같은 책, 152쪽.
55) 박은식, 「몽배금태조」, 『대통령이 들려주는 우리 역사』, 309쪽.

박은식은 또한 1917년 「대동단결선언」의 발기인으로 참여했는데, 당시 그는 고종을 중심으로 하는 망명정부의 수립을 독립운동의 방안으로 설정한 신한혁명당에 소속되어 있었다. 고종을 앞세운 신한혁명당에 소속되어 있었음에도 독립운동 이념을 민주공화주의로 확정할 필요가 있음을 강조한 「대동단결선언」의 발기인 14명 중 한 사람으로 참여했다.[56] 이 선언에서도 한국의 독립운동 정신 즉 민족주의가 대동사상과 결합한 공화주의라는 점이 명시적으로 강조되고 있다.

아울러 조소앙이 작성한 것으로 알려진 일명 1919년의 「무오독립선언」 혹은 「대한독립선언서」에도 주목하고 싶다. 박은식을 비롯하여 신채호, 이상룡, 안창호 등이 함께 서명한 이 선언서에서는 한국 독립운동의 정신을 다시금 강조하고 있는데, 그것은 '민족 평등'을 통해 군국주의 전제정치를 극복할 것, '대동평화'를 통해 타국에 대한 강제 병합과 공정치 못한 온갖 전쟁 등을 금지할 것, 남녀빈부의 차별을 철폐하고 모든 사람의 평등을 실현할 것 등이 구체적 내용으로 열거되어 있다.

이 선언서는 자주적 독립국가를 이루려는 우리의 민족운동이 '동양 평화' 와 '인류 평등'을 지향함을 강조하면서 끝맺고 있다.

> 아 동심동덕인 이천만 형제자매야, 국민 본령을 자각한 독립인 줄을 기억할지
> 며, 동양 평화를 보장하고 인류 평등을 실시키 위한 자립인 줄을 명심할지며,
> 황천皇天의 명령을 공경하여 일체의 사망邪網에서 해탈하는 건국인 줄을
> 확신하며, 육탄혈전으로 독립을 완성할지어다.[57]

끝으로, 박은식이 삼일운동에 감명 받고 완성한 1920년의 『한국독립운동지
혈사』에서는 1915년 상해에서 출판한 『한국통사』에 비해 한층 더 민중의

---

56) 노관범, 『백암 박은식 평전』, 271쪽.
57) 강만길 편, 『조소앙』(한길사, 1982), 11~12쪽.

역할을 강조하고 있다는 점에 주목하고자 한다.[58] 이제 박은식은 갑오농민전쟁을 '평민혁명'이라고 높이 평가하면서, 비록 실패했지만 동학 농민을 지도할 '유능한 자'가 있었다면 "신성한 독립국가 건설"도 가능했을 것이라고 아쉬워한다.[59] 이처럼 박은식에게도 조선 독립의 목적은 늘 동아시아와 인류의 대동 평화라는 보편적인 문명사적 관점과 더불어 평민들의 평등한 권리 즉 민권의 확보에 있었다.

물론 이런 박은식의 사유 구조가 그만의 것이라고는 할 수 없다. 한국 민족주의 사상에서는 민족주의 – 지역주의(동양) – 평천하적 세계시민주의(인류평화의 대동 세상) 사이의 내적 연관성에 대한 강조가 반복해서 등장하기 때문이다. 이는 서구 근대가 주도하는 국민국가 체제 중심의 시대에 조응하면서도 그것이 지니는 제국주의적 폭력성을 극복하려는 노력에서 나온, 한국 독립운동 이념을 구체화하려는 성찰의 산물로 이해된다. 그러나 동시에 이런 사유 구조는 유가적인 수신 · 제가 · 치국 · 평천하라는 동심원적 사유 구조의 특이한 반복이라는 점도 잊어서는 안 될 것이다.

3. 석주 이상룡

석주 이상룡은 조선 철종 9년 1858년에 경상도 안동군의 임청각에서 그 지역을 대표하는 양반 가문의 하나인 고성이씨의 종손으로 태어났다.[60]

---

58) 신용하는 『한국독립운동지혈사』와 『한국 통사』 사이에서 일어난 역사관의 변화를 세 가지로 요약하는데, 그중 하나로 전자가 후자보다 "민중의 역할과 민권의 중요성을 더욱 크게 강조"하는 것을 든다. 신용하, 『박은식의 사회사상 연구』, 288쪽.

59) 박은식, 『한국독립운동지혈사』, 47쪽.

60) 석주 이상룡의 생애에 대해서는 김기승 「해제」, 『석주유고』 상(안동독립운동기념관 편, 경인문화사, 2008) 1~4쪽과 석주 이상룡의 아들 이준형이 쓴 「유사」, 『석주유고』 하(안동독립운동기념관 편, 경인문화사, 2008), 594~618쪽 참조.

고성이씨는 15세기 이래 안동의 유력한 양반 사족이었으며 퇴계 학통에 속했다. 그리하여 이상룡도 어린 시절부터 주자학을 배운 정통 주자학자였다. 그는 갑오농민전쟁과 청일전쟁이 일어났을 때는 월곡면 도곡에 은신해서 농사를 짓고 있었다.

1895년 명성황후시해사건과 단발령을 계기로 그는 안동 지역에서 의병운동에 적극적으로 동참하였다. 안동에서 의병이 일어난 것은 1896년 1월이었는데, 의병을 일으키는 일에 참여한 핵심 인물들은 모두 이상룡과 깊은 관련이 있었고 의병대장으로 추대된 사람도 이상룡의 외삼촌인 권세연權世淵(1836~1899))이었다. 이때 조부의 상중이라 도곡에 있던 이상룡은 본가인 임청각으로 돌아와서 권세연을 열성적으로 보필하였다. 그러나 반년 이상 동안의 거센 항일투쟁에도 불구하고 의병은 관군과 일본군에 패배하였고 안동 지역은 엄청난 피해를 볼 수밖에 없었다.[61]

1905년 을사늑약을 통해 일본이 조선의 국권을 강탈하자 또다시 의병을 조직했으나, 이번에도 실패하고 만다. 이에 이상룡은 "산골짜기에 문을 닫고 있으면서 승패를 점쳤는데 한 가지도 맞아 들어감을 보지 못하니, 이는 필시 시국에 밝지 못한 것이 있다"라고 탄식하면서 동양 사상으로부터 고개를 돌려 서양 근대 문물을 적극적으로 수용하게 된다.[62]

1908년에 지은 시 「우음偶吟」에는 이상룡의 시국관이 잘 나타나 있다. 여기서 그는 우선 기존 유교 사상이 시대에 어울리지 않음을 밝히고, 이어서 개화파의 개혁이 사실상 매국으로 귀결되었음을 비판하고 있으며, 세 번째로 의병운동으로는 일본 제국주의의 침략을 막아내기 힘들다는 점을 고백한다. 그럼에도 그는 절대로 좌절하지 않고 계몽운동에 새로운 희망을 걸고 있다. 시의 마지막 부분을 인용하면 다음과 같다.

---

61) 박민영, 『임시정부 국무령 석주 이상룡』(지식산업사, 2020), 32~37쪽 및 40쪽 참조
62) 이준형, 「유사」, 『석주유고』하, 599쪽.

청구의 백성들도 또한 적지 않나니
음이 다하면 양이 생겨나는 이치가 어찌 어긋남이 있으랴
십 년을 교육한다면 오히려 희망이 있으리니
공연이 절망하여 어떻게 하고자 하는가[63]

의병운동의 실패를 성찰하고 실패를 반복하지 않기 위해 서구 근대 사상을 적극적으로 공부하면서 이상룡은 애국계몽운동에 동참한다. 1909년에는 대한협회의 안동지회를 만들어 안동 지역의 계몽운동과 교육운동의 지도자로 활동한다. 그는 1909년 작성한 「대한협회 회관에 써서 게시하다」라는 글에서 자신이 양계초의 문집을 많이 참조했다고 말한다.[64] 선행 연구에서도 그가 양계초의 『음빙실문집』을 통해 서양 근대의 정치철학이나 진화론 등을 수용했다고 밝히고 있다.[65]

어쨌든 이상룡은 대한협회 안동지회를 만드는 과정에서 국민주권주의를 명확히 한다. 「대한협회에 답한다」라는 글에서 그는 "국가는 국민의 공적 재산이요, 권리는 국민의 목숨"이라고 강조한다. 대한협회 안동지회를 설립하면서 발표한 취지서에서는 대한협회를 정당으로 규정하고 있는데, 그에 따르면 대한협회는 "대한 국민의 정당이 되는 모임"이요 나라는 "백성들의 공산이고 백성은 나라의 주인"이며, 따라서 우리 한국도 "국사國事는 국민이 다스리고, 국법은 국민이 정하고, 국리國利는 국민이 일으키고, 국난은 국민이 방어한다"라고 명시되어 있다. 이런 국민주권주의에 어울리게 안동협회는 회원 가입에 아무런 제한을 두지 않았다.[66]

안동협회를 통한 향촌 자치활동과 교육 운동은 양반 유림이 중심이 되어

---

63) 이상룡, 『석주유고』 상, 112쪽.
64) 같은 책, 612쪽.
65) 김기승 「해제」, 같은 책, 7쪽.
66) 같은 책, 310쪽 및 622쪽.

이루어졌던 향약을 통한 기존 향촌 사회 자치활동의 전통을 계승하고 있는 측면도 있지만, 구성원의 자격 제한을 두지 않았다는 점과 협회를 정당 활동으로 바라보고 있다는 점 등을 통해 이미 전통의 혁신 또한 이루어지고 있음을 알 수 있다. 따라서 박민영은 "이상룡이 지도한 안동지회는 서양 근대 사상과 제도를 수용하면서 민주주의를 지방 차원에서 훈련하는 것을 목표로 삼았다"라고 말한다. 그러나 이런 이상룡의 목표 의식과 달리 대한협회 본회에서는 지회가 독자적인 정치 활동을 하지 못하도록 했으며, 점차 일제의 국권 침탈을 묵인하면서 친일 단체로 변질되어 가다가 급기야는 대표적 친일파인 일진회와 연합하려고까지 하였다. 물론 이에 대해 이상룡은 격렬히 반대했다.[67]

1910년 조선이 일제에 의해 강제로 합병되어 식민지로 전락하자 이상룡은 대가족을 이끌고 만주 서간도로 망명하여 독립운동을 계속한다. 그는 만주 지역에 독립운동 근거지를 건설한 뒤 특히 무장독립운동 노선을 견지했다. 만주 지역으로 망명하게 된 것은 1910년 일본 제국주의에 국권이 완전히 박탈되던 시점을 전후로 해서 비밀리에 국외 독립운동 근거지를 마련하려고 노력했던 신민회와 밀접하게 연결되어 있었다. 1911년, 매서운 겨울 날씨를 뚫고 압록강을 건널 때 그는 자신이 느낀 감정과 각오를 시로 표현했다.

칼끝보다도 날카로운 저 삭풍이 내 살을 인정 없이 도려내네……
즐거운 낙토 우리 부모의 나라를 지금은 그 누가 차지해 버렸는가
나의 밭과 집을 벌써 빼앗아 갔고 거기에다 다시 내 처자마저 넘보나니
차라리 이 머리 베어지게 할지언정 이 무릎 꿇어 종이 되지 않으리라
……
누구를 위하여 발길 머뭇머뭇하랴 돌아보지 않고 호연히 나는 가리라[68]

67) 박민영, 『임시정부 국무령 석주 이상룡』, 69쪽 및 72~74쪽 참조
68) 이상룡, 「강을 건넘」, 『석주유고』 상, 135~136쪽.

3·1운동 직후 서간도 지역 인사들을 중심으로 조직된 무장독립군은 독립전쟁을 실행으로 옮기기 위해 군정부軍政府를 수립하였는데, 이들은 상해임시정부의 요청에 따라 임정의 산하 조직이 되었다. 이때 이상룡은 군정 기관인 군정부와 민정 기관인 한족회를 통합해서 만든 서로군정서의 독판督辦으로서 서간도의 무장독립운동을 이끄는 실질적 지도자가 되어 있었다. 청산리 및 봉오동 전투도 서로군정서 산하의 신흥학교·신흥무관학교 출신들이 주도한 것으로 알려져 있다. 이상룡이 상해임시정부 요청을 승낙해서 서간도 무장 조직을 임정의 산하 조직으로 만든 까닭은 무장독립운동 세력의 통일이 중요하다고 보았기 때문이다.

1925년 3월, 상해임시정부는 이승만 대통령을 탄핵했고 4월에는 헌법을 바꿔 대통령제 대신 국무령제를 채택했다. 1920년 말 갓 태어난 대한민국 임시정부의 대통령으로 취임했던 이승만은 임시정부의 방책을 둘러싼 격렬한 내부 파열을 수습하지 못한 채 이듬해인 1921년에 미국으로 돌아간 상태였다. 미국으로 간 뒤에도 그는 대통령 자리에만 연연해하면서 임시정부의 혼란을 수습하지 못한 채 아무런 지도력을 보여 주지 못하고 있었다. 1923년, 이런 상황에서 이동녕을 국무총리로 하는 새로운 내각이 수립되어 분열된 임정을 수습할 계기가 마련되었다. 새로운 내각은 이승만이 다시 상해로 돌아오기 전까지는 대통령 유고有故로 결정하여 이동녕 국무총리가 대통령 권한을 대행할 것을 결의하였다. 그러자 이승만은 거세게 반발하였고, 결국 이동녕 내각은 총사퇴를 결정하지 않을 수 없었다. 이에 임시의정원은 1924년 박은식을 국무총리로 선출하였다.

임시정부의 극도로 혼란스러운 상황을 극복하기 위해 임시의정원은 1922년 6월 10일 이승만 대통령 불신임안을 제출하였고, 6월 17일 일주일간의 토의를 거쳐 재적의원 3분의 2의 찬성으로 불신임안을 의결했다. 이때 임시의정원이 채택한 불신임의 이유는 다음의 5개 항이었다.

① 임시 대통령 피선 6년에 인민의 불신임이 현저하여 각지에서 반대가 날마다 증가되며 그 영향이 임시정부에 미치는데, 민중을 융화하지 못하고 감정으로만 민중 여론을 배척하는 까닭에 분규와 파쟁이 조장되고 독립운동이 침체 상태에 빠져 있다.

② 임시 대통령 이승만이 대미 외교사업을 빙자하며 미주에서 동포들이 상납하는 재정을 수합하여 임의 사용하였고, 정부 재정을 돌아보지 않았으며, 국제연맹과 열강 회의를 대상으로 하던 구미위원부 외교 사무가 중단됨에도 불구하고 헛된 선전으로 동포를 유혹하여 외교용 모금을 계속해서 그 재정으로 자기의 동조자를 매수하고 있다.

③ 국무위원이 총사직을 제출하였으나 임시 대통령이 그 사직청원서를 처리하지 못하였고, 몽매한 처사로 여러 번 국무총리를 임명하였는데 당사자가 알지 못하게 단독적 행사를 하여 혼란을 계속할 뿐 아직도 정부를 정돈하지 못하고 있다.

④ 국무위원은 총사직을 발표한 다음 아직도 거취를 작정하지 못한 채 다만 임시 대통령의 처사를 기다린다고 하여, 곤란한 시국에 대책 없이 앉아서 감정적 행동으로 정부 위신을 타락시키고 있다.

⑤ 이상의 사실이 임시 대통령과 국무원 불신임안 제출의 이유이다.[69]

1925년 3월 23일 임시의정원은 이승만 대통령의 면직을 위한 심판안을 통과시킴과 동시에 박은식을 대통령으로 선출하였다. 그러나 새로 개정되어 7월 15일부터 실행될 임시헌법에서는 국무령과 9명의 국무원으로 정부를 구성하도록 규정하고 있기에 박은식의 대통령 임기는 본래부터 제한되어 있었다.[70]

개정된 헌법에 따라 상해임시정부의 국무령으로 추대된 이상룡은 여러 갈래의 독립운동 세력을 규합하고 통합하고자 온 힘을 다했으나, 끝내

---

69) 김삼웅, 「현대사 100년의 혈사와 통사 9회」, 『오마이뉴스』, 최종 업데이트 2019.02.10, 18:12; 검색일 2022년 2월 13일 오후 10시 21분.
70) 『독립신문』 183호(1925년 3월 23일자) 참조.

노선 대립과 갈등을 해소하지 못한 채 통합 노력은 실패하고 말았다. 그리하여 그는 1926년 2월 임정 국무령직을 사임한 뒤 길림의 화전현으로 돌아갔고, 1932년 5월 12일 길림에서 서거했다.

앞에서 간략하게 서술한 것처럼 이상룡은 한국독립운동사에 영원히 남을 위대한 지도자 중 한 사람이었다. 안동독립운동기념관장 김희곤은 『국역 석주유고』의 「간행사」에서 이상룡이 한국독립운동사에서 차지하는 위상과 그 중요성에 관해 다음과 같이 말한다.

> 한국독립운동사에서 이상룡 선생이 돋보이는 데는 몇 가지 이유가 있습니다. 첫째, 선생의 삶이 독립운동사의 전체를 꿰뚫고 있다는 사실입니다. 독립운동의 첫 단계인 의병에서 시작하여 계몽운동, 만주 망명과 독립군 기지 건설 및 그에 이은 지도 활동, 대한민국임시정부 국무령 활동 등에서 그러한 점을 확인할 수 있습니다. 둘째, 선생이 전통 유림에서 혁신 유림으로 전환하고, 여기에 유학적 바탕에다 사회주의 해석까지 더하여 이를 민족 문제 해결에 도입한 자세는 사상적 진취성을 보여 주는 장면이기도 합니다. 셋째, 부와 지위를 모두 거레 위에 던진 선생의 결단과 선택은 노블레스 오블리주(Noblesse Oblige)의 전형적인 모습입니다. 선생은 편하게 누릴 수 있는 특권을 모두 던져 버리고 오직 나라 찾는 일에 자신의 삶과 가문의 존재를 걸었습니다.[71]

여기에서 필자가 주목하는 대목은 김희곤이 언급한 두 번째 부분이다. 이상룡은 강유위의 대동설을 받아들여 그것을 공자의 근본 학설로 보면서, 거란세와 승평세 그리고 대동세라는 삼세설을 바탕으로 동서 사상의 회통을 시도한다. 그의 삼세설을 상세하게 언급할 자리는 아니지만, 그는 춘추삼세의 의리를 다군주多君主 시대, 단일군주 시대, 민주 시대로 나눈 뒤 이 세

---

71) 『석주유고』 상, 「간행사」.

시대 각각을 두 시기로 나누어 설명한다. 예를 들어, 민주 시대인 대동·태평세는 총통 시대와 총통이 없는 시대로 나뉜다. 민주 시대 제1기는 대의정치와 민주공화제의 시기이고, 민주 시대 제2기는 러시아 사회주의혁명과 연결된 사회주의 시대로 그는 이 시기를 "대동세의 새 소식"으로 이해한다. 특기할 만한 것은 그가 공자의 대동사상을 민주공화제 및 사회주의와 연결해 사유하고 있다는 점이다.

> 최근에는 아국俄國(러시아)이 처음으로 붉은 깃발을 올리고 귀족과 부호를 구축해서 그들로 하여금 국내에 들어와 편히 살지 못하게 하고 그들의 토지와 자산을 남김없이 거두어 공유재산에 귀속시킨 후 노동자 농민의 정부를 세우니, 이것이 민주세民主世의 제2기이다. 『춘추』에서는 그를 일러 태평세라고 하니, 이제 대동의 운세가 도래하였다. 수천 년 전에 앉아서 세운의 변천을 묵묵히 추구하되 대동의 도가 오늘에 반드시 행해질 것임을 아셨으니, 공자께서는 진실로 성인일 것이다.[72]

그러나 이상룡도 평등이 단순히 "온 나라 인민이 그 세력과 재산을 일일이 서로 고르게 가져서 조금의 차등도 없음을 가리키는 것"이라고는 보지 않았다. 그런 식의 평등은 그릇된 것이어서 "행하려 하나 될 수 없는 일"이었기 때문이다.

이상룡이 사회주의를 호의적으로 보게 된 까닭은 우선 자본주의 사회의 극심한 불평등 때문이었다. 그래서 그는 러시아혁명을 "불평등이 극도에 이르면 평등을 갈망하게 되고 부자유가 극도에 달하면 날마다 자유를 축원하여, 필경은 중심에 쌓인 울분이 화산처럼 폭발"하는 데에서 발생한 것으로 이해한다.[73] 그리고 그가 보기에 사회주의의 평등사상은 "천하는 공공의

---

72) 이상룡, 「廣義」, 『석주유고』 하, 479쪽.
73) 같은 책, 472~479쪽 참조. 특히 478~479쪽.

것이다'라는 천하위공 사상과 일맥상통하는 것이었다.

이상룡은 천하위공을 설명하면서 자본주의 사회에서 일어나는 자본과 노동의 분열 대립의 원인을 자본가가 자본 증식을 위해 사욕으로 재산과 토지 등을 독점하려는 데에서 구한다. 그러면서 그는 흥미롭게도 전통적인 유가의 공사 구별 패러다임을 활용한다. 그는 자본가가 모든 사람에게 속하는 천하와 이 지구의 "토지를 광점하고 부귀와 권세를 독단하는 현상은 근본적으로 이치에 맞지 않는다"라고 비판한다. 여기에서 그는 부와 권세의 독단을 하늘의 공공성이나 천하의 공공성에 위배되는 독단 즉 사사로움으로 규정하면서, 부자는 더 부자가 되고 가난한 사람은 더 가난해져서 급기야는 "가난한 자는 몸을 팔아 노예"가 될 수밖에 없는 당대 자본주의 사회의 폐단이 고쳐지지 않는다면 "평등이며 자유라 운위하는 것이 모두 부질없는 말장난이 되고 인류의 행복은 끝내 하루도 바랄 수가 없을 것"이라고 단언한다.[74]

이렇게 자유와 평등을 그저 말뿐인 것으로 만들어 버리는 극심한 불평등 구조를 타파하기 위해 이상룡은 공자의 천하위공 사상을 제안한다. 그에 의하면 천하위공은 "평등한 정치의 요령"이다.[75] 특히 그는 경제적 불평등을 극복하고 백성을 널리 구제하는 공맹 사상의 핵심을 정전제井田制에서 구한다. 정전제를 천하위공의 핵심적 구성 요소의 하나로 보았던 것이다. 그의 주장은 다음과 같다.

> 정전제를 말씀한 것은 빈부를 고르게 하고자 해서이고, 백성이 풍족하다면 임금이 누구와 더불어 풍족하지 않겠는가를 말씀한 것은 백성의 재산을 풍족히 하고자 해서이다. 지금 대동의 도리를 논하면서 맨 먼저 천하위공의 이념을 내걸어 주안점을 삼은 것은, 대개 토지와 자본을 공유에 붙이지

74) 이상룡, 「천하는 공공의 것이다(天下爲公)」, 같은 책, 479쪽.
75) 같은 책, 480쪽.

않으면 백성에게 항산이 없어지고 나라의 재용이 풍부하지 못하게 되며 계급이 불평등해지고 호구가 밝아질 수 없기 때문이다.[76]

앞에서 본 것처럼 이상룡이 러시아 사회주의를 대동세의 제2기와 연결시켜 긍정적으로 평가하기는 했지만, 몇 가지 점에서 그는 러시아 사회주의혁명에 공감하지 못했다. 오히려 그는 전통적인 유학자로서 자신이 공자의 진정한 학설이라고 생각했던 '공자의 뜻'을 더 존중하였다. 예를 들자면 사유재산의 전적인 폐지나 가족제도의 폐지 같은 것에 반대하는 경우가 이를 잘 보여 준다. 그는 사유재산을 전적으로 없애고 처자를 공유하는 것은 '이치'에 맞지 않는다고 하면서 공자의 가르침을 칭찬했다.[77]

4. 동농 김가진과 대동단

동농東農 김가진金嘉鎭(1846~1922)은 1846년 현재의 서울 종로구 청운동 근처인 순화방 장동에서 태어났다. 그의 아버지는 철종 때 공조판서와 형조판서를 지내고 고종 2년(1865)에 예조판서를 지냈던 김응균이고 어머니는 함안박씨로, 김가진은 둘째 아들이었다.[78] 그가 태어나서 활동했던 조선 말기는 서구 제국주의 열강과 그 아류인 일본 제국주의의 침략에 맞서서 스러져가는 조선을 새로이 개혁하여 자주적이고 근대적인 국가로 탈바꿈하지 않으면 안 되는 때이기도 했다.

어릴 때부터 명민했던 김가진은 1886년 문과에 급제한 이후 본격적으로

---

76) 같은 책, 479쪽.
77) 같은 책, 480쪽.
78) 이하 김가진의 생애에 관한 내용은 장명국, 『대동단 총재 김가진』(석탑출판, 2021)과 신복룡, 『(개정증보판) 대동단실기』(선인, 2014) 두 권에 기초해서 요약한 것이다.

관료로서 활동한다.[79] 1891년 주일공사가 되었고, 갑오경장 개혁 시기인 1895년 박정양 내각 때 농상공부 대신이 되었으며, 1896년에 중추원 일등 의관에 임명되었다가 1897년에 황해도 관찰사가 되었다. 1896년 독립협회가 결성되던 시기에는 발기인으로 참여했으며, 1898년 고종에 의해 독립협회가 강제 해산된 뒤 만민공동회가 거의 상설화되다시피 한 상황에서는 한 차례 고종에게 올리는 상소의 대표자가 되기도 했다. 1900년에 중추원 의장, 1906년에 충청도 관찰사를 거친 후 1910년에는 대한협회 회장이 되어 조선을 강제로 합방하는 일제에 반대했다.

그러나 김가진은 일제의 강점 직후 조선총독부로부터 남작의 작위를 받았는데[80], 이것이 그의 일생에서 "천려일실千慮一失의 실수"였다고 신복룡은 평가한다. 이로 인해 "지난날의 모든 공업을 욕되게" 했을 뿐만 아니라 최후의 순간까지 일제의 강제 병합을 반대했다는 지조마저 잊히고 "친일파라는 오명"을 뒤집어쓰게 되었다는 것이다.[81]

김가진의 생애에서 극적인 전환을 가져온 것은 1919년의 고종 사망과

---

79) 장명국은 김가진이 40세에 과거에 급제했다고 기록한다. 예를 들어 『대동단 총재 김가진』, 8쪽 및 206쪽 등. 김위현도 1886년인 40세에 김가진이 과거에 급제했다고 본다. 김위현, 『동농 김가진전』(학민사, 2009), 126쪽. 그런데 신복룡은 "1877년 11月에 아버지의 슬하인 안동을 떠나 상경하여 문과에 급제했다"라고 서술하고 있어 모호한 면을 보인다. 서울로 상경한 해가 1877년이고 그 이후 과거에 급제했다고 이해될 수 있기 때문이다. 신복룡, 『(개정증보판) 대동단실기』, 122쪽. 그러나 신복룡은 바로 뒤이어 김가진이 1882년 어머니의 상을 당하여 안동에 돌아갔고, 장례를 마치고 1882년 7월에 다시 상경했다고 기록하고 있다. 그러니 문맥상 1877년경에 과거에 급제한 것으로 기록하고 있다고 보아야 할 것이다. 물론 김위현도 동농이 1877년 문과에 급제했다고 한다. 김위현, 『동농 김가진전』, 368쪽. 독립협회와 만민공동회에 관련된 김가진의 활동에 대해서는 이 시기를 연구한 권기하에게서도 자문받았다. 독립협회 활동에 관하여 새로운 관점을 선보이고 있는 그에게 감사한다.

80) 조선 혹은 대한제국을 강제로 병합한 1910년 10월에 일본은 구한국 중신들에게 작위를 수여했는데, 후작이 5명, 백작이 2명, 자작이 21명, 남작이 43명이었다. 김위현, 『동농 김가진전』, 291쪽.

81) 신복룡, 『(개정증보판) 대동단실기』, 122~124쪽. 작위를 받은 사람 중 한규설, 유길준, 민영달 등은 1912년 일본에 작위를 반납했지만, 김가진은 반납하지 않았다. 그러나 그는 일본이 주는 작위에 따른 연금을 거부했다. 김위현, 『동농 김가진전』, 293쪽.

3·1 독립운동이었다. 생애 말년인 74세 때, 그는 3·1운동 직후 즉 1919년 4월에 설립된 조선민족대동단의 총재로 추대되었다. 대동단은 철저하게 지하 점조직으로 이루어진 비밀 독립운동 단체였다. 말년에 대동단에 총재로 참여한 김가진은 조직의 본부를 대한민국임시정부가 있는 상하이로 옮기기 위해 그곳으로 망명했다. 그가 망명을 위해 긴밀하게 연락한 사람은 대동단의 외교 주무이면서 과거 독립협회와 대한협회 시절부터 친분이 두터웠던 신규식과, 오랜 시절 알고 지냈던 안창호였다. 상하이로 망명한 이듬해인 1920년, 대한민국 임시정부는 그를 국로國老로 모셨다.[82] 임시정부의 대통령이었던 박은식은 그의 저서 『한국독립운동지혈사』에서 상해로 망명했을 당시의 김가진은 75세의 고령에도 불구하고 "지조와 기상이 의연하여 고난과 위험을 피하지 않았다"라고 평하면서 "정부 및 각 단체가 모두 성심으로 환영하였다"라고 기록하고 있다.[83]

상해로 망명한 김가진은 당시 임시정부 내에 존재하던 여러 독립운동 노선들 가운데 특히 무장투쟁 노선에 호의적이었다. 무장투쟁 노선은 연해주와 만주를 활동 무대로 삼고 있던 독립운동 세력에 의해 강력하게 주창된 노선으로, 내부적으로 점차 이승만이 주장하는 미국 중시 외교론이나 안창호가 내세우는 실력 양성의 자강론보다 더 많은 공감을 얻어 가는 중이었다. 김가진도 무장투쟁 노선에 동조하면서, 만주의 북로군정서 총사령관 김좌진과 연락을 취해 만주에 있는 독립군에 합류해서 뼈를 묻겠다고 다짐했다. 그래서 그는 북로군정서의 고문으로 추대되었다.

김가진이 독립운동의 방안으로 무장투쟁을 선택하게 된 이유를 알 수 있는 포고문의 한 부분을 인용해 보자. 이 포고문은 1920년 김가진이 상해로 망명한 후 국내에 남아 활동 중이던 대동단원들에게 보낸 것이다.

---

82) 장명국, 『대동단 총재 김가진』, 74~75쪽 및 103쪽.
83) 박은식, 『한국독립운동지혈사』, 333쪽.

단원 제군이여, 분기하라! 일거를 기하여 분기하라! 자유·독립과 정의·인도의 소리가 그 파동을 넓히니, 적의 횡포는 일층 우심尤甚하도다. 야수의 유전을 아직도 탈피하지 못하고 약육강식을 지존으로 여기는 섬나라 민족의 완고하고 어두움은 글이나 말만으로는 이를 회오시키기 어렵도다. 몇 년 동안 우리 민족이 취했던 평화적 수단은 오히려 저들에게 문약하고 무혈無血하다는 환각을 주었을 뿐이다.[84]

위 포고문에서 강조하듯이 김가진은 평화적 수단, 즉 말과 글만으로 일본 제국주의의 식민 지배를 끝낼 수 없다고 판단했다. 그 주된 까닭으로 일본의 야만성이 거론되면서, 평화적 수단을 통해 이루어지는 독립운동은 오히려 일본 제국주의에게 우리 민족이 허약하다는 환상을 심어 주게 된다고 보고 있다.

김가진이 적극적으로 옹호했던 무장투쟁 노선을 지지하는 것은 당시 몇몇 소수의 독립운동가에만 한정된 현상이 결코 아니었다. 이승만이 탄핵된 후 신채호 등이 추진한 국민대표회의 소집안은 소수의 임시정부 고수파를 제외한 대다수 국내외 독립운동가들에게 지지를 받았다. 신용하는 국민대표회의의 개최가 확정된 이후 신채호가 적극적으로 주장했던 무장독립투쟁 노선은 대다수 독립운동가 세력에 의해 합당한 노선으로 받아들여지게 되었다고 말한다.[85]

그러나 만주로 가기에는 이미 너무 연로하고 건강이 좋지 않아 김가진의 만주행은 무산되고 말았다. 결국 상해로 망명길에 오른 지 3년만인 1922년 7월 4일, 대한민국임시정부의 고문이자 김좌진이 이끌던 북로군정서의 고문이었던 풍운아 동농 김가진은 해외에서 향년 77세로 파란만장한 생애를 마감하고 말았다.[86] 김가진이 사망하자 대한민국 임시정부는 1922년 7월

---

84) 신복룡, 『(개정증보판) 대동단실기』, 188쪽에서 재인용함.
85) 신용하, 『(증보) 신채호의 사회 사상연구』, 62~63쪽.

8일자로 『독립신문』에 다음과 같은 애도의 기사를 실었다.

동농선생 김가진 씨는 우리 구한舊韓의 대관大官으로 내정개혁과 외교에
힘씀이 컸고, 3·1 독립운동 때에는 다수 지사志士와 연락해 도왔으며, 임시정
부가 수립된 뒤에는 광복사업에 남은 목숨을 바칠 각오로 상해에 도착하니
우리 동포가 성심으로 환영했던 바이라. 씨(김가진)가 조국 독립을 꿈꾸며
망명했다가 온갖 곤란을 겪고 중도에 돌아가시매, 우리 동포가 통곡 애도함은
실로 형언하기 어려운 바로다.[87]

그러나 김가진은 오늘날까지 공식적으로 국가에 의해 독립운동가로 인정
받지 못하고 있다. 약 30년 동안의 지난 세월에 7번이나 독립운동의 서훈敍勳
대상자로 추천되었으나 번번이 거부당했다. 대동단 관련 인물들은 전협,
최익환을 비롯하여 80여 명이 모두 서훈을 받았으며 또한 김가진의 아들과
그 며느리까지도 서훈을 받았으나, 조선민족대동단의 총재였던 그는 복벽주
의, 그러니까 멸망한 조선 왕조와 대한제국의 군주정 회복을 독립운동의
목표로 삼았다는 점[88]과 친일파라는 오명으로 여전히 서훈을 받지 못하고
있다. 최근에는 관찰사로 재직하던 중 의병을 압송했다는 사실도 서훈
거부의 주요 이유가 되고 있다고 한다.

그런데 대한민국으로부터 서훈을 받은 대동단원의 주요 인물 중 전협全協이
나 최익환崔益煥 같은 경우도 친일파의 전력으로부터 자유롭지 못한 것은
마찬가지이다. 특히 전협은, 일본이 조선을 강제로 병합하는 데 적극적으로
협력했던 대표적인 친일파 이용구와 손병준 등이 만든 일진회一進會에 소속되

---

86) 장명국, 『대동단 총재 김가진』, 107~110쪽.
87) 같은 책, 111쪽에서 재인용함.
88) 같은 책, 8~9쪽. 대동단에 복벽주의를 추구하는 흐름이 있었는데, 그 대표적 인물이
    이달하였다고 한다. 그러나 대동단 내에서 복벽 논의의 비중은 대단한 것은 아니었다.
    신복룡, 『(개정증보판) 대동단실기』, 363~364쪽.

어 활동했으며 일본 천황에게 보내는 한일합방청원서에 그의 이름이 세 번째로 서명되어 있을 정도로 친일파 매국노로 유명한 인물이기도 했다.[89] 그러나 그는 고종의 다섯째 아들 의친왕義親王 이강李堈을 상해임시정부로 망명시키려다 일제에 발각되어 최익환 등과 함께 대동단의 중요 인물로서 체포되기에 이른다. 박은식은 이 사건의 의미를 다음과 같이 평가한 바 있다.

> 전협·최익환 등은 일진회 회원이 아니었던가? 일진회는 또한 매국노 이용구李容九의 무리들이 아닌가! 그러나 이 같은 사람들이 뜻을 기르며 숨고 참으며 기회를 엿보아 오늘날에 이르러 이 같은 비상한 활동을 보였으니, 그 담대한 용기와 책략은 저들로 하여금 경탄을 그치지 못하게 하였다. 이번 거사는 다만 개인적 차원에서 입지성불立地成佛하려 함이 아니라, 우리 민족 전체의 마음이 일치하여 근본으로 돌아갔음을 크게 드러낸 것이다. 저들이 길러낸 일진회가 어찌 오늘날 독립당이 될 것이라고 생각했겠는가! 동화를 몽상하는 자들 또한 그 망령됨을 더욱 깨달아야 할 것이다.[90]

1920년대 한국 독립운동을 대표하는 지도자 중의 한 사람이었던 박은식은 대동단 활동을 한 사람들이 과거에 친일의 경력을 지녔다고 해서 그 활동의 의의까지 부인코자 하지는 않았다. 오히려 그들의 독립운동에의 헌신을 매우 높이 평가했다. 전협을 비롯한 많은 대동단원이 서훈을 받았던 것도 그런 차원이었을 것이다. 이렇게 본다면 대동단 총재였던 김가진이 독립운동의 공을 인정받지 못한 채 서훈 대상에서 계속 제외되는 현실은 안타깝기 그지없다.

대동단은 조선민족대동단의 약칭으로, 대동단의 이름을 생각해 낸 사람은 김가진, 전협 등과 함께 대동단의 또 다른 핵심 인물이었던 최익한이라고

---

89) 신복룡, 『(개정증보판) 대동단실기』, 22~23쪽.
90) 같은 책, 163~164쪽에서 재인용함.

한다. 그는 대동단 활동으로 일제에 체포되어 재판을 받는 과정에서 "대동의 의미란 무엇인가"라는 질문에 대해 다음과 같이 말했다. "대동단이라는 이름은 내가 생각해 낸 것이다. 그 의미는 정의·인도는 세계에 동일한 것인데, 조선인도 이 크나큰 정의·인도 아래 단결하여 나가지 않으면 안 될 것이라는 의미로 이름을 지었다."[91]

사실 대동단이라는 이름은 당시 중국이나 조선에서 크게 영향을 끼쳤던 강유위의 대동사상에서 암시받는 바가 크다고 할 수도 있을 것이다.[92] 그러나 대동단이라는 명칭의 유래를 오로지 당대에 크게 풍미하던 대동사상 의 영향으로만 설명하려는 것은 잘못이다. 왜냐하면 그런 이해는 당시에 유가적 이상사회 이념으로서의 대동사상이 지식인이나 일반 백성을 막론하 고 이미 조선 사회 전반에 널리 알려져 있었다는 점을 간과하고 있다고 여겨지기 때문이다. 그래서 장명국도 동농 김가진의 사상에서 유가적 대동사 상의 영향을 강조한다.

> 대동단大同團이라는 이름에서 나타난 바와 같이 동농은 양반과 노비를 비롯한 모든 신분제를 타파해 각계각층의 모든 사람이 항일투쟁에 하나가 되기를 염원했다. 대동단은 여성, 백정, 보부상, 학생, 종교인 등을 망라했다. 동농이 진정한 의미의 미래 사회를 꿈꾼 것은 대동단 강령에 잘 나타나 있다. 자유를 기반으로 한 사회주의를 실현하고자 하는 뜻이었다. 즉, 차별 없는 대동사회가 그의 꿈이었다.[93]

더 나아가 대동단과 관련해 우리가 주목할 사항은, 그 단체가 한국독립운동 사에서 거의 최초로 사회주의 사상을 받아들이고 있다는 점이다. 대동단의

---

91) 같은 책, 49~50쪽.
92) 같은 책, 50쪽.
93) 장명국,『대동단 총재 김가진』, 14쪽.

이념은 1919년에 나온 대동단의 「선언서」와 「결의決議」에 잘 나타나 있다. 1919년을 "조선 건국 4252년"으로 표현하고 있는, 1919년 5월 20일 조선민족대동단이 발표한 「선언서」 내용 일부를 보자.

우리 조선 민족은 2천만 성충誠衷과 묵계의 발동에 따라 반만년 역사의 권위에 의지하여 인류 대동의 새로운 요구에 응하려 하며, 세계평화의 대원칙을 준수하고 정의·인도의 영원한 기초를 확립하고자 먼저 조선 독립을 선포했다. 그 관계는 이미 국제적이며 또 인류적이다. 우리 민족은 추호도 남을 배척하려는 옅은 생각이 없으며, 공의로운 길(公道)과 정의로운 이치(正理)를 존중하고 광명정대한 행동과 평화·선량한 방법으로써 조선 독립이 해결되기를 여러 나라의 정의·공론公論의 결정에 기대하는 바이다. 일본이 재래의 착오를 개혁하지 않고, 인류 양심의 희망을 유린하고 세계평화의 위신을 무시하여 비인도적이며 참독慘毒한 무력으로써 우리 문명적 생명력의 발작을 학살하는 것은 세계의 모든 인류가 용인할 수 없는 공분共憤된 일이다. 이에 우리 2천만 민족은 죽음을 맹세한 최후의 결심을 했다.……

위에서 보듯이 대동단은 당대 인류의 역사적 흐름을 인류 대동의 세상을 향한 것으로 보면서, 우리나라 독립운동의 필연성을 "반만년 역사의 권위에 의지"하고 "세계평화의 대원칙을 준수하고 정의·인도의 영원한 기초를 확립"하는 데에서 구하고 있다.

「선언서」와 같이 발표된 「결의」에서 대동단은 다음 세 가지 강령을 내세우고 있다.

1) 조선 영원의 독립을 완성할 것
2) 세계 영원의 평화를 확보할 것
3) 사회의 자유 발전을 널리 실시할 것[94]

---

94) 「선언서」와 「決議」는 신복룡, 『(개정증보판) 대동단실기』, 80~81쪽에서 재인용함.

그런데 위의 3대 강령 중 3)의 내용이 1919년 9월 17일에 새로 발표된 「독립대동단 임시규칙」에서는 "본단은 사회주의를 철저적으로 실행한다"라는 내용으로 바뀐다. 그러니까 독립과 평화는 동일하게 유지되지만, 자유를 사회주의로 바꿈으로써 대동단이 추구하는 이념의 전환을 명확하게 했다.[95] 이런 강령의 변화에 대해 장명국은 김가진과 전협 등이 채택한 사회주의는 공산주의가 아니었고, 이들이 강조한 사회주의란 "자유를 기반으로 평등을 강조하는 사회주의"라고 평가한다.[96]

신복룡도 「대동단 임시규칙」에서 사회주의가 선언되기 전까지는 한반도에 사회주의가 정확하게 유입되지 않았다고 본다. 그러니까 그가 보기에 대동단은 한국에서 처음으로 사회주의를 명시적으로 표현한 단체인 셈이다. 실제로 1919년 당시 대동단이 정말로 얼마나 사회주의를 자신의 것으로 만들었는지는 확인하기 어렵다. 신복룡 또한 대동단원들이 사회주의에 대한 개념적 이해가 철저했다고 보기는 힘들다고 하면서도, 그는 독립운동의 이념으로는 처음으로 사회주의를 내걸었다는 의미를 높이 평가한다. "대동단이 조직으로서는 최초로 사회주의를 자칭했다는 전사前史적 의미를 고려한다면 한국 사회주의운동사의 여명기로 간주할 가치가 있는 대목이라고 보아야 할 것이다."[97]

앞에서 본 이상룡의 경우에서나 대동단 김가진의 경우에서 보듯이, 한국 독립운동 이념에서 유가적 대동사상은 민주공화주의를 강조하는 독립운동과 연결뿐만이 아니라 사회주의 계열의 독립운동 이념으로도 이어지는 모습을 나타내고 있었다.

---

95) 같은 책, 110쪽.
96) 장명국, 『대동단 총재 김가진』, 65~66쪽.
97) 신복룡, 『(개정증보판) 대동단실기』, 119~120쪽.

5. 백범 김구의 독립 정신과 유교 전통

우리나라 독립운동의 상징적 인물의 하나인 백범白凡 김구金九(1876~1949)도 조선의 유교 정신의 원리적 혹은 도의적 성격으로부터 커다란 영향을 받은 것으로 알려져 있다. 청년 시절 고석로高錫魯(1842~1922)에게서 배운 김구는 그의 영향을 크게 받았다. 고석로는 화서華西 이항로李恒老(1792~1868)의 직접 제자는 아니었으나 그 학맥을 이은 김평묵 및 유중교를 통해 이항로의 사상을 이어받은 인물이었다.[98] 김구는 『백범일지』에서 스승 고석로를 다음과 같이 회상하고 있다.

> 아, 슬프도다! 이 말을 기록하는 오늘까지 30여 년 동안 내 마음을 쓰거나 일을 할 때 만에 하나라도 아름다이 여기는 점이 있다면, 그것은 온전히 당시 청계동에서 고 선생이 나를 특히 사랑하시고 심혈을 다 기울여 구전심수口傳心授하시던 훈육의 덕일 것이다. 다시 이 세상에서 그같이 사랑하시던 위대한 얼굴을 뵈지 못하고, 다시 참되고 거룩한 사랑을 받지 못하겠으니, 아, 슬프고도 애통하도다![99]

물론 후에 김구는 자신이 그토록 높이 평가했던 스승 고석로와 달리 위정척사파적 입장의 한계를 넘어서고자 했다. 본래 위정척사파의 정신적 지도자였던 화서 이항로는 청나라 같은 오랑캐보다 못한 금수禽獸와도 같은 존재가 바로 서양 제국주의라고 여겼다. 그는 망해 가는 나라를 지키는 일보다 유교문화의 중심지인 조선의 중화 의식을 지키는 일이 더 중요하다고 보았다. 그는 문인들에게 다음과 같이 당부했다고 한다.

---

98) 고석로는 『백범일지』에서는 高能善이라는 이름으로 등장하는 인물이다. 고석로의 생애와 이념 및 그의 사상이 백범 김구에게 끼친 영향에 대해서는 권오영, 『근대이행기의 유림』(돌베개, 2012), 「고석로의 위정척사 이념과 '구전심수'의 교육」 참조.
99) 김구, 『백범일지』, 180쪽.

서양의 난도亂道가 큰 걱정거리이지만 한 줄기 양기陽氣가 오동吾東에 있다. 만약 이 천심天心까지 파괴된다면 어찌 참을 수 있으랴! 우리는 천지를 위해 마음을 세워서 차도此道를 밝히는 방법을 구할지니, 분국奔國의 존망은 오히려 두 번째 일이다.[100]

유가의 도를 구하는 일이 현재 망하고 있는 조선을 구하는 일보다 더 긴요하다는 이항로의 말을 위기에 처한 나라를 도외시하고 있다고 굳이 깎아내릴 일은 아니다. 이항로 주장의 본뜻은 아마도, 나라의 흥망성쇠는 때에 따라 일어날 수 있는 일이기에 부득이하다면 감내할 수도 있겠지만 유교문화의 정수를 지키지 못한다면 잃어버린 나라를 되찾을 방법이 없다는 데 있을 것 같다. 이런 점에서 유교문화의 도의를 나라보다 더 중히 여기는 태도와 조선을 지키려는 애국적 행위는 양립할 수 있다.

"서양의 난도亂道가 큰 걱정거리이지만 한 줄기 양기陽氣가 오동吾東에 있다"라는 말도 이런 맥락에서 되새겨 볼 필요가 있다. 오동吾東 즉 동방의 나라 조선에 서양 제국주의 열강의 횡포함과 폭력성을 극복하게 해 줄 단서가 있다는 주장은 조선이라는 나라가 왜 그토록 소중한지를 여실히 보여 준다. 화서학파에서 수많은 의병장이 나와 대포와 군함으로 나라를 위협하며 심지어 통째로 집어삼키려 했던 외세에 맞서서 목숨 걸고 저항하는 비타협적인 모습을 보였던 것도 인간의 도리를 그 무엇보다 더 귀중하게 여기는 정신에서 비롯된 것이리라. 그런 유가적 도의 정신만 지켜낸다면 조선이라는 나라가 망하더라도 다시 회복할 수 있을 것이라는 희망이 있었기에, 그런 중화의 정신을 끝까지 견지해야 한다는 것이 이항로가 주장한 말의 본래 의미가 아닐까 한다.

제5장에서도 언급했듯이 개화파의 정신도 사실 거꾸로 선 중화주의에

---

100) 정옥자, 『조선 후기 조선 중화사상 연구』, 257~258쪽에서 재인용함.

다름 아니었다. 다만 개화파는 위정척사파와 달리 중국 중심의 유교문명권을 문명의 모델로 보는 대신 그것을 대체할 서구 근대를 진정한 문명으로 바라보았다는 점에서 차이가 있을 뿐이다. 더 나아가 개화파는 서구 근대를 문명으로 설정한 뒤 서구 근대의 모방에 성공한 일본을 제외한 조선과 중국 같은 동아시아 국가들을 유교로 인해 야만의 상태로 전락해 버린 미개 사회로 보고, 이를 철저하게 타파하는 것만이 조선이 살길이라 생각했다.

그런데 공교롭게도 개화파의 정신은 여기에서도 위정척사파의 정신을 단순 반복한다. 새로운 상황에 능동적으로 대처하지 못한 채 전통의 고수만을 외치는 유학자들의 닫힌 마음을 깨우치고자 하는 혁신적 정신과 시대적 소임을 기꺼이 짊어지고자 하는 마음가짐이 있었음도 부인할 수 없지만, 전통에 대한 개화파들의 적대감은 그런 혁신의 정신이 자리 잡을 전제 조건 자체를 송두리째 거부한다는 점에서 자기파괴적 성격을 벗어나지 못하고 있었다.

이항로와 고석로가 나라가 망하더라도 유교적 도를 지키는 것이 더 중요하다고 생각했듯이, 개화파는 서구 근대문명의 세례를 받을 수만 있다면 나라가 망하더라도 그런 것은 부차적이라고 보는 경향이 강했다. 바로 좌옹佐翁 윤치호尹致昊(1865~1945)가 그랬다. 윤치호가 어떤 인물이었는지는 김상태의 다음 설명만으로 충분할 것이다.

좌옹佐翁 윤치호尹致昊(1865~1945), 수많은 한국의 근대 인물 중에서 그만큼 화려하고 다채로운 경력을 지닌 사람을 찾기란 쉽지 않다. 그는 1880년대와 1890년 초반에 일본, 중국, 미국에서 유학한 한국 최초의 '근대적' 지식인이었고, 독립협회와 대한자강회의 회장을 지낸 개화·자강 운동의 핵심 인물이었으며, 한국 최초의 미국 남감리회 신자이자 YMCA운동의 지도자로서 일제 시기 기독교계의 최고 원로였다. 그런가 하면 그는 3·1운동이 시작되자마자 총독부 기관지 『경성일보』와의 인터뷰에서 '독립운동무용론'을 피력해 물의

를 빚었고, 중일전쟁 발발 이후에는 기독교계의 친일을 주도하고 국민정신총
동원조선연맹과 조선임전보국단 등의 고위 간부를 지내며 친일파의 '대부'
역할을 담당했다. 요컨대 그는 긍정적인 역할을 했느냐 또는 부정적인
역할을 했느냐 하는 가치 판단의 여부와 상관없이 한국 근대사에서 몇
손가락 안에 드는 거물 중의 한 사람이었다.[101]

이처럼 한국 근대사에서 커다란 위치를 차지했던 윤치호는 그의 일기에서
다음과 같이 적고 있다.

나는 조선 독립 문제에 관심이 없습니다. 현재와 같은 정부를 두고는 독립해도
민족에게 아무런 희망을 주지 못할 것입니다. 반대로, 애족적이고 인민의
복지에 호의적인 관심을 가진 더 나은 정부를 가진다면 다른 나라에 종속되었
다 해도 재앙은 아닙니다.[102]

이런 일기를 쓰던 당대 조선의 상황이 매우 암울하다는 점을 고려한다고
해도 윤치호의 조선에 대한 태도는 지극히 냉소적이고 지나친 감이 있음을
부인하기 힘들다. 그런데 흥미롭게도 윤치호의 문명론에 크게 영향을 준
일본의 대표적 근대 지식인이자 매우 논쟁적인 인물인 후쿠자와 유키치의
태도 사이에는 자신이 속한 나라의 독립에 관해 큰 차이가 존재한다.
조선의 문명화를 위해선 다른 나라의 식민지가 되어도 좋다고 한 윤치호와
달리 그의 사상의 스승 격인 후쿠자와 유키치는 자신의 나라인 일본에
관해서는 자주독립이 없는 서구 근대적 문명화를 허구적이라고 하여 결단코
반대했다. 그러나 공교롭게도 후쿠자와 유키치도 조선에 관해서는 윤치호의

101) 윤치호, 『윤치호 일기: 1916~1943』(김상태 편역, 역사비평사, 2001), 21쪽.
102) 윤치호, 『윤치호 일기』 2(박정신 옮김, 연세대학교 출판부, 2003), 16쪽. 윤치호가 어떻게
　　　일본발 오리엔탈리즘을 내면화하는지는 나종석, 『대동민주주의와 21세기 유가적 비판
　　　이론의 모색』, 제6장 4절 참조

입장과 동일했다. 1886년 10월, 그는 조선과 같은 국가는 "하루라도 빨리 멸망하는 쪽이 하늘의 뜻에 부합되는 일이라 생각한다"라고 말했다.[103] 윤치호와 같은 개화파의 많은 사람이 조선을 강제로 병합한 일제 식민주의에 타협하게 된 것도 이런 서구중심적 문명론의 내면화와 깊게 관련되어 있다. 이런 왜곡되고 타락한 정신은 오늘날의 식민지근대화론에까지 이르고 있다.

그러나, 식민지를 통한 근대화 문명의 실현을 불가피한 현실로 보면서 시류에 편승하여 일제에 협력한 사람들 대개가 호의호식하는 모습과 달리 조선중화주의를 지키고자 한 사람들은 망하는 조선을 지키고자 몸부림치면서 의병투쟁 등에 헌신하여 자신의 몸을 불사르며 유교적인 살신성인殺身成仁의 정신을 몸소 구현했다. 개화파와 위정척사파 사이에 존재하는 여러 공통된 사유 문법과 정신에도 불구하고 우리는 둘 사이에 존재하는 이런 차이도 잊어서는 안 될 것이다.

위정척사파와 개화파의 이항대립 구도를 넘어, 김구 또한 신채호나 박은식과 마찬가지로 한국의 민족주의를 세계시민적 관점과 분리시켜 고찰하지 않는다. 이런 두 차원을 함께 사유하도록 한 데에 유교적 문명주의가 큰 몫을 했다는 것은 이미 앞에서 강조한 그대로이다. 이런 점에서 우리의 저항적 민족주의는 대동적 민족주의라고 해도 좋을 듯하다.

하여간 김구는 곧 위정척사파의 한계를 분명하게 자각하면서, 서양을 오랑캐로 보지 않아야만 하고 서구로부터도 배우려는 개방적 태도를 지녀야 한다고 생각하게 되었다. 그럼에도 앞서 스승에 대한 절절한 회상에서도 보았듯이 그는 늘 고석로에게서 받은 가르침을 잊지 않았다. 김구는 20세가 되는 1895년 2월 청계동에서 고석로를 처음 만난 뒤 그로부터 직접 가르침을 받았다. 특히 그는 스승으로부터 "의리와 순도殉道(殉國)"의 정신을 물려받았

---

103) 야스카와 주노스케, 『후쿠자와 유키치의 아시아 침략 사상을 묻는다』(이향철 옮김, 역사비평사, 2011), 382쪽에서 재인용.

다고 한다.[104] 예를 들어, 김구는 고석로가 그에게 강조한 것이 의리였음을 회고한 적이 있다.

선생은 주로 의리義理가 어떤 것인지에 대해 말씀하셨다. 아무리 발군의 뛰어난 재주와 능력이 있는 자라도 의리에서 벗어나면 재능이 도리어 화근이 된다는 것과, 사람의 처세는 마땅히 의리에 근본을 두어야 한다는 것…… 등 여러 가지 좋은 말씀(金言)을 들려 주셨다.[105]

특히 의리와 관련된 고석로의 가르침의 핵심은 도를 위해서는 목숨도 아끼지 않아야 한다는 데 있었다. 달리 말하자면, 일반 백성이라 하더라도 위기에 처한 나라를 구하고자 하는 일념을 포기하지 않고 그것을 위해 온 힘을 다해 노력해야 하며, 그것이 바로 참다운 도리를 지키는 행위요 의리를 지키는 행동이라는 것이다.

당시 고석로는 이런 생각을 청년 김구에게 망국의 위기에 처한 조선의 상황과 관련해 설명하고 있었는데, 이때 그는 나라가 망하는 방식에도 차이가 있다고 역설한다. 즉 나라가 망하는 데에는 "신성하게 망하는 것과 더럽게 망하는 것"이 있다는 것이었다. 그 부분을 인용하면 다음과 같다.

만고천하에 흥해 보지 못한 나라가 없고 망해 보지 못한 나라가 없네. 종전에는 토지와 백성은 가만두고 군주 자리만 빼앗는 것으로 흥망을 논하였지. 그러나 지금의 망국이란 나라의 토지와 백성과 주권을 모두 강제로 집어삼키는 것이네. 우리나라도 필경은 왜놈에게 망하게 되었네. 소위 조정 대관들은 전부 외세에 영합하려는 사상만 가지고서 러시아를 친하여 자기 지위를 보전할까, 혹은 영국이나 미국을, 혹은 프랑스를, 혹은 일본을 친하여 자기 지위를 견고히 할까, 순전히 이런 생각들뿐이라네. 나라는 망하는데,

104) 권오영, 『근대이행기의 유림』, 82~83쪽 및 95쪽.
105) 김구, 『백범일지』, 63쪽.

국내의 최고 학식을 가졌다는 산림 학자들도 한탄하고 혀만 차고 있을 뿐 어떠한 구국의 경론도 보이지 않으니 큰 유감일세. 나라가 망하는 데는 신성하게 망하는 것과 더럽게 망하는 것이 있는데, 우리나라는 더럽게 망하게 되었네.106)

나라가 망하는 데에도 품격이 있다는 고석로의 설명은 참으로 비장하면서도 선비의 높은 절의를 실감 나게 한다. 당연히 김구도 이런 설명에 놀라서 그것이 의미하는 바가 무엇인지 질문을 던지지 않을 수 없었는데, 고석로는 제자의 질문에 다음과 같이 설명한다.

일반 백성들이 의義를 붙잡고 끝까지 싸우다가 함께 죽는 것이 신성하게 망하는 것이요, 일반 백성과 신하가 적에게 아부하다 꾐에 빠져서 항복하는 것이 더럽게 망하는 것일세.107)

위 고석로의 주장은 어떤 나라도 영원히 존재할 수는 없는 노릇이라서 나라가 망하는 것은 어쩌면 피치 못할 수도 있을 것이지만, 그 과정에서 나라의 구성원이 어떤 모습을 보이는가가 후일을 도모할 수 있는지를 판가름하게 해 준다는 뜻을 강조한 것으로 이해된다. 그러니까 고석로는 외세의 침략과 조선 내부 사회의 부패로 인해 망해 가는 상황에서 선비와 일반 백성이 죽음을 각오하고 의롭게 저항한다면, 설령 일본과 같은 외세에 나라가 망한다고 해도 조선은 백성의 힘으로 거듭날 수 있으리라는 희망을 역설적으로 표현하고 있다.

이런 맥락에서 볼 때 고석로의 입장은 갑오농민전쟁 시기에 민본과 근왕의 이념의 실현을 위해 선비가 가야 할 길을 걸으려는 백성들의 뜻에 반대했던

---

106) 같은 책, 65쪽.
107) 같은 책, 65~66쪽.

전통적인 유교 민본주의적 유학자와 다른 모습을 보여 준다. 일반 백성도 의를 위해 끝까지 투쟁해야 한다는 점을 명백하게 옹호하고 있기 때문이다.

신성하게 망하는 것과 더럽게 망하는 것 사이의 강조에 큰 감명을 받은 김구는 어려울 때마다 스승의 의리 정신을 견지하려고 노력했다. 평생 우리나라의 독립운동을 위해 헌신했던 그의 행동도 이런 의리 정신에 바탕을 둔 것이었다. 비록 후에 스승의 위정척사파적 입장을 비판하면서 서구 문명으로부터도 가능한 한 많은 것을 배우려고 했음에도, 그의 독립 정신에는 스승으로부터 물려받은 선비 정신이 면면히 이어지고 있음을 간과해서는 안 된다. 나라의 존망 여부보다 유교적인 문명의 도를 더 우선시하면서, 그런 도를 지키려는 정신과 기백만 있다면 궁극적으로는 나라의 위기도 구해낼 수 있으리라는 이항로의 저항적인 선비 정신이 고석로를 매개로 해서 김구의 독립 정신으로 이어지고 있었다.

김구는 명성황후를 시해한 일본에 복수하기 위해 1896년 일본 육군 중위를 살해했다가 인천 감영에서 사형수로 복역했는데, 복역 도중에 접하게 된 서양 서적을 통해 고석로로부터 배운 위정척사파적인 서양관을 버리게 된다. 그는 "의리는 유학자들에게 배우고 문화와 제도 일체는 세계 각국에서 채택하여 적용하는 것"이 우리나라가 취할 길이라는 생각으로 바뀌어 간다.[108] 그리하여 김구도 서구 근대문명과의 조우라는 역사적 전환의 시기에 조선의 유교문명을 선으로, 서구의 근대문명을 야만으로 설정하는 태도를 넘어서게 된다. 즉, 고석로의 가르침대로 서양의 문명을 야수나 오랑캐의 것이라 보고 서구 문물을 극도로 위험한 것으로만 여기는 태도는 일면적일 뿐임을 알게 된 것이다.

이후 고석로와 다시 만났을 때 스승은 김구에게 중국으로 망명간 유인석에게로 가서 장래의 일을 도모할 것을 권했는데, 그는 여러 경험을 통해

---

108) 같은 책, 115쪽.

새로 배우게 된 바를 말씀드렸다. 즉, 스승에게 그는 중화를 존중하고 서양의 오랑캐를 배척하는 길은 "정당한 주의가 아니"라고 하면서 "오랑캐에게서는 배울 것이 많고, 공맹에게서는 버릴 것이 많다고 생각됩니다"라고 말했다. 물론 이런 김구에게 고석로는 박영효나 서광범 같은 개화파의 주장을 반복하는 것에 지나지 않는다고 질책했다.[109]

여하튼 김구는 해방 후인 1947년 작성된 「나의 소원」에서도 일단 조선을 양반 독재 사회로 신랄하게 비판한다.[110] 그는 주자학 일색의 조선 사회는 일종의 양반 계급 독재 사회였다고 하면서, 주자학 이외의 학문이 자유로이 발전할 수 없었기 때문에 조선은 결국 망하게 되었다고 말한다.[111] 그런 가운데서도 그는 유학 정신과 유교적 전통 자체를 철저하게 부정하면서 전면적인 서구화만을 외치는 흐름에 대해서도 늘 경계를 취하고 있었다. 그래서 「나의 소원」에서도 그는 조선의 좋은 제도의 사례로 간관 제도를 거론하면서, 국민 가운데 훌륭한 사람이 있으면 국정에 참여케 하는 것이라고 긍정적으로 평가한다.

더 나아가 김구는 자신이 원하는 우리나라의 모습이 무엇인지를 설명하면서 유교적 정신을 반복해서 강조한다. 예를 들어 그는 인류가 불행에 처하게 된 이유를 "인의仁義가 부족하고, 자비가 부족하고, 사랑이 부족"하기 때문이라고 말한다. 유교적인 인의를 불교의 자비나 기독교의 사랑보다 먼저 거론하고 있다. 또한 우리 민족이 세계사에 크게 이바지할 수 있는 나라가 되기 위해서는 사상의 자유와 더불어 국민교육의 완비가 매우 중요하다고

---

109) 같은 책, 178~180쪽.
110) 김구는 해방 직후부터 1947년까지 당시 해방 후 정국의 정치 세력 분포도에서 볼 때 극우적 경향을 띤 것으로 평가되었으나, 1948년 1월 이후 그는 단정을 반대하고 중도파 민족주의자들과 함께 통일 정부 수립을 위한 정치적 활동을 한다. 이에 대해서는 서중석, 『한국 현대 민족운동 연구 2: 1948~1950 민주주의·민족주의 그리고 반공주의』 (역사비평사, 1996), 14~15쪽 참조.
111) 김구, 『백범일지』, 427~428쪽 참조.

주장하면서 다음과 같이 말한다. "최고 문화 건설의 사명을 잘할 민족은 일언이폐지하면 모두 성인聖人을 만드는 데 있다."[112]

"인의仁義가 부족하고, 자비가 부족하고, 사랑이 부족"하기에 인류 사회가 불행하게 되었다는 김구의 주장에서 주목할 또 다른 점은, 그것이 위정척사파에게서 발견되는 동아시아 문명론의 핵심인 유가적 문명론의 한계, 즉 유가 문명을 문명의 대변인으로 보고 서구 근대문명을 야만의 것으로 보는 견해나, 급진적 개화파의 한계, 즉 위정척사파의 입장과 정반대로 서구 근대문명을 문명으로 보고 동아시아 전통을 야만으로 치부하는 서구 중심 문명론의 문제점에서 벗어나 있음을 보여 준다는 점이다. 달리 말하자면 김구는 서구의 기독교적 사랑이나 불교의 자비, 유학의 인의 정신을 모두 대등한 것으로 놓고 이들 사이의 대화 가능성을 긍정하며 이를 구체화하고 있다.

김구 스스로 강조하듯이 그는 구소련식의 국가보다는 미국과 같은 언론의 자유와 개인의 자유가 존중되는 사회가 더 바람직하다고 보았다.[113] 따라서 그는 우리나라가 민주주의 국가로서 개인의 존엄성과 사상의 자유를 존중하는 사회가 되기를 희망했다고 보아도 무방하다. 또한 그는 민주주의의 민주를 "백성이 나라의 주권자"로 행세하는 것으로 이해한다.[114]

이런 자유로운 민주국가를 건설하기 위한 최선의 길은 바로 문화국가가 되는 데 있는데, 그런 문화국가를 달성하는 지름길은 모든 국민을 '성인聖人'으로 만드는 데에 있다고 김구는 확신한다. 달리 말하자면 현대 민주주의 국가로 거듭 탄생할 독립된 조선의 모든 구성원은 '성인'의 정신을 지녀야만 한다. 그래야만 민주국가가 최고로 잘 발현되어 고도의 문화를 자랑하는

---

112) 같은 책, 431~432쪽.
113) 같은 책, 430쪽 참조.
114) 같은 책, 430쪽.

국가로 될 수 있다는 것이다. 오늘날로 표현하자면, 김구는 능동적인 민주시민의 이상을 천하 생민의 고통을 구제하는 유교적인 최고의 인간상인 성인에서 구하고 있다.

그런데 당연한 이야기인 것 같지만 유교적 성인의 이상을 민주주의 국가와 연결하는 김구의 시도는 조선의 유교적 민본주의가 서구 근대와 만나서 탄생한 새로운 성취임을 망각해서는 안 된다. 김구의 자서전이 보여 주듯이, 유교적 선비 정신과 민주주의 사이의 상호 만남을 매개로 한 새로운 대동민주적 선비 정신의 탄생은 매우 어려운 과정을 겪은 후에 이루어진 것이었다. 모든 사람을 요순과 같은 성인으로 만드는 것이 유교적 대동세계의 꿈이었음은 이미 살펴본 바와 같다. 그런 유교적 대동의 이념을 이어받은 김구는 서구의 자유 및 민주주의 개념과의 만남을 거쳐 모든 사람을 성인으로 만드는 교육을 통해서만 인류 사회에 이바지하는 민주적인 문화국가가 될 수 있다고 주장한다. 그가 말하는 성인聖人은 민주시민으로서의 덕을 충분하게 갖추고 있는 사람이지만, 동시에 변형된 형태로나마 유교적인 안민과 평천하의 이념을 견지하고자 하는 현대적인 민주 선비이기도 한 것이다.

이렇게 볼 때, 김구가 상상한 민주주의 문화국가 이념을 서구의 자유민주주의에 가까운 것인지 아니면 사회민주주의적인 것에 가까운 것인지를 논하기보다는, 그것을 우리 역사 속에서 창출된 유교적 대동세계의 이상과 서구적인 공화주의 및 민주주의 사이의 창조적 결합의 한 형태인 대동민주주의에 속하는 것으로 이해해 보는 것도 큰 무리는 아니지 않을까 한다.

대한 사람 모두를 '성인'으로 만들어야 한다는 김구의 주장에서 눈길을 끄는 또 다른 지점은 동포 사이의 화합을 강조하는 부분이다. 이 부분에서 김구는 동포 사이의 증오와 반목을 그만두고 서로 사랑하고 아낄 줄 아는 대한 사람이 되어야 한다고 힘주어 말한다. 그러면서 그는 모든 사람이 개인의 자유를 내세우는 것을 적극적으로 옹호하면서도, 그 자유는 "제 가족을, 제 이웃을, 제 국민을 잘살게 하기에 쓰이는 자유"로 이해되어야 함을 강조한다.

이렇게 가족, 이웃, 국민으로 확장되어 나가는 자유에 대한 그의 서술은, 사람의 어진 마음이 점차로 확장되어 '수신 · 제가 · 치국 · 평천하' 혹은 '친 친 · 애인 · 애물'로 펼쳐져 감을 강조한 유교적 사유 방식을 보여 준다. 실제로 그는 바로 연이어서 다음과 같이 말하고 있다. "우리는 남의 것을 빼앗거나 남의 덕을 입으려는 사람이 아니라 가족에게, 이웃에게, 동포에게 주는 것을 낙으로 삼는 사람이다. 우리말에 이른바 선비요 점잖은 사람이다."115)

김구는 자신의 자유를 남의 자유와 화합하게 하는 마음가짐의 중요성을 강조하면서, 개인의 자유를 늘 이웃과 동포의 삶을 번영케 하는 사회적 행위와 결부시켜서 이해한다. 그리고 그런 방식으로 행동하는 사람을 '선비'로 규정하는데, 이는 매우 중요하다. 독립운동을 거치면서 조선의 선비 개념은 민주주의적 자유 및 동포에 대한 사랑에 관심을 기울이는 사람으로 변형되어 나타나고 있기 때문이다. 개인의 자유를 이웃과 동포의 삶을 번영하게 하는 적극적 행위와 연계해 사유하면서 이 둘이 서로 공존하고 있음을 강조하고 있다는 점에서 김구의 자유 개념은 대동사회 지향의 연대적 · 사회적 자유 개념으로 이해될 수 있을 것이다. 그리고 김구의 대동사회 지향의 연대적 · 사회적 자유 개념도 우리가 오늘날에도 진지하게 받아들여야 할 사상의 자원 중 하나임이 틀림없다.

선비에 대한 김구의 이해는, 천하 생민의 고통을 제거하기 위해 국왕을 요순 성왕으로 만들어 백성의 삶을 편안하게 하려는 사람이 선비라고 여겼던 '조선의 선비 정신'이 현대적으로 변형되어 가는, 즉 민본적 · 유교적 선비 정신이 대동민주적 선비 정신으로 이행해 가는 과정을 보여 준다. 더구나

---

115) 같은 책, 432쪽.

김구는 가족, 이웃, 동포에게 우선 베풀어야 자신의 자유와 삶도 가능하다는 생각도 보여 주는데, 이 역시 "자신이 서고자 하면 먼저 남을 세워 주라"라는 유교의 기본적인 군자와 선비의 이상을 반복하는 것이다.

그러나 무엇보다도 흥미로운 김구의 생각은 이웃과 동포에게 우선 베풀어 주는 행위를 공자의 인과 사랑으로 해석하는 부분이다.

> 사랑하는 처자를 가진 가장은 부지런할 수밖에 없다. 한없이 주기 위함이다. 힘든 일은 내가 앞서 하니 사랑하는 동포를 아낌이요, 즐거운 것은 남에게 권하니 사랑하는 자를 위하기 때문이다.[116]

김구에 의하면, 동포와 백성에 대한 사랑은 바로 온 마음을 다해 정성스럽게 그들의 자유와 행복을 위해서 일하는 것이다. 따라서 그가 지향하는 자유로운 민주주의 국가의 주인이자 주권자인 백성에 대한 사랑은 자유에 대한 사랑에 다름 아니다. 그리고 자유에 대한 사랑이자 동포에 대한 사랑의 마음인 어진 마음 즉 인仁에는 한계가 없다.

사랑하는 마음에 한정이 없듯이 백성의 자유와 동포에 대한 사랑은 무한하며, 그런 무한한 사랑은 다름 아닌 민주주의의 주권자인 백성에 대해 충성을 다하는 것이다. 본디 충성이라는 것은 자신의 마음을 진정으로 다한다는 뜻이었다. 성리학에서도 "진실한 마음을 발하는 것을 충忠이라고 한다"(發乎眞心之謂忠)[117]라고 했다. 그러므로 김구에 의하면 민족(동포)에 대한 사랑은 곧 백성에 대한 사랑이자 백성의 자유와 행복에 대한 사랑이다. 백성과 동포의 자유 및 행복을 이루기 위해 사랑하는 마음을 지극하게 들이는 것이 바로 민주주의 사회에서 시민이 지녀야 하는 충성의 본연의 모습인 셈이다.

---

116) 같은 책, 432쪽.
117) 주희 · 여조겸, 『근사록집해』 1, 111쪽.

김구의 경우를 통해 우리는 유교적인 사랑과 충성의 이념이 민본주의를 거쳐 민주공화국과 연동되면서 민주주의에 대한 충성으로, 그러니까 나라의 주권자인 백성(시민)에 대한 사랑과 충성이자 민주적 애국심으로 발전해 가는 것을 보게 된다. 사실 김구는 이미 1909년경에 진정한 양반 정신, 즉 새로운 시대에 어울리는 양반 정신은 "삼천리 강토의 이천만 민중에게 충성을 다하여 자기 자손과 이천만 민중의 자손에게 만세토록 복음을 남기는" 데 있음을 강조한 바 있었다. 그는 "군주 일 개인에 대한 충성"에 매몰되어 있던 충성관을 "구식 양반"이 지녔던 그릇된 충성관으로 보면서, 새로운 유교적 충성관은 도탄에 허덕이는 이천만 조선 민중에게 독립과 번영의 삶을 부여하기 위해 온 힘을 다해 노력하는 것이라고 보았던 것이다.[118]

6. 미완의 길로서의 민주적 나라 사랑의 길

여기에서 다루진 못했지만, 유가적 대동 이념이 한국 독립운동의 이념에 끼친 영향사 중에서 반드시 언급해야 하는 것은 조소앙의 삼균주의일 터이다. 특히 그의 삼균주의는 중국에서 활약한 임시정부가 내건 독립운동 이념에 큰 영향을 주었다. 일제강점기에 중국 땅에서 독립운동을 이끌었던 세력들은 다양했다. 그래서 김구로 상징되는 임시정부가 중국 등지의 해외에서 활동한 여러 독립운동의 지도 세력이라고 볼 수는 없을 것이고, 임시정부의 독립운동에만 과도한 의미를 부여하는 것도 금물일 터이다.

하여간 임시정부가 민주공화국을 독립운동의 이념으로 삼았음은 널리 알려져 있다. 그리고 임시정부의 독립운동 과정에서 망한 조선의 황실을 어떻게 대우해야 할지에 관한 쟁점이 있었지만, 복벽주의를 옹호하는 흐름은

---

118) 김구, 『백범일지』, 204쪽.

그리 크지 않아 민주공화정을 독립운동의 이념으로 확정 짓는 데에는 어려움이 없었다. 그리고 이때 구상된 독립운동의 사상과 이념 형성에 커다란 영향을 준 사람 중의 하나로 소앙 조용은을 거론하지 않을 수 없다. 그가 발전시킨 삼균주의는 일제강점기 중국에서 전개된 독립운동의 한 갈래를 형성하고 있는 임시정부의 대표적 이념이었는데, 그런 삼균주의야말로 유가적 대동사상의 흐름과 긴밀하게 연결되어 있다. 이에 대해서는 한국 제헌헌법의 의미를 다루는 독자적인 장(특히 제9장)에서 상세하게 검토할 것이기 때문에 여기에서는 상술하지 않는다.

그러나 여기에서는 유교적 충성의 역사적 경험이 민주공화주의와의 만남을 통해 자유와 민주주의에 대한 사랑이자 주권자인 백성에 대한 사랑과 충성, 즉 민주적 나라 사랑(민주적 애국심)으로 변형되는 과정이 일회적인 것이 아님을 더 살펴보고자 한다. 이러는 과정에서 우리는 자연스럽게 오늘날에도 김구 등에서 발견되는 민주주의와 백성에 대한 진심 어린 연대와 우애인 민주적 충성의 의의가 여전히 미완의 것으로 남아 있음도 알게 될 것이다.

김구 이외에도 조선의 유교적 이념과 문화를 현대화 또는 민주화하려는 문제의식은 한국의 경제사학 발전에 지대한 공헌을 한 학자이자 해방 후 온건 좌익 지도자로 활동했던 백남운白南雲(1895~1974)에게서도 발견된다.

백남운은 1946년 4월 15일에 발표된 『조선 민족의 진로』에서 유교의 인仁, 의義, 효제孝悌 등의 이념을 민주적 방식으로 재전유할 수 있어야 함을 강조했다. 예를 들어 그는, 민주 시대에는 인이 기층 민중을 "인격적으로 해방"하려는 인, 즉 "인간을 사랑하고 민족을 사랑하고 생산계급을 사랑하자는 '민주적 인'"으로 변형되어 전개되어야 함을 역설했다. 마찬가지로 기존의 유교적 충성 이론은 "압박 및 착취의 반봉건성 또는 자본주의적인 모든 특권적 질곡으로부터 노동자와 노동층의 해방을 위한 충"으로 새롭게 전개되어야 한다고 강조하는데, 그는 이를 "민주적 충"으로 규정한다.[119] 이러한 그의 민주적 인 및 충성 이론은 상대적으로 좀 더 급진적인 민주주의와 매개되어 재전유된, 유교적 전통사상의 현대적 발현의 한 양상으로 평가될 수 있을 것이다.

백남운은『조선 민족의 진로』에서 좌우 대결을 극복할 방안으로 '연합성 신민주주의론'을 제시했다. 그의 제안은 민족독립이 이미 국제노선에 의해 달성되었다고 보아서 사회혁명에만 몰두하는 조선공산당과 박헌영 노선의 공허성과 한계를 비판하는 것이었는데, 이것은 당시 우파 독립운동 계열에 속하는 민세 안재홍의 신민주주의론과도 매우 친화적이었다. 안재홍의 이론에 대해서는 다음 장에서 좀 더 상세하게 다룰 것이다. 하여간 백남운의 '연합성 신민주주의론' 역시 우파와 좌파의 여러 독립운동 세력들을 망라하여 명실상부하게 자주적이고 민주적인 독립국가를 세워 보려는 뜻을 지니고 있었다. 그런 점에서 그의 이론은 여운형이 주장해 온 연합정부론과 맥을 같이하는 것이라는 평가도 받고 있다.[120]

여하튼 석주 이상룡이나 동농 김가진의 사례에서도 보았듯이 조선의 유교문화를 비판적으로 이어받으면서 그것을 민주적 이념과 창조적으로 결합하려는 움직임은 오로지 우익 계열의 독립운동 세력에 한정되어 있지 않았다. 유가의 천하위공의 사상과 전통은 일제강점기에 사회주의를 받아들여 이를 독립운동의 정신으로 승화시키는 데에도 영향을 주었다.

그러나 독립운동 이념의 여러 갈래에 관한 필자의 인식이 한정되어 있어 이에 관한 탐색은 별도의 저서를 통해서도 이루기 힘든 과제이다. 그래서 여기서는 주로 임시정부 계열의 독립운동 이념에 초점을 맞출 수밖에 없었다. 약간의 균형을 맞추기 위해 석주 이상룡이나 동농 김가진 등 일찍이 1920년대

---

119) 백남운, 『조선 민족의 진로, 재론』(범우, 2007), 84~87쪽.
120) 이에 대해서는 서중석, 『한국 현대 민족운동 연구: 해방후 민족국가 건설 운동과 통일전선』, 366~368쪽 참조.

부터 독립운동의 이념으로 사회주의를 지향했던 흐름 역시도 조선의 유교 전통을 배경으로 사회주의를 받아들이게 되었음을 밝히려고 했을 정도이다. 이런 명백한 한계에도 불구하고 필자가 강조하고 싶은 것은, 우파적 계열에 의해 형성된 것이든 좌파적 계열에 의해 형성된 것이든 당시 독립운동가들이 견지했던 그들의 이념은 좌우의 구분을 넘어 한반도 전 민족이 함께할 수 있는 공간을 창출해 낸 의미 있는 이론이었다는 점이다.

분단된 상황이라는 구조적 제약 아래에서도 독립운동이 개인의 자유를 존중하면서 평등 지향의 민주공화정을 세우려고 했던 노력은 대한민국이 들어선 이후에도 지속되었다. 독립운동이 지향한 자주독립국가 형성이라는 이념을 이어받은 우리 헌법의 전문에 명확하게 들어 있는 한반도의 평화통일 이라는 염원이 여전히 미완의 과제로 남아 있다는 점은, 독립운동의 이상을 우리 사회가 아직도 제대로 구현하는 데에는 여전히 미치지 못하고 있음을 보여 주는 상징과도 같다. 여기에서 상론할 수 없으나 한반도의 평화 체제 구축과 통일 사이의 관계에 대해서는 다양한 이론과 깊게 숙고해 보아야 할 쟁점들이 많이 있다. 따라서 공론화 과정에서 더 많은 논의와 숙고가 필요할 것이다. 그러나 적어도 필자에게는 한반도 평화 체제가 현재의 분단체제 현상을 유지하거나 심지어 그것을 공고화하는 식으로가 아니라 "남북한의 통일을 지향하는 평화 체제가 되어야 한다는" 주장이 합리적으로 다가온다.[121]

하여간 우리가 온갖 어려움을 딛고 민주주의를 구현하는 데 나름의 역사적 성취를 이루었음은 사실이다. 이런 과정에서 민주주의와 충성 이념을 결합하 여 민주주의 위기를 극복할 시대에 어울리는 새로운 시민연대적 충성론을 모색하는 흐름이 오늘날에도 살아 있다는 것은 결코 우연이 아닐 터이다. 김구나 백남운 등에서 발견되는 민주주의에 대한 충성이나 민주공화국

---

121) 김대중, 『통일지향의 평화를 향하여』(김대중평화센터 엮음, 한겨레출판, 2007).

우리나라에 대한 사랑으로서의 민주적 애국심은 한국 민주주의의 대표적 정치지도자였던 김대중 전 대통령의 유교적 충성의 이해와도 이어지고 있기 때문이다.

김대중은 현대사회에서의 충忠의 대상을 '국민'으로 이해하고 있다. 그는, 우리의 헌법 정신이 국민이 주권자라는 인식에 기반하고 있는 것처럼 충성을 다해야 할 대상은 대통령이나 국가나 왕이 아니라 "내 아내요, 내 남편이요, 내 이웃"이라고 역설한다. 간단하게 말하자면, 김대중은 "백성 '민民'자, 임금 '주主'자, 즉 백성이 임금이고 백성이 주인"인 사회에서 충성의 대상은 백성 즉 시민이라고 본다.[122]

더 나아가 민주사회의 주권자인 백성 상호의 사랑과 관심을 민주주의 시대에 어울리는 충성으로 보는 관점이 제대로 작동하기 위해서는 모든 중심주의, 이를테면 서구중심주의나 이른바 서구 근대와 조우하기 이전의 동아시아를 지배했던 중화중심주의로부터의 해방이 이루어지지 않으면 안 된다.

앞에서 살펴본 김구의 사례에서 보듯이 그는 동양과 서양 문명 사이의 모든 위계 서열 중심주의를 넘어서서 동서 문명의 상호작용과 만남의 결과를 모든 인간을 성인聖人으로 만드는 민주공화국이라는 개념으로 표현하고 있다. 분명 이런 동서 문명의 창조적인 통합 및 매개의 시도는 여러 지점에서 보충되고 더 전개되어야 할 것이다. 그러나 동서 문명의 이질성을 서로 대등한 것으로 보고 나름의 방식으로 통합하려 했던 시도는 오늘날 서구 특히 미국에서 일고 있는 이른바 선한 제국 혹은 민주적 제국의 사명[123]에

---

122) 김대중, 「충효 사상과 21세기 한국」, 『신동아』 1999년 5월호. 현대 민주주의 사회에서 유교적인 전통적 충성관이 민주주의적 충성관으로 변형되는 데 대해서는 나종석, 『대동민주유학과 21세기 실학』, 제14장 제5절에서 좀 더 상세하게 다루었다.

123) 국민국가 체제 내에서 귀환한 민주적 제국인 미국에 대한 분석으로는 헤어프리트 뮌클러(Herfried Münkler), 『제국: 평천하의 논리』(공진성 옮김, 책세상, 2015), 제6장 참조. 중국발 천하 담론의 예로는 자오팅양(趙汀陽), 『천하체계: 21세기 중국의 세계

대한 강조나, 중국에서 불어오는 새로운 문명 담론 예컨대 중화 중심의 천하 담론 등의 도전에 슬기롭게 대응할 수 있는 우리의 소중한 역사적·사상적 자원의 하나가 아닌가 한다.

지금은 중국 중심의 중화주의적 문명 담론에 친화적이든 아니면 서구 중심의 문명 담론에 치우친 것이든, 문명들 사이에 위계 서열을 매기고 그것을 통해 문명과 야만의 이분법을 강요하는 그런 모든 문명충돌론적 사유 패러다임과 온갖 종류의 중심주의에서 벗어나서 자유로운 시각을 확보해야 할 때이다. 탈중심주의에 관한 모색이 절박한 이때 우리는 평천하적 관점을 잃지 않으면서도 우리의 민주주의를 소중하게 사랑하고 그것에 충성을 다하려는 자세가 조선의 유교적 민본주의가 독립운동과 만나면서 등장한 새로운 민주적 선비 정신임을 상기할 필요가 있다. 그리고 그런 흐름을 소중하게 간직하면서 이를 21세기에 어울리는 민주시민 정신으로 확충해 가려면 그런 전통과 진지하게 새롭게 대화를 해야 할 것이다.

7. 유교 전통과 민주공화주의의 이중 전환과 한국 독립운동 정신

절체절명의 위기에 처한 조선을 구하기 위해 외세에 비타협적으로 저항했던 위정척사파의 당시 상황은 앞에서 살펴본 신채호나 박은식, 이상룡, 김가진, 김구 등이 처한 상황과는 달랐다. 위정척사파의 저항과 투쟁은 조선이 망국의 길로 가는 백척간두의 위기적 상황에서 유교적 도를 나라의 존망보다도 더 우선적인 가치로 생각하는 유교적 문명 의식을 배경으로 하고 있다. 위정척사파가 일본 등 서구 제국주의 열강의 침략에 목숨을 걸고 투쟁했던 시기는 사실상 치국평천하를 지향하는 유교적 문명주의가

인식』(노승현 옮김, 길, 2010) 참조

극도로 위기에 처한 상황이었다. 위정척사파가 활동하던 시기에 정상적인 의미의 치국에 참여한다는 것은 유학자들에게는 친일에 협력하는 길 말고는 불가능한 것이었다.[124]

그러므로 나라의 멸망이라는 절박한 위기 상황에서 유교적 문명 정신만이라도 지키고자 했던 몸부림이 근왕과 민본주의 이념에 어긋나는 것은 아니었다. 왕을 도와 위기에 처한 나라를 구하고 천하생민을 구하고자 하는 유교적 민본주의 이념에서 볼 때, 당시는 왕에 대한 충성만을 강조하다가 자칫 외세와 결탁한 기득권층에게 면죄부를 줄 수도 있는 상황이었다. 따라서 위정척사파 출신의 학자들이 조선의 멸망보다도 유교적 문명의 도를 수호하는 것이 더 중요하다고 보았던 것은 당시의 시대 상황과 관련된 불가피한 대응 방식이었다고 이해할 수 있을 것이다. 비록 유교적 민본주의에서 더 발전된 형태로 나가지 못했고 일반 백성을 역사와 나라의 적극적 행위자로 포용하지 못한 측면이 존재한다고 해도, 그들이 추구한 유교적 도의 문명에는 바로 위기에 처한 조선 백성의 고통스러운 삶에 대한 진지한 우환의식이 동반되어 있었음도 간과해서는 안 된다.

이렇게 볼 때, 유교적 문명 정신만이라도 고수해야 망국이 되더라도 새로운 국가를 건설할 방안을 모색할 수 있으리라고 보았던 위정척사파 유학자들의 인식은 그것이 지니는 여러 한계에도 불구하고 전적으로 시대착오적이라고만 여길 수는 없다. 왜냐하면 저항정신과 의병투쟁 등을 통해 외세의 부당한 개입에 대해 비타협적으로 투쟁했던 이들의 경험을 바탕으로 해서 조선인들은 보국안민 및 치국평천하라는 유교적 민본주의 이념을 변화된 시대에 어울리는 방식으로 새로 구현할 수 있을 것이라는 희망을 지닐 수 있었기 때문이다.

---

124) 고종의 조정에 나아가 일본의 침략에 맞서 조선을 현대적인 국민국가로 개혁할 수 있는 여지는 전무하지는 않았겠지만 매우 협소했다고 보아야 할 것이다.

그러나 일본에 의한 조선이 패망이 점차 현실화되면서 조선의 지식인과 일반 백성들은 위정척사파의 접근 방식과 달리 조선 독립과 새로운 국가 건설의 문제를 진지하게 고민하지 않을 수 없었다. 유교적인 도의와 그 실현을 가능하게 할 조선이라는 유교 국가가 없어짐에 따라 유교적 도와 새로운 국가 건설 사이의 관계를 정리하는 것이 절박한 사상 과제로 떠오르게 된 것이다. 물론 위기에 처한 조선의 상황을 극복하기 위한 대안에 대해 상이한 입장이 존재하는 것은 당연했다. 따라서 그런 상이한 입장에 따라 유교와 새로운 국가 사이의 관계를 설정하는 것이 다르게 표출되지 않을 수 없었다.

일단 급진적 개화파의 경우에는 조선의 멸망을 유교문화의 열악성과 야만성으로 인한 것이라고 보았다. 그렇기에 개화파 지식인들의 대안에서는 유학의 근본정신을 새로이 변화된 상황 속에서 계승하려는 문제의식이 나타날 수 없었다. 앞에서 강조했듯이 위정척사파의 경우 다양한 방식으로 일본 침략에 저항하면서 소멸해 갔다. 물론 그들의 저항정신은 의병전쟁 및 독립운동 등으로 변형되어 전개되었지만, 일제 치하의 자주적인 독립국가를 향한 투쟁에서 왕조 국가로 되돌아갈 가능성은 거의 없었다. 그래서 대동유학의 참다운 정신을 이어가기 위해서라도 서구의 공화주의 및 민주주의 혹은 사회주의의 도전에 창조적으로 응전하지 않을 수 없었다.

이제 유럽의 근대 국민국가 시스템이 주도하는 상황에서 독립의 문제를 고려할 때 응당 조선도 그런 국민국가 형성을 지향하는 것은 불가피했고, 그 결과 내부적으로는 조선을 개혁하고 외부적으로는 외세에 저항하여 근대적 민족국가로 거듭나는 운동이 전개되어 가는 과정에서 조선의 국민의식 및 민족의식을 새롭게 형성하려는 노력이 제일차적 과제로 부각되었다. 그리하여 민족적 정체성에 바탕을 둔 근대적 국민국가(nation-state)의 성립을 향한 여러 운동과 방책들이 등장했지만, 기본적으로 한국의 근대적 민족국가를 달성하려는 노력을 주도한 정신은 결코 부국강병과 국가주의적인 배타성만을 고취하는 식으로 흘러가지 않았다.

앞에서 보았듯이 서구 및 일본 제국주의 열강의 침략에 따른 자주적 독립국가 형성이라는 시대의 요구에 부응하여 한국의 독립운동 의식이 나타났다. 그리고 한국의 민족주의는 결코 근대 일본이 보여 준 대외팽창주의적이고 폭력적인, 즉 패도적 길을 선망의 시선으로 바라보지만은 않았다. 그리하여 한국의 민족주의 및 독립운동 정신은 민주공화주의(그리고 사회주의)를 받아들여서 이를 인류평화라는 대의와 연결해 사유하는 모습을 보여 준다.

민족주의를 형성하는 데에서도 한말 이후 한국 사회에 엄청난 영향을 주었던 사회다윈주의는 양날의 칼이었다. 한편으로 사회다윈주의는 약소국인 조선을 강국으로 만들어 독립된 나라로 만들어야 한다는 논리를 지탱하는 방식으로도 활용될 수 있었다. 그러나 그것은 이런 얼굴만 지닌 것은 아니었다. 그러니까 약육강식, 우승열패, 적자생존 등의 논리를 문명과 국가에 적용해 서구 제국주의의 침략에 패배한 민족이나 국가의 운명은 불가피한 것이었다고 여기는 태도를 벗어던지지 못하는 한, 일제강점기 이후 민족주의에 기초하여 자주적 독립국가를 목표로 전개되었던 독립운동의 정당성은 딜레마에 처하게 될 것이 뻔했다. 사회진화론적인 약육강식의 경쟁 논리를 철저하게 밀고 나간다면 조선의 식민지화 역시 열등한 민족의 피할 수 없는 숙명이었다는 결론을 쉽게 반박하기 어렵기 때문이다.

또한 사회다윈주의는 약육강식의 경쟁을 통해 사회와 역사가 앞으로 발전해 나간다는 문명 진보의 역사관과 결부되어 있었기에 약소국가는 결국 제국주의의 지배를 통해 문명화될 수 있다는 논리도 함축하고 있었다. 이 때문에 많은 계몽운동가는 서구나 일본의 제국주의적 침략에 대해 선뜻 동의하지 않으면서도, 조선의 식민지화는 서구적 문명화의 길로 나가기 위해서는 반드시 겪을 수밖에 없는 불가피한 과정이라고 보았다.

설령 사회진화론을 상실된 국권을 회복하거나 약소국에서 강대국으로 발돋움할 동력을 확보하려는 맥락에서 활용한다고 해도, 이런 사회진화론적인 세계관과 문명관은 "강자가 되어 남을 지배하고픈 지향"에서 벗어나기 힘들다. 19세기 말 조선에서도 이런 진화론적 시각의 대외팽창적 욕망을 고스란히 드러내는 경향이 있었다. 이를 대표하는 것이 바로 개화파의 『독립신문』이었다. 청일전쟁에서 패배한 중국이 삼국 간섭으로 인해 분열 지배의 위기 상황에 빠졌을 때, 『독립신문』은 이것이 오히려 중국인들에게는 다행인 상황이라고 보았을 뿐만 아니라 조선도 "'천한 중국'의 분할지배에 동참하고 싶다"는 욕망을 명확하게 드러낸다. 백영서는 이런 욕망을 노골적으로 "표현한 『독립신문』의 논조는 개화를 추진하기 위한 단순한 수사로 봐 넘기기 힘들다"라고 평가한다.[125]

이에 비해 민중이 변혁의 주체임을 선언하면서 조선 독립을 동양 평화 및 인류 사회에서의 모든 착취와 억압의 폐지라는 보편적 이상과 연결시키는 흐름을 개척한 신채호나, 세계적인 대동평화 사상에서 한국 독립운동의 나아갈 길을 밝히고자 한 박은식 등은 부국강병의 강권 논리나 서구 근대 국민국가 시스템의 팽창주의적이고 폭력적인 모습에 순응하지 않으면서도 근대적인 자주적 독립국가 구상이 가능한 것임을 잘 보여 준다. 이처럼 평화 사상 및 모든 인류의 평등과 조화의 사상을 조선의 독립과 연결해 새롭게 사유했던 신채호와 박은식이 모두 조선의 유학 전통을 비판하면서도 그 참다운 대동 정신의 긍정적 유산을 절대로 버리지 않았던 유학자 출신이라는 점은 매우 중요하다. 이들에게서 조선 유학에 나타나는 치국·평천하 사상의 현대적 변형을 발견할 수 있었던 것도 우연이 아닌 셈이다.

---

125) 백영서, 『동아시아의 귀환』(창비, 2000), 191쪽. 백영서에 따르면 대한제국기에 언론에 묘사되었던 중국은 '천한 청', '동양 평화의 일원인 중국', '개혁모델로서의 중국'이라는 세 유형으로 분류될 수 있다. 같은 책, 194쪽.

특히 신채호와 박은식의 경우가 보여 주듯이 유교적 민본주의의 급진적 흐름은 독립운동과 결합하여 독특한 보편주의적 색채를 띠게 했다. 달리 말하자면, 박은식과 신채호는 국민국가의 독립과 국민국가 간 상호평등의 이념을 결합시켜서 배타적인 국민국가 유일주의 혹은 부국강병식 국민국가관의 폐쇄성과 일국주의를 넘어서는 사유의 지평을 분명하게 보여 주고 있다. 그들이 서구 근대의 국민국가 위주의 사유 방식을 넘어서서 조선의 독립을 세계평화 및 모든 민족과 민중의 해방이라는 관점으로까지 밀고 나갈 수 있었던 사유의 배경에는 유교적인 천하관과 대동적 이상의 지속적인 영향사가 존재하는 것이다. 또한 이는 일찍이 1920년대 초부터 사회주의를 독립운동 이념과 결부시켜 이해했던 석주 이상룡의 경우나, 동농 김가진과 전협 등이 주도했던 대동단의 정신에도 기본적으로 적용되는 것이라 여겨진다.

그런데 한국 독립운동 정신은 유교적 대동사상의 전통을 이어받으면서도 그 사상을 혁신한다. 복벽주의를 배격하고 민주공화주의를 지향했던(사회주의를 수용한 민족독립 운동 세력이 지향한 정신도 그 극단적 흐름을 제외한다면 평등 지향의 민주적인 공화주의 사상과 일맥상통한다고 여겨진다) 데에서도 나타나듯이 한국 독립운동은 서구 근대의 도전에 직면하여 그들의 이른바 '해방적 이념'인 민주주의 및 공화주의를 비롯한 여러 이념을 능동적이고 주체적 방식으로 해석하여 기존의 유교적인 대동세계 이념을 새롭게 발전시켜 나간다. 한국의 독립운동이 기본적으로 평화지향 및 세계주의적 이념을 굳게 견지할 수 있었던 데에는 평천하적 세계시민주의 이념인 유교적 대동세계의 정신적 자산이 크게 이바지했지만, 그 이념은 독립운동 과정에서 근대적인 국민국가 및 민주공화주의와의 대화를 통해 변형되지 않을 수 없었다.

그러므로 한국 독립운동 정신의 핵심은 대동민주주의 혹은 공화주의적 ·

민주주의적 대동 이념으로 개념화해 볼 수 있고, 동아시아 유교적 전통의 민주화이자 민주주의의 동아시아화 혹은 유교화로 요약할 수 있다. 이를 좀 더 명료하게 하면 다음과 같이 될 것이다. 대동민주주의 혹은 공화주의적 대동 이념으로 개념화된 한국 독립운동의 정신은 조선 사회로부터 이어져 온 유교적 대동사상의 민주적이고 공화주의적 잠재성을 명료화한 결과로 독해될 수 있다. 다른 한편으로, 한국 독립운동의 기본 정신은 평천하 및 균평의 사상을 담고 있는 유교적 대동 이념을 통해서 국민국가 중심의 서구 자본주의 세계체제의 침략성과 폭력성을 표현하고 있는 '유럽적 보편주의'의 한계를 비판적으로 극복한 산물로 간주되어야 마땅하다.

끝으로, 평천하 의식을 담고 있는 한국의 저항적 민족주의 정신은 오늘날 세 가지 점에서 여전히 중요하다. 첫째, 한국 독립운동 정신은 대한민국의 민주공화국 헌법 정신에 사회통합적 균등 지향, 한반도의 평화통일 및 세계평화 추구의 형태로 반영되어 지속되고 있다. 둘째, 독립운동의 대동민주주의적 정신은 분단 상황에서도 거듭된 독재 정권의 등장에도 불구하고 줄기찬 민주화운동의 정신으로 이어져 오늘날 우리 사회의 민주주의의 제도적 실현에 문화적·정신적 원동력으로 작동했다. 셋째, 한국의 대동민주주의를 지향하는 저항적 민족주의가 견지했던 평천하적 세계시민주의 정신은 한반도의 분단으로 인한 남과 북의 극단적 갈등 상황에서도 여전히 현재적 중요성을 지닌다.

대동민주적 독립 정신과 대동적 민족주의는 오늘날 한반도의 항구적 평화 및 통일의 달성이라는 과제를 동아시아 및 세계평화 질서의 구상이라는 폭넓은 시야 속에서 해결하는 데 중요한 정신적 자산으로 남아 있다. 그러므로 오늘날에도 대동민주주의적 이상을 향한 독립운동의 정신은 우리 사회를 더 나은 상황으로 변화시키는 일에서 여전히 중요한 비판적 잠재력을 띠고 있다고 하겠다.

8. 나가는 말

지금까지 한국 사회의 민주주의와 민족주의는 서구 근대에 의해 일방적으로 이식된 수동적 수용의 역사가 아니라 조선의 유교적 정치문화의 역사적 경험을 통해 주체적으로 그 이념을 수용해서 자신의 것으로 만들어 낸 것임을 살펴보았다. 거듭 강조하고 싶은 것은, 18~19세기를 거쳐 망국과 광복 및 분단, 산업화 및 민주화에 이르기까지의 역사를 좀 더 거시적이고 장기적 관점에서 볼 필요가 있다는 점이다. 우리 역사를 좀 더 장기적인 시각에서 본다면 이른바 쇠퇴기인 19세기에서 20세기 초반, 즉 일제의 식민지로 전락하는 과정에만 주목할 때는 보이지 않았던 새로운 역사상을 포착할 수 있을 것이다. 이 글에서는 가설적으로나마 그것을 18세기 탕평 정치를 매개로 하여 형성된 대동세계 지향의 새로운 유교적 정치문화의 확산 추세와 관련된 것으로 개념화하고자 했다.

이전 시기 조선의 역사적 경험을 기반으로 출현해서 18세기 들어 본격화하기 시작한 유교적 대동세계 지향 및 평등 지향의 일반화 추세는 조선 왕조의 위기와 해체의 시기를 거치면서 변형된 형태로 지속되었다. 조선 후기에 축적된 유교적 대동세계 및 평등사회에 대한 백성의 열망이 19세기 민란이나 갑오농민전쟁 등과 같은 정치적 저항의 형태로만 나타났던 것은 아니다. 그것은 일본 제국주의의 침략에 맞서서 한국의 주권을 수호하기 위해 일어난 구한말의 의병운동과 독립운동 같은 방식으로 서구 근대의 충격을 주체적으로 수용하는(제국주의적 침략에 저항하는 동시에 공화주의적 및 민주주의적 기획의 합리적 핵심을 능동적으로 수용하는) 문화적 기반으로 작용하였다. 그리하여 대동세계 지향의 유교적 정치문화 및 유교적 문명주의는 일본 제국주의 침략에 대한 저항 및 일제 식민지시기 독립운동을 거치면서 대내적으로 공화주의적이고 민주주의적인 독립국가를 지향하는 한편 대외적으로는 배타적 민족주의 및 침략 전쟁을 거부하며 민족 사이의 평등, 동양 및 세계의 평화를 지향하는 민족해방 이념의 형성에도 긍정적으로 이바지했다.

18세기 이래 본격화되기 시작한 유교적 대동평화 및 평등사회 지향에서부터 한말 의병전쟁, 일제 식민지시기 독립운동을 거쳐 민주공화국 대한민국에서의 민주주의의 실현에까지 이르는 과정 전체를 일관된 역사로 인식하려는 시도는 당연히 이 책의 기본적 문제의식 중의 하나인 전통과 근대의 이원론을 넘어서려는 시도를 구체화하는 작업이다. 그리고 18세기에서부터 오늘날에 이르기까지의 우리 근현대사를 전체적으로 조망할 수 있는 역사상을 재규정할 때 가장 기본적인 사유 패러다임은 '유교 전통의 민주적 변형과 민주주의의 유교적 전환의 이중 과정'으로 요약할 수 있을 것이다. 그리하여 우리는 '유교 전통의 민주적 변형과 민주주의의 유교적 전환의 이중 과정'을 관통하는 한국 근현대사의 정신을 대동민주주의라는 개념으로 파악해도 좋을 것이다.

그러니까, 유교적 정치문화를 통해 숙성되어 온 대동세상을 향한 이상 속에는 민주적이고 공화적인 계기가 잠재되어 있으며 그 계기는 우리 근현대 역사의 정신을 통해 줄곧 표출되어 왔는데, 대동민주주의는 이런 역사적 정신을 명시적으로 개념화한 것이다.

또한 대동민주주의는 군자 혹은 선비 정신의 백성화를 근본적인 전환의 계기로 삼아서 발생한 것이라는 점에서, 그리고 스스로가 군자이자 선비로서 정치적 주체라는 백성들 스스로의 자각을 동반한 현상이라는 점에서 선비민주주의라고도 개념화해 볼 수 있을 것이다. 뒤에서 별도의 장으로 살펴보겠지만, 해방 이후 분단 상황에서 민주적 헌법의 기본 원리가 때로는 독재 권력에 의해 휴지 조각이 되어 버렸을 때조차도 독립운동과 제헌헌법의 근본정신인 대동적 민주 정신은 우리 사회의 민주주의를 위해 투쟁하는 긴 민주화운동으로 이어졌다는 점도 언급해 둘 필요가 있다.

제7장
자유주의적 민족주의 대 대동적 민족주의
-민족주의, 민주주의 그리고 세계시민주의
사이의 내적 결합의 길들-

1. 들어가는 말

이 장에서는 한국 사회의 역사적 경험에 초점을 맞추어 '민족주의와 민주주의 그리고 세계시민주의 사이의 내적 연관성'의 문제를 다룬다. 다시 말해, 한국의 민족주의가 다양한 갈래로 분류될 수는 있겠지만 적어도 특정한 민족주의의 갈래, 즉 일제강점기를 거쳐 민주화의 과정에 이르는 역사에서 매우 큰 역할을 한 저항적 민족주의는 결코 혈통적 요소만을 강조한 것이 아니라 민족적 연대성에 기반한 평등과 공존 지향의 민주주의와 특색 있는 세계시민적 문명주의를 모색해 왔음을 살피면서 그 현재적 의미를 밝힐 것이다. 이런 작업은 협소하게 이해되어 온 우리 사회의 민족주의 및 민족주의와 민주주의 사이의 관계에 관한 인식과 이해를 확충시키는 데에도 긍정적으로 이바지할 것이라고 여겨진다.

우리가 목표로 삼는 것은 우리나라의 역사적 경험 속에서 등장했던 민족주의의 흐름을 '대동민주주의' 혹은 '대동민주주의적 세계시민주의'라는 개념을 통해 재해석해 보는 것이다. 이를 통해 민족주의와 세계시민주의의 상생적 결합이 하나의 관념적 구상에 그치는 것이 아니라, 우리의 역사적 현실에서도 구현되어 온 것임이 입증될 것이다. 물론 이런 작업은 민족과 민족주의를 설명하는 기존 학계의 한계-특히 주로 서구 역사에 한정해서 이루어진 민족주의 연구의 서구 중심적 편향과 그로 인해 형성된 민족 및 민족주의에 관한 협소한 시각-를 넘어서는 데 중요한 시사점을 제공하리라 본다.

이 글에서 먼저, 서구에서 등장한 자유주의적 민족주의를 중심으로 해서 민족주의와 세계시민주의 사이의 관계가 반드시 배타적일 필요가 없음을 살펴볼 것이다. 이는 대동적 세계시민주의 혹은 대동적 민족주의라는 한국의 저항적 민족주의의 성격에 관한 해석에 유익한 비교 지점을 제공해 줄 것이라 본다. 사실 한국 민족주의의 민주공화주의를 향한 열망은 서구의 자유주의적 민족주의 사유 방식과 비교해도 결코 그 설득력이 뒤지지 않는 독특한 세계시민주의적 전망을 제공해 주고 있다.

그러므로 여기서는 우리나라에서 형성된 민족주의의 성격을 '대동민주주의적 세계시민주의', 즉 달리 말해 대동적 민족주의로 볼 것을 가설적으로 제시하면서, 이를 서구에서 출현한 자유주의적 민족주의 혹은 세계시민적 민족주의에 상응하면서도 자유주의적 민족주의의 한계조차도 넘어설 잠재력을 지니는 동아시아적 유형의 민족주의로 볼 수 있다는 점이 강조된다.

2. 서구에서 등장한 민족주의와 민주주의의 만남: 자유주의적 민족주의를 중심으로

1) 민족주의에 대한 근대론적 시각과 그 한계

탈근대적 민족 담론 비판은 공통으로 민족이 민족주의를 만든 것이 아니라 민족주의가 민족을 만들어 냈다는 근대주의적 민족 개념을 전제한다. 민족주의를 순전히 산업화와 근대성의 산물이라고 보는 구성주의적 민족주의

(constructivist nationalism)의 창시자는 어니스트 겔너(Ernest Gellner)로 알려져 있다.[1] 그러나 엄밀하게 보면 "근대주의자들의 모든 저작은 한스 콘(Hans Kohn)의 중대한 연구에 대한 주석"이라고 평가받기도 한다.[2]

하여간 근대주의적 민족 이론을 옹호하는 대표적인 민족 이론가인 겔너의 정식화에 따르면, 근대의 "민족주의란 민족들이 깨어나 자기의식을 갖게 되는 과정이 아니다. 그것은 민족이 없는 곳에서 민족을 발명한다."[3] 에릭 홉스봄의 주장으로 표현하자면, 민족이 국가나 민족주의를 낳은 것이 아니라 반대로 국가나 민족주의가 전통과 신화 등을 발명(invent)해 낸 결과로 생겨난 것이 민족이라는 말이다.

앤서니 스미스(Anthony D. Smith)에 의하면 민족에 관한 근대주의적 시각은 1960년대와 1970년대에 이르러 기존의 영속주의(perennialism)적, 원초주의(primordialism)적 관점을 대신해서 '정설(the established orthodoxy)'로 굳어졌다.[4] 앤서니 스미스는 민족 및 민족주의에 대한 근대주의적 이론가의 핵심 주장을 다음과 같이 요약한다.

> 민족주의의 이데올로기와 운동은 근자의 것이며 동시에 아주 새로운 것이다. 민족 또한 근자의 새로운 것이다. 양자는 '근대화', '근대성'의 상태로 나아가는 사회들의 지구적 운동의 산물이다.[5]

앤서니 스미스는 겔너의 제자이면서도 민족과 민족주의에 관한 근대주의

---

1) 베네딕트 앤더슨, 『경계 너머의 삶』(손영미 옮김, 연암서가, 2019), 172쪽.
2) 아자 가트·알렉산더 야콥슨, 『민족: 정치적 종족성과 민족주의, 그 오랜 역사와 깊은 뿌리』(유나영 옮김, 고유서가, 2020), 18쪽.
3) 어니스트 겔너, 「근대화와 민족주의」, 백낙청 엮음, 『민족이란 무엇인가』(창작과비평사, 1981), 153쪽.
4) 앤서니 스미스, 『족류: 상징주의와 민족주의』(김인중 옮김, 아카넷, 2016), 27~29쪽. 김인중은 'perennialism'을 "영존주의"로 번역한다.
5) 같은 책, 29쪽.

적 접근 방식에 비판적이었다. 그는 "만일 과거의 민족성에 대한 어떠한 모델도 없고 이전에 존재하는 인종적(종족문화적: 필자) 민족이 없다면, 민족과 민족주의도 없이 오직 위로부터 부여된 아주 다른 현상인 국가와 국가주의만 있었을 것이다"라고 말한다. 달리 말하자면 "주민을 동질화하고 그들의 문화와 감정을 자극하는 데 국가의 역할은 상당하지만, 국가는 민족의 갈망과 단결을 동원하는 인종적 민족의 핵심이나 모델이 없이 그런 결과를 만들어 낼 수 없다"는 것이다.[6]

　필자는 민족주의가 민족을 발명해 냈다는 근대주의적 시각보다는, 이미 "민족의 갈망과 단결"을 가능하게 하는 종족 문화적(ethnic) 연대 의식, 집단적 정체성, 동포애 등이 형성되어 있었기 때문에 국가나 정치적 엘리트들 또는 민족독립운동가(민족주의자)들이 그것을 활용할 수 있었고 민족주의도 그토록 강력한 힘을 가질 수 있었다는 시각에 공감하는 편이다. 적어도 그런 시각이 우리 사회 민족주의의 형성 과정에 관한 성찰에는 더 적합할 것 같다.

　앤서니 스미스에 따르면, "민족을 순전히 국가와 국가 엘리트들에 의해 창조되고 조작되는 '담론 구성체'(discursive formations)로 간주"하려는 유혹에 빠지기 쉬운 근대주의자들은 "열정의 문제를 기피"하지 않을 수 없다. 그러니까 민족 및 민족주의에 대한 근대주의적 시각은 "수많은 사람이 '그들의' 민족에 대해 느끼는 강한 헌신과 애착심을 기피"해 버리도록 만든다는 것이다.[7]

　스미스와 유사하게 아자 가트(Azar Gat)와 알렉산더 야콥슨(Alexander Yakobson) 또한 "사실 일방적인 하향식 민족 선동 모델은 날이 하나뿐인 가위나 한 손으로 손뼉치기만큼이나 어리석은 일"일 것이라고 주장한다.

---

6) 앤서니 스미스 『민족의 인종적 기원』(이재석 옮김, 그린비, 2018), 444쪽.
7) 앤서니 스미스 『족류 상징주의와 민족주의』, 44쪽.

달리 말하자면, "어떻게 그런 조작이, 항상 국가권력을 의심하거나 그것에 무심했으며 흔히 사회 엘리트에게 적대적이던 주민들 사이에서 가장 강하고 격렬한 감정을 불러일으키는 데 성공할 수 있었"는지를 설명하지 못하는 이론은 제대로 된 민족주의 이론이라고 보기 어렵다는 것이다. 설령 엘리트들이 민족주의를 동원하고자 했다고 하더라도 민족주의가 "실제의 깊은 대중 감정에 호소하지 않았다면 조작이 어떻게 효과를 발휘할 수 있었겠는지"에 대해 설명하지 않으면 안 된다는 말이다.[8]

민족적 정체성의 근원을 엘리트들의 동원이나 발명에서 구하는 근대주의자들의 주장은 많은 한계를 보여 준다. 민족주의를 근대에 만들어진 전통으로 보는 에릭 홉스봄조차도 "정부는 분명히 의식적이고 의도적인 이데올로기적 공작에 개입하지만, 그렇다고 이를 순전히 위에서 조작한 것으로 보는 것은 잘못"이라고 말한다. 그는 "실제로 정부의 공작은 이미 존재하는 비공식적인 민족주의 감정을 기초로 할 때 가장 성공적이었다"라고 주장한다.[9]

이런 홉스봄의 언급과 관련해서 아자 가트와 알렉산더 야콥슨은 근대주의 이론가들도 "민족과 민족주의의 출현이 더 깊고 광범위한 사회정치적 과정이었음을 잘 인식했다"라고 평가한다.[10] 물론 그 과정에 대한 적절한 설명을 제공하는 데에는 실패했을지라도 말이다.

에릭 홉스봄의 민족주의 이론의 한계는 그가 철저한 마르크스주의자였다는 점과도 무관하지 않을 것이다. 베네딕트 앤더슨(Benedict Anderson, 1936~2015)에 의하면, 그는 "진정한 마르크시스트는 절대 민족주의자가 될 수 없다"라고 주장했다고 한다. 왜냐하면 "마르크시즘은 처음부터 국제주의를

---

8) 아자 가트·알렉산더 야콥슨,『민족: 정치적 종족성과 민족주의, 그 오랜 역사와 깊은 뿌리』, 27~28쪽.
9) 에릭 홉스봄,『1780년 이후의 민족과 민족주의』, 125쪽.
10) 아자 가트·알렉산더 야콥슨,『민족: 정치적 종족성과 민족주의, 그 오랜 역사와 깊은 뿌리』, 27쪽.

표방했기 때문"이다. 이런 주장은 톰 네언(Tom Nairn)의 연구와 관련이 있다. 원래 스코틀랜드인인 톰 네언은 급진적 마르크스주의자였다. 그는 커다란 반향을 불러일으켰던 자신의 도발적인 저서 『브리튼의 해체』(The Break-up of Britain)에서 영국이라는 나라는 결국에 스코틀랜드를 시작으로 네 개의 나라로 쪼개지고 말 것이라고 주장했는데, 이런 그의 주장에 대한 반응이 바로 앞서 언급한 에릭 홉스봄의 언급이었다. 그러나 수백 년간 영국 식민 지배를 받았던 아일랜드 출신의 앤더슨은 톰 네언의 저서에 더 공감했고, 그는 국제주의를 표방한 마르크스주의는 "민족주의가 실제로 세계 역사에 끼친 그 큰 영향력을 설명하지 못했다"는 톰 네언의 말이 옳다고 보았다.[11]

2) 찰스 테일러의 자유주의 비판과 자유주의적 민족주의의 탄생 배경

그런데 서구 지식인 사회에서 마르크스주의와 다른 국제주의 담론인 자유주의와 민족주의 사이의 내적 연관성을 어떻게 이해해야 할지를 두고 논쟁이 활발하게 진행되고 있다. 여기에서는 자유주의적 민족주의 이론을 중심으로 민족주의와 자유주의 및 민주주의 사이의 상호의존성이 무엇인지를 살펴보기로 한다.

사실 자유주의적 민족주의의 흐름은 오래되었는데, 그것이 명확하게 이론적인 방식으로 등장하게 된 배경 중 하나는 자유주의와 공동체주의 사이의 논쟁이다. 그러나 자유주의적 민족주의는 민족주의에 관한 근대론적 시각의 한계를 넘어, 민족주의가 근대 이전의 사회문화적 전통의 자양분을 바탕으로 삼아 민주주의와 자유라는 보편적 이념을 특정한 공동체의 맥락에

---

11) 베네딕트 앤더슨, 『경계 너머의 삶』, 173~175쪽. 그렇다고 사회주의가 민족주의에 아무런 긍정적 영향을 주지 못했다는 것은 아니다. 앤더슨 자신이 주장하듯이 "오래전부터 무정부주의, 레닌주의, 뉴 레프트, 사회민주주의 등 여러 형태의 사회주의가 진보적이고 해방적인 민족주의가 발전할 수 있는 '국제적' 여건을 제공해 왔기" 때문이다. 같은 책, 251~252쪽.

서 성공적으로 작동하게 하는 긍정적인 계기가 될 수 있음을 보여 준다는 점에서도 흥미롭다.

물론 자유주의적 민족주의를 이해하려면 자유주의에 대한 공동체주의의 비판에서 출발하는 것이 좋은 방법이다. 왜냐하면 자유주의적 민족주의는 자유주의에 대한 공동체주의의 반응인 동시에 공동체주의가 가한 비판에 대한 자유주의적 응수 방식이라고 볼 수 있기 때문이다.[12]

그런데 자유주의가 무엇인지를 정의하기란 쉽지 않다. 대략 17세기 무렵 유럽에서 발생한 자유주의는 그동안 다양한 형태를 띠고 등장했으며, 이런 다양한 자유주의의 형태들 사이에는 상당히 강한 이질적 요소들이 존재하기 때문이다. 그러나 우리는 여기에서 자유주의의 다양한 형태들 사이에 존재하는 공통의 요소에 대한 존 그레이(John Gray)의 설명을 받아들인다. 그는 다양한 자유주의가 공통으로 지니는 특성을 다음과 같이 설명한다.

자유주의 전통의 다양한 형태들은 그 특성상 확실히 근대적이라고 할 수 있는 인간관과 사회관을 지니고 있다는 점에서 모두 공통된다. 그렇다면 이런 관점을 구성하는 요소들은 무엇인가? 우선 **개인주의적** 요소가 있다. 즉 사회의 집단적 요구에 반대해 개인의 도덕적 우선성을 주장한다. 그다음으로 **평등주의적** 요소가 있는데, 이는 만인에게 동일한 도덕적 지위를 부여해 인간들 간의 도덕적 가치를 차별하는 법질서나 정치 질서를 허용하지 않는다는 것이다. 그리고 인류 전체의 도덕적 단일성을 인정해 특정한 시대의 사회와 문화 형태들에는 부차적 중요성만을 부여하는 **보편주의적** 요소도 있다. 마지막으로 **사회개량주의적** 요소가 있다. 이는 일체의 사회제도와 정치 질서를 올바르게 개선할 가능성을 인정한다는 것이다. 자유주의의 방대한 내적 다양성과 복합성을 모두 뛰어넘어 자유주의에 일정한 정체성을 부여해 주는 것이 바로 이런 인간관과 사회관이다.[13]

---

12) 윌 킴리카, 『현대 정치철학의 이해』(장동진 옮김, 동명사, 2018), 425쪽.
13) 존 그레이, 『자유주의』(손철성 옮김, 이후, 2007), 16쪽. 굵은 활자는 그레이의 것임.

위에서 열거된 자유주의의 네 가지 공통된 특성은 다음과 같은 짧막한 문장으로 요약될 수 있다. 인종이나 국적과는 관계없이 모든 개인은 다 자유롭고 평등한 존재로 동등하게 존중받아야 하는데, 이런 평등하고 보편적인 개인의 존엄성이 모든 정치제도의 정당성 근거로 받아들여져야 하며, 이런 개인의 보편적 동등 존중의 원칙과 어긋나는 질서나 제도는 개혁되어야 한다는 이론이 바로 자유주의이다.

이제 존 그레이의 자유주의의 특성에 대한 네 가지 요소를 전제로 하여 공동체주의라 불리는 흐름이 왜 자유주의를 비판적으로 문제 삼는지를 살펴보자. 여기에서는 자유주의적 민족주의의 등장과 관련해 매우 중요한 역할을 한 찰스 테일러(Charles Taylor)의 자유주의 비판에 초점을 두고자 한다. 테일러에 따르면, 개인주의를 강조하는 자유주의는 인간 삶의 사회성을 정확하게 파악하지 못해서 개인의 자유로운 삶을 가능하게 할 사회적 관계의 내재적 가치를 도외시하기 쉽다. 그래서 개인주의는 그것을 도구적 관점에서만 바라보도록 부추긴 결과, 의미 있는 삶을 가능하게 해 주는 사회적 관계를 해체하는 경향이 있다. 그러므로 개인주의는 그 성공적 관철로 인해 역설적으로 개인의 삶의 의미 있는 지평을 무너뜨린다는 점에서 자기 파괴적 성격을 지닌다. 이런 점에서 자유주의적 개인주의는 반사회적 개인주의라는 비판을 불러일으킬 수 있다.

찰스 테일러는 『불안한 현대사회』에서 개인주의의 이런 자기 파괴적 경향을 설득력 있게 묘사하고 있다. 그에 따르면, 오늘날 개인주의는 자기중심적인 생활양식 내지 '나르시시즘'의 문화를 양산하고 있다.[14] 반사회적 개인주의의 양상이라 할 수 있는 원자적 개인주의와 자기중심적인 생활 태도는 사랑의 관계이든 부모 자녀의 관계이든 동료 시민들 사이의 관계이든 간에 인간 상호간의 관계가 지니는 내재적인 가치를 망각하게 만든다는

---

14) 찰스 테일러, 『불안한 현대사회』(송영배 옮김, 이학사, 2001), 47쪽 이하 참조.

것이다. 그런 망각은 정치적인 삶에서뿐만 아니라 가족 내에서의 부부관계나 자녀 관계에서도 많은 문제점을 양산하는 요인 중의 하나이다.

가족관계의 약화에는 현대 산업사회에 깊게 뿌리내리고 있는 자아중심적 생활 태도와 이를 양산하는 개인주의적 원칙에 대한 높은 가치 부여가 자리 잡고 있다. 예를 들어, 근대 자유주의 철학을 개척한 로크는 자아가 타자와의 관계에서 형성되는 것임을 간과한 채 자아는 타자와의 관계망 속에서 형성되는 정체성과 무관하게 정의될 수 있다고 보았다.[15] 이런 자아관은 주체를 철저하게 독립적 존재로 보는 사회계약론적인 정치적 원자론과 긴밀하게 연결되어 있다.[16] 실제로 로크는 사회계약을 통해 정치사회를 구성하는 담당자를 "자유롭고 평등하고 독립적인 존재"로 설정한다.[17]

자유주의적 개인주의가 사랑과 같은 친밀한 관계나 가족관계, 특정한 정치적 공동체 내에서의 시민 사이의 연대 등이 지니는 고유한 가치를 제대로 설명하는 데에서만 어려움을 겪는 것은 아니다. 그것은 또한 특정한 역사적이고 사회적인 공동체에 대한 구성원의 강력한 일체감이나 애착이 지니는 중요성을 간과하기 쉽다. 도덕적 행위자가 갖추어야 할 정체성과 능력은 오로지 자신이 속한 공동체 속의 여러 역할과 관계를 통해 형성되고 발전될 수 있음을 자유주의는 충분히 통찰하지 못한다. 달리 말하자면 자유주의적 개인주의는 개인의 정체성 형성에 구성적인 역할을 하는 공동체의 중요성을 제대로 포착하지 못한다는 것이다.

개인은 가족관계─부모와 자녀 사이의 관계와 같은─나 친구 혹은 연인 사이의 관계, 그러니까 자신이 속한 공동체 속의 관계를 벗어나서는 결코 자신의

---

15) 찰스 테일러, 『자아의 원천들: 현대적 정체성의 형성』(권기돈·하주영 옮김, 새물결, 2015), 111쪽.
16) 같은 책, 388쪽 참조.
17) 존 로크, 『통치론: 시민 정부의 참된 기원, 범위 및 그 목적에 관한 시론』(강정인·문지영 옮김, 까치, 2003), 93쪽.

정체성을 형성해 낼 수 없다. 그렇기에 개인에게 있어 자신의 정체성 형성에 핵심적 역할을 하는 관계는 그 자신만큼이나 소중한 것이다. 그러므로 찰스 테일러에 따르면 인간은 대화의 망에 대한 인간의 사회적 의존성을 결코 벗어날 수 없다.

다양한 관계 속에서 "어떤 종류의 삶이 살 만한 가치가 있는 것인가"라는 물음을 던지면서 그에 대한 대답을 탐색하는 과정을 통해 비로소 자신의 정체성이 형성된다면, 자아가 된다는 것은 다양하고 끝없는 대화의 망 속에 참여하여 스스로 의미 있는 삶이 무엇인가 하는 질문에 대한 "일관성 있는 서사"—일정한 방향감각과 통합성을 부여할 수 있는—를 성공적으로 구현할 때에만 가능하다. 우리 자신이 누구인가에 관한 인식을 확보하기 위해서는, 즉 인간이 자아가 되기 위해서는 "우리는 어떻게 지금의 우리가 되어 왔는가, 우리는 어디로 가고 있는가에 관한 관념을 가져야 한다."[18]

"너는 어떤 사람인가?"라는 질문에 직면하여—물론 정체성에 관한 질문이 반드시 타인에게서 오는 것이라고만 볼 필요는 없다. 우리는 종종 자신에게 자신의 존재 의미를 묻곤 하기 때문이다.— 과거에서 현재에 이르는 여러 사건에 일정한 방식으로 통일성을 부여할 수 있는 '서사'를 형성할 수 없다고 한다면 그는 무와 같은 존재로 전락하지 않을 수 없을 것이다. 그렇기에 인간은 가족관계 나 특정한 문화적 전통이나 특정한 사회적 관계 내에서 살아가면서 어떤 삶이 의미 있는 삶인가를 해석하고 이해하는 법을 배우며 이를 타인과 공유하는 과정에서 의미 있는 삶을 영위할 수 있는 행위 능력을 반드시 획득해야만 한다. 이런 맥락에서 찰스 테일러는 자아는 '서사적 자아'일 수밖에 없다고 말한다.

---

18) 찰스 테일러, 『자아의 원천들: 현대적 정체성의 형성』, 106쪽. 여기에서 필자는 언어 능력을 형성하기 힘든 사람이나 생명체에게서 보듯이 타자에 의존해 있는 사태와 관련한 윤리적이고 정치적 쟁점들에 서사적 자아관이 맹목적일 수 있음을 다루지 않겠다.

내가 주장해 오고 있는 것은, 우리 삶에 최소한의 의미라도 부여하기 위해서는, 그리고 정체성을 갖기 위해서는 선에 대한 방향감각이 필요하고, 이 방향감각을 얻기 위해서는 질적 구별에 대한, 비교할 수 없이 고차적인 것에 대한 일정한 의식을 가져야 한다는 것이다. 여기서 선에 대한 이 의식은 이제 내 삶을 하나의 '전개되어 나가는 이야기'로 이해하는 것과 연결되고 있다. 그러나 이 말은 우리 자신을 이해하는 또 다른 기본 조건을 진술하고 있다. 즉 우리는 삶을 서사(narrative)로 이해한다는 것이다.[19]

서사적 자아관에 대한 테일러의 고찰은 인간이 태어나면서부터 이미 독립적이고 이성적인 행위자인 것처럼 가정하는 자유주의의 원자론적 개인주의가 인간이 타인과의 실질적인 관계 형성을 매개해서 도덕적 행위자로 성장함을 망각해 버린다는 핵심 문제를 건드린다. 이는 그가 언어공동체 내에서의 삶을 자아 형성의 본질적 계기라고 강조하는 중요한 까닭 중의 하나이다. 인간은 공유된 경험과 언어공동체 내에서 태어나고 자라고 살아간다. 이런 사실로부터 그는 인간의 사회적 의존성을 부정하는, 그러니까 인간은 홀로 독립적 행위자인 개인으로 태어나서 자신의 그런 행위 역량을 유지해 간다는 자유주의적 환상을 비판한다.

자유주의적 개인주의는 모든 자유로운 개인을 동등하게 존엄한 존재로 간주하는 도덕 혹은 정의 원칙에 대한 헌신이야말로 우선적이고 심지어 유일하게 정당한 도덕적 의무의 원천이라는 생각에 사로잡혀 있다. 그러니까 개인의 자유와 권리의 우선성을 옹호하는 자유주의는 사회가 "자유로운 개인들" 즉 "개인적 권리의 담지자들" 혹은 "자유롭고 거리를 둔 주체들"의 "동의에 의해 만들어지고 자유로운 개인들로 이루어진다는 견해"를 자명한 것으로 받아들인다.[20] 그러나 이런 견해는 결국 자유주의적 사회를 가능하게

19) 같은 책, 106쪽.
20) 같은 책, 223쪽.

하는 사회적 조건들 자체에 무관심하게 만들어서 자유주의적 기획 자체를 실패하게 만드는 것은 아닌지 의구심을 불러일으킨다.

자유주의에 대한 찰스 테일러의 성찰은 인간의 권리는 특정한 종류의 사회에 "소속할 의무"(an obligation to belong)를 전제한다는 주장으로 이어진다. 그에 따르면, 공유된 소속감으로서의 사회적 연대 의식은 정의의 원칙을 수용한 자유주의 사회의 안정성을 확보하는 데 결정적 의미를 지닌다. 그런데도 자유주의는 자유로운 사회의 지속 가능한 안전성의 토대가 무엇인지를 제대로 제시하지 못한다. 그래서 자유주의는 권리와 의무의 상호의존성에 대한 공동체 주의적 통찰로써 보완되어야 한다.21) 자유주의에 대한 이런 테일러의 비판에 담긴 핵심 주장은 "사회적 명제"(the social thesis)라고도 불린다.

"자유주의적 자유의 사회적 전제 조건"(the social preconditions of liberal freedom)이 무엇인지를 명료하게 해 보려는 테일러의 작업은 1980년대 이후 서구 정치철학의 중요한 쟁점을 이루고 있다고 평가받는다.22) 테일러의 사회성 명제는 한편으로는 삶에서 차지하는 언어문화 공동체의 중요성을 자각하게 해 주었고, 다른 한편으로는 자유주의적 정의 실현에 필수적인 구성 요소로서의 시민들 사이의 공동체적 감각 혹은 연대감의 고유한 가치를 일깨워 주었다. 이 두 가지는 자유주의자들이 흔히 망각해 버리는 요소였으며, 이런 망각으로 인해 자유주의는 시민들이 특정한 영토로 경계 지워진 공동체를 "도덕적으로 의미 있는 것"으로 보는 까닭을 제대로 통찰하지 못했다.23)

자유주의가 경계의 도덕 혹은 특정한 공동체가 지니는 도덕적 중요성을 간과하게 된 이유는 그것이 기본적으로 개인주의와 보편주의를 지향하는

---

21) Charles Taylor, *Philosophy and the Human Sciences, Philosophical Papers 2*(Cambridge/Mass.: Cambridge University Press, 1985), pp.191~198.
22) 윌 킴리카, 『현대 정치철학의 이해』, 400쪽.
23) 같은 책, 414쪽.

이론이기 때문이다. 실제로 공유된 정의 원칙으로부터 "우리가 누구와 함께 민주적 결정을 내려야 하는지"는 도출되지 않는다.[24] 달리 말하자면, 자유와 평등의 원칙과 정치적 원칙을 강조하는 자유주의적 견해는 왜 독립된 특정한 정치공동체를 통해 그런 정의 원칙이 받아들여지고 이행되어야 하는지에 대해 적절한 설명을 제공하는 데 무척 애를 먹는다. 이런 문제를 제대로 해결하지 못하기 때문에 자유주의는 "보편주의 언어로 공동체에 대한 자신의 (사전적) 헌신을 은폐"한다는 비판에서 벗어날 수 없다.

자유주의 이론의 모호성과 한계를 비판하는 윌 킴리카는 블랙(Samuel Black)의 주장을 참조한다. 블랙의 주장에 따르면, 자유주의 이론은 "인간의 도덕적 평등에 대한 이론으로 시작"하지만 이론 전개 과정에서 "대체로 시민의 도덕적 평등에 대한 이론"으로 변해 간다. 그러니까 자유롭고 평등한 인간의 보편적 주장이 특정한 국가의 시민들 사이의 평등 이론으로 변화된다는 것이다.[25]

3) 자유주의적 민족주의의 기본 내용

앞에서 본 것처럼 자유주의적 정의에 입각한 정치적 공동체 역시 정의의 원칙에 대한 합의 이상의 사회적 통합을 요구한다. 그렇다면 이 사회통합은 어디에서 구해질 수 있는가? 그것은 바로 공동의 민족적 정체성을 형성하는 데에서 온다는 것이 자유주의적 민족주의 이론가들의 생각이다. 이 공동의 민족정체성에서 중요한 것은 인간이 어디엔가 소속되고 싶어 하는 욕구를 해결해 주고 있다는 점이다.

벌린은 민족주의에 동기를 불어넣는 정서로 소속에 대한 욕망과 더불어 "집에 대한 인식"을 꼽고 있다.[26] 이러한 인간의 욕구는 결코 무시되어서는

---

24) 같은 책, 413쪽.
25) 같은 책, 414쪽.

안 되는 근원적인 욕구라는 것이 벌린의 생각이었다. 어느 집단에 소속되어 집안에서와 같은 편안함을 향유하려는 인간의 욕망은 자유에 대한 열망에 다름 아니며 인간의 정체성 형성과도 밀접한 관련이 있다. 따라서 벌린은 민족주의가 근대에서 인간의 정체성 형성 및 자유 실현과 관련해 긍정적인 역할을 함을 인정했다. 그리하여 그는 "민족주의는 본질상 극단적이기 때문에 언제 어디서나 그것에 반대해야 한다"는 주장을 거부했다.[27]

하버마스는 물론이고, 롤스나 드워킨 같은 사람들은 특정하게 경계 지워진 정치공동체의 윤리적 특성과 특정 공동체에서 살아가는 시민들이 서로에게 느끼는 연대감의 근원을 "공통의 정의 원칙에 대한 공유된 헌신"에서 구할 수 있다고 생각했다. 그렇지만 테일러가 지적하듯이 이 생각은 설득력 없는 지나치게 순진한 생각이다.[28] 자유민주주의적 원칙들을 공유한다는 것으로부터 특정한 공동체에 대한 헌신과 유대성이 도출될 수 있다고 생각하는 것은 명백히 틀린 입장이라는 것이다. 왜냐하면 자유민주주의적 원칙들을 공유하고 있는 '국가'라 할지라도 내부에서는 언어·문화적 요인으로 심각한 갈등을 겪고 있기 때문이다.

정의의 원칙들을 공유하는 집단의 내부에서도 긴장과 갈등이 해소되지 않는다는 사실은 정의 원칙의 공유가 사회통합과 유지의 조건이 되기에는 충분하지 못함을 잘 보여 준다. 예를 들어 캐나다의 퀘벡 분리 운동 사례를 보자. 퀘벡주에 사는 불어 사용자들이 캐나다의 민주주의적 정의의 원칙에 불만이 있어서 분리주의 운동에 찬성하는 것은 아니다. 다른 캐나다인들과 더불어 그들도 똑같은 정의의 원칙들을 공유하지만, 이 공유 의식이 분리주의적 감정을 해소하지 못하고 있을 뿐이다. 그리고 그런 분리주의적 감정을

---

26) 아비샤이 마갈릿, 「민족주의라는 뒤틀린 나무」, 마크 릴라 외 엮음, 『이사야 벌린의 지적 유산』, 184쪽 이하.
27) 같은 책, 199·212쪽.
28) 윌 킴리카, 『현대 정치철학의 이해』, 412 및 415쪽.

오로지 배타성과 공격성을 함유하는 민족적 편협함에 터를 두고 있는 것으로만 보는 것은 사리에 맞지 않는다.

오히려 퀘벡 분리 문제는 한 나라의 사회통합이 전적으로 정의 원칙의 공유에만 의존하고 있지 않다는 점을 보여 주는 것이라고 이해되어야 한다. 롤스와 드워킨 같은 자유주의 정치이론가는 자유민주주의의 정의 원칙을 공유하는 사람들은 "역사적 경계들과 관할권에 대해서 의문을 제기하지 않을 것이라고 가정"하지만, 이런 가정은 영국의 스코틀랜드인들이나 스페인의 카탈루냐 인들에게서 분리 혹은 자치 요구가 점증하는 데서 보듯이 설득력이 없다.[29]

이런 사실로부터 우리는 "사회통합은 정치 원칙들의 공유보다 훨씬 깊게 들어가는 공동체에 대한 감각을 필요로 한다"는 것을 알 수 있다. 그래서 킴리카는 영국의 진보적 공동체주의 이론가이며 자유주의적 민족주의 옹호자이기도 한 데이비드 밀러의 주장을 바탕으로 다음과 같이 말한다.

> 시민들은 자신들이 같은 공동체에 속해 있다고 느껴야만 한다. 그들은 자신들만의 분리된 국가를 형성하기를 바라거나 다른 외국에 합병되기를 바라기보다, 함께 생활하고 통치하며 같은 운명을 공유하기를 지속하려는 욕구를 가지고 있어야만 한다. 요컨대, 사회통합은 시민들이 서로를 동일시하며 자신들의 동료 시민들을 '우리들' 중 하나로 바라보아야만 한다. 이처럼 공유된 소속감과 공유된 일체감은 시민들이 (비록 어떤 특정 결정에 대하여 소수자의 처지라고 하더라도) 민주적인 결정의 결과들을 수용하는 데 요구되는 신뢰 관계와 연대성, 그리고 자유주의적 정의 의무들을 유지하는 데 도움을 준다.[30]

사회통합을 형성하는 방법으로 근대 국가들이 채택한 것이 바로 민족적 정체성의 형성이었다. 그래서 킴리카는 현실 세계 대부분의 자유민주주의

---

29) 같은 책, 416~417쪽 참조.
30) 같은 책, 418쪽.

국가들이 채택해 온 사회적 통합에 대한 접근 방식을 "자유주의적 민족주의"(liberal nationalism)의 접근 방식으로 본다. 그에 의하면, 서구의 자유민주주의적 국가들의 실제 관습들을 탐구해 보면, 이들 국가는 "민족성(nationhood)에호소하는 방식으로 연대성을 개발하려고" 노력했다. 근대의 자유민주주의적 "국가는 시민들로 하여금 그들이 '국민'을 형성하며, 따라서 단일한 정치공동체 안에 함께 소속되어 있고 각자가 특별한 의무들을 지고 있다는 점을확신시키려고 노력한다."[31]

이렇게 근대의 민주주의 국가들은 "민족주의"를 통해 "영토 안에 있는모든 계급을 포괄하는 단일한 국민 공동체라는 개념을 창조했다." 그리하여개별 국민국가 영토 안에 항구적으로 살아가면서 같은 민족적·국민적정체성을 공유하는 국민·인민으로서의 'the people'에 속한다는 점은 이제그 구성원 모두가 계급이나 성별에 상관없이 동등한 국민으로 존중받아야할 존재임을 보증해 준다. 더구나 민주주의는 "민족 만들기"(nation-building)를통해 아주 놀랄 정도로 효과적인 결과를 산출했다.[32]

물론 공유된 민족정체성을 무엇으로 만드는가는 특정한 정치사회가 처한역사적 상황에 따라 서로 다를 것이다. 따라서 공유된 민족정체성이 반드시인종 혹은 종족이나 종교 등과 같은 것들로 구성될 필요는 없다. 킴리카에의하면 "자유주의 국가의 시민들이 스스로를 함께 소속되어 있으며 같은국민 구성원이라고 느끼게 하는" 대표적인 것들은 "공유된 역사, 영토, 공동의언어 그리고 공동의 공적 제도들"이다.[33]

이처럼 민족적 정체성을 형성하는 데 결정적인 요인들로 작용하는 것에는인종적인 것뿐만 아니라 언어적이고 문화적인 것들도 있었다. 근대에서도

---

31) 같은 책, 426쪽.
32) 같은 책, 427~428쪽.
33) 같은 책, 431쪽.

이 문화적 유대와 인종적 정체성이 지속적으로 영향력을 행사한다는 점을 무시하는 사람들은 민족주의의 생명력과 더불어 특히 언어·문화적 정체성이 자치하는 도덕적·정치적 중요성에 대해서는 눈을 감아 버린다. 공동의 역사, 공동의 언어 등으로 구성된 공동체의 유대감은 근대에 들어와 갑자기 형성된 것이 아니다. 그 기원은 적어도 근대 이전으로 올라간다. 그러므로 민족주의를 오로지 국가에 의해 혹은 산업사회의 성장과 더불어 형성된 근대적인 현상으로 바라보는 것은 일면적이다.[34]

월 킴리카에 따르면, 민족국가와 민주주의 혹은 민족주의 사이의 내적 연관성이 어디에 있는지를 제대로 성찰하지도 않은 채 민족국가라는 경계를 그저 자연적으로 주어진 것처럼 수용하는 서양의 주도적인 정치론들의 문제점을 극복하기 위해 등장한 것이 바로 자유주의적 민족주의이다. 그가 보기에 자유주의적 민족주의는 자유민주주의와 민족성(nationhood) 사이의 내적 연계성을 분명하게 하려고 시도한다. 그리고 자유주의적 민족주의가 자유민주주의와 민족성 사이의 내적 연계성을 해명할 때 "사회적 정의, 심의민주주의, 개인적 자유"라는 세 가지 원리가 중심에 놓인다. 간단하게 말해, 자유주의적 민족주의는 "민족적 정치 단위 내"에서 "사회적 정의, 심의민주주의 그리고 개인적 자유"가 "가장 잘(best) 성취될 수 있거나 혹은 아마도 오로지 그 내에서만 성취될 수 있다"고 본다.[35]

(a) 사회적 정의

정의 원칙에 대한 공유만으로 사회적 연대성이 창출될 수 없다는 점은 사회정의와 관련된 문제들에서도 드러난다. 왜 서구의 많은 시민이 동료

---

34) 앤서니 스미스 『세계화 시대의 민족과 민족주의』(이재석 옮김, 남지, 1997), 73쪽 참조.
35) 월 킴리카, 『다문화주의 개론』(박병섭 옮김, 실크로드, 2013), 303쪽. 이하 사회통합, 심의민주주의, 개인적 자유라는 세 요소를 통해 자유주의적 민족주의의 기본 주장을 설명하고 있는 내용은 킴리카의 설명을 토대로 필자가 나름대로 재구성한 것이다.

시민의 사회복지를 위해 희생해야 하는지는 정의 원칙의 공유만으로는 충분히 설명할 수 없다.[36] 데이비드 밀러가 주장하듯이 공통의 민족적 정체성은 사회통합 및 민주주의와 관련해 긍정적인 역할을 한다.

예를 들어 사회적 정의를 채택하고 이에 필요한 재원을 위해 더 많은 세금을 내는 것을 수긍하게 하는 것은, 모든 사람을 자유롭고 평등하게 대우할 것을 요청하는 자유주의적 정의 원칙에 대한 호소 그 이상을 요구한다. 그리고 민족적 연대성에 따라 우리는 자신의 수입이나 재산을 전적으로 개인적 욕구에 따라 자녀나 친구에게 더 많은 혜택을 누리도록 할 수 있는데도 불구하고, 사회적으로 불리한 계층이나 인종적 집단 등에 속한 시민 동료의 자녀들이 평등한 교육의 기회나 기본적인 의료 서비스를 받을 수 있도록 더 많은 세금을 낸다. 이처럼 공통의 민족적 정체성은 그 구성원들이 사회적 정의의 실현을 위한 재분배 정책에 따를 수 있는 동기를 제공하고 강화한다.[37]

(b) 심의민주주의

민주주의는 정의의 원칙에 대한 공유 이상의 강력한 응집력과 강한 연대 의식을 요구한다. 정의의 원칙은 모든 인류에 대한 평등한 도덕적 의무만을 내세우기만 할 뿐, 왜 우리가 특정한 집단의 구성원을 동료 시민들로 여기고 그들과 함께하는 삶의 방식을 유지하기 위해 헌신하며 심지어 어떤 경우에는 생명까지 바쳐서 공동체를 수호하는 마음가짐을 가져야 하는지에 대해 적절한 해답을 주지 못한다.

민주주의가 오로지 다수결주의와 동일시될 수 없는 까닭도 이런 면과 연결되어 있다. 국민을 묶어 주는 공통의 언어나 역사적 경험의 공유와 같은 문화적 특징 등에 기반하여 이루어진 민족적 정체성은 그 구성원들에게

---

36) 같은 책, 432쪽.
37) 데이비드 밀러, 『정치철학』(이신철 옮김, 교유서가, 2022), 206~208쪽.

강력한 소속감과 연대 의식을 제공한다. 이런 연대 의식으로 인해 투표 등을 통한 공적 사안의 결정이 설령 자신의 의견과 다르다 하더라도 구성원들은 그것을 우리 공동체의 공동선의 표현이라고 이해하면서 민주적 결정의 결과로 받아들인다. 만일 시민들 사이에 이런 높은 수준의 신뢰와 '우리' 의식이 없다면 민주주의 혹은 시민의 자치라는 이상은 그 지속적 안정성을 확보하기 힘들 것이다.

당연한 말이지만, 심의민주주의 모델을 거론하지 않더라도 민주주의에서 시민들의 토의와 심의는 매우 중요하다. 시민들이 자신과 결부된 공적 사안을 결정할 때 동료 시민들과의 숙고와 논의는 우회할 수 없는 것이기 때문이다. 그리고 토의를 통한 문제 해결 과정에서 전제되는 것은 언어이다. 그런데 그 언어는 예컨대 에스페란토어와 같은 인공적이고 추상적인 언어가 아니라 토착어이다.

공적 사안들에 대해 자유롭고 평등한 시민들이 토의와 숙고의 과정을 거쳐 민주주의의 정당성을 절차적으로 확보해야 하는 경우 토속어·자국어에 대한 강조는 결정적이다. 자국어를 통해 시민들은 자신의 이해관계나 생각들을 동료 시민에게 더욱 풍부하고 섬세하며 설득력 있고 공감적인 방식으로 표현할 수 있고, 그럼으로써 공적 사안에 관한 심의의 수준을 훨씬 더 진전시켜서 서로의 견해를 수정하고 합의 수준을 확장할 수 있다. 그러므로 킴리카는 "민주주의적 정치는 토착어·자국어로 하는 정치"(democratic politics is politics in the vernacular)라고 말한다.[38]

결국 공유된 언어와 역사의식을 통해 민족적 정체성 형성을 추구하는 작업이 반드시 자유주의적 가치, 이를테면 시민을 자유롭고 평등하게 대우해

---

38) 월 킴리카, 『다문화주의 개론』, 288쪽. 또한 Will Kymlicka and Christine Straehle, "Cosmopolitanism, Nation-States, and Minority Nationalism: A Critical Review of Recent Literature", *European Journal of Philosophy*, 7:1 (1999), p.70. 이 논문을 알게 된 것은 한승완의 논문(「'자유주의적 민족주의'와 '헌법애국주의'」, 『사회와철학』 20(2010))을 통해서이다.

야 한다는 원칙을 배반하는 것이라고 여기는 것은 민족주의에 대한 잘못된 이해로부터 나오는 오류이다.

(ㄷ) 개인적 자유

이사야 벌린은 민족주의의 형성이 어딘가에 소속하고 싶어 하는 인간의 강력한 욕구와 연결되어 있음에 주목했는데, 저명한 자유주의적 민족주의 이론가 아비샤이 마갈릿은 이런 벌린의 주장을 바탕으로 인간의 자유와 소속에의 열망은 서로 긴밀하게 연결되어 있다고 말한다. 마갈릿에 따르면 벌린이 강조하는 소속에 대한 요구는 집에 있는 듯한 편안한 느낌을 염원하는 것과 다르지 않기 때문이다. 마갈릿은 집에 있는 편안한 느낌과 자유가 어떤 점에서 상통하는지를 다음과 같이 설명한다.

> 집에 있는 것처럼 편안한 느낌이 좋은 점은 무엇일까요? 이사야 벌린은 집에 있다는 느낌과 자유롭다는 느낌 사이의 심오한 연관성을 꿰뚫어 보았습니다. 손님이 "이것 또는 저것을 사용해도 될까요?"라고 물을 때, 우리는 "자유롭게(마음대로) 하세요"라거나 "집에서처럼 편안하게 생각하세요"라고 대답합니다. 이 두 가지 대답은 서로 치환될 수 있습니다. 이를 통해 이사야 벌린은 '집에 있는 느낌'과 '자유롭다는 느낌 즉 자연스럽고 자발적으로 행동할 수 있는 능력' 사이에 깊은 연관성이 있음을 포착했습니다.[39]

마갈릿이 설명하고 있듯이, 민족주의의 촉진에 중요한 역할을 한 것은 소속에의 열망과 집 같은 안식처에 대한 염원이라고 본 벌린의 이론은 인간의 자유와 민족주의가 상호 내적 관련을 맺고 있음을 보여 준다. 자유주의적 민족주의 이론의 발전에 이바지한 또 다른 인물인 야엘 타미르

---

39) 아비샤이 마갈릿, 「민족주의라는 뒤틀린 나무」, 마크 릴라 외 엮음, 『이사야 벌린의 지적 유산』, 184~185쪽.

(Yael Tamir)도 『자유주의적 민족주의』(*Liberal Nationalism*)에서 민족주의와 개인의 자유 사이의 내적 연관성 문제를 천착하면서 이 둘 사이가 서로 긴밀하게 연결되어 있음을 주장한다. 그는 다원주의를 옹호하면서 보편적 선의와 특별한 애착을 둘 다 포기하지 않고 그것들을 결합할 가능성을 추구한다. "개인적 정체성의 구성을 위해 특수한 환경이 지니는 중요성에 대한 민족주의자의 강조는 인간 본성의 보편주의 관점과 모순되지 않는다. 오히려 민족주의자는 이 관념을 인정할 수 있다."[40] 왜냐하면 자유주의적 민족주의는 인권의 보편성을 긍정하면서도 인간의 자율성이 특수한 언어적이고 문화적인 공동체에 소속되어 사회화의 과정을 거침으로써만 획득될 수 있다는 태도를 견지하기 때문이다.[41]

이처럼 자신이 속한 집단의 문화적 정체성이 각 개인의 정체성 형성에 구성적 역할을 하기에, 자신이 속한 문화가 제대로 된 존중을 받지 못하게 되면 자신의 존중감 형성이라는 과제 또한 매우 힘들어지게 될 것임이 분명하다. 그래서 타미르는 자유주의적 민족주의를 "개인의 자유와 개인적 자율성의 고귀함에 대한 이론"이자 "민족적·문화적 소속과 역사적 지속성 그리고 한 개인이 현재의 삶과 미래의 발전을 타인들과 공유된 경험으로 이해하는 것의 중요성"을 긍정하는 이론으로 정의한다.[42]

그러므로 킴리카는 민족주의가 그 정의상 "비자유주의적"이라고 생각하여 자유주의적 민족주의를 형용모순이라고 단정 짓는 경향에 반대하면서 다음과 같이 주장한다.

하지만 사회통합을 유지하려고 노력하는 자유주의적 민주주의의 실제적 실천을 검증해 볼수록 사람들은 국민 정체성과 개인의 자유 사이의 연관성에

---

40) Yael Tamir, *Liberal Nationalism* (Princeton: Princeton University Press, 1993), p.7.
41) 같은 책, 79쪽.
42) 같은 책, 79쪽.

대해서 보다 주목했으며, 국민성이라는 이상이 정의와 자유라는 자유주의의 이상들을 달성하기 위한 중요한 기반을 제공해 준다는 결론을 내리는 사람들이 많아지게 되었다.[43]

그래서 "전 지구적 정의나 세계시민주의적 정의"를 주장하기 위해서는 반드시 "자유주의적 민족주의의 폐기를 요구"하는 것이 필연적이라 보는 관점을 비판하면서 킴리카는 자유주의적 민족주의 이론을 세계시민주의의 전 지구적 정의와 민족주의와의 갈등 관계를 타개할 "미래지향적 공동체주의의 한 형태"로 보아야 한다고 역설한다. 결론적으로 우리는 킴리카와 더불어 "자유주의적 민족주의의 성취들을 파괴하기보다는 그 위에 세워나가는 전 지구적 정의를 향해 나가야 한다고 말하는 것"이 필요함을 역설할 수 있을 것이다.[44]

3. 자유주의적 민족주의와 대동적 민족주의의 비교

우리는 이미 민족주의가 파시즘처럼 대내외적인 이질성을 폭력적으로 억압하고 배제하려는 이념과 동일시될 수 없다는 점과, 민족주의는 자유, 인권, 민주주의와 같은 이념과도 양립할 수 있다는 점에 대해 살펴보았다. 그리고 자유주의적 민족주의 이론을 설명하면서, 그런 이론이 세계시민주의의 하나의 유형으로 분류될 수 있음도 알아보았다. 이런 분석을 토대로 한다면 우리는 민족주의의 배타성과 폐쇄성을 비판적으로 성찰하면서도 민족주의의 순기능의 가능성을 모색하는 길을 오늘날에도 포기하지 않을

---

43) 윌 킴리카, 『현대 정치철학의 이해』, 434쪽.
44) 같은 책, 438~339쪽 및 443쪽.

수 있을 것이다.[45]

그러나 필자는 선행 연구에서 민족주의와 세계시민주의가 양립할 수 있다는 점을 논증하는 과정에서 자유주의적 민족주의나 마사 누스바움의 순화된 애국심 이론 등을 주된 참조 대상으로 삼았는데, 이것은 서구의 역사적 경험에 바탕을 둔 성찰에 한정되어 있다는 점이 한계로 지적될 수밖에 없다. 한국의 민족주의에 자유주의적 민족주의와 접맥될 수 있는 경향이 존재했는지를 주목하는 것이 비판받을 만한 오류는 아니지만, 여전히 서구의 경험을 주된 판단 기준으로 내세우는 한계를 지니기 때문이다. 그런데 선행 연구에서 필자는 한국에서도 자유주의적 민족주의의 흐름에 상응하는 현상이 있음을 강조한 바 있다. 그리고 이런 관점에서 필자는 한국 민족주의의 역사를 통해서도 민족주의와 민주주의가 반드시 대립하지 않는다는 점을 입증할 수 있으리라고 보았다. 물론 그런 식의 접근은 서구중심주의적 사유를 상대화할 것을 주된 문제의식으로 삼는 필자의 사유의 흐름과 일정 부분 충돌한다는 점에서도 문제가 있다.

이 자리에서는 필자의 이전 입장을 비판적으로 검토하면서 한국 민족주의의 성격을 필자의 문제의식을 더 충실하게 반영할 방식으로 규정해 보려고 한다. 이런 맥락에서 백범 김구와 김대중을 중심으로 다루어보겠다.[46]

앞 장에서 우리는 이미 백범 김구의 독립 정신이 어떻게 조선의 유교적 전통을 비판적으로 계승했는지를 살펴보았다. 그래서 여기에서는 가능한 한 간략하게, 어떤 측면에서 김구의 사상이 자유주의적 민족주의 흐름과 맥을 같이하고 있다고 보았는지에 주목할 것이다. 실제로 그는 민주주의와 개인의 자유, 민족주의가 서로 밀접하게 연결되어 있다고 보았다. 그는 독립된 한반도에 등장할 나라를 상상하면서 그 나라가 민주주의 국가여야 함을

---

45) 나종석, 『대동민주 유학과 21세기 실학』, 제10장과 제11장 참조 바람.
46) 이에 대한 이하의 서술은 같은 책, 677~679쪽을 축약하여 비판적으로 재구성한 것이다.

믿어 의심치 않았다. 그는 일제가 물러난 뒤 한반도에 세워질 나라가 "자유의 나라"이길 원했으며, 사상의 자유가 살아 숨 쉬는 민주국가가 되길 소원했다. 즉, 개인의 자유를 소중하게 존중하고 다원적 가치가 공존하며 사상의 자유가 존중되는 민주주의 나라가 세워지기를 소망했다. 그리고 그는 그렇게 세워진 나라가 인류에서 모범이 되는 문화국가가 되기를 희망했다.[47]

김구의 이런 모습은 해방 이후 1947년에 발표된 「나의 소원」이란 글에서 뚜렷하게 나타난다. 그는 한반도에 세워질 자유로운 민주국가의 모습을 다음과 같이 설명한다.

> 산에 한 가지 나무만 나지 아니하고, 들에 한 가지 꽃만 피지 아니한다. 여러 가지 나무가 어울려서 위대한 산림의 아름다움을 이루고, 백 가지 꽃이 섞여 피어서 봄들의 풍성한 경치를 이루는 것이다. 우리가 세우는 나라에는 유교도 성하고 불교도 예수교도 자유로 발달하고 또 철학으로 보더라도 인류의 위대한 사상이 다 들어와서 꽃이 피고 열매를 맺게 할 것이니, 이러하고서야 비로소 자유의 나라 할 것이요, 이러한 자유의 나라에서만 인류의 가장 크고 가장 높은 문화가 발생할 것이다.[48]

나아가 김구는 그렇게 형성된 한반도의 자주적인 독립국가가 결코 타민족과 타 국가에 대해 배타적이거나 침략적인 모습을 보이지 않아야 함을 강조했다. 우리의 자주독립국가가 인류에게 자랑스러운 나라가 되기를 희망하면서도 결코 침략적 민족주의와 아무 관련이 없는, 철저하게 평화를 애호하는 나라일 것을 그는 강조하고 있다.

나는 우리나라가 세계에서 가장 아름다운 나라가 되기를 원한다. 가장

---

47) 김구, 「나의 소원」, 『백범일지』, 427~428쪽.
48) 같은 책, 428~429쪽.

부강한 나라가 되기를 원하는 것은 아니다. 내가 남의 침략에 가슴이 아팠으니, 내 나라가 남을 침략하는 것을 원치 아니한다.[49]

이처럼 김구의 민족주의는 국내적으로 개인의 자유 및 민주주의와 연결되어 있으며 대외적으로는 모든 침략을 거부하는 평화 지향의 성격을 띠고 있다. 이는 서구 제국주의 열강 및 일본 제국주의가 보여 주었던 식민 지배의 폭력성에 의해 철저하게 타자화된 우리의 뼈아픈 역사에 대한 성찰에서 비롯된 것이었다.

최원식이 주장하듯이, 3·1운동의 민족주의가 민주주의를 일깨운 사례라면 1960년의 4월 민주주의 혁명은 민족주의를 각성시켰다.[50] 1960년대 이후 한국 민주화를 위해 큰 공헌을 한 김대중 대통령은 자유주의적 민주주의자의 전형이라고 할 수 있을 것이다. 그는 "나는 내 자신을 철저한 민족주의자라고 확신하고 있다"라고 말하면서도 "그러나 나는 결코 국수주의자는 아니다. 나는 민주주의를 신봉하고 국제주의를 지지한다. 진정한 민족주의자는 당연히 이와 같은 입장에 서지 않으면 안 되며, 이것이야말로 우리의 민족주의를 승화 발전시키게 된다"[51]라고 주장한다.

더 나아가 김대중은 1993년 한 강연회에서 21세기를 전망하면서, 국민국가적 민주주의가 "지구적 민주주의"(Global Democracy)를 향해 발전을 지속해 가지 않을 수 없는 것처럼 민족주의도 "국민국가 내부에서의 민족주의로부터 세계화 속의 민족주의로 발전 변화되어 나가야 될 것"이라고 역설한다. 달리 말하자면 그는 "각국 민족의 고유의 권리와 자주성을 지키는 민족주의"가 "그대로 존재하겠지만" 그 민족주의는 "각 민족과 협조하는 민족주의 그리고 나아가서는 전 세계적으로 협조해 나가는 그러한 민족주의가 될

---

49) 같은 책, 431쪽.
50) 최원식, 『제국 이후의 동아시아』(창작과비평사, 2009), 43쪽.
51) 김대중, 「민족에의 경애와 신뢰」, 『씨알의 소리』 1975년 4월호.

것"이라고 예측한다.[52]

김대중의 삶은 인권, 평화, 민주주의와 같은 인류의 보편적 가치를 지향하면서도 그것이 우리나라 역사의 특수한 맥락에 터를 둔 민족적 연대 공동체와 접목될 수 있게 하려는 노력이 성립할 수 있음을 보여 준다.

김구와 김대중의 사례에서 보았듯이 한국의 민족주의를 '자유주의적 민족주의'라는 틀로 재구성해 보려는 필자의 이전 시도는 분명 의미가 있다. 여기에서 사용하는 자유주의가 소위 자유와 평등이라는 이념, 달리 말하자면 모든 인간을 동등하게 대우해야 한다는 보편주의적 정의 원칙에 대한 명명임을 거듭 밝혀 둔다. 이렇게 논의를 제한한다고 해도 한국의 민족주의는 자주적인 독립국가를 형성하기 위한 투쟁의 과정에서 서구 근대의 해방성과 폭력성의 양가성을 극복하는 데에 긍정적 모델을 제공해 줄 것이다. 왜 그런가?

첫째로, 우리의 민족주의가 서구에서 전개된 자유주의적 민족주의의 흐름과 친화성을 지닌다는 점에 주목하는 것만으로는 그것이 지니는 성격을 종합적으로 해명하는 데에는 미치지 못한다. 예를 들어 서구 자유주의적 민족주의의 선구적 이론가의 하나로 손꼽히는 존 스튜어트 밀은 철저하게 영국 제국주의의 신봉자로, 영국이 인도나 아일랜드를 식민지로 삼는 것이 전혀 문제가 되지 않는다고 주장했다. 정상적인 민족국가는 서구에서만 한정된 것이라고 보았던 그는, 비서구 사회를 민족국가 즉 인류 보편 문명으로 자임한 서구 근대문명의 제도적 표현인 민족국가를 이룩할 역량이 없는 미개한 사회로 보면서 이렇게 말했다.

정복자들이 세력도 크고 문명도 더 발전했다면, 특히 정복당한 쪽이 수가

---

52) 김대중, 「통일과 민족의 운명(1993년 11월 30일)」, 연세대학교 김대중도서관 엮음, 『김대중전집』 II 제16권(연세대학교 출판문화원, 2019), 394쪽.

적을 뿐 아니라 장차 독립을 회복할 가능성이 없다면, 그리고 이 상태에서 웬만큼 정의가 유지되면서 힘센 쪽이 배타적 특권을 휘두르지 않는다면 약소 민족은 점차 순응하다가 마침내 큰 쪽에 융합될 것이다.

밀은 이런 입장을 아일랜드의 경우를 들어 입증하고자 했다. 아일랜드와 "가장 가까운 이웃일 뿐만 아니라 세계에서 가장 문명이 발달했고 가장 강대한 나라이며 나아가 가장 부유하고 가장 자유로운 나라"인 영국을 거론하며 "그저 하나의 외국이 아니라 같은 국가로 삼으면 그들에게 큰 혜택이 돌아간다"라고 말한다.[53]

그러나 이런 주장은 제국주의 침략을 문명화 역할로 정당화하는 강도의 논리에 불과하다. 19세기를 대표하는 자유주의 사상가로 널리 알려진 존 스튜어트 밀이지만 사실 그는 자유주의자인 동시에 제국주의자이기도 했다는 점도 우리는 기억해야 한다.

물론 자유주의적 민족주의 이론이 전제하는 서구 근대 자유민주적 민족국가의 역사적 경험과 관련해서 윌 킴리카도 '민족 형성'이 매우 파괴적이고 배타적인 성격을 지니고 있음을 간과하지 않는다. 그는 서구 근대 민족국가들이 민족 형성 과정에서 "정착·이민 정책, 국내 정치적 하위 단위들의 경계와 권력을 조종하는 정책, 그리고 공용어 정책" 등을 통해 소수 민족을 철저하게 탄압했지만, 그렇다고 "자유주의적 민족주의의 통찰력"을 포기해서는 안 된다고 본다. 그리하여 그는 데이비드 헬드 등이 주장한 자유주의적 세계시민주의 이론과 자유주의적 민족주의 이론을 비교하며 이 두 가지 접근 방식의 장단점을 고려하면서도, 오늘날에도 여전히 전자가 후자를 대체하기에는 역부족이라고 판단한다.[54]

---

53) 존 스튜어트 밀, 『대의 정부론』(서병훈 옮김, 아카넷, 2012), 292~293쪽.
54) 윌 킴리카, 『다문화주의 개론』, 312·315쪽, 그리고 321~322쪽. 물론 서구 자유민주주의 국가들이 자국 내에 있는 소수 민족이나 토착민의 집단적 권리 증진에서 주목할 만한

더 나아가 자본주의 세계체제론의 이론가인 월러스틴(I. Wallerstein)이 적절하게 주장하듯이, 유럽적 보편주의는 과거의 것이 아니라 오늘날에도 여전히 반복되고 있다. 유럽적 보편주의에서 16세기에는 자연법과 기독교가, 19세기에는 문명화의 사명이, 그리고 현재에는 인권과 민주주의가 제국주의적 개입의 명분으로 호명되고 있다.[55] 그래서 필자는 선행 연구에서 서구중심주의적 사유 방식의 한계를 성찰하고 그에 대한 대안적 사유를 모색해야 함을 주장하면서 인권과 민주주의에 대한 유럽적 보편주의와의 대결이 중요함을 강조한 바 있다.

서구중심주의적 사유 방식에 대한 비판은 인권 및 민주와 같은 근대 유럽이 발전시킨 보편적 가치를 더 진지하게 받아들이는 방법이기도 하다. 서구중심주의를 상대화 혹은 '지방화'(provincializing)[56]하는 작업이 수행되지 않는 한, 문명 사이의 관계에서 관철되는 유럽 근대의 폭력성은 극복될 수 없다. 그뿐만 아니라, 그런 폭력성의 제거가 수행되지 않는 한 유럽이 발전시킨 인권과 민주주의는 참다운 인류의 보편적 가치로 승인될 수 없을 것이다. 그런 까닭에 서구중심주의를 상대화하는 작업을 '유럽적 보편주의' 그러니까 유럽 중심적 인식 패러다임으로 인해 제약되고 굴절되어 있는 민주주의 및 인권과 같은 보편적 가치를 참다운 방식으로 구현할 수 있는 방법이라고 역설하는 것이다.[57]

이미 보았듯이 우리 민족주의와 독립운동의 주류적 흐름이라 할 수 있는 저항적 민족주의가 보여 주는 서구와 일본에 의해 타자화되었던 경험에

성취를 이루었다는 점은 부인하기 힘들다. 윌 킴리카, 『다문화 오디세이: 다양성의 새로운 국제정치를 향해 가기』(이유혁 · 진주영 옮김, 소명출판, 2017) 참조

55) 이매뉴얼 월러스틴, 『유럽적 보편주의: 권력의 레토릭』(김재오 옮김, 창비, 2008), 55쪽.

56) 주지하듯이 유럽의 '지방화'라는 개념은 디페시 차크라바르티에게서 유래했다. 디페시 차크라바르티, 『유럽을 지방화하기: 포스트식민 사상과 역사적 차이』(김택현 · 안준범 옮김, 그린비, 2014) 참조

57) 나종석, 『대동민주유학과 21세기 실학』, 310~311쪽.

대한 뼈아픈 성찰은 서구 근대 자유주의가 보여 주었던 내적 모순을 넘어설 실마리를 제공한다.

서구 근대 자유주의는 늘 인권의 보편성과 민족의 자결을 주장하면서도, 소위 '문명화된' 서구의 진보적인 민족국가만이 그런 권리를 누릴 수 있을 뿐 야만적이고 미개한 종족들은 그런 권리를 누릴 자격이 부족하기에 문명화된 서구에 의해 지배받아 마땅하다는 생각에서 벗어나지 못했다. 이런 서구 근대 자유주의의 내적 모순과 역설이 표면적으로나마 해체된 가장 중요한 요인은 비서구 사회의 광범위한 반제국주의 민족독립운동이었다.

서구 근대가 자신의 규범적 가치로 내세우는 자유와 평등이 실제로는 비서구 세계 일반을 배제하는 폭력성을 지니고 있음을 폭로하고 그에 저항하면서 인종과 종교와 민족을 초월하여 모든 인간이 참답게 존중받아야 마땅한 존재임을 인류 사회에 보여 준 것은 다름 아니라 비서구 세계의 민족해방 투쟁의 역사였음도 부인될 수 없을 것이다. 당연히 유럽적 보편주의의 한계를 넘어 참다운 보편주의를 향한 역사에서 한국의 민족주의 역시 지울 수 없는 역할을 했다.

둘째로, '자유주의적 민족주의'는 조선 사회의 역사적 전통과 결부된 한국 민족주의의 문명주의적 성격을 제대로 반영하지 못한다. 달리 말해 자유주의적 민족주의라는 명명은 한국 민족주의의 독특한 성격을 결정하는 데 있어서 조선 사회로부터 축적된 유교 사회적 전통의 영향사를 제대로 반영하지 못한다는 것이다. 그러므로 우리 민족주의를 자유주의적 민족주의라는 개념을 통해 해명하려는 작업은 과연 어떤 점에서 한국 민족주의가 유럽 중심적 사유의 한계를 넘어서는 작업과 관련해서 긍정적 이바지를 할 수 있는지에 관한 물음과 제대로 연결될 수 없다.

디페시 차크라바르티의 주장을 활용한다면, 서구 근대의 역사적 경험을 토대로 해서 등장한 개념들과 이론들은 한국과 동아시아 현실을 분석하고 이해하는 데 '필요불가결'하면서도 '부적절'하다.[58] 디페시 차크라바르트의 다음과 같은 주장은 타당하다.

우리의 역사적 차이들은 실제로 차이를 만들어 낸다. 차이가 생겨난 것은 인간 사회가 백지상태가 아니기 때문이다. 정치적 근대성의 보편적 개념들은 기존의 개념·범주·제도·실천과 조우하며, 이런 것들을 통해 다르게 번역되고 배열된다.[59]

우리의 역사적 경험을 더 정확하게 명료화하려는 작업에서 서구적 용어나 어휘의 한계를 넘어 새로운 개념을 통해 우리 현실을 포착하려는 시도는 매우 중요하다. 우리는 우리 역사를 제대로 이해하고 그 역사적 경험을 충분하게 명시화할 수 있는 새로운 개념과 어휘의 창안에도 관심을 기울일 필요가 있다.

위에서 살펴본 두 가지 한계를 염두에 둘 때, 한국 민족주의가 지니는 민주적이면서도 세계시민주의적인 특성을 밝히는 과정에서 우리는 이를 자유주의적 민족주의의 한국적 표현으로 이해하기보다는 '대동적 혹은 대동민주주의적 세계시민주의'를 지향하는 민족주의, 즉 대동적 민족주의로 정의하는 것이 더 적절하다고 본다. 이는 필자가 자신의 이전 입장에 대해 비판적으로 성찰한 결론인 셈이다. 물론 이것이 민족주의에 대한 우리의 이해를 형성하는 기본 개념들이나 언어가 서구적 근대의 이론을 수용·모방하는 과정에서 형성되었다는 점을 완전히 부인하려는 것은 결코 아니다.

중요한 것은, 우리 사회가 19세기 후반 이후 서구 열강 및 일본 제국주의의 침략에 맞서서 민족적 독립과 정체성을 확보하려고 애쓰면서 창출해 낸 민족주의는 분명 역사적으로 형성되고 전승되어온 우리 공통의 세계이해를

---

58) 디페시 차크라바르티, 『유럽을 지방화하기: 포스트식민 사상과 역사적 차이』, 50쪽.
59) 같은 책, 16쪽.

배경으로 하여 서구의 것을 번역하고 차이를 지니는 민족주의를 형성하고 있다는 점이다. 여기에서 필자는 인간과 세계에 대한 해석학적 이해, 특히 전통의 의미에 대한 새로운 이해를 받아들이고 있다.[60]

4. 대동적 세계시민주의로서의 한국의 저항적 민족주의: 3·1 독립운동을 중심으로[61]

이제 1919년 3·1 독립운동의 이념을 중심으로 한국 민족주의의 대동적 성격을 더 밝혀 보자. 박은식은 3·1 이후 쓴 『한국독립운동지혈사』에서 다음과 같이 역설한다.

> 오호라! 예로부터 강한 무력만을 믿고 문덕文德을 닦지 않은 채 힘으로 정복하여 천하를 다스리려 하는 자는 마지막에 패망에 이르지 않는 자가 없었다. 그러므로 "덕을 믿는 자는 창성하고, 힘을 믿는 자는 멸망한다"라고 하였다. 그런데 하물며 오늘날 전 지구 인류 사상이 강권을 맹수같이 보고 공리公理를 생명과 같이 사랑하니, 침략주의의 얼마 남지 않은 목숨까지도 허락하지 않을 것이다.…… 우리 민족이 분투하면 이기지 못할 것이 없을 것이다.[62]

박은식은 인류 역사가 강권과 패도의 논리 즉 약육강식 및 우승열패의 논리를 추구하는 제국주의 시대로부터 평화와 인도의 대동적 세계로 이행하고 있다고 인식하였으며, 한국 독립운동의 전망도 늘 세계사의 전개 과정이라

---

60) 이에 대해서는 나종석, 『대동민주주의와 21세기 유가적 비판이론의 모색』, 327~333쪽 참조
61) 이 절은 나종석, 『대동민주유학과 21세기 실학』, 제12장 제1절을 크게 수정한 것이다.
62) 박은식, 『한국독립운동지혈사』, 148쪽.

는 맥락 속에서 이해하고자 했다. 그는 일제강점기의 3·1 만세운동을 이런 인류의 새로운 역사 기운을 더욱더 드높이는 일대 사건으로 본다. 달리 말하자면 그는, 3·1 만세운동을 "맨손으로 일어나 붉은 피로써 독립을 요구"한 위대한 사건으로 보면서 "세계혁명사의 신기원을 열어놓은 것"이라고 평가했다.[63]

더 나아가 박은식은 3·1 독립운동 정신을 인류 세계의 평화로운 공존과 대동을 이루려는 대동사상 혹은 대동 정신의 발현으로 이해한다.

> 오호라, 과거의 문명이란 인류의 경쟁에 이용된 것으로, 인도와 평화를 위한 사업은 아니었다. 물경천택物競天擇, 적자생존適者生存의 논리가 오직 유일한 법문이었고, 우승열패가 하늘의 법칙이었다. 약육강식이 일반적 관례였으며, 군국주의의 침략 정책이 생존의 목적이 되었다. 소위 문명화된 민족이 온갖 생각과 지력을 다하여 힘을 기울인 신묘한 기술이란 오직 살인하는 이기利器로, 남의 나라를 도둑질하는 음흉한 계책들이었다.……하늘의 도道는 근본으로 돌아오기를 좋아하고, 만물은 극에 이르면 반드시 돌아오며, 고정된 것은 오래가지 않는다. 이것들은 불변의 이치이다. 어찌 어진 사람과 뜻있는 사람이 이 조류에서 세상을 구하려 하지 않음이 없겠는가? 그러므로 세계의 대동과 인류의 공존을 기하려는 의리가 점점 학자들의 이론 가운데 나타나게 되었다.[64]

3·1 독립운동에 나타난 한국 민족주의의 성격에 관련하여 그것이 조선 시대의 유교적 문명주의의 영향을 통해 그 독특한 성격을 지니게 되었다는 지적은 최근에 일본 출신의 한국학 연구자 미야지마 히로시(宮嶋博史)에 의해 제기되었다. 그는 한국에서의 3·1운동에 관한 그동안의 연구는 거의 전적으로 민족주의 틀 속에서 이루어져 왔다고 평가한다. 그리고 한국

---

63) 같은 책, 535쪽.
64) 같은 책, 155~156쪽. 박은식의 대동사상에 대해서는 김현우, 「박은식 '대동사상'의 사상적 연원과 전개」, 『양명학』 10(2013) 참조

민족주의에 관한 기존 논의는 그것이 주자학을 국가 이념으로 받아들인 조선 왕조 이래로 축적되어 온 유교적 문명주의에 의해 크게 규정되고 있다는 측면에 대해서는 별 관심을 기울이지 않았다고 주장한다.[65]

미야지마 히로시는 「3·1독립선언서」를 분석하면서 조선 독립이 중국 및 일본과 관련해서도 큰 의미를 지닌다는 점을 호소하는 부분에 주목한다. 특히 그는, 조선의 독립으로 인해 일본이 "사로邪路"로부터 '탈출'할 기회를 얻을 수 있다고 하면서 조선 독립의 인정을 일본에게 호소하는 부분에서 유교적 문명주의가 지속됨을 발견할 수 있다고 본다. 이런 유교적 문명주의로 인해 한국 민족주의는 그 독특한 "문명주의적 색채"를 강하게 띨 수 있었다는 것이다.[66] 그리고 문명주의를 이어받고 있었기 때문에 한국 민족주의는 1차 세계대전 이후의 민족자결주의 사상의 물결 속으로부터 유교적 이상사회인 대동세계에 대한 이상과의 친화성을 발견할 수 있었다고 그는 강조한다.[67]

사실 한국 독립운동, 특히 「3·1독립선언서」에 나타난 독립 정신이 유교적인 대동사회의 이상을 이어받고 있다는 해석은 오래된 것이다. 앞에서 본 것처럼 박은식뿐만 아니라 그의 『한국독립운동지혈사』에 서문을 지어준 중국의 왕정위汪精衛(1883~1944)도 「3·1독립선언서」에서 '인류 대동'의 정신을 읽을 수 있었다고 말한다.[68] 왕정위는 한국의 3·1 독립운동이 강권에 강권으로, 군국주의에 군국주의로 저항하는 길을 걸은 것이 아니라 "인도주의로 군국주의를 대체하는" 길을 걸었다고 해석한다. 즉 한국의 독립운동은 일본의 탄압과 압제에도 불구하고, 또한 일본 제국주의에 대한 뼈에 사무친

---

65) 미야지마 히로시, 『나의 한국사 공부: 한국사의 새로운 이해를 찾아서』, 248쪽.
66) 같은 책, 248·251·252쪽 참조.
67) 같은 책, 265쪽 참조.
68) 박은식, 『한국독립운동지혈사』, 30쪽. 왕정위는 중일전쟁이 본격화되어 남경이 일본에 함락된 후에 친일의 길을 걷게 된다.

원한과 분노에도 불구하고 "평화를 천하게 여기고 강권을 신성한 것으로 여기는" 나쁜 길로 빠지지 않았다는 것이다. 그리고 그는 군국주의를 인도주의로 대체하려는 한국 독립운동의 정신을 "인仁으로써 폭력을 바꾸는 것"으로 이해했다.[69]

물론 한국 독립운동이 3·1운동처럼 늘 비폭력적인 저항의 형태만을 반복했던 것도 아니고, 또 비폭력적 저항만이 올바른 독립투쟁의 방법일 수도 없을 것이다. 그리고 인류 사회가 인도주의 및 평화주의로 이행하는 길로 들어섰다는 판단이 지나치게 국제형세를 낙관적으로 바라보았다는 비판도 있을 수 있고, 일본에게 조선의 독립을 요구하는 방법이 호소의 방법이었다는 점에 대해 회의적 태도를 보일 수도 있다.

사실 이런 점들에 대해서는 그동안 많은 비판적 문제 제기들이 있었다. 그중의 한 예를 소개해 보겠다. 일본인이 쓴 최초의 조선 현대사로 알려진, 와타나베 마나부(渡部學)가 편집한 『조선 현대사』(1968)에 나오는 내용이다. 이 책에 수록된 「3·1독립선언서」에 대한 비판적 해석의 한 부분을 인용하면 다음과 같다.

> 명백하게 그들이 발표했던 선언문은 인도주의에 입각한 당당한 명문이다. 그러나…… 토지 수탈이나…… '동화 교육'…… 헌병 경찰 등에 대해 그 무엇 하나 항의하지 않고 있다. 거기에는 조선 인민의 진정한 분노가 반영되어 있지 않다. 그들은 민족의 독립을 투쟁이 아니라 미국을 필두로 한 유럽 여러 나라의 '원조'와 일본 제국주의의 '이성'에 호소하여 달성하려 했다. 그것은 공약 3장에 여실히 표현되고 있다.[70]

와다 하루키에 의하면 일본에 소개된 「3·1독립선언서」에 대한 서술은

---

69) 같은 책, 29쪽.
70) 와다 하루키(和田春樹), 『이것만은 알아두어야 할 한일 100년사』(송주명 옮김, 북&월드, 2015), 60쪽에서 재인용함.

위에서 소개된 평가와 대동소이하다고 한다. 그리고 한국이 일본인들을 설득하는 데 실패한 것도 사실이다.

와다 하루키가 지적하듯이, 이성적인 호소와 설득에도 불구하고 3·1운동 이후 일본은 조선 민족에게 무자비한 탄압을 자행했고, 이에 조선 민족 사이에서는 독립을 쟁취하는 방책을 둘러싸고 많은 논쟁이 일어났다. 그 이후 무장투쟁을 통한 독립 쟁취가 독립운동의 중요한 방법이라는 생각이 널리 퍼져나간 것도 자연스럽다.[71]

제6장에서 대동단과 관련해 서술했듯이 김가진이 임시정부 내의 여러 독립운동 노선 가운데 무장투쟁 노선을 택했던 것도, 그리고 무장투쟁 노선이 가장 유력한 독립운동 노선으로 널리 받아들여지게 된 까닭 중의 하나도 분명 3·1운동 당시 취했던 비폭력 노선의 한계와 무관하지 않을 터이다. 이와 관련해 우리는 대동단 일원으로 활동하다가 상해로 가서 독립운동을 했던 나창언이 무장투쟁의 필요성을 역설하는 성명서만을 언급해 두자. 이 선언서는 1920년 6월 하순에 작성된 것으로 알려져 있다.

우리의 독립이 우리의 사활이 걸린 문제라는 점에 대하여는 두말할 나위도 없다. 우리의 독립은 총과 칼과 피가 아니면 성공할 수 없다. 그러므로 우리는 앞으로 단 한 사람이 남을 때까지, 최후의 일각까지 철鐵과 피(血)로써 저 간악하고 악독한 왜의 원수를 무찔러야 한다. 그러나 우리 독립운동가 가운데에는 부패한 무리가 적지 않다. 독립운동이라는 미명 아래 자신의 명예를 얻으려는 야심을 품은 자가 있으며, 독립운동을 수단으로 공적인 것을 빙자하여 자기의 이익을 채우려는 야비한 무리도 있다. 독립운동을 수단으로 사당私黨을 심어 지방의 힘과 세력을 다투고 서로 암투를 하며, 왜적을 무찌르는 것보다 동족을 적으로 모는 일에 열중하는 무리도 있다 슬프다. 이와 같은 무리들은 우리의 독립을 방해하는 악마들이다. 저들이

---

71) 같은 책, 98쪽.

어쩔 수 없이 악마의 짓을 하는 이상 우리는 이들을 박멸해야 하고, 신성한 독립운동가는 여기에 보조를 맞춰 나가야 한다. 이에 우리는 앞서 말한 악마를 제거하여 우리 영역의 신선하지 못한 공기를 소독하고 이로써 우리 전 민족의 정신을 건전하게 하며, 밖으로는 총과 피로써 왜적을 무찔러 우리의 독립을 달성하고자 하노라.[72]

여기서는 독립운동의 다양한 방법들에 대한 갈등과 대립 그리고 어떤 독립운동 노선이 타당한지에 관한 쟁점들은 다루지 않는다. 다만 이 글의 맥락에서, 와다 하루키가 한국의 3·1운동 정신에 관해 관심을 두게 된 동기에 일단 더 주목하고 싶다.

와다 하루키가 「3·1독립선언서」에 본격적으로 관심을 기울이게 된 동기는 김지하 때문이었다. 1975년 박정희 유신독재 체제에서 투옥되었다 나온 김지하는 자신의 석방 운동을 위해 힘쓴 일본인들에게 연대의 메시지를 보낼 때 3·1운동 정신을 강조했다. 와다 하루키는 그 부분을 다음과 같이 기록하고 있다.

56년 전의 3월 1일은 우리 한국 민족과 당신네 일본 민족이 함께 깊은 아픔과 인간적 자각을 가지고서 기억해야 할 날이다. 당신네 일본 민족은 우리 민족을 야수처럼 침략하여 제멋대로 억압과 착취를 하였다. 그러나 그날 우리는 당신네 일본 민족을 단지 불구대천의 원수로 복수하려 하지 않고, 스스로의 주권과 독립을 비폭력적, 평화적인 운동 형식으로 선포함으로써 피해자인 우리 민족만이 아니라 잔인무도한 가해자 당신네 일본 민족도 동시에 구하길 염원하였다.[73]

3·1운동에 대한 김지하의 이러한 인식과 이해의 출처가 무엇이었는지는

---

72) 신복룡, 『대동단실기』, 195~196쪽에서 재인용함.
73) 와다 하루키, 『이것만은 알아두어야 할 한일 100년사』, 59~60쪽.

알려져 있지 않다. 그러나 그의 해석이 앞에서 살펴본 박은식과 왕정위의 그것과 상통한다는 것은 분명하다. 이렇듯이 일제강점기에 한국의 독립을 염원했던 민족주의에는 폭력을 폭력으로 앙갚음하는 악순환을 끊어내고 "인(仁)으로써 폭력을 바꾸는" 것을 지향했다. 이는 자신의 몸을 바쳐서까지 인을 실현하고자 하는 살신성인의 정신인 유교적 문명주의가 한국 민족주의의 성격을 강력하게 규정하고 있음을 보여 준다.

천하일가를 지향하는 전통적인 대동유학 정신은 중국 주도의 동아시아 국제질서가 서구 근대 중심의 세계질서에 의해 대체되는 과정에서 근대의 야만성에 저항하면서 동시에 그것이 지니는 해방성을 적극적으로 포용할 수 있도록 한 문화적 자산이었다. 그 구체적인 역사적 성과의 하나가 바로 대동적인 세계시민주의를 지향하는 한국의 저항적 민족주의였다.

앞에서 보았던 것처럼 대동세계의 이상은 서구 열강의 침략을 계기로 해서 동아시아의 위기를 유교적 방식으로 대응하는 과정에서 새롭게 발견되었다. 그러나 그런 유교적 대동세계의 이상이 위기의 순간에 무에서 발명된 것은 결코 아니었다. 유교적 대동사상에 대한 열망은 조선 사회에서도 명백하게 존재했었기 때문이다.

종합적으로 보자면, 천하의 평화를 지향하는 유교의 대동사회 이상은 실사구시적인 개혁운동은 물론이고 한말 이후 일본 제국주의 및 서구 열강의 조선 침략에 대해 저항했던 갑오농민운동과 의병운동을 비롯하여 일제강점기에 이루어진 민족독립운동 속에까지 스며들어 꾸준히 지속되었다. 유교적인 평천하·대동사회의 이상과 조선 사회에서 축적된 유교적 정치문화는 한국 민족주의의 평화 지향과 문명주의의 특색을 강화하게 해 준 토양이자 배경이었다.

5. 조소앙의 삼균주의에 나타나는 민족주의와 민주주의[74]

위에서 우리는 해방 이전에 있었던 한국의 저항적 민족주의가 지니는 특색을 그것이 맺고 있는 유교적 대동사회 전통과의 관계를 해명함으로써 분명히 해 보려고 시도했다. 그래서 인류 대동의 세계주의적 가치를 지향하는 것이 일제강점기 독립운동을 주도한 한국 민족주의의 특색임을 강조했다. 그리고 그런 특색은 조선 시대로부터 역사적으로 형성되어 온 유교적 정치문화 및 문명주의를 매개로 해서 출현한 것임을 밝히고자 했다.

물론 그 과정에서 언급된 것만으로는 한국 민족주의의 다양한 흐름을 다 담아내기에 충분하지 않았을 것이다. 단순히 저항적 민족주의라는 흐름에 제한한다 해도 그 모습 전반을 드러내는 데에는 많은 한계를 안고 있다. 그러나 몇 가지 사례를 통해서라도 한국 민족주의가 지니는 특색이 조금은 드러나지 않았을까 한다.

이제 조소앙趙素昂(1887~1958, 본명은 鏞殷)을 중심으로 독립운동 정신을 이어받은 한국 민주주의가 어떤 방식으로 유교적 대동사회 및 민본주의 이념을 비판적으로 계승하고 있는지를 살펴보자.

조소앙은 "독립운동 전선의 가장 뛰어난 이론가의 한 사람"으로 인정받고 있는 인물이다.[75] 균등 이념을 핵심으로 하는 그의 삼균주의는 조선의 유교적 민본주의의 바탕 위에 서구 근대 공화주의 및 입헌민주주의 이념을 창조적으로 수용하여 이루어진 독창적인 이념이다. 그리고 그 이념은 독립운동의 기본 이념이었다. 조소앙, 신규식, 신채호, 박은식 등이 함께 작성한 것으로 알려진 1917년 「대동단결선언」은 한국의 독립운동 방향을 민주공화제에서 구하고 있음을 분명하게 천명하고 있다.[76]

---

74) 이 절은 나종석, 『대동민주유학과 21세기 실학』, 745~758쪽을 대폭 수정·보완한 것이다.
75) 강만길, 『한국 민족운동사론』(서해문집, 2008), 214쪽.

융희황제가 삼보를 포기한 8월 29일은 즉 우리 동지가 삼보를 계승한 8월 29일이니 그 사이 순간도 정식停息이 없다. 우리 동지는 완전한 상속자니, 저 황제권 소멸의 때가 즉 민권 발생의 때요 구한국의 마지막 날은 즉 신한국의 최초의 날이니, 무슨 까닭인가. 우리 대한은 무시이래로 한인韓人의 한韓이오 비非한인의 한이 아니니라. 한인 사이에 주권을 주고받는 것은 역사상 불문법의 국헌이요, 비한인에게 주권 양여는 근본적 무효요 한국의 국민성이 절대 불허하는 바이라. 고로 경술년 융희황제의 주권 포기는 즉 우리 국민 동지에 대한 묵시적 선위이니, 우리 동지는 당연히 삼보를 계승하여 통치할 특권이 있고 또 대통을 상속할 의무가 있도다.77)

이 선언서에 등장하는 삼보란 주권을 가리킨다. 그리고 이 선언에 의하면, 황제가 일본 침략자에게 주권을 넘긴 순간 그렇게 포기된 황제의 주권은 이제 일반 백성 즉 인민에게 속한다. 군주가 주권을 포기하면 국민이 그것을 이어받는다는 주장이다. 우리는 이 주장에서 군주주권과 대한의 모든 백성이 권력의 주체라는 국민주권 사이의 내적 공속성의 의미를 제대로 살펴야 한다.

이 주장의 핵심은 유교적 조선 사회의 군주는 이상적으로 성왕이어야 하며 그러한 성왕은 오로지 백성을 요순 세상의 백성이 되게 하는 책임을 져야 한다는 데 있다. 군주주권의 정당성이 태생적으로 무한한 것이 아니라 한정적이고 조건적인 것으로 여겨지고 있는 것이다. 백성의 공복인 군주는 백성의 삶으로부터 온갖 고통을 제거하고 타국의 부당한 간섭과 폭력적인 지배로부터 자유로운 사회를 유지함으로써 모든 백성이 요순 세상의 백성으로 살아갈 수 있게 하는 한에서만 그 권리가 유지될 수 있다는 뜻이다.

---

76) 「대동단결선언」은 1917년 상하이에서 조소앙, 신규식, 신채호, 박은식 등 14명의 공동명의로 발표되었다. 김정인, 『민주주의를 향한 역사』, 368쪽. 14인의 인물에 대해서는 김기승, 『조소앙이 꿈꾼 세계: 육성교에서 삼균주의까지』(지영사, 2003), 196쪽 참조.
77) 김소진, 『한국 독립선언서 연구』(국학자료원, 1999), 70쪽에서 재인용함.

이런 유가적 이념에 따르면 군주주권과 백성(국민/인민)주권은 내적으로 서로 공속하고 있는 것으로 보인다.

그리고 고종황제의 아들인 융희가 삼보 즉 주권을 포기함으로써 군주에게 조건적으로 위임되어 있던 주권이 백성들에게로 귀속되었다고 선언한 것은 조선 인민들의 주체적인 주권 행사를 논리적으로 뒷받침해 준다. 이처럼 「대동단결선언」은 군주주권으로부터 국민(백성)주권으로의 이동이라는 관점으로 이 두 주권의 내적 연결성이 확보되어 있음을 명시화한 것으로 이해되어야 한다.

그리고 이 선언에 의하면, 한국인 사이에 "주권을 주고받는 것은 역사상 불문법의 국헌"이기에 일본에 주권을 양도한다는 것 자체가 원천무효이다. 그러므로 빼앗긴 조선 인민의 주권을 대동단결로써 스스로 회복하여 민주적 공화주의 국가를 수립하자는 것이 「대동단결선언」의 최종적인 주장이다. 「대동단결선언」은 황제 주권이 소멸하였으므로 이제 독립되어야 할 나라의 정치 원리는 국민주권주의에 입각한 것이어야 함을 천명한 것이었다. 독립운동 진영이 공화주의적 지향을 확고하게 하고 있었음을 보여 주는 이 선언은 1919년 3·1운동 이후 임시정부의 선언으로 이어진다.

주지하듯이 1919년 거족적인 3·1운동 이후 중국 상하이에서 성립된 대한민국 임시정부는 대한민국 임시헌장(1919년 4월 11일)에 "대한민국은 민주공화제로 함"을 명시하고 있다.[78] 그리고 조소앙이 주창한 삼균주의가 1931년에 대한민국 임시정부의 공식적인 독립운동 이념으로 채택된다.[79] 삼균주의 이념은 1931년에 조소앙이 쓴 「한국독립당의 근황」에 잘 나타나 있다.[80] 「한국독립당의 근황」에 대해서는 이 책 9장에서 제헌헌법 형성 과정과

---

78) 정종섭 편, 『한국헌법사문류』(박영사, 2002), 30쪽.
79) 같은 책, 91쪽. 김용달, 「광복 전후 좌·우파 독립운동 세력의 국가건설론」, 『한국독립운동사연구』 46(2013), 259~260쪽 참조.
80) 조소앙, 「한국독립당의 근황」, 강만길 편, 『조소앙』, 16~17쪽 참조.

관련해서 상세하게 분석할 것이기에 반복을 피하고자 인용하지 않고, 그 대신 내용 중 중요한 부분만을 먼저 설명해 보겠다.

조소앙의 삼균주의의 핵심은 대내적인 부분과 대외적인 부분의 둘로 나누어 설명할 수 있다. 조소앙은 삼균주의가 대내적으로 정치, 경제, 교육이라는 세 방면에서 균등을 지향함을 강조하고 대외적으로는 민족자결을 통해 제국주의의 식민 지배를 청산하고 국가 사이의 전쟁 금지를 통해 항구적인 세계평화를 지향하고 있음을 주장하는데, 여기서 특히 일본 제국주의로부터 조선을 해방시켜 자주독립국가로 만드는 것을 궁극적 목적이 아닌 "일종의 방략"으로 바라본다는 점이 특기할 만하다.

조소앙은 조선의 독립이 지향하는 바는 대외팽창적인 주권국가가 되고자 함이 아니라고 하면서, 일제강점기의 제일 절박한 과제라 할 조선의 독립과 민족자결을 침략 전쟁이 없는 인류 대동사회를 향한 길잡이 혹은 방법이 될 수 있다고 본다. 이렇게 자주적인 독립국가의 건설을 인류사적 과제의 맥락에서 사유하는 조소앙의 문제의식은 참으로 경탄을 자아낸다. 간단하게 말해, 민족의 자주독립을 통한 주권적 국민국가 형성이라는 과제는 조소앙에게 늘 천하를 평정하는 과제 혹은 영원한 평화 구상과 같은 세계시민적 질서에 대한 상상과 결합되어 이해된다.

물론 삼균주의를 형성하는 데 영향을 준 사상은 여러 가지일 것이다. 강만길은 홍선희의 선행 연구를 참조하여 조소앙이 삼균주의를 정립하는 데 도움이 된 사상적 배경으로 "손문孫文의 삼민주의, 강유위康有爲를 통한 대동사상, 무정부주의 및 사회주의 그리고 대종교와 성리학의 이기설" 등을 열거한다.[81] 이를 통해 알 수 있듯이 유교적 대동사상은 삼균주의의 중요한 사상적 배경으로 작용했다.

조소앙은 노론 기호학파에 속하는 함안조씨 양반 가문에서 태어났는데,

---

81) 강만길, 『한국 민족운동사론』, 214쪽.

그의 가문은 절의파와 생육신의 후손으로 충절의 전통을 매우 중시했다. 노론 기호학파 조송을 잇는 7대 종손의 둘째 아들이었던 그는 가풍에 힘입어 어렸을 때부터 풍부한 유교적 지식인으로서의 소양을 갖출 수 있었다.[82] 조소앙이 유학 사상으로부터 받은 영향을 알 수 있게 하는 상징적인 일화 한 가지를 살펴보자.

일본에 유학한 조소앙은 유학생 대표가 되어 조선을 강점하려는 일본의 시도에 반대하는 운동을 전개하였는데, 그러나 끝내 조선은 일제에 의해 패망하고 말았다. 조선이 망한 직후인 1911년 2월의 일이다. 조선이 국권을 상실하고 일본에 강제로 병합되어 실의에 빠져 있을 때, 그는 어렸을 때 자신에게 한학을 가르치고 선비 정신을 본받을 것을 강조했던 할아버지를 뵙는 꿈을 꾼다. 꿈에서 할아버지는 "방심하지 말고 집중하여 흐트러짐 없이 배움을 구하라!"라며 엄하게 야단치셨다고 한다.

이를 계기로 다시 흐트러진 마음을 다잡고 공부에 전념하려던 중, 어느 날 우연히 서가에 있던 『논어』를 집어 들고 읽다가 큰 감명을 받게 된다. 조소앙은 『논어』를 통해 정신적 방황을 극복하고 "공자를 배워 이 세상에 목탁이 되고 싶다"라는 결심을 굳히게 되었다고 한다.[83]

유교적 대동사상이 조소앙의 삼균주의에 끼친 영향은 다양한 층위에서 입증된다. 균등의 이념 자체가 공자의 유학 사상에서 기인함은 말할 나위도 없고, 국가 사이의 침략 전쟁을 금지하고 국제사회에서의 영원한 평화를 향한 도정을 '사해가 일가가 되는' 것으로 보는 것도 그렇다.

그리하여 조소앙은 앞에서도 언급했듯이 독립국가의 건설을 궁극적 목적으로 삼는 것이 아니라 그것을 천하에 평화로운 세상을 이룩하기 위한 '방략으로 이해한다. 이를 통해 우리는 조소앙의 삼균주의를 관통하는 사유 구조가

---

82) 김기승, 『조소앙』(역사공간, 2015), 8~12쪽 참조.
83) 같은 책, 12~13쪽.

서구 근대의 국민국가 중심의 사유 구조가 아닌, 국가를 평천하와 연결해 이해하는 전통적인 유교적 사유 구조와 맞닿아 있음을 확인할 수 있다.

조소앙이 강조하듯이 삼균주의의 핵심은 '균등'이다. 그는 이 균등을 우리 민족과 인류 전체의 행복을 실현할 수 있는 "유일하고 또 절대적인 기초"로 이해한다.[84] 유교적인 연원을 지니는 균등 혹은 평등의 가치를 그는 인간 사회의 기본 운영 원리로 이해하고 있었다. 달리 말하자면 개인과 개인 사이의 불화는 물론이고 사회 내부의 내전 및 국가와 국가 사이의 전쟁 등이 모두 균등의 상실로부터 비롯된다고 보았다. 그래서 그는 균등 이념이야말로 개인과 개인, 사회 구성원들 사이의 갈등과 불화를 비롯하여 국가와 국가, 민족과 민족 사이에 일어날 수 있는 모든 불평등 구조와 전쟁을 치유해 줄 사상이라고 이해한다.

개인과 개인 사이에 생활이 평균을 얻지 못하므로 가정이 불화하고 사회에 혁명이 일어나며 국가에 내란이 일어나는 것이다. 따라서 국가 사이에 평등한 국제적 지위를 보전치 못하게 되면 국제적 대혈전이 발생할 수 있는 것이요, 민족과 민족 사이에 이익이 각각 균형 발전을 하기에 불능하게 되면 필경 민족적 대전을 연출하게 되는 것이다. 회고하건대 영국 명예혁명, 프랑스 대혁명, 미국 독립전쟁, 소련의 사회주의 혁명, 중국의 신해혁명, 그리고 우리 한국의 홍경래 혁명, 동학당 혁명, 갑신 정치혁명 등은 다 본국 인민 사이에 존재한 불평으로 인하여 폭발한 것이다. 이 밖에 나라와 나라 사이의 지위, 즉 국제적 지위의 불평으로 인하여 난이 일어난 예가 또한 많으니, 이를테면 제1차 세계대전과 제2차 세계대전 등이 다 그것이다.…… 전쟁은 인류의 재앙이요, 평화는 인류의 행복이다. 그런데 전쟁은 균형을 상실하므로 폭발되는 것이요, 평화는 균등을 유지함으로써 존재할 수 있는 것이다.[85]

---

84) 조소앙, 「한국독립당 당의 해석」, 강만길 편, 『조소앙』, 194쪽.
85) 같은 책, 192~193쪽.

앞에서 살펴본 것처럼 조소앙이 삼균주의의 절대적 기초로 이해했던 균등 이념은 실제로 유교적 대동사상을 현대적 맥락에 맞게 창조적으로 재해석한 것이었다.

조소앙은 균등을 절대적이고 획일적인 평등으로 보지 않았기에 소련식의 공산주의에 대해서는 비판적이었다. 물론 그는 미국식의 자본주의적 민주주의 역시 과도한 불평등을 허용한다는 점에서 일부 부유한 계층의 독재로 보았다. 어쨌든 그는 균등을 정치적으로 이해할 때 무산자계급 독재 사회이든 자본가가 전권을 휘두르는 사회든 모두 거부하면서 "진정한 전민적 정치 균등"의 민주공화국을 지향할 것을 강조했는데,[86] 이런 사유 방식은 화이부동의 유교적 대동사상과 완전히 일맥상통한다.

이렇게 화이부동의 방식으로 대동과 균등을 이해하고 있었기 때문에 조소앙은 공산주의 지향의 독립 세력들이 민족의 자주성을 부정한다고 보고 공산주의와 민족주의는 양립할 수 없다고 생각했다. 달리 말하자면 그는, 마르크스-레닌주의에 입각한 계급혁명론적 국제주의 노선은 궁극적으로 독립된 민족국가 건설을 부정하는 것이나 다름없다고 이해했다.[87]

그러나 조소앙이 제시한 삼균주의가 가능한 한 좌우익 세력으로 분열된 민족운동 세력을 통합하려는 노력의 산물이었음도 주목할 필요가 있다. 그래서 그의 삼균주의는 1920년대 후반 이후 분열되어 있었던 민족운동 전선을 통합하려는 우익에서 제시된 "연합전선론적 이론"이라고 평가된다. 따라서 삼균주의는 "전체 식민지시대를 통한 우익 노선 민족독립운동의 하나의 결론"이라고 받아들여지고 있다.[88]

조동걸에 의하면, 1931년 삼균주의로 체계화된 조소앙의 이론은 좌우를

---

86) 같은 책, 202쪽.
87) 김기승, 『조소앙』, 116~117쪽 참조.
88) 강만길, 『한국 민족운동사론』, 218쪽·233쪽.

아우르는 독립 세력의 민족연합전선이었던 신간회의 유산이다. 조소앙의 삼균주의도 안재홍에 의해 제기된 민족주의론과 마찬가지로 1920년대의 민족주의를 사회주의 이론의 장점을 흡수하여 새롭게 발전시킨 것으로 보아야 한다는 말이다. 달리 말하자면 삼균주의는 사회주의의 국제주의 노선과 계급 중시의 관점이 지니는 장점을 흡수하여 민족주의와 세계주의의 상호연관성을 더욱 분명하게 인식하면서 그 둘 사이를 모순 없이 결합시켜 보고자 시도했던 의미 있는 결론이라고 이해되어야 할 것이다.[89]

조소앙은 균평을 중심 사상으로 삼고 있는 삼균주의를 홍익인간과 같은 우리 민족의 전통 이념 및 동아시아의 유교적 전통 이념에서 전개되어 온 것으로 이해한다. 특히 그는 『논어』「계씨」편에 나오는 "적은 것을 걱정하지 말고 고르지 못한 것을 걱정하라"(不患寡而患不均)라는 공자의 주장을 삼균주의의 중요한 사상적 기원이라고 강조하면서 이것이 "동서고금에 움직일 수 없는 진리"임을 단언한다.[90]

이처럼 한국 독립운동 이념의 기원을 한국 및 동아시아의 전통 이념에서 구하는 조소앙은 이를 서구 공화주의 및 민주주의와 결합시키고 있다. 그는 정치·경제·교육의 균등을 기초로 해서야 비로소 참다운 민주주의 국가가 건설될 수 있다고 하면서, 삼균주의에 토대를 둔 독립된 한국이 이상적으로 건설해야 할 국가상은 "신민주국" 혹은 "뉴 데모크라시의 국가"가 되어야 한다고 규정한다. 그리고 그 의미를 다음과 같이 설명하고 있다. "여기에 신민주라 함은 민중을 우롱하는 '자본주의의 데모크라시'도 아니며 무산자 독재를 표방하는 '사회주의 데모크라시'도 아니다."[91]

---

89) 조동걸·한국독립운동사편찬위원회 편, 『한국 독립운동의 역사 1: 한국 독립운동의 이념과 방략』, 193~194쪽·295쪽 참조. 조동걸은 삼균주의를 안창호가 제기한 대공주의와 유사한, 대공주의를 구체화한 것으로 이해한다. 같은 책, 297쪽 참조.

90) 강만길 편, 『조소앙』, 192쪽.

91) 같은 책, 204쪽.

조소앙의 삼균주의는 1941년 임시정부의 「건국강령」과 이를 거쳐 나온 1948년의 대한민국 헌법에도 큰 영향력을 행사했다. 「건국강령」의 제1장 총강 2항의 내용은 다음과 같다.

우리나라의 건국 정신은 삼균 제도에 역사적 근거를 두었으니, 선민先民이 명령한 바 "수미균평위首尾均平位(지위를 머리부터 꼬리까지 고르게 함)하면 흥방보태평興邦保泰平(나라를 일으키고 태평을 보지함)하리라" 하였다. 이는 사회 각층 각 계급의 지력智力과 권력과 부력富力의 향유를 균평하게 하며 국가를 진흥하며 태평을 보유하라 함이니, '홍익인간弘益人間과 이화세계理化世界(진리로 세계를 화함)'하자는 우리 민족이 지킬 최고 공리임.[92]

조소앙의 신민주주의, 즉 삼균주의에 바탕을 둔 민주주의는 대한민국 임시정부의 헌법을 통해 1948년 제헌헌법에 반영된다. 그래서 서희경은 제헌헌법의 "체계 및 용어, 기본 원칙, 이념 등과 놀랄 정도로 유사하다는 점, 헌법적 연속성이 분명하다는 점"을 들어 대한민국 임시정부 헌법을 "한국 헌법 체제의 일종의 원형헌법"으로 규정한다.[93] 예를 들어 1948년 7월 17일에 시행된 대한민국 제헌헌법의 전문은 다음과 같다.

유구한 역사와 전통에 빛나는 우리들 대한민국은 기미삼일운동으로 대한민국을 건립하여 세계에 선호한 위대한 독립 정신을 계승하여 이제 민주독립국가를 재건함에 있어서, 정의인도와 동포애로써 민족의 단결을 공고히 하며 모든 사회적 폐습을 타파하고 민주주의 제제도를 수립하여 정치·경제·사

---

92) 같은 책, 102쪽. 헌법학자 신우철에 의하면 건국강령의 작성 과정에는 강유위의 대동사상과 손문의 삼민주의의 영향이 매우 컸다. 그럼에도 그는 조소앙의 독자성은 분명하다고 강조한다. 신우철, 『비교헌법사: 대한민국 입헌주의의 연원』(법문사, 2008), 429쪽·433쪽 참조

93) 서희경, 『대한민국 헌법의 탄생: 한국 헌정사, 만민공동회에서 제헌까지』(창비, 2012), 110쪽.

회·문화의 모든 영역에 있어서 각인의 기회를 균등히 하고 능력을 최고도로 발휘케 하며, 각인의 책임과 의무를 완수케 하여 안으로는 국민 생활의 균등한 향상을 기하고 밖으로는 항구적인 국제평화의 유지에 노력하여 우리들과 우리들의 자손의 안전과 자유와 행복을 영원히 확보할 것을 결의하고, 우리들의 정당 또 자유로이 선거된 대표로서 구성된 국회에서 단기 4281년 7월 12일 이 헌법을 제정한다.[94]

이렇게 인류 대동의 평화를 지향하는 민족주의와 평등 지향의 대동민주공화적 이념은 대한민국의 탄생과 더불어 제정된 헌법을 거쳐 1987년 헌법에 이르기까지 헌법 전문 속에 면면히 이어져 오고 있다. 그뿐만 아니라 대동적인 균평 이념은 비록 제헌헌법의 균등 이념과 비교해 그 의미가 축소되고 부차화되는 면모를 보여 주고 있긴 하지만 '경제적 평등' 혹은 '경제민주화' 조항 등에서도 지속되고 있다.

물론 백범 김구를 비롯하여 당시 대한민국 임시정부의 주류 인사들은 1948년 제헌국회에 참석하지 않았다. 이 때문에 제헌국회는 "임시정부의 인맥을 계승하는 데에는 실패했고, 임시의정원의 맥을 잇는 데에도 실패했다"라는 평가를 받기도 한다. 그러나 제헌국회 의원의 상당수는 "임시정부의 정신이라도 계승해야 한다고 생각하여 그 정신을 헌법에 반영"하고자 무던히 애를 썼다.[95]

실제로 제헌헌법 제정 과정에서 조소앙의 삼균주의로 상징되는 균평 및 평등 지향적 요소를 헌법에 반영한 정치 세력은 대체로 김구나 우사尤史 김규식金奎植(1881~1950)과 뜻을 같이하는 사람들이었다고 한다. 비록 김구와 김규식은 단독정부 수립을 위한 선거에 참석하지 않았지만, 제헌헌법에 삼균주의를 반영한 것은 그들과 뜻을 같이하는 중도파 특히 진보적이고

---

94) 강만길 편, 『조소앙』, 251쪽에서 재인용함.
95) 박찬승, 『대한민국은 민주공화국이다』(돌베개, 2013), 332쪽.

민족적인 소장파 국회 세력의 노력에 힘입은 바 컸다는 의미이다.

1948년 제헌국회 구성을 위한 5·10선거 결과, 당선자 현황은 무소속이 85명, 이승만 지지 세력이 많은 대한독립촉성국민회가 55석, 한민당이 29명이었다. 그런데 서중석에 의하면 무소속 85명 중의 다수가 김구와 김규식을 지지하거나 그들과 정치적 성향이 비슷한 중도파였다. 이들은 반민족행위처벌법(반민법)의 제정은 물론이고 농민 입장에 서서 농지개혁법을 만드는 데에도 앞장섰다.[96] 제헌헌법 제정 과정에서 임시정부의 삼균주의 정신이 제대로 반영되도록 노력한 구체적인 사례의 하나로, 우리는 당시 헌법기초위원회 위원장이었던 서상일과 제헌의원인 최운교 사이의 대화를 상기해 볼 필요가 있다.

최운교는 헌법 독회에서 "헌법 전문에 3·1운동의 정신을 계승한다고 했고 개원식에서 의장 이승만이 대한민국 임시정부를 계승한다는 말을 하였는데, 헌법의 전반적인 내용 가운데 임시정부를 계승한다는 내용이 들어있는가"라고 질문하면서 삼균주의를 거론한다. 그는 거듭해서 "임시정부는 과거 약헌·헌법 등을 대외에 선포했고 그 가운데에는 정치, 경제, 사회의 삼균주의가 분명히 있었는데, 제헌헌법은 그 정신을 계승하고 있는가"라고 질문한다. 그의 질문에 대해 서상일은 "이 헌법 전문을 보시면, 하필 그것(정치, 경제, 사회를 의미—필자)만의 삼균주의가 아니라 모든 영역에 있어서 만민균등주의를 확인했다"라고 답한 것으로 기록되어 있다. 그 대화를 인용하면 다음과 같다.

최운교 의원: 전문에 "삼일 혁명의 위대한 독립 정신을 계승하야" 이렇게 되어 있습니다. 5월 13일에 개원식에 의장의 식사 가운데 대한민국 임시정부를 계승한다는 말씀이 있으므로, 그것이 여기에 적혔는가 하는 것을 듣고

96) 서중석·김덕련, 『서중석의 현대사 이야기 1: 해방과 분단 친일파, 현대사의 환희와 분노의 교차로』(오월의봄, 2015), 128~129쪽 참조.

싶습니다.

서상일 의원: 그렇게 생각하고 나가는 것입니다.

최운교 의원: 임시정부로 말하면 과거에 약헌헌법約憲憲法을 정해서 대외에 서명했고, 삼십 년간에 삼일운동을 중심으로 서명을 대외에 국내에 선포했던 것입니다. 그러면 그 선포했던 가운데에 정치·경제·사회의 삼균주의三均主義가 확실히 분명히 있어야 하는데, 이 헌법은 그 정신을 계승해서 했는가 하는 것을 말씀하십시오.

서상일 의원: 이 헌법 전문을 보시면, 하필 그것만이 삼균주의가 아니라 모든 영역에 있어서 전부가 만민균등주의萬民均等主義로 확인되었습니다.

최운교 의원: 물론 삼균주의를 취했다는 데 대해서 어떤 사람을 빼고 어떤 사람을 넣는 것은 아닙니다. 적어도 만민평등의 민주주의 공화정치를 할 때에는 최소한 세 가지란 말씀을 했습니다. 여기에서 전문에 정치·경제·사회·문화 네 가지가 들어 있으니, 이것은 세 가지 주의가 삼균주의인지 알 수가 없습니다.

서상일 의원: 정치·경제·사회·문화라고 하는 것에는 모든 영역이라 쓰였습니다. 모든 영역하면 아까 제가 말씀드린 대로 다 포함한 말씀이에요.[97]

앞에서 인용된 대한민국 제헌헌법 전문은 "국민 생활의 균등한 향상"과 아울러 "항구적인 국제평화"의 이념을 강조한다. 또한 대한민국 최초의 헌법은 제15조에서 "재산권은 보장된다. 그 내용과 한계는 법률로써 정한다"라고 규정함으로써 재산권의 행사가 사회의 공공성에 저촉되지 않아야 함을 분명하게 밝히고 있다. 그리고 같은 헌법의 제84조에서는 사적 재산권의 제한 규정을 다음과 같이 더 명확하게 규정한다. "대한민국의 경제 질서는 모든 국민에게 생활의 기본적 수요를 충족할 수 있게 하는 사회정의의

---

97) 제헌국회 속기록 1회 18호, 1장—신생 대한민국의 역사적·사상적 계승성에 관한 질의응답[헌정사 자료 DB]. 한국사데이터베이스(https://db.history.go.kr/), 2023년 6월 25일 검색. 한문으로 된 것은 모두 한글로 바꾸었다. 이 기록에 대한 설명으로는 박찬승, 『대한민국은 민주공화국이다』, 333쪽 참조.

실현과 균형 있는 국민경제의 발전을 기함을 기본으로 삼는다. 각인의 경제상 자유는 이 한계 내에서 보장된다."

6. 안재홍의 신민족주의와 신민주주의

한국 사회에서 민주주의와 민족주의가 서로를 배제하는 것이 아니라 서로 긍정적으로 관계를 맺고 있음을 성찰할 때 안재홍의 사상도 매우 중요하다. 그는 일제가 패망할 때까지 타협하지 않고 독립운동에 투신했던 항일민족주의자로 평가받는다. 역사학자 조경달은 안재홍을 "식민지기의 가장 선량한 지성인 중 한 명"으로 평가한다.[98] 또한 해방 이후 그는 좌우익이 갈등하는 상황 속에서 중도 우익의 국가 건설 구상을 대변한 핵심 인물이었다. 그는 일제 치하에서 독립운동으로 인해 아홉 차례나 투옥되었으며, 옥고를 치른 기간만도 7년 3개월이었다.[99]

안재홍도 우익 민족주의 독립운동 세력과 좌파 사회주의 계열 독립운동 세력의 광범위한 협력을 중요하게 생각하고 있다는 점에서 조소앙의 입장과 크게 다르지 않다. 조소앙과 마찬가지로 그는 자주적인 독립국가를 설립하기 위해 전체 민족이 단결하고 화합할 것을 강력하게 주장했지만, 극좌와 극우 세력에 대해서는 역시 배제를 견지하였다. 조소앙이 삼균주의를 통해 새로운 민주주의를 주창했던 것과 마찬가지로 안재홍도 새로운 민족주의와 민주주의를 우리 민족이 나갈 길로 제시했다. 공산주의에 대한 비판적 태도를 보여 주는 1949년의 안재홍의 주장을 인용해 보자.

---

98) 조경달, 『식민지기 조선의 지식인과 민중: 식민지근대성론 비판』(정다운 옮김, 선인, 2012), 100쪽.
99) 안재홍의 삶에 관해서는 정윤재, 『안재홍 평전』(민음사, 2018)에 있는 김학준의 「추천사」 (9~16쪽) 참조. 안재홍의 활동에 관한 설명은 주로 이 책을 따랐다.

그리고 공산주의에 대하여 말하건대, 나는 공산주의자인 좌익 측과 민족주의
자는 마땅히 협동을 하여야 한다는 민공협동론자民共協同論者이다. 지금부
터 22년 이전의 신간회운동 당시에도 나는 열렬한 협동론자였었고 좌左편에
서 신간회新幹會의 해소를 책동하여 신간회운동을 완전히 틀어막은 후에도
나는 협동론으로 일관해 온 터이다.…… 그러나 협동은 (1) 민족해방의
완성과 (2) 민족 자주독립국가 완성 때문에 (3) 진보적인 민족주의 노선에서
협동하자고 하는 것이고, 공산주의를 추수하는 협동은 의의를 이루지 못하는
것으로 인식하고 있다.[100]

위 인용문에서 보듯이 일제강점기에 안재홍은 진보적 민족주의 노선에
따라 좌익 독립운동 세력과 민족주의 경향의 독립운동 세력이 조국의 자주독
립을 위해 서로 협력해야 한다는 것을 지론으로 삼되 공산주의 자체에
대해서는 부정적이었던 인물이다.

이후 한국전쟁기에 납북된 안재홍은 1956년에도 여전히 진보적 민족주의
자로 자임하면서 공산주의자가 되어야겠다는 생각을 품고 있지 않다고
주장한다. 그는 북한에서 활동하면서 공산주의자들을 더 잘 이해하게 되었으
며 그들로부터 깊은 인상을 받았다고 고백하고 있지만, 그러면서도 자신은
결코 공산주의자가 되고 싶은 생각이 없음을 강조한다.

나는 하나의 진보적 민족주의자라고 나 자신을 규정하고 있습니다. 6·25
당시 서울에서 내가 조선노동당과 인민공화국 간부들과 처음으로 접촉하는
지극히 인상 깊은 환경에서도 나는 지금부터 공산주의자가 되어야겠다는

---

100) 안재홍, 「한민족의 기본 진로」, 안재홍선집 간행위원회 편, 『민세 안재홍 선집』 2(지식산
업사, 1981), 352쪽. 안재홍, 『韓民族의 基本進路』(朝洋社出版部, 1949), 한국학진흥사업
성과포털, 민세안재홍전집 자료집성 및 DB화, 63~64쪽.
http://waks.aks.ac.kr/rsh/dir/rview.aspx?rshID=AKS-2012-EBZ-3101&callType=dir&dirRsh
=DBID=AKS-2012-EBZ-3101_DES@1859. 이하 한국학진흥사업 성과 포털, 민세안재홍전
집 자료집성 및 DB화 자료의 안재홍 관련 인용은 한문을 한글로 바꾸거나 한글과
한문을 병기하고 현재 우리가 사용하는 식으로 최소한의 윤문을 가하였다.

것 같은 생각은 품어 보들 못했습니다. 지금도 나는 그렇게 생각하며, 그렇다고 누구 하나 나를 비난하지도 않습니다. 도리어 나는 지금은 양심적이고 진보적인 민족주의자로서 여생을 생활해야 할 것이라고 내 마음을 다져 봅니다.[101]

더 나아가 조소앙과 안재홍이 보여 주는 유사성 중에서 우리가 주목해야 할 지점은, 그들이 모두 일제 치하에서의 독립운동과 해방 후 새로 건설될 자주적 독립국가의 주도적 이념을 한국의 역사적 상황에 터를 둔 새로운 민족주의 및 민주주의 이념에서 구했다는 데 있다. 거듭 말하지만, 이들은 극좌적인 프롤레타리아 계급 독재의 공산주의 사회도, 소수 자본가 계급만이 사실상의 자유를 독점하는 미국식 자본주의적 민주주의 사회도 비판하면서 우리나라에 어울리는 새로운 민주주의 이념을 발전시켰다. 그런데 이 과정에서 안재홍 또한 조소앙과 유사하게 우리 민족 고유의 홍익인간 정신과 유가적인 전통이 서로 깊이 통하는 것으로 보면서 유학의 근본정신을 민주주의적 방향에서 재해석하는 모습을 드러낸다.

신채호나 조소앙과 마찬가지로 안재홍도 유학의 재건은 유교의 근본정신인 대동적 이념의 재생에 달려 있다고 보았다. 예를 들어 그는 유학에서 "만세에 썩지 아니할 대도"를 구하고자 한다면 도탄에 빠져 고통 겪는 천하의 모든 사람을 구하는 "도"에 힘써야 한다고 강조한다. "유의 도로서 오히려 썩지 아니한 바가 있다 하면, 그는 확실히 일신의 안전을 던지어 천하생민을 구하고자 하는 일관한 지성 그것일 것이다."[102]

이제 안재홍의 민족주의 및 민주주의 이론을 중심으로 해방 후에 민족주의

---

101) 안재홍, 「전 남조선 정치 활동가 안재홍」, 조선통일민주주의전선중앙위원회, 『조국의 평화통일을 위하여』(평양: 조선통일민주주의전선중앙위원회, 1956), 189쪽. 정윤재, 『안재홍 평전』, 309쪽에서 재인용함.
102) 안재홍, 「유림제씨에게 격함」, 안재홍선집 간행위원회 편, 『민세 안재홍 선집』 1(지식산업사, 1981), 199쪽.

가 민주주의와 서로 결합하는 양상을 살펴보자. 안재홍의 사상은 그의 호에서도 잘 드러난다. 그의 호는 민세民世였다. '민세'는 처음에는 '민중民衆의 세상世上'이라는 뜻으로 지어졌지만, 후에는 그 뜻이 "민족으로 세계에, 세계로 민족에"라는 열린 민족주의로 해석되어도 좋을 '민족적 국제주의' 혹은 '국제적 민족주의'의 이상을 뜻하는 것으로 확장되었다.[103)

이런 이상을 통해 안재홍은 우선 일제강점기에 조선의 민족의식을 고취하는 태도를 소부르주아적 "배타주의" 혹은 "반동적 보수주의", "감상적 복고주의" 등으로 비난하는 세태를 비판하고자 했다. 급진적인 세력이 비판하는 것과 달리 안재홍이 보기에 일제의 식민 지배를 받는 상황에서 조선의 민족의식을 강조하는 태도는 진보적 성격을 지닐 수 있는 것이었다. 왜냐하면 20세기 당대에는 피식민 민족이 민족의식의 각성을 통해 독립을 달성하는 것만이 세계로 나가는 유일하게 합당한 길이라고 그는 생각하고 있었기 때문이다.[104)

그러므로 안재홍은 1930년대 인류 사회는 "각개 민족이 세계적 대동의 방향", 그러니까 세계로 향하는 국제주의적 방향으로 나가는 특징을 보여 주지만, 다른 한편으로 "각개 민족이 이 세계적 즉 국제적 영향하에 있으면서 오히려 각각 각자의 민족문화로 순화 심화하려는 의욕"을 견지하는 특징도 보여 준다고 강조한다. 따라서 그는 "민족으로 세계에, 세계로 민족에 교호되고 조합되는 민족주의 국제주의-국제적 민족주의"를 형성하는 길이 가장 시의적절한 태도라고 역설한다.[105)

이런 안재홍의 국제적 민족주의 혹은 대동적 민족주의는 해방 이후에도 계속해서 유지된다. 그래서 그는 민족주의를 "거룩"하다고 하면서도 배타적

---

103) 같은 책, 24쪽.
104) 같은 책, 511쪽.
105) 같은 책, 511쪽.

민족주의를 배격하고 늘 국제적 협력 관계의 맥락에서 민족주의를 이해해야
함을 역설한다.

> 민족과 민족의식은 그 유래가 매우 오래된 것이니, 근대 자본주의 시대의
> 산물이 아니다.…… 지방적 애국주의가 지양 청산됨을 요하였음과 같이
> 근대에 있어 국제적 협동 연관성을 무시하는 고립 배타적인 민족주의 혹은
> 국가주의는 배격되어야 하겠지만, 민족자존의 생존협동체로서의 주도 이념
> 인 민족주의는 거룩하다.[106]

이처럼 안재홍은 민족주의의 배타성을 배격해야 함과 아울러 민족주의의
중요성을 강조하면서, 민족주의 및 민족의식을 근대 자본주의의 산물로
보는 근대주의적 입장과 다르게 민족의식의 유래가 매우 오래된 것임을
강조한다.

나아가 안재홍은 민족을 구성하는 핵심적 요소로 다음 세 가지를 강조한다.
우선 민족은 "동일혈연체同─血緣體" 즉 공통의 조상으로부터 피를 물려받은
"같은 핏줄을 계승한 혈연공동체"이며, 둘째로 민족은 "일정한 지역, 일정한
공간에서의 협동체인 생활"을 오늘날에 이르기까지 영위해 오고 있는 지역공
동체이며, 셋째로 민족은 "운명공동체運命共同體로서의 생활협동체生活協同
體인 것"으로 이해된다. 달리 말하자면 민족은 혈연공동체이자 지역공동체인
동시에 "공동 문화의 유대에서 결속되고 성립된 운명공동체"라는 것이 바로
안재홍의 민족 개념이다.

그러나 민족을 형성하는 세 가지 요소 중에서도 마지막 요소, 즉 온갖
고난과 행복을 같이 공유하면서 형성된 민족 구성원 사이의 운명공동체

---

106) 안재홍, 『신민족주의와 신민주주의』(民友社, 1945), 한국학진흥사업 성과포털, 민세안재
홍전집 자료집성 및 DB화, 1쪽.
http://waks.aks.ac.kr/rsh/dir/rview.aspx?rshID=AKS-2012-EBZ-3101&callType=srch&dataID
=AKS-2012-EBZ-3101_DES@1166.

의식이 가장 중요하다는 것이 안재홍의 생각이다. 달리 말하자면 "혈연血緣, 지연地緣 등 자연적 요소" 외에도 "문화적인 요소, 즉 공동문화체共同文化體로 서 운명공동체運命共同體로 되는 것"이 현재 민족 개념을 형성하는 데에서 "가장 결정적인 요건"이라고 그는 강조한다.[107] 그러니까, 안재홍은 단순히 단군이 공통의 조상이라는 점을 강조하는 혈연공동체 의식만을 강조하는 것이 아니다. 물론 그는 우리 민족이 설령 혈연공동체라고 해도 우리 민족 안에는 중국의 한족이나 몽골 그리고 일본 등의 피가 서로 섞여 있음을 부정하지 않는다.[108]

안재홍은 다음과 같이 말한다.

> 민족 그것은 거북한 우상도 아니요 고루한 편견도 아니다. 그 문화와 전통과 취미와 속상俗尙과 정치와 경제상의 핍박逼迫한 공통적 이해 따위─공동한 자연적 테(紐帶)의 안에 일정한 특수 생활 경향을 형성한 집단으로 된 것이다. 이것은 좋거나 나쁘거나를 논치 않고 일종의 본능적인 경향에 의하여 친절한 동포同胞 의식을 가지고, 또 대체로 공통의 이해감을 가지고 서로 한 가지로 움직이게 되는 것이다. 그리하여, 이러한 감정과 우의 아래에 동일 민족을 하나의 단위로 삼아 일정한 사회적 생활 과정을 국제간의 하나의 구역에서 가지려는 것을 가리켜 민족주의라 하겠다.[109]

특히 한국의 민주주의적 자주독립국가 형성과 관련하여 안재홍의 다음 두 가지 강조는 오늘날에도 깊이 경청해야 할 것이라고 믿는다.

첫째로, 그는 우리 민족의 민주주의적 자주독립국가 형성이라는 과제를 아시아 평화와 전체 인류평화의 이념과 연관시켜서 강조하였다. 그는 다음과 같이 말하고 있다.

---

107) 같은 곳, 1~3쪽.
108) 같은 곳, 1쪽 참조
109) 안재홍, 「조선인의 처지에서」, 『조선일보』 1932년 3월 2일(『민세 안재홍 선집』 1, 463쪽.

조선이 한번 그 자주독립을 잃어버리면 동아시아의 평화는 문득 깨어지고 전 세계평화가 따라서 무너지나니, 조선의 독립 문제 또는 조선인의 분노 문제가 어떻게 국제 열국의 지대한 관심을 끌어야 할 것인가? 조선의 청년들은 모두 이 자부와 긍지를 가지라![110]

그런데 "신민주주의 토대 위에 존재하는 신민족주의"를 부르짖는 안재홍이라고 할지라도 민족국가가 초역사적으로 늘 존재할 것이라고는 보지 않았다. 오늘날이나 장래에도 상당 기간 민족국가의 자립성은 중요한 과제가 되겠지만, 민족국가의 경계가 영원히 존속할 것으로 보는 것 또한 문제이기 때문이다. 그러나 안재홍은, 민족의 경계가 무의미해질 정도로 "인류 역사의 신 단계가 획기적으로" 출현하기 전까지는 자신이 옹호하는 "진정한 민주주의 민족 자주독립국가의 건립 이념"은 흔들릴 수 없는 확고한 중요성을 지닌다고 역설한다.[111]

해방 이후 안재홍은 건준(조선건국준비위원회)에 부위원장으로 참여했다. 건준은 여운형의 주도로 1945년 8월 15일 일제의 패망과 더불어 조선총독부로부터 치안유지를 부탁받고 서울에서 실질적인 행정권을 행사했을 뿐만 아니라, 붕괴된 총독부 권력으로 인해 발생한 지방에서의 정치적 공백 상태를 메우며 당시 한국인의 희망과 기대에 부응하여 "자치정부, 자치 권력"의 담당자로 등장하여 본격적인 해방의 공간을 열어 자주독립의 길로 나아가고 있었다.[112]

그러나 안재홍의 건준 참여는 오래가지 못했다. 그는 이내 부위원장직을 그만두고 건준에서 탈퇴한다. 그 직후인 1945년 9월 20일, 그는 「신민족주의와

---

110) 안재홍, 「신민족주의의 과학성과 통일 독립의 과제」, 최원식·백영서 엮음, 『동아시아의 '동양' 인식: 19~20세기』, 265~266쪽.
111) 같은 글, 262쪽.
112) 정병준, 『1945년 해방 직후사』(돌베개, 2023), 35쪽.

신민주의」를 탈고했다. 이 글은 그의 중도 우익 국가 건설의 구상을 잘 정리한 것이라고 평가받는다. 그는 이 글에서 배타적 민족주의를 거부하고 민주주의와 함께하는 민족주의 구상을 천명했다. "진정한 민주주의 노선에서만 진정한 민족주의가 성립"될 수 있다는 주장이었다. 그는 민주주의와 결합된 진정한 민족주의를 "순정우익純正右翼"이라고 표현했다.[113]

사실 민주주의와 결합된 민족주의는 일제강점기 독립운동 세력 대다수가 취했던 방향이기도 했다. 그리고 민족주의를 민주공화주의와 결합하여 이해하고자 한 시도는 해방 이후 한국 사회의 방향 설정과 관련해서 볼 때도 매우 적절하고 합리적인 대안이었다.

우리는 안재홍이 보여 주었던 문제의식의 탁월성을 제국주의 침략에 대항하는 제3세계 피압박 민족들의 독립투쟁과 연대하면서 스스로 알제리 민족해방운동에 적극적으로 참여했던 프란츠 파농의 통찰에 견주어 볼 수 있다. 파농 또한 민족주의가 인간 해방의 이념과 결합하지 않는다면 매우 위험한 것으로 변질할 수 있음을 지적한다. 그의 다음과 같은 말은 깊이 숙고해 볼 만하다.

> 그러나 민족주의가 명확해지지 않는다면, 민족주의가 급속히 성장하고 깊어져서 사회·정치적 필요에 관한 의식, 다시 말해 인간주의로 전환되지 못한다면 막다른 골목에 봉착하게 된다.[114]

둘째로, 안재홍은 민주주의를 통해 민족주의의 배타성을 순화시키고자 했을 뿐만 아니라, 극단적인 자유경쟁 사회 및 좌파 계급 독재의 한계도 극복해 보고자 했다. 그래서 그는 사회가 통합되고 평등을 지향하는 자유로운

---

113) 안재홍, 「韓民族의 基本進路」, 『민세 안재홍 선집』 2, 209쪽. 한국학진흥사업 성과포털, 민세안재홍전집 자료집성 및 DB화, 96쪽.
114) 프란츠 파농, 『대지의 저주받은 사람들』(남경태 옮김, 그린비, 2004), 230쪽.

사회를 해방 이후 한국 사회가 가야 할 길로 보았다.

> 진정한 민주주의는 ① 좌에서, 무산계급 독재를 전제 요항要項으로 하고
> 개성의 자유와 재산의 일정한 사유 세습의 원칙을 무시하는 공산주의의
> 강요를 반대함이요, ② 극우에서, 봉건적·대지주적·자본벌적 특권계급
> 지배의 국가를 배격함이다.[115]

위 인용문이 보여 주듯이 안재홍은 유럽과 미국의 역사에서 실현된 민주주
의는 물론이고 공산주의야말로 참다운 민주주의라고 주장하는 구소련의
관점도 비판적으로 보았다. 그는 우리 사회에 구현될 민주주의는 우리의
역사적 상황과 문화적 전통으로부터 비롯된 민주주의여야 함을 주장했다.

그리하여 개인의 사적 재산과 개성의 자유를 긍정하면서도 그것에 특권적
지위를 부여하려는 견해나 경제적 불평등의 공산주의적 해결을 통해서만
민주주의가 실현될 수 있다는 단견을 모두 거부하면서 참다운 민주주의는
적정 수준의 사회적·경제적 평등을 옹호하는 이념으로 이해되어야 한다고
역설했다. 달리 말하자면, 안재홍은 공산주의가 추구하는 결과의 평등을
거부하고 개인의 자유와 개성의 실현을 옹호하면서, 재산과 권력이 균등하고
평등하게 배분되는 사회제도를 통해 참다운 민주주의가 제대로 실현되리라
고 이해했다. 그래서 안재홍은 자신이 주창한 '신민주주의'를 "조선적 민주주
의"라고 부르기도 했다.[116]

안재홍은 자신의 민주주의 이론이야말로 우리의 역사에 뿌리를 두고
있으면서 당대 인류의 시대적 요구에도 부합하는 이론임을 자부한다. 그는
서구 사회에서 민족주의와 민주주의가 발전해 온 경로와 우리 사회가 걸어

---

115) 안재홍, 「韓民族의 基本進路」, 『민세 안재홍 선집』 2, 209쪽. 한국학진흥사업 성과포털,
    민세안재홍전집 자료집성 및 DB화, 95쪽.
116) 안재홍, 『민세 안재홍 선집』 2, 215쪽.

온 길을 대조하면서, 왜 우리 사회는 자신의 신민주주의 및 신민족주의의 이념을 그 기본 방향으로 설정하지 않으면 안 되는가를 설명한다.

> 서구의 민족주의와 민주주의는 대체로 궁정을 중심으로 한 봉건귀족과 대지주와 자본가 등이 최초로부터 특권벌적 독점으로 천하의 정권을 농단해서 계급적인 억압 착취가 있다가 시대의 진운에 따라 한 걸음씩 소시민·농민 등 하층계급의 사람들에게 그 정치참여권을 할양한 소위 자본적 민주주의로 된 것이요, 그러한 사회적 기반 위에 구성된 민족주의는 (우리의 것과는) 그 발생 및 발전의 역사가 거의 근본적으로 다르다. 우리는 이제 동일 예속과 동일 해방에 있어 모든 진보적이고 제국주의에 맞서는, 지주와 자본가와 농민과 노동자가 한꺼번에 만민공생萬民共生하는 새로운 발족發足을 요청하는 역사적 명제 하에 있으니, 바로 만민공동의 신민족주의요 신민주주의이다.[117)]

그런데 안재홍이 제언한 신민족주의와 신민주주의는 사실 조소앙의 삼균주의와 밀접하게 관련되어 있다. 간단하게 말하자면, 적어도 안재홍이 보기에 자신의 신민주주의와 신민족주의론은 조소앙의 삼균주의의 뜻을 가일층 발전시킨 이론이었다.

> 선진 국가에서 수 세기를 두고 점층적인 역사공정을 쌓아 자연생장적인 발전 과정을 걸어 온 자본적 민주주의가 결국은 금융자본벌金融資本閥과 산업자본벌産業資本閥과 대지주 등 국가 부력을 편악독점偏握獨占하고 있는 소수의 지배군에 의한 금권정치로 타락한 것과는 달리, 삼균주의를 그 내용으로 삼는 신민주주의는 실로 균등사회, 공영사회共榮國家를 완성해서 부富, 권權, 지智를 전유독천專有獨擅하는 것을 대체大體에서 시정 방지하자는 것이어서, 그것은 자본적 민주주의와 공산주의의 양자에서 볼 수 없는

---

117) 안재홍, 『신민족주의와 신민주주의』(民友社, 1945); 한국학진흥사업 성과포털, 민세안재홍전집 자료집성 및 DB화, 39쪽.

독특한 하나의 주의主義로서 민주주의를 추진 확대한 점에서 분명한 신민주주의이다. 그것은 민주주의와 공산주의가 역사적 발전성에 따라 적정하게 지양된 새로운 주의이다. 민주주의의 영도 과정으로 된 현대에 있어 이러한 신민주주의는 가장 시대 사조에 적응하는 만중萬衆이 지지할 대주의인 것이다.[118]

안재홍은 반복해서 자신의 민주주의 이론과 조소앙의 삼균주의 사이의 내적 연관성을 강조한다. 예를 들어 1946년『한성일보』에 실린 글에서 그는 삼균주의가 자신이 주창한 신민주주의의 "기본 요소"라고 말한다. 그는 신민주주의의 실현에 요구되는 것이 바로 삼균주의임을 밝히면서 신민주주의 이론과 삼균주의 사이의 관계를 이렇게 설명하고 있다.

삼균 제도는, 혹 삼균주의는 민주주의와 잘 대비되나니 그것은 신민주주의의 기본 요소로 된다.…… 균등사회 공영국가 조국은 우리의 재건 지도 이념이요, 이 균등 공영의 실천 수단으로서의 삼균 제도는 자본적 민주주의에 대비할 만민공생의 신민주주의인 것이다. 신민주주의는 그 실천 형태에서 삼균주의가 된다.[119]

더 나아가 안재홍은 그의 신민주주의 이론과 조소앙의 삼균주의가 기본적으로 서로 통하는 이념임을 인정하는 태도를 넘어 자신의 이론이 삼균주의와 비교해 더욱 정교한 것이라고 평한다. 그는 1949년의「신민주주의의 과학성과 통일독립의 과업」이라는 글에서 다음과 같이 말한다.

---

118)『한성일보』1946년 12월 10일. http://waks.aks.ac.kr/rsh/dir/rview.aspx?rshID=AKS-2012
    -EBZ-3101ID=AKS-2012-EBZ-3101_DES@1407. 안재홍 선집에는「역사와 과학과의 신민
    족주의」라는 제목으로 수록되어 있으며, 1947년 12월로 오기되어 있다고 한다.
119)「삼균주의와 신민주의」.『한성일보』1946년 12월 8일.
    http://waks.aks.ac.kr/rsh/dir/rview.aspx?rshID=AKS-2012-EBZ-3101ID=AKS-2012-EBZ-3101_
    DES@1404

삼균주의가 일가一家의 설로는 성립이 되나, 권리평등의 주동적인 요건은 갖추었으되 만민개로萬民皆勞·협동호애하는 책무 균등과 봉사 평등의 방면이 저절로 등한시되는 점이 없지 않다. 여기에서 정치, 경제, 교화 등 '권리의 균등'과 근로, 협동 등 '의무 즉 봉사의 균등'을 그 조건으로 삼은 진정한 민주주의 즉 신민주주의의 토대 위에 존재하는 신민족주의는 가장 그 과학적 타당성을 가질 것이요…….120)

안재홍에 따르면 홍익인간과 유가적 대동 이념은 서로 통한다. 그는 "조선 독자의 신민족주의와 신민주주의 이념"을 요약하면서 자신의 이론이 전통적인 조선의 정치철학의 핵심이라고 불리는 "다사리 이념"의 표현인 "접화군생接化羣生"과 "홍익인간弘益人間"을 이어받고 있다고 강조한다. 그는 '모든 생명을 두루 사랑하는' 접화군생과 인간을 널리 이롭게 하는 홍익인간을 "만민공생萬民共生" 이념의 표현으로 파악하면서 이를 "민주주의"이자 "민생주의"라고 말한다. 그러면서 그는 이와 같은 조선 특유의 민주주의 이념인 '다사리'가 궁극적으로 지향하는 것은 다름 아닌 인류 대동사회라고 역설한다.121)

또한 안재홍은 접화군생과 홍익인간에서 구해지는 자신의 민주주의 이념의 출처인 다사리 이념이 유가의 사상과 근본적으로 통한다고 본다.

천도天道는 논외의 일이지만, 인사人事의 지선至善·대선大善은 균등사회均等社會 공영국가共榮國家의 근본이념인 것이요 나아가 인류공동人類共同 세계일가世界一家를 지향하는 도의적 추진력인 것이다. 『대학』이라는 책은

120) 안재홍, 「신민주주의의 과학성과 통일독립의 과업」, 『신천지』 38호(1949년 8월); 한국학진흥사업 성과포털, 민세 안재홍전집 자료집성 및 DB화, 8쪽.
http://waks.aks.ac.kr/rsh/dir/rview.aspx?rshID=AKS-2012-EBZ-3101&callType=dir&dirRsh=DBID=AKS-2012-EBZ-3101_DES@1869
121) 안재홍, 「신민족주의와 신민주주의」, 한국학진흥사업 성과포털, 민세 안재홍전집 자료집성 및 DB화, 35~38쪽.

중국 상대上代에 나라에서 정치할(爲政) 때의 학學이라, 『대학』의 도가 명덕明德을 말하고 신민親民을 말하고 지선至善에 구극究極함을 말한 것은 조선의 정치철리와 그 취지趣旨가 합일되는 것이다.[122]

위 인용문이 잘 보여 주듯이 안재홍의 신민주주의 이론이자 신민족주의 이론은 민족의 자주독립 문제를 철저하게 전체 인류 사회의 대동적 조화와 평화 세계 건설이라는 지향성과 연결하여 고민하고 있다. 이렇게 그는 일관되게 조선의 자주독립을 통해 한반도에서의 독립된 민주국가 건설을 해방 후 우리 민족의 현실적인 당면 과제로 설정하는 동시에, 파시즘적 전체주의 국가의 횡포나 소수의 금권정치로 타락하는 자본주의적 민주국가의 제국주의적 팽창 경향의 폭력성만을 비판하고 있지 않다. 그는 민주적인 자주독립국가조차도 타 국가에 대해 배타성과 폭력성을 띨 수 있음을 경계하면서, 이러한 민주적인 자주적인 독립국가를 늘 인류 사회의 대동적 평화 구현이라는 대의와 연결하여 사유하는 모습을 보여 준다.

안재홍이 민주적인 자주독립국가를 인류의 대동적 평화 세계 구현이라는 맥락에서 규정하면서 그 독립 국가의 독존 지향성을 일정한 방식으로 순치하고 제한하는 사유를 하게 된 까닭 중의 하나는 유가적인 사유 방식의 영향일 것이다. 달리 말하자면, 수신제가치국평천하修身齊家治國平天下라는 유가의 『대학』의 사유 구조에 익숙한 안재홍은 조소앙과 마찬가지로 조선의 자주적이고 민주적인 독립국가 형성이라는 과제를 그 자체로 궁극적이고 절대적인 목표로 보는 것이 아니라, 전체 세계의 대동사회화 즉 평천하의 구현이라는 궁극 목적의 맥락에서 사유하고 있다.

---

122) 안재홍, 「삼균주의와 신민주주의⑤」, 『한성일보』 1946년 12월 17일; 한국학진흥사업 성과포털, 민세 안재홍전집 자료집성 및 DB화.
    http://waks.aks.ac.kr/rsh/dir/rview.aspx?rshID=AKS-2012-EBZ-3101&callType=dir&dirRsh
    =DB%ID=AKS-2012-EBZ-3101_DES@1412

이리하여 그는 민족주의를 존중하면서 우리 민족의 총 단결로 구성된 자주적인 민주독립국가 형성을 적극적으로 옹호하는 맥락에서 헤겔의 국가론을 수용하지만, 그러면서도 동시에 헤겔의 국가론의 한계까지 돌파하고 있다. 왜냐하면 국가를 인륜적 공동체의 최고 형식으로 이해하면서 인류사의 발전 단계를 대변하는 세계사적 민족(유럽 근대 민족국가, 이를테면 영국)의 권리를 무한정 인정함에 따라 대등한 민족국가들이 어떻게 평화로운 인류 대동의 사회로 갈 것인가 하는 문제를 미지의 것으로 남겨 두고 있는 헤겔과 달리, 안재홍은 민족국가 사이의 관계를 제국주의적 침략이 절제되고 규제되는 인류 대동사회의 형성이라는 맥락 속에서 우리 민족의 자주적인 민주국가 설립이라는 당면 목표를 연결하고 있기 때문이다.[123]

자연계에서 있어 일월성신의 큰 것으로부터 초목곤충草木昆蟲의 작은 것에 이르기까지 모든 화육운행化育運行의 섭리 중에 "다사리"라는 것이 그 선善이요, 인생사회人生社會에 있어 노유남녀老幼男女와 빈부귀천貧富貴賤의 차별을 두지 말아서 구전具全하고 진성眞誠하고 균제均齊하고 조화調和되도록 만민공생萬民共生·대중해락大衆偕樂의 "다사리" 국가를 목표로 하는 것이 지선至善이요 대선大善이다. 유학에서 말하는 『대학』의 도道는 명명덕明明德에서 비롯하여 지선至善으로 감을 그 구경究竟의 의의意義로 삼았으니, 독일의 민족주의가 헤겔의 "지상地上에 있어서의 정신精神의 최고 체현體現"이라는 이념을 확충해서 서구의 제국가에는 존재치 아니했던 절대적 선善으로 국가의 가치를 규정한 역사학파의 사상과도 유사한 것이다. 다만 독일의 그것은 전 세계를 향해 자국가의 존재 의의가 절대선임을 주장하느니만치 독선배타로 될 수 있는데, 우리의 이념은 국가관이 세계관과 함께 지선至善에다가 구경究竟의 의의를 둔다는 점에서 매우 다르다.[124]

---

123) 헤겔의 국가론의 한계에 관해서는 나종석, 『헤겔 정치철학의 통찰과 맹목』(에코리브르, 2013), 80~82쪽 참조 바람.
124) 안재홍, 「신민족주의와 신민주의」, 한국학진흥사업 성과포털, 민세 안재홍전집 자료집 성 및 DB화, 34쪽.

요약하자면, 안재홍이 해방 이후 한국의 자주적 독립국가 형성에 관한 독창적인 이론으로 선보인 신민족주의와 신민주주의는 평천하적 민족주의이자 민주주의, 즉 인류 대동사회를 지향하는 대동적 민족주의이자 민주주의로 규정할 수 있을 것이다. 그리고 필자는 평천하 민족주의 및 민주주의로서의 그의 신민족주의 및 신민주주의를 대동민주주의 이론의 선구적 형태로 평가하고 싶다.

7. 나가는 말

앞에서 다룬 조소앙이나 안재홍의 사례는 그 어떤 사회도 전통의 매개를 거치지 않고서는 다른 문화를 이해·수용할 수 없을 뿐만 아니라 그렇게 받아들인 것을 자신의 사회 속에 적용시킬 수도 없음을 보여 준다. 저명한 독립운동가였으며 해방 공간에서 김구 및 이승만과 더불어 우익을 대표하는 세 명의 정치지도자, 즉 "우익 3영수"라 불리면서도 좌우합작을 통해 한반도의 자주적 통일 국가 수립을 위해 힘썼던 우사尤史 김규식의 용어를 빌려 설명한다면, 조소앙의 삼균주의나 안재홍의 신민주주의 이론은 모두 다 "조선을 민주주의화할 뿐만 아니라 민주주의를 조선화"하려 한 문제의식에서 나온 중요한 결과물이다.[125] 그리고 조선의 역사 발전 궤도 속에서 이해된 민주주의는 유교적 정치문화와 창조적으로 매개된 현대적 민주주의 이론이다.

이처럼 조선 사회에서 축적된 유교적 정치 이상인 민본주의 및 대동 이념은 서구적 근대의 민주주의를 창조적으로 받아들일 수 있는 우리 사회의 문화적 조건이었다. 그러므로 유교적 민본주의는 서구의 인권과 민주주의를

---

125) 김기승, 『조소앙이 꿈꾼 세계: 육성교에서 삼균주의까지』, 298쪽에서 재인용.

통해 자신에게 내재된 민주적 함축을 독특한 방식으로 명시화할 수 있었다. 달리 말하자면, 서구적 근대의 인권과 민주주의 이념은 조선 사회를 거치면서 축적되어 온 유교적 정치이념 및 정치문화를 우리 사회의 역사적 맥락에 맞게 민주적 방식으로 변형할 수 있는 창조적 계기로 작동하였다. 사회와 정치에서 실현되어야 할 민본주의가 지닌 민주적 잠재성은 서구적 근대가 나름의 방식으로 발전시켜 온 민주주의와의 만남을 통해 좀 더 분명한 방식으로 드러나게 되었다는 것이다.

지금까지 살펴본 것처럼 한국의 민주공화주의 헌법정신은 서구 입헌민주주의 혹은 공화주의를 단순하게 수용했다거나 그것이 미국에 의해 우리에게 이식되었다거나 하는 관점으로는 이해될 수 없는 고유한 성격을 지니고 있다. 거칠게 말하자면 한국 민주공화국은 독립운동-민족해방운동의 정신을 이어받은 것으로, 그 정신은 대동적 민주공화국 이념으로 개념화될 수 있다고 생각한다. 그리고 제헌헌법의 근본정신으로 관철되고 있는 민주공화주의적 대동주의는 조선 후기에 본격화된 민본적 대동주의를 혁신적으로 발전시킨 것으로 이해되어야 할 것이다. 즉, 민본적 대동주의는 갑오농민전쟁과 의병전쟁, 독립운동 등의 과정을 거치면서 새로운 시대 상황에 어울리게 혁신되고 체계적으로 정리된 결과 대동적 민주공화주의 혹은 민주공화주의적 대동주의 정신 그리고 대동적 민족주의로 구체화되었던 것이다.[126]

---

[126] 이런 점에서 필자는 제헌헌법에 나타나는 사회주의적 성격의 기원을 독립운동에서 추구된 "평등주의적 사회정의관"에서 구하는 서중석의 해석을 기본적으로 받아들인다. 서중석, 『한국 현대 민족운동 연구 2: 1948~1950 민주주의 · 민족주의 그리고 반공주의』, 76쪽 참조. 그러나 일제강점기 우파와 좌파를 막론하고 민족해방운동 세력의 대부분이 동의한 경제적 영역에 대한 사회주의적 통제관 혹은 평등 지향의 사회정의관의 뿌리를 조선 시대에 축적된 유교적인 대동적 민본주의의 영향사와 관련해서 이해해 보려고 한다는 점에서 필자는 서중석과 입장을 달리한다.

제8장

민족주의의 타자화에서 민족주의 선용의 길을 찾아서

1. 들어가는 말

서구에서 하나의 흐름으로 정착한 자유주의적 민족주의와 한국에서 독자적으로 등장한 대동적 민족주의에 대한 성찰은 민족주의가 민주주의 및 자유주의, 달리 말하자면 자유와 평등과 같은 이념과 태생적으로 양립할 수 없다는 주장은 설득력이 없음을 보여 주었다.

이제 우리는 대동민주주의 및 민족주의 개념에 관한 성찰을 바탕으로 해서 우리 사회에 과도하게 존재하는 민족주의의 공포, 달리 말하자면 민족주의의 폭력성에 관한 과잉 공포를 넘어설 가능성을 모색한다. 더 나아가 이는 많은 사람이 민족주의에 대해 그것이 설령 지난 시대에 민주주의와 함께 진행해 왔음을 인정한다고 할지라도, 이제는 시대의 도전들에 응답할 역량을 상실해 버린 시대착오적이고 닳아빠진 이데올로기가 되었다고 간주하는 태도를 비판적으로 재검토하는 일과 관련되어 있다.

여기서는 민족주의의 위험성에 관한 과잉 공포와 성급한 민족주의 및 민족국가의 종언이라는 시대 규정 역시 특정한 시대적 맥락에서 발생한, 권력과 연계된 담론에 의한 효과로 바라볼 수 있음을 염두에 두면서, 민족적 정체성을 강조하는 것이 인류세라 불리든 혹은 신자유주의적 세계화 시대라 불리든 오늘날에도 어떤 점에서 여전히 정치 생활에서 중요한지를 설명해 볼 것이다.

달리 말하자면, 인간의 존엄성–물론 이 존엄성은 자유와 존엄성에 관한 기존의 인간중심주의적이고 이성중심적이며 유럽·남성중심적인 관점을 넘어서서 비인간 생명까지도 존중하는 시각으로 재규정되어야 하지만–을 옹호하면서 신자유주의적 세계화로 인해 더 첨예해지는 극단적 불평등과 정치적 양극화, 생태 위기 등을 민주주의의 강화를 통해 극복하기 위해서라도 우리는 민족주의를 선용할 지혜를 키우지 않으면 안 된다는 사실을 살펴볼 것이다. 그것이 매우 어렵고 곤란한 길임을 인정하면서 말이다.

2. 민족주의의 공포

베네딕트 앤더슨은 오늘날에도 여전히 민족주의의 해방적 역할을 긍정한다. 앤더슨에 따르면 한편으로 오늘날 민족주의는 "과거의 반제국주의적인 민족주의와 달리 다른 나라들과의 연대에는 관심이 없는 억압적이고 보수적인 세력의 도구로 전락하는 경우가 많다." 그는 민족주의를 보수적이고 억압적인 방식으로 악용하는 국가의 예로 일본, 중국, 버마, 남한과 북한 등을 들고 있다. 그렇지만 그는 현재의 "민족주의가 강력한 해방주의적, 평등주의적 요소를 담고 있다"라고 강조한다. 이를테면 "민족주의가 없었다면 결코 여성, 소수민족, 게이 및 레즈비언들의 지위가 이처럼 현저히 개선될 수 없었을 것"이란다. 이처럼 민족주의는 인간의 평등과 민주주의를 향한 기획과 함께하고 있었다는 점도 상기할 필요가 있다. 그래서 앤더슨은 오늘날에도 "국가와 민족주의는 여전히 큰 잠재력을 갖고 있는 개념"이라고 말한다.[1]

---

1) 베네딕트 앤더슨, 『경계 너머의 삶』, 251~252쪽. 오늘날 남한과 북한 모두에서 민족주의가

당연히 앤더슨의 주장에 이의를 표할 사람도 있을 것이다. 더구나 그가 『상상의 공동체』의 저자로서 우리 인문사회학계에서 탈민족주의 담론을 옹호하는 사람들에 의해 자주 참조되는 대표적 이론가 중 하나임을 고려한다면 그의 주장이 더 의아하게 여겨질 것 같다. 실제로 한국의 많은 학자는 오늘날에 민족주의의 긍정적 역할을 언급하는 것은 시대착오적이고 퇴행적 시각을 지닌 사람의 철이 지난 위험한 이야기에 불과하다고 여기고 있다.

필자가 오늘날 한국 사회에서의 민족주의 문제를 '민족주의의 공포'라는 개념을 통해 검토해 보려는 생각을 갖게 된 것은 파올로 제르바우도(Paolo Gerbaudo)의 『거대한 반격: 포퓰리즘과 팬데믹 이후의 정치』에 대한 장석준의 서평을 읽으면서부터이다. 그는 「'거대한 반격', 올해의 토론 지평 여는 책이 나오다」라는 글에서 이 책을 매우 칭찬하고 있다.[2]

그러나 이 책을 읽고 필자는 상당한 충격을 받았다. 이 책에 대한 장석준의 긍정적 평가 때문이 아니라, 이 책에 나오는 민족주의에 대한 저자 파올로 제르바우도의 입장을 해석하는 데에서 보여 주는 그의 오독 때문이었다. 필자에게는 그런 오독의 배후에는 민족주의에 대한 공포가 깊게 깔려 있다고 여겨졌고, 장석준의 사례는 민족주의에 대한 무의식적으로 체화된 공포가 우리 지식인사회를 얼마나 강력하게 규정하고 있는지를 극적으로 보여 주는 것이라고 여겨졌다.

장석준은 서평에서 제르바우도의 문제의식에 깊이 공감하면서 일종의 동지의식까지 느꼈다고 말하고 있다.

위험하게 작동하고 있다는 그의 진단을 한편으로 존중하지만, 그런 판단이 우리 민족주의의 잠재성과 가능성 전반에 대한 부정적 평가라고 추론할 이유는 없다고 여겨진다.

2) 장석준, 「'거대한 반격', 올해의 토론 지평 여는 책이 나오다: [장석준 칼럼] 파올로 제르바우도의 『거대한 반격』을 읽고」, 『프레시안』. 기사입력 2022.04.19. 11:16:45, 최종수정 2022.04.19. 11:42:37, 최종 검색, 2023년 08월 29일 14시 40분. https://www.pressian.com/pages/articles/2022041910563801671

그러나 『거대한 반격』이 던지는 냉철한 메시지는 우리가 이미 주권, 보호, 통제가 옳은지 그른지 다투는 게 아니라, 이들을 '어떤 방향에서' 추진할지를 놓고 논쟁하고 투쟁해야 하는 시대에 진입했고 이는 돌이킬 수 없음을 받아들여야 한다는 것이다. 여기가 전장이다. 다른 전선은 없다. 그래서 『거대한 반격』의 몸통이라 할 부분은 주권, 보호, 통제, 이 세 주제를 놓고 신자유주의 시대와 그 이후가, 극우 포퓰리즘과 좌파적 대안이 어떻게 다르고 또한 달라질 수 있으며 달라져야 하는가를 분석하는 데 할애된다. 나는 제르바우도의 논의에 크게 공감했고, 동지의식마저 느꼈다. 오늘날 어떤 정치 세력이든 공유할 수밖에 없는 '주권 − 보호 − 통제' 이 세 축이 이루는 공간에서 좌파적 지향과 우파적 지향이 나뉘는 미묘한 지점을 제대로 짚었다 싶었기 때문이다.

그런데 장석준은 제르바우도의 논의가 도달한 결론을 요약하면서 그가 내세운 '보호 중심 사회주의'와 '민주적 애국주의'는 민족주의와 대립되는 것이라고 설명한다.

이런 논의 끝에 마침내 『거대한 반격』이 도달하는 결론은 무엇인가? '보호 중심 사회주의'와 '민주적 애국주의'이다. '보호 중심 사회주의'에 당황하는 이들이 있는 것만큼이나, 아니 그보다 더 많은 이들이 '민주적 애국주의'에 고개를 갸우뚱할 수 있다. 그러나 책을 직접 읽어 보면 저자가 말하는 '애국주의'는 민족주의와는 오히려 대립하는 말이며, 연합왕국(UK) 바깥이라면 '공화주의'라 불렀을 의미에 더 가까움을 확인할 수 있다.

장석준의 서평대로 제르바우도는 '보호 중심 사회주의'와 '민주적 애국주의'를 오늘날 좌파가 걸어가야 할 길이라고 제언하면서 이를 민족주의와 대립하는 것으로 규정하고 있는가? 그의 책을 읽어 본 필자가 느끼기엔 전혀 그렇지 않다. 그는 2008년 세계적 금융 위기가 일어나기까지 대략 30년 동안 헤게모니를 구성했던 신자유주의가 2008년을 계기로 위기에 빠져

퇴조하면서 그에 대한 대항 운동으로 나타난 것이 좌우 양쪽에서 등장한 포퓰리즘이라고 본다.

이런 '포퓰리즘적 국면'은 신자유주의와 포퓰리즘 사이의 "잔혹한 싸움"이 진행되던 2010년대의 모습을 표현한 것이다. 그러나 제르바우도는 코로나바이러스 비상사태를 통해 "신자유주의 테제와 포퓰리즘 안티테제"를 넘어서는 "국가주의 종합테제"가 등장하고 있다고 진단한다. 이런 신국가주의 (neo-statism) 담론에서의 핵심 개념들이 바로 "주권, 보호, 통제, 안정" 등이다.[3]

그런데 제르바우도는 신자유주의적 세계화가 위기에 처한 오늘날, 자신을 포함한 사회주의자들이 직면한 핵심 과제는 "글로벌 시장을 통해 민족국가가 약화되고 만연한 광장공포증 감각으로 이어지게 된 시기에 민족국가와 글로벌 시장 간의 갈등을 어떻게 해결할 것인가"하는 문제일 것이라고 규정한다. 그는 이렇게 말한다.

> 따라서 이제 어떤 형태의 지배적 정체성이 글로벌 시대의 공허한 코즈모폴리터니즘을 대체하고, 국제주의와 인류애에 대한 사회주의자의 전념 그리고 민족과 민족성이 처한 현실과 이들 민족이 글로벌 시장 통합세력과 마주해 드러내는 완고함을 우리가 어떤 방식으로 조화시킬 수 있을지를 고려할 차례다.[4]

그러니까 제르바우도는 공격적인 우파 민족주의를 비판하는 동시에 진보 및 좌파 세력의 무기력하고 공허한 세계시민주의에 대해서도 이의를 제기하면서 "지역정체성과 민족정체성의 존속에 합의"할 필요가 있다고 역설하고 있다. 그에 따르면 "현대정치에서 장소(location)와 민족정체성의 힘을 인식하

---

3) 파올로 제르바우도, 『거대한 반격: 포퓰리즘과 팬데믹 이후의 정치』(남상백 옮김, 다른백년, 2022), 10~23쪽.
4) 같은 책, 390~391쪽.

는 일은 국제주의와 보편주의에 대한 좌파의 전통적 헌신을 폐기하는 일을 의미하지 않는다." 그것은 오히려 민족정체성의 힘을 긍정적으로 재해석하는 작업을 통해서야 비로소 "현실적 보편주의에 도달할 수 있다는 사실을 받아들이는 태도"로 이해될 수 있다.[5] 오늘날과 같은 코로나바이러스 비상사태 시기에 그가 내리는 대안 중의 하나는 다음과 같다.

> 우파의 민족주의에 대항하기 위해, 좌파는 내가 언급한 민주적 애국주의, 곧 우리 각자가 속해 있는 민주적 정치공동체에 소속감을 갖고 헌신할 것을 재천명하는 이념을 진정한 보편주의 정치를 향한 출발점으로 채택해야만 한다.[6]

이제 우리는 제르바우도가 제시하는 '민주적 애국주의'가 우파 민족주의를 포함하는 민족주의 자체를 거부하는 것인가 하는 물음에 대해 답할 필요가 있다. 물론, 이미 앞에서 언급했듯이 그의 '민주적 애국주의'가 민족주의를 전적으로 반대하는 것은 아니다. 오히려 그는 포스트 민족주의 세계가 도래할 것이라는 예측을 포함한 민족국가의 종말론에 대해 비판하고 있다. 왜냐하면 이런 주장을 펼치는 이들은 "민족이 정치사와 인민 의식에 얼마나 깊이 뿌리내리고 있는지뿐만 아니라 대중민주주의를 조직하는 데에서 민족의 중심적 역할을 과소평가"했기 때문이다.[7] 그러므로 장석준의 주장처럼 제르바우도가 애국주의와 민족주의를 양립할 수 없는 것으로 보고 이 둘을 분리하자고만 역설하고 있는 것은 아니다.

물론 제르바우도는 이렇게 말하고 있다. "좌파는 민족 문제를 일축하고 애국주의와 민족주의를 동일시함으로써 이 같은 단어들의 역사적 의미,

---

5) 같은 책, 29~30쪽.
6) 같은 책, 35쪽.
7) 같은 책, 396쪽.

그리고 이런 단어들이 정치혁명과 사회개혁을 돕는 데 동원돼 온 과정을 제대로 평가하지 못하고 있다." 이처럼 그는 애국주의가 바로 민족주의라는 식으로 바라보는 좌파는 민족주의와 애국주의 등과 같은 용어가 지니는 진보적 측면을 이해할 수 없다고 비판한다.[8]

그러므로 제르바우도는 자신이 제언하는 민주적 애국주의는 하버마스의 헌법애국주의 이론을 참조하고 있지만 하버마스가 주장하는 "최소한의 애국주의 개념을 넘어선다"라고 말한다. 특정 영토와 같은 "장소에 국한된 구성원의 소속감과 자긍심"이 없는 민주주의는 존재할 수 없다. 그러므로, "소속감은 민주주의의 걸림돌이 아니라 오히려 전제 조건에 해당한다."

이 과정에서 우리는 장석준의 해석을 지지할 수 있는 부분도 발견하게 된다. 이를테면 제르바우도가 애국주의와 민족주의를 구분하면서 좌파들이 "애국주의 모티브"를 채택하는 것은 "정치체의 모든 구성원을 내부적으로 결속시키는 공동체와의 연대라는 공화주의 가치를 긍정함을 의미한다"라고 설명하고 있는 대목이다.[9] 그러나 앞에서도 보았듯이 제르바우도의 민주적 애국주의는 민족주의 전체와 반대되는 개념이 아니다. 그는 "민족주의적 민주주의의 재건"을 강조하고 있을 뿐이다.[10]

한 가지 사실만을 더 언급하자. 제르바우도는 "민족은 역사상 가장 위대한 성취와 역사상 가장 끔찍한 재앙 모두에게 책임이 있다"라고 한 자유주의 이론가 이사야 벌린의 언급을 인용한다.[11] 그는 우파 민족주의를 공격적이고 배타적이라고 보면서 비록 좌파적 관점이긴 하지만 민족주의 재전유의 시도가 지니는 위험성을 반복해서 강조하면서도 결국에는 다음과 같이 말하고 있다.

---

8) 같은 책, 398쪽.
9) 같은 책, 409~410쪽.
10) 같은 책, 419쪽.
11) 같은 책, 399쪽.

현시점의 새로운 사회주의가 지닌 보호지향적 성격과 민족주의가 지닌 공격적 성격 사이의 대조는 결정적으로 중요하다. 사회주의 좌파가 옹호하는 애국주의는 민족의 이점이 보호적 성격에 있다고 보는데, 이 같은 보호적 성격은 민족에 착근된 공동체와의 연대라는 형태, 그리고 제국주의 권력과 글로벌 자본의 파괴 행위에 맞서 보호막을 제공하는 민족의 능력이라는 형태를 띤다. 이 같은 보호 역할은 지역적 헤게모니 국가와 글로벌 헤게모니 국가의 압박 아래 놓여 있는 더 약한 민족국가에게 특히 중요하다.[12]

"민족에 착근된 공동체와의 연대라는 형태, 그리고 제국주의 권력과 글로벌 자본의 파괴 행위에 맞서 보호막을 제공하는 민족의 능력"에 대한 강조가 민족주의의 긍정성을 승인하는 것이라 보지 않을 까닭이 없다. 그리하여 그는 『거대한 반격』의 제9장 '민주적 애국주의'의 마지막을 다음과 같은 문장으로 끝맺는다.

민족 공동체들의 자결권을 어느 정도 되찾으려는 정당한 욕구를 충족시키는 일을 통해서만 진정성 있고 현실주의적인 국제주의가 효과적으로 추구될 수 있다는 사실을 인식하면서 말이다.[13]

제르바우도의 민주적 애국주의와 민족주의 사이의 관계를 요약해 보자. 우선 그는 우파 민족주의를 비판하면서도 민족적 정체성과 민족 연대성이 지니는 긍정적인 힘을 사회주의적인 관점으로 전유하고자 한다. 이 과정에서 그는 때로는 민족주의와 애국주의를 구분하는 면모도 보여 주지만, 애국주의를 민족주의와 동일시하는 관점도 비판하면서 민주적 애국주의라는 개념을 통해 우파에 의해 전유된 민족주의의 긍정적이고 해방적 계기를 사회주의적 가치와 결합하려고 한다.

---

12) 같은 책, 413쪽.
13) 같은 책, 431쪽.

그러니까, 비록 제르바우도가 민족주의를 대외적인 팽창 욕망에 사로잡힌 부정적인 것으로 규정하고 있기도 하지만 전체적인 맥락에서 민족주의 대 공화주의(혹은 애국주의) 사이의 대립이라는 틀 속에서 후자를 대안으로 제시하고 있다고 보는 태도는 지나치게 일면적이라고 여겨진다. 그런 면에서 제르바우도의 민주적 애국주의는 민족주의 없는 애국심을 강조함으로써 민족주의와의 결합을 통해 발전해 왔던 공화주의 전통을 새롭게 재구성하려고 했던 비롤리(Maurizio Viroli)의 공화주의적 애국주의 이론과는 구별된다.[14]

3. 민족주의 선용의 길을 찾아서

앞에서 본 것처럼 장석준의 제르바우도의 민주적 애국주의에 관한 오독은 민족주의를 위험한 것이라 보는 편견과 결부되어 있다. 이런 관점은 우리 사회, 특히 지식인사회에서 민족주의에 대한 경계심과 공포가 얼마나 깊게 뿌리내리고 있는지를 보여 주는 것이라 보아도 그리 틀릴 것 같지는 않다. 그러므로 민족주의에 대한 공포 또한 우리가 진지하게 검토해 볼 사유의 과제가 아닌가 한다.

물론 민주주의 체제와 민족주의의 내적 연관성을 창출하는 과제는 자연적으로 주어진 것이 아니다. 이는 고도의 정치적인 지혜를 통해 계속해서 해결해 나가지 않으면 안 되는 과제이다. 따라서 민족적 의제나 이슈, 간단히

---

14) 마우리지오 비롤리, 『나라 사랑을 말하다: 애국주의와 민족주의』(박의경 옮김, 전남대학교출판문화원, 2020). 비롤리는 자신이 말하는 공화주의적 애국주의는 민족주의 없는 애국심이라고 주장한다. 그러면서 그는 자신의 이론이 하버마스의 헌법애국주의와 다르다고 하지만, 사실상 그는 기존의 민족주의의 이론을 활용하면서도 그것을 단지 이름만 공화주의적 애국주의라고 부르고 있을 뿐이라 여겨진다. 그러니까 그의 공화주의적 애국주의 이론은 과거의 민족주의 이론을 그대로 반복하면서도 민족주의와 구별되는 것처럼 설명하고 있을 뿐이라는 것이다.

말해 민족적 정체성과 인권 및 민주주의 사이를 구분하여 민족주의나 민족국가의 틀을 넘어서 있는 민주주의(지구적 민주주의 혹은 세계시민주의적 민주주의 등)를 추구하고자 하는 시도 역시도 그리 설득력 있는 대안은 아니다. 이런 시도를 대표하는 것이 위르겐 하버마스의 헌법애국주의임을 우리는 알고 있다.

그러나 우리에게 더 중요한 것은 구체적 현실 내에서 민족주의와 인권 및 민주주의 사이의 상생적 결합의 가능성을 계속해서 반복적으로 재창출해내려는 노력일 것이다. 이런 노력을 통해 이른바 민족주의의 동원이 비자유주의적이고 반민주주의적 방식으로- 오늘날 유럽의 몇몇 예처럼 극우 세력에 의해 동원되는 방식으로- 흘러가지 않도록 성찰하고 제어하는 방안도 함께 구축될 수 있을 것이다.

요약하자면, 민족주의와 민주주의 및 인권이라는 가치 사이의 내적 결합은 역사적으로 구성되어 가는 것이라고 보아야 한다. 그렇다면 본래 민족주의는 반민주주의적이거나 비합리적인 맹목적 충동에 지나지 않는, 다양성과 이질성을 특징으로 하는 민주주의와는 어울리지 못할 무슨 타고난 장애물인 것처럼 바라보는 것도 문제이고, 다른 한편으로 민족주의는 저절로 민주주의 및 인권과 함께 갈 수 있게 될 것이라고 보는 태도도 비판받아야 한다.

이런 맥락에서 우리에게는 한국 역사 속에 등장하는 여러 민족주의의 흐름을 균형 잡힌 시각에서 조망하면서 적어도 우리 사회의 주된 흐름이라고 할 수 있는 저항적 민족주의의 합리적 핵심을 오늘날의 상황에서 재규정하려는 작업이 요구된다. 서구에서 널리 수용되는 자유주의적 민족주의만이 아니라, 필자가 우리 민족주의의 특성을 개념화하기 위해 제언하는 평천하 및 사해동포의 이념을 끌어안고 있는 대동민주적 민족주의도 모두 다 성찰적 민족주의 이론이라고 여겨진다. 간단하게 말해, 대동민주주의는 인민주권 및 민주주의를 민족주의와 구별하여 국민국가 수준을 넘어서는 민주주의를 지향하려는 태도를 전적으로 부인하지 않는다. 민족주의와 민주주의의 구별에 대한 시도는 민족주의의 부정적 측면에 대한 정당한 이의 제기라는 합리적 핵심도 포함하고 있기 때문이다.

그렇지만 앞에서도 이미 언급했듯이 하버마스나 세계시민주의적 자유주의자들의 새로운 민주주의 구상은 사실상 아무런 내실도 지니고 있지 못하다. 쉽게 전 지구적 시민주의가 국민 국가적 민주주의를 대체할 수 있는 것이라고 생각해 버리는 경향 또한 절제하지 않으면 안 된다. 이미 민족적 경계에 대한 충성과 관련 없는 인민주권의 민주주의 이념을 이어받아 유럽적 차원에서 새로운 인민을 구성하려 했던 위르겐 하버마스의 헌법애국주의는 "정치 행동(political action)과 세계를 만드는 일(making things) 사이를 혼동하고 있다"는 비판에 직면해 있다.

더 나아가 하버마스의 이론은, 민주주의적 원칙에 대한 공유만으로는 인민의 사회통합적 연대를 창출해 내기 힘들다는 비판을 제외하고서라도, 설령 하버마스의 희망대로 "하나의 유럽 인민 형성"이 이루어진다고 하더라도 민족국가 차원에서 보는 "배제"라는 문제를 해결할 수 없다. 이런 유럽 인민의 형성이 초래할 새로운 배제는, 결국 민족주의가 안고 있는 배제의 문제를 해결하는 대안이 될 수 없음을 보여 준다. 그런 새로운 배제는 배제를 "다른 곳으로 옮기"는 것에 지나지 않는다.[15]

그러므로 대동민주주의는 민족주의와 인민주권 및 민주주의 사이의 내적 연관성의 문제를 성찰적으로 재구성하는 길을 걷고자 한다. 먼저 몇 가지 문제들을 통해 대동민주주의가 민족주의를 어떻게 성찰적으로 재구성할 수 있는지를 보자. 여기서 필자는, 민족주의와 민주주의 및 개인의 자율성이 서로 공존할 수 있고 여러 문제가 있음에도 불구하고 공존해 왔다는 점을 들어 민족주의와 인권 및 민주주의가 서로 양립 가능하다는 점을 전제로

---

15) 마거릿 캐노번, 『인민』(김만권 옮김, 그린비, 2015), 102~14쪽.

한다. 버나드 야크(Bernard Yark)가 "개인의 권리를 입헌적 제도를 통해 보호하는 대의 정부는 민족적 공동체가 제공하는 세대간의 충성과 연속성의 감정과 수월하게 공존한다"라고 주장했듯이 말이다.[16]

자유롭고 평등한 개인들 간의 계약을 통해 구성된 결사체라는 개념만으로는 자유민주주의 사회의 안정성과 지속성을 위해 요구되는 공동체의 감각을 조달할 수 없을 것이라는 우리의 주장은 아래에서 살펴볼 역사적 책임의 문제나 세대간 정의의 문제를 통해서도 설득력 있는 주장임이 입증된다.

우선 역사적 책임의 문제를 보자.[17] 이미 알래스데어 매킨타이어(Alasdair MacIntyre)는 모든 구체적 관계에서 벗어난 유령적인 개인의 관점에서는 역사적 책임이나 자신이 속한 집단의 귀속적 정체성으로부터 유래하는 책임의 문제를 제대로 이해할 수 없다고 주장한 바 있다. 그는 사람이 어떤 구체적인 선을 실천하려 할 때 모든 인간에게 보편타당하게 적용되는 인격적 존엄성 같은 개인의 자격만으로는 그 선을 실현할 수 없다고 보았다. 우리는 자신이 속한 가족이나 민족으로부터 "다양한 부채와 유산, 정당한 기대와 책무들을 물려"받지 않는다면 어떤 구체적인 도덕적 행위를 통해 특정한 목적을 달성하는 것이 불가능하다.

매킨타이어에 따르면, 추상적인 세계시민적 개인주의는 자신이 스스로 선택하지 않았음에도 공동체로부터 비자발적으로 주어지는 책임 의식과 부채를 떠안아야 한다는 사실을 받아들이기 힘들다. 그러니까, 내가 한국인으로서 살아간다는 점을 자신의 도덕적 정체성을 구성하는 일부로 받아들이지 않는 개인주의는 "나는 나의 가족, 나의 도시, 나의 부족, 나의 민족으로부터 다양한 부채와 유산, 정당한 기대와 책무들을 물려받는다"라는 서사적 정체

---

16) Bernard Yark, *Nationalism and the Moral Psychology of Community* (Chicago: Chicago University Press, 2012), p.7.

17) 이하 역사적 책임의 문제는 나종석, 『대동민주유학과 21세기 실학』, 694~695쪽을 참조하여 재구성한 것임.

성과 자아관의 관점을 받아들이기 힘들다.

이런 관점은 "현대 개인주의의 관점에서 보면 낯설 뿐만 아니라 경악스러운 것으로 보이기까지 한다. 개인주의의 시각에서 보면 나는 내가 존재하기로 스스로 선택한 것이기 때문이다." 그런데 이런 개인주의적 관점을 일관되게 밀고 나가면 자신이 속한 공동체가 과거에 저지른 범죄 행위에 대해 반성하고 책임져야 할 어떤 이유도 받아들이기 힘들다. 이에 관해 매킨타이어는 다음과 같이 말한다.

> 나는 법적으로 어떤 특정한 나라의 시민일 수 있다. 그러나 만약 내가 그러한 책임을 떠맡기로, 명시적으로나 암묵적으로, 선택하지 않는다면 사람들은 나에게 나의 나라가 행하거나 행한 것에 관하여 책임을 물을 수 없다. 이러한 개인주의는, "나는 어떤 노예도 소유한 적이 없습니다"라고 말함으로써 흑인 미국인들에 미친 노예제도의 효과에 대해 어떤 책임을 지는 것을 거부하는 현대의 미국인들에 의해 표현된다. 그것은 또한, 자신들이 개인으로서 노예제도로부터 간접적으로 받은 이익을 통해 정확하게 측정할 수 있는 효과들에 대한 정확하게 계산된 책임을 수용하는 다른 현대 미국인들의 입장을 미묘한 방식으로 대변하는 관점이기도 하다. 두 경우에 있어서 '미국인으로서 존재한다는 것'은 그 자체 개인의 도덕적 정체성의 한 부분으로 간주되지 않는다. 물론 이러한 태도에는 현대 미국인에게 특징적인 것이 없다. "나는 아일랜드에 대해 어떤 나쁜 짓도 행하지 않았다. 마치 그것이 나와 무슨 관련이 있는 것처럼 이 오랜 역사를 왜 끄집어내야 하는가"라고 말하는 영국인, 또는 1945년 이후에 태어났다는 것이 의미하는 바는 나치가 유대인들에 대해 행한 것이 현재의 유대인들과 자신의 관계에 있어서는 도덕적으로 아무런 문제가 되지 않는다는 것이라고 믿는 독일 청년들이 모두 동일한 태도를 보여 주고 있다.

나치 독일의 유대인 학살에 관한 독일 청년들의 태도나 흑인 노예제도에 대한 미국인들의 태도는 현재 다수의 일본인이 한국을 강제 병합하고 식민지배한 자국의 역사를 보는 태도와 닮아 있다. 그리고 이런 태도는 자아에 대한 개인주의적 관점에서 비롯된다. 달리 말하자면, "자아는 그의 사회적, 역사적 역할과 지위로부터 분리될 수" 있으며, 그런 "분리된 자아는……아무런 역사도 가질 수 없는 자아"이기에 역사적 책임에 대해 아무런 의무감도 느끼지 못한다는 것이다.[18]

다음은 세대간 정의의 문제이다. 존 롤스가 구상한 세대간 정의, 그러니까 미래세대에 대한 우리의 의무를 정의의 관점에서 정당화하려는 문제는 민족적 공동체의 유지와 결합하고 있는 자유 및 민주주의 원칙을 존중하는 과정에서 더 잘 해결될 수 있다. 이런 관점은 생태 문제의 해결과 관련해서도 매우 중요한 함의를 지닌다. 지구 생태계를 과거, 현재, 미래의 인류 및 비인간 생명체의 공동 유산으로 간주해야만 하듯이, 세대로 이어지며 한반도를 공유하고 있는 우리는 그것을 미래의 우리 민족 구성원과 공유하는 공공선의 하나로 이해해야 한다.

앞에서 보았듯이 세대간 역사 공동체 즉 민족 공동체 의식은 역사적 책임 문제나 사회정의의 문제 혹은 생태 문제와 관련해서 긍정적으로 이바지할 가능성이 크다. 그리고 그것은 우리 사회가 풀어가야 할 평화와 통일 문제에도 긍정적인 역할을 할 수 있다. 한반도 평화와 번영 그리고 남북 사이의 평화적 통일은 여전히 우리 사회가 주체가 되어 해결해야 할 중요한 과제이다. 한반도 문제의 해결에서 우리의 의지나 뜻과 관련 없이 외국이 일방적으로 결정하는 일을 우리는 결코 받아들일 수 없다.

이렇듯 우리가 스스로 해결해야 할 과제인 한반도의 평화적 통일의 문제는 인권 및 민주주의의 발전과도 연관된 것이기는 하나, 인권 및 민주주의의 원칙 그 자체로부터 필연적으로 연역되는 것은 아니다. 앞에서도 보았듯이, 정의의 원칙에 대한 합의만으로는 왜 특정한 영토에 기반하는 '우리', 즉

---

18) 알래스데어 매킨타이어, 『덕의 상실』(이진우 옮김, 문예출판사, 1997), 324~325쪽.

한국인 혹은 미국인이나 프랑스인이라는 민족적 정체성이 중요하게 부각되는지를 적절하게 해명할 수 없다. 우리가 한반도를 이웃 국가인 중국이나 일본과 다른 우리에게 속하는 고유한 영토로 보는 것이 결코 정치적으로나 도덕적으로 아무런 의미도 지니지 않은 임의적인 사실이라고 볼 수는 없다. 그러므로 한국인은 한반도의 평화통일이라는 과제에 더 큰 책임을 지닌다.

모든 인간이 동등한 존중을 받을 자유롭고 평등한 존재라는 원칙을 유일한 도덕적 원칙으로 보는 사람은 이런 저자의 주장에 공감하지 않을 수도 있을 것이다. 그렇다고 해도 상관없다. 우리에게 필요한 것은 그런 관점이 과연 타당한지를 더 적극적으로 논의하는 자세이다. 우리 사회는 북한에서 오는 모든 주민을 조건 없이, 그러니까 무조건 우리 사회의 동등한 구성원으로 받아들이고 있지만, 우리 사회의 구성원이 이런 정책에 심각하게 반대하는 모습은 존재하지 않는다.

그런데 이런 정책이 결코 인권의 보편성 주장에서만 비롯된 것은 아니다. 만약에 그것이 오로지 인권의 원칙에서만 정당화될 수 있는 것이라면 그 정책은 정말로 이중잣대로 비판받아야만 한다. 우리 사회는 결코 다른 외국인 노동자나 난민 신청자들을 무조건 환대하지는 않는다. 이런 모습이 좋다 그르다를 논하기 전에, 우리가 왜 탈북자를 받아들일 때만큼은 아무런 이의가 없을 수 있는지를 설명하는 데에 있어서 인권의 보편성 주장이 얼마나 충분한 근거를 제공할 수 있는지부터 논의해야 한다.

여기에서 우리는 다시 특수한 공동체에 바탕을 두고 있는 도덕적 의무와 책임의 문제를 다루지 않는 도덕 및 정치이론은 한계가 있음을 알게 된다. 요컨대, 공통의 역사와 언어를 공유하는 민족 또는 한국인이라는 정체성을 한반도의 평화와 번영과 통일만이 아니라 민주주의나 사회정의 및 인권과도 긍정적으로 연결할 이론의 모색이 필요하다. 이런 이론적 성찰은 또한 우리 사회가 안고 있는 여러 고유한 문제들을 제대로 이해하고 그에 대한 해법을 찾는 과정에서 우회할 수 없는 지적인 과제일 것이다.

물론 민주적 국민국가라는 정치적 단위를 한반도의 차원에서 완성하는 일이 반드시 '하나의 민족 하나의 국가'라는 형태일 필요는 없다. 그러나 남과 북이 공유하는 민족적 정체성—그동안 분단으로 인해 생긴 이질성도 존재하지만—에서 우러나는 한반도의 평화와 통일의 과제에 대한 진지한 관심은 다른 나라 사람들에 비할 바가 아닐 것이다. 그리고 공유된 민족적 정체성에 기반한 남북의 상호 이해의 증진은 한반도의 냉전 구조를 해체하고 한반도의 화해와 평화와 번영에, 궁극적으로는 한반도의 평화적 통일에 이르는 길에 긍정적 역할을 할 것으로 여겨진다.

당연히 우리는 일제강점기에 민족의 자주독립을 민주주의와 동아시아의 평화로운 국제질서 형성이라는 가치와 연결해서 사유했던 전통을 이어받아 한반도의 평화적 통일의 길을 평화적인 동아시아 지역 질서의 형성이라는 맥락에서 바라볼 지혜도 품어야 할 터이다. 이런 과정에서 우리는 한반도 전체 차원에서 공통의 민족적 정체성에 의한, 민주주의와 인권의 확대 및 심화의 가능성도 확보할 것이라는 희망을 품어도 좋을 것이다.

4. 민족 개념의 해체에서 민족 개념의 재정의로

철학을 연구하는 학자인 필자는 정교한 통일 정책이나 한반도의 지속 가능한 평화 체제 구축과 동아시아의 평화적인 국제질서 구상 등을 내놓을 역량이 없다. 다만 정치철학을 공부하는 사람으로서 민족주의와 민주주의 사이의 내적 연관성에 관한 좀 더 깊이 있는 성찰을 통해 우리 사회에 널리 퍼져 있는 민족주의에 대한 오해를 불식시키는 데 조그마한 도움이라도 주었으면 한다.

이런 관점에서 볼 때 정치학자 이삼성의 지적은 정말 공감을 자아낸다. 그는 지난 20여 년 동안 한국 지식인사회에서 일어난 인권과 민족(주의)의 구별이 얼마나 역설적이고 퇴행적인 결과를 가져왔는지를 잘 지적하고 있다. 그는 다음과 같이 말한다.

지난 20여 년 동안 언론과 학계를 포함한 남한 지식인사회의 북한 인식을 지배한 것은 핵 문제, 경제난, 인권 문제였다. 한국의 지적 담론 지형에서 '민족' 개념이 퇴장한 것은 그것과 일정한 관계가 있다. 지식인사회 전반에서 '민족' 담론의 철저한 해체가 진행되었다.[19]

이삼성에 따르면 1990년대 이래 서양과 일본의 학계에서 전면적으로 부상한 '민족 개념의 해체'는 "과거 제국들의 국가권력이 파시즘과 침략전쟁에 동원한 민족 개념 그리고 그에 결부된 범죄의 역사들에 대한 지적 반성"의 모습을 동반하지만, 다른 한편으로 그런 해체는 역설적이게도 "세계화와 신자유주의가 내장한 초국주의(transnationalism)와 결합하고 그에 편승하면서 '민족' 개념에 대한 무차별적 공세를 다시 본격화"하는 데 이바지한다. 달리 말하자면, 세계적으로 좌우를 막론하고 "'제국' 개념이 더는 역사적 범죄의 주체가 아니라 다시 문명과 질서를 표상하는 도덕적 권위를 누리게 되는 것과 민족 개념의 퇴장은 내밀한 관계가 있다."[20]

그런데 더 심각한 것은 한국의 지식인사회에서 민족 개념의 해체라는 담론이 초래한 결과이다. 민족 개념의 철저한 해체가 우리 사회에 본격적으로 수용되면서 "한반도라는 또 다른 역사적 시공간에 존재한 '민족' 관념, 두 분단국가로 구성된 '국가체제'와 긴장하면서 그것과 대립하고 도전함으로써 사회 내적 분열이 아닌, 분단국가의 초월적 통합을 지향하는 사유를 담은

---

19) 이삼성, 『한반도의 전쟁과 평화: 핵무장 국가 북한과 세계의 선택』(한길사, 2018), 724쪽.
20) 같은 책, 725~726쪽.

것으로서의 '민족' 관념도 함께 쓸려나갔다"라고 이삼성은 지적한다.

그러면서 이삼성은 제국의 경험을 한 나라들에서 이루어진 민족 개념에 대한 치열한 성찰과 반성에도 귀를 기울여야겠지만, 제국주의에 의한 피식민화의 역사를 경험했던 우리 사회에서는 "민족 개념이 논의되는 방식이 좀 더 섬세하고 다각적인 층위"에서 이루어졌어야 한다고 강조한다. 그러나 아쉽게도 "세계질서 중심부의 지적 유행에 초민감하게 반응하는 지식의 식민지 사회들에서는 '민족' 개념의 차별화된 논의가 존재하지 않는다"는 그의 지적처럼, 실제로 우리 사회에서는 민족 개념에 대한 다양하고 차별화된 논의가 전개되지 못했다.[21]

여기에서 필자는 이른바 제국의 지적 유행에 매우 선택적으로 민감한 것이 우리 지식인사회의 부끄러운 자화상이라는 점을 지적하고 싶다. 앞에서 우리가 살펴보았지만, 1990년대 이후 서구 지식인사회에서 민족주의를 부정적으로 인식하는 담론이 크게 발생했다곤 하나, 그곳의 논의에서는 민족주의의 긍정적 차원을 보수적으로 견지하려는 움직임뿐만 아니라 그것을 진보적 관점에서 재구성하고 성찰하려는 움직임도 크게 일어났다. 그러나 우리 사회의 지식인들은 의도적이었는지 아닌지는 모르겠지만 그런 움직임에 대해서는 주목하지 못했던 것이다.

하여간 우리의 역사적 조건과 경험이 서구의 제국주의 국가들과 다르기에 민족 개념에 대한 성찰도 우리의 역사적 현장성을 담아서 더 섬세하고 균형 잡힌 시각에서 다각적으로 이루어졌어야 한다는 이삼성의 지적은 전적으로 타당하다. 여기에서 이삼성의 민족 이론을 다 설명할 수는 없다. 그러나 이 글의 맥락과 관련해 그가 강조하는 "민족의 개념적 복원"이라는 시도는 중요하다. 이에 관한 그의 입장을 인용하면 다음과 같다.

---

21) 같은 책, 726쪽.

분단사회의 국가권력과 개념적 긴장을 조성하면서 분단국가 체제를 넘어서는 사유와 정치적 행동의 지적 동력으로서의 민족 개념은 일정하게 복원될 필요가 있다. 그러한 개념적 복원은 한국인이 공동으로, 또는 저마다 개별적으로 지닌 다면적 정체성 가운데서 민족이란 층위에 특권적 지위를 부여하는 이념적 행위와는 다르다. 민족이라는 층위에 합당한 그 자신의 몫을 돌려주는 것, 그것이 필자가 말하는 민족의 개념적 복원이다. '민족의 공생과 평화적 통합'이라는 관념은 그런 맥락에서 조심스럽게 한반도에서 평화체제가 정착하기 위한 개념적 자원의 하나로 존재할 수 있어야 한다.[22]

이삼성이 강조하듯이 민족 개념의 복원 작업 혹은 민족 개념의 재정의 작업은 민족적 정체성만을 유일한 정체성으로 고정하고 그것에 특권적 지위를 부여하는 일과 관련이 없다. 민족적 정체성은 다른 정체성, 이를테면 젠더나 인종 그리고 계급 등의 정체성을 부차적인 것으로 비가시화하는 일과는 무관하다는 점이다. 그러니까 "다면적 정체성" 중 하나로서 민족적 정체성의 몫을 되찾아 그 의미를 반추하는 작업이 필요하다는 것이다.

따라서 필자가 여기에서 시도하는 지적 작업을 이삼성의 용어로 표현한다면 여러 교차하는 정체성 중에서 별도로 존재하는 정체성의 하나로 존중받아야 할 "민족의 개념적 복원"이 왜 필요한지를 정당화하려는 작업이 될 것이다. 이런 맥락에서 특히 필자는 민족주의를 타자화하고 악마화하는 탈민족주의의 경향을 넘어설 실마리로 민족주의와 민주주의 및 인권 사이의 내적 연관성이라는 문제를 다루었다.

그러는 과정에서 필자는 자유, 평등 그리고 민주주의와 민족주의가 서로 상호 연결되어 작동할 수 있음을 역설하는 서양에서의 자유민족주의 담론의 통찰에 기대어 작업하는 것을 넘어서고자 했다. 그리하여 필자는 우리 역사 속에서 전개되어 온 민족주의의 정신을 대동적 민족주의로 개념화할

22) 같은 책, 79쪽.

수 있다고 보았다. 게다가 이 대동적 민족주의가 민주주의와 평천하적 세계시민주의라는 개념을 함유하고 있음을 통해 우리 사회의 민족주의의 특색을 명시적으로 드러내 보이고자 한 것이다.

그러므로 대동적 민족주의는 서구 근대에 의해 피식민지로의 전락이라는 타자화의 폭력을 체험한 우리의 역사적 경험에 터를 두고 있는 것이기에 타자의 민족주의라 할 정도로 동일성의 폭력으로 배제와 억압을 겪는 모든 타자—여성, 유색인, 차별받는 소수민족, 비정규직 노동자들, 동물과 같은 비인간 생명체와 자연 등—와 연대할 책임 의식으로 확충될 수 있을 것이다.

5. 민족국가적 민주주의 모델의 종언을 넘어서: 단일 세계정부와 배타적 민족국가주의 사이에서

이제까지의 논의를 정리하면 다음과 같다.

1990년대 이후 한국 사회에서 민족주의는 식민지근대화론을 옹호하는 뉴라이트 계열의 학자들뿐만 아니라 진보주의자를 자처하는 사람들에 의해서도 강력하게 공격받아 왔다. 민족주의에 대한 공격에는 다양한 갈래들이 있기에, 이들의 비판이 어떤 점에서 긍정적이고 어떤 점에서 지나치거나 불합리한 것인지를 논하려면 하나의 저서로 다루어도 부족할 수 있을 것이다.

물론 민족주의가 사회 내부적으로 타자를 배제하고 억압할 가능성이 있으며 대외적으로는 외국인이나 다른 집단을 과도하게 위험한 존재로 타자화하거나 악마화하는 폭력성을 지니고 있다는 지적은 그 자체로 합당한 측면이 존재한다. 그러나 적어도 우리 지식인사회에서 민족주의에 대한 비판은, 민족주의의 여러 갈래에 대한 섬세한 구별 속에서 그것이 지니는 가능성과 한계를 지적하는 것을 넘어, 민족주의가 마치 모든 악의 근원인 것처럼 비난하는 모습으로 흘러가는 경향을 보여 주었다고 여겨진다.

그렇다고 사회가 다문화 사회로 변화되고 있는 상황에서 민족주의의 여러 모습을 성찰하는 작업을 도외시하자는 말은 아니다. 변화된 상황에서 이제 한국 사회도 "시민적, 정치적, 사회적 권리 등의 공통 관심사만을 보호하는 데 그치지 말고 인종 문화 집단의 독특한 정체성과 목표를 구현하기 위해 다양한 그룹의 구체적 권리 또는 정책을 마련"할 필요가 있다.[23]

달리 말하자면 민족적 정체성이라는 어느 정도 동질적인 집단적 연대성 형성에 기반한 국민국가적 민주주의 모델은 다양한 차원에서의 도전에 직면해 있는데, 우리는 그러한 도전을 외면하지 말고 적극적으로 대응할 필요가 있다. 소수 민족이나 원주민 같은 국가 하위 소수자 집단의 권리를 배제하고 차별하는 문제가 우리 사회의 문제라고 볼 수는 없겠지만, 남성중심적 가부장 사회의 성 차별 문제는 말할 것도 없고 이민 노동자나 난민 등의 문제가 우리 사회와 무관한 것일 수 없다.

따라서 우리 사회 역시 단일민족국가라는 의식이 지니는 한계를 성찰함으로써 기존의 방식을 넘어서서 외국인 노동자나 다양한 형태의 소수자를 동화하거나 배제하지 않는 방식으로 사회통합을 형성하는 대안을 마련하지 않으면 안 된다. 국민국가의 민족 형성 내에 있는 부정의한 배제와 억압적 폭력 메커니즘을 극복하기 위해서라도 각자의 다양성 – 이주민이나 외국인 노동자, 국제결혼을 통한 다문화 가정과 그 자녀들, 불법 체류자 등은 물론이고 망명자나 난민에 대해서도 – 을 인정하고 수용하는 다문화주의 사회로의 전환을 진지하게 모색할 필요가 있는 것이다.[24]

---

23) 윌 킴리카, 『다문화 오디세이』, 97쪽.
24) 서구 사회에서 다문화주의의 실패에 대한 언급이 등장하지만, 그것은 결코 다양한 소수 집단의 권리를 증진하여 새로운 사회적 통합을 형성하려는 시도가 후퇴하고 있다는 의미가 아니다. 물론 다문화 사회로의 이행 속에서 새로운 사회적 갈등이 분출하고 외국인과 난민 등 소수 집단에 대한 혐오와 증오의 정치가 득세하는 현상도 주목할 필요는 있다.

그렇다고 국민국가 자체를 완전히 폐기할 수 없는 오늘날의 조건에서 우리는 다시 국민국가의 민주주의의 강력한 토대 구실을 하는 민족적 연대성과 다양한 소수자 집단 사이의 변증법적 관계를 더욱 슬기롭게 헤쳐 나갈 지혜를 키워야 한다. 이때 우리는 양자택일의 방식이나 선악의 이분법적 패러다임의 유혹에 저항하지 않으면 안 된다. 달리 말하자면, 소수 집단의 합당한 요구와 포용적이고 연대적인 민족국가 사이의 상호의존적 관계가 불가능하다고 보면서 소수자 집단을 배제한 채 민족적 연대성만 강조하는 국민국가의 폭력성에만 눈을 돌려 그것을 악마화하는 것은 소수자 집단의 합당한 권리를 확보하는 데 그 어떤 도움도 되지 않는다는 것이다.

　이런 맥락에서 오늘날 "점점 증대되는 문화적 다양성"으로 인해 국민국가 수준을 넘어설 수 있는 대안이 세계정부라고 한다면, 그 세계정부는 국민국가가 도전에 직면한 바로 그 문화적 다양성이라는 문제로 인해 더욱 심각하게 몸살을 앓게 될 것이라는 진단에도 주목해야 마땅하다. 데이비드 밀러가 지적했듯이 "세계정부는 현존하는 주요 문명들을 포괄해야만 하기 때문이며, 그러한 문명 각각은 공공 정책에 자신들의 가치와 신념이 반영되도록 할 것이기 때문"이다.[25] 국민국가는 문화적 다양성으로 인해 곤혹스러운 처지에 있기에 지역적 연합 공동체나 전 지구적 세계정부가 국민국가를 대체하게 될 것이라고 믿는 사람들이 져야 할 논증의 부담이 여기에 있다.

　민족주의나 민족주의에 기반한 국민국가의 민주주의가 지고지순의 이념이 아니라 여러 한계를 안고 있는 이념임을 부인할 필요도 없다. 그러나 모든 이념이 위험하다는 점도 늘 함께 염두에 두어야 한다. 인류 사회에서는 자체 내에 위험을 동반하지 않은 그 어떤 고상한 이념도 존재하지 않기 때문이다. 적어도 우리와 그들의 구별에 따른 정치적 갈등과 적대가 없는 세상이 존재할 수 있을지는 일단 접어 두더라도, 그 어떤 순수한 이념도

---

25) 데이비드 밀러, 『정치철학』, 212쪽.

정치권력적 투쟁의 소용돌이에 의해 동원되고 악용될 가능성으로부터 전적으로 면역되어 존재할 수는 없다.

우리는 서구의 역사를 통해 이성적인 계몽주의의 믿음이 전체주의적인 독재와 친화성을 지닐 수 있음을 경험한 바 있는데, 마르크스의 프롤레타리아트 독재가 바로 그러하다. 또한 미소 냉전이 종식된 이후ㅡ전후 동아시아 질서가 냉전과 탈냉전의 이분법적 시각에서 제대로 인식될 수 없음을 인정하더라도ㅡ 인권과 민주주의가 인류의 보편적 가치임을 부정하는 태도는 이제 찾아보기 힘들게 되었다. 그러나 우리는 늘 인권과 민주주의가 인류의 보편적 이상이라고 생각하면서도 현실에서는 곧잘 그것을 어떻게 이해하고 규정할 것인지에 관한 다양하고 심지어 서로 화해할 수 없는 견해들이 경합하고 있다는 사실을 망각한다. 그래서 인권과 민주주의에 관한 최선의 이해와 해석을 독점하고 있다고 자부하는 주도적인 국가들은 인권과 민주주의를 명분으로 내세워 부당한 전쟁을 수시로 벌이고 있고, 이로 인해 수많은 사람이 참을 수 없는 고통을 겪곤 한다는 점이 쉽게 눈앞에서 사라지곤 한다.

오늘날은 민주주의 위기 시대라고 할 것이다. 민족국가라는 정치적 단위 내에서만 나름대로 작동하는 민주주의의 정당성에 대한 신뢰를 추락하게 만들고 위기로 몰고 간 요인은 다양할 것이다. 우선 민족국가를 약화시키고 자본주의적 시장의 주권을 극단적으로 긍정하는 신자유주의적 세계화나 생태 위기 등의 요인을 제외한다면, 민주주의나 인권이 특정 제국의 패권적 이해관계를 위한 수단으로 전락하게 만든 인류의 경험을 들 수 있을 것이다. 비록 민주주의에 대한 신뢰를 상실하게 하고 심지어 위기에 처하게 만든 유일한 요인은 아니겠지만, 그러한 경험이 하나의 중요한 원인이 되는 것은 사실일 터이다. 그런데 이런 상황에서도 우리 사회의 학계나 언론의 주류적 논의에서는 그런 현상에 대한 치열한 비판이나 성찰의 자세를 찾아보기 힘들다. 이는 민족주의의 위험성과 폭력성을 입에 달고 사는 모습과는 사뭇 다르다.

환경주의나 생태주의조차도 민족주의와 인권 및 민주주의가 정치 세계에서 겪는 오용과 악용의 가능성에서 벗어나 있지 않다. 나치의 생태주의를 제외하더라도, 오늘날 많은 나라는 환경을 보호한다는 미명 아래 원주민들을 쫓아내고 조상 대대로 삶의 터전이 되어 주었던 그들의 땅을 폭력적인 방식으로 강탈해 가고 있다.[26] 그러나 이런 이유로 생태 위기에 대한 모든 성찰이 곧 나치즘적 생태주의로 귀결될 것임을 선험적 진리로 단정하여 여러 생태적 위기를 극복하려는 움직임이나 사상들을 배격해야 한다고 보는 태도에 공감할 사람은 거의 없을 것이다.

마찬가지로 민족주의를 마치 태생적으로 위험한 사유 방식인 것처럼 몰아세우면서 민족주의의 긍정성에 관한 그 어떤 성찰도 학문적 태도가 모자란 미성숙한 사람의 말로 치부해 버리는 것은 필자가 보기에 아무런 학문적 타당성도 없을 뿐만 아니라, 민족주의가 초래하는 부정적 결과들을 해결하는 데에도 효과적이지 못한 태도이다.

더 나아가, 민족주의와 민족국가는 세계화 시대에 뒤떨어진 것이라는 생각, 그러니까 이제 민족국가는 종언에 이르고 있다는 생각은 접어두는 편이 나을 것이다. 물론 영원한 것은 아무것도 없으므로 민족주의와 민족국가 역시 언젠가는 사라질 운명에서 벗어나 있지 않을 것이다. 그러나 핵전쟁에 의해 인류가 갑자기 멸종에 이르거나 아니면 생태 위기로 인해 이 푸른 지구라는 행성에서 인류를 비롯한 온갖 생명체들이 멸종하는 사태가 오지 않는 한, 아마도 앞으로 상당 기간은 민족주의와 민족국가가 매우 중요한 의미를 지닐 것이다. 그러므로 필자가 보기에 우리는 민족주의와만 더불어 산다거나 아니면 세계시민주의와만 함께해야 한다는 이분법적이고 양자택일적 생각에서 벗어날 필요가 있다. 그중 어느 한 가지 관점만으로는 인간다움 삶을 살아가는 데 충분하지 않다. 우리는 양자로부터 모두 배울 필요가 있다.

---

26) 나오미 클라인, 『미래가 불타고 있다』(이순희 옮김, 열린책들, 2021), 206~207쪽 참조.

이제 우리도 민족주의의 위험성을 과소평가하지 않으면서도 다른 한편으로 민족주의에 대한 과잉 공포와 혐오에서 벗어나 민족주의를 선용할 자세를 가다듬어야 할 것이다. 그렇게 민족주의를 선용하는 지혜를 배우고 민족주의와 세계시민주의의 상호연결 가능성을 추구할 때, 우리는 그 둘이 손쉽게 양립할 수 있다거나 그 둘은 본래 양립할 수 없기에 양자 중 하나만을 택하는 것이 더 좋다거나 하는 유혹에 빠지지 않고 둘 사이의 긴장을 견디는 사유의 힘을 길러낼 수 있으리라는 희망을 지니게 된다. 개인의 삶은 물론이고, 사회 속에서 존중받아 마땅한 다양한 가치들 사이에서 갈등과 비극의 가능성을 완전히 배제할 수 있는 완벽하게 이상적이고 조화로운 상황에는 도달할 수 없다고 보기에 그렇다.

6. 민족국가의 미네르바의 올빼미는 비상하지 않았다

오늘날 한국 사회에 흐르고 있는 탈민족주의 담론의 저변에는 민족주의는 인류의 문명화된 가치들을 위협하는 비합리적인 위험한 사조라고 보아서 오로지 이성적인 보편주의, 이를테면 자유주의나 사회주의적 이념만이 그런 비이성적 민족주의의 폭력성과 위험성을 극복할 견고한 토대라고 보는 시각이 깔려 있다. 그러나 우리는 역사 속에서 다양한 형태를 띠고 나타난 민족주의가 한편으로는 엄청난 긍정적 역할을 하기도 했고 다른 한편으로 재앙적인 결과를 초래하기도 했음을 알고 있다.

마찬가지로 진보, 자유, 정의와 같은 추상적인 이상이나 원칙들도 역사 속에서 다양한 얼굴을 지니고 등장했음을 잊어서는 안 된다. 예를 들어, 자유주의 역시 긴 세월 동안 인종주의나 제국주의와 결합해 서구 문명의 도구 역할을 수행했음이 널리 알려져 있다. 이와 관련해서는 존 로크나

존 스튜어트 밀 등도 예외가 아니었다. 필자는 앞에서 그 어떤 고상한 가치나 이념도 역사 속에서는 늘 오용되어 인간에게 엄청난 고통과 파괴를 안겨 주고 인간을 무고한 희생양으로 만들어 버리는 무자비한 폭력을 정당화해 왔다는 사실을 기억해야 한다고 말했다.

따라서 민족주의는 배타적이고 폭력적이기 때문에 그것과 단호하게 결별하고 이제는 세계시민주의나 보편주의적 이념에서 대안을 찾아야 한다고 보는 사람들도 과연 세계시민주의나 보편주의적 이념만이 유일하게 참다운 길인지를 진지하게 성찰해 볼 필요가 있다. 보편주의에 대한 과도한 낙관주의도 금물이기 때문이다. 추상적인 세계시민주의 역시 전체주의의 위험으로부터 안전하지 못하다.

우리의 역사에 국한해 보더라도 민족주의는 다양한 형태로 등장했다. 그러나 적어도 한국 민족주의의 한 흐름은 독립운동과 민주화운동 과정에서 보듯이 늘 민주공화주의의 굳건한 동반자였다. 특히 우리 사회의 저항적 민족주의는 조국의 자주독립을 매우 소중한 가치로 여기면서도 타국의 자주독립을 존중하는 마음을 상실하지 않았을 뿐 아니라, 우리의 자주독립 문제를 동아시아 및 전체 인류의 항구적 평화의 문제와 연계시켜 바라보는 폭넓은 시야를 갖추고 있었다. 그러므로 앞으로도 상당히 오랜 세월 동안 인간의 삶에서 중요한 역할을 하게 될 민족주의, 민주주의 그리고 민족국가 사이의 내적 연관성의 문제에 대해 우리는 계속 고민하고 정치적 상상력을 발휘하지 않으면 안 될 것이다. 특히 개별적인 민족국가 단위로 한정된 민주주의와 자율성의 이념을 21세기 생태 위기 시대에 어울리는 방향으로 확충해 나갈 수 있도록 해야 할 것이다.

그 출발점은 아마도 민족주의가 무엇인지에 대한 진지한 학적 토론이 될 것이라고 본다. 1990년대 이후 수십 년 동안 우리 사회와 학계를 강력하게 사로잡았던 탈민족주의 담론 등 그간 온갖 종류의 민족국가 종언 담론이

만개했지만, 민족과 민족주의 그리고 민족국가의 사망을 알리는, 지혜의 여신 미네르바의 올빼미가 날갯짓하면서 석양의 하늘로 비상했다는 소식은 아직도 없다.

제3부

유교 전통, 한국 민주주의, 한국 근대성

제9장
한국 민주공화국 헌법 이념의 탄생과 유교 전통 재조명
— 한국 민주주의론 서설 —

1. 들어가는 말

이 글은 「한국 민주공화국 헌법 이념의 탄생과 유교 전통」[1]이라는 제목의 해제 강연문을 재구성한 것이다. 강연은 '한마음평화연구재단' 초청으로 2021년 6월 3일에 이루어졌다. 특히 제9장은 『대동민주유학과 21세기 실학: 한국 민주주의론 재정립』의 핵심 주장 중의 하나로, 유교적 대동 정신이 서구의 민주주의 및 공화주의 이념을 매개로 해서 이루어진 '대동민주정신'을 한국 헌법 특히 제헌헌법의 근본정신으로 규정한 작업의 결과를 더 설득력 있게 수정하고 보완한 것이다. 필자는 대동민주정신을 서구 민주·공화주의의 유교적 변형과 유교적 민본주의의 민주적 변형이라는 이중 전환의 결과로 보고 있다.

한국의 헌법정신을 대동민주정신으로 규정하면서 이를 조선의 유교적 전통의 면면한 흐름을 이어받아 서구 민주 정신을 독창적으로 재해석한 조소앙의 삼균주의에 초점을 두고 설명한 시도는 『대동민주유학과 21세기 실학: 한국 민주주의론 재정립』의 제9장과 제12장에서 이미 이루어진 바 있는데, 필자는 이후 「한국 민주공화국 헌법 이념의 탄생과 유교 전통」이라는

---

1) 『철학연구』 147집(2018), 147~178쪽.

별도의 글을 통해 한국 헌법에 관한 나름의 기본적인 문제의식을 다시 다루기도 했다.

그러다가 '한마음평화연구재단'의 강연을 위해 필자의 주장을 더 상세하게 다듬을 기회가 있었으며, 강연의 글을 좀 더 다듬고 필자의 주장을 뒷받침할 정보를 확충한 이 글을 통해 유교 전통과 서구 민주주의의 이중적 전환에 관한 필자의 견해를 더욱 명료하게 해 보았다.

간단하게 말하자면, 이 글의 목표는 전통과 근대의 이원론의 틀과 다르게 조선 유교 전통의 영향사의 맥락에서 대한민국 헌법 이념의 발생사를 서술하는 데 있다. 그러니까 유교적 정치문화를 배경으로 하여 대한민국 민주공화국의 헌법 이념이 정착되기까지 발전해 온 궤적을 재구성하고자 한다. 이를 위해 필자는 우선 우리 사회 헌법의 근본정신을 제대로 파악하는 데 걸림돌이 되는, 그런 의미에서 자신이 속해 있는 사회의 헌법정신을 스스로 사유하지 못하도록 하는 사유 틀인 서구중심주의의 부정적 영향을 괄호 치는 작업에서 시작한다.

2. 대한민국 헌법의 이식성 여부와 지속되는 전통과 근대의 이분법

서구중심주의적 사유 방식의 핵심은 전통과 근대의 이원론이다. 이런 사유 방식에서는 비서구 사회의 전통, 이를테면 한국의 유교 전통에 독자적이고 자생적인 근대로의 길이 차단되어 있었기 때문에 한국은 서구적 근대의 충격을 통해 비로소 근대로의 길을 걸어갈 수 있게 되었다고 인식한다.

그리고 이런 전통과 근대의 이원론이 서구의 역사적 경험이야말로 인류사가 걸어가야 할 문명의 길이라는 서구중심주의적인 사유 방식을 내면화한 결과임은 너무도 자명하다. 그러나 서구적 근대화의 경험을 유일한 근대성의 길로 특권화시키고 그와 다른 길은 후진성과 야만성에 불과한 것으로 낙인찍어서 비서구 사회의 모든 전통과 과거를 근대의 장애물이라고 선언하는 것이야말로 인식에서의 식민성의 결과이다. 그리고 그런 식민성을 철저하게 재검토하여 근대를 바라보는 새로운 인식의 틀을 형성하지 않는 한, 식민주의로부터의 진정한 해방이란 요원한 일임이 분명하다.

서구중심주의의 폐해를 넘어서려면 지성사와 사회경제사, 정치문화사, 정치제도사 등 다양한 방면에서 노력이 이루어져야 한다. 그러나 여기에서는 우선 대한민국 제헌헌법의 근본정신 해명이라는 과제에 초점을 두고 그런 과제를 방해하는 전통과 근대의 이원론이 보여 주는 다양한 양상들을 간단히 설명해 보겠다. 그중에서는 무엇보다도 대한민국 헌법의 이식론이 그런 이원론적 사유의 대표적 현상으로 이해된다. 따라서 대한민국 헌법의 이식론에 초점을 두고 논의를 진행해 보자.

먼저 한태연과 갈봉근 같은 헌법학자들의 주장이다.

'공화국'은 우리 사회의 식민화와 동시에 소멸된 그 '대한제국'에 대한 당연한 역사적 부정이며, 또한 정치적 기본 질서에 있어서의 그 자유민주주의는 미군의 진주로부터 오는 당연한 결과였다. 바로 그러한 까닭에 제헌헌법의 제정 과정에 있어서 그 논의의 대상은 대체로 권력 구조, 경제질서, 그리고 상의常議적 의미의 기본권이었고, 가장 기본적인 공화국, 국민주권, 정치적 기본질서 등에 대해서는 거의 언급이 없었다. 그것은 그 당시의 정치적 상황에 의하여 그 스스로가 자명한 것으로 전제되었기 때문이다.[2]

또한 한때 한국 지식인사회의 진보적 학자를 대표하는 한 명으로 손꼽혔을 뿐만 아니라 우리나라 민주주의 이론 연구에 관한 제1급의 연구자라 할

---

2) 한태연·갈봉근·김효전 외 지음, 『한국 헌법사』 상(한국정신문화연구원, 1988), 41쪽. 서희경, 『대한민국 헌법의 탄생』, 18쪽에서 재인용함.

최장집도 우리 헌법의 탄생이 외부로부터 주어진 것으로 보는 관점에서 크게 벗어나 있지 않다.3)

최장집에 따르면 냉전 이후 우리 사회에 도입되고 실천된 민주주의의 중요한 특징 중의 하나는 "조숙한 민주주의"이다. 그는 우리나라 헌법이 "미국을 비롯한 자유민주주의 및 민주주의 국가의 헌법에서 내용을 빌려"온 것이어서 "헌법이 밖으로부터 주어지고 한국 사회와 유리되었다"고 본다.4) 물론 최장집이 강조하듯이, 일본군을 무장 해제시키기 위해 잠정적으로 그어진 38도선 이남에서 미군정이 시작되었을 때 공교롭게도 미소 사이의 냉전이 격화되면서 해방 후 우리 사회는 많은 구조적 제약에 처하게 되었다. 이런 구조적 제약으로 인해 한반도 남쪽에 대한민국이 들어서면서부터 채택된, 분단국가의 이념적 기초인 반공주의가 사실상 헌법적 지위를 차지하면서 또 다른 상위 규범으로 된 것도 부인할 수 없다.

> 헌법의 실천적 제약과 관련해 반공주의의 문제를 고려해 볼 필요가 있다. 실제에 있어 분단국가의 이념적 기초는 다른 이념보다 우선적으로 반공주의였다고 할 수 있는데, 헌법이 그 내용을 뚜렷하게 담고 있는 것은 아니다. 그러므로 분단국가의 이념적 기초와 실천을 담은 법은 헌법이 아니라 1948년 12월, 법률 10호로 소장파 의원들의 강한 반대에도 불구하고 국회를 통과한 국가보안법이었다. 권위주의에서는 말할 것도 없고 오늘날까지 모든 법을 압도하는 상위 규범이자 법률은 바로 국가보안법이라 할 수 있다.5)

최장집이 보기에는 "모든 법을 압도하는 상위 규범이자 법률"인 국가보안

---

3) 진태원이 주장하듯이 "오늘날 한국 사회에서 민주주의 이론에 관해 논의하기 위해서는 최장집의 한국 민주주의론을 우회할 수 없다." 진태원, 『을의 민주주의: 새로운 혁명을 위하여』(그린비, 2017), 13쪽.

4) 최장집, 『민주화 이후의 민주주의: 한국 민주주의의 보수적 기원과 위기』(개정2판, 후마니타스, 2010), 72쪽·75쪽.

5) 같은 책, 78쪽.

법을 중심으로 하는 반공주의가 헤게모니를 장악한 상황으로 인해 한국의 민주주의는 보수적 민주주의로 귀결되고 우리 사회 민주주의의 질적 발전은 어려워질 수밖에 없었다.[6]

물론 필자는 분단 이후 한국 사회를 냉전 반공주의가 주도권을 행사하는 구조적 제약으로 인해 우리 사회 민주주의가 발전하는 데 큰 곤경을 겪고 있다는 최장집의 주장에 한편으로는 동의한다. 그리고 그가 주장하듯이 한국 사회에서 오늘날까지도 국가보안법이 헌법보다도 더 강력한 상위 헌법의 지위를 누리고 있다는 점도 전적으로는 아니나 나름대로 통찰력 있는 진단이라고 공감한다. 그러나 한국 제헌헌법 탄생에 관한 지나친 외부 규정력의 강조, 요컨대 대한민국 헌법은 미국 등의 헌법을 빌려 온, 즉 외부로부터 주어진 것이라서 한국 사회와 괴리되어 있다는 인식은 받아들이기 힘들다.

최장집의 주장과 달리 필자는 한국 사회가 적어도 냉전 반공주의 및 국가보안법과 경합하는 제헌헌법의 민주 정신이 절대 약하지 않았다고 본다. 필자가 보기에 독립운동을 계승한 제헌헌법의 민주 정신이 냉전 반공주의 체제의 폭력성에 저항하면서 우리 사회의 민주주의를 향한 발걸음에서 나름 큰 힘을 발휘해오고 있다. 그렇지만 우리의 민주 정신이 오늘날에 이르기까지 국가보안법 체제를 압도하거나 그것을 대체하고 극복할 정도로 헤게모니를 장악하지 못한 것이 현실이다.

오히려 분단 체제와 연동해 우리 사회에서는 사실상 두 가지 헌법이 갈등하고 경합하는 과정에 있다는 점에서 일종의 이중헌법 체제가 작동하고 있는 것으로 여겨진다. 간단하게 말해 이중헌법 체제는 한반도 분단 체제의 정치적 표현 형태로 볼 필요가 있다고 생각된다. 그리고 이삼성이 주장하듯이 한반도 분단 체제는 동아시아 대분단 체제의 하위 유형인 소분단 체제라는

---

6) 같은 책, 81쪽.

점도 유념할 필요가 있다.[7]

그러니까 최장집은 제헌헌법 정신의 내재적이고 비판적 잠재력을 과소평가하고 있기에 한국 사회 민주주의의 발전 경로는 물론이고 그 성격에 대해 오해하고 있다고 생각된다. 최장집 인식의 한계는 사실상 한국 사회 민주화 과정에 대한 그의 이해의 문제점과도 깊게 결부되어 있다고 보인다. 예를 들어 그는 "국민적 통일성"을 확보하지 않은 상태에서 민주주의가 성공할 수 없다는 러스토우(D. A. Rustow)의 명제를 인용하면서, 해방 이후 한국 민중들이 "봉기와 저항"의 방식으로 미군정 정책에 맞섰던 것을 "일제강점기 잔재 청산의 요구와 분단에 반대하는 열정의 분출이었지 민주주의 혁명이라고 볼 수는 없는 것"이라고 해석한다.[8]

최장집의 해석은 논리적 긴장으로 가득 차 있다. 우선 그는 러스토우의 명제 즉 국민적 통일성이 없이는 민주주의가 성공할 수 없다는 테제를 긍정하는데, 이 명제는 민주주의와 민족주의의 내적 연관성을 강조하는 것으로 보아도 틀리지 않다. 그런데 최장집은 미군정의 정책에 대한 대중들의 광범위한 저항과 봉기를 오로지 분단에 반대하는 열정과 관련된 것으로만 볼 뿐, 민주주의 실현의 과제와는 아무 관련이 없는 것으로 해석한다.

그러나 이러한 해석은 다음과 같은 두 가지 한계를 안고 있다. 첫째, 그는 분단 반대가 바로 국민적 통일성을 위한 저항과 봉기라고만 평할 뿐 이런 활동 자체가 왜 민주주의 혁명과는 무관하다고 보는지 아무런 설득력 있는 논거를 제시하지 않는다. 둘째, 한국 독립운동이 나름 줄기차게 민주공화국과 조선의 자주독립을 함께 요구하고 있었다는 점을 간과한다. ─ 물론 최장집도 지적하듯이 이념적 격차가 큰 다양한 독립운동 세력들이 존재하는 데 비해 인도나 인도네시아, 베트남 등과는 달리 어떤 중심축이 없었기 때문에 내부적으로 자주적 독립국가 형성의

---

7) 이삼성, 『동아시아 대분단체제론』(한길사, 2023).

8) 최장집, 『민주화 이후의 민주주의: 한국 민주주의의 보수적 기원과 위기』, 72~73쪽.

방향에 깊은 이념적 합의가 존재하지 않았을 수 있다고 할지라도.[9] -

여러 독립운동 세력 사이에 심각한 이념적 격차가 존재했고 해방 후 한국 사회가 우파와 좌파로 양극화되었음에도 불구하고 이들 세력이 제시한 헌법안은 "상당히 동질적"이었다는 연구도 꽤 존재한다. 서희경에 따르면, 해방 후 여러 정파가 제안한 헌법안들은 모두 "민주공화제, 국민주권, 권력분립이라는 근대 입헌주의의 핵심 원리"를 강조했다.[10] 또 역사학자 김정인에 따르면, 일제강점기 독립운동이 우파의 민족주의 계열과 좌파의 사회주의 계열로 나뉘었다고 해도 이들을 묶는 교집합은 민주주의였다.[11] 그렇다면 최장집은 독립국가 형성에 대한 여러 독립운동 세력 사이의 차이를 과장하는지도 모른다. 요컨대 그는 독립운동과 한국 사회 민주주의가 서로 연결되어 있음을 제대로 파악하지 못하고 있다.

더 나아가 최장집은 유교 전통과 냉전 이후 한국 사회에 등장한 "과대성장 국가" 혹은 "강력한 국가" 사이에 일정한 연속성이 있음을 강조한다. 달리 말하자면, 그는 "군과 경찰, 검찰과 방첩 기구 등과 같은 강권 기구가 그 중심을 이루는" 강력한 국가가 등장하게 된 요인 중의 하나로 과거 유교 국가 조선의 "강력하게 중앙집중화된 관료국가의 전통"을 거론한다. 여기서도 보듯이 최장집은 조선의 유교 전통과 한국 사회 민주주의 사이의 부정적 관련성만을 강조한다.[12] 이런 견해는 실제로 대한민국 헌법의 이식성 테제와 밀접한 관련이 있다. 우리 헌법이 천명하는 민주공화제가 유교 전통과 맺는 관련에 대한 성찰이 필요한 까닭 중 하나도 이와 무관하지 않다.

그러나 헌법의 이식성을 강조하는 사회과학계와 달리 역사학계에서는

---

9) 같은 책, 52~53쪽.
10) 서희경, 『대한민국 헌법의 탄생』, 413쪽.
11) 김정인, 『민주주의를 향한 역사』, 377쪽.
12) 최장집, 『민주화 이후의 민주주의: 한국 민주주의의 보수적 기원과 위기』, 54~55쪽.

독립운동과 한국 사회 민주주의 사이의 내적 연관성에 주목해 왔다. 예를 들어 역사학자 서중석의 견해에 따르면, 보통선거를 비롯한 민주주의 제도를 헌법의 기본 원칙으로 확정한 제헌헌법을 제대로 이해하기 위해서는 1910년 대에 이미 공화주의를 독립운동의 기본 이념으로 받아들였던 독립운동 세력의 건국 구상이 제헌헌법에 끼친 영향에 주목하지 않으면 안 된다.[13]

또한 최근 한국학계에서는 한태연이나 최장집 등이 강조하는 대한민국의 이식성 테제의 문제점을 성찰하면서 대한민국 헌법의 자생성을 강조하는 흐름이 등장해서 우리 헌법의 탄생에 대한 인식의 지평을 크게 확장하고 있다. 아쉽게도 이런 흐름 내에도 전통과 근대의 이원론은 여전히 관철되고 있지만, 이제는 정치학자 서희경과 법학자 신우철 등 여러 학자의 노력으로 인해 조소앙의 삼균주의가 제헌헌법 탄생에 지대한 영향을 주었음이 학계에 널리 알려져 상당한 동의를 얻고 있다고 여겨진다.[14]

지금부터는 제헌헌법이 나름 우리 역사 내부의 요구에 터를 두고 이루어진 역사적 성취임을 강조하는 연구들 가운데 서희경과 김정인[15] 등의 연구를 간단하게 다루면서, 이들이 어떤 점에서 전통과 근대의 이원론이라는 사유 틀에 사로잡혀 있는지, 또 어떻게 그로 인해 한국 제헌헌법의 탄생과 그 정신을 충분하게 드러내는 데 실패하고 있는지를 설명해 보겠다.

서희경에 따르면 한국 헌법의 기원은 1898년의 만민공동회이다. 그러나 그는 조선의 유교적 정치문화와 민주공화주의 사이의 관계를 부정적인 것으로 본다. 그래서 그는 만민공동회를 유교국가 조선의 정치 원리에 근본적으로 이의를 제기한 최초의 사건이라고 해석하면서, 만민공동회를 통해 "백성이 비로소 정치적 주체"로 등장했다고 강조한다. 다시 말해, 만민공

---

13) 서중석·김덕련,『서중석의 현대사 이야기 1: 해방과 분단 친일파, 현대사의 환희와 분노의 교차로』, 41쪽. 232~233쪽 참조
14) 신우철,『비교헌법사: 대한민국 입헌주의의 연원』; 서희경,『대한민국 헌법의 탄생』.
15) 김정인,『민주주의를 향한 역사』.

동회를 통해 "현대적 정치 주체인 '국민'이 탄생"했다고 주장하는 것이다.[16] 그러면서 서희경은 만민공동회에서부터 제헌헌법에까지 이르는 대한민국 헌법의 탄생사를 "봉건적 군주제"의 종언과 "민주공화제"의 시작이라는 인식 틀로 재구성하려고 시도한다. 특히 그는 대한민국 헌법의 역사를 서술하면서 만민공동회, 3·1 독립운동, 대한민국 임시정부라는 세 가지 정치적 사건을 그 역사의 중심으로 본다.[17]

김정인의 연구는 한국 민주주의의 출발을 1801년 공노비 해방이라는 사건에서 찾는다는 점에서 서희경의 시각의 한계를 뛰어넘고 있다. 그는 "만민평등을 향한 해방의 길"을 서술하면서 조선 사회가 공노비 폐지에 이어 사노비까지 폐지하게 되는 역사적 과정에도 주목한다. 즉, 그는 총 6만 6,067명의 공노비를 해방한 1801년 이후로부터 1886년에 사노비 신분이 세습되는 것을 금지하는 법령이 발표되기까지의 노비제도의 점진적인 폐지에 이르는 길에 초점을 두고 한국 민주주의의 서사를 해명하려는 모습을 보인다.[18]

이러한 입장은 만민공동회에 압도적인 중요성을 부가하면서 동학농민전쟁의 의의에는 상대적으로 큰 비중을 두지 않는 서희경과 차별화된다. 특히 김정인은 노비제의 완전 폐지를 포함하여 양반과 평민 사이의 차별을 없애고 상하귀천이 없는 만민평등의 세계를 이룩하기 위한 해방의 열정이 전국적 규모로 분출된 동학농민운동의 역사적 의미를, 민주주의를 실현할 "인민의 탄생"이라는 맥락에서 언급한다.[19]

그러면서도 김정인은 "전봉준으로 상징되는 인민과 김옥균으로 상징되는 개화파의 만남"을 통해 한국 민주주의의 역사를 새롭게 이해하고자 한다.[20]

---

16) 서희경, 『대한민국 헌법의 탄생』, 19~20쪽.
17) 같은 책, 413쪽.
18) 김정인, 『민주주의를 향한 역사』, 제1장 참조.
19) 같은 책, 19쪽 및 제1장 참조.

그리하여 19세기 이래로 전면화되는 보편적 해방의 역사가, 달리 말하자면 한국 사회의 민주주의를 향한 길이 동학농민전쟁을 통한 아래로부터의 저항만이 아니라 위로부터의 개혁조치로 인한 것이기도 했음을 강조한다. 따라서 그는 1919년 3·1운동 이후 발족된 상해 대한민국 임시정부가 민주공화정을 선언한 사건을 근대와 현대를 가르는 한국 역사의 "분기점"으로 이해한다.[21]

그러나 한국 민주주의의 탄생 서사를 새롭게 하려는 서희경과 김정인의 귀중한 시도 역시도 여전히 전통과 근대의 이원론의 영향으로 인해 여러 난점을 해결하지 못하고 논리적 긴장을 드러낸다. 김정인과 서희경의 저서에서 드러나는 새로운 해석의 근본적인 문제점은, 한국 헌법의 자생적 탄생사를 유교 사회인 전근대 조선의 '봉건적' 군주정치 체제로부터 근대적 민주공화주의 체제로의 이행으로 서술할 수 있으리라는 가정으로 인해 발생한다.

달리 말하자면, 서희경과 김정인에게서 나타나는 문제는 이들이 여전히 유교적 민본주의와 서구 민주주의 사이의 단절론, 즉 전통과 근대의 이원론이라는 서구중심주의적 사유 패러다임의 과도한 내면화를 탈피하지 못한 데 따른 것이다. 우선 전통과 근대의 이원론적 사유 패러다임을 전제하고 있는 서희경의 설명에서 발견되는 문제점이 무엇인지 살펴보자.

서희경은 만민공동회 사건을 두고 한편으로는 백성들 "자신이 속한 정치공동체에 대한 소속감과 연대감을 갖지 않고서는 불가능한 현상"이라고 설명하면서, 다른 한편으로는 만민공동회는 서구로부터 "수용"된 주권재민의 원리와 공화제에 대한 강력한 관심을 "한국의 정치적 열정"으로 승화시킨 사건이라고 정의한다.[22] 이 두 주장에 따르면 19세기 말 조선 사회는 서구의 민주공화

---

20) 같은 책, 9쪽.
21) 같은 책, 370~377쪽.
22) 같은 책, 40~41쪽.

주의 이념이 대중적인 정치적 운동의 형태로 전개될 정도로 공화주의 및 민주주의에 대한 인식과 이해의 폭이 확보되어 있었다고 보아야 한다. 달리 말하자면 구한말 조선 사회는 일반 백성들이 동학농민전쟁이나 만민공동회 등을 통해 정치적 주체로 등장할 수 있는 정치·문화적 조건이 상당히 성숙해 있었다고 보아야 한다는 것이다. 그러나 서희경의 설명에서는 이런 점에 대한 인식이 거의 존재하지 않는다.

게다가 서희경은 만민공동회를 계기로 백성을 정치적 주체로 인정하지 않았던 조선 사회는 전근대 한국의 "2천 년의 역사"와 단절하고 처음으로 백성을 정치적 주체로 삼았다고 한다.[23] 그러면서 그는 만민공동회를 민주공화주의를 향한 한국 정치운동의 효시이자 기원으로 평가하면서 그 획기적 성격을 강조한다.

독립협회를 중심으로 촉발되었던 1898년의 만민공동회는 민회(people's assembly)를 만들어 공론을 수렴하고 이를 국정에 반영하고자 했던 완전히 새로운 형태의 정치운동이었다. 즉 전통적인 '집단상소'나 '민란'과는 다른 형태였다. 이 민회가 자치(self-rule)에 대한 인민의 자각에 기반해 동료 인민들과 공동생활의 문제들을 협의하고 함께 행동하였다는 점에서 만민공동회는 공화주의적 맹아를 보여 주는 것이라고 생각된다.[24]

그런데 만민공동회를 '민회'(people's assembly)로 보면서도 조선 사회에서 내재적으로 발전되어 온 민회民會가 한국의 민주공화주의의 형성 과정에 이바지한 영향을 주변화하는 것 역시 서구적 근대 중심의 인식 틀과 무관하지 않다. 우리는 선험적으로 전통과 근대의 단절적인 인식을 진리라고 단정하는 태도의 한계를 넘어서서, 조선 후기에 성숙된 향회 및 민회의 전통과 오늘날

---

23) 서희경, 『대한민국 헌법의 탄생』, 20쪽.
24) 같은 책, 41쪽.

민주공화국 헌법 사이의 연관성에 새롭게 주목해야 한다. 그런 점에서 다음과 같은 김인걸의 조심스러운 주장은 진지하게 받아들여져야 할 것이다.

> 19세기 이래의 향회와 민회의 전통이 있었기에 갑오·광무 정권의 실패 이후에도 공화제 등 다양한 정체政體 논의가 계몽운동 기간 내에 힘을 받을 수 있었던 것으로 추론한다면 억측이 될 것인가. 이상의 역사 경험이, 특히 대소 민인들의 합의에 기초한 공론이 일제하 3·1운동과 상해임정의 정체 구상에 자연스럽게 반영될 수 있었던 것으로 보는 것은 지나친 추단만은 아닐 것이다.25)

한국 민주주의의 역사를 서희경과 다른 관점에서 서술하려는 김정인 또한 서희경과 동일하게 서구 근대와 조선 전근대라는 서구중심주의적 이원론 앞에서 길을 잃고 있다. 앞에서 언급했듯이 김정인은 제헌헌법의 근본정신인 만민평등의 이념이나 보통선거권 등을 통해 민주주의 국가를 건설하려 했던 역사를 18~19세기 조선 사회에서 자체적으로 실현되어 온 신분제 철폐의 역사와 연관해서 서술한다. 그런데도 그의 서술에서도 역시 아쉽게도 과도한 서구중심주의적 인식의 관행이 발견된다.

예를 들어 김정인은 동학의 만민평등 사상이 천주교의 영향으로 인한 것이라 주장한다. 달리 말해 그는, 1860년 탄생한 동학을 "천주교 종교운동이 갖고 있던 진보성을 계승하는 동시에 반천주교 담론의 핵심이던 '천주교=침략성' 논란을 극복하고자 한 새로운 종교운동"이라고 이해한다. 그러면서 동학은 "천주교의 인간 존엄성의 존중과 평등 추구라는 인간관을 수용"하면서도 내세 지향적인 종교관 및 제사를 금지하는 태도를 비판했다고 지적하고

---

25) 김인걸, 『조선 후기 공론 정치의 새로운 전개: 18, 19세기 향회, 민회를 중심으로』(서울대학교 출판문화원, 2017), 171쪽. 전통과 근대의 이원론에 관한 성찰의 부족으로 인해 서희경이 빠지게 되는 다른 논리적 문제점에 관해서는 나종석, 「한국 민주공화국 헌법 이념의 탄생과 유교 전통」, 154~157쪽 참조 바람.

있다.[26]

이처럼 김정인은 만민평등 이념의 유래를 전적으로 외부 특히 서구의 천주교에서 찾고 있다. 그러다 보니 유교 전통 내에서 형성되어 온 유가적 만민평등 이념과 그 실현의 역사적 맥락에 대한 의미를 과소평가하게 된다. 이런 태도는 곧바로 그가 한국 민주주의 탄생사의 출발점으로 삼는 1801년 공노비 해방 서사와 충돌한다. 공노비 해방이 만민평등 이념의 실현에서 주목할 만한 사건이라고 한다면 그 이념의 출처까지도 조선 사회 내부에서 구하려는 태도가 요구되지만, 김정인은 그렇지 않다.

김정인은 동학이 내세우는 만민평등의 이념은 전통 사회의 지배이념이었던 성리학적 사유 체계에서는 나올 수 없는 것으로 가정하고 있다. 이런 시각은 동아시아 및 조선 사회에서는 스스로 만민평등의 이념이나 인간 존엄성의 추구라는 인식이 형성되기 힘들다는 주장을 함축한다. 그러나 만민평등의 이념이 조선 사회에서 천주교의 영향으로 인해 비로소 기인한 것이라고 한다면 1801년 공노비 해방 조치를 설명하기 힘들다. 그 또한 천주교의 영향으로 인한 것이라고 보아야 할 터인데, 그런 주장을 지지할 근거를 대기란 아마도 물 위를 걸으려는 시도보다도 더 어려울 것이다.

더 나아가, 신 앞에서 모든 사람이 평등하다는 점을 긍정하는 서구의 기독교에서만 만민평등관의 유래를 보려는 태도가 지니는 과도한 서구중심주의적 편견을 세 가지 사례를 들어 설명해 보도록 하자.[27]

첫째로, 앞에서 지적했듯이 동학이 주창한 만민평등의 이념이 천주교의 인간관을 수용함으로써 비로소 가능했다는 가정은 입증되기 힘들다. 그래서 우리는 조선 사회의 지배적 이데올로기인 성리학적 사유 체계 내에서도 신 앞에서의 만민평등과 상통하는 논리가 존재한다는 점에 관심을 기울일

---

26) 김정인, 『민주주의를 향한 역사』, 82쪽.
27) 이에 대한 더 상세한 언급은 나종석, 「다산 정약용을 통해 본 유교와 천주교의 만남」, 『사회와철학』 31(2016), 1~36쪽 참조 바람.

필요가 있다. 이를테면 모든 인간이 갖추어야 할 도덕적 덕목으로 인仁을 주장한 공자에서부터 일반 사람들도 요순 성왕과 다르지 않다는 맹자의 주장을 거쳐 누구나 다 배움을 통해 성인聖人의 경지에 오를 수 있다는 주희의 성인가학론聖人可學論에 이르기까지, 유학의 전통에도 만민평등 의식은 풍부하다.

개화파를 주도했다가 후에 적극적 친일의 길을 걸었던 박영효는 1931년 『동광東光』 3월호(제19호)에 실린 춘원 이광수와의 인터뷰에서, "자유민권론" 혹은 "평등론·민권론"의 정치사상을 어디에서 알게 되었는지를 묻는 질문에 연암 박지원의 손자인 환재桓齋 박규수朴珪壽를 통해서라고 대답했다고 한다. 이때 박영효는 "평등론·민권론이라는 신사상은 내 일가 박규수 집 사랑에서 나왔소"라고 답하고, 이어서 다시 "『연암집』에 실린, 귀족을 공격하는 글에서 평등사상을 얻었지요"라고 말한다.[28] 여기서 필자는 굳이 연암 박지원과 환재 박규수가 정통 성리학자였는지에 대해서는 언급하지 않겠지만, 이들이 천주교로부터 영향을 받아 자신의 사상을 발전시켰다고 보기는 힘들다.

둘째로, 조선에 들어온 서학 특히 천주교를 서구 근대의 만민평등과 관련해서 이해하려는 시각에는 분명한 한계가 있다. 가톨릭은 사실상 서구 근대의 형성 과정에서 매우 반근대적인 성향을 띤 종교였다. 서구 근대에 대한 가톨릭의 공식적 태도가 이를 잘 보여 준다. 이를 몇 사례를 통해 살펴보자. 프랑스혁명이 진행되던 1791년, 교황 피우스(Pius) 6세는 프랑스혁명이 선언한 만민평등과 인권선언의 가치를 철저하게 거부했다. 피우스 6세는 "신적 계시에 따라서, '인간 권리에 대한 혐오스러운 철학'과 특히 종교, 양심, 언론의 자유와 모든 인간의 평등을 거부하였다."[29]

---

28) 이광수, 「박영호 씨를 만난 이야기: 갑신정변 회고록」, 김옥균·박영효·서재필, 『갑신정변 회고록』(조일문·신복룡 편역, 건국대학교출판부, 2006), 220~221쪽.
29) 한스 큉, 『가톨릭의 역사』(배국원 옮김, 을유문화사, 2003), 204쪽.

서구 근대에 대해 취한 가톨릭의 격렬한 반대는 일회성 사건에 그치지 않는다. 1870년대에 이르러서도 로마 교황은 80가지의『근대적 오류에 대한 교서 요목』(*Syllabus errorum modernorum*)을 반포함으로써 서구 사회의 근대화와 전면 전쟁에 나섰다. 이 선언에서 오류 목록에 오른 것은 유럽 근대 계몽주의나 자유주의 및 공산주의뿐만이 아니었다. 이 선언에서는 가톨릭 종교가 근대문명과 화해를 해야 한다고 주장하는 것조차 근본적인 오류로 지탄의 대상이 되었음에 주목해야 한다.

한스 큉에 의하면 가톨릭이 인권에 대해 취했던 오랜 적대적인 태도를 포기하고 가톨릭의 고유한 인권 이해에 대한 독창적 구상을 발전시키게 된 것은 1960년대에 이르러서이다. 1960년대 초에 가톨릭교회는 "현대적 발전, 세속사회, 과학, 민주주의에 대하여 근본적으로 긍정적 태도를 취할 것"을 선언했다고 그는 주장한다.[30]

존 롤스도 이 사실을 강조한다. 그에 따르면 가톨릭은 1965년 바티칸공의회의 「종교의 자유−인간의 존엄성에 관한 선언」(Declaration of Religious Freedom−Dignitatis Humanae)을 통해 "입헌민주주의에서 발견할 수 있는 종교적 자유의 원칙을 인정"했다. 달리 말해, 이 공의회에서 가톨릭은 "인간 존재의 존엄성에 근거한 종교적 자유를 주장하는 윤리적 교리, 종교적 문제에 대한 정부의 한계를 설정하는 정치적 교리, 정치적 및 사회적 세계와 관련하여 교회의 자유를 선언하는 신학적 교리를 천명하였다. 이 선언에 의하면, 모든 사람은 그들의 신앙과 관계없이 똑같은 조건의 종교적 자유의 권리를 가진다."[31]

셋째로, 서구 기독교가 이념적으로 신 앞에서의 평등을 주장했다고 하지만, 오랜 세월 동안 서구 기독교는 매우 억압적인 국가와 잘 지내왔고 다른 종교에서는 보기 힘든 종교전쟁을 했으며 이교도에 대한 박해를 일삼았

---

30) 같은 책, 239쪽.
31) 존 롤스『만민법』, 46~47쪽 각주 15.

다. 그래서 존 롤스는 "박해의 열정은 기독교의 거대한 저주"였다고 말하면서, 그런 박해의 열정은 "루터(Luther)와 칼뱅(Calvin) 및 프로테스탄트 개혁가들에 의해 공유되었으며, 기독교 교회에서 이것은 제2차 바티칸공의회(Vatican II) 때까지 바뀌지 않았다"라고 강조한다.[32)

그뿐만 아니라 인간의 천부적 평등에 대한 종교적 관념과 노예제가 양립 가능한 것으로 간주해 왔던, 기독교에 기반한 서구 사회의 기나긴 역사를 간과해서는 안 된다. 자유주의 및 민주주의의 형성에 커다란 영향을 끼쳤던 존 로크도 스스로 작성한 아메리카 식민지 헌법에서 노예제를 당연한 것으로 간주했다. 또한 미국 역시 노예제를 기초로 한 국가였다. 미국 건국의 아버지 중의 하나로 칭송되는 토머스 제퍼슨은 노예무역을 비판했지만, 노예 수입을 당연시하는 조지아와 사우스캐롤라이나주 대표들의 요청을 받아들여 「독립선언서」 초안에서 노예무역의 잔인성과 비인간성을 질타하는 구절을 삭제했다. 나면서부터 흑인은 백인보다 지적으로 열등하다고 확신했던 제퍼슨은, 노예제가 폐지된다고 해도 열등한 흑인들은 백인들과 더불어 살 수 없을 것이므로 아프리카로 보내는 편이 좋다고 보았다. 그의 아메리카 원주민에 관한 태도는 더 야만스러웠다. 그는 아메리카 원주민이 백인 이웃들 옆에서 유순한 농민으로 살기 위해 택할 길은 생활 습관을 전면적으로 바꾸거나 "멸종"되든가 둘 중의 하나라고 단언했다.[33)

또한 프랑스혁명에서 탄생한 입헌군주제 헌법은 1789년 공표된 「인권선언문」과 그 전문前文이 식민지 지역에는 적용되지 않음을 명시했다. 그 헌법에 따르면 "아시아, 아프리카, 아메리카에 건설된 프랑스 식민지와 소유지는 프랑스에 속하지만 본 헌법에는 포함되지 않는다." 그래서 프랑스 백인만이 배타적으로 누릴 시민권을 옹호하고 프랑스 식민지의 흑인을

---

32) 존 롤스, 『정치적 자유주의(증보판)』(장동진 옮김, 동명사, 2016), 678~679쪽 각주 75.
33) 앨런 라이언, 『정치사상사: 헤로도토스에서 현재까지』(남경태·이광일 옮김, 문학동네, 2017), 762쪽 및 802쪽.

비롯한 다수의 인권과 시민권을 부정했던 입헌의회 구성원들의 자가당착은 신랄한 비판의 대상이 되지 않을 수 없었다.[34] 한 예로 로베스피에르는 다음과 같이 말했다.

당신들은 인간의 권리와 자유의 원칙을 쉴 새 없이 떠들고 다녔소. 하지만 당신들조차도 스스로 지껄인 말을 믿지 않았기 때문에 이처럼 헌법에다 노예제를 명시해 놓은 것 아니겠소.[35]

물론 프랑스혁명기에 프랑스 식민지에서의 노예제도 폐지가 선언되기도 했지만, 곧이어 나폴레옹에 의해 다시 복원된다.

우리는 인간의 보편적 평등에 대한 인정과 노예제 사이의 역설적 결합이라는 엄혹한 현실이 서구 근대 자본주의 체제의 기본적 성격이었음을 망각해서는 안 된다. 근대 자본주의 체제가 식민주의와 연동되어 작동되어 온 역사는 우리의 일제강점기에서도 반복된 것이었다. 그러나 공식적으로 일본에 의한 식민 지배의 역사는 끝났으나 그 영향은 아직도 지속되고 있다. 일본이 우리 한반도를 식민지배한 역사를 철저하게 반성하지 않았기에 한국과 일본을 포함한 동아시아 지역에서는 여전히 불행한 과거사와 단절하지 못한 채 미래지향적인 상호 협력 체제를 제도화하지 못하고 있다. 이는 한반도의 평화 체제를 구축하기 위해서만이 아니라 기후 위기와 같은 동아시아 전체 차원에 닥친 위협 앞에서 여러 나라가 힘을 모아야 한다는 상황을 생각할 때 뼈아픈 현실이 아닐 수 없다.

식민 지배의 역사에 대한 철저한 반성과 성찰의 부족은 정도의 차이가

---

34) 질 망스롱(Gilles Manceron), 『프랑스 공화국 식민사 입문: 인권을 유린한 식민침탈』(우무상 옮김, 경북대학교 출판부, 2013), 73쪽.
35) 슬라보예 지젝, 「슬라보예 지젝 서문」, 로베스피에르, 『로베스피에르: 덕치와 공포정치』(배재현 옮김, 프레시안북, 2009), 92쪽.

있다곤 해도 유럽이라고 다르지 않다. 예를 들어, 프랑스에서도 식민 지배의 과거사를 둘러싼 논쟁이 아직도 계속되고 있다. 프랑스는 2005년에 "학교 교과 과정은 프랑스가 해외, 특히 북아프리카에 진출하여 수행한 긍정적인 역할을 특별히 인정하도록" 강제하는 법이 제정되어 커다란 반발을 불러일으켰고, 이에 당시 대통령이었던 자크 시라크가 문제의 구절을 삭제토록 조치했다.[36]

또 수백 년 동안 프랑스의 식민지였던 세네갈을 방문한 프랑스 대통령 니콜라 사르코지는 2007년 7월 26일에 세네갈 대학생들을 대상으로 한 행한 연설에서 한편으로는 노예제도와 노예무역이 "반인륜적 범죄"임을 인정하면서도 다른 한편으로는 프랑스가 식민 지배를 통해 아프리카 지역을 발전시켰다고 강조하기도 했다. 심지어 그는 다음과 같은 인종차별주의적 발언도 서슴지 않았다.

> 아프리카인이 역사 속에 충분히 진입하지 않은 것이 바로 아프리카의 비극입니다.…… 아프리카인은 절대로 미래를 향해 돌진하지 않습니다.…… 이 세계(아프리카)에는…… 인간의 모험과 진보의 이념이 설 자리가 없습니다.[37]

사르코지의 발언은 정신적 식민주의와 유럽중심주의적 우월성의 망령이 얼마나 끈질기게 생명력을 발휘하고 있는지를 적나라하게 보여 준다. 그러므로 우리는 서구 근대와 만민평등의 이념 사이의 내적 결합을 자명하게 생각하는 문명과 야만이라는 유럽중심주의적 이원론의 개념적 틀을 넘어설 수 있는 길을 모색할 필요가 있다.[38]

---

36) 질 망스롱, 『프랑스 공화국 식민사 입문: 인권을 유린한 식민침탈』, 5쪽.
37) 같은 책, 10~11쪽.
38) 서구 자본주의 체제는 노예제도와 노예무역 및 잔인한 인종 차별과 배제의 체제를 통해 발전되어 온 것이며, 오늘날 현대사회 역시 그런 역사적 경험으로부터 전적으로 벗어나 있지 않다. 이에 대해서는 마커스 래디커, 『노예선』(박지순 옮김, 갈무리, 2018)

앞에서 살펴본 것처럼 서희경과 김정인의 한국 민주공화국 탄생사에 대한 소중한 연구에는 서구 사회의 근대와 비서구 사회의 전근대라는 사유 패러다임으로 인해 여러 한계가 등장한다. 특히 이들은 서구중심주의적 사유 방식에서 충분하게 벗어나지 못했기에 한국 사회의 민주주의를 형성하는 데에 조선 사회에서 축적되어 온 유교 전통이 수행했던 역할을 이해하는 데 애를 먹는다. 이들은 전통과 문화의 의미에 대한 이해 부족으로 인해 전통과 역사 속에서 살아가는 문화 수용자의 수용 능력과 해석학적 지평에 의해 발생하기 마련인 영향사라는 면모를 간과하고 있다.

서희경은 만민공동회를 통해 백성이 정치적 주체로 등장하게 된 전제 조건으로 1880년대『한성순보』와『한성주보』등의 신문에 의해 민주공화주의 이념이 소개되었다는 점을 강조한다. 그런데『한성순보』가 서구의 입헌민주 정치체제를 소개하면서 그것이 유교적 정치 원리 및 그 근본정신과 상통함을 역설했다는 점에 대해서는 이렇다 할 논의가 없다. 하여간『한성순보』는 입헌정치체제에서는 일반 백성이 선출한 의원을 통해 공적인 사안을 전체 국민과 더불어 논의하는 방식으로 권력이 행사된다고 이해했다. 특히 이 신문은 백성의 참여로 운영되는 의원제도 및 권력분립과 같은 입헌민주주의의 핵심 제도를 천하위공天下爲公의 공천하 사상 즉 "유교 정치의 이상인 '사천하私天下 방지'와 '현자 등용'에 가장 적합한 방식"으로 이해하고 있다.[39] 수용자의 관점에 의한 서구 민주주의 및 공화주의의 번역과, 이를 통해 서구 근대 민주주의를 능동적으로 수용하는 역사에 대해서는 이하에서 상술하게 될 것이다.

서희경이나 김정인은 물론이고 오늘날 유학의 긍정적 면모를 강조하는 학자들 사이에서도 주자학 일반, 특히 조선 주자학에 대한 평가는 여전히

참조
39) 정용화,『문명의 정치사상: 유길준과 근대한국』(문학과지성사, 2004), 278~281쪽.

냉혹하다. '성리학적 사유 체계=봉건적 세습체제 이데올로기'라는 사유
틀이 아직도 지식인사회에 강력하게 뿌리내리고 있다. 유학의 전통을 새롭게
해석하여 유학 전통과의 적극적인 대화를 수행할 수 있게 하는 데 그 누구보다
더 큰 역할을 한 황태연조차도 성리학은 "유자의 아편"이고 주희는 "공자
철학으로부터 대동 이념을 제거"한 학자라고 비판한다.[40]

그러나 필자는 주자학 및 조선 주자학에 관한 선행 연구[41]와 이 책 제2장
앞부분에서 주자학이 대동사상을 계승하는 측면을 강조해 보았다.

성리학이 천즉리天則理 이론과 성인가학론聖人可學論 등을 통해 맹자
이후 천여 년 동안 단절된 성인의 학문의 맥을 잇고 있다고 주장함으로써
이제 유학자들은 기존의 천명론에 대해서도 관점을 바꾸게 된다. 유덕자가
정치권력을 담당해야 한다는 생각에는 변함이 없지만, 이제 권력을 이양할
유덕자의 범위는 단순히 천자의 지위를 이어받는 특정한 사람과 그의
후손들에게 한정되지 않는다. 이제 중요한 일은 참다운 성인의 학을 이어받
은 유자들이 도학의 근본정신을 세상에 제대로 구현할 수 있는지로 변화하
게 된다.

이런 관점 변화와 더불어 성인의 학, 즉 도통을 이어받는 성리학자(배우는
사람)야말로 정치권력의 궁극적 정당성 여부를 판단할 수 있는 주체라는
사유가 전면에 부각하게 된다. 그래서 피터 볼(Peter Bol)은 성리학의 등장과
더불어 "단순히 천명을 가졌다는 왕조의 주장이 틀렸다는 것이 아니라,
천명이 통치자에게서 올바른 학을 수행하는 이들에게로 옮겨왔다는 의미"로
이해되어야 한다고 강조한다.[42]

---

40) 황태연, 『한국 근대화의 정치사상』(청계, 2018), 158 · 208쪽. 125쪽도 참조 바람.
41) 주자학과 대동사상 사이의 긍정적 연계 가능성에 관해서는 나종석, 『대동민주주의와
    21세기 유가적 비판이론의 모색』, 제3장 참조 바람. 조선 주자학과 대동사상의 연계성에
    관해서는 이 책 2~4장 참조 바람.
42) 피터 볼, 『역사 속의 성리학』, 211쪽.

나아가 주희는 하늘에 의해 부여받은 인간의 본성인 천리를 발현하기 위한 학문이란 사람의 지위 고하를 막론하고 모든 사람에게 같다고 역설했다. 그러므로 그는 『대학』에서 다루어지는 '큰 학문'은 통치자나 통치 엘리트들만의 학문에 한정되는 것이 아니라 모든 사람에게 해당되는 보편적 학문임을 강조했다. 그는 "천자天子로부터 서인庶人에 이르기까지 모두가 수신修身을 근본으로 삼는다"(自天子, 以至於庶人, 壹是皆以修身爲本)[43]라고 주장하는데, 이런 주장은 당대 사대부들 사이에서도 첨예하게 의견이 갈리는 주제였다.

주희는 "임금, 재상, 제후, 경卿, 대부, 사士, 서인의 학문을 구별"하려는 강묵江默을 비판하면서 『대학』에서의 가르침은 모든 사람에게 보편적으로 적용되어야 한다고 주장했다. 그는 강덕공江德功(江默)에게 보내는 편지에서 『대학』의 본뜻은 수신제가치국평천하修身齊家治國平天下의 일이 하나의 이치(一理)임을 밝히는 데 있다고 강조한다. 그러니까, 황제만이 아니라 일반 사람 모두가 수신을 근본으로 삼는다는 것이란 하늘이 모든 사람에게 똑같이 부여한 인간다움의 도, 즉 차마 해치지 못하는 어진 마음을 갈고 닦아서 이를 바탕으로 나라의 정사를 돌보고 천하를 평안하게 하는 일에 나서야 함을 분명히 한 것이다.

나라를 다스리고 천하를 평정하는 것과 뜻을 정성스럽게 하고 마음을 바르게 하는 것과 몸을 닦고 집을 가지런히 하는 것은 단지 하나의 이치(一理)여서, 격물하여 치지하는 것도 이것을 아는 것일 뿐이라고 했으니 이것이 『대학』의 본뜻입니다. 이제 반드시 나라를 다스리고 천하를 평정하는 것이 임금과 재상의 일이어서 배우는 사람이 간여할 수 없다고 한다면, 안팎의 도리가 근본을 달리하여 귀착처가 달라질 것이며 경의 본뜻과도 정면으로 모순될 것입니다. 우임금, 후직, 안회 등이 도를 함께했다지만 어떻게 꼭 (인군의)

---

43) 주희, 『대학·중용집주』, 25쪽.

자리에 있어야만 정치를 했다고 하겠습니까?⋯⋯ 이 편篇에서 논하는 것은
자신의 몸에서부터 헤아려 천하에 미친다는 것입니다.[44)]

『대학』의 가르침은 모든 사람이 따라 배워야 할 것이라는 주희의 생각은
정치의 주체에 관한 혁신적 주장으로 이어진다. 이런 맥락에서 주희는,
나라의 일이나 천하를 평정하게 하는 일은 오로지 임금이나 재상과 같은
사람에게만 한정된 일이므로 "배우는 사람"은 그런 일에 관여하지 못한다는
말은 『대학』의 본뜻에 정면으로 어긋나는 주장이라고 비판한다. 혹자는
"배우는 사람"이라는 구절을 갖고 일반 사람을 배제하는 것이 아닌가 하고
반론할지 모르겠다.

그러나 배우는 사람이라는 표현이 결코 일반 사람을 배제하는 것이 아니라
는 점은 황제에서 일반 서민에 이르기까지 수신을 근본으로 한다는 주장에서
분명해진다. 대학이라는 학문은 궁극적으로는 개인의 인격 완성을 넘어
치국평천하를 지향하는 것인데, 이런 학문을 겸비할 수 있는 주체는 천자
및 공경대부와 그들의 자식들에게 한정된 것이 아니라는 주장이다. 사대부는
물론이고 보통의 일반 사람, 즉 서인庶人도 대학의 도를 배우고 익힐 수
있는 존재라는 주장은 혁신적이고 진보적인 사상으로 평가하기에 부족하지
않다.

이처럼 주자학에서 천리天理는 정치의 궁극적 근거인 천하의 바른 이치인
동시에 인간에 내재하는 도덕적 본성으로 받아들여진다. 그런 까닭에 하늘의
이치를 실현할 주체는 황제나 조정에서 활동하는 소수의 권력자들이 아니라
모든 사람이라는 점이 원리적 차원에서나마 인정되기에 이르렀다. 따라서,
설령 송대나 조선 시대에 정치활동에 참여하는 일이 실질적으로는 왕과

---

44) 주희, 『주자대전』 9(주자대전번역단 옮김, 전남대학교 철학연구교육센터 · 대구한의대
　　학교 국제문화연구소, 2010), 565쪽 및 575쪽.

사대부에게만 한정되었다고 할지라도, 황제의 권력을 견제하고 비판하는 역할이 관료, 사대부 그리고 일반 백성들에게로 개방될 실마리가 확보되었다. 천리 혹은 천리의 공에 어긋나는 황제의 자의적 권력 행사는 준엄하게 비판받아야 하는데, 이런 견제의 역할이 결코 사대부나 특정 양반 계층에 한정되지 않게 된 것이다.

이런 맥락에서 주희는 황제가 천하를 다른 사람에게 줄 수 없다는 맹자의 말을 설명하면서 "천하는 천하 사람들의 천하요, 한 사람의 사유물이 아니"라고 주장한다.[45] 천하위공天下爲公의 대동사상, 그러니까 천하는 한 개인의 독점물이 아니라 천하 사람들의 천하라는 생각이 주희의 천리론天理論과 결합하여 정치적 주체에 관한 의식에서 일어나게 된 변화를 좀 더 구체적으로 살펴보자.

앞에서 보았듯이 수기치인修己治人 혹은 수기안인修己安人이라는 전통적인 공맹 사상의 본령을 이어받은 주희는 강덕공에게 보내는 편지에서 학자로서의 사대부가, 나아가 원리적으로 모든 인간이 천하의 일에 관심을 두어야 한다는 점을 강조한다. 사대부는 물론이고 보통의 일반 사람, 즉 서인도 대학의 도를 배워 "나라를 다스리고 천하를 평정하는 것"에 일익을 담당할 주체라는 주장은 충격적일 정도로 혁신적이다.

그런데 주희는 모든 인간이 천하의 일에 관심을 두어야 한다는 주장이 너무 혁신적이어서 오해를 불러일으킬 수도 있음을 잘 알고 있었다. 이런 주희의 염려가 잘 드러나 있는 곳은 『대학혹문大學或問』에 있는 혹자와의 가상 대화이다.[46] 가상 대화의 내용은 다음과 같다.

어떤 사람이 물었다. "'치국·평천하'(나라를 다스리고 천하를 평온하게 하는 것)는

---

45) 주희, 『맹자집주』, 「만장장구상」 5.
46) 『大學或問』은 주희의 가장 중요한 저서 가운데 하나라고 한다. 미우라 쿠니오, 『주자어류 선집』(이승연 옮김, 예문서원, 2012), 159쪽.

천자와 제후의 일이므로 경대부 이하의 사람들은 그 일에 관여할 수 없습니다. 그런데 지금 『대학』의 가르침에서는 으레 '명명덕어천하明明德於天下'로써 말을 하니, 어찌 그 지위(位)에서 벗어난 것을 생각하고 그 분수가 아닌 것을 범하는 것이 되지 않겠습니까? 그것이 어떻게 위기지학爲己之學이 될 수 있겠습니까?' 나는 아래와 같이 대답하였다. "하늘의 밝은 명은 태어날 적에 함께 얻은 것으로, 나만 사사로이 얻는 것이 아닙니다. 그러므로 군자의 마음은 드넓게 크고 공정하여, 천하를 바라볼 때 어느 한 생명체라도 내 마음으로 사랑해야 할 대상 아닌 것이 없으며 어느 한 가지 일이라도 나의 직분상 해야 할 바가 아닌 것이 없다고 여깁니다. 비록 형세상 비천한 신분의 일반인일지라도 자기 임금을 요임금과 순임금 같은 분으로 만들고자 하고 자기 백성을 요순시대의 백성으로 만들고자 하는 포부가 그들 분수 안에 있지 않은 때가 없습니다."[47]

필자는 위 주장이 성리학의 집대성자인 주희 정치사상의 핵심이라고 본다. 그리고 그것은 우리가 상식적으로 알고 있는 성리학의 인상과 달리 매우 진취적이다. 주희의 자문자답이 지니는 의미는 대략 세 가지로 요약할 수 있다.[48]

첫째로, 성리학적 직분 개념은 기본적으로 신분제적 사회에서와 같은 세습적인 신분 개념과 거리가 멀다는 점이다. 나라를 다스리고 천하를 평온하게 하는 일은 세습적인 귀족이나 왕에게만 허용되는 특권이 아님을 주희는 분명하게 밝히고 있기 때문이다. 그리고 이런 주자학의 탈신분제적 직분 개념은 당송변혁기로 이해되는 송나라 시대에서 발생한 거대한 변혁의 시대상을 반영한다. 송대는 사·농·공·상 등으로 사회적인 분업이 이루어진 상황에서 개인이 자신의 재능과 노력에 의해 다른 집단으로의 신분

---

47) 주희, 「대학혹문」, 『대학』, 193쪽.
48) 이하는 나종석, 『대동민주주의와 21세기 유가적 비판이론의 모색』, 204~205쪽을 중심으로 수정한 것이다.

이동이 가능한 사회였음은 이제 널리 알려져 있다.

북송대에 이미 민民과 사士는 혈연을 통해 세습되는 신분제적 직분이 아니었고 민이 사로, 또는 사가 민으로 신분 이동하는 것도 가능했다. 송대에 대거 출현한 사대부들은 그 이전의 당대의 문벌귀족과 달리 세습적 지위를 누리는 지배 계층이 아니라 농·공·상에서 배출된 지배 엘리트였다. 북송대에는 농·공·상 출신의 자제들도 과거 시험을 통해 사士의 신분을 획득할 수 있었기 때문이다. 여영시余英時에 따르면 송대 사대부들은 정치적 주체라는 철저한 자각을 지니고 있었으며 "천하를 자신의 임무로 삼는다"(以天下爲己任)는 정신을 공유하고 있었다.[49]

둘째로, 주희의 주장에서 주목할 만한 것은 그가 백성의 정치적 지혜에 대한 믿음을 보여 주고 있다는 점이다. 그리고 백성의 정치적 판단 능력에 대한 신뢰는 그가 활동했던 시대의 변화 추세를 반영하고 있다. 선행 연구에 따르면 백성들의 정치적 의식을 신뢰하는 모습은 주희에게만 한정된 것이 아니라 송대 리학자理學者들이 공유하는 신념이었다.[50]

셋째로, 주희의 자문자답은 보편학으로서의 성리학이 정치적으로 상당히 위험한 결과를 초래할 수 있음을 보여 준다. 그런데 그는 이런 사실을 자각하고 있으면서도 그런 혁신적 측면을 오히려 긍정한다. 평범한 사람조차도 천하와 국가의 일에 관여할 수 있다는 점이 혹여나 자신의 지위를 넘어서는, 하극상과 같은 위험한 행위를 권하는 것은 아닌지 주희 스스로 묻고 있다는 점은 흥미롭다. 그러니까, 자신의 성리학이 모든 사람이 다 왕이 될 수 있다는 점을 고무하는 학설이 아닌지를 묻고, 이어서 스스럼없이 모든 사람이 천하의 일에 관여할 수 있음은 하등 문제가 되지 않는다고 천명한다. 이 책 제2장 2절에서도 언급했듯이 이는 맹자가 강조한 이윤伊尹

---

49) 여영시, 『주희의 역사 세계』 상, 30쪽·43쪽 참조.
50) 같은 책, 255쪽 참조.

의 뜻을 한층 더 심화시킨 주장으로 받아들여도 좋다. 그런 점에서 필자는
다음과 같이 주장했다.

> 이윤은 자신이 모시는 군주를 요순과 같은 군주로 만들고 자신이 통치하는
> 백성을 요순의 백성이 되게 하는 것이 자신의 뜻이라고만 말했을 뿐이다.
> 그런데 이 명제를 확장시켜 "배우는 사람은 모두 다 그래해야 한다", "모든
> 사람이 다 그래해야만 한다"라는 명제로 보편화시킨 인물이 바로 주희이다.
> 그는 형세상 비천한 신분의 일반인일지라도 "자기 임금을 요임금이나 순임금
> 같은 분으로 만들고 자기 백성을 요순시대의 백성으로 만들고자 하는 포부"를
> 지닐 수 있으며, 그렇게 하는 것이 결코 그들의 '분수'를 넘어서는 월권이
> 아니라 자신의 본분에 충실한 행위라고 역설한다.[51]

또한 주희의 자문자답이 송대 유학자들 사이에서 벌어진 존맹론과 비맹론
의 치열한 논쟁 과정에서 나온 것임도 주목해야 한다. 오늘날 유가 사상과
민주주의 사이의 연계 가능성을 고민하는 학자들 전반에서 맹자 사상은
그 핵심적 위치에 있다. 달리 말하자면, 민주주의와 유교적 민본주의 사이의
연결 가능성을 부정하든 긍정하든 간에 유가 사상에서 민주주의와 가장
가까운 사상가가 맹자라는 점에는 이의가 없다.

그런데 송나라 시대에 맹자를 매우 혹독하게 비판한 사람들이 있었다.
그들은 맹자가 공자의 도를 이어받은 것이 아니라 그것을 위반한 위험천만한
사람이라고 보았다. 그 까닭은, 맹자 사상이 군신 관계를 유동적으로 만들어
버림으로써 궁극적으로는 누구나 다 왕이 될 수 있다는 사고방식을 당연한
것처럼 여기게 할 것이기 때문이었다. 이에 맞서 공자와 맹자를 뚜렷하게
구분하면서 역성혁명론이나 민귀군경론, 폭군방벌론(걸·주와 같은 폭군을

---

51) 주희의 생각이 어떤 점에서 맹자의 사상보다도 더 진일보한 것인지에 관해서는 나종석,
『대동민주주의와 21세기 유가적 비판이론의 모색』, 161쪽 참조

죽이는 것은 임금을 죽이는 것이 아니라 일개 필부에 불과한 도적을 살해하는 것에 지나지 않는다는 주장) 등과 같은 맹자의 사상을 적극적으로 옹호한 사람이 송대 성리학의 집대성자 주희였다.

널리 알려져 있듯이 주희로 인해 『맹자』라는 저서는 『논어』, 『대학』, 『중용』과 함께 사서四書의 하나로 간주되었다. 사서를 유가의 다른 어떤 경전보다도 더 중요한 저서로 만든 것도 주희를 비롯한 송대 성리학자들이었다. 맹자의 사상이 조선을 건국한 사대부들에 의해 크게 존중되었다는 점 또한 널리 알려져 있다. 우리에게 유가 사상하면 공맹이 자연스럽게 떠오르고 "공자왈 맹자왈"이 떠오르는 것도 조선 시대의 유교적 전통이 오늘날에 이어지고 있다는 방증 중의 하나일 것이다. 그처럼 조선은 맹자의 나라로 불리기에 손색이 없을 정도로 맹자를 매우 높이 숭상한 나라였다. 이런 점에 대한 인식을 결여하고서는 왜 오늘날 동아시아에서 한국 사회가 나름대로 민주주의 사회를 구현할 수 있었던 것인가에 대한 제대로 된 인식이 확보될 리 없다.

바로 뒤에서는 "비록 형세상 비천한 신분의 일반인일지라도 자기 임금을 요임금과 순임금 같은 분으로 만들고 자기 백성을 요순시대의 백성으로 만들고 싶은 포부가 그들 분수 안에 있지 않은 때가 없습니다"라는 주희의 주장이 지니는 혁신성이 전봉준을 비롯한 갑오농민전쟁을 지도한 지도부의 정신과 상통하고 있음을 살펴보게 될 것이다.

달리 말하자면 주희 성리학의 대동유학적 성격을 백성들의 정치적 각성으로 승화해 전통적인 유교적 민본주의를 대동적인 대항(counter)민본주의로까지 심화·확대한 19세기 갑오농민전쟁은 동아시아 유교문명권에서 발생한 세계사적 사건으로 평가받아도 손색이 없다는 점이 상술될 것이다.

3. 백성의 양반화와 유교적 인정仁政 이념의 대중화: 유교적 만민평등주의의 전개를 중심으로

조선이 유교 국가이고 유교적 민본주의를 국가 통치이념으로 내세웠다는 것은 주지의 사실이다. 이 책 제3에서 강조했듯이 조선을 건국하는 데 공이 큰 정도전은 유교의 민본주의 사상, "대개 임금은 나라에 의존하고 나라는 백성들에게 의존하는 것이니, 백성이란 나라의 근본이며 임금의 하늘"임을 역설하면서 백성이 나라의 근본임을 강조한다.[52]

또 정도전은 인仁이 왕위에 정당성을 부여하는 궁극적 원천이라고 보고서 백성을 위한 인정仁政을 베풂이 마땅하다고 강조한다.

> 인군의 위位는, 높기로 말하면 지극히 높고 귀하기로 말하면 매우 귀하다. 그러나 천하는 지극히 넓고 만민은 수없이 많은데, 한번 그들의 마음을 얻지 못하면 아마 크게 우려할 일이 생기게 될 것이다.…… 인군이 천지가 만물을 생성시키는 그런 마음을 자기의 마음으로 삼아서 불인인지정不忍人之政을 행함으로써 천하 방방곡곡 사람들이 모두 기뻐서 인군을 마치 부모처럼 우러러볼 수 있게 한다면, 오래도록 안부安富와 존영尊榮의 즐거움을 누리게 될 것이요 위망危亡과 복추覆墜의 환患을 끝내 갖지 않게 될 것이다. 인仁으로써 위位를 지킴이 어찌 마땅한 일이 아니겠는가?[53]

조선 사회에서 유교적 민본주의가 본격적으로 실시됨에 따라 유교적 풍습과 가치는 조선 후기에 이르러 전체 사회에 영향을 미치게 된다. 이와 관련해 조선 후기 사회에 대한 정약용의 진단은 중요한 시사점을 준다.

---

52) 정도전, 「조선경국전」 상, 『삼봉집』 제13권.
53) 정도전, 「보위를 바룸」(正寶位), 같은 곳.

중국에 생원生員이 있는 것은 마치 우리나라에 양반兩班이 있는 것과 같다. 고정림顧亭林(정림은 顧炎武의 호)은 온 세상이 다 생원이 될까 걱정하였는데, 이는 마치 내가 온 나라가 다 양반이 될까 걱정하는 것과 같다. 그러나 양반의 폐단은 더욱 심하다. 생원의 경우는 실상 과거에 합격한 다음에 그 이름을 얻은 것이지만 양반은 문과文科나 무과武科를 거치지도 않고서 허명虛名만을 띠고 있으며, 생원은 인원수가 정해져 있으나 양반은 인원의 제한이 없다. 그리고 생원은 세대에 따라 변천하는 것이 있지만, 양반은 한 번 얻으면 영원히 놓지 않는다. 더구나 생원의 폐단까지 양반이 다 겸하고 있는 데야 말할 나위가 있겠는가?[54]

"온 나라가 다 양반이 될까 걱정"하면서 정약용이 양반제의 폐단을 고쳐 신분적 차별이 없는 조선 사회를 상상했는지는 의문이다. 이와 관련해 조동일은, 모든 조선 사람이 다 양반이 되려는 경향을 정약용이 부정적으로만 보지 않고 "긍정적으로 이해할 수 있다는 탁견을 보였다"라고 평가하면서 그 근거로 위 인용문 바로 뒤에 나오는 구절을 든다.[55]

이 구절에 따르면 정약용은 "가령 온 나라가 양반이 된다면 이는 곧 온 나라에 양반이 따로 없는 것이다"라고 말하고 있다. 그러나 이 구절만으로는 그가 양반 없는 사회를 긍정적으로 평가했는지 정확하게 알 수 없다. 차라리 정약용이 귀천 없는 사회, 그러니까 양반 없는 사회를 긍정적으로 보지 않았다고 추론하는 것이 더 적절할 것이다. 왜냐하면 그는 "젊은이가 있어야 어른이 드러나는 것이고 천한 자가 있어야 귀한 자가 드러나는 것인데, 만일 다 존귀尊貴하다면 이는 곧 존귀한 사람이 따로 없는 것이다"라고 평가하고 있기 때문이다.[56]

---

54) 정약용, 「고정림의 생원론에 발함(跋顧亭林生員論)」(장재한 옮김, 한국고전종합DB, 한국고전번역원, 1984).
55) 조동일, 『동아시아 문명론』(지식산업사, 2010), 302쪽.
56) 정약용, 「고정림의 생원론에 발함」.

그렇다고 해도 정약용의 시대 진단이 무의미해지는 것은 아니다. 그가 양반 없는 세상이 오는 것을 긍정했든 부정했든, 그런 현상이 조선 후기에 명백하게 등장하고 있었다는 분석은 우리에게 조선 후기 사회변동의 성격을 이해할 실마리를 제공하고 있기 때문이다. 실제로 조선 사회에서 양반 계층의 성격은 모호했고, 그렇기에 사민士民의 구분은 유동적이고 상대적이었다. 우리는 양반이 엄밀한 의미의 신분이 아니었다는 점을 인식할 필요가 있다.[57]

더 나아가, 조선 후기에 들어 유교적 생활양식의 보편화 혹은 전 백성의 양반화를 가능하게 할 경제적 토대가 구축되었다는 점도 중요하다. 이 시기에 조선은 소농 사회로 변화했다. 따라서 전 백성의 양반화는 18세기 이후 본격화된 경제 발전 이를테면 시장의 발달만이 아니라 점차 자립적인 소농이 일반화되는 농업사회의 구조적 변화와 맞물린 현상이었다. 정약용이 말하는 '온 나라가 다 양반이 되려'는 현상은 성리학을 매개로 이루어진 양반문화의 일반화 현상과, 그것을 가능하게 한 경제적 영역에서의 변화를 반영한 것이었다.

한국사 연구자인 미야지마 히로시는 소농 사회를 "자신의 토지를 소유하거나 다른 사람의 토지를 빌리거나 간에, 기본적으로 자신과 그 가족의 노동만으로 독립적인 농업 경영을 하는 소농의 존재가 지배적인 농업사회"로 설명하고 있다.[58] 여기서 그는 17~18세기에 조선 사회에서 본격적으로 형성되었던 소농 중심의 농업 형태는 촌락의 구조는 물론이고 문중 조직과 가부장적 가족 및 친족제도의 전국적 확산 등에도 영향을 끼쳐 오늘날 우리 사회의 성격이 형성될 수 있도록 했다고 본다. 달리 말해, 백성들이 유교적 예법을 모방하고 사대부가 입는 옷을 입으며 양반 행세를 하는 것이나 제사, 족보

---

57) 조선 시대 양반의 성격에 관해서는 이 책 제1장에서 다루었다.
58) 미야지마 히로시, 「동아시아 소농 사회의 형성」, 『인문과학연구』 5(1999), 139쪽.

편찬, 가부장 중심의 가족제도 정착 등 일상생활에서의 변화도 소농 사회의 출현으로 가능해졌다는 것이다.

그런데 소농 사회의 출현으로 인해 조선 사회의 정치적 지배 계층인 양반은 커다란 도전에 직면하게 된다. 양반은 본래 과거제도에 의해 구성되는 개방된 계층이었는데, 이들의 사회적 위신을 둘러싸고 경쟁이 격화되기에 이른 것이다. 소농 사회의 성립에 따라 이제 일반 백성들도 독자적인 가문을 형성할 수 있는 경제적 조건을 갖추고 유교적 소양을 길러서 과거제를 통해 계층 상승을 할 수 있게 되었기 때문이다. 그리하여 사회에서 양반으로 행세할 수 있는 사회적 상징 자본을 획득하려는 장은 엄청난 경쟁의 압력을 받게 되었다. 물론 비교적 상호 평등한 농민 계층이 중앙집권적 관료체제로의 진출을 통해 계층 상승을 이룰 수 있었던 유동적인 사회는 주자학을 통해 사상적으로 정당화될 수 있다는 점을 간과해서는 안 된다. 그래서 미야지마 히로시는 조선의 정치적 지배이념인 주자학을 소농 사회의 맥락에서 이해할 것을 강조한다.[59]

미야지마 히로시는 조선 및 중국에서 형성된 소농 사회 시기를 서구적 근대와 다른 독자적인 "동아시아적 근대" 혹은 "유교적 근대"로 규정하면서 이 유교적 근대의 정치사상을 주희朱熹의 사상에서 구한다. 그리고 그는 주희 사상의 '근대적 성격'에 주목하는 가운데 그 이론의 진보성과 선진성을 강조한다.[60] 필자는 미야지마 히로시의 이론이 한국을 비롯한 동아시아 역사에 대한 인식을 획기적으로 전환시킬 수 있는 매우 혁신적이고 대담한 시도라고 평가한다.

소농 사회 성립을 매개로 한 조선 후기의 새로운 변화 중 하나로는 서원이나 향교鄕校와는 다른 '서당' 교육의 보편화를 들 수 있다. 조선 서당의 변천

---

59) 미야지마 히로시, 『나의 한국사 공부』, 제2장 참조
60) 같은 책, 제11장 참조

과정에 관한 탁월한 연구자로 알려진 정순우에 따르면, 18세기 후반부터 "양인층을 중심으로 한 소농민들이 교육의 주체로 등장하기 시작"했다. 특히 18세기에는 문중 서당이 아닌, 비사족 계층의 서당이 설립·운영되는 흐름이 나타나서 심지어 노비층에까지 서당 교육이 보급되는 양상도 보인다. 이런 경향은 구한말에 이르러 더욱 강화되어 서당이 조선 사회 곳곳에 보급됨으로써 대다수 평민 자제들도 교육의 기회를 누릴 수 있게 되었다고 한다. 또한 17세기 이후 향촌 사회에서 서당은 성리학적 담론을 촌락 내에 확산하는 데도 크게 이바지했다.[61]

앞에서 서술했듯이 소농 사회 성립을 통한 사회경제적 조건의 변화에 힘입어 일반 백성들에게 양반층에 의해 독점되다시피 했던 성리학적 담론에 다가갈 기회를 제공해 줄 서당이 일반 백성 자신의 힘으로 개설되기에 이르렀다. 이렇게 사회 전반의 변화와 더불어 18세기 탕평 시대를 거치면서 유학의 대동 담론이 사회적으로 확산해 가는 면도 19세기 조선 사회에서 백성(民)이 정치의 전면으로 등장하는 조건을 이해하는 데 중요하다.

주지하듯이 숙종, 영조, 정조 등이 통치한 17세기 말 및 18세기는 탕평 정치의 시대로 규정되는데, 특히 대동이라는 용어는 17세기 대동법이 시행되면서 널리 사용된다. 실제로 정조는 「대동인大同引」이라는 글에서 대동법의 역사를 설명하면서 대동법의 정신이 대동사상에 있음을 분명히 한다.

대동大同이란 기자箕子의 홍범洪範 칠계의七稽疑에 있는, 전체 의사가 다 같다고 하는 것이다. 그 일이 천리天理와 인정人情에 꼭 맞아서 위로 후왕后王과 경사卿士로부터 아래로 서민 부녀자까지 그리고 물신物神이나 초령草靈까지도 다 따르고 거역함이 없으며, 해와 달이 비치는 곳과 서리와 이슬이 내리는 곳이면 모두가 극極에 모여 극으로 돌아가게 되고 그 효과는 자기

61) 정순우, 『서당의 사회사』(태학사, 2013), 9쪽·11쪽·152쪽·239쪽.

한 몸에서 시작하여 천만 자손들 모두에게 강령과 길상이 미치고 다함께 태평을 누리게 되는데, 대동법大同法이라는 이름은 거기에서 취한 것이다. 그러한 이름은 옛날 삼대三代 이전에도 없었고 삼대 이후에도 없었으며, 중국에서도 없었던 이름이고 우방국에도 그러한 이름이 있는 곳은 없다. 오직 우리나라만이 가지고 있는 이름인 것이다.[62]

천하위공의 유교적 이상사회인 대동사회는 권력의 사유화와 왕권을 규제한다는 공천하 사상을 넘어 아래로부터 올라오는 민의의 수렴 및 공론 정치와 사회적·경제적 차원에서의 균평 이념의 추구를 포함한다.[63] 그러므로 탕평 군주 정조가 손상익하損上益下(위를 덜어 아래를 이롭게 함) 및 일시경외一視京外(서울과 지방의 인재를 골고루 등용함)의 원칙을 견지하여 균등사회를 구현하고자 했던 것도 이상한 일은 아니다.

유교적 성왕 이론에 따라 왕의 자의적 권력 행사를 최소화하려고 노력한 역사에서 탕평 군주들도 중요한 역할을 했다. 천하위공天下爲公의 유교적 대동사상의 한 부분인 공천하公天下 사상은 탕평 군주들이 강조했던 이념 중 하나였다. 요순의 선양을 모델로 한 천하위공 사상은 백성을 학대하고 착취하는 폭군을 거부하고 새로운 왕조를 개창할 수 있는 정당성을 긍정했을 뿐만 아니라 후대에 이르러 황제 즉 천자의 지위를 세습하지 않는다는 생각으로 전개되었다.

그리하여 유가적 정치사상에서는 황제의 지위를 세습으로 자식에게 물려주는 행위를 천하를 사유화할 가능성이 큰 것으로 간주하면서, 유덕한 사람에게 천자의 자리를 물려주는 것이 공천하公天下 이념에 합당한 행위라는 인식이 중요하게 여겨졌다. 실제로 영조는 요순 정치를 탕평 정치의

---

62) 정조, 「序引」 5, '大同引', 『홍재전서』 제12권(양홍렬 옮김, 한국고전종합DB, 한국고전번역원, 1998).
63) 나종석, 『대동민주주의와 21세기 유가적 비판이론의 모색』, 제1장 참조.

구체적 실천 모델로 이해하면서 "한 사람(一人: 군주)으로써 천하를 다스리는 것이지, 천하가 한 사람을 받드는 것은 아니다"(以一人治天下, 不以天下奉一人)라는 공천하 이념을 강조했다.[64] 유교적 이상사회 건설을 탕평 정치의 궁극 목표로 설정했던 영조는 요순, 대동 등의 표현을 반복해서 강조한 것으로 알려져 있다.

이처럼 소농 사회 형성 및 18세기 탕평 정치로 인해 생겨난 '백성의 군자화=군자의 백성화' 현상은 19세기 후반 들어 발생한 전국적 민란과 갑오농민전쟁을 가능하게 하는 여러 사회적 전제 조건들을 충족시키고 있었다. 달리 말하자면 백성에게 '사회적 상상'으로 확산된 유교적 정치문화의 대중화와 일상화는 '민란의 세기'인 19세기에 백성이 정치적 주체로 전면에 등장하는 것을 가능하게 한 전제 조건이었다. 모든 백성이 양반의 생활양식을 따라잡으려는 전 백성의 양반화 현상은 단순히 가족제도나 족보 형성 등의 유교적 생활양식의 보편화에만 그치는 것이 아니라 선비 의식의 대중화도 동반한 것임을 간과해서는 안 된다.

일반 백성들이 양반의 생활양식을 모방함에 따라 양반이 내세우는 군자다움 혹은 선비 정신을 둘러싼 경쟁의식도 발생한다. 그래서 평민들이 선비답지 못하게 행동하는 양반 사족들을 비판하고 야유하는 양상도 등장하는 것이다. 요컨대 '백성의 군자화=군자의 백성화'[65] 라고 개념화될 수 있는, 조선 후기에 등장하는 이 현상은 유교적 평등주의 구현의 정신사적 토대로 이해되어야 할 것이다. 그리고 이런 유교 정치문화의 광범위한 확산이라는 조건에서 유교적 평등주의를 실현하고자 백성이 정치의 주체로 전면 등장하는 것이 19세기 조선의 역사에서 가장 주목할 현상이며, 그중에서도 갑오농민전쟁은

---

64) 『승정원일기』 62책(탈초본 1115책), 영조 31년 1월 6일.
65) 이 개념을 생각하는 데에서 조경달로부터 받은 영향을 분명히 한다. 저자는 그가 강조한 조선 후기에 "민중 차원에서 나타난 士 의식의 고양과 쇠퇴"라는 현상을 읽으면서 '백성의 군자화'라는 개념을 착안하게 되었다. 조경달, 『민중과 유토피아』, 24쪽.

"백성의 군자화=군자의 백성화"를 통한 평민의 정치적 주체 의식 자각이 최고의 형식으로 분출된 역사적 사건이다.

그럼 이제 군자 혹은 선비 관념의 대중화 현상을 보여 주는 구체적인 사례를 살펴보자. 환재瓛齋 박규수朴珪壽(1807~1877)는 「범희문이 학교를 일으키고 인재 선발 제도를 깨끗이 할 것을 청하다」(范希文請興學校淸選擧)라 는 글에서 그의 조부 연암 박지원의 「원사原士」에 드러난 사론士論을 계승·발 전시켜, 선비의 정체성이 무엇인지를 다음과 같이 해명한다.

> 무릇 사士는 무엇을 하는 자인가? 사는 생민生民의 큰 근본이자 도道를 아는 자의 미칭美稱이다. 왜 '생민의 큰 근본'이라고 하고, 왜 '도를 아는 자의 미칭'이라고 말하는가? 오직 그 명의名義를 명확히 분변하지 않기 때문에 스스로 포기하고 아까워하지 않으며, 오직 그 큰 근본을 일쩍 살피지 않기 때문에 근본을 지키며 잃어버리지 않는 자가 드물다.……
> 효제孝悌와 충순忠純의 덕을 지닌 사람이라면 누구도 사가 아님이 없다. 사 가운데, 100묘畝의 땅을 자신의 걱정거리로 삼아 부지런히 노력해서 곡물을 기르는(地財) 자를 '농農'이라고 한다. 사 가운데, 오재五材를 잘 다스려 백성들이 쓸 기물을 갖추며 이용후생利用厚生할 물건을 개발하는 자를 '공工'이라고 한다. 사 가운데, 있고 없는 것을 교역하고 사방의 진기한 물품을 유통하여 밑천으로 삼는 자를 '상商'이라고 한다. 그들의 신분이 사이고, 그들의 직업이 농과 공과 상의 일이다.…… 그러므로 하는 일은 달랐지만 그 도는 다름이 없었고, 명칭은 비록 네 가지로 나열되지만 사라는 점에서는 똑같다.…… 『의례儀禮』 「사관례士冠禮」에, "천자의 원자도 사와 같으니, 천하에는 태어나면서부터 귀한 자는 없다"(天子之元子猶士也, 天下無 生而貴者也)라고 하였다.[66]

---

66) 박규수, 「범희문이 학교를 일으키고 인재 선발 제도를 깨끗이 할 것을 청하다」, 『환재집』 제11권(성균관대학교 대동문화연구원·이성민 옮김, 한국고전종합DB, 2016).

박규수에 따르면 선비란 "효제孝悌와 충순忠純의 덕을 지닌 사람"이다. 그 사람이 사회적으로 농민이든 상업에 종사하는 사람이든 상관없이 효제충순孝悌忠純의 덕을 지닌 사람이라면 다 선비라는 것이다. 그는 사농공상士農工商의 구별을 직위라는 점에서만 구별할 뿐, 세습적인 신분과 분리해서 본다. 이런 그의 선비관은 그의 할아버지인 박지원의 선비에 관한 이해와 다른 점이 있다.

박지원은 "무릇 선비(士)란 아래로 농農·공工과 같은 부류에 속하나, 위로는 왕공王公과 벗"이 되는 사람으로서 "지위로 말하면 농·공과 다를 바 없지만, 덕으로 말하면 왕공이 평소 섬기는 존재"라고 규정한다. 그러면서 그는 "아무리 효제충신孝悌忠信을 갖춘 사람이라 할지라도 글을 읽지 않으면 모두 사사로운 지혜로써 천착穿鑿한 것"이라는 점에서 참다운 선비라 할 수 없다고 강조한다. 그리하여 박지원은 "본디 선비(雅士)란 어린애와 같고 모습은 처녀와 같으며 일 년 내내 문을 닫고 글을 읽는 사람을 말한다"라고 설명한다.[67] 여기에서 보듯이 박지원에게는 여전히 참다운 선비란 농업 등의 생업에 종사하는 사람이라기보다는 평생을 유가 경전을 읽고 이해하며 그 뜻을 추구하려는 독서인으로 이해되고 있다.

따라서 선비 이외의 농공상農工商도 '효제충순'의 덕을 갖추기만 한다면 선비가 될 수 있다는 박규수의 선비관은 선비 신분을 "상대화"하고 "사민평등의 논리적 기초를 구축한 것"이라는 평가를 받는다. 달리 말하자면, 박규수의 선비관은 유교 사회 내부에서 형성된 "사민평등, 인간 평등"의 이념을 보여주는 사례라는 것이다.[68]

여성 또한 조선 후기에 유학의 가치관이 일반 백성들에게 대중화되는 현상으로부터 예외는 아니었다. 물론 임진왜란과 병자호란을 거치면서

---

67) 박지원, 「原士」, 『연암집 제10권』 별집(신호열·김명호 옮김, 한국고전종합DB, 한국고전번역원, 2004).

68) 조경달, 『민중과 유토피아』, 39쪽.

조선 사회가 커다란 변동을 겪는 과정에서 남성중심적 유교 사회의 보수성이 강화되는 현상도 부인할 수 없다. 그래서 여성의 순종과 절개를 강조하는 유교적인 가부장적 가치관이 강화되었던 것도 사실이다. 또한 오늘날에 이르기까지 가부장 사회가 지속되고 있으며 그런 사회 내에서 여성이 수많은 차별과 억압을 당하고 있음도 사실이다.

2016년 5월 17일 한 20대 여성이 무참히 살해당한 사건은 한국 사회에 여성 살해(femicide)가 일상적 일임을 보여 주는 상징적 사건으로 되었다. 아무런 연고도 없는 여성을 서울시 한복판인 서초동 화장실에서 살해한 동기가 "평소 여자들이 나를 무시해서"였다고 한다. 한국의 여성학자 정희진은 이 사건을 접하고 "남자는 여자가 자기를 무시할까 봐 두려워하지만, 여자는 남자가 자기를 죽일까 봐 두려워한다"라고 한 영국 작가 마거릿 애트우드의 주장을 떠올렸다고 한다.[69]

물론 가부장 사회로 인한 여성 차별의 문제는 동아시아 유교문화권에만 존재하지 않는다. 가부장 사회에서 차별을 겪는 여성은 동양이나 서양과 상관없이 존재했기 때문이다. 호메로스의 작품에서 여성은 남성들이 벌인 전쟁에서 승리한 쪽이 취하는 전리품으로 취급되고 있다.

오늘날 서구 자본주의 사회에서도 여성(여기에서 단일한 집단이라는 가상을 불러일으키는 단수 여성이라는 개념이 지니는 쟁점들은 논외로 하자)은 남성에 비해 많은 차별 속에서 살아간다. 가부장제가 자본주의와 맺고 있는 공생관계는 자본주의 제도의 작동 메커니즘을 이해할 때 필수적인 것으로 받아들여지고 있다.[70] 그러므로 가부장적 한국 사회에서 여성이 겪는 수많은 문제가 모두 다 유교 전통으로 인해 발생한 것이 아니라 할지라도 유교 전통의 남성우월적 폭력성에 대한 발본적인 비판과 성찰이 요구된다.

---

69) 정희진, 『다시 페미니즘의 도전: 한국 사회 성정치학의 도전들』(교양인, 2023), 63쪽.
70) 마리아 미즈 『가부장제와 자본주의: 여성, 자연, 식민지와 세계적 규모의 자본축적』(최재인 옮김, 갈무리, 2014) 참조 바람.

오늘날 민족 차별, 불평등, 인종 차별, 성 차별 등 민족과 인종 그리고 계급과 젠더 문제가 주류적인 자본주의 질서의 타자화의 폭력을 경험한다는 공통성을 지닌다는 점에서만이 아니라, 인종 차별과 성 차별 그리고 계급 착취와 식민 지배 등은 서로 긴밀하게 연결되어 있기에 이런 문제를 해결하기 위한 투쟁들 사이에서 교차하는 연대의 망을 구성하려는 노력이 요구된다.

여하튼 조선 시대 여성이 단순히 남성중심적 가부장 질서의 단순한 수동적 존재로 혹은 피해자로만 살아간 것은 아니다. 우리는 조선 후기에 문화가 융성함에 따라 여성 성리학자, 즉 여성 선비가 등장하여 선비관에 일대 변화의 조짐이 일어나게 되는 현상에도 주목할 필요가 있다. 이런 변화가 유학 속에 있던 평등주의 혹은 유교적 대동주의가 관철된 결과라고 보지 않을 이유도 없다. 제2장 4절에서 언급했듯이 예를 들어, 임윤지당任允摯堂(1721~1793)이나 이사주당李師朱堂(1739~1821)은 조선 후기의 대표적인 여성 성리학자였다.[71]

박규수의 선비관과 별도로 우리는 공노비 해방에서도 조선식의 유교적 평등주의 이념이 관철되고 있음을 관찰할 수 있다. 이와 관련해서는 정조가 보여 준 노비제의 전면적인 혁파 구상을 살펴보는 것만으로도 충분할 것이다. 그는 노비의 처우가 얼마나 비인간적인지, 그리고 그런 노비제도를 폐지하는 것이 왜 마땅한지를 설명하면서 원래 노비제도 자체를 혁파하고자 했음을 강조한다.

내가 국정에 바쁜 여가를 이용하여 두 쪽 다 똑같이 편리한 방법이 없을까를

---

[71] 이에 대해서는 이남희, 「여성 선비(女士)와 女中君子: 조선 후기 지식인 여성의 자의식」, 김석근 엮음, 『선비 정신과 한국 사회』, 112~142쪽 참조 물론 유학과 페미니즘 사이의 만남을 통해 페미니즘 유학으로 거듭나려는 움직임이 더 힘차게 이루어져야 한다는 생각이다. 이 주제에 관해서는 한국유교학회 엮음, 『유교와 페미니즘』(철학과현실사, 2001); 리-시앙 리사 로즌리, 『유교와 여성 – 오리엔탈리즘적 페미니즘을 넘어서』(정환희 옮김, 필로소픽, 2023) 참조

고심하다가 우선 노비 규정을 모조리 없애 버리고 대신 고용雇傭의 법을 만들어서, 대물림은 하지 않고 자신에게만 한하도록 조처를 취하고 그에 관한 방략方略을 먼저 정해서 대금을 주고 드나들게 하되, 모두 다 일정한 수를 제한하도록 하여 뜻을 같이하는 한두 신하들과 함께 그 영令을 발표하려고 생각했다.[72]

정조는 노비제도가 세상에서 가장 비인간적인 제도라고 생각했다. 비록 고조선에서부터 유래한 오래된 제도이긴 하지만 그런 제도를 변혁하지 않고 당대까지 노비가 존속되고 있음을 그는 매우 애석하게 여겼다.

나는 이 세상에서 제일 억울한 존재가 노비보다 더한 것이 없다고 생각한다. 기자의 팔조지교는 그것이 악을 징계하자는 일시적 조처에 불과했던 것인데, 역대로 그것을 변혁하지 않고 그대로 인습해 왔기 때문에 대를 물려 가면서 남의 천대와 멸시를 받고 있는 것이다. 식구와 나이를 헤아려서 사고팔고 하니 짐승이나 다를 바 없고, 아들손자로 전해 가면서 이리 갈라지고 저리 갈라지니 토지나 매한가지며, 오랑캐 비슷하게 반드시 어미를 우선해서 아비 성을 따르지 않고 종(奴)으로 성姓을 삼는다. 양반과는 혼인도 할 수가 없고 이웃에서도 사람 축에 끼워 주지 않으니, 높고 두꺼운 하늘과 땅 사이에 갈 곳 없는 자와 같다. 하늘이 사람을 낼 때 그렇게 만들 이치가 있을 것인가. 약간의 인정을 베푼 열성조의 사랑으로 인해 비록 몸을 보존하고 살 곳을 정해 살고는 있지만, 그들에 대한 불쌍한 마음은 한이 없다.[73]

여기에서는 노비제를 운용한 조선 사회를 어떻게 규정해야 할지를 논하진 않을 것이다. 이 주제는 이미 이 책 제1장에서 다루었기 때문이다. 하여간 오늘날에도 조선 사회 신분제의 성격을 둘러싼 논쟁이 지속되고 있다.

---

72) 『弘齋全書』, 권12, 「翼靖公奏藁財賦類叙: 奴婢引」
73) 같은 책, 「序引」 5, '奴婢引'.

그렇기 때문에 조동일은 조선에서의 신분제 등장과 폐지에 관한 통괄적인 이론이 부재하다고 지적하고 있다.[74]

그러나 조선 후기에는 노비 수의 격감 추세가 일반적이었던 것으로 드러난다. 조동일이 여러 선행 연구를 토대로 종합해 놓은 자료에 따를 때, 대구 지역의 1690~1858년의 호적 자료를 분석해 보면 양반이 9.2%에서 70.3%로, 상민이 53.7%에서 28.2%로, 노비가 37.1%에서 1.5%로 크게 변동한다. 울산 지역의 변동 경향도 동일하다. 1762~1867년의 울산 호적에 나타난 신분별 호수 변동 추이는 다음과 같다. 1762~1867년 사이에 양반은 26.2%에서 65.48%로, 상민은 59, 78%에서 33.96%로, 노비는 13.93%에서 0.56%로 변동한 것으로 나타난다. 산음과 단성 지역의 1678~1786년 호적 자료의 분석 결과도 앞에서 인용한 두 사례와 같은 경향을 보여 준다. 그러므로 여러 자료의 분석 결과를 종합한다면 조선 후기에 들어 일어난 "양반 비율의 급증, 상민의 격감, 노비의 실질적 소멸"이 확인된다.[75]

노비가 조선 후기에 사실상 소멸하는 경향을 초래한 요인은 다양할 것이다. 그러나 앞에서 보았듯이 노비제도의 비인간성이 조선의 공식 통치이념인 주자학과 어긋나는 것이라는 정신적 자각도 노비제의 혁파와 폐지를 통해 만민평등 사회로 나가는 과정에서 큰 몫을 했음을 부인할 수 없다.

이제 정조의 유훈을 이어받아 1801년 공노비 해방 조치를 단행했던 순조의 윤음綸音을 통해서 공노비 해방의 유교적 정당화 논리를 보자.

내가 바야흐로 『중용』을 읽고 있는데, 무릇 천하와 국가를 다스리는 데에는 구경九經이 있으니 그 여섯 번째에 이르기를 "서민을 자식처럼 돌보아야 한다" 하였다. 주부자朱夫子가 이를 해석하기를 "백성을 내 자식과 같이 사랑하여 보살핀다는 것이다"라고 했으니, 내가 일찍이 책을 덮고 감탄하지

---

74) 조동일, 『동아시아 문명론』, 279쪽.
75) 같은 책, 302~303쪽.

않은 적이 없었다.…… 우리나라의 내시內寺 등 각 아문衙門에서 노비를 소유하여 이를 전하는 것이 기자箕子로부터 비롯되었다고 하나, 나는 그렇지 않다고 생각한다.…… 또 더욱이 왕자王者는 백성에게 임하여 귀천貴賤이 없고 내외內外가 없이 고루 균등하게 적자赤子로 여겨야 하는데, '노奴'라고 하고 '비婢'라고 하여 구분하는 것이 어찌 똑같이 사랑하는 동포로 여기는 뜻이겠는가? 내노비內奴婢 36,974구와 시노비寺奴婢 29,093구를 모두 양민으로 삼도록 허락하고, 인하여 승정원으로 하여금 노비안奴婢案을 거두어 돈화문敦化門 밖에서 불태우게 하라.[76]

순조의 발언에서 보듯이 공노비 폐지는 주자학의 논리로 정당화되고 있다. 임금이 할 일이란 귀천이나 내외를 구분하지 않고 모든 백성을 "균등하게 적자"로 여겨야 하고 "똑같이 사랑하는 동포"로 대우해야 하는 것이며, 이것이 주부자朱夫子 즉 주희의 가르침임을 순조는 강조한다.

노비제도 개선의 역사에서 획기적 분기점으로 인정되는 조선의 종모법은 영조 대인 1731년부터 비로소 불변의 법으로 정착되었다. 종모법의 시행으로 노비는 어머니가 비婢인 경우로 한정되어 그 수가 격감하고, 노비의 가계는 여러 세대에 걸쳐 세습되기 힘들게 되었다. 게다가 1801년 공노비 해방을 계기로 조선의 노는 자자손손 세습되는 신분제의 굴레를 벗고 본인 당대에만 노의 역할을 하는 예속인으로 변화되었다.

그런데 오늘날 유럽중심주의적 사유를 내면화하고 있는 우리 사회가 생각하듯이 서구 근대를 문명의 표준이라고 한다면, 1800년 초의 조선 사회는 당대 서유럽 사회와 비교해서 정말 야만적인 신분제 차별 사회이었다고 할 수 있는가? 여기에서 조선 후기 사회와 서구 근대사회를 비교하는 작업을 행한다는 것은 불가능하다. 그러나 이 책 제1장에서 1797년에 저술된 칸트의 『법철학』에서 드러나는 프로이센의 상황과 당대 조선을 비교해 보았던

---

76) 『순조실록』, 1년 1월 28일 을사, 3번째 기사.

점을 기억해 본다면, 1800년대 초 조선과 프로이센 사이에는 상당한 유사성이 있음을 발견할 수 있다. 간단하게 말해 당대 프로이센이 조선과 비교해 그 무슨 문명의 우월성을 내세울 정도로 만민평등을 제도적으로 확보하고 있었던 사회는 아니었다.

4. 갑오농민전쟁과 대항민본주의

갑오농민전쟁은 유교적 만민평등 이념이 정치적 행위로 분출된 19세기의 대표적인 사건이다. 우리는 이 갑오농민전쟁에 대해 보여 준 정부 관료나 일부 사대부 양반과 농민군 지도부 사이의 대립 양상을 통해 유교적 민본주의를 둘러싼 해석의 갈등을 읽어낼 수 있다. 이는 앞에서 살펴본 것처럼 조선 후기에 등장한 사회 전반의 변동과 궤를 같이한다. 유교적 민본주의의 주체가 누구인가를 둘러싸고 갑오농민전쟁을 계기로 명확하게 드러난 분기를 우리는 사대부적 민본주의 대 평민적·대동적 민본주의 사이의 분기로 이해할 수 있을 것이다.[77]

달리 말하자면, 참다운 군자상을 둘러싼 일반 백성과 양반 계층과의 인정투쟁이 발생했는데, 이런 인정투쟁의 배경에는 인간다움과 군자다움은 사회적 신분의 높고 낮음에 의존하지 않으며 참다운 인간의 도리를 실현하는 사람이야말로 진정한 군자라고 할 수 있다는 광범위한 자각이 있다.

조선 후기에 성리학이 일반 서민 대중에게 광범위하게 스며들면서 일반 백성 즉 소민도 성리학적 교의를 체득하여 유교적 교의와 도리를 명분으로 자신들을 무시하고 모욕하는 현실에 대해 다양한 방식으로 이의를 제기했다.

---

77) 대동적 민본주의와 사대부 민본주의의 구별에 대해서는 나종석, 「사회인문학의 이중적 성찰: 대동민주유학의 관점에서」, 『사회와철학』 35(2018), 109~111쪽 참조 바람.

따라서 조선 후기에 유교적 도리의 실현을 담당하는 주체가 누구인가를 두고 발생한 심각한 인정투쟁은 사실상 유교적 민본주의 국가인 조선의 진정한 주체가 누구인가라는 것과 관련된다. 그런 인정투쟁의 절정이 갑오농민전쟁이었음은 이미 강조했다. 갑오농민전쟁이 유교적 민본주의 사회의 평등주의 실현 과정에서 발생한 특색 있고 획기적인 사건이었음을 더 상세하게 분석하기 위해, 우선 갑오농민전쟁과 '민회' 전통과의 관계를 알아보자.

갑오농민전쟁이 조선 후기에 본격적으로 성숙한 '민회'의 전통을 계승하고 있음은 갑오농민전쟁이 발발하기 1년 전인 1893년, 동학 교주 최제우의 신원伸寃을 위해 모인 충청도 보은집회에서 분명해진다. 이 모임을 주도한 '동학도'들이 보은집회를 민회로 규정하고 있기 때문이다. 이때 왕명을 받고 흐트러진 민심을 어루만져 안정시키려는 의도 아래 내려온 순무사巡撫使 어윤중魚允中과 농민들의 대화는 흥미롭다. 기록에 따르면, 전국 각지에서 이 집회에 참석하려고 온 수가 2만여 명이나 되었다고 한다. 어윤중은 보은집회에 참석한 농민들이 자신들의 모임을 민회의 연속으로 보고 있음을 기록하고 있다.

> 그들이 또 말하기를, 그들의 이번 모임은 "아무런 무기도 가져오지 않았으니 이는 곧 민회民會이다. 일찍이 듣기로 각국에도 또한 민회가 있어 조정의 정령政令 가운데 민국民國(백성과 국가)에 불편한 것이 있으면 (민회에서) 회의를 통해 검토하여 정한다고 한다. (우리들의) 이번 모임 또한 이와 비슷하다. 어찌 비류匪類로 지목할 수 있단 말인가"라고 하였습니다.[78]

어윤중의 장계에서 흥미로운 지점은 일반 백성들 스스로가 자신들의 삶에 영향을 끼치는 국가의 공적 사안을 결정할 때는 자신들의 목소리가

---

78) 김인걸, 『조선 후기 공론 정치의 새로운 전개: 18, 19세기 향회, 민회를 중심으로』, 6쪽에서 재인용함.

반드시 반영되어야 한다고 주장하는 부분이다. 그리고 이런 항의의 목소리를 내는 자신들의 행위가 민회와 향회의 전통에서 나온 것이라고 주장하고 있다는 점도 매우 중요하다. 그리고 조정의 정책에 대해 항의의 목소리를 내는 일이 조선 후기에 일반화한 성리학의 보편화와도 무관하지 않을 터이다. 이미 앞에서 본 것처럼 성리학에서 민의를 반영하는 정치는 민본주의의 기본적 요소였을 뿐만 아니라, 공적 사안에 대해 일반 백성의 뜻을 존중하는 유교적 민본주의 전통이 조선 후기 성리학의 보편화 과정과 더불어 자리를 굳건하게 잡아가고 있었다.

이에 따라 백성 중심의 공론이 발생하였고, 이를 통해 일반 백성들은 민회와 향회에서 독자적인 목소리를 낼 수 있는 공간을 확보할 수 있게 되었다. 이런 맥락에서 역사학자 김인걸은 "동학교도들의 집회나 주장은 전통적으로 중민衆民이 합법적 공간에서 등소等訴나 의송議送의 형태로 자신들의 집단적 의사를 표해 오던 의사 표현의 방식과 내용을 계승한 것"이라고 이해한다.79)

하여간 보은집회에 참석한 동학도들은, 자신들의 삶을 곤란하게 하는 조정의 정책을 비판적으로 검토해서 이를 재고하도록 하는 행위가 지극히 당연하며 그런 현상은 '각국'(아마도 서양의)에서도 행해짐을 알고 있다고 말한다. 그러므로 자신들의 집단적 행위를 '무리지어 나쁜 짓을 행하는' 비류匪類로 규정함은 틀린 것이라고 이의를 제기한다.

더 나아가, 19세기 후반 조선 사회를 이해할 때는 내우외환으로 어려운 상황에 빠진 백성들이 자신들의 삶을 구하기 위해 직접 행동으로 나서는 것을 두고 벌어진 어윤중과 일반 백성들 사이의 의견 차이도 주목해 보아야 할 지점이다.

국왕의 명령을 받고 민심을 진정시키기 위해 온 어윤중에게 백성들은

---

79) 같은 책, 7쪽.

자신들이 일어나 저항하는 목적은 탐관오리의 악정을 국왕에게 고해서 끝내고자 함이요 외세의 침략으로 위기에 처한 나라를 구하기 위함이라고 말한다. 그러나 이렇게 주장하는 백성들에게 어윤중은 "이는 조정이 해야 할 처분인데, 너희들이 어찌 감히 이렇게 할 수 있는가?"라고 반문한다. 그는 정치가 이루어지는 공간을 조정에 한정하고 있다. 물론 백성의 목소리를 현장에서 직접 듣고 반영하려는 움직임이 보여 주듯이 정치를 조정에 한정한다는 것이 백성의 목소리에 무관심함을 뜻하지는 않는다.

다만 어윤중과 같은 조선 사회의 일부 지도층 인사들은 여전히 백성을 통치의 객체로만 바라보는 전통적인 유교적 민본주의의 틀 내에 갇혀 있었다. 이에 반해 백성들은, 자신들의 행동이 이른바 백성의 지위와 직분에 어울리지 않는 일이라고 꾸짖는 어윤중과는 달리 공적인 사안에 자신의 목소리를 내는 행위를 지극히 당연한 정치적 행동으로 이해하는 모습을 보여 주고 있다.

또한 동학도들은 국가의 정치를 담당하는 주체를 조정으로 한정하는 견해를 비판하면서 나라에 진정으로 충성을 다할 선비와 관리를 선발하여 위기에 처한 나라와 백성의 삶을 구해 낼 것을 왕에게 요청한다.

> 저희들 수만 명은 함께 죽기를 맹세하여, 왜와 서양을 제거하고 격파하여 큰 은혜에 보답하는 의리를 다하고자 합니다. 삼가 원하건대 각하께서는 뜻을 같이하고 힘을 합하여 충의 정신이 있는 선비와 관리를 모집하여 함께 국가의 소원을 돕도록 하십시오. 천번 만번 기원하고 간절히 바랍니다.[80]

어윤중이 기록한 백성의 목소리는 위기에 처한 나라를 구하고 백성의 삶을 편안하게 하는 일이 일부 양반에게만 한정된 일이 아니라 백성들

---

80) 「報恩官衙通告 癸巳三月十一日東學人掛書于三門外」, 『聚語』(동학농민전쟁종합정보 시스템: http://www.e-donghak.or.kr/dirFrameSet.jsp?item=sa).

자신의 본분이라는 것을 조선의 백성이 자각하고 있었음을 보여 준다. 그리고 이런 인식은 정치적인 책임 의식을 지니는 정치적 주체의 백성화라는, 조선 후기에 형성된 유교적 정치문화의 민중적 전환에 바탕을 두고 있다는 해석을 가능하게 해 준다.

어윤중과 백성의 대화가 지니는 의미를 대동적 이념의 대중화와 유교적 평등주의의 정치적 발현이라는 관점에서 좀 더 해석해 보자.

어윤중과 백성의 대화는 조선 후기에 나타난 유교적 정치문화 일반화의 결과, 조선 내내 통치이념이었던 유교적 민본주의가 상이하게 분기되는 양상을 뚜렷하게 보여 준다. 앞에서도 언급한 것이긴 하지만, 조선 후기 특히 18세기 탕평 시기를 거치면서 유교적 민본주의 이념은 사대부적 민본주의와 평민적 혹은 대동적 민본주의로 분기되어 서로 갈등하는 양상으로 전개되기 시작했다. 이는 탕평 정치 시대를 거치면서 형성되는 서민적 공론장 형성(이 책 제4장에서 분석한)이나 민회의 활성화와도 연관되어 이해해야 할 것으로 보인다.

필자가 보기에 사대부적 민본주의와 평민적 민본주의는 유교적 민본주의가 지향하는 대동세계 혹은 요순 삼대의 세상을 공유한다. 그러나 이 두 갈래의 민본주의는 유교적 민본주의에 대한 서로 다른 이해를 보여 주는데, 사대부적 민본주의 흐름은 양반 사족으로 자부하는 선비만이 국왕과 더불어 유교적 민본주의 이상을 실현할 수 있는 정치적 주체라고 보면서 백성을 통치 대상으로 간주한다. 이에 반해 평민적 혹은 대동적 민본주의는 일반 백성도 유가가 추구하는 이상적 인격성을 겸비하는 한에서는 당당한 정치적 주체로 나설 수 있음을 옹호한다. 그러니까, 대동적 민본주의는 선비의 백성화로 말미암은, 선비 정신을 내면화한 백성들의 정치적 주체 의식을 개념화한 것이라고 말할 수 있다.

이런 두 가지 유교적 민본주의의 흐름과는 다른 양상을 보이는 또 하나의 흐름이 있다. 19세기 말 독립협회를 중심으로 등장한 개화파가 바로 그것으로, 19세기 후반의 정치는 물론이고 이후의 일제강점기 및 해방 시기, 그리고 오늘날에 이르기까지 우리 사회의 성격을 규정하고 있는 중요한 흐름이다. 그러나 독립협회 주도자들의 백성들에 대한 부정적인 인식, 즉 우민관愚民觀은 심각한 문제를 안고 있다. 이들의 우민관은 당대 보수적 유학자들이나 위정척사파 유형의 지식인들에 비해서도 극심했다고 알려져 있다. 실제로 만민공동회를 개최하려는 시점에서조차 윤치호, 서재필, 이완용 등 독립협회를 주도했던 인사들은 "무식한 인민이 난폭한 행동을 하는 것"을 매우 염려했다.[81]

또한 일본의 침략 의도에 대한 인식 부족은 제외하더라도, 이른바 서구적 근대화에 성공한 일본에 대한 환상으로 인해 일본의 지배를 환영하거나 순응적으로 방관하는 태도 등을 종합적으로 고려해 볼 때, 독립협회 주변의 개화파 인사들에게서 나타나는 민권 옹호 주장은 민권 실현의 역사에서 긍정적 의미만을 지닌다고 보기는 힘들다. 역사학자 조동걸이 주장하듯이, 『독립신문』을 중심으로 개화파를 이끈 문명개화론자들은 백성을 우매하고 위험한 존재로 보았을 뿐만 아니라 "의병과 동학농민군을 난적으로 보고 그것을 토벌하기 위한 일본군의 주둔을 오히려 정당한 것으로 논변하는 해괴한 발상까지 하게 될 정도로 국민 의식이 미흡"했다.[82] 그러므로 유교적 정치문화가 해체되는 시기인 한말 갑오농민전쟁 때의 농민들에 대해 급진적인 개화파들과 개신 유림들이 사뭇 상반된 반응을 보여 준 점도 염두에 두어야 할 것이다.[83]

---

81) 주진오, 「독립협회의 개화론과 민족주의」, 『현상과 인식』 20(1996), 34쪽.
82) 조동걸·한국독립운동사편찬위원회 편, 『한국 독립운동의 역사 1: 한국 독립운동의 이념과 방략』, 47쪽.
83) 개화파를 구분하는 기준은 연구자에 따라 매우 다르다. 적극적 개화파 대 소극적 개화파, 혹은 변법적 개화파 대 개량적 개화파 또는 동도서기파, 혹은 급진개화파(개화당) 대 온건개화파(점진적 개화파=중간파) 등으로 개화파를 구분한다고 알려져 있다. 강상규, 『조선 정치사의 발견』, 29쪽 각주 25 참조.

개화파 엘리트들이 주도한『독립신문』은 서구 근대문명을 막을 수 없는 역사의 대세로 인정하고 그것을 받아들여 조선을 문명개화의 상태로 만들어야 한다는 서구 중심의 문명론 확산에 주력했다. 그런데 서구적 문명화를 시대의 과제로 이해했던 이 신문은, 1896년 정부에 반란을 일으킨 사람들을 엄정하게 다스릴 것을 촉구한다.

> 한번 (반정부 반란의) 죄를 짓게 되면 앙화와 벌이 다만 자기 몸에만 미칠 뿐 아니라 부모 형제 처자가 다 해를 입을 터이니, 이것을 생각하면 범법한 후에 이익이 없는 것을 깨달을 것이다.[84]

위 신문은 연좌제를 옹호하면서 반란에 참여한 당사자들만이 아니라 그들의 부모, 형제, 처자 모두에게 형벌을 가해야 함을 역설한다. 이런 주장이 서구에서 주장된 이른바 문명화의 논리라 일컬어지는 민권 보호와 무슨 관련이 있는지도 의문이다.

하여간 정부에 반란을 일으킨 백성들을 바라보는『독립신문』의 태도는 전통적인 유교적 민본주의의 온정주의적 백성관과 큰 대조를 이룬다. 개화파와 달리 유교적 온정주의를 여전히 간직하고 있었던 개신 유림의 기관지 격인『황성신문』의 반란민에 대한 태도를 보자.

1899년 전라도 지역의 한 관리가 동학 잔여 세력의 창궐을 보고하면서 그들을 진압할 군부대의 파견을 요청하는 사건이 있자『황성신문』은 이에 대해 비판적인 논설을 실었다. 이 논설에서는, 백성들의 소요는 "관료의 학정"에 의한 것이라고 하면서 농민에 대한 학정을 방지해 달라고 요구하면서 난의 진압에 앞서 농민들의 고충을 듣고 설득하는 일이 선행되어야 함을 강조한다. 같은 사건에 대해『독립신문』도 난의 창궐이 탐관오리들의 학정에

---

84) 박노자,『나는 폭력의 세기를 고발한다』(인물과사상사, 2005), 102쪽에서 재인용.

기인한 것으로 인정하면서도 반란자를 대하는 태도는 유교적 민본주의를 계승한 사람들과 사뭇 달랐다. 그 신문은 "범법자"를 죽이는 일을 당연한 것으로 보았다.[85]

개화파를 대표하는 인물들의 태도도 『독립신문』과 마찬가지였다. 갑신정변을 일으킨 주역 중의 하나였던 박영효의 예를 보자. 그는 정변이 실패한 후 김옥균의 무리와 함께 일본으로 도망갔다가 한때 미국으로 건너가서 생활하기도 했다. 그런데 그는 "미국 사람은 양반을 몰라본다"라는 말을 남기고 다시 일본으로 돌아올 정도로 철종의 부마로서 왕실 가문이라는 특권의식이 몸에 밴 사람이었다.[86]

서재필 또한 철저하게 조선 백성을 불신하면서 그들을 무지몽매한 집단으로 매도했다. 그는 1935년 『동아일보』에 연재된 「회고 갑신정변」에서 개화파의 개혁이 실패하게 된 요인으로 "일반 민중의 성원이 박약한 것이었고, 또 하나는 너무도 남에게 의뢰하려 했던 것"을 들면서 갑신정변 실패의 근본 원인을 조선의 "일반 민중의 무지몰각無知沒覺"에서 구한다.

> 독립당의 3일의 꿈은 또 깨어지고 말았는바, 그 독립당의 계획에서는 부실한 것도 많았지만 무엇보다도 제일 큰 패인은 그 계획에 까닭도 모르고 반대하는 일반 민중의 무지몰각이었다.[87]

갑신정변이 실패한 지 50여 년이 흐른 뒤에도 서재필은 그 실패의 궁극적 원인을 일반 백성들의 무지에서 찾고 있었던 것이다. 그러므로 이들이 내걸었던 만민평등 사상이니 민권 존중 사상이니 하는 것들이 과연 얼마나 절절한 요구였는지는 의심되지 않을 수 없다.

---

85) 같은 책, 103~104쪽.
86) 조일문·신복룡, 「해제」, 김옥균·박영효·서재필, 『갑신정변 회고록』, 20쪽.
87) 같은 책, 229쪽 및 238쪽.

이처럼 한말에 개화파를 이끌었던 주도적 인물들은 백성을 유교적 민본주의의 시각에서 이해하지 않았다. 그들은 조선의 일반 백성을 멸시하고 무시했으며, 이런 태도를 당연하게 여겨졌다. 개화파 지식인들이 보기에 백성들은 어리석고 무지한 자들이었을 뿐이다. 박영효나 유길준, 서재필, 윤치호 등 개화파의 대표적인 지식인들은 모두 백성들의 자주적이고 주체적인 역량을 신뢰하지 않았다. 『독립신문』은 국민의 천부인권, 자유권, 참정권 등을 옹호하는 듯했지만 실상 인민이 스스로 목소리를 내걸고 나서면 그것을 위험한 것으로 비판하기에 바빴다.[88]

그러므로 "전봉준으로 상징되는 인민과 김옥균으로 상징되는 개화파의 만남"이라는 김정인의 희망이 역사적으로 좌절된 이유 중의 하나가 개화파 인사들이 지닌 백성관, 달리 말하자면 지나친 계몽주의적 엘리트주의에 있었다고 해도 지나치지 않을 것이다. 개화파 인사들이 갑오농민전쟁의 정신은 유가적인 대동적 민본주의의 흐름에서 나온 만민평등 지향임을 자각하였다면, 그리하여 이를 서구적 민주공화주의 언어로 번역 가능한 것으로 보고서 백성들과 연대할 방안을 모색할 수 있었다면 우리 역사는 과연 어떻게 달라졌을까?

이제 유교적 민본주의와 대동 이념의 보편화라는 관점에서 갑오농민전쟁의 의미를 더 분석해 보자. 그러기 위해서는 먼저 「무장포고문茂長布告文」의 내용을 검토해야 할 것이다. 전봉준全琫準, 김개남金開男, 손화중孫華仲 등으로 구성된 갑오농민전쟁 지도부는 농민전쟁의 정당성을 백성들에게 널리 알리는 포고문을 만들어 배포했는데, 그중 「무장포고문」이 제일 유명하다. 「무장포고문」은 1894년 3월 20일 보국안민輔國安民의 기치를 내걸고 일어난 무장에서의 농민 봉기를 알리는 글이다. 다음은 매천梅泉 황현黃玹(1855~1910)이 기록한 「무장포고문」의 내용 중 일부이다.

---

88) 정용화, 『문명의 정치사상: 유길준과 근대 한국』, 344~345쪽 참조.

세상에서 사람을 가장 귀하게 여기는 까닭은 바로 사람에게 인륜이 있기 때문이다. 임금과 신하, 부모와 자식의 관계는 인륜의 요체이다. 임금은 어질고 신하는 강직하며 부모는 자식을 사랑하고 자식은 부모에게 효성을 다해야만 비로소 가정과 나라가 이루어지고 끝없는 복을 누릴 수 있다. 지금 우리 임금은 인자하고 효성스러운 성품과 이치를 밝히 아는 총명한 자질을 겸비하신 분이다. 만약 선량하고 정직한 신하가 임금을 보필하여 나라를 다스린다면 요순堯舜의 덕화德化를 이룸은 물론이요 한나라 문제文帝·경제景帝 시대와 같은 훌륭한 정치에 도달하는 것은 그리 오래 걸리지 않는다.…… 마침내 온 나라가 결딴나고 만백성은 도탄에 빠졌다. 수재守宰들의 탐욕과 학정이 진실로 이런 지경에 이르렀는데, 어떻게 백성의 생활이 곤궁하지 않을 수 있겠는가? 백성은 나라의 근본이다. 근본이 약해지면 그 나라는 망할 수밖에 없다.…… 우리는 비록 시골에 살면서 망해 가는 이름 없는 백성일 뿐이지만, 임금의 땅에서 먹고 입고 사는 까닭에 이 존망의 위기를 모른 척할 수 없다. 그래서 팔도의 백성이 마음을 같이하고 수많은 백성의 의견을 거쳐 지금 의義의 깃발을 높이 치켜들고 보국안민輔國安民에 생사를 걸 것을 맹세한다.[89]

"세상에서 사람을 가장 귀하게 여기는 까닭은 바로 사람에게 인륜이 있기 때문이다"라는 「무장포고문」 첫 문장은 『동몽선습』 수편首篇의 "천지 사이에 있는 만물의 무리 가운데에서 오직 사람이 가장 존귀하다. 사람을 존귀하게 여기는 까닭은 오륜五倫이 있기 때문이다"(天地之間 萬物之衆, 惟人最貴, 所貴乎人者, 以其有五倫也)에서 나온 것으로 알려져 있다.[90] 「무장포고문」은 처음 학문을 배우는 아동들이 『천자문』을 배운 뒤에 필수적으로 배웠던 아동 교육서인 『동몽선습』의 첫 문장을 거의 그대로 반복하고 있는 것이다. 백성들 역시 유가적인 가치관에 관한 초보적인 인식을 체화하고 있었기에

89) 황현, 『오동나무 아래에서 역사를 기록하다: 황현이 본 갑오농민전쟁』, 125~127쪽.
90) 『동몽선습』(한국고전종합DB).

갑오농민전쟁 지도부는 백성들에게 자신들의 정당성을 알리면서 유가적인 인간관에 호소했던 것이라고 보아야 한다.

이런 맥락에서 필자는 갑오농민전쟁에 큰 영향을 준 동학의 대중적 호소력도 유교적 가치관의 대중화 현상을 떼어 놓고 설명하기 힘들다고 본다. 사실 19세기 후반에 등장한 이후 한국 사회에 그 어떤 종교보다도 커다란 영향력을 행사한 동학은 유교적 가치관의 일상화 및 대중화의 흐름 속에서 탄생했다. 동학의 창시자인 수운 최제우가 "모든 민중은 요순이 될 수 있음"을 강조했던 것도 우연이 아니다. 이와 관련된 최제우의 주장 몇 가지를 인용하면 다음과 같다.

> 요순의 세상에는 백성이 다 요순같이 되었고 이 세상 운수는 세상과 같이 돌아가는지라, 해가 되고 덕이 되는 것은 한울님께 있는 것이요 나에게 있지 아니하니라.

> 공부자의 도를 깨달으면 한 이치로 된 것이요, 오직 우리 도로 말하면 대체는 같으나 약간 다른 것이니라.

> 자고自古 성현聖賢 문도門徒들은 백가시서百家詩書 외워 내어 연원淵源 도통道統 지켜 내서 공부자孔夫子 어진 도덕 가장 더욱 밝혀내어 천추千秋에 전해 오니 그 아니 기쁠소냐 내 역시 이 세상에 무극대도 닦아 내어 오는 사람 효유曉諭해서 삼칠 자 전해 주니 무위이화無爲而化 아닐런가.[91]

이 책 제5장에서 강조했듯이, 필자는 동학의 만민평등 이념과 성리학이 서로 연결되어 있다고 본다. 물론 동학이 성리학의 아류라거나 성리학 혹은 유학 사상의 한 갈래라고 주장하려는 것은 결코 아니다. 다만 아무리 독창적 사상이라고 해도 그 사상이 출현한 전통의 맥락에서 본다면 성리학이

---

91) 최제우, 「수덕문」, 『천도교 경전 공부하기』, 42쪽·58쪽·161쪽.

준 영향도 중요하다는 정도의 주장으로 받아들이면 될 것이다.

이를 입증하기 위해 필자는 간단하게 동학의 '인내천' 사상이 나오게 된 배경의 하나로 주자학을 언급하고자 한다. 예를 들어 주희는 『주자어류』 권17에서 "하늘이 곧 사람이고 사람이 곧 하늘"(天卽人, 人卽天)임을 천명하고 있다.[92] 그러므로 우리는 "조선의 유학자들이 주자학을 때로는 보수적으로 전유하여 그것을 통치 이데올로기로 사용했다고 할지라도 그런 현상을 이유로 주자학 자체가 지니고 있었던 유교적 평등주의 이상 및 그 급진적 잠재성"을 간과하지 않아야 한다.[93]

물론 동학의 '인내천' 사상의 근원이 유학인지를 묻는 것이 어쩌면 당연한 것이겠지만, 사상의 계보를 캐묻는 것보다 더 중요한 것은 인간과 하늘의 동등성의 관점에서 이해된 인간의 존엄성에 대한 동학의 위대한 학설이 당대 조선에서 오랫동안 축적되어 온 유학의 전통과 맞닿아 있다는 점을 인식하는 것이다. '인내천' 사상으로 정식화된 동학의 만민평등 이념과 유사한 주장이 다른 유학자의 글에서도 확인된다는 것은 우연이라고 보기 힘들다.

조선 후기의 유학자 백운白雲 심대윤沈大允(1806~1872) 역시도 "백성이 곧 하늘"(民卽天)이라는 사상을 강조했다. 심대윤은 최제우와 거의 동시대의 사람으로, 그가 자신의 주저인 『복리전서福利全書』의 서문을 완성한 시점은 1862년, 곧 임술민란이 발발한 해이자 최제우가 자신의 동학 교리를 펴고 있던 때이다. 심대윤의 고조는 영조 때 영의정을 지낸 심수현沈壽賢이고 증조부는 이조판서를 지낸 심악沈鐸이었는데, 심악이 나주괘서羅州掛書 사건으로 비롯된 1755년(영조 31)의 을해옥사乙亥獄事에 연루되어 가문이 몰락했다.

심대윤은 「예운」편이 기록자의 오류라고 보면서 「예운」편의 대동설을

---

92) 황준걸, 『이천년 맹자를 읽다: 중국맹자학사』, 253쪽에서 재인용함.
93) 나종석, 『대동민주유학과 21세기 실학: 한국 민주주의론의 재정립』, 544쪽.

강력하게 부인하였는데, 이런 심대윤조차도 "백성은 아래에 있는 하늘이고, 천은 위에 있는 하늘이다"(民爲在下之天也, 天爲在上之天也)라고 강조한 바 있었던 것이다. 그래서 임형택은 동학의 '인내천' 사상에 빗대어 심대윤의 사상을 '민내천'으로 볼 수도 있을 것이라고 하였다.[94]

이상과 같이 볼 때, 동학의 인내천 사상은 이미 조선 후기 사회 저변에 널리 공유되어 있던 인간 이해를 명료하게 파악하여 이를 내외에 자각적으로 천명한 것이라고 할 수 있을 것이다.

그리고 갑오농민전쟁의 주체인 농민들은 유교적 대동 세상을 구현할 정치적 주체가 조정이나 양반 관료, 유교적 소양을 갖춘 재지사족 등이 아니라 일반 백성 자신들이라는 점을 강조하는 데 그치지 않았다. 그들은 실제로도 유교적 규범 속에서 움직이고 있었다. 그들이 "곤궁한 자를 구제할 것, 불충한 자를 제거하고 불효한 자를 벌할 것" 등의 엄격한 군율 속에서 움직였음은 농민군이 유교적 규범을 매우 깊이 체화하고 있었음을 보여 주는 방증이다.[95] 더 나아가 「무장포고문」의 "우리는 비록 시골에 살면서 망해 가는 이름 없는 백성일 뿐이지만, 임금의 땅에서 먹고 입고 사는 까닭에 이 존망의 위기를 모른 척할 수 없다"라는 주장에서 보듯이, 그들은 자신들이 직접 나서서 위기에 빠진 조선을 구해 내어 요순 성왕이 이끄는 대동세계로 만들어 가겠다고 다짐하고 있다.

이런 점에서 필자는 갑오농민전쟁을 대동적 혹은 평민적 민본주의가 전면에 부각한 사건으로 이해하면서, 평민적 대동주의 즉 대동적 민본주의는 요순 세상을 이루려는 뜻을 일반 백성이 지님은 지극히 당연하다는 주희의 주장과 동일한 사유 구조를 보여 주고 있음을 잊어서는 안 된다는 점을

---

94) 임형택, 『실사구시의 한국학』, 211~214쪽 및 218~219쪽.
95) 조경달, 『이단의 민중 반란』, 178쪽. 물론 노비를 포함한 驛人, 皮工 등 천민과 같은 기층 백성의 투쟁은 매우 거셌고 "양반 자체의 말살"을 시도할 정도로 급진적인 평등주의 성향을 보여 주었다고 한다. 같은 책, 257쪽.

특별히 강조하고자 한다. 선행 연구에서 필자는 이 점을 갑오농민전쟁의 성격을 이해할 때 간과할 수 없는 매우 특기할 사항이라고 하면서 다음과 같이 평가한 바 있다.

> 평민적 대동주의는 자신의 군왕을 요순 성왕으로 만들고 모든 백성을 요순의 백성으로 만들려는 이윤(伊尹)의 뜻을 이어받아서 모든 백성이 이윤의 뜻을 실현할 주체임을 강조한, 성리학의 집대성자 주희가 역설한 민본주의와 맥을 같이한다는 점이 강조되어야 한다. 달리 말하자면, 설령 사회적으로 지위나 신분이 낮은 일반인일지라도 "자기 임금을 요임금이나 순임금 같은 분으로 만들고 자기 백성을 요순시대의 백성으로 만들고자 하는 포부"를 지닐 수 있으며, 그런 포부를 실행에 옮기는 일은 결코 무슨 불온한 것으로 비판받을 일이 아니라 일반 백성이 마땅히 행동으로 옮겨야 할 본분에 충실한 행위라고 보았던 성리학의 주장을 조선의 백성은 실제 몸소 실천으로 보여 주었다.[96)]

갑오농민전쟁을 대동적 혹은 평민적 민본주의가 지니는 평등주의의 실현을 향한 일반 백성의 투쟁이라고 보는 필자의 견해는 조경달의 평가와는 약간 다르다. 물론 필자는 갑오농민전쟁에 대한 그의 분석이 매우 탁월하다는 점을 긍정한다. 그런데 그는 갑오농민전쟁에서 일반 백성(조경달은 민중이라는 용어를 사용한다)이 희망했던 "평등사상"은 "신분 상승=양반화"를 지향하는 것이라고 이해한다.

달리 말하자면, 조경달은 갑오농민전쟁 때 백성들이 바란 것은 "양반 신분의 폐지"가 아니라 "민중 전체의 양반화에 의한 유토피아 실현"이었다고 본다. 요컨대 "조선 민중의 평등관은 상승적인 평등관"이었다는 것이다.[97)] 그러나 이런 조경달의 해석의 기본 방향에 동의하면서도 필자는 '신분상승적

---

96) 나종석, 『대동민주유학과 21세기 실학』, 269~270쪽.
97) 조경달, 『이단의 민중 반란』, 256쪽.

인 평등관'이라는 말이 양반 신분의 폐지와 양립 가능하다고 본다.

필자가 생각할 때, 신분 상승의 평등관에는 양반층과 같이 잘살아 보려는 모방 심리와 경쟁심리가 작동하고 있다는 점도 부인할 수는 없겠지만 모든 백성의 양반화 추구는 차별적 신분 체제 자체에 대한 거부라는 계기가 들어 있다고 여겨진다. 그렇다면 양반처럼 되고자 하는 희망은 곧 유가적인, 인간의 인간다움의 표상인 선비 혹은 군자의 정신을 이어받아서 탁월성을 인정받는 사람이 되고자 하는 희망이라고 할 수 있을 것이다.

그런 보편적 희망을 가능하게 하는 대동의 유토피아적 세상에서는 모든 사람이 자신의 역량에 따라 사회적인 지위를 향상할 기회를 보장받을 것이며, 그런 한에서 갑오농민전쟁을 주도한 백성의 평등사상은 명백하게 탈신분체제적인 평등관의 계기를 포함한다고 보아도 좋을 듯하다. 조경달도 동학이 많은 백성의 호응을 얻게 된 이유 중의 하나를 반상이나 상하, 귀천 등의 차별을 거부한 데에서 구하면서 갑오농민전쟁에 참여한 농민군도 동학의 평등주의를 받아들이고 있다고 말한다.[98]

필자의 해석은 갑오농민전쟁에서 백성이 요구한 사항을 통해서도 어느 정도 입증될 수 있다. 오지영이 지은 『동학사』에는 농민군이 정부에 요구하는 12개 조의 폐정개혁안이 실려 있는데 그 내용은 다음과 같다.

① (동학) 도인과 정부는 묵은 감정을 버리고 서정에 협력할 것 ② 탐관오리는 그 죄목을 조사하여 일일이 엄징할 것. ③ 횡포한 부호의 무리는 엄징할 것. ④ 불량한 유림과 양반의 무리는 징습할 것. ⑤ 노비 문서는 소각할 것. ⑥ 칠반천인七般賤人의 대우를 개선하고 백정의 머리에서 평양갓(패랭이)을 버리게 할 것. ⑦ 청춘과부는 개가를 허락할 것. ⑧ 무명잡세는 일절 시행하지 말 것. ⑨ 관리의 채용은 지벌을 타파하고 인재를 등용할 것. ⑩ (왜와) 밀통하는 자는 엄징할 것. ⑪ 공·사채를 논하지 말고 기왕의

---

98) 같은 책, 234쪽.

것은 전부 시행하지 말 것. ⑫ 토지는 평균으로 분작시킬 것.[99]

위 개혁안 중에서 ⑤, ⑥, ⑦, ⑫의 조항은 조선 사회의 급진적 개혁을 촉구하는 내용으로, 당대 조선의 기층 민중이 얼마나 강력하게 신분제적 차별과 반상의 구별이 없는 평등한 세상을 지향했는지를 잘 보여 준다. 역사학자 김정인도 "노비 문서는 소각할 것"을 요구하는 조항은 "인민의 자유와 평등을 위해 과거 신분 차별의 흔적을 모두 지우자는 간명하고도 강렬한 요구"라고 하면서, 이런 요구를 농민군이 내걸었다는 점에서 "당시 노비 해방, 나아가 신분 해방에 대해 인민적 공감대가 확고했음"을 추론하고도 남음이 있다고 이해한다.[100]

물론 오지영이 지은 『동학사』에 실린 위 12개 조의 폐정개혁안의 진실성 여부는 학계에서 논란이 되고 있다. 조경달 역시 이 개혁안에는 식민지시기 오지영 본인의 이상이 반영되었을 것이라는 견해가 타당하다고 본다.[101] 그렇지만 조경달은 『동학사』의 폐정개혁안은 "당시 농민군 내부의 요구와 투쟁 모습이 오지영의 기억 속에 남겨져 재구성된 것"이라고 하면서, 오지영이 재구성한 개혁안은 갑오농민전쟁 당시 농민들이 요구했던 것과 크게 다르지는 않을 것이라고 추론한다.[102]

이제 「무장포고문」의 의미를 유교적인 대동적 민본주의의 전개라는 관점에서 해석해 보자. 이 책 제5장에서 이와 관련한 지점을 설명한 바 있기에 여기에서는 그와는 다른 관점에서 유교적 대동적 민본주의의 전면적 전개가 지니는 정치사적 의미를 해명해 볼 것이다.

앞에서 살펴본 것처럼 「무장포고문」은 갑오농민전쟁에 참여하는 지도부

---

99) 같은 책, 222쪽에서 재인용함.
100) 김정인, 『민주주의를 향한 역사』, 27쪽.
101) 조경달, 『이단의 민중 반란』, 223~224쪽.
102) 같은 책, 236쪽.

와 백성들이 그들의 행위를 유교적 민본주의 이념에 따라 정당화하고 있다. 그리고 이를 통해 백성의 삶을 도탄에 빠트리며 나라를 위기에 처하게 만든 타락한 양반 지배층에 대해 저항하는 자신들의 정치적 행위가 곧바로 '백성이 나라의 근본'이라는 조선의 통치이념을 실행에 옮기는 것임을 천명한다.

이런 백성들의 행동을 통해 우리는 19세기 조선 사회에서 유교적 민본주의가 기존 제도의 틀을 넘어서 정치에 대한 새로운 인식으로 이행하고 있음을 발견할 수 있다. 간단하게 말해, 오랜 세월 유교적 민본주의의 이념을 실현하려고 조선이 구축한 제도는 과거제를 통해 능력이 있는 자를 선발하여 이들이 왕과 더불어 정치를 수행하는 틀을 고수해 왔다.

물론 이 책 곳곳에서 설명했듯이 조선의 유교적 민본주의는 왕의 자의적 권력을 비판적으로 견제할 여러 제도적 장치들, 이를테면 경연 및 서연 제도, 간관 제도, 재상을 중시하는 군신공치 그리고 양반 중심의 공론 정치와 향회 및 민회 등을 마련하려는 노력을 게을리하지는 않았다. 이런 점에서 유교 국가 조선을 유교적 헌정주의 혹은 유교적 입헌주의 국가라고 볼 수 있다.

그러나 갑오농민전쟁을 계기로 분명하게 드러난 것은 이제 백성들이 유교적 민본주의 이념을 제대로 구현하지 못하는 유교적 입헌주의적 제도에 기반한 정치권력을 비판하고 견제하고 심지어 심판하는 정치적 행위자로 전면에 등장하게 되었다는 획기적 현상이다. 이런 현상을 필자는 프랑스 정치철학자 피에르 로장발롱(Pierre Rosanvallon)의 용어를 응용하여 대항(counter)민본주의라고 개념화할 것을 제언한다.

이 책 제10장에서 필자는 갑오농민전쟁을 우리 사회 민주주의의 동력학을 해명할 획기적 사건이라는 점을 제대로 이해하기 위해 "대항민주주의"(counter-democracy)라는 로장발롱의 개념을 빌려 해석할 것이다. 그곳에서 설명하고 있듯이 갑오농민전쟁은 오늘날 촛불시위에 이르는 한국 민주주의의 독특한 성격, 즉 밑으로부터 자발적으로 행동하는 일반 민/시민이 기존 정치권력과 제도-오늘날 대의제 민주주의-의 한계를 견제하고 비판하고 심판하는 주권자적 역할을 담당하고 있는 전통을 개시한 사건으로 이해된다. 그런 맥락에서 필자는 대항민본주의의 형태로 민본주의를 확장·심화한 갑오농민전쟁을 우리나라의 "원형민주주의"(proto-democracy)라는 개념으로 해명하고자 한다. 간단하게 말해 대항민본주의는 우리나라의 원형민주주의로 이해되어야 한다는 말이다.

그러니까 갑오농민전쟁은 선거로 선출되지는 않았지만, 과거제나 공론정치 등을 통해 일반 백성의 뜻, 즉 민의를 대표하는 역할을 하리라 기대되는 조선의 민본주의적 제도가 대항민본주의라는 측면으로까지 확장되는 모습을 보여 준다는 것이다. 오늘날 대의제나 선거 민주주의가 민주주의와 동일시되는 것이 아니라, 민주주의는 대의제와 더불어 대의제적 권력의 자의성이나 부족한 대표성을 일반 시민들이 자발적으로 견제하고 비판하며, 때로는 심각한 부정의를 심판하는 봉기나 저항, 즉 대항-민주주의를 포함하는 것이라고 이해되고 있다. 물론 민주주의를 구성하는 두 부분이 나름 독자적인 것으로 서로를 대체할 수 없다는 점도 분명하다.

마찬가지로 갑오농민전쟁을 통해 조선 사회는 일반 백성이 스스로 기존의 유교적 대표제 민본주의의 한계를 비판하고 시정할 저항적 행위와 목소리를 내는 새로운 형태의 유교적 대항민본주의의 면모를 보여 주고 있다는 말이다. 거듭 강조하지만, 유교적 입헌주의 전통과 아울러 갑오농민전쟁을 계기로 전면에 등장한 이런 유교적 대항민본주의는 우리 사회의 원형민주주의의 기점으로 오늘날에 이르기까지 변형된 형태로 지속되고 있다고 보아도 좋을 것이다.

앞에서 서술한 유교 국가 조선의 민본주의 이념을 제도화한 두 가지

기둥, 즉 유교적 입헌주의와 유교적 대항민본주의에 대한 분석은 대동민주주의 이론에 대한 김상환의 비판과도 관련되어 있다. 대항민본주의를 중심으로 한 유교적 민본주의에 관한 필자의 분석이 그의 문제 제기에 대한 응답의 성격도 띠고 있기 때문이다. 또 필자의 응답은 이 책 10장 3절에서 서술하는 바와 같이 민주주의는 대의제 민주주의와 대항민주주의(counter-democracy)라는 두 축으로 운영되는 제도라는 점과도 연결되어 있다.

앞에서 강조했듯이 갑오농민전쟁으로 분출된 유교적 대항민본주의, 그러니까 백성들이 대표제적 권력을 감시, 견제하고 시정하는 저항 행위로서의 대항민본주의는 대동적 민본 이념의 제도적 형태이자 한국의 원형민주주의로 이해될 수 있다.

이런 맥락에서 김상환의 비판적 문제 제기를 좀 언급해 보자. 그는 최근 2017년에 나온 필자의 저서 『대동민주유학과 21세기 실학』에 관한 소중한 비평의 글을 통해 필자가 내놓은 제언이 지니는 한계들을 지적했다.[103] 물론 여기에서 그의 비판 모두를 다룰 수는 없다. 그의 문제 제기에 대한 더 상세한 응답은 다음 기회로 미루지 않을 수 없다.

그래서 여기에서는 유교적 민본주의의 제도화와 관련된 김상환의 문제 제기에 초점을 맞추고자 한다. 그는 필자의 대동민주주의 이념이 "과거 의병운동, 갑오농민전쟁, 독립운동, 하물며 1980년대의 민주화운동에 활기를 불어넣은 저항 담론의 원천"으로 작동했을지 모르지만, "위기 상황이 아닌 일상의 평범한 현실을 지속적으로 조형하던 적극적 원리였는지는 의심스럽다"라고 말한다.[104]

김상환의 주장도 일상적인 제도화의 문제와 위기 상황에서의 저항 행위를 구별하는 것을 넘어, 강하게 이 둘을 대비하는 모습을 보여 준다. 그래서

---

103) 김상환, 「대동민주유학론이 넘어서야 할 의심들」, 『창작과비평』 200(2023, 여름), 448~452쪽.
104) 같은 글, 451~452쪽.

김상환은 대동유학의 이념의 한계를 다음과 같이 지적한다.

언급했던 것처럼 대동유학의 이념은 위기 상황을 돌파하고 불의한 지배에
맞서는 저항운동 속에서는 그 실효성을 유감없이 발휘했는지 모른다. 피비린
내 나는 권력 투쟁 속에서 대의명분으로도, 민중 동원을 위한 반란의 구호로도
자주 모습을 드러냈을 것이다. 그러나 정상 상태를 조형하는 통치원리로서
법제화된 적은 별로 없는 것이 아닌가 한다.[105]

위 인용문에서 보듯이 위기 상황과 관련된 "저항운동"이나 "반란" 등과
관계없이 대동유학의 이념은 "정상 상태를 조형하는 통치원리로서 법제화"
된 적이 거의 없다는 것이 김상환의 견해이다. 물론 필자도 어떤 정치
원리이든지 그것이 법제화된 형태를 띠고 운영되는 면이 존재해야 함을
전적으로 긍정한다. 그리고 이때 통치원리라는 개념을 모든 정치 원리를
포함하는 것으로 이해하는 것은 무의미하다고 본다. 그러므로 필자는 통치원
리를 적어도 오늘날의 민주주의 원리나 조선에서 통치이념으로 여겨진
성리학적 통치원리─필자의 견해로는 대동유학의 성격을 지닌─로 한정해 논의할
것이다.

이때 필자가 갖는 의문은, 정상 상태를 조형하는 법제화된 통치원리가
비상사태 혹은 위기 상황을 돌파하는 저항 행위를 비제도적인 것으로 보아서
그것을 배제하는가 하는 점이다. 달리 말하자면 오늘날의 민주주의나 유교
사회 조선의 정치사를 규정하는 통치원리는 대의제나 과거제를 통한 일종의
대표제를 허용하면서도, 그런 것으로 환원될 수 없는 독자적인 백성/시민의
적극적인 저항 행위로서의 정치 행위를 내포한다고 볼 여지는 없는가 하는
점이다. 필자의 견해에 따르면 조선의 유교적 민본주의는 그런 잠재성을

---

105) 같은 글, 452쪽.

지니고 있었고, 그것은 갑오농민전쟁을 통해 대항민본주의나 대항민주주의라는 개념으로 명시화될 수 있을 정도로 명확하게 표출되었다.

그리고 제10장 3절에서 상세하게 설명하듯이 대항민주주의나 대항민본주의는 대의제 및 대표제와 별도로 민주주의나 민본주의 이념 혹은 정치 원리를 구현하는 독자적인 제도의 한 형식으로 이해되어야 한다.

요약해 보자면, 선거로 선출되지 않은 권력이든 선거로 선출된 권력이든 민의를 일정한 방식으로 대표하는 권력을 감시하고 견제하며 때로는 그것을 탄핵하여 다른 권력으로 대체하는 백성/시민의 저항 행위로서의 대항민본주의와 대항민주주의야말로 민본주의와 민주주의의 정치 원리에 생명력을 제공하는 제도 중의 제도라는 것이 필자의 견해이다.

이제 마지막으로 갑오농민전쟁과 의병 전통 사이의 연계성을 살펴보기로 하자. 앞에서 인용된 「무장포고문」에는 다음과 같은 구절이 있다.

팔도의 백성이 마음을 같이하고 수많은 백성의 의논을 거쳐, 지금 의義의 깃발을 높이 치켜들고 보국안민輔國安民에 생사를 걸 것을 맹세한다.

일본군의 개입으로 농민군이 패배하는 상황에서 전봉준은 「경군京軍과 영병營兵에 고시하고 민에게 교시함」이라는 제목의 한글 격문을 공표했는데, 이 격문에서도 전봉준은 농민군을 의병으로 부른다.

다름이 아니라 일본과 조선은 개국 이후 설령 인방隣邦이라고 해도 누대累代의 적국이다.…… 지금 우리 동학도가 의병을 일으켜 왜적을 소탕하고 개화를 제어하여 조정을 청평하게 하며 사직을 안보하려고 하는 때에, 언제나 의병이 이르는 곳에 병정과 군교가 의리를 생각하지 않고 나타나 접전하려고 한다.[106]

---

106) 조경달, 『이단의 민중 반란』, 317쪽에서 재인용함.

전봉준 등의 갑오농민전쟁 지도 세력에 따르면 농민들이 외세와 조선의 부패한 세력에 항거하여 일으킨 저항은 의병투쟁에 해당하는 의로운 행위였다. 한국 의병투쟁의 역사에서 지울 수 없는 사건은 임진왜란 때 일어난 의병이다. 최근에 한국에 소개된 『임진 전쟁과 민족의 탄생』에서 김자현은, 임진 전쟁 시기에 절체절명에 처한 조선을 구하기 위해 전 지역에서 자발적으로 불길처럼 솟아오른 의병투쟁은 조선에 독자적인 상상의 공동체로서의 민족이 탄생하는 결정적 계기를 제공했다는 견해를 펼쳤다.

김자현은 당시 수많은 의병장이 지역 백성을 대상으로 호소한 격문의 내용을 분석하면서, 이런 격문이 조선 전역에 빠르게 공유됨에 따라 조선 사람들은 일본이나 중국과는 별개로 존재하는 독자적인 민족적 공동체라는 정체성을 자각하게 되었다고 한다. 의병장들이 백성에게 호소한 격문들의 여러 면모를 분석하고 종합하면서 그는 다음과 같이 주장한다.

이 수사들은 종족적인 민족주의를 반복하는 표현이었다. 모두 합쳐 생각했을 때, 공동체 구성원으로서의 모든 조선인이 조선을 지킬 책임을 공유하는 비전을 만들었으며, 모든 지방은 모두가 지켜야 하는 하나의 조선에 통합되었다. 사족은 더 이상 안보를 위해 나라에 기대는 수동적인 존재가 아니었다. 그들은 침략자를 몰아내고 나라를 지키며 자신의 삶을 되돌릴 책임이 있는 능동적인 주체가 되었다. 어찌되었든, 그들의 공동체는 특별한 도덕적·문화적 삶의 방식을 보존하기 위해 이적의 지배로부터 지켜져야 했다.[107]

김자현에 따르면, 유교적 사족 문화의 중심축을 이루었던 재지사족 출신 의병장들은 나라가 위기에 처할 때 스스로 나서서 나라를 구하는 것이 자신의 도덕적 책임에 속하는 것임을 자각하게 되었다. 그 결과 상상의

---

107) 김자현, 『임진 전쟁과 민족의 탄생』(윌리엄 하부시·김지수 편집, 주채영 옮김, 너머북스, 2019), 89쪽.

공동체로서의 조선 민족의식 속에는 "도덕적인 것과 민족적인 것" 사이의 내적 결합이라는 독특한 태도가 형성되기 시작했다. 달리 말하자면 "이유나 동기와 관계없이 자기 나라를 수호할 책임을 받아들임으로써 완전한 조선인이 되고, 따라서 도덕적 존재가 되었다고 상정"되었다는 것이다.

이런 도덕적인 것 혹은 의와 충을 중심으로 하여 구성된 유교적 도덕성을 매개로 형성된 조선의 민족 개념이 광범위하게 공유됨에 따라 이제 백성들 모두는 나라의 통치 대상에서 벗어나 "나라의 생존을 위해 싸우고 기여하는 주체"로 변화되게 된다. 그리하여 신분이나 계층의 차이에도 불구하고 이제 "모든 조선인은 옳은 결정을 내릴 수 있는 개인"으로 여겨지게 된다고 김자현은 주장한다. 그는 자신의 견해를 입증하는 근거로 "충과 의의 경우 학자의 후손으로부터 관리인의 노예에 이르기까지 다를 것이 없었다. 모두 똑같이 갖추었다"라는 당시의 서간문을 인용한다.[108]

임진 전쟁 시기 재지사족을 중심으로 자발적으로 일어난 의병투쟁을 통해 조선이라는 민족 개념이 탄생했다는 김자현의 이론은 분명 빛나는 면모를 지닌다. 이 부분에 관해서는 앞으로 더 치열한 학적 논쟁이 전개되었으면 한다. 다만, 의병투쟁이 유교적 정치문화를 배경으로 일어났고 충이나 의와 같은 유교적인 가치들을 공유하는 사람들이 많아지면서 조선이라는 나라가 위기를 벗어났을 뿐만 아니라 조선 민족을 구성하는 개인들 모두가 도덕적으로 충의를 실현할 능동적 주체로 변형되었다고 보는 김자현의 주장은, 갑오농민전쟁의 과정이나 조선 후기 유교적 가치관의 보편화 과정에서 백성들이 독특한 정치적 주체 의식을 확보함으로써 19세기 말부터는 정치사회 전면에 등장하게 되었다고 보는 필자의 주장과 친화성이 존재한다고 여겨진다. 그리고 김자현의 이론을 바탕으로 한국의 민족을 "의로운 민족"(Righteous Nation)이라고 명명하는 오드 아르네 베스타(Odd Arne Bestad)의

---

108) 같은 책, 112~115쪽 참조.

주장도 흥미롭다.[109]

이제 우리는 18세기 이래 본격화되기 시작한 유교적 대동 평화 및 평등사회 지향에서부터 한말 의병전쟁과 일제 식민지시기 독립운동을 거쳐 민주공화국 대한민국에서의 민주주의 실현에 이르기까지의 전 과정을 일관된 역사로 인식하려는 시도가 일정 정도 설득력 있는 길임을 확인할 수 있게 되었다. 전통과 근대의 이원론을 넘어서 한국 민주공화국의 탄생 역사를 새로운 관점에서 구체화해 보려는 작업이 이제는 더 이상 지체될 수 없다. 이런 맥락에서 필자는 18세기에서 오늘날에 이르는 우리 근현대사를 전체적으로 조망할 수 있는 역사상을 재규정하려 할 때 가장 기본적인 사유 패러다임은 '유교 전통의 민주적 변형과 민주주의의 유교적 전환의 이중 과정'이 되어야 함을 제안했다.[110]

5. 삼균주의와 대한민국 제헌헌법

이 절에서는 유교적 대동 이념과 서구 공화주의 및 민주주의의 이중적 전환의 최종적 산물이라 할 수 있는 대한민국 제헌헌법을 살펴볼 터인데, 특히 조소앙의 삼균주의를 중심으로 제헌헌법의 정신과 그 탄생사를 서술하게 될 것이다. 갑오농민전쟁이 조선의 유교적 정치문화에서 축적된 평등 지향의 대동적 민본주의를 배경으로 발생한 획기적 사건이라면, 그 이후 조선 백성에게 널리 공유된 대동적 민본주의를 정신사적 조건으로 하여 서구 민주주의 및 공화주의와 천하위공의 유가적 대동사상 사이의 해석학적 대화가 이루어진다.

---

109) 오드 아르네 베스타, 『제국과 의로운 민족: 한중 관계 600년사―하버드대 라이샤워 강연』(옥창준 옮김, 너머북스, 2022).
110) 나종석, 『대동민주유학과 21세기 실학』, 특히 제9장 참조.

달리 말하자면, 한말 이후 유교적 민본주의와 민주주의의 대화가 발생하고 이를 통해 독자적인, 그러니까 유교적 문명주의의 특색을 지닌 민주공화주의 이념이 전개되는 것이다. 이런 대동적 민주공화주의는 주로 임시정부와 협력한 조소앙의 삼균주의로 명시화되고, 조소앙의 삼균주의는 해방 후 탄생한 제헌헌법의 근본 원리로 채택된다. 이것이 대략 이 절에서 논해 보려는 주장이다.

앞에서 강조했듯이 대동적 유교 사상은 조선 사회가 서구의 공화주의와 민주주의를 나름의 방식으로 수용하는 문화적 조건으로 작용했는데, 이는 다양한 방면에서 입증된다. 논의를 위해 몇 가지 예만을 언급하는 것으로 그치겠다. 먼저, 혜강惠岡 최한기崔漢綺는 미국 대통령 선거를 '지공거至公擧', 즉 가장 공변된 선거로 보면서 미국의 정치를 마치 요순과 같은 성왕이 통치하는 가장 이상적인 유가적 정치체제로 묘사했다.[111] 최한기 이외에도 한말 이후 유학에 정통한 많은 학자가, 이를테면 해학海鶴 이기李沂, 단재 신채호 등도 천하위공의 대동세계 이상과 민주공화제 사이의 친화성을 주장하였다. 간단하게 말해 조선의 유학자들은 서구 공화주의 및 민주주의를 유가가 가장 이상적인 세계로 생각한 요순 세상이 제도적으로 구현된 것으로 이해하였다.[112]

그럼 한국의 민주공화정 탄생과 조선의 유교적 정치문화 및 민본주의 사이에 어떤 연관성이 존재하는지를 좀 더 구체적으로 살펴보자. 개화파 인사들 중 명시적이고 공개적으로 공화제를 주장한 인물은 박제경朴齊絅[13]

---

111) 정용화, 『문명의 정치사상: 유길준과 근대한국』, 274~276쪽 참조.
112) 나종석, 『대동민주유학과 21세기 실학』, 273~275쪽 참조. 서양의 근대 정치제도를 유가적 기준에 의해 높이 평가한 것은 청나라나 에도시대 말기의 유학자들에게서도 공통으로 발견되는 현상이다. 와타나베 히로시(渡邊浩), 『일본정치사상사: 17~19세기』 (김선희·박홍규 옮김, 고려대학교 출판문화원, 2017), 356~358쪽 참조. 아울러 왜 근대 일본 사회가 천황제 국가로 귀결되는지를 에도시대 일본 특유의 유교적 전통과 관련해서 분석한 부분에 대해서는 나종석 외, 『유학과 동아시아: 다른 근대의 길』(도서출판b, 2018), 제13장 참조 바람.

이었던 것으로 알려져 있다.[114] 그는 일본 유학을 했고, 갑신정변에 참여했다가 그 와중에 희생되었던 것으로 보인다. 갑신정변이 실패하고 2년이 지난 뒤 일본에서 그의 유고인 『근세조선정감』이 출판되었다. 거기에서 박제경은 다음과 같이 주장하고 있다.

무릇 왕이 백성을 위해 있는 것이지 백성이 왕을 위해 있는 것이 아니다. 한 사회에 비유하여 말하자면 먼저 지혜로운 자를 뽑아 회장으로 삼는데, 국가도 그와 마찬가지이다. 그러므로 서양에서 말하기를, 천하가 사회를 위해 있는 것이니 사회의 총리는 모름지기 덕망이 높은 자를 뽑아야 한다. 상고시대가 법을 세우던 초기와 그리 멀지 않아 요순과 우탕은 서로 왕위를 물려주었고, 고요와 익과 직은 왕위를 물려주었지만 받지 않았다. 만약 오늘날에 왕위를 신하에게 물려준다면 연왕 쾌가 자지에게 왕위를 물려줌으로써 천하가 어지러웠던 일이 반드시 일어나 신하로 하여금 대역의 죄를 쓰게 할 것이다. (이런 일을 생각해보건대) 미국의 대통령 선거가 만고에 지극히 공의로운 법이다.[115]

박제경은 공화주의를 정당화하기 위해 두 가지 유교 전통사상을 활용한다. 첫째로, 그는 "무릇 왕이 백성을 위해 있는 것이지 백성이 왕을 위해 있는 것이 아니다"라는 유교의 전형적인 위민 혹은 민본 이념을 논의의 출발점으로 삼고 있다. 둘째로, 그는 백성들이 스스로 대통령을 선출하는 선거제도를 요순 성왕의 유가적 이상사회에서 실현된 정치제도와 동일시하고 있다. 특히 그는 요임금이 순임금에게 왕위를 물려준 행위를 지극히 공적인 것으로 본다. 유학의 전통에서는 요가 순에게 천하의 권력을 넘겨준 것을 일반적으로

---

113) 『근세조선정감』 원본에는 저자가 朴齊炯[박제형]으로 되어 있으나 이는 당시 개화파가 처해 있던 상황 때문에 개명한 것으로 보이고, 『근세조선정감』 「서문」이나 『使和記略』, 『甲申日錄』, 『일본외교문서』 등을 볼 때 朴齊絅[박제경]으로 보는 편이 맞을 듯하다.
114) 신복룡, 『대동단실기』, 350쪽.
115) 같은 책, 351쪽에서 재인용.

공천하 사상으로 이해해 왔다. 황제의 권력을 자식에게 물려주는 행위는 권력을 사사로운 것으로 삼는 것이라고 여겼기 때문이다.

박제경의 공화주의 논변은 유교적 민본주의가 지니고 있던 천하위공의 공천하 사상의 급진성을 다시 환기시켜서 유교적 정치문화에 익숙한 사람들에게 공화주의의 정당성을 옹호하는 방식을 취한다. 이렇게 서구 공화주의의 도전에 직면하여 19세기 후반 조선 사회는 유교적 전통을 다시 사유하면서 그것을 공화주의와 결합하는 방향으로 급진화하는 모습을 보여 준다. 공화주의를 유교적인 공천하주의와 연결하여 이해하는 방식은 절충주의적인 성질의 것으로, 혹은 견강부회식의 어설픈 해석으로 폄하될 성질의 것이 결코 아니다.

실제로 천하위공天下爲公 사상은 백성을 학대하고 착취하는 폭군을 거부하고 새로운 왕조를 개창할 수 있는 정당성을 긍정한다. 그래서 천하위공 사상이 후대에 이르러 천하의 공은 황제 즉 천자의 지위를 세습하지 않는다는 생각으로 전개되는 것도 우연이 아니다. 달리 말하자면, 황제의 권위를 자식에게 물려주는 것은 천하를 개인의 것으로 삼는 부덕한 행위이기에 유덕한 사람에게 천자의 자리를 물려주는 것이 공천하公天下의 이념에 합당한 행위라는 것이다.[116]

서구 민주주의 및 공화주의와 유가적 전통과의 만남은 해석학적 대화 혹은 문화적 번역의 관점으로 접근할 때 더 잘 이해될 수 있다. 요순 성왕의 치세가 가장 이상적인 정치적 상황이었다는 인식을 공유하는 유학자들이 미국의 대통령제를 알게 되었을 때, 이들은 그 현상을 제대로 이해하기 위해 자신들의 유학적 텍스트의 이념과 주장을 재해석하지 않을 수 없었다. 그리고 이런 문화적 번역 행위를 그 무슨 견강부회식의 일시적 대응으로

---

116) 미조구치 유조, 『중국사상 명강의』(최진석 옮김, 소나무, 2004), 109쪽 참조. 박제경 부분에서부터 이 단락까지는 나종석, 『대동민주유학과 21세기 실학』, 741~742쪽을 재구성한 것임.

과소평가할 일이 아니다. 그런 평가는 전통과 역사 속에서 살아가는 인간 삶의 근본적 존재 양식과 결부된 해석학적 대화의 해체 불가능성에 대한 자각의 부족에서 기인하는 것으로 비판받아 마땅하다.

더 나아가, 전통을 매개로 해서 수행되는 문화적 번역으로 이해되어질 서구 근대의 해방적 규범, 이를테면 인권과 민주주의에 대한 새로운 해석은 기존의 해석을 기계적으로 반복하는 것이 아니라 기존의 이해방식보다 더 좋고 풍부한 이해에 대한 추구로 이어질 수 있음도 명심해야 한다. 이처럼 인간은 자신이 속해 있는 사회와 문화의 역사 속에서 세계에 대한 특정한 이해를 전승받으면서 새로운 상황에 직면해서는 기존의 이해를 비판적으로 검토하고 수정해 가는 역사적 존재이다.

우리는 이런 해석학적 과정을 거치면서 민주주의의 이념과 천하위공의 대동사상이 결합하여 우리 사회에서도 인민주권 사상이 구체화됨을 들여다 보았다. 그런 맥락에서 신채호申采浩(1880~1936)의 1908년의 글 「독사신론讀史 新論」은 중요한 사례 중 하나일 것이다. 그는 '천하는 한 사람의 천하가 아니라 천하 사람들의 천하'라는 천하위공 및 공천하 사상을 인민(국민)주권 사상으로 재해석한다. 그는 "국가라는 것이 일개인의 소유물이 아니요 모든 인민의 공유재산"이라고 보았는데, 국가에 대한 이런 공화주의적 인식은 민주주의가 천하위공의 유가적 대동사상의 언어로 재규정되고 있다는 점에 서 특기할 만하다.[117]

그런데 유가적 전통과 서구 민주주의 해석학적 만남은 전통과 서구 근대 세계에 대한 이중적 성찰과 비판으로 이어진다. 서구의 공화주의 및 민주주의 를 대동적 이상사회의 유가적 언어로 번역하면서 한말 유학자들은 서구 제국주의의 폭력성에 저항하는 동시에 조선의 유교적 전통을 혁신할 수

---

117) 신채호, 「讀史新論」, 단재신채호선생기념사업회·단재신채호전집간행위원회 편, 『신 채호전집』 제1권(형설출판사, 1982), 482쪽.

있는(대동적 민본주의를 대동적 민주주의로) 새로운 대안적 근대성에 대한 상상을 모색하지 않을 수 없었다. 문화적 번역 행위에 수반되는 이중적 성찰 과정을 거쳐 한국 민주주의의 정신은 비로소 독특한 방식으로 표현되기에 이른다.

달리 말해, 문화적 번역 행위를 통해 발생한 역사적 사건으로서의 한국 민주주의를 규정하는 핵심은 '대동적 유교 이념의 근대화를 통한 서구 민주주의의 유교적 전환'이라고 이해되어야 한다.

유가적 전통과 서구 민주주의의 해석학적 만남 중에서 조소앙의 삼균주의는 독특한 의미를 지닌다. 임시정부 독립운동 이념의 주춧돌 역할을 했다가 대한민국 (제헌)헌법으로 이어지는, 대한민국 헌법 탄생에 지대한 공헌을 한 조소앙의 삼균주의는 '유교 전통의 민주적 변형과 민주주의의 유교적 전환의 이중 과정'을 보여 주는 대표적인 사례로서의 의미를 지닌다. 제헌헌법이 제정된 이후 여러 차례 개헌을 거쳐 오늘날에 이르기까지도 대한민국 헌법 전문에 유교적 균등 이념은 살아남아 있다.

> 유구한 역사와 전통에 빛나는 우리 대한 국민은 3·1운동으로 건립된 대한민국 임시정부의 법통과 불의에 항거한 4·19민주 이념을 계승하고 조국의 민주개혁과 평화적 통일의 사명에 입각하여, 정의·인도와 동포애로써 민족의 단결을 공고히 하고 모든 사회적 폐습과 불의를 타파하며 자율과 조화를 바탕으로 자유민주적 기본질서를 더욱 확고히 하여, 정치·경제·사회·문화의 모든 영역에 있어서 각인의 기회를 균등히 하고 능력을 최고도로 발휘하게 하며 자유와 권리에 따르는 책임과 의무를 완수하게 하여, 안으로는 국민생활의 균등한 향상을 기하고 밖으로는 항구적인 세계평화와 인류공영에 이바지함으로써 우리들과 우리들의 자손의 안전과 자유와 행복을 영원히 확보할 것을 다짐하면서, 1948년 7월 12일에 제정되고 8차에 걸쳐 개정된 헌법을 이제 국회의 의결을 거쳐 국민투표에 의하여 개정한다.[118]

---

118) 헌법재판소 법령정보 참조

대한민국 헌법 전문이 명시하고 있는 "국민 생활의 균등한 향상"이라는 가치는 유교적 이념을 이어받고 있는 조소앙의 삼균주의에서 큰 영향을 받았다. 제헌헌법을 만들 당시 헌법기초위원회 위원장이었던 서상일은 "이 헌법 전문을 보시면, 하필 그것(정치, 경제, 사회를 의미—필자)만의 삼균주의가 아니라 모든 영역에 있어서 만민균등주의를 확인했다"라고 강조했다.[119] 이처럼 대한민국의 제헌헌법 전반에는 조소앙의 만민균등주의가 아로새겨져 있다.

그런데 우리는 제헌헌법이 균등 이념을 구체적으로 실현하기 위하여 노동자의 이익 균점까지도 법으로 규정하고 있다는 점을 기억해야 한다.[120] 제헌헌법 제17조는 "모든 국민은 근로의 권리와 의무를 지닌다"라는 규정을 포함하고 있으며, 제18조는 다음과 같이 규정하고 있다. "근로자의 단결, 단체교섭과 단체행동의 자유는 법률의 범위 내에서 보장된다. 영리를 목적으로 하는 사기업에 있어서는 근로자는 법률이 정하는 바에 의하여 이익의 분배에 균점할 권리가 있다."

제헌헌법 제정 과정에 관한 연구에서는 헌법에 대한 치열한 논쟁이 존재하지 않고 거침없이 이루어졌다고 평가하기도 하는데, 이익 균점을 권리로 인정하고 있는 제헌헌법 제18조 2항은 예외적으로 헌법 제정 과정에서 격렬한 토의의 주제가 되었다. 원래 제헌헌법을 제정하기 위한 제헌헌법 초안은 헌법기초위원회에서 작성하여 국회 본회의에서 심의한 후 제헌헌법을 결정하는 단계를 거치게 되어 있었다. 그런데 헌법 초안에 들어 있지 않던 이익균점권이 본회의 과정에서 수정안으로 제안된 것이다. 이 수정안은

---

119) 제헌국회 속기록 1회 18호, 1장— 신생 대한민국의 역사적·사상적 계승성에 관한 질의응답[헌정사 자료 DB]. 한국사데이터베이스(https://db.history.go.kr/), 2023년 6월 25일 검색. 이 부분에 관한 더 상세한 언급은 이 책 제7장 조소앙 관련 설명에 있다.

120) 이익균점법 탄생 과정과 이 법을 제정하는 데 크게 이바지한 인물인 전진한(1901~1972)의 사상 등에 관해서는 나종석, 『대동민주주의와 21세기 유가적 비판이론의 모색』, 제18장 제4절을 참조 바람.

"일사천리로 진행되던 다른 사항과는 달리 2일간의 격론 끝에 보장된 '유일 최대'의 국가 성격을 결정짓는 쟁점"이었다고 한다.

본회의에서는 우여곡절 끝에 노동자도 기업의 이익을 균등하게 배분받을 권리를 지닌다는 조항을 제헌헌법 제18조 2항에 넣기로 확정했다. 기업의 이익을 노동자에게 균등하게 분배하는 것을 법적 권리로 승인한 이익균점권은 "세계헌법사상 그 유례가 보기 드문 노동기본권"이라는 평가를 받는다.[121] 그러나 제헌헌법 속에 기입된 경제 조항은 1954년 11월 '사사오입' 개헌으로 크게 수정되었다. 이승만 정부가 헌법을 자유시장주의의 방향으로 개정하는 데에는 미국의 압력이 중요한 요인으로 작용했다. 미국은 제헌헌법을 '국가 사회주의' 헌법으로 보면서 원조를 무기로 삼아 헌법의 수정을 강력하게 요구했기 때문이다.[122]

여기에서도 제헌헌법이 미국에 의해 이식되었다고 보는 최장집의 견해는 일면적임이 드러난다. 이제 우리는 다시 한 번 한국 독립운동과 제헌헌법 사이의 연계성을 확인하면서 제헌헌법의 정신이 외래 사조를 수입한 것이거나 외부의 강제적 제약으로 인해 자동적으로 이식된 것이 아님을 강조할 필요가 있다. 그 과정에서 우리는 우리의 독립운동이 동시에 민주공화주의를 향한 길이기도 했음을 새삼스럽게 깨닫게 될 것이다.

앞에서 언급했듯이 조소앙의 삼균주의는 한국 독립운동의 중요한 이념의 하나였다. 조소앙의 삼균주의 싹은 그가 작성해서 1919년에 발표한 「무오독립선언서」에서 찾아볼 수 있다. 「무오독립선언서」는 「대한독립선언서」라고도 하는데, 이 선언서의 발표 시기에 관해서는 아직도 논쟁 중이다. 그 논쟁이란, 「대한독립선언서」가 1919년 삼일운동의 「기미독립선언서」보다 먼저 발표된 것인지, 아니면 「기미독립선언서」 이후에 발표된 것인지에 관한 것이다.

---

121) 이흥재, 『노동법 제정과 전진한의 역할』(서울대학교 출판문화원, 2010), 6~8쪽.
122) 이병천, 『한국 자본주의 만들기: 압축과 불균형의 이중주』(해남, 2020), 43쪽.

「무오독립선언서」에 서명한 사람은 총 39명인데, 그중 몇몇을 열거하자면 김규식, 김좌진, 조소앙, 이동녕, 이동휘, 이상룡, 이세영, 이시영, 박은식, 신채호, 안창호 등을 들 수 있다.[123]

어쨌든 조소앙이 기초한 것으로 알려진 「대한독립선언서」의 첫 행에서는 민족과 우방의 동포를 향해 "대한의 완전한 자주독립"과 "대한 민주의 자립"을 선포한다.[124] 또 선언서의 두 번째 문단에서는 일본의 식민 지배가 동양과 인류 차원에서 허용될 수 없는 범죄임을 강조하면서 "천의인도와 정의법리"에 따라 일본의 죄악을 응징하고 우리 대한의 권리를 회복함이 당연하다는 사실을 천명한다. 선언서의 셋째 문단에는 후일 조소앙의 삼균주의 이념으로 발전할 요소들이 들어 있으므로 일부를 인용해 보겠다.

> 크도다, 시대의 정의여! 이때를 만난 우리가 무도한 강권속박을 해탈解脫하고 광명한 평화독립을 회복함은, 천의天意를 대양對揚하며 인심을 순응코자 함이며 지국에 입족立足한 권리로 세계를 개조하여 대동건설을 협찬하는 까닭일세.…… 우리 독립은 하늘과 사람이 모두 향응하는 순수한 동기로, 민족자보民族自保의 정당한 권리를 행사함이요 결코 목전의 이해에 우연한 충동이 아니며 은원에 따른 가정으로 비문명非文明의 보복 수단에 자족함이 아니다. 아, 우리 대중아, 공의로 독립한 자는 공의로 진행할지라. 일체 방편으로 군국 전제를 제거하여 민족 평등을 전 세계에 널리 펼지니 이는 우리 독립의 제일의第一義요, 무력 겸병을 근절하여 평균 천하의 공도로 진행할지니 이는 우리 독립의 본령이요, 밀맹사전密盟私戰을 엄금하고 대동 평화를 선전할지니 이는 우리 독립국의 사명이요…….

---

123) 김기승, 『조소앙이 꿈꾼 세계』, 158쪽 및 160쪽 참조.
124) 같은 책, 161쪽. 이하 「대한독립선언서」의 내용은 김기승의 책 161~166쪽과 박민영, 『임시정부 국무령 석주 이상룡』, 129~131쪽에 나오는 내용을 참조한 것임. 좀 길게 선언서의 내용을 인용할 때는 현대인이 이해하기 쉬운 글로 된 박민영의 선언문 내용을 재인용함.

선언서는 ① 독립의 제일의가 민족 평등을 달성하는 것이고 ② 독립의 본령은 무력 겸병을 없애고 평균 천하를 이룩함이며 ③ 독립국의 사명은 밀맹사전을 금하여 대동 평화를 지향함이라고 강조하고 있다.

또한 선언서는 대한 독립의 의미를 모든 민족 구성원에게 동등한 권리와 동등한 재산(同權同富)를 보장하고 남녀와 빈부를 평등하게 하는 데에서도 구한다.

이 선언서의 결론 부분을 인용하면 다음과 같다.

아, 동심동덕同心同德인 2천만 형제자매여! 국민 본령을 자각한 독립인 줄을 기억할지며, 동양 평화를 보장하고 인류 평등을 실시키 위한 자립인 줄을 명심할지며, 황천의 명명明命을 받들어 일체 사망邪網에서 해탈하는 건국인 줄을 확신하여 육탄혈전으로 독립을 완성할지어다.

여기에서 보듯이 「대한독립선언서」는 독립의 의미를 자주독립한 동포들의 평등한 권리를 보장함과 아울러 동양의 평화와 인류 평화 및 대동평화를 이루어 낼 방법에서 구하고 있다. 이런 독립의 의미에 대한 강조는 후일 삼균주의로 체계화된다. 삼균주의 이념은 조소앙이 1931년에 쓴 「한국독립당의 근황」에 잘 나타나 있다.

그러면 독립당이 내거는 주의는 과연 무엇인가? '사람과 사람, 민족과 민족, 국가와 국가의 균등한 생활을 주의로 삼는다.' 어떻게 하여야 사람과 사람이 균등할 수 있는가? 정치 균등화, 경제 균등화, 교육 균등화가 이것이다. 보통선거제를 실시하여 정권을 안정시키고 국유제를 실행하여 경제를 안정시키고 국비 의무교육제를 실행하여 교육을 안정시킨다. 이것으로 국내의 균등 생활을 실행한다. 민족과 민족의 균등은 어떻게 하여야 이룰 수 있는가? '민족자결'이다. 각개의 민족이 적절하게 조화를 이루고 소수 민족과 약소 민족으로 하여금 피압박·피통치의 지위에 떨어지지 않게 한다면 민족간의 균등은 이룰 수 있는 일이다. 어떻게 하여야 국가와 국가의 균등을 도모할 수 있겠는가? 식민정책과 자본 제국주의를 파괴하고, 약한 것을 겸병하고 매昧한 것을 공략하며 어지러운 것을 취하고 망한 것을 모멸하는 전쟁 행위를 금지시켜서, 일체의 국가가 서로 범하지 않고 서로 침탈하지 않으며 국제생활에서 평등한 지위를 온전케 하여 사해가 일가이며 세계가 일원인 구경의 목적을 도모해 간다면 국가 간의 균등은 이룰 수 있다. 천하에 국가를 다스리고자 하는 자는 먼저 그 민족을 다스리고, 민족을 다스리고자 하는 자는 먼저 그 국내의 사람을 다스린다. 국내인을 다스리고자 하는 자는 먼저 바깥 도적을 몰아내고 자국을 건립하는 것이 제1보이다. 그러므로 독립당이 자국을 건립하고자 하는 것은 국가로써 목적으로 하는 것이 아니라 일종의 방략이다.[125]

우리는 특히 일제강점기에 우익 독립운동 전선이 좌익 독립운동 세력과 함께 연합전선을 형성하는 과정에서도 삼균주의를 기본 정책으로 삼고 있었다는 점에도 주목해야 한다. 그런 점에서 강만길은 이렇게 말하고 있다. "삼균주의 정책은 전체 식민지시대를 통해 우익 독립운동 전선이 얻는 하나의 결론이요, 또 민족국가 수립을 위한 기본 원칙이라는 점에 유의할 필요가 있다."[126] 아울러 대부분의 좌익 독립운동 세력들도 1930년대 이후 우익과 연합전선을 형성하며 해방 이후의 조국이 나아갈 방향을 모색하는 과정에서 우익 세력이 제안한 민주공화국 건설의 방책과 크게 다르지 않은 길을 가고 있었다는 점도 기억해야 할 것이다.[127]

조소앙의 삼균주의는 1941년 임시정부의 「건국강령」을 거쳐 1948년 대한민국 헌법에도 큰 영향력을 행사하였는데, 그는 삼균주의를 통해 우리 민족의 전통사상과 유교 사상이 상통함을 강조했다. 이를테면 그가 보기에 홍익인간

---

125) 강만길 편, 『조소앙』, 16~17쪽.
126) 강만길, 『한국민족운동사론』, 185쪽.
127) 같은 책, 189쪽.

이라는 우리 민족 고유의 사상은 박시제중博施濟衆이라는 유가의 핵심 사상과 그 근본에서 같은 지향을 지닌다. 그러면 이제 간략하게나마 한국 독립운동과 제헌헌법의 근본정신으로 평가받을 조소앙의 삼균주의와 유가적인 전통사상 사이의 연관성을 다루어 보자.

우선 조소앙은 『논어』 「계씨」편에 나오는 "적은 것을 걱정하지 말고 고르지 못한 것을 걱정하라"(不患寡而患不均)라는 공자의 주장을 삼균주의의 중요한 사상적 기원으로 밝히고 있다. 그는 이 공자의 주장을 전 인류사에 통할 변치 않을 "진리"라고 역설한다.[128] 더 나아가 '사람과 사람, 민족과 민족, 국가와 국가의 균등한 생활'을 지향하는 삼균주의는 서구 근대의 국민국가 체제가 보여 주는 대외적인 팽창주의와 반복되는 전쟁 상황을 극복하고자 한다. 그리하여 삼균주의는 조선의 독립운동을 자주적인 국민국가의 달성에 한정시키지 않고 천하의 평화 즉 평천하에 이르는 방법으로 이해한다.

물론 이런 견해가 그만의 것이 아님은 이 책에서 누차 강조된 바 있다. 신채호나 박은식을 비롯하여 안재홍도 조선의 독립운동이 동아시아 및 인류의 평화로 가는 시금석임을 강조했으니 말이다. 하여간 삼균주의는 조선의 독립운동을 유럽의 국민국가 체제도 해결하지 못했던 항구적인 인류 평화에 이르는 방법과 연결시켜 사유하고 있다는 점에서도 높이 평가받아 마땅하다. 유가적인 균등 이념과 평천하 사상, 동심원적 파문으로 확산되는 연계적 사유 구조의 영향 등을 매개로 조소앙의 삼균주의는 서구 근대 국민국가 중심의 세계 인식의 틀을 넘어서고 있다.

유럽의 근대 국민국가 체제는 "끝없는 군비경쟁 및 해외영토 확장"에 기반하고 있다. 근대 유럽의 "발전 경로에서 전형적인" 현상으로 들 수 있는 것은 "군사주의, 산업주의, 자본주의의 시너지"인데, 이런 시너지는 "끊임없는 해외영토 팽창을 촉진했고 거꾸로 이로써 지탱"되었다고 한다.[129]

---

128) 강만길 편, 『조소앙』, 192쪽.

유럽 근대 국민국가 형성사에 관한 기념비적 연구를 선보인 찰스 틸리 (Charles Tilly)도 서구 근대 국민국가 체제가 안고 있는 문제점을 지적하고 있다. 그에 따르면, 근대 유럽인들이 형성해 낸 국민국가 체제로 인해 "유럽의 시민 생활이 평화를 회복하고 다소는 대의적인 정치 기구들이 만들어졌지만" 그것은 모두 "군사적 힘을 추구하는 과정에 추동된 국가 구성의 부산물"에 지나지 않는다. 일본이 이런 유럽 근대의 국민 국가적 발전 경로를 따른 결과 조선이 망국의 길로 가서 급기야는 일본 제국주의의 식민지로 전락해 버린 것은 이미 모두가 알고 있다.

그러나 망국의 과정에서도 우리 사회는 서구 근대의 폭력성과 아시아의 서구로 자처한 근대 일본 제국주의의 침략에 맞서 저항하면서 조선의 유교적 문명주의의 독특한 현상으로 평가받을 수 있는 의병의 전통을 절대로 잊지 않았다. 위기에 처한 나라와 백성의 고통스러운 삶을 극복하고 더 나은 세상을 이루어 내려는 그 희망은 일제강점기에도 사라지지 않고 변형된 형태로 살아남았다.

조소앙의 삼균주의가 보여 주듯이, 한국의 독립운동은 유럽 근대 국민국가 체제의 폭력성과 파괴성에 직면하여 만민평등의 이념과 민족 자결의 권리를 옹호하면서, 유럽적 보편주의의 양면성을 폭로하고 비판적으로 극복할 수 있는 미래지향적인 국민국가적 민주주의와 세계시민 지향의 평천하 이념을 발전시켰다. 틸리가 지적했듯이 서구의 국민국가들이 내부의 민주적 질서와 깊게 결합해 있는 대외팽창적 지배라는 역사적 한계를 극복해 내지 못하고 있는 상황에서, 우리는 조소앙과 같은 인물이 힘겹게 일구어 낸 사상들과의 창조적 대화를 지속해 가야 한다.

삼균주의 이념과 같은 독립운동의 이념을 이어받은 제헌헌법으로 대한민

---

129) 조반니 아리기, 『베이징의 애덤 스미스: 21세기의 계보』(강진아 옮김, 길, 2009), 459쪽 및 463~464쪽.

국은 그 나름의 역사적 정통성과 민주적 정당성을 보장받을 수 있게 되었다. 대한민국은 어떤 나라인가라는, 우리나라의 정체성을 둘러싸고 오늘날에도 역사 전쟁이 끝나지 않고 있는 안타까운 상황에서 삼균주의를 매개로 해서 이루어진 독립운동 정신과 대한민국 헌법 정신의 내적 연관성을 확인하는 작업은 실천적 의미도 지닌다고 할 것이다. 역사에서 잔인한 폭력성을 동반하는 비극적 상황은 개념을 둘러싼 투쟁을 동반한다. 그런 점에서 공자가 말하듯이 '이름을 바르게 하는 것'이 정치의 핵심이라는 주장은 오늘날에도 여전히 강력한 울림을 갖는다.

물론 국민국가의 폭력성과 파괴력을 순치시키거나 그에 대한 대안을 찾는 왕도는 없다. 한반도를 포함하여 동아시아, 더 나아가 세계평화의 항구적 실현을 제도적으로 구현하기 위해 우리는 한국 사회의 독립운동과 민주주의의 이념을 소중한 사상적 자원으로 삼아야 할 것이다. 아울러 우리는 그것을 21세기의 생명·생태 위기 시대에 어울리게 발전시킬 의무도 갖고 있다.

6. 나가는 말

앞에서 본 것처럼 한국의 민주공화주의 헌법정신은 서구 근대의 민주주의 혹은 공화주의의 단순한 수용이나 이식의 산물이 아니다. 한국 헌법의 기본 정신을 규정하는 것은 민본적 대동주의에서 공화주의적 대동주의로 이행하는 역사적 경험이며, 이를 이해할 수 있는 결정적 실마리가 "대동적 민주공화국 이념"이라는 점이 이제 어느 정도 밝혀졌으리라고 본다.

민주공화주의적 대동주의를 제헌헌법의 근본정신으로 보고 이를 조선 후기에 본격화된 민본적 대동주의의 발전으로 해석하려는 것이 이 글의 주도적인 문제의식이었음도 당연하다. 거듭 강조하듯이, 민본적 대동주의는 갑오농민전쟁과 한말의 의병전쟁, 일제강점기의 독립운동 등을 거치면서 새로운 시대 상황에 어울리게 혁신되고 체계적으로 정리된 결과 대동적 민주공화주의 혹은 민주공화주의적 대동주의 정신으로 구현되어 오늘날에 이르고 있다. 그렇다면 이제 우리는 우리 헌법을 미국 등 강대국들의 영향력 아래 이식된 산물로만 바라보는, 기존의 우리 헌법 및 민주공화국의 근본정신에 관한 인식 틀을 진지하게 비판적으로 검토해 볼 필요가 있다.

이런 문제의식을 견지하면서 이 글에서는 한국 헌법의 지향을 새롭게 표현하기 위해 대동민주주의라는 개념을 가설적으로 제언했다. 이에 따르면, 한국의 제헌헌법 및 민주공화국의 근본정신은 서구적 인권 및 민주주의와 동양의 유교적 대동사상의 '지평 융합', 혹은 동서 문명 회통會通의 한국적 발현으로 이해되어야 한다. 간략하게 말하자면, 대동민주주의는 제헌헌법에 뚜렷하게 각인되어 있음에도 불구하고 유럽중심주의적 사유 태도로 인해 주변화되거나 잊히어 있던 우리 민주공화국의 헌법정신을 '유교적 민본주의의 민주공화적 전환'과 '서구발 민주공화의 대동적 전환'이라는 이중 전환의 시각에서 이론적으로 명시화해 보려는 시도의 잠정적인 결론이라고 할 수 있을 것이다.

한편, 한국의 민주공화국 정신을 대동민주주의라는 개념 틀로 새롭게 해명해 보려는 시도는 유럽중심주의의 극복이라는 세계사적 과제를 우리 사회에 대한 주체적인 사유 역량을 회복하려는 시도의 맥락에서 구체화해 보려는 작업이기도 하다.[130]

유럽중심주의의 내면화는 비서구 사회로 하여금 헤어 나올 수 없는 역설적 상황에 처하게 한다. 달리 말해, 유럽중심주의를 진리로 받아들이는 순간

---

130) 필자의 작업은 유학 전통을 새롭게 하여 우리 현실과 대화할 자생철학을 시도하는 이철승과 통하는 바가 있다고 여겨진다. 이철승, 『우리철학, 어떻게 할 것인가』(학고방, 2020).

비서구 사회 구성원들은 헤어 나오기 힘든 상황에 부닥치게 된다. 자신들의 과거, 그러니까 그들의 역사와 전통을 문명과 태생적으로 어울리지 않는, 혹은 문명화의 길로 나아가는 것을 불가능하게 만드는 후진적 장애물로 간주함으로써 그들은 −인간의 삶은 결코 역사성과 사회성을 떠날 수 없음에도 불구하고− 그것을 철저하게 파괴하는 행위로 치닫게 된다. 그러나 그렇게 자신들의 전통과 역사 자체를 거부하고 부정하는 태도는 외부 즉 이른바 문명화되고 선진화된 유럽 사회의 지도와 계몽을 받아들여야 한다는 식민지적 정신을 잉태하지 않을 수 없다.

유럽중심주의를 받아들이는 순간 비서구 사회는 유럽중심주의가 자신의 정체성과 타 문명에 대한 우월성을 확인하는 주춧돌이라고도 할 수 있는 '자율성'이라는 계몽 정신이 지닌 배타성과 폭력성을 유감없이 경험한다.

유럽중심주의는 자율적이고 이성적이며 비판적인 주체성의 실현이라는 계몽의 정신을 보편주의의 이름으로 옹호하지만, 그것은 비서구 사회를 문명의 타자로 규정함으로써 비서구 사회가 자율적으로 자신의 세계를 개척할 가능성 자체를 박탈해 버린다. 이렇게 하여 유럽중심주의는 유럽 근대문명이 타 문명에 비교해 우월하다는 주장의 바탕이 되는 '계몽'의 정신 즉 '주체성'의 이념이 지닌 보편성을 스스로 거부하는 화용론적 모순의 극치를 보여 준다. 따라서 유럽중심주의적 보편주의는 인류 전체의 참다운 보편주의가 아니라 유럽적 보편주의에 지나지 않는다.

비서구 사회의 전통을 식민화하는 유럽중심주의를 비판하며 식민화되고 타자화된 비서구 사회 전통과의 개방적 대화를 수행하면서 유럽을 '지방화' 또는 상대화하는 작업은, 궁극적으로는 참다운 전 지구적 보편성을 향한 새로운 상상력의 지평을 확보하려는 해방적 저항의 시도이기도 하다.

제10장
한국 사회의 '이중 혁명'과 유교문화 I[1]

1. 들어가는 말

우리 사회가 산업화와 민주화에서 거둔 성공은 매우 눈부시다. 우리는 일본과 달리 민주주의를 우리의 피와 땀으로 스스로 일구었으며, 경제 규모도 선진국으로 분류될 정도로 성장했다. 민주주의와 산업화의 성공사에 우리는 나름으로 자부심을 지녀도 좋을 것이다. 그래서 이병천은 산업화와 민주화에서의 성공을 서구 근대가 이룩한 산업·민주혁명에서 기인한 용어인 '이중 혁명'으로 규정하고 그 세계사적 의미를 강조하고 있다.[2]

그렇다고 우리 사회가 경제적 근대화와 민주주의에서 이룬 역사적 성취의 빛과 그림자의 공존을 애써 외면할 필요도 없다. 오히려 우리에게 필요한 것은 우리 현대사가 일구어낸 역사적 성취의 면모를 정확하게 인식하여 거기에 깔린 짙은 그림자를 지워 내고 그 빛을 더 발하는 길을 모색하는 것일 터이다.

그렇지만 우리 학계에는 한국의 현대사에서 등장한 산업화와 민주주의의 기원에 대한 공통의 견해가 확립되어 있지 않다. 오늘날 한국 사회의 성격이

---

1) 제10장과 제11장은 나종석, 「한국 민주주의와 유교문화: 한국 민주주의론을 위한 예비적 고찰」, 『가톨릭철학』 21(2013), 219~250쪽의 글을 수정, 대폭 보완한 것이다.
2) 이병천, 『한국 자본주의 모델: 이승만에서 박근혜까지, 자학과 자만을 넘어』(책세상, 2014), 418~419쪽 참조

무엇인지를 학문적으로 해명하는 작업은 우리 인문학계 및 사회과학계에 많은 관심을 불러일으키는 주제이다. 물론 이 주제는 새로운 것이 아니라 꽤 해묵은 주제이기도 하다.

그러나 새로운 좋은 소식도 있다. 요즈음 한국의 학계에서 진행되는 논쟁이 일견 새로운 면모를 보여 주기 때문이다. 그 새로움은 한국 사회의 성격, 예컨대 한국 근대성의 성격을 해명하는 작업에서 전통이 차지하는 기능과 역할에 대한 재검토와 관련되어 있다. 1960년대 이후의 경제성장 중심의 근대화 과정을 이해하기 위해 이미 유교자본주의론이 제기되기도 했지만, 한국 사회 근대성 자체의 성격을 조선 사회에서 축적된 유교적 가족주의 전통이나 유가적 정치문화 및 일상 문화의 영향사라는 맥락에서 이해하려는 작업은 분명 새로운 현상이다. 이런 새로운 시도의 예를 보여 주는 것으로는 장은주의 '유교적 근대성' 이론, 김덕영의 환원근대론, 장경섭의 압축적 근대성 이론, 미야지마 히로시(宮嶋博史)의 유교적 근대론, 권용혁의 가족주의적 근대성 이론 등이 있다.3)

우리 사회에는 아직도 자본주의적 근대성이 제대로 발달하지 못한 원인을 유교 사회 조선의 문명적인 후진성에서 찾는 시각이 강하게 뿌리내리고 있다. 이 통념은 서구의 충격으로 인해 조선 왕조가 멸망하고 일본 제국주의의 식민지로 전락한 트라우마적 경험으로 인해 지금까지 조선 유학 특히 조선 주자학을 바라보는 주류적 관점이다. 그러나 필자는 유교적 가치란 오로지 봉건적이고 반(anti)근대적이어서 근대성을 추구하는 데 결정적인 장애물이 될 뿐이라는 통념에 동의하지 않는다.

따라서 이 글에서는 한국 사회의 이중 혁명, 즉 산업화 및 민주주의와

---

3) 권용혁, 『가족과 근대성』(이학사, 2021); 김덕영, 『환원근대』(길, 2014); 미야지마 히로시, 『나의 한국사 공부』; 장경섭, 『가족·생애·정치경제: 압축적 근대성의 미시적 기초』(창비, 2009); 장은주, 『유교적 근대성의 미래: 한국 근대성의 정당성 위기와 인간적 이상으로서의 민주주의』(한국학술정보, 2014).

유교문화 사이에는 긍정적인 연관이 있다는 점을 살펴보게 될 것이다. 그러니까 이 글은 한국의 근대성, 특히 우리 민주주의의 성격을 유교문화의 영향사적 맥락에서 새롭게 해석하는 것을 주된 목표로 삼는다. 이때 필자는 우리 사회 민주주의를 선비민주주의로 규정해서 선비 정신과 민주주의의 창조적 만남의 과정을 통해 진행되어 온 민주화운동의 내적 논리를 해명하고자 한다. 물론 우리는 앞에서, 특히 이 책의 제5장, 제6장 그리고 제9장을 통해 조선 후기에서 한말을 거쳐 일제강점기로 이어지는 역사를 대동민주주의라는 개념으로 파악하려고 시도해 보았고, 그 과정에서 대동민주 정신과 이상이 제헌헌법의 정신으로서만이 아니라 독재 권력에 항거하며 줄기차게 민주주의의 실현을 위해 애썼던 민주화운동의 기본 정신으로도 이어졌다는 점을 강조한 바 있다.

결국 대동민주주의와 선비민주주의는 같은 현상을 상이하게 개념화한 것이다. 간단하게 말해, 선비민주주의는 정치적 주체의 정신적 태도와 관련된 개념인 데 반해, 대동민주주의는 가치 및 이상과 관련된 개념이라고 구별해 볼 수 있겠다. 이런 선비민주주 혹은 대동민주주의의 관점에서 유교적 정치문화가 민주화운동 과정에서 변형되고 민주주의와 결합하는 모습도 이 장에서 더욱 상세하게 서술될 것이다.[4]

이 연구는 아직도 제대로 된 한국 근대성 이론이나 민주주 이론을 찾기 힘든 상황에서 부족한 학문적 공백을 채워 보기 위한 시도이기도 하다.[5] 비록 여러 한계를 드러내기도 했지만, 민주주의를 향한 한국인의

---

4) 이 장의 토대가 된 글인 「한국 민주주의와 유교문화: 한국 민주주의론을 위한 예비적 고찰」에서 필자는 선비민주주의라는 용어만을 사용했을 뿐 대동민주주의라는 용어를 통해 우리 역사를 새롭게 바라보고자 시도하지는 못했다.

5) 물론 최장집의 한국 민주주의론 같은 탁월한 선행 연구가 전혀 없었다는 말은 아니다. 최장집, 『한국 민주주의의 이론』(한길사, 1996). 한국 민주주의론의 주요 논점에 대한 쟁점들을 다룬 연구서로는 김정한 엮음, 『최장집의 한국 민주주의론』(소명출판, 2013) 참조 바람.

줄기찬 투쟁 그리고 그 과정에서 보여 준 나름의 성취는 분명 학문적으로 진지하게 탐구해야 할 중요한 영역이다.

게다가 한국 민주주의의 역사적 경로에 대한 정확한 인식이 없이는 한국 근대성에 대한 성격 규정이 길을 잃을 것임은 분명하다. 필자가 한국 민주주의의 실현 과정에 대한 이해를 통해 궁극적으로 해명하려는 과제는 한국적 근대성의 고유한 성격이다. 유교문화와 민주주의의 상생적 만남이 바로 한국 근대성의 독자적 성격을 보여 주고 있다고 생각되기 때문이다.

2. 조선 후기 사회와 근대 한국 시장경제 사이의 연관성6)

한국 근대성의 성격을 해명하는 데 있어 한국 자본주의적 근대성의 발전 경로와 그 성격을 탐구하는 것은 우회할 수 없는 지점이다. 그러므로 이 글에서는 먼저, 비록 필자의 역량의 한계 등으로 인해 한국 민주주의에 초점을 맞추고 있긴 하지만, 한국의 경제적 근대화의 역사적 성취와 조선 후기 사회와의 관계를 간단하게 언급하고자 한다.

앞으로 좀 더 자세하게 살펴볼 것이지만 18세기에 이루어진 시장 발전이나 인적 자본의 축적 등이 한국 사회가 근대적 시장경제로 전환하는 데 긍정적인 기반을 제공했다는 사실은 많은 공감대를 얻고 있다. 한국 경제성장의 여러 토대가 조선 후기에 이루어졌다는 것이다. 일례로 마사히코 아오키 (Masahiko Aoki)는 한국 경제성장의 비교제도사적 연구를 통해 한국 경제가 조선 후기 사회로부터 신분제의 약화 및 신분 질서의 유동성과 개방성을 특징으로 하는 "자율적인 사회협약"(autonomous social compacts)의 능력을

---

6) 이 절은 『대동민주유학과 21세기 실학』, 제8장의 제2절을 토대로 하면서 내용을 수정한 것이다.

이어받았음을 강조했다. 그에 의하면, 전통 사회로부터 물려받은 사회조직 구성에서의 개방성과 유동성 그리고 활발하고 자율적인 사회협약 능력을 토대로 해서 한국의 대기업은 국제적인 경쟁력을 갖춘 집단으로 성장할 수 있었다.[7]

필자는 선행 연구에서 연고주의와 성취의 원리가 상반되는 측면만 지니는 것이 아님을 살펴본 바 있다.[8] 거기서 필자는 한국의 연고주의 문화가 자본주의적 현대의 압축적 성장을 위해 정치적으로 동원된 기제였던 측면이 강하게 존재하며, 조선 후기에서의 문중 중심의 가족주의적 생활양식의 보편화 현상도 그 당시 유교적 능력주의의 내적 동력과 긴밀하게 연결되어 태동되었던 것으로 이해해야 함을 서술했다. 그뿐만 아니라, 마사히코 아오키의 언급을 통해서도 볼 수 있듯이 조선 후기 사회에서도 자발적인 사회 결사의 움직임이 상당히 활성화되어 있었다는 점도 언급했다.

조선 후기에 자발적인 사회 결사의 움직임이 상당히 발전되어 있었다는 사실은 계稧에 대한 연구를 통해서도 확인된다. 계는 조선 후기 사회에서 가족 및 친족 외의 사회적 결합의 원리와 특징이 무엇인지를 해명하는 데 커다란 실마리를 제공한다. 한국 사회에서 오래전부터 존재해 왔던 계는 조선 시대 후기에 이르러 광범위하게 활성화되었다. 우리 학계에서 계 조직의 성격을 이해하는 흐름은 크게 두 가지이다. 하나는 전근대사회의 조직적 특성인 공동체로 보는 것이고, 다른 하나는 결사체적 성격을 지니는 것으로 보는 견해이다. 공동체론의 관점을 대표하는 학자는 김삼수이고, 후자의 견해를 대표하는 학자는 김필동이다.[9]

---

7) 아오키 연구 내용은 이영훈, 「한국 사회의 역사적 특질」, 이영훈 엮음, 『한국형 시장경제 체제』(서울대학교 출판문화원, 2014), 372~373쪽에 의거하여 재구성한 것임. 물론 이영훈은 그 자신의 선행 연구를 활용하여 논지를 전개하는 아오키의 해석에 대해 이의를 제기한다. 같은 글, 376쪽 이하 참조.
8) 나종석, 『대동민주주의와 21세기 실학』, 제5장.
9) 미야지마 히로시, 『나의 한국사 공부: 한국사의 새로운 이해를 찾아서』, 234쪽.

특히 김필동은 계의 결사체적 성격을 해명하는 과정에서 계에 대한 기존의 공동체론적 관점이나, 그것을 촌락과의 관계에서 이해하고자 하는 인류학적 접근 방식의 한계를 다음과 같이 지적한다.

경제사적 접근은 '계' 문제를 주로 '경제적' 맥락에서 포착하려 함으로써 계의 식리성殖利性을 과장하는 결과를 초래하였고, 계의 '역사성'을 이해함에 있어서도 경제사적 일반 법칙을 당연한 것으로 전제함으로써 계를 '공동체'로 파악하는 시각이 이의 없이 받아들여졌던 것이다. 또한 인류학적 접근은 계의 역사성에는 관심을 기울이지 않은 채 그것의 조직 원리만을 형식적으로 파악하고 인류학적 연구의 인습적인 연구 단위인 '촌락'에 그것을 종속시킴으로써 계 연구의 시각을 협소한 것으로 만드는 데 기여했다.10)

김필동에 의하면 많은 학자는 계의 식리적 측면에 주목하여 그것을 계의 본질적 구성 요소의 하나로 간주했다. 그러나 이런 이해는 계의 발전사를 종합적으로 보지 않음으로써 그것이 조선 후기에 나타난 계 발전의 한 양상에 불과함을 간과한 것이다. 그러므로 계의 본질을 식리성에서 구할 수는 없다고 그는 강조한다.11)

또한 김필동은, 계를 전근대사회의 공동체로 보거나 계가 촌락과의 깊은 연관 속에서 발전되었다는 역사적 사실에만 근거하여 곧바로 계를 촌락에 기초하고 있는 것으로 단정하는 기존 연구의 편향을 시정하기 위해 대안적 관점을 제시한다. 그는 계稧를 "어떤 목적을 수행 달성하기 위하여, 구성원들의 자발적인 참여와 합의(약속)에 의해 의도적으로 만들어지는 비교적 지속적이고 조직적인 모임(단체)"으로 정의한다.12) 계를 공동체가 아닌 자발적

---

10) 김필동, 『한국 사회조직사연구: 계조직의 구조적 특성과 역사적 변동』(일조각, 1992), 31쪽.
11) 김필동, 『차별과 연대: 조선 사회의 신분과 조직』(문학과지성사, 1999), 370쪽 참조.
12) 김필동, 『한국 사회조직사연구: 계조직의 구조적 특성과 역사적 변동』, 89쪽.

결사체로 보는 김필동의 견해는 오늘날 많은 학자에 의해 수용되고 있다.[13]

계의 발전사에서 조선 후기, 특히 17세기 중엽 이후는 매우 중요한 시기이다. 이 시기에 들어 계의 수가 급증했을 뿐만 아니라 계의 종류도 다양해지고 계를 만드는 사람의 범위도 크게 확장되었기 때문이다.[14] 조선 후기에 이르러 광범위하게 결성된 계의 성격을 두고 학자들 사이에 견해가 다른 것은 조선 후기 사회를 어떤 사회로 볼 것인가에 대한 견해 차이와 관련되어 있다. 조선 후기가 오늘날의 시장경제로의 이행과 관련하여 맺고 있는 의미와 한계를 제대로 보기 위해서도 일단 조선 후기 사회, 특히 18세기 조선을 어떤 사회로 볼 것인가는 매우 중요한 문제이다.

우리 학계에서는 조선 사회를 중세로 보면서 조선 후기를 중세적 신분제 사회가 동요함에 따라 근대사회로의 이행을 위한 여러 조건이 형성되고 있던 시기로 보는 것이 통설인 것 같다. 그러나 미야지마 히로시는 한국사 특히 조선 후기는 중세 봉건제에서 자본주의로의 단선적 발전이라는 마르크스주의적 도식으로는 적절하게 인식할 수 없다고 말한다. 그는 다른 지역과 달리 동아시아 지역에서는 근대적 토지제도의 확립이 상대적으로 상당히 순조롭게 진행되었다고 본다. 그리고 그는 이런 것을 가능하게 한 동아시아 지역의 이른바 전통(전근대) 사회의 특징을 새롭게 파악할 필요성이 있음을 강조한다.[15]

서유럽 사회에서 발생한 근대화의 역사적 경험을 근대화의 기준으로 설정하게 된다면, 봉건제 사회에서 근대 부르주아 사회로의 이행이 결정적 의미를 지니게 된다. 그런 발전 도식에서는 귀족 특권층에 의해 세습적으로

---

13) 미야지마 히로시(宮嶋博史), 『나의 한국사 공부: 한국사의 새로운 이해를 찾아서』, 235쪽. 이영훈, 「18·19세기 대저리의 신분 구성과 자치 질서」, 안병직·이영훈 편저, 『맛질의 농민들: 한국 근세 촌락생활사』(일조각, 2001), 248쪽 참조.
14) 김필동, 『차별과 연대: 조선 사회의 신분과 조직』, 373쪽 참조.
15) 미야지마 히로시(宮嶋博史), 『나의 한국사 공부: 한국사의 새로운 이해를 찾아서』, 28~30쪽 참조.

이루어졌던 토지영유土地領有의 권리를 폐지하고 사적 소유의 자유를 달성하는 토지 소유의 문제가 중요한 역사적 과제였다. 그런 과제를 해결하기 위해 서구에서는 의회 설립을 통해 국왕에게 전국 과세권을 보장함으로써 토지영유권을 폐지하는 길을 걸었다. 이처럼 서유럽의 경우 중세에서 근대로 이행할 때는 경제적 과제와 정치적 과제가 불가분의 관계에 있었다.

그런데 미야지마 히로시에 의하면 한국의 경우 근대화로 나가기 위해서 해결되어야 할 과제가 서구의 그것에 비해 매우 달랐다. 토지 소유와 관련하여 볼 때, 조선의 지배 계층이었던 양반은 서구의 중세 귀족계층과 달리 토지에 대한 영유권을 지니고 있지 않았다. 조선 시대 토지대장인 양안을 보면 양반은 노비를 포함한 일반 서민들과 동등하게 토지소유자로 등록되어 있었음을 알 수 있다. 미야지마 히로시는 그것이 결코 사소한 일이 아니라고 하면서, 일본 에도시대의 토지대장과 비교하면 그 차이가 분명하게 드러난다고 지적한다. 에도시대에 토지소유자로 등록되어 있던 사람은 농민 신분에 한정되어 있었고, 조선의 양반 계층에 상응하는 무사들은 토지소유자로 등록될 필요가 없었기 때문이다.[16]

미야지마 히로시는, 토지에 대한 특권이 없었기 때문에 양반도 일반 사람들과 마찬가지로 토지소유자로 등록되어 있어야 소유권을 행사할 수 있었다는 점으로부터 조선 시대의 독특한 성격을 해명할 수 있는 실마리를 발견할 수 있다고 강조한다. 그는 이를 다음과 같이 설명한다.

국가의 입장에서 볼 때 양반도 토지소유자로서 일반 서민과 동등한 위치에 있었을 뿐, 토지에 대해 아무런 특권도 가지고 있지 않았던 것이다. 양반들이 토지대장인 양안量案에 토지소유자로 등록된 이유도 여기에 있었다. 특권적 토지 소유가 없는 것, 이것이야말로 조선 시대, 더 엄밀하게 말하면 조선

---

16) 같은 책, 32~33쪽 참조.

후기 양안의 최대 특징으로 지적될 수 있으며, 그 의미를 탐구하는 것이 조선 시대의 실상을 밝히기 위한 필수적인 과제가 되는 것이다.[17]

한국경제사학자인 이헌창도 조선 시대, 특히 18세기에는 소유권 보장이 상당히 잘 이루어져 있어서 소유권 분쟁을 해결할 소송절차도 비교적 잘 정비되어 있었다고 평가한다. 그에 의하면, 18세기에는 "토지 소유는 사적이고 개인적인 재산권으로서 성격을 갖추었고, 남녀노소를 막론하고 노비를 포함하여 소유의 주체가 될 수 있었고, 소유·매매·재판의 법제가 정비된 편"이었다. 그리하여 그는 18세기 조선 사회에 들어 "계약사회가 성립"되었다고 주장한다.[18]

이미 이 책 제1장에서 다루었기에 여기에서는 조선 사회 노비의 성격 문제를 다루지는 않겠다. 다만, 노비도 조선 시대에는 소유의 주체로서 자신의 재산을 상속하거나 매매할 권한을 인정받았다는 점을 강조할 필요는 있다. 노비의 이중적 성격, 그러니까 주인에게 예속되어 물건처럼 매매되거나 상속되면서도 동시에 재산 소유자로서 인정받기도 했다는 면은 조선 사회의 특성을 파악할 때 중요하기 때문이다. 그러므로 박병호는 "노비는 인적으로는 상전에게 종속되나, 재산 소유에서는 완전한 독립적 인격자로 취급되었다"라고 그 이중적 성격을 요약한다.[19]

조선이 이미 상당한 정도로 토지소유권을 인정해 왔다는 점은, 이토 히로부미(伊藤博文, 1841~1909)가 1905년 통감부를 설치한 후 통감으로서 조선을 통치하던 시기에 근대적인 법 제도를 만들기 위해 조선의 실상을 연구한 결과가 잘 보여 준다. 우메 겐지로(梅謙次郎)는 이토 히로부미의 강력한 추천을 받고 조선에 민법을 도입하기 위해 토지 조사를 실시한

---

17) 같은 책, 34쪽.
18) 이헌창, 「근대 경제성장의 기반 형성기로서의 18세기 조선의 성취와 그 한계」, 149~150쪽.
19) 박병호, 『한국법제사고』(개정판, 민속원, 2021), 211쪽.

후 다음과 같이 말했다고 한다.

현재로서는 일반적으로 토지소유권을 인민에게 인정하고 있다는 것은 의심할 바가 없어 보이며…… 그러므로 내가 말한 바대로 한국의 토지소유권이 완전히 현재 일본의 토지소유권 개념과 일치하는지 여부는 몹시 의심스럽다. 하지만 요컨대 대개 소유권이라고 할 수 있는 권리가 한국 인민에게는 적어도 수백 년 전부터 인정되어 왔다는 점은 의심할 수 없다.[20]

이 일화는 한국이 이미 오래전부터 근대적 소유권과 유사한 형태의 토지소유권을 인정해 오고 있었다는 사실을 새삼스럽게 보여 준다. 최근 역사학자 배항섭은 조선 시대의 토지 소유와 매매에 관한 연구에서, 조선 전기부터 토지 매매가 자유로웠으며 늦어도 조선 후기에 이르러서는 서구 근대성의 특성이라고 하는 배타적 소유권이 확립될 수 있었다고 본다. 그렇기에 그는 서구 사회가 경험한 봉건제에서 근대로의 이행이라는 역사적 경험을 보편화해서는 안 되고, 그것을 기준으로 조선 사회를 바라볼 수도 없다고 강조한다.[21]

한편, 이헌창은 조선 후기 사회를 근세(early modern)로 규정하면서 경제적 근대화라는 맥락에서 근세 사회와 오늘날의 한국 사회 사이의 연속성을 강조한다. 그는 근세론이 자본주의 맹아론의 대안이라고 본다. 그는 자본주의 맹아론이 자본주의 맹아의 존재 의미를 과대평가하고 근대경제로의 전환을 협소한 시야에서 바라보는 한계를 지닌다고 비판한다.

이헌창에 의하면, 근세론은 근대로의 전환의 메커니즘을 설명하려는 것이 아니라 근대 초기의 양상을 분석하는 태도이다. 그리고 18세기 조선은

---

20) 미야지마 히로시, 『일본의 역사관을 비판한다』, 213쪽에서 재인용.
21) 배항섭, 「조선 후기 토지 소유 구조 및 매매관습에 대한 비교사적 검토」, 『한국사연구』 149(2010), 223쪽.

경제적 측면에서 볼 때 근대 경제성장의 단계로 도약하는 시기라서가 아니라 "지속적 성장의 기반이 본격적으로 형성되는 시기"라는 의미에서 근세에 속한다.[22] 그는 "기술 발전, 인구 증가, 시장 발전, 제도 발전, 인적 자본의 형성 그리고 사회와 국가의 발전"이라는 6가지 지표를 근대 경제성장의 기반을 조성하는 중요한 요인으로 보고,[23] 18세기 조선에서 근대화 기반이 어느 정도로 형성되고 있었는지를 차례로 분석한다. 그리고 이런 분석을 토대로 18세기 근세로서의 조선의 긍정성과 한계를 이렇게 요약하고 있다.

> 요컨대 18세기 조선은 농경 기술의 발전, 시장의 발전, 제도의 정비 그리고 인적 자본의 축적에서 상당한 성과를 거두었으므로 근대 경제성장을 위한 기반을 상당히 닦고 있었다. 그런데 시장의 상층이 발달하지 않았고 농촌공업 지대가 발견되지 않았으며 계몽주의와 과학혁명에 상응하는 변화가 없어서 과학·기술에 유용한 지식의 보급이 제한되었다는 점에서 근대 경제성장의 단계로 도약할 수 없었다.[24]

이헌창은 전근대와 근대를 매개하는 중간 시대로 근세를 설정한 뒤 유럽의 16~18세기를, 일본의 경우 도쿠가와 시대를, 중국의 경우는 송대 이후를 근세로 설정하면서, 조선의 18세기를 세계사적 의미의 근세에 해당되는 것으로 평가한다.[25]

그러나 앞에서 언급했듯이 이헌창은 조선을 비롯한 동아시아 3국의 근세는 유럽의 근세와 달리 자체적인 힘으로 산업혁명 및 자본주의적 근대로 이행해 갈 수는 없었다고 본다. 근세에서 근대로 이행해 갈 동력이 약했기에

---

22) 이헌창, 「근대 경제성장의 기반 형성기로서의 18세기 조선의 성취와 그 한계」, 138쪽 참조.
23) 같은 글, 144쪽.
24) 같은 글, 158쪽.
25) 같은 글, 170쪽.

조선을 비롯한 일본 및 중국 등 동아시아의 근대는 서구 근대의 충격으로 비로소 추진될 수 있었다는 것이다. 따라서 "동아시아의 근세는 자체로 근대를 열 수 있다는 차원이 아니라, 유럽 근대문명을 흡수할 수 있는 기반을 닦았다는 의미"로 이해되어야 한다고 그는 결론짓는다.26) 이렇듯 이헌창은 조선 시대 유교문화가 시장경제 및 자본주의적 시장제도 형성에 끼친 긍정적 요인을 강조하면서도 철저하게 제한된 관점에서, 즉 자본주의적 경제성장과 긍정적으로 이어지는 지점에서만 유교의 긍정성을 높이 평가하고 있다.

이상에서 보았듯이 이헌창은 자본주의 맹아설 내지 내재적 발전론을 주장하는 통설을 비판하면서도 서구의 자본주의적 근대만을 근대 자체로 설정하고 있다. 그런 점에서 조선에서 오늘날로 이어지는 역사의 모습을 이해하기 위해 동원하는 그의 분석 틀이 과연 자명한 것인지에 대해서는 재검토할 필요가 있다. 더 나아가, 시장만능주의에 의해 시장경제가 사회로부터 완전히 이탈하여 심각한 병리적 현상을 자아내고 있는 오늘날의 시점에서 조선의 유교적 도덕경제 시스템으로부터도 무언가 배울 바가 있을 것이다. 이를 위해서는 국가에 의한 재분배 경제로부터 자본주의 시장경제로의 전환을 단선적인 역사 발전의 도식에서만 이해하려는 타성에서 벗어나야 한다. 국가에 의한 재분배 체제를 "비시장 통합 형태라는 점에서 전근대적이고 낙후된 형태"라고 보는 이헌창의 입장은 다시금 검토되어야 한다.27) 이런 문제점은 일단 여기에서 논외로 한다.

이헌창의 온건하고 상대적으로 균형 잡힌 시각과 달리, 조선 후기 사회와 20세기 한국 역사 사이의 강력한 단절론적 견해를 대변하는 학자는 바로 이영훈이다. 조선 후기 사회를 봉건제 해체의 시기로 보는 내재적 발전론과

---

26) 같은 글, 174쪽.
27) 이헌창, 「총론」, 이헌창 엮음, 『조선 후기 재정과 시장: 경제체제론의 접근』, 25쪽.

달리 '동아시아 소농 사회'의 한 유형으로 보는 이영훈은 신자유주의적 문명사관 즉 식민지근대화론의 옹호자로 유명하지만, 이런 그조차도 한국 사회의 근대적 경제성장에 조선 후기 사회가 축적한 여러 문명적 요소들이 긍정적으로 작용했음을 부인하지 않는다. 물론 그의 식민지근대화론이 가정하는 문명사론도 서구 근대, 그것도 시장 중심 및 이기적 개인주의 중심으로 이해된 서구 근대중심주의의 반복이다.[28] 이는 자본주의 지향의 내재적 발전론이나 민족 지향의 목적론적 역사관 못지않게 문제점이 많은 시각이다.

물론 식민지근대화론과 달리 조선 후기 실학사상에서 근대 지향이나 민족 지향을 읽어 내려는 시도나 조선 후기 사회에서 '자본주의 맹아 형태'에 주목하려는 시도는 일본 제국주의의 식민사관 즉 조선의 식민지화에 정당성을 부여했던 조선의 정체성停滯性과 후진성後進性 담론을 비판하면서 우리 전통 사회에 대한 새로운 시야를 확보하는 데 크게 이바지했다. 그러나 내재적 발전론 역시 서구 유럽의 역사적 경험을 보편적 모델로 설정한 뒤 그 기준에 비추어 우리 역사를 바라보려는 시도라는 점에서는 문제가 많다.

내재적 발전론은 조선 사회를 봉건제 사회로 보고 조선 후기를 봉건제가 해체되는 시기라고 보는데, 이런 시각으로는 조선 사회의 모습이 제대로 포착될 수 없다. 또한 내재적 발전론은 한국사의 내재적 요인을 지나치게 강조함으로써 한국사의 전개를 단편적인 관점에서만 바라볼 뿐 동아시아 전체와의 연관 속에서 이해하려는 인식이 부족하다.[29]

---

28) 이삼성은 식민지근대화론은 미국에서 출현한 제국 담론의 부활과 직간접적 연관을 맺고 있다고 본다. 식민지근대화론이 제국주의 시대 일본의 한국 및 동아시아 지역에 대한 지배를 문명사적 관점에서 긍정적으로 재평가하는 성격을 지니고 있기 때문이다. 이삼성, 『제국』(소화, 2014), 448쪽 참조.

29) 한국의 내재적 발전론이 지닌 문제점에 대해서는 미야지마 히로시, 「프로젝트로서의 동아시아」, 임지현·이성시 엮음, 『국사의 신화를 넘어서』(휴머니스트, 2004), 115~116쪽 참조

유럽중심주의적 역사 방법론이나 일국사적 관점에 매몰되어 있는 인식론적 태도에 관해 근본적인 재검토가 필요하다는 데 필자 역시 동의한다. 오늘날 유럽적 근대가 수많은 문제점을 보여 주고 있다는 점에서도 그렇다. 유럽중심주의적 역사 인식의 틀을 넘어서 동아시아에 대한 새로운 역사상을 구상할 수 있는 시도가 절실하게 요구된다.

그러나 이영훈의 문명사관은 자본주의 맹아설을 맹공하면서도 유럽을 보편적인 것으로 놓고 조선 후기 사회에서 유럽 근대문명을 향한 요소들, 예컨대 사유재산 제도나 시장경제 질서로의 발전과 성장, 개인들의 자발적 결사체의 움직임 등을 강조하는 데 그치고 있다. 이는 유럽중심주의적 사유 패러다임의 변형인 셈이다. 거듭 강조하지만, 조선 사회에서 나타나는 배타적인 사적 소유권의 옹호나 시장의 발전 등은 조선 사회의 내적 동학動學에서 이해해야 할 것이지, 그것을 반드시 자본주의적 시장 사회로의 이행이라는 관점에서 바라볼 필요는 없다. 그런 시각이야말로 구태의연한 목적론적 역사 인식의 반복에 지나지 않는다.

필자는 조선 사회에서 등장한 시장 발전이나 개인의 사적 소유권 확보는 조선 사회가 추구했던 유교적 능력주의의 산물로 이해하는 것이 더 적절하다고 본다. 다만 유교적 능력주의 문화에서 형성된 시장 발전 등의 조건이 1960년대 이후 본격화된 한국 자본주의의 발전에 연결된다고 해도, 그런 연결 방식은 산업화가 진행되는 한국 사회의 역사적 조건, 이를테면 반공주의 사회의 고착화라는 제약 조건으로 인해 시장지상주의적이고 경제성장제일주의라는 일방적인 방식으로 재조정된 것이었음을 염두에 두어야 한다. 하여간 백성이 나라의 근본이라고 보았던 조선 사회는 백성의 생명과 재산을 보호함은 물론이고 백성이 오륜 관계를 통해 인간다운 삶을 영위할 수 있도록 경제적 조건을 마련해 주는 일을 게을리하지 않았다.

우리는 유교적 민본주의를 내세우는 조선 사회가 유교적 능력주의의 요소 이외에, 공동체의 천하적 공공성을 통해 능력주의의 발산이 가져올 폐단을 규율하려는 요소도 함께 지니고 있었다는 점을 간과해서는 안 된다. 그러니까, 조선 왕조가 국정 이념으로 내걸었던 유교적 민본주의의 필수적 요소에는 천리의 공公 혹은 공천하公天下로 표현되는 천하적 공공성도 포함되어 있었다는 점을 상기해야 한다. 천하 혹은 국가는 한 개인의 사적 소유물이 아니라 천하 모든 사람의 천하라는 생각은 주자학적 천리의 공공성 이념으로 이어지는데, 이런 공천하 관념은 조선 시대에 발전한 군신공치君臣共治 이념이나 공론 정치의 이념에서 보듯이 국가권력(왕권)에 대한 비판적 견제의 기능만이 아니라 사회경제적 변화가 공동체의 조화와 협력적 관계를 해치지 않도록 규제하는 도덕적 규범성의 원칙이 되기도 했다. 간단하게 말해, 조선이 국가의 통치이념으로 내건 유교적 민본주의에 따르면 백성을 위하여 민생을 안정시킨다는 '안민安民'은 늘 정치의 기본 방향이었다.

그리고 앞에서 보았듯이 천하위공의 이념은 서구 근대 제국주의 열강과의 비극적 조우를 매개로 자주적인 국민국가를 위한 독립운동 이념 등으로 여러 변형을 겪으면서 국민(인민)주권의 민주공화주의를 표방하는 제헌헌법의 균등 이념과 이익균점법이라는 경제적 공공성의 조항으로까지 이어진다. 이병천이 지적하듯이 "제헌헌법은 비록 냉전 반공주의 분단국가가 수립되었다고 해도, 파행적인 후진 식민지 경제를 냉전 반공 자본주의와는 다른 대안적 길로 나아가게 할 가능성을 열어 놓는다."[30]

여하튼 이영훈은 소위 근대문명적 요소들 즉 문명소에 어울리지 않는다고 보는 측면에 대해서는 소홀히 평가하거나 문명화=근대화=산업화에 장애가 되는 반문명적 요소로 치부하곤 한다. 그러므로 그가 일제 식민지 지배 및 미국 주도의 세계질서에로의 편입으로 인해 발생한 오늘날의 한국 근대와 유교적인 전통 문명 사이의 이질성을 극도로 과장하면서 양자 사이의 "파천황

---

30) 이병천, 『한국 자본주의 만들기: 압축과 불균형의 이중주』, 39~40쪽.

의 단절"[31]만을 강조하는 것도 우연이 아니다. 그가 전통 시대를 매우 부정적인 것으로 비판하는 것도 유럽 근대를 목표로 삼고 있는 유럽중심주의적 문명사관으로 인한 것이었다.

앞에서 본 것처럼 이영훈은 조선 사회에서 오늘날에 이르는 한국 사회의 역사를 서구 근대문명사관의 틀로써 전체적이고 통시적인 시각에서 바라보고자 했는데, 이러한 시도 또한 한국의 역사에 대한 하나의 특정한 해석임이 분명하다. 특히 17~20세기에 이르는 한국의 역사 전체를 조망하면서 현대 한국 사회의 형성 경로의 특질을 해명하려는 그의 시도는 여러 측면에서 매우 흥미롭다. 예를 들어 20세기 근대화의 과정을 "전통 사회의 구조와 외래 문명이 맞물려 이루어 낸 복선複線의 전환 과정"[32]으로 이해하려는 시도는 매우 중요하다. 그러나 시장중심주의적 사유 방식으로 인해 과도하게 축소되어 버린 서구 근대문명사관의 틀과 결부된 일제에 의한 식민지적 근대화론은 "복선複線의 전환 과정"으로 20세기 역사를 해명하려는 그의 시도와 어울리기 힘들다.

실제로 이영훈의 시장중심주의적 시각으로 왜소화된 서구중심주의적 문명사관이 조선 후기 사회에서 오늘날에 이르는 역사적 경험을 제대로 이해할 수 있는 적절한 인식 패러다임을 제시하는 데 성공했다고 보기에는 무리가 있다. 그의 단선적이고 일면적인 문명사의 인식 틀과 그가 내리는 여러 결론은 동의하기 힘들 정도로 논거가 빈약하기 때문이다.

하나의 예를 들어 보자. 이영훈은 17~19세기 조선의 농촌사회를 양반과 상민으로 구별되는 신분제적 차별 사회로 규정하면서, 이런 신분제적 차별의 정당화가 "동시대 일본과 중국에서 찾아볼 수 없는 한국 고유의 현상"이라고 강조한다.[33] 그러나 이헌창은 이에 대해, 조선의 자생적인 근대화(서구적인

---

31) 이영훈, 「민족사에서 문명사로의 전환을 위하여」, 임지현·이성시 엮음, 『국사의 신화를 넘어서』, 98쪽.
32) 이영훈, 「한국 사회의 역사적 특질」, 370쪽.

의미의)를 방해한 요인의 하나로 양반제라는 폐쇄적 신분제가 있었음을 인정하면서도 동시대였던 일본의 에도시대 또한 "폐쇄적인 사농공상제로 경제 발전을 이루었으므로 폐쇄적 신분제가 무조건 근대화를 저해한 결정적인 요소"라고 볼 필요는 없다고 강조한다.[34] 물론, 이미 언급한 것처럼 필자는 이헌창과 달리 조선 사회를 양반 중심의 폐쇄적 신분 체제 사회가 아니라, 나름의 개방사회의 면모를 지닌 유교적 민본적 능력주의 사회로 본다.

물론 이영훈도 조선이 상당한 문명 수준을 자랑하는 국가였음을 부인하지 않는다. "개인, 가족, 촌락, 단체, 관료제, 시장, 사유재산 등의 여러 문명의 요소에서 조선 왕조는 세계적으로 비교적 높은 수준에 있었지요"라고 그는 말한다.[35] 그러나 종합적으로 볼 때 이영훈에 의하면 조선은 경제 관념이 없는 국가였으며, 그 결과 식민지로 전락할 수밖에 없었다.

조선 왕조의 성리학적 정치이념에서 경제는 독자적인 영역이 아니었습니다. 지배층을 이루는 군자가 도덕을 올바로 수양하여 정치를 바로 하면 경제는 저절로 통한다는 도덕주의적 정치관과 경제관이 조선 왕조가 산업을 일으키고 국제수지를 방어하기 위한 정책을 시행하지 못하도록 막았다고 생각합니다. 그것이 궁극적으로 조선 왕조를 식민지로 떨어지게 한 최종적 원인이겠지요.[36]

더 나아가 이영훈은 19세기의 조선이 농지의 토지생산성이 극도로 하락하여 내부적으로 거의 와해 상태에 있었다고 보면서, 조선이 망한 것은 일본 제국주의의 침략으로 인한 것이 아니라고 진단한다. 19세기의 "위기는 1905년 조선 왕조의 멸망이 어떤 강력한 외세의 작용에 의해서라기보다 그 모든

---

33) 같은 글, 375쪽.
34) 이헌창, 「근대 경제성장의 기반 형성기로서의 18세기 조선의 성취와 그 한계」, 158쪽.
35) 이영훈, 『대한민국 이야기』, 54쪽.
36) 안병직·이영훈 대담, 『대한민국 역사의 기로에 서다』(기파랑, 2007), 103~104쪽.

체력이 소진된 나머지 스스로 해체되었다고 해도 좋을 정도로 심각한 것이었다.[37] 그러다가 식민지시대를 거치면서 조선은 사유재산 제도의 법적 정비를 통해 근대적 경제성장의 기반을 구축하였다는 것이다.

이영훈이 보기에 일본 제국주의는 조선을 '영구히 병합할' 목적을 지녔기에 서구로부터 받아들인 선진적이고 근대적인 제도(사유재산 제도 등)[38]를 조선에 이식하였고, 그 결과 일제강점기에 근대적인 경제개발과 성장[39]이 이루어졌다. 그리고 "일제하에서 발족한 한국 문명의 근대적 전환은 1948년 대한민국의 건국으로 그 정치적 결실을 맺었다"고 그는 이해한다.[40] 이처럼 이영훈은 이른바 식민지근대화론을 주장하고 있다.[41]

그러나 이영훈의 일방적인 시장근본주의적 문명사관은 그 자체로도 이미 매우 협소한 이론이다. 그리하여 이병천은 식민지근대화론이 "자유시장과 사유재산권 정립이 근대적 경제성장의 제도적 토대"임을 강조한다는 점에서 그것을 "워싱턴 컨센서스의 식민지판"이라고 비판한다.[42] 게다가 이영훈은 조선 사회 후기에서 오늘날에 이르는 한국 사회의 역사를 총체적으로 조망하는 데 너무 많은 한계를 보여 준다. 예를 들어 그는 재분배 경제체제 사회에서 시장경제 체제로의 이행을 문명사적 진보 사관으로 매우 높게 평가한다.

---

37) 이영훈, 「총설: 조선 후기 경제사 연구의 새로운 동향과 과제」, 이영훈 편, 『수량경제사로 다시 본 조선 후기』, 382쪽.
38) 이영훈, 『대한민국 이야기』, 84・91쪽.
39) 같은 책, 88~89쪽. 일제 식민지시대에 일정한 정도의 경제 "개발"이 있었다는 점을 긍정한다고 해도 이를 "근대적 경제성장"으로 과대평가하는 이영훈과 김낙년 등의 주장은 실증적 차원에서도 근거가 빈약하다는 반론에 직면한다. 이런 점 외에도 식민지근대화론의 기본 주장과 그 논리적 허점 등에 대해서는 이병천, 『한국 자본주의 만들기: 압축과 불균형의 이중주』, 29~36쪽 참조 바람.
40) 이영훈, 「한국 사회의 역사적 특질」, 400쪽.
41) 이헌창은 19세기 조선의 위기는 이영훈이 말하듯이 조선이 자체적으로 와해될 정도가 아니었다고 주장한다. 이헌창, 「근대 경제성장의 기반 형성기로서의 18세기 조선의 성취와 그 한계」, 175쪽 참조 식민지근대화론의 전개 과정과 그 이론이 지니는 새로운 문제 제기로서의 의의 및 문제점에 대해서는 정연태, 『한국 근대와 식민지근대화 논쟁: 장기근대사론을 제기하며』 제1부의 제1장과 2장 및 4장을 참조
42) 이병천, 『한국 자본주의 만들기: 압축과 불균형의 이중주』, 32쪽.

그러나 오늘날 우리 사회가 안고 있는 가족주의 및 연고주의를 생각해보자. 오늘날 우리 사회의 지속적 번영을 방해하는 것으로 비판받는 가족주의의 형성도 조선이라는 유교적 사회복지형 국가가 파괴되고 일제강점기 및 분단의 상황을 겪으면서 발생한 경제성장 위주의 일면적인 사회 재편이라는 역사적 경로와 무관할 수는 없다. 이런 맥락에서 이병천은 한국 자본주의의 내적 위기의 문제를 다음과 같이 말한다.

우리가 보기에 한국 자본주의의 역사적 기원을 논구할 때 시선을 집중해야할 것은, 식민지적 기원이라기보다 오히려 광복 이후 일어난 분단국가의형성과 6·25전쟁이라는 새로운 역사적 사건, 그리고 휴전 후에 고착화된대결적 냉전 반공 분단체제가 가져다준 양면적 효과다. 바로 이 과정에서식민지 구체제의 유산을 재정리하면서 고유한 자기 특성을 갖는 한국형냉전 반공 자본주의의 기본 틀이 주형되었다.[43]

그리고 분단과 한국전쟁을 거치면서 한국의 자본주의는 다음과 같은"원형적 특징"을 띠게 된다고 이병천은 강조한다.

① 건전한 중도 세력조차 배제한 냉전적 보수 독점 정치사회와 노동 힘의무력화.
② 농지개혁의 추진과 교육 기회의 확대, 전통적 지주 계급의 몰락과 일정한자산 평등화 실현 및 사회 계층 이동성의 증대.
③ 특혜에 기생하며 국가권력과 정경 유착한 천민 재벌 지배하의 경제체제,공공복리에 봉사해야 할 사유재산권 책임 규율의 해이.
④ 대외적으로 미국의 우산 또는 헤게모니 한계선 안으로의 종속적 편입,원조를 고리로 당근과 채찍을 함께 구사하는 미국의 외압.[44]

---

43) 같은 책, 36쪽.
44) 같은 책, 38쪽.

이병천이 주장하듯이 한국 자본주의의 기본 틀이 해방 이후 분단과 전쟁을 겪은 후의 구조적 제약 속에서 형성되었다고 한다 해도, 우리는 한국 사회의 자본주의적 근대성 형성과 그 경로에 영향을 주었던, 조선 시대에 축적된 유교문화의 역사적 경험의 의미를 소홀히 할 필요는 없을 것이다.

달리 말하자면, 이병천이 명시적으로 언급하지는 않았지만, 우리는 조선이 유교적 이념에 따라 건설하고자 했던 국가체제 및 사회조직의 정합성과 통합성이 내외적인 도전 특히 서세동점의 시기 서구 제국주의 열강들의 충격과 연이은 일본에 의한 식민지로의 전락 등의 경험을 통해 파편화되어 가는 과정에도 응당 주목해야 한다는 말이다.

조선의 환곡제도가 후기로 가면서 매우 부패했고 그 결과 조선 사회가 엄청난 갈등에 휩싸이게 되었다는 사실은 널리 알려져 있다. 그렇지만 조선 사회가 지향했던 독립 소농들의 자립성이 전제가 되어 국가적 차원에서 그들의 어려움을 해결하고자 했던 시도와 그 의미가 다 잘못되었다고 평가받을 이유는 없다. 주지하듯이 국가주의적인 충효 이데올로기가 아니더라도, 해방 후 좌우의 분열 대립이나 한국전쟁, 오랜 기간 지속된 독재 권력 시절에도 국가는 시민들의 생명이나 공공선을 옹호하는 데 무능하였다. 아니, 국가나 정부는 개인의 생활을 안전하게 보장해 주기는커녕 수시로 이들 사회 구성원의 일상생활을 박탈하고 생명을 빼앗아 갔다.

이런 상황에서 사람들은 가족의 소중함을 더욱더 절실하게 느끼게 되었고, 이런 경험들이 가족의 생존과 이익을 최고의 가치로 간주하는 뒤틀어진 가족주의 문화의 성장에 비옥한 자양분을 제공하게 된 것이다. 그런데 역설적이지만 사회와 국가가 담당해야 할 복지를 온통 가족에게 전가하는 식으로 진행되어 온 경제성장 제일주의는 가족생활을 위축시켜서, 엄청난 경제성장을 자랑하던 한국 사회는 이제 세계에서 출산율이 가장 낮은 소멸 위기의 국가로 전락하고 말았다. 그러므로 한국 사회를 적절하게 이해하는 작업에서 역사적인 맥락에 대한 감수성은 아주 중요하다.

또한 이영훈은 조선의 유교적 정치문화가 지니는 지속적 영향의 측면, 특히 독립운동 및 해방 이후 대한민국의 정치 민주화와 관련된 여러 주목할 만한 영향사의 중요성을 간과하고 있다.

앞에서도 살펴보았듯이 조선 후기의 대동적 세계를 향한 일반 백성들의 열망은 일제강점기에 일어난 지속적인 독립운동의 이념이 되었고 분단 상황이라는 어려운 여건 속에서는 한국의 민주주의를 일구어 내었다. 이영훈의 연구는 이런 역사적 성취 사이에 있는 내적 연속성과 질적 전환의 과정에 관한 관심을 결여하고 있는 것이다. 그것은 아마도 그의 문명사관, 이를테면 사적 소유권의 확립을 통한 시장경제 질서의 형성만이 유일하게 긍정적인 (서구적) 근대성의 핵심이라고 보는, 단순·과감하지만 근거가 빈약한 신념에서 비롯된 것일 터이다. 만약 민주주의에 대한 그의 관심이 계속해서 존재했다면, 그는 무한 질주하려는 고삐 풀린 시장 사회의 파괴적 속성을 일정하게 규율하는 데에도 관심을 기울일 수밖에 없었을 것이다.

더구나 분단되었다고는 하나 식민지로부터 독립한 한국 사회의 형성이 경제성장에 긍정적 영향을 주었다는 점도 언급되어야 한다. 따라서 자본주의가 성장하는 데 독립적 주권국가의 긍정적 역할이 필수적일 뿐만 아니라, 사회적 통합을 유지하는 사회의 역량이 뒷받침되지 않는다면 성장 제일 중심의 경제 질서가 얼마나 허약해질 수 있는지를 고려할 필요가 있다. 만약에 그랬더라면 한국 자본주의 형성에 관한 이영훈의 연구가 식민지근대화론이라는 함정에서 벗어나 훨씬 더 튼튼해졌을 것이라고 여겨진다.

결론적으로 말해서, 우리는 자본주의적 시장경제 질서 형성과 조선 후기 사이에 존재하는 연결성에도 응당 주목해야겠지만, 조선의 유교적 정치문화의 역사적 축적 경험이 한국 사회가 이룩한 또 다른 역사적 성취인 민주주의에 어떤 방식으로 연결되어 있는지를 제대로 인식할 필요가 있다. 그리고 이런 인식은 한국 사회 민주주의의 내적 동학의 특성을 파악하는 데 이바지할 수 있을 뿐만 아니라, 고유한 역사적 경로를 통해 달성된 우리 사회의 민주주의의 제약성 그러니까 그 취약성이 무엇인지를 비판적으로 바라볼 힘을 키우는 데에도 도움을 줄 것이다.

3. 갑오농민전쟁과 한국의 원형민주주의

한국 사회 민주주의의 역사적 경로를 검토할 때 조선 사회에서 축적된 유교적 정치문화의 영향사에 주목해야 한다는 것이 이 책 전체를 통해 강조하는 필자의 기본 전제임은 이미 분명해졌을 것이다. 앞에서 강조했듯이, 한국 사회의 자본주의적 근대화의 경로에 조선 후기 사회의 역사적 성취가 이어지는 지점이 존재한다는 사실은 부인하기 힘들다. 물론 이는 조선 후기 사회에서 자본주의로의 이행이 자연스러운 것임을 강조하려는 의도와는 전혀 상관없다.

산업화라는 발전 목표를 실현하기 위해 권위주의적 개발독재가 국가권력을 동원하여 유교문화를 선택적으로 활용하는 데에서도 보듯이, 전통의 영향이란 정치를 주도하는 세력의 전략적 선택을 매개로 한다. 물론 이런 상황에서도 전통을 둘러싼 해석의 갈등이 동반되기에 주도적인 정치 세력에 의해 이루어지는 전통의 전략적 동원에 대한 저항이 없지는 않다. 미셸 푸코를 언급하지 않는다고 해도 단일한 권력이 대항 권력과의 관계가 없이 한 사회를 전일하게 지배하는 법은 없다는 것이 필자의 생각이다.

필자가 볼 때 조선의 유교적 정치문화와 오늘날 한국 사회 민주주의 사이의 연속성과 그 질적 전환의 맥락을 이해하려 할 때 결정적 분수령이 되는 사건은 갑오농민전쟁이다. 이 책 제2부와 제9장에서 강조했듯이, 조선 후기에 이르러 백성들은 자신이 유교적 이념을 실현할 수 있는 주체임을 자각하고 이를 행동으로 옮기고자 하였다. 갑오농민전쟁에서 백성들이 '보국안민輔國安民'이라는 전형적인 유가의 가치를 전면에 내세우고 부패한 조선 왕조와 조선을 침략하려는 야욕에 눈이 먼 일본 제국주의에 저항했던 것이 이를 잘 보여 준다.[45]

갑오농민전쟁은 요순 성왕의 유가적 인정仁政 이념을 실현할 책임 있는 담당자가 특권적인 양반 계층이 아니라 백성들 자신이라는 점을 만천하에 공표한 일대 사건이었다. 달리 말하자면, 갑오농민전쟁을 통해 백성들은 요순 성왕에서 공자, 맹자를 거쳐 성리학적 교양을 갖춘 사대부 혹은 양반으로 이어져 온 도통道統의 진정한 계승자가 자신들임을 공개적으로 선언하게 되었다는 말이다. 그렇게 백성이 유교적 민본주의 이념의 궁극적 담당자임을 만천하에 공표하면서 부패한 정치체제의 개혁을 요구하고 나설 정도로 유교적 정치의식은 일반 백성들에게 광범위하게 내면화되었고, 그런 유교적 정치의식의 보편화 혹은 대중화가 바로 갑오농민전쟁의 정신사적 배경이라고 해석되어야 할 것임은 이미 앞에서 강조되었던 바이다.

이를 갑오농민전쟁 시기에 전봉준이 직접 작성한 포고문의 내용을 통해 좀 더 살펴보자. 보국안민의 기치를 내건 1894년 3월 20일의 농민 봉기를 알리는 「무장포고문」의 내용은 매천梅泉 황현黃玹(1855~1910)의 기록을 통해 앞서 이미 살펴보았다. 그 포고문을 보면, 전봉준은 유교적 민본주의 이념을 철저하게 긍정하고 있다. 이 포고문에서는 백성들 스스로 당대 임금인 고종을 요순과 같은 성왕으로 만들어 유교적인 유토피아 세상인 대동세계의 일원 즉 요순 성왕의 백성으로 살고자 하는 갈망을 표현하고 있다. 대동 세상에 대한 이러한 갈망은 기본적으로 공맹과 성리학을 통해 면면히 이어져

---

45) 황현, 『오동나무 아래에서 역사를 기록하다: 황현이 본 갑오농민전쟁』, 125~127쪽 참조

온 유가적인 유토피아적 이상의 백성적 버전이다. 갑오농민전쟁에 참여한 백성들은 조선의 국왕을 요순 성왕으로 만들고 자신들도 요순 성왕의 백성이 되려는, 태평성세의 대동적 이상세계를 구현하려는 열망을 지니고 있었다.

갑오농민전쟁에서 백성들 스스로 자신들이 유가적 대동세상을 형성하는 주체임을 천명한 것은 한국 민주주의의 역사적 경로와 그 특질을 이해하는 데 있어 결정적인 사건이다. 반복을 피하고자 가능한 한 간략하게 그 의미를 살펴보도록 하겠다. 19세기 조선에서 갑오농민전쟁으로 이어지는, 민의 정치적 성숙과 각성을 보여 주는 지속적인 민란은 성리학적 사유가 지니고 있던 보편주의적이고 평등주의적인 요소를 급진적으로 전유함으로써 백성을 통치의 대상으로만 간주하던 기존 민본주의의 보수적 해석체계 및 그와 연동된 현실 정치체제를 해체하려는 변혁적 시도였다.

따라서 민란은, 특히 그 절정이라 할 갑오농민전쟁은 백성이 나라의 근본이라는 종래의 주자학적 사유 방식을 급진적으로 전유함으로써 그것을 보수적으로 해석하는 지배 권력에 일대 균열을 일으키고 조선 사회의 유교적 이념 내에 존재하는 민주적 요소, 즉 보편주의적이고 평등주의적인 요소를 전면에 부각시킨 결정적 사건이라고 해석되어야 한다.

이런 맥락에서 필자는 제9장에서 갑오농민전쟁을 조선의 유교적 민본주의 제도를 한층 심화·확장하는 동아시아에서 등장한 세계사적 사건으로 자리 매김했다. 달리 말하자면 조선 정치사 및 조선 정치 제도사의 전개라는 관점에서 볼 때 갑오농민전쟁은 유교적 민본주의를 유교적 대표제 민본주의의 한정된 틀로부터 해방하여 그것을 유교적 대항민본주의로 심화·확장해 가려는 획기적 사건으로 평가했다. 그리고 유교적 대항민본주의는 그 이후 오늘날에 이르기까지 한국 민주주의의 특질을 규정하고 있다는 점에서 한국 사회의 원형민주주의의 출현으로 보아야 함을 강조했다. 이런 선행 연구를 토대로 그럼 갑오농민전쟁으로 전면적으로 출현하게 된 조선 사회

민본주의의 자기혁신 행위 속에 들어 있는 민주적 요소를 어떻게 해석해야 하는지를 알아보자.

여기에서 민본주의의 민주적 계기(요소)라 함은 우선 일반 시민(백성)의 적극적인 정치적 활동과 참여의 계기를 의미한다. 일반 백성이 위기에 처한 정치사회를 극복하기 위해 부패하고 억압적인 권력에 저항하는 역사는 곧바로 민주주의와 연결되는 것으로 이해되어야 하기 때문이다. 최장집이 강조하듯이 "민주주의는 그 형태와 내용이 어떠하든, 민중적 동력을 중심으로 하는 민중적 민주주의의 요소를 중심에 포괄하지 않는 한 민주주의라고 보기 어렵다."[46]

복수의 정당이 자유로운 경쟁과 주기적인 선거를 통해 정치지도자를 선출하는 방식에서의, 혹은 투표를 통해 선출되는 의회에서의 다수결로 공적 사안을 결정하는 정치체제만을 민주주의로 보는 관점도 한계가 있음을 알아야 한다. 폴 우드러프(Paul Woodruff)에 의하면, 우리가 오늘날 민주주의의 핵심이라고 알고 있는 다수결 원칙이나 투표에 의한 대표 선출 등과 같은 제도는 민주주의가 아니라 민주주의와 유사한 "대역"에 지나지 않는다.[47] 아리스토텔레스도 공직을 "투표가 아니라 추첨"으로 뽑는 것이 민주주의의 특징 중 하나라고 본다. 그는 "공직자를 추첨"으로 선발하는 체제를 '민주주의'로, "선거"로 뽑는 정치체제를 '과두정'으로 이해한다.[48]

버나드 마넹(Bernard Manin)이 힘주어 강조하고 있듯이, 모든 성인 시민들이 선거를 통해 자신들의 대표를 뽑는 '선거'와 민주주의를 동일한 것으로 보는 시각이 너무나 확고하게 굳어져서 이제는 선거의 귀족주의적 요소에

---

46) 최장집, 「한국어판 서문: 민주주의와 헌정주의 ― 미국과 한국」, 로버트 달, 『미국 헌법과 민주주의』(박상훈·박수형 옮김, 후마니타스, 2004), 16쪽.
47) 폴 우드러프, 『최초의 민주주의: 오래된 이상과 도전』(이윤철 옮김, 돌베개, 2012), 32~41쪽 참조
48) 아리스토텔레스, 『정치학』(천병희 옮김, 숲, 2009), 336쪽 및 225쪽.

대한 탐구가 아무런 의미를 지닐 수 없는 것처럼 여겨지게 되었는데, 이는 대의제도가 지니는 귀족주의적 성격을 간과하는 오류를 초래한다.[49]

그런데 역사학자 조경달은 유교적 민본주의에서 민의 정치 참여가 지니는 의미에 대해 비교적 적극적인 의식을 보여 주고 있다. 다만 그는 유교적 민본주의가 민중의 정치적 참여를 긍정한다는 점을 인정하면서도, 백성들의 정치 참여는 유교적 정치질서가 위기에 처해 있을 때에만 한해서 허용되는 일시적인 것이라고 본다. 그러므로 그는 동학이 민중의 정치 참여를 일시적으로 인정하는 논리를 찾아내었다고 이해한다. 그에 따르면, 동학에서도 그리고 갑오농민전쟁을 이끌었던 '이단동학'에서도 "민중은 변혁의 주체이기는 해도 결코 정치의 주체는 아니었다." 따라서 그는 갑오농민전쟁을 이끈 이단동학도 백성을 "정의의 실체=변혁의 주체"로 인정했을 뿐, "민중을 정치 주체로 파악하고 그들의 일상적인 정치 참여를 전제로 국가가 운영되어야 한다는 정치사상을 전혀 갖고 있지 않았다"라고 결론짓는다.[50]

동학과 갑오농민전쟁 시기 조선의 일반 백성들에게는 정치적 주체로서의 자각이 존재하지 않았다는 조경달의 결론에는 여전히 민본주의와 민주주의 사이에 서로 만날 수 없는 차이가 존재한다는 인식이 깔려 있다. 그는 유교적 민본주의와 현대적 민주주의 사이의 이질성을 강조한다. 그에 의하면 "민본주의와 민주주의는 정치 주체라는 면에서 전혀 다른 개념이다. 이단동학은 민중=정치 주체라는 인식을 갖고 있지 않았기 때문에 근대사상이라고 부를 수 없다."[51] 게다가 조경달은, 갑오농민전쟁 시기 농민들이 추구했던 여러 개혁적 조치들에도 불구하고 그들은 "아직 의회제 도입에 관한 발상을

---

49) 버나드 마넹, 『선거는 민주적인가: 현대 대의민주주의의 원칙에 대한 비판적 고찰』(곽준혁 옮김, 후마니타스, 2004), 169~170쪽.

50) 조경달, 『이단의 민중 반란: 동학과 갑오농민전쟁 그리고 조선 민중의 내셔널리즘』, 333~334쪽.

51) 같은 책, 335쪽.

갖지 못한 점에서 민중을 정치 주체로 인정하려는 자세는 없었다"라고 강조한다.[52] 이런 조경달의 입장은 그의 독특한 근(현)대관과 관련되어 있다.

그런데 조경달도 인정하고 있듯이 갑오농민전쟁기에 조선의 민중은 집강소 혹은 도소 체제를 운영하면서 민중의 자치를 실험했다. 이 때문에 그도 갑오농민전쟁은 "민중 자치의 물결"을 보여 주었다고, 혹은 "민중 자치의 위대한 한 걸음을 내디딜 수 있었다"라고 적극적으로 평가하였는데,[53] 여기에서도 그의 위에서의 주장과는 달리 갑오농민전쟁기의 조선 민중들에게서는 정치적 주체로서의 자각과 변혁 주체로서의 인식을 뚜렷하게 구별하기 힘들다는 점이 드러난다.

아울러 민중 스스로 운영하는 집강소의 경험 외에, 전봉준은 또 "새로운 정치형태 또는 정치권력의 형태에 대한 전망"을 보여 주기도 했다.[54] 1895년 1월 26일 일본 영사관에서 약식 취조를 받을 때 전봉준은, "네가 경성에 쳐들어온 후 누구를 추대할 생각이었는가?"라는 일본 정부의 질문에 다음과 같이 답했다고 한다.

일본병을 물러나게 하고 악간惡奸의 관리를 축출해서 임금 곁을 깨끗이 한 후에는, 몇 사람의 주석柱石의 선비를 내세워서 정치를 하게 하고 우리들은 곧장 농촌에 들어가 상직인 농업에 종사할 생각이었다. 하지만 국사를 들어 한 사람의 세력가에게 맡기는 것은 크게 폐해가 있는 것을 알기 때문에, 몇 사람의 명사에게 협합協合해서 합의법에 의해 정치를 담당하게 할 생각이었다.[55]

---

52) 같은 책, 336쪽.
53) 같은 책, 같은 곳.
54) 정창렬저작집 간행위원회 편, 『정창렬 저작집 1: 갑오농민전쟁』, 347쪽.
55) 같은 책, 348쪽에서 재인용.

여기에서 보듯이 전봉준은 사회를 대표할 정도로 명망 있는 몇 사람의 합의를 통해 이루어지는 정치를 구상하고 있었다. 그래서 이런 점을 두고 정창렬은, 왕권의 절대적 권위를 인정하는 한계를 보이고 있긴 하지만 "농민군의 정치의식의 커다란 질적인 비약이었고 동시에 그 민주주의적 발전의 단서를 열어 놓은 것"이라고 평가한다.[56]

그러나 정창렬의 해석에는 민주주의적 발전의 의미가 조경달의 경우처럼 대의제에 기초한 민주주의의 실현이라는 함의가 담겨 있다. 물론 필자는 전봉준의 견해에서 유교적 대항민본주의 의식과 더불어 대표제적 민본주의를 포기하지 않고 있음을 독해해 낼 수 있으리라고 생각한다. 왜냐하면 그는 대항민본주의적 정신에 바탕을 둔 저항 행위를 통해 부패하고 부정의한 관리를 몰아낸 후 "몇 사람의 명사에게 협합協合해서 합의법에 의해 정치를 담당"하도록 할 것임을 분명히 밝히고 있기 때문이다.

더 나아가 정치 주체와 변혁 주체를 엄격하게 구별하는 조경달의 태도는 일정 정도 근(현)대에 대한 그의 인식을 전제로 한다. 민주주의와 민본주의의 이질성을 강조하는 데에서도 보았듯이, 그는 은연중에 근대를 서구적 근대로 보고 그런 서구 근대의 기본적 특성을 정치적 차원에서의 민주주의 및 의회제에서 구하고 있다. 그리하여 그는 "갑오농민전쟁을 근대적 변혁운동으로 받아들일 수 없다"면서 그것은 "반근대적 변혁의 범주에 속하는 운동이었다고 규정해야 한다"라고 결론짓는다. 그런데 근대라는 개념에서도 조경달은 모호성을 보인다. 갑오농민전쟁을 "반근대적 변혁의 범주에 속하는 운동"이라고 규정했던 그가 동시에 그것을 "또 하나의 근대 추구의 방법", 그러니까 비서구적인 "근대를 구현하려고 했던" 조선의 위대한 "민중운동"으로 볼 수 있다고 강조하기 때문이다.[57]

---

56) 같은 책, 같은 곳.
57) 조경달, 『이단의 민중 반란: 동학과 갑오농민전쟁 그리고 조선 민중의 내셔널리즘』, 339~340쪽.

근대 개념의 모호성도 문제이지만 조경달이 제시하는 변혁 주체와 민주적 정치 주체 사이의 경계 설정 역시 모호하고 설득력이 약하다. 정치 주체와 변혁 주체 사이의 명백한 구별, 유교적 민본주의와 서구의 근대적 민주주의 사이의 이질성을 강조하는 조경달의 입장이 안고 있는 문제점을 좀 더 살펴보자. 이는 민주주의 일반에 관한 문제일 뿐만 아니라, 한국 민주주의 발전 모델에 대한 정확한 인식과 관련된 것이기 때문이다. 여기에서도 우리는 서구 사회의 발전된 민주주의 이론과 그들의 역사적 경험으로부터 배우고자 하는 자세를 버리지 않아야겠지만, 그것을 유일무이하고 완성된 것으로 받아들이면 곤란하다.

우선 가장 기본적인 문제와 관련된 사항을 언급해 보고자 한다. 유교적 민본주의와 민주주의 사이의 단절을 강조하는 조경달 이외의 흐름을 보면, 유교적 민본주의는 민주주의와 달리 백성(일반 시민)을 통치 혹은 정치의 주체로 인정한 것이 아니라 단지 통치의 대상으로만 간주했다는 점을 자명한 것으로 전제한다. 그런데 이 전제에서 백성을 통치의 대상 혹은 객체로 설정한다는 말이 매우 모호하다. 통치의 대상과 통치의 주체가 정말로 어떤 점에서 그렇게 서로 연결될 수 없을 정도로 준별될 수 있는지가 모호하기 때문이다.

일반적으로 말해 인류 사회에서 백성의 원망이나 고통이나 필요를 전적으로 무시하고 강압적 방식으로 일관할 수 있는 정치체제는 없을 것이다. 그 어떤 정치체제도 정치의 정당성을 확보하기 위해서는 백성의 지지를 받아 낼 권위를 만들어 내지 않으면 안 된다. 이런 과정에서 모든 정치체제는 기본적으로 일반 민의 정치적 요구를 반영하는 제도를 지니고 있다고 보아야 한다. 그렇기에 정치의 객체와 정치의 주체를 철저하게 준별해서, 일반 백성을 한갓 통치의 객체로만 설정한 유가적 민본주의 사회는 민주주의와 근본적으로 다르고 그 둘 사이에는 건널 수 없는 차이가 존재한다는 식으로 보는 이론은 무언가 공허하다. 이와 관련하여 미셸 푸코의 권력과 저항의 관계가 내적이라는 주장에 주목하고 싶다.

푸코에 의하면 "권력이 있는 곳에 저항이 있으며, 그렇지만, 아니 더 정확하게 말해서 그렇기 때문에 저항은 권력에 대해 외재하는 것이 아니다." 그러므로 푸코는 "권력관계의 관계적 성격을 무시"해서는 안 된다고 강조한다.[58] 그러니까, 봉기라고 하든지 아니면 저항이라 하든 그것도 아니면 민란이라 하든, 권력은 관계적 성격을 지니고 있기에 지배적 권력에 대한 광범위한 의미에서의 다양한 형태의 이의 제기는 필수적이다. 요컨대, 정치의 주체와 객체 사이의 구별이라는 것이 무엇을 의미하는지가 명확하게 규정되지 않는다면 민본주의 대 민주주의의 이원론적 대립 틀은 이론적 적절성을 지닐 수 없다.

더구나 앞에서 언급된 여러 학자에게서 보듯이 유교적 민본주의에서 백성은 통치의 대상이지 주체가 아니었다는 주장은 은연중 민주주의를 대의제 민주주의와 동일시하는 경향을 보여 준다. 달리 말하자면 민주주의를 대의제나 선거민주주의로 환원하면서, 이런 민주주의에 관한 특정 이해를 기준으로 유교 사회 조선에서는 백성들이 저항이나 변혁의 주체로 등장했을지라도 투표를 통해 대표자를 선발하려는 '의회제'에 관한 인식을 보여 주지 않았기에 그들은 여전히 정치적 주체가 아니었다고 결론짓는다.

그러나 앞으로도 좀 더 살펴보겠지만 유교적 민본주의가 대표제적 민본주의나 좁은 의미의 유교적 헌정주의로 환원될 수 없는 것과 마찬가지로, 민주주의 역시 대의제 민주주의와 동일시될 수 없다는 것이 필자의 견해이다. 그리고 이런 견해가 타당하다면, 필자가 대항민본주의라는 개념으로 포착하려는 갑오농민전쟁에서 분출된 현상, 그러니까 백성이 스스로 부패한 대표제적 민본 제도의 폐단을 견제하고 심각한 경우에는 부당한 권력에 관한

---

58) 미셸 푸코, 『성의 역사 1: 앎의 의지』(이규현 옮김, 나남, 1994), 109쪽.

통제력을 발휘하여 그것을 심판·판단까지도 하려는 저항 행위는 민본주의 이념을 실현할 보다 심화된, 혹은 별개의 유교적 제도의 출현으로 해석해 보는 것도 의미가 있을 것이다. 결국 그런 저항 행위 역시 참다운 정치적 주체로서의 행위이며, 민본주의나 민주주의를 지탱하게 할 궁극적 원천 중 하나로 인정받아야 한다는 것이다.

4. 대항민본주의와 원형민주주의 그리고 대표제 및 대의제 민주주의 재검토

앞 절에서의 서술을 바탕으로 하면서 이제 우리는 유가적 민본주의 사회였 던 조선에서 백성은 왕이나 관료를 선발할 투표권을 지니지 못했다고 하면서 조선은 백성을 정치의 주체로 인정하지 않았다고 하는 반론이 그리 설득력이 없음을 알게 되었다. 왜냐하면 이런 식의 반론은 투표 행위를 통해 대표—대통 령이나 의회—를 선발하는 일만이 일반 백성이 정치적 주체로 행위하고 인정받 을 수 있는 유일하고도 보편적인 제도라고 가정할 뿐, 그 가정이 참임을 입증하지 못하고 있기 때문이다. 물론 필자 또한 유가적 군주정 체제였던 조선의 정치체제와 비교할 때 오늘날 한국이나 서구 여러 나라에서 실시되고 있는 선거민주주의가 권력의 순조로운 이양과 관련해서, 그리고 일반 사람을 정치의 주체로 인정하는 데에서 진일보한 것임을 부인하지는 않는다.

그러나 여기에서 우리는 갑오농민전쟁으로 분출된 조선 백성들의 정치적 행위를 어떻게 개념화하는 것이 더 좋은지를 탐색하기 위해 대표제와 정치 주체 그리고 민주주의 사이의 관계에 관해 좀 더 살펴보고자 한다. 우선, 강조되어야 할 점은 대의제 민주주의와 관련해서도 대의의 방식에 대한 성찰이 이미 논의 중이라는 점이다. 예를 들어 꽤 국제적으로 저명한 공화주의 이론가인 필립 페팃은 시민에 의해 직접 선발된 선출직 대표를 "호응적 대표"(responsive representatives)로 규정한 뒤, 이와 다른 방식으로 임명되는 대표의 존재 가능성을 논의한다. 그가 예로 드는 것은 옴부즈맨(ombudsman), 공직 감사관이나 판사 등을 임명하는 경우와 연관되어 있다.

당연한 이야기지만 오늘날의 대법원 판사나 헌법재판소 판사는 대단한 영향력을 발휘하지만 비선출직 사람들이다. 대통령이나 국회의원이 주기적 선거를 통해서라도 시민의 심판을 받는 것과 달리 이들은 민주주의 사회의 주체인 일반 시민의 요구에 응하지 않으며 독단적 결정을 내리더라도 해임할 방법이 없다. 그런데도 이들에게 민주적 정당성이 없다고는 말할 수 없다.

페팃에 따르면, 일정한 지침이나 제약을 통해 대법원 판사나 공직 감사관 등을 "우리가 원하는 방식으로 행동"하도록 요구할 수 있다. 그러므로 이들이 내리는 결정은 백성이 직접 내린 결정은 아니지만 바로 백성이 내렸을 결정과 동일한 결과를 지닐 수 있다. 그는 이런 식의 대표자를 "지표적 대표"(indicative representatives)라고 부른다. 그리고 지표적 대표도 선출직 대표와 마찬가지로 일반 시민이 동등하게 접근 가능한 민중적 "영향력"에 노출되어 있다고 말한다.[59]

페팃이 지표적 대표와 호응적 대표의 구별을 통해 주장하고자 하는 바는 선거민주주의 제도 내에서의 능력주의적(meritocratic) 대표가 국민주권적 민주주의 원칙과 조화될 수 있다는 점이다. 그러니까, 지표적 대표는 능력의 원칙에 따라 선출된 대표인 데 반해 호응적 대표는 선거를 통해 선출된 대표이다. 흥미롭지만 그는 선거민주주의가 없는 나라에서 업적주의적·능력주의적 대표가 정당하고 신뢰할 만한 제도일 수 있는지도 다룬다. 선거민주주의와 결합되지 않은 능력주의적 정치제도의 합당성 여부는 오늘날 중국의 일부 유가적 사상가들이 옹호하는 정치적 능력주의(political meritocracy)와

---

59) 필립 페팃, 『왜 다시 자유인가』, 209~210쪽.

관련된 핵심 쟁점이기도 하다.

그리고 페팃은 선거에 의한 호응적 대표의 위험을 제어하기 위해 능력의 원칙에 따른 지표적 대표가 보호받아야 하듯이, 지표적 대표가 타락하거나 특권적 집단으로 변질되지 않도록 하기 위해서는 호응적 대표를 통한 제어가 꼭 필요하다고 본다.[60] 물론 여기에서 조선 시대의 왕이나 특히 과거제도를 통해 선발된 관료가 페팃이 언급하는 지표적 대표에 얼마나 가까운지를 논의할 수 없다. 필자가 강조하고자 하는 것은, 선거나 투표 행위 자체가 없다는 점을 갖고 그런 권한을 행사하지 못하는 사회 구성원은 정치적 주체로 인정받지 못했던 것이라고 보는 결론은 좀 성급한 것이 아니었는가 하는 점이다.

더 나아가 조선은 과거제 이외에도 군주 권력의 자의적 행사를 견제할 여러 제도를 마련하고 있었을 뿐만 아니라, 공론 정치 등을 통해 백성의 뜻을 정치에 반영하는 제도도 지니고 있었다. 그런 점에서 오늘날 한국학계에서도 조선의 유교 사회를 전제 군주정으로 보는 타성에서 벗어나 그것이 유교적 헌정주의 혹은 유교적 입헌주의를 지니는 독자적 정치체제임에 주목하는 흐름이 대두되었다. 그리고 이런 유교적 입헌주의의 면모 역시 필자는 이 책 제2장과 제4장 등에서도 강조해 두었다.

이제 이런 일반론적 차원을 뒤로하고 조경달의 입장으로 돌아가 보자. 그가 강조하듯이 정치질서가 파탄에 이르지 않도록 방지하는 궁극적인

---

60) Philip Pettit, Meritocratic Representation, in : *The East Asian Challenge for Democracy : Political Meritocracy in Comparative Perspective* (edited by Daniel A. Bell and Chenyang Li, Cambridge University Press, 2013), 특히 p.153. 정치적 능력주의를 옹호하는 대표적인 학자 중의 한 사람은 대니얼 벨이다. 『차이나 모델』(김기협 옮김, 서해문집, 2017) 참조. 대니얼 벨의 정치적 능력주의 옹호가 안고 있는 문제점에 대해서는 나종석, 「대니얼 벨의 정치적 능력주의에 대한 비판적 고찰」, 『사회와철학』 41(2021), 183~214쪽 참조 바람. 이 글은 수정된 형태로 나종석, 『대동민주주의와 21세기 유가적 비판이론의 모색』 제9장에 실려 있다. 오늘날 중국 사회에서 벌어지는 정치적 능력주의에 대한 비판적 검토는 같은 책, 제10장 참조 바람.

방파제가 변혁 주체로서의 민중의 정치적 참여라는 점을 인정한다면, 그런 인정이 과연 백성(민중)을 민주적 정치 참여의 주체로 인정하는 것과 별개의 것이어야 하는지는 의문이다. 민주주의 국가의 헌법에서 명문으로 표현되어 있는 국민주권을 민주주의의 핵심 원리로 인정할 때, 주권자의 행위 방식이나 정치 참여가 결코 주기적인 선거에서의 투표만으로 한정될 수는 없다. 주권자는 유권자와 동일시될 수 없다. 민주주의 국가의 정치적 정당성의 원천인 국민(인민)의 정치적 의지 표현이, 투표를 통해서만 자신의 정치적 의지를 표출하는 유권자로 환원될 수는 결코 없다는 말이다.

일상의 정치와 비상 상황의 정치를 엄격하게 구별할 수 있는 명확한 기준은 존재하지 않고, 민주적 법치국가도 완전하지 않기에 정부나 의회가 내리는 결정이 치명적인 실수일 경우가 많다. 이런 상황에서 시민들이 정부 당국이나 사법부 또는 의회의 부당한 결정에 이의를 제기하거나 심지어 그것에 따르기를 거부하는 집단적인 불복종 행위의 가능성 자체가 차단되어서는 안 된다. 시민의 정치적 불복종을 불온한 것으로 보아서 전면적으로 차단해 버리는 정치체제는 민주적 법치국가라 불릴 자격이 없다.

물론 집합적 시민 역시 완전한 존재가 아니라는 점에서 때로는 시민들의 집단적 불복종 행위가 옳지 못한 것일 수도 있다. 그러나 그런 위험성을 스스로 감수하면서 책임 있는 정치적 주체로 나서는, 시민들의 능동적 행위가 없는 민주적 법치국가의 정치는 관리나 치안으로, 그리고 실정법의 준수 등으로 환원되어 민주주의의 실종으로 이어질 것이다.

적어도 민주적 정치는 권력의 자의적이고 부당한 결정에 대한 불법적인(실정법상) 저항 행위를 감내하는 행위도 포괄한다. 그러므로 민주주의 사회에서는 부당한 법적 결정에 대한 불법적 행위조차도 정치적 행위의 일부로 존중되어야 한다. 간단하게 말해, 정부와 사법부의 부당한 결정에 따르기를 거부할 때 그런 결정의 철회를 통해 민주적 헌법 질서의 근본정신이 재확인될 수도 있다면, 설령 실정법상 불법적이라 할지라도 시민들의 집합적 정치 행위는 시민의 주권적 정치 행위의 구성 요소로 승인되어야 한다. 이런 점에서 예외 상황은 정상 상황이 붕괴한 데에서 나오는 파생적인 것이 아니라 오히려 모든 정치적 공동체가 늘 처할 수밖에 없는 "근본적 상황"으로 이해되어야 할 것이다.[61]

　모든 정치적 공동체가 피할 수 없는 근본적 상황, 그러니까 예외 상황은 그 정치체제의 성격이 무엇인지를 판별하게 해 주는 결정적 시금석의 역할을 한다. 이런 점에서 카를 슈미트(C. Schmitt)의 다음과 같은 주장은 정치체제의 성격을 이해하는 데 중요하다.

　　예외는 정상 사례보다 흥미롭다. 정상적인 것은 아무것도 증명하지 않지만 예외는 모든 것을 증명한다. 예외가 규칙을 보증할 뿐만 아니라, 규칙은 애당초 오로지 예외에 의해서만 존속한다. 실제 삶의 힘은 예외 속에서 되풀이됨으로써 굳어 버린 기계장치의 껍데기를 깨부술 수 있다.[62]

　따라서 무엇이 예외 상황인지, 그리고 그런 상황에서 벗어나 정상적 질서를 창출할 수 있는 주체가 누구인지에 따라 한 나라의 정치체제의 성격이 해명된다. 누가 예외적 상태를 결정할 수 있는 권위를 지니는가에 따라 특정 정치공동체의 주권자가 누구인지를 판단할 수 있기 때문이다.

　그러므로 슈미트는 주권자를 다음과 같이 정의한다. "주권자란 예외 상태를 결정하는 자이다."[63] 슈미트의 이런 주권자 개념에 따를 때 주권자가 왕이라면 그 정치체제는 왕정이고, 예외 상황을 판단하고 정치질서 및

---

61) 이는 카를 슈미트의 예외 상황 혹은 비상사태에 관한 하소 호프만(H. Hofmann)의 해석이다. 김도균, 「해제: 민주주의와 법치주의의 변증법」, 카를 슈미트, 『합법성과 정당성』(김도균 옮김, 길, 2015), 251쪽 각주 148 참조.
62) 카를 슈미트, 『정치신학: 주권론에 관한 네 개의 장』(김항 옮김, 그린비, 2010), 27~28쪽.
63) 같은 책, 16쪽.

법질서의 정상 상황을 복원할 수 있는 주체가 모든 시민임이 공인된 사회라면 그 사회는 민주주의라고 불릴 수 있을 것이다.

앞에서 본 것처럼 일상적인 정치 참여와 위기 상황에서의 정치 참여의 구분이 결코 자명한 것은 아니다. 예외 상황과 정상 상황의 예리한 구별이 유지될 수 없다는 판단이 타당하다면 변혁 주체와 정치적 주체를 구별하는 조경달의 시도는 재검토되어야 한다. 실제로 일상 시기의 민주주의도 늘 위기 상황을 대비하여 민주적 법치국가의 헌정 위기를 수호할 궁극적 거점으로 시민의 저항권 혹은 시민불복종을 긍정한다.

존 롤스에 의하면, 민주적인 법치국가에서도 시민불복종은 "정의로운 제도를 유지하고 강화하는 데 도움"이 된다. 이런 시민불복종의 정당화는 민주사회에서는 정의의 헌법적 원칙들에 대한 최후의 수호자가 시민들 자신이라는 점에 기인한다. 이런 맥락에서 롤스는 민주적 헌정국가의 정의 원칙을 수호할 수 있는 "최후의 법정은 사법부도 행정부도 입법부도 아닌 전체로서의 유권자"라고 강조한다.[64]

존 롤스와는 다른 맥락에서이긴 하지만, 프랑스 정치철학자인 에티엔 발리바르(Étienne Balibar)도 저항이나 시민불복종을 "정치에 외재적인 것이 아니라 권력의 자의성의 위험에 대해 필수적인 보완물이며 비상사태의 민주주의적 등가물"로 이해하고 있다.[65]

특히 필자는 피에르 로장발롱의 "대항민주주의"(counter-democracy) 개념에 주목한다. 이 개념을 통해 우리는 민주주의가 주기적인 선거나 정당 정치와 같은 제도화된 틀로 환원될 수 없음을 알 수 있다. 서동진에 따르면, 그는 선거·대의제 정부로서 이해되는 민주주의의 한계를 언급하면서 이런 대의제 민주주의의 "필수적 부수물로 '대항민주주의'(Counter-democracy)"라는 개

---

64) 존 롤스, 『정의론』, 498쪽·507쪽.
65) 에티엔 발리바르, 『정치체에 대한 권리』(진태원 옮김, 후마니타스, 2011), 31쪽.

념을 제기했다.

로장발롱이 "대항민주주의를 이루는 세 가지 요소"로 거론하는 것은 "감독(Oversight), 예방(Preventive), 판단(Judgement)의 권력"인데, 이런 대항민주주의는 대의제 민주주의를 비판적으로 견제하지 않으면 안 된다. 그렇지만 대항민주주의는 대의제 민주주의를 완전히 대체할 수도 없는데, "대항민주주의가 대표의 민주주의를 압도하게 될 때 정치는 '몰정치적인 것'(the Unpolitical)으로 전락해" 버리기 때문이다.[66]

피에르 로장발롱은 대의제 민주주의와 대항민주주의가 함께할 때 민주주의는 제대로 발전할 수 있다고 본다. 그는 일본 『아사히신문』의 2015년 4월 1일 인터뷰에서 다음과 같이 말한다.

대의제와 대항민주주의는 서로 보완해야 한다는 말인가요?
로장발롱 : 말씀하신 대로입니다. 선거에서의 투표는 기대한 대로 행동해 줄 사람에 대한 '신뢰'를 표명하는 것입니다. 대항민주주의는 '불신'감을 통해 제도에 일종의 시험을 하는 것입니다. 민주주의는 두 개의 다리로 서 있습니다. 하나는 '신뢰', 다른 하나는 '불신'입니다. 전자는 대의제가, 후자는 대항민주주의가 맡고 있습니다.[67]

로장발롱이 주장하듯이 민주주의는 두 가지 요소, 즉 대의제와 대항민주의를 요구한다. 필자가 보기에 갑오농민전쟁은 한국 사회의 기층 백성·시민들이 민주주의에 활력과 동력을 제공했던, 대항민주주의의 원형 혹은 대항민본주의를 보여 주는 사건이다.

필자는 이를 제9장에서 유교적 대표제 민본주의와 별개로 존립하는 유교적

---

66) 서동진, 「안철수는 상징되지 않는다」, 『르몽드 디플로마티크』, 2011. 10. 10.
67) 고려대 민족문화연구원 '우리가 살고 싶은 나라' HK기획연구팀, 『더 나은 민주주의를 위한 정치철학』(학술대회 자료집, 2015. 10. 30), 128쪽.

대항-민본주의라는 개념으로 표현한 바 있다. 달리 말하자면 갑오농민전쟁은 유교적 민본주의 사회에서 등장한 일종의 대항민본주의로서 백성을 위해 정치를 담당할 것으로 기대되는 조정 관료층이 공론 정치나 민회 등을 통해 견제·감독되어야 하고, 필요한 경우 부패하고 무능한 권력층을 교체하기 위해 민란 등의 형식을 통해서라도 백성들이 스스로 나서서 심판하는 것도 지극히 정상적인 정치적 행위임을 보여 준 획기적 사건이었다는 것이 필자의 견해이다.

그러므로 필자는 한국 사회 민주주의의 동력을 조선의 유교적 정치문화를 배경으로 일반 백성들이 부단히 저항과 항의의 목소리를 내었던 전통 속에서 구하는데, 일반 시민들이 스스로 나서서 부당한 정치 현실의 변화를 촉구하는 항의의 목소리를 내는 전통은 오늘날 촛불시위 등을 통해서 등장하고 있다. 이런 맥락에서 갑오농민전쟁에서 분출된 유교적인 대항민본주의는 사실상 오늘날 한국 민주주의의 역동성과 그 고유한 특징을 보여 주는 대항민주주의의 진정한 효시라는 점에서 한국의 원형민주주의(proto-democracy)로 보아야 한다고 여겨진다.

조선 후기에서부터 오늘날에 이르기까지 한국 사회는 일반 백성들의 민주적 에너지의 폭발적인 분출을 주기적으로 경험하고 있다. 19세기 후반의 민란-갑오농민전쟁-의병전쟁-3·1운동과 독립운동-4·19-5·18-1987년 6월 항쟁-2016년 촛불시위에 이르기까지 한국의 일반 백성(시민)들은 역사의 중요한 길목에서 자신을 대표하지 못한다고 보는 세력에 대항해 스스로의 목소리 내기를 주저하지 않았다. 국정농단을 일삼았던 박근혜 전 대통령을 헌정사상 처음으로 탄핵하는 데 성공할 수 있었던 것도 2016년 말 이후 시민들의 광범위한 촛불집회 때문이었다. 민주당이나 국민의당 같은 한국 사회의 범자유주의적인 정치 세력은 물론이고 범민주·개혁 세력들도 탄핵정국을 주도하지 못했다. 그들은 국민의 의지에 끌려 다녔다.

간단하게 말해 광장 및 거리의 정치, 즉 일반 시민들의 뜨거운 정치적 개혁 의지의 분출은 민의를 충분하게 대변하지 못하는 정당 정치를 비롯한 제도 정치 혹은 대의제 민주주의를 견인함으로써 우리 사회 민주주의의 발전에 결정적인 토대를 마련해 냈다. 이런 현상을 두고 필자는 한국 사회 민주주의의 성격을 "시민참여형 광장민주주의"라는 개념을 통해 이해해 보려고 했다.[68] 갑오농민전쟁에서부터 오늘날의 촛불시위에까지 이르는 일반 백성들의 저항이 바로 우리 사회 민주주의의 특색과 동력을 보여 준다는 점에서 이를 광장민주주의라는 개념으로 표현해 본 것이다. 이를 통해 우리는 한국의 민주주의 전개 과정에 대한 인식을 명료화함과 아울러 민주주의를 선거 절차와 동일한 것으로 이해하는 좁은 관점을 비판하고자 했다.

요약해 보자면, 일상적인 정치 참여와 위기 시기의 정치 참여의 구분은 절대로 자명하지 않다. 따라서 대항민본주의라는 맥락에서 민란을 조선이라는 유교적 민본주의 정치체제를 구성하는 독자적인 내적 구성 요소의 하나로 인정한다면, 우리 사회는 원형민주주의로서의 유교적 대항민본주의의 출현인 갑오농민전쟁에서부터 항일독립투쟁, 분단 이후의 반독재 민주화운동 및 5·18 광주항쟁, 그리고 2000년대 들어 반복되는 대중적 촛불시위에 이르기까지 끊임없는 저항과 봉기의 역사를 지니고 있다.

그러니까 한국의 민주주의 역사를 되돌아볼 때 일반 백성 혹은 시민의 저항이 독재 권력을 무너뜨리고 민주주의로 이행하는 과정에서만 의미 있는 것으로 간주할 필요는 없다. 이런 봉기와 저항의 역사는 우리 사회 민주주의의 동력이자 그것을 지탱해 주는 근원이었다고 해도 틀린 말은 아닐 것이다. 그런 점에서 오늘날 우리 사회에서도 저항 즉 대항민주주의 혹은 광장민주주의와 제도적 혹은 일상적 대의제 민주주의 사이의 내적

---

68) 이에 대해서는 나종석, 『대동민주유학과 21세기 실학』, 522~523쪽 참조 바람.

관계를 좀 더 깊이 성찰할 필요가 있다.

이런 점에서 최장집이 오늘날의 민주주의를 대의제로 규정하면서 그것을 직접민주주의보다 더 우월한 것으로 놓는 관점은 문제적이다. 그는 대의제 대 직접민주주의라는 대립 구조를 자명한 것으로 설정한 뒤, 후자에 대한 강조를 포퓰리즘적 민주주의 혹은 비자유주의적 민주주의로 규정하면서 오늘날 한국 사회 민주주의 위기의 근본적 원인으로 보고 있기 때문이다.

> 요컨대 현대 민주주의는 자유주의적이고 대의제적인 민주주의를 지칭한다. 선거를 핵심적인 제도로 하는 대의제 민주주의가 현대민주주의인 것이다. 촛불시위와 현임 대통령 탄핵을 둘러싼 문제로 정치 위기를 맞고 있던 시기, 자유주의적 대의제 민주주의에 대한 비판의식이 고조되던 시기, 시민사회에서의 개혁파 지식인들 사이에서 직접민주주의에 대한 관심이 증폭된 바 있었다. 이들이 볼 때 직접민주주의는 대의제 민주주의에 비해 월등 우월했다.[69]

이런 최장집의 민주주의관은 지나치게 협애한 것으로 보인다. 앞서 로장발롱을 예로 들면서 언급했듯이 대의제 민주주의 대 직접민주주의라는 이원적 구도를 넘어서는 다른 민주주의에 대한 관점도 분명 존재할 것이며, 그런 관점이 우리 사회 민주주의의 과정과 그 특색을 더 잘 설명할 수도 있을 것이라고 여겨진다.

물론 필자 역시 시민들의 광장 정치가 보여 준 민주적인 변혁 및 개혁 의지의 분출이 자연스럽게 제도 정치와 연결되어 한국 사회의 구조적 개혁으로 이어질 것이라고 낙관하지 않는다. 앞에서 강조했듯이 우리 사회는 민주주의의 두 축이라 할 대항민주주의와 대의제 민주주의 사이의 관계가

---

69) 최장집, 「자유주의적 민주주의의 위기: 한국에서의 비자유주의적 민주주의에 관한 하나의 이해」, 17쪽. 거의 동일한 내용이 24쪽에서도 반복된다.

잘 정립된 상태가 아니다. 이런 현상도 우리 사회 민주주의의 성격을 해명할 때 반드시 깊게 분석해 볼 문제일 터이다.

하여간 최장집이 염려하듯이 오늘날 한국 사회에서 등장한 대중영합주의적 현상이 민주주의를 위기로 몰고 갈 위험성을 안고 있음을 십분 긍정한다 해도, 그런 현상을 초래한 요인에 대한 분석이 대의제 민주주의와 비교해 직접민주주의를 더 우월한 것이라 보는 관점으로 충분하게 명료해질 것이라고 여겨지지 않는다.

오히려 최장집이 강조하듯이 냉전 반공주의의 강고한 유지로 인해 민주주의의 심화가 제약을 받는 상황과 더불어 신자유주의적 글로벌 자본주의의 지배력에 한국 사회가 과도하게 노출되어 민주주의와 자본주의의 내적 연결력이 크게 와해된 데에서 우리 사회 민주주의의 위기나 무책임한 포퓰리즘 정치의 발호가 등장한 것이라 보는 편이 더 나을 것이다.

그러니까 대의제 민주주의가 과도하게 효율성을 위주로 하는 시장만능주의 사회와 연동해서 등장한 새로운 세습신분제 사회가 초래한 심각한 불평등과 사회 해체의 문제들을 도외시하기에 그런 무책임하고 부패하고 무능한 대의제 민주주의의 실패를 시정하기 위해 우리 사회 역사에서 반복해 등장한 대항민주주의가 촛불시위의 형태로 등장했다고 보아야 한다.

실제로 오늘날 여러 민주주의 나라가 보여 주듯이 자본주의의 발전과 민주주의의 발전 사이에 어떤 긍정적이고 필연적인 연관성이 존재하는지는 쉽게 단정할 수 없다. 다만 민주주의와 자본주의 사이의 선순환적 공존이란 절대 자명하지 않다는 것, 그리고 이 둘 사이에 만만치 않은 갈등이 존재할 것이라는 점은 부인할 수 없다.

자본주의와 민주주의 사이에 존재하는 갈등과 불화 관계 이외에도, 한국 사회에서 저항적 대항민주주의와 대의제 민주주의 사이의 건설적 공존을 어렵게 하는 중요한 요인 중 하나는 분단과 전쟁을 거치면서 강고하게 자리

잡은 냉전 반공 체제의 역사적 억압력이라 할 것이다. 이병천의 주장에 따르면 한국의 민주화 이행과 관련해서 가장 주목할 만한 특징은 "강한 국가권력과 강한 민주화운동의 동시적 병존"이다. 한국 사회는 분단과 전쟁의 체험으로 공고화된 분단체제를 통해 냉전 반공주의가 강화되었고, 한국 지배체제의 강한 국가권력은 이를 더욱 강화한 "고강도 억압체제"를 택했다.

그러나 한국 사회는 동시에 그런 "강한 냉전 반공 권위주의 개발국가"에 강력하게 저항하는 운동으로서의 정치가 존재하는 나라였다.[70] 이런 이중적 특성을 이병천은 다음과 같이 설명한다.

> 그러나 한국은 분명히 강한 국가 모델이면서 동시에 대만·말레이시아·싱가포르·인도네시아 등과는 달리 강한 민주적 저항 모델 또는 '운동 정치' 모델이라는 특징도 갖고 있다. 6·25전쟁을 치르고 남북 대치 속에서 냉전 반공주의가 공고화된 가운데서도 전쟁 종식 후 불과 수년 만에 평화와 사회 민주적 지향을 갖는 진보당이 출현하여 대중의 높은 지지를 받은 나라, 학생운동의 주도로 4·19 민주혁명이 일어나 반공 독재 정권을 붕괴시킨 나라가 한국이다. 또 일인 종신 독재 권력을 지향한 유신독재와 재편된 신군부독재에 저항하여, 이 지배체제가 경제적 실적으로는 성공했음에도 그 지배 정당성에 도전하는 광범하고 지속적인 민주화운동을 밀고 나간 나라가 한국이다. 냉전·반공·분단 체제하의 권위주의 개발국가 체제가 불안정해지고 그 지배 정당성이 지속적으로 쟁투의 대상이 되었던 것도 민주화운동의 감시력 때문이었다.[71]

그러나 이런 이중적 특성은 오늘날 한국 민주주의의 진전을 방해하는 구조적 조건으로 작용한다. 간단하게 말해, 냉전 반공주의의 역사적 힘이 강력하였고 이로 인해 "운동으로서의 민주주의의 거대한 힘은 제도로서의

---

70) 이병천, 『한국 자본주의 만들기: 압축과 불균형의 이중주』, 145쪽.
71) 같은 책, 146쪽.

민주주의 성과로 이어지지 못하고 크게 유실되고 말았다."[72]

이처럼 우리 사회는 광장 정치와 제도 정치의 내적 연결성을 확보하여 자본주의와 민주주의 사이의 상호공존을 가능하게 하는 구조적 개혁을 이루어야 하는 어려운 상황에 있다. 이런 상황은 생태 위기라는 미증유의 위협이 도래함으로써 더욱 악화되어 가고 있다. 이런 중층적 모순을 해결하는 데에는 우리 사회의 엘리트들, 다시 말해 정치 주도 세력과 지식인 그리고 언론인 등의 책임이 그 어느 때보다도 중요하다고 할 것이다. 19세기 이후 최근의 한국사가 보여 주었던 일반 시민들이 지닌 정치적 변혁 의지의 주기적인 폭발이, 사회 엘리트들의 정치 능력 부족으로 인해 당대 사회의 구조적 개혁의 실현으로까지 이어지지 못했던 역사를 오늘날에는 반복하지 않을 수 있을까? 아무도 장담하지 못할 일이다.

물론 필자는 미래의 한국 사회를 비관적으로 예언하고자 함이 아니다. 오히려 필자가 추구하는 것은 한국 민주주의를 보수적으로 만드는 데 여전히 강력한 힘을 발휘하는 냉전 반공주의를 넘어 생태 위기 시대에도 어울릴 수 있는, 시장과 민주주의의 상호공존을 가능하게 할 만한 대안적 사유를 모색하는 것이다. 그리고 그 첫걸음은 바로 우리 사회의 산업화와 민주화의 역사적 경로와 그 특성을 형성하는 것이 무엇인지를 더욱 분명하게 인식하는 일이다.

---

72) 같은 책, 148쪽.

제11장

한국 사회의 '이중 혁명'과 유교문화 II

1. 사회적 상상으로서의 유교 전통과 민주주의

이제 한국이 군사독재에서 민주주의로 이행하는 과정에 초점을 두고 그것이 유교적 정치문화와 맺는 연관성의 문제를 다루어 보자. 한국 사회의 민주화는 오랜 투쟁의 성과물이다. 그러나 한국 사회는 민주화를 더욱더 심화시켜 나가야 하는 길목에서 민주주의의 후퇴라는 위기에 직면해 있다. 최근 '민주화 이후의 민주주의'[1]라는 주제가 논의되고 있는 것도 이러한 상황을 반영해 준다. 그러나 한국 사회가 민주주의를 향하는 과정에서 보여 준 역사적 성취의 의미는 결코 과소평가될 수 없다.[2] 민주주의를 제도적으로 정착시키는 과정에서 한국 사회가 보여 준 용기와 희생 역시 존중받아야 할 터이다. 그래서 한국학 연구자인 브루스 커밍스(Bruce Cumings) 는 민주주의를 위한 "한국인의 투쟁이 너무나 길고 험난했기에, 우리 시대에

---

1) 최장집,『민주화 이후의 민주주의』. 1997년 김대중의 대통령 당선으로 한국이 본격적인 민주주의 사회로 이행하게 되었다는 평가가 존재하지만, 정치 민주화와 더불어 사회가 신자유주의적 방식으로 재편되어 기업사회로 변화하고 있다는 진단도 존재한다. 현재 한국 사회를 '기업사회'로 규정하는 김동춘의 예를 보라.『1997년 이후 한국 사회의 성찰－기업사회로의 변환과 과제』(길, 2007), 서론 참조

2) 한국 민주화를 추진시킨 민중운동(minjung movement)은 동유럽과 남아프리카 민주화운 동에 비견될 사건이지만 상대적으로 알려지지 않았다고 이남희(Lee Namhee)는 강조한다. *The Making of Minjung——Democracy and the Politics of Representation in South-Korea* (New York: Cornell University Press, 2007), p.1.

대한민국만큼 민주주의를 누릴 만한 나라는 없을지도 모른다"라고 강조한 바 있다.[3]

한국 민주주의와 유교문화 사이의 상호 연계성의 논리를 해명하기 위한 방법론으로 필자는 찰스 테일러의 '사회적 상상' 이론을 활용할 것이다. 달리 말하자면, 한국인들은 유교적 정치문화를 통해 바람직한 사회와 도덕적 질서에 대한 '사회적 상상'을 형성하고 이를 내면화하여 집단적으로 공유하게 되었는데, 이런 유교적인 사회적 상상이 한국 사회의 민주주의 형성에 어떤 방식으로 작동하는가를 분석해 볼 것이다.

한 사회에서 집합적 정치 행동이 가능하기 위해서는 정치적 정당성 및 그것과 관련된 가치들이나 암묵적인 행위 유형에 대한 사회 구성원들의 동의가 필수적이다. 이렇게 특정한 집단이 동의하고 공유하는 가치 및 행동 유형 등을 그 사회의 정치문화라고 할 수 있을 것이다. 찰스 테일러는 이런 정치문화를 "의미를 부여함으로써 한 사회의 실천들을 가능하게 만드는 것"이라는 의미에서 '사회적 상상'(the social imaginary)이라 부르고 있다.[4] 즉 사회적 상상이란 "공통의 실천을 가능하게 하고 정당성에 대한 감각을 공유하도록 만드는 공통의 이해"이다.[5]

사회적 상상이나 정치문화에 대한 설명은 사회 속에서의 실천이 진공상태에서 이루어지는 것이 아님을 보여 준다. 게다가 사회적 실천은 단순한 관념 혹은 이론의 변형과도 다른 것이다. 정치와 사회에 대한 새로운 규범적 이론을 전개하는 작업도 중요하지만, 이런 이론의 변화가 힘을 발휘하기 위해서는 역사적으로 형성된 사회적 실천에 대한 사람들의 상상을 매개로 해야 한다. 그러므로 한국 사회에서 역사적으로 공유된 사회적 상상, 달리

---

3) 브루스 커밍스, 『한국 현대사』(김동노 외 옮김, 창비, 2001), 486쪽.
4) 찰스 테일러, 『근대의 사회적 상상』(이상길 옮김, 이음, 2010), 7쪽.
5) 같은 책, 44쪽.

말해 정치는 어떠해야 하며 바람직한 사회는 어떠한 것인지에 대해 폭넓게 공유된 이해의 배경이 무엇인지를 인식하지 않고서는 한국 민주주의 실현 과정이 보여 주는 특성을 제대로 이해할 수 없다. 그리고 한국 사회 구성원의 사회적 상상에서 유교적 전통은 무시될 수 없다.

유교적 전통이란 무엇인가? 이는 유교란 무엇인가 하는 물음과 마찬가지로 정의하기가 쉽지 않다. 이 글에서는 유교라는 개념을 "유교적 전통 전체를 가리키는 것"[6]으로 사용할 것이다. 그런데 유교적 전통에서 중요시되는 가치들의 예로는 "통일이나 조화에의 강조, 근면, 절약, 그리고 교육의 중요성" 들이 거론될 수도 있다.[7] 또한 "모든 사람이 요순이 될 수 있다"(人皆可以爲堯舜)[8]는 평등의식이나, 백성을 귀하게 여기는 것을 정치의 근본으로 간주하는 민본주의民本主義 그리고 도덕적 원칙을 몸소 실천하고 이를 세상에 구현하려는 선비 정신도 유교적 전통에서는 매우 중요한 가치이다.[9]

물론 필자는 유가적 가치 가운데 요순 세상을 이상적 사회로 바라보는 대동 이념이나 이와 밀접하게 결합해 있는 천하위공 사상, 유가적 능력주의, 공론 정치 및 군신공치의 이념 등도 유가 전통을 이해하는 데 핵심적 요소라고 본다. 특히 대동 이념과 관련된 여러 가치는 오늘날 한국 정치의 사회문화적 조건을 이해하는 데 아주 중요하다. 그뿐만 아니라 과거제도를 통한 실력 위주의 관료제적 지배체제로 인한 신분제의 약화와, 그에 따른 일반 백성들의 사회적 신분 상승의 역사적 경험 등도 한국 사회 정치변동의 유형을 이해하는 데 매우 중요하다.

요즈음 한국 사회의 성격을 이해하고자 하는 데에서 유교적 전통 문화의

---

6) 줄리아 칭(Julia Ching), 『유교와 기독교』(임찬순·최효선 옮김, 서광사, 1993), 33쪽.
7) Chong-Min Park and Doh Chull Shin, "Do Asian Values Deter Popular Support for Democracy The Case of South Korea", *Asian Barometer Working Paper*, No.26, 2004, p.3.
8) 『孟子』, 「告子下」.
9) 몇 가지 핵심적인 유교적 가치체계를 설명하는 것으로 인해 필자가 마치 그런 신념 체계가 초역사적으로 존재하는 것으로 본다고 오해하지 않았으면 한다.

역할이 새삼스럽게 인문학계의 중요한 주제로 떠오르고 있다. 예를 들어, 장은주는 한국 사회의 근대성을 유교적인 전통문화와의 연관 속에서 해명하고자 시도한다. 그는 한국 사회의 근대성이 드러내는 여러 사회 병리적 현상, 특히 극단적인 물신주의 같은 현상을 이해하는 과정에서 한국 근대성의 형성에 강력한 영향력을 발휘해 온 유교적인 문화적 습속의 힘에 주목한다. 그가 보기에 한국 사회가 안고 있는 여러 문제점, 예를 들면 가족이기주의나 연고주의, 권위주의, 집단주의 등은 유교적 전통 문화의 근대적 변형의 양상들이다. 그리고 이런 현상들은 전근대적인 전통의 지속으로 이해되기보다는 오히려 한국 고유의 성공적인 근대성의 경로를 보여 주는 것으로 이해되어야 한다고 그는 강조한다. 그가 볼 때 한국의 근대성은 유교적 전통 문화와 서구적 근대성이 만나 형성된 혼종 근대성이자 유교적 특색을 지닌 유교적 근대성이다.

그런데 장은주에 의하면 한국의 유교적 근대성의 성격은 "집단과 공동체의 가치를 강조하는 개인의 부재"와 더불어 "서구에서보다 더 강한 물신숭배 같은 것을 낳은 현세적 물질주의"라는 경향을 지닌 것으로 규정된다.[10] 이는 유교적 현세주의가 서구적 근대성과 만나 나름의 방식으로 적응하면서 이루어진 변형된 현상인데, 동시에 유교적 현세주의는 한국 근대성의 독자적인 발전 논리를 형성하게 해 준 문화적 자원이기도 하다.

이처럼 장은주는 한국 근대성의 성격을 유교적인 전통과의 연관 속에서 이해하고자 하면서도, 그런 이해를 한국 사회의 병리적 현상과 위기의 근원을 해명하려는 비판적 문제의식과 접목시킨다. 그래서 그의 유교적 근대성 이론에는 한국 사회의 근대성을 구성하는 또 다른 측면인 민주적 근대성을 유교적 전통과 관련하여 해명하려는 시도가 거의 없다. 달리 말하자면, 그는 민주주의와 전통적 유교문화 사이의 긍정적인 상호작용의

10) 장은주, 『유교적 근대성의 미래』, 29~30쪽.

가능성을 매우 희박하게 보아서 그에 대한 분석에는 거의 관심을 기울이지 않는다.[11]

그러나 한국의 유교적 전통과 민주주의의 긍정적 상관성에 대해 주목하는 견해도 존재한다. 전통과 서구적 근대 사이의 긴장과 상호작용의 측면에 주목하면서 유교적 전통이 한국의 민주화운동에 긍정적 기여를 한 부분을 강조한 몇 사례를 보면, 지식인의 정치적 참여의 전통이나 지식인의 역사적 책임 의식 등이 공통적으로 거론된다. 예를 들어, 한상진과 두유명杜維明은 대담에서 유교적 정치문화가 한국 사회 참여민주주의의 활성화에 긍정적으로 이바지할 수 있다고 강조한다.

한상진은 조선 사회에서부터 누적되어 온 공적 토론에 의한 정치, 지식인들이 정치에 책임감을 지니고 참여하는 전통 등은 외세의 침략을 받았을 때나 억압적인 독재 정권 시절에 민족주의 운동과 민주화운동의 자극제가 되었다고 강조한다. 두유명 역시 양반문화에 뿌리를 둔 지식인의 정치 참여 의식이나, 지식인과 사회주도층 인사들에게 요구되는 사회 및 정치에 대한 높은 책임감과 의무감의 전통 등이 한국의 대학생들로 하여금 자신들을 "사회의 양심"으로 생각하게 만들어 고통에 처한 민중(일반 시민)의 목소리를 대변하도록 했다고 강조한다.

그러니까 두유명은 학생과 지식인들이 자신의 의무를 다하고자 "힘없고 제 목소리를 낼 수 없는 소외된 사람들 편에 서서" 애쓰는 전통은 유교적 정치문화와 깊게 연결되어 있다고 분석한다. 따라서 그에 의하면 "한국의 정치적 역동성은 자의식이 강하고 헌신적인 학생 및 지식인 계층의 활발한 정치 사회적 참여와 밀접한 관계"가 있다. 이처럼 한상진과 두유명은 한국 사회가 참여민주주의로 발전할 수 있었던 정치적 역동성의 배후에 있는

---

11) 장은주의 유교적 근대성 이론에 관한 더 상세한 비판적 서술은 이 책 마지막 장에서 이루어진다.

'유교문화의 영향력'을 중시한다.[12]

두유명의 지적대로, 역사적으로 형성된 유교적 정치문화는 다양한 방식으로 한국 사회 민주주의의 정신사적 조건으로 작동했다. 유교적 선비 정신이 해방 이후 독재에 항거하는 민주주의와 조우한 사례는 드물지 않다. 무릇 배운 사람이라면 천하와 국가를 위해 대의 혹은 도를 실현하는 삶에 목숨 걸고 전념해야 함을 강조하는 선비 정신은 독재에 항거하는 민주화운동의 정신으로 이어졌다. 1960년대 한국의 대표적인 저항시인 김수영金洙暎(1921~1968)이 유교 전통의 선비 정신에서 자신의 저항적 참여정신의 뿌리를 찾아내었다는 것은 김상환의 최근 연구가 잘 보여 준다.[13]

김수영과 거의 같은 시기에 태어나서 같은 시기에 세상을 떠난 조지훈趙芝薰(1920~1968)도 선비 정신을 이어받은 대표적인 시인이자 지식인이었다. 조지훈은 지조를 목숨과도 바꾸지 않는다는 지사형의 선비 정신을 이어받은 인물로 평가된다. 그는 지조를 "선비의 것이요, 교양인의 것이요, 지도자의 것"이라고 말한다.[14] 그러나 그는 다음과 같이 강조한다. "지조를 지키기란 참으로 어려운 일이다. 자기의 신념에 어긋날 때면 목숨을 걸어 항거하여 타협하지 않고, 부정과 불의한 권력 앞에서 최저의 생활, 최악의 곤욕을 무릅쓸 각오가 없으면 섣불리 지조를 입에 담아서는 안 된다."[15]

조지훈은 자신의 지조론을 실천으로 옮긴 행동하는 지식인이었다. 부패한 독재 권력에 아부하는 지식인들의 세태를 준엄하게 비판했던 그는 대학생들이 일제하의 거족적인 3·1 독립운동에서 "민족의 지사로 자임"하였고 "구국의 투사로서의 긍지"를 보여 주었다고 평가하였다. 대학생의 참다운 본분은 학문에 전념한다는 이유를 들이대면서 부당한 현실에서 허덕이는 일반

---

12) 杜維明, 『문명들의 대화』(김태성 옮김, 휴머니스트, 2006), 220~222쪽.
13) 김상환, 『공자의 생활난: 김수영과 『논어』』(북코리아, 2016) 참조.
14) 조지훈, 「지조론」, 『지조론』(나남출판, 2016), 95쪽.
15) 같은 책, 98쪽.

시민들의 삶을 도외시하는 데 있는 것이 아니라, 올곧은 저항 정신으로 무장해서 참담한 사회현실의 개혁에 앞장서는 데 있음을 역설한 것이다.

그리하여 조지훈은 1960년 4 · 19 학생혁명 이후 전통적인 선비의 삶을 조명함으로써 대학생들의 현실참여 의식을 고취하고자 했다. 학생은 부패한 현실을 방관해서는 아니 되고 영합해서는 더더욱 아니되며, 모름지기 사회의 양심으로 깨어 있어야 한다는 것이 그의 신념이었다. "오늘의 대학생은 무엇을 자임하여야 할 것인가? 다시 한 번 우리는 민족의 지사, 구국의 투사로서 자임해야 할 시기가 왔다."16)

이처럼 조지훈은 분단과 독재로 위기에 처한 현실을 직시하고 당대의 문제를 해결하기 위해 실천에 나서야만 하는 것이 대학생 본연의 사회적 책임임을 강조하였다. 이러한 인식은 조선의 선비 정신을 계승한 것이었다. 한국 사회의 기나긴 민주화운동의 과정에서 학생운동이 가장 강력한 주도 세력일 수 있었던 것도 역시 선비 정신을 역사적으로 축적해 온 우리 사회의 사회적 상상력을 배경으로 한 것이었다. 따라서 학생들이 민주화 과정에 여느 집단 못지않게 헌신적으로 이바지한 현상도 유교적 정치문화 속에서 이해되어야 한다.

브루스 커밍스는 한국의 민주화운동을 서술하면서 "학생시위는 교육받은 사람들에게 국가의 도덕적 귀감이나 양심의 파수꾼이 되기를 요구하거나 심지어는 명령하는 유교의 근원에 바탕하고 있다"라고 주장하는 한국 전문가의 증언을 인용한다.17) 이 주장은 1980년대 미국에서 열린 청문회에서 어느 한국 전문가가 한 증언인데, 당시 미국 민주당 하원의원이었던 스티븐 솔라즈(Stephen Solarz)는 이 증언을 접하고는 매우 흥미로운 주장이라는 반응을 보였다고 한다. 의정활동 기간 내내 인권옹호자 역할을 했던 그는

---

16) 조지훈, 「오늘의 대학생은 무엇을 자임하는가」, 같은 책, 143쪽 · 147쪽.
17) 브루스 커밍스 『한국 현대사』, 486~487쪽.

유교가 권위주의의 방파제라는 말만 줄곧 들어왔기 때문이었다.[18] 하여간 커밍스는 한국 학생운동과 민주화운동에 참여한 지식인들에게서 "한국인들이 20세기에 이르러 탈피했다고 믿는 도덕적 질서가 그들의 마음에 여전히 작용하고 있음"을 발견할 수 있다고 본다.[19]

앞에서 본 것처럼 분단과 한국전쟁을 거치면서 독립운동을 이어받은 제헌헌법의 민주 정신을 억누르고 독재 권력이 정권을 장악했을 때 지식인들과 학생들은 민주화운동에 앞장섰는데, 이렇게 학생과 지식인이 주도적으로 사회변혁에 나서는 방식으로 작동하는 집합적 정치 행동의 유형도 조선 시대로부터 축적되어 온 역사적 경험의 맥락에서 접근해 볼 필요가 있다. 유교적인 도덕규범을 내면화한 선비들은 비록 과거 시험을 보지 않았더라도 사회적 덕망과 명성을 유지할 수 있었고, 이런 문화적 권력을 통해 그들은 왕권을 견제할 수 있었다. 그리하여 참다운 지식인은 원리와 도덕을 위해 목숨을 걸고서라도 부당한 권력에 저항해야 한다는 전통이 확립되었고, 일반 사람들까지도 이런 규범을 내면화하여 사회와 국가, 더 나아가 세계를 위하여 모범을 보이는 사람이 진정한 선비요 지식인일 수 있다는 생각을 지니게 된 것이다.

이렇듯이 일반 사람들에 의해 공유된 바람직한 선비 혹은 학자에 대한 사회적 상상은 지식인으로 하여금 특정한 방식으로 행동하도록 고무하기도 하고 강제하기도 한다. 달리 말하자면, 지식인은 사회적으로 인정된 문법에 어울리게 행동할 때에만 훌륭한 지식인으로 대접받을 수 있다는 것이다. 조선 시대를 거치면서 유교적인 정치문화를 통해 숙성된 사회적 인정 질서에 대한 공통감각은 여전히 오늘날 우리 사회의 지식인에 대한 사회적 기대는 물론이고 지식인들의 사회참여 방식까지도 규정하고 있다. 대학교수와

---

18) 같은 책, 487쪽.
19) 같은 책, 486쪽.

사회적 명망을 지닌 지식인들이 한국의 민주화 과정에서 큰 역할을 한 것도 조선 사회로부터 축적된 정치문화의 배경을 전제로 하는 것이었다. 다시 말해, 지식인들과 명망가들이 주도했던 한국의 민주화운동은 유교문화에서 축적되어 온 사대부 혹은 선비 집단의 정치적 행동 양식의 현대적 반복에 다름 아니라는 것이다.

물론 지식인 주도의 재야 정치운동도 학생운동을 바탕으로 한 것이었다. 1960년에서 1987년 사이, 한국 사회에서 가장 중요한 민주화운동 세력은 학생운동이었다. 김동춘은 학생과 지식인 중심의 재야 세력이 민주화운동에 적극적인 역할을 담당할 수 있었던 원인으로 교육을 사회적 힘(social power)으로 받아들이는 문화적 조건을 든다.[20] 그런데 이 경우, 사회 권력이자 문화 권력의 일종인 지식이 사회 속에서 작동하는 방식에 대한 이해가 더욱 중요해진다. 오늘날의 서구처럼 다원화된 사회에서 전문적인 지식을 축적하여 나름의 인정을 받는 경우와, 조선 시대 이래로 한국에서 지식인이 사회적으로 인정을 받는 길은 매우 달랐기 때문이다. 한국에서 그 길은 기본적으로 지식이 사회 및 국가 전체의 대의를 증진하는 데 얼마나 이바지할 수 있는가에 따라 평가되었다.

흔히 유교적 가르침의 핵심을 수기치인修己治人으로 표현하듯이, 유학은 개인의 도덕적 완성을 꾀하는 작업을 '치인' 즉 안민安民을 실현하기 위한 '인정仁政'의 이념과의 밀접한 연관 속에서 이해했다. 그리고 이런 유학의 근본적 이념을 세상에 구현하기 위해 온 힘을 기울이는 학자야말로 진정한 지식인이요 학자라는 것이 일반 사람들의 지식인관 즉 선비상이었다. 그래서 조선 시대에도 유교의 원칙을 지키기 위해 애쓴 수많은 유학자가 존재했고, 조선이 멸망한 후인 일제강점기에도 많은 유학자는 유교적 이상주의를 포기하지 않고 독립운동가로 변신하여 공적인 대의를 위해 온 힘을 기울였다.

---

20) 김동춘, 『1997년 이후 한국 사회의 성찰』, 396~398쪽.

이러한 상황은 현대로도 이어져, 한반도에 민주주의를 실현하고자 애썼던 수많은 지식인의 저항운동도 이런 바람직한 지식인상을 공유하는 정치문화 속에서 작동했다.

따라서 이런 현상은 유교적인 사회적 상상에 기반을 둔 배움과 학자에 대한 사회적 인정의 문법이 지속적으로 작동하고 있는 것으로 이해되어야 한다. 이런 사회적 상상의 지속을 통해 우리가 알 수 있는 것은, 조선 시대에 본격적으로 축적된 유교적 정치문화의 힘과 정신은 변화된 상황 속에서도 여전히 살아 숨 쉬고 있다는 점이다.

그렇다면 유교적 정치문화가 계속하여 변형되면서 존속해 올 수 있었던 힘의 근원은 어디에서 구할 수 있을까? 이런 물음에 대해 일부 학자들은 유교의 자기혁신 정신과 대동사상에서 구할 수 있다고 답한다.[21] 조선 시대를 통해 축적된 유교적인 대동사회 이상과 평천하 의식은 조선이 국가적 위기에 처했다가 마침내는 일본 제국주의의 식민지로 전락하고 마는 상황이 되어서도 그 영향력이 사라지지 않았다. 천하위공의 대동유학적 전통은 끝없이 지속되었던 것이다.

물론 나라가 망하고 일본의 식민지로 전락하는 상황에서 일부 지식인들은 유교적 전통을 고루하고 열등한 것으로 보면서 친일 세력으로 변질되기도 했다. 그러나 독립운동에 헌신한 유학자들도 많았다. 그들은 혁신유림 혹은 개신유림으로 불린다. 혁신유림파에 속하는 유자들은 조선의 전통과 문화의 여러 폐단은 물론이고 유학 정신 자체에 대해서까지 비판하기도 했지만, 전통과 문명의 모든 것을 배척하지는 않았다. 그들은 조선의 역사와 문화에 대한 긍지를 소중하게 간직했다.[22]

그리고 일제강점기에 많은 독립운동가가 유교 정신에서 한국 독립운동의

---

21) 같은 책, 448쪽.
22) 서중석, 『신흥무관학교와 망명자들』(역사비평사, 2001), 307~308쪽.

이념을 구하고자 했던 데에는 유학의 대동 이념이 지니는 민주공화주의의 성격도 크게 작용했다. 조선의 유교 정신과 사상이 새로운 시대 상황에 어울리게 혁신될 가능성이 없었다면 독립운동가들이 조선의 유교문화와 정신을 이어받으려고는 하지 않았을 것이다. 그런데 이미 앞의 제2부에서 필자는 한국 독립운동이 자주독립 운동이자 민주공화국을 향한 민주주의 운동이었다는 점, 한국의 저항적 민족주의의 성격이 유교적 문명주의의 영향으로 인해 대동적 세계시민주의 이상을 띠게 되었다는 점 등을 살펴본 바 있다. 따라서 그에 대한 자세한 설명은 생략하기로 한다.

지금까지 한국 독립운동과 민주주의 운동이 유교적 전통과 긍정적인 방식으로 연결되어 있음을 살펴보았는데, 여기서는 다음과 같은 두 가지 연결 지점이 강조되고 있다.

첫째로, 민주주의의 관철 과정과 관련하여 유교적인 사회적 상상이 매우 중요한 구실을 했음이 강조되었다. 유교적 사회적 상상에 주목해야 하는 이유는, 그것이 한국 사회 민주주의의 독특한 경로를 가능하게 한 실천적 특성을 해명해 줄 수 있기 때문이다. 한국 민주화운동의 실천력은 민주주의와 인권의 규범적 타당성에 대한 한국인들의 동의만으로 설명될 수 없다. 민주주의와 인권의 정당성에 대한 한국인의 공감 역시 중요한 구실을 하기는 했지만, 우리는 한국 사회가 민주주의에 이르는 도정에서 보여 준 독자적 성격에 대해서도 해명해야 한다.

미국, 프랑스 영국 등도 자유와 민주주의에 대한 정의 원칙을 공유하였지만 그런 원칙을 실현하는 길에서는 모두가 사뭇 다른 모습을 보여 주었다. 학생혁명 혹은 선비 혁명이라 할 한국 사회의 민주화의 길은 청교도혁명을 거쳐 의회민주주의의 지속적 확보의 길을 걸었던 영국과도 다르고, 혁명을 통해 민주주의의 길을 모색했던 프랑스와도 다르며, 마르크스-레닌주의의 전위정당에 의한 사회주의 혁명도 아니고, 농민혁명을 통해 이룩한 사회주의를 거쳐 사회주의적 시장경제 질서의 창출에 이르게 된 중국과도 다르다.

둘째로, 한국 사회가 민주주의 사회로 이행하는 과정에서 중요한 구실을 했던 지식인과 학생의 사회적 책임 의식과 헌신은 본래 유교적인 선비 정신에서 유래한 것임이 강조되었다. 지식인과 학생들이 민주화운동에서 지속해서 중요한 구실을 할 수 있었던 것은 지식과 학문을 연마하는 사람들에 대한 일반 사람들의 사회적 상상을 배경으로 한 것이기도 했지만, 하여간 이로움이나 생명의 유지를 위해 부당한 현실에 침묵하는 것을 죽음보다도 치욕스럽게 생각했던 유교적인 선비 정신과 민본주의의 전통은 지식인과 학생에게 높은 사회적 책임 의식을 고무한 정신사적 조건이었음에 틀림없다.

2. 선비 정신과 한국 민주화운동

앞에서도 강조했듯이 한국의 민주화운동에서 가장 결정적인 구실을 한 집단은 바로 학생들이었다.[23) 수많은 학생 운동가가 온몸으로 민주주의 운동에 참여하게 만든 문화적 동력의 하나는 유교적인 정치문화 속에서 누적된 사회적 책임 의식이었다. 그 많은 학생을 학생운동에 참여하게 한 동력이 부당한 권력에 의해 유린당하고 있는 권리와 민주주의 원칙에 대한 자각과 동의에서만 나왔다고는 가정할 수 없다. 일제강점기와 분단 상황, 한국전쟁과 독재 권력 하에서 살아 온 한국인들이 민주주의를 향한 지칠 줄 모르는 투쟁을 전개했지만, 시민들은 물론이고 학생 운동가들은 민주주의적 원칙에 대한 갈망을 일상생활에서 체화하거나 내면화할 기회를 얻지 못했기 때문이다.

---

23) Lee Namhee, *The Making of Minjung*, p.148; 김동춘, 『1997년 이후 한국 사회의 성찰』, 397쪽.

필자는 한국의 민주화운동을 이끈 동력 중의 하나가 유교적 조선 사회의 전통에서 이어져 내려온 이상적인 인간상으로 받아들여진 선비 정신이었다고 주장한다. 임마누엘 페스트라이쉬(Emanuel Pastreich)는 '선비 정신'(Seonbi Spirit)을 한국 사회를 이해할 수 있는 중요한 요소의 하나로 거론한다. 그는 선비 정신을 다음과 같이 정의하고 있다.

> 선비 정신은 한국 사회와 역사에 깊숙이 뿌리 박혀 있다. 개인적 차원에서 선비 정신은 도덕적 삶과 학문적 성취에 대한 결연한 의지와 행동으로 나타나고, 사회적 차원에서는 수준 높은 공동체 의식을 유지하면서도 이질적 존재와 다양성을 존중하는 태도로 나타난다. 홍익인간으로 대표되는 민본주의 사상을 품고 있으며, 자연을 극복의 대상으로 보지 않고 오히려 조화를 이루려는 특성이 두드러진다.[24]

한국 사회의 소중한 문화적 전통인 선비 정신은 하루아침에 이루어진 것이 아니다. 선비 정신은 오랜 세월에 걸쳐 변형되고 확장되어 온 것이다. 한국학중앙연구원의 『한국민족문화대백과사전』에 따르면, 선비 개념은 "학식과 인품을 갖춘 사람에 대한 호칭으로, 특히 유교 이념을 구현하는 인격체 또는 신분 계층을 지칭함"으로 정의되고 있다. 선비라는 개념은 조선 시대 이전에도 있었다고 한다. 『한국민족문화대백과사전』의 '선비의 말뜻'이라는 항목에는 "선비는 한자어의 사士와 같은 뜻"을 지니는 것으로 "어원적으로 보면 우리말에서 선비는 '어질고 지식이 있는 사람'을 뜻하는 '선비'라는 말에서 왔다고 한다"라고 소개되어 있다.[25]

권순철에 의하면 조선 특유의 선비 혹은 사士 의식은 역성혁명으로 탄생한

---

24) 임마누엘 페스트라이쉬, 『한국인만 모르는 다른 대한민국』(21세기북스, 2013), 49쪽.
25) 선비 개념의 역사적 변천 과정에 대한 상세한 분석으로는 권순철, 「'선비' 개념의 생성과 변화」, 김석근 엮음, 『선비 정신과 한국 사회: 미래의 리더십을 찾아서』, 20~71쪽 참조.

유교 국가 조선의, 위민의 정치이념을 실현하고자 했던 경험 속에서 탄생했다. 조선 시대에 들어와 확정된 '선비상'은 이후 임진왜란이나 당쟁의 소용돌이와 같은 수많은 사회 변동과 연동해서 변화해 간다.[26] 그러나 이런 변화 과정에서도 선비상에서의 공통된 의식은 "이상사회 건설이라는 '민民'과 '천하天下'에 대한 책임 의식, 희생적 실천정신, 도리道理와 지조를 지키는 사표師表로서의 자제적自制的 역사의식"이라고 권순철은 강조한다.[27]

조선 후기를 거치면서 사士 즉 선비 정신은 특정한 계층에 국한되는 것이 아니라 모든 사람이 도달해야 하는 바람직한 인간상으로 보편화된다. 조선 시대는 유교적 선비 개념의 대중적 확산과 토착화에 큰 역할을 해 왔다. 어떤 사람이 높은 관직에 있거나 권문세가의 자손이라 해도 유교적인 덕망을 소유하지 못하면 선비로서의 대접을 받을 수 없었으며, 이런 인식이 보편화되어 천하와 국가를 위해 올바른 일을 행하는 사람이 사士라는 관념이 일반 백성들에게 널리 공유되기에 이르렀다.

이렇게 '사士=공인公人'이라는 인식이 일반 백성들에게 널리 공유되면서 일반 백성들도 점차 정치적 주체로서의 목소리를 내기 시작했다. 기존 양반층이 유교적 규범에 어울리는 행동을 보여 주지 못한다면 백성이 그 역할을 대신할 수 있다는 의식 아래 양반들에게 유교적 민본주의의 이상을 실현할 것을 요구하기에 이른 것이다. 그 결과 조선 후기에는 기존 양반층에 속해 있던 도덕적인 사족들이 백성들과 연대해서 일으킨, 타락한 세상을 바로잡으려는 저항운동까지 등장한다. 그 대표적인 사례가 바로 1894년의 갑오농민전쟁이다.[28]

유교적 정치문화의 전통을 바탕으로 한 한국 민주주의 및 민주화운동 과정은 선비 정신을 매개로 해서 이루어진 시민, 지식인, 학생 등의 광범위한

---

26) 같은 책, 52~53쪽 참조.
27) 같은 책, 55쪽.
28) 조경달, 『민중과 유토피아』, 37~66쪽 참조.

연대에 힘입은 바가 매우 크다. 1960년대에서 1980년대에 이르는 시기의 대다수 학생 운동가들은 가족을 소중하게 여기는 전통적 규범을 내면화한 사람들이었지만, 그들은 조국이나 민주주의 같은 대의와 공적인 가치를 위해 헌신하는 것이 더 훌륭하고 인간으로서 해야 할 일이라고 생각했다. 그래서 이남희는 학생운동의 문화적 배경을 "지식인의 전통적 역할, 즉 사회적 비판을 제공하는 긴 전통 속에 배태된 것"이라고 말한다. 그는 이를 "도덕적 특권의 담론"(a discourse of moral privilege)이라고 명명했다.[29]

이 담론의 핵심에는, 배운 사람은 온갖 어려움과 희생에도 불구하고 마땅히 사회적 책임과 역사적 책임을 떠안아야 한다는 인식이 존재한다. 이런 책임 의식은 분단 상황과 독재 정권 하에서 고통 받는 노동자 및 농민 같은 일반 사람들의 권리를 옹호하면서, 이들과 함께 역사의 주체가 되어 민주화되고 통일이 된 새로운 세상을 만드는 것이야말로 학생이 해야 할 의로운 행동이라는 믿음으로 이어진다.

한국 학생운동과 민주화운동의 절정기인 1980년대에 수많은 학생이 독재 권력에 대항하여 투쟁했고, 노동자들의 권리를 옹호하기 위해 신분을 위장하고 노동 현장 즉 공장에 취직해서 노동운동을 펼쳤다. 1970년대와 1980년대의 대학생들 특히 남학생 중에는 가족 중에서 유일하게 대학에 다니는 경우가 적지 않았고, 나머지 가족 구성원들은 모두가 힘을 모아 그의 학업을 위해 헌신했다. 그리고 그런 헌신 뒤에는 공부를 잘하는 사람은 사회에서 인정받고 사회의 상층부로 진입할 수 있다는 믿음이 존재했다. 이른바 고시 열풍, 즉 사법시험에 합격하여 사회적 신분 상승을 도모하면서 자신에게 헌신했던 가족 구성원들의 물질적 행복을 책임지는 시스템도 있었다.

분명 이런 시스템은 과거 시험에 합격하면 사회적 지위와 부와 명예가 확고해졌던 유교 사회 조선에서의 역사적 경험의 반복일 터이다. 그래서

---

29) Lee Namhee, *The Making of Minjung*, p.153.

1970년대와 1980년대의 대학생들은 가족의 행복을 위해 사회에 성공적으로 진출해야 한다는 압박감이 매우 컸고, 많은 학생이 그런 가족의 염원에 부응하여 입신양명의 길을 택했던 것도 사실이다.[30]

사회에서 출세하여 자신이 대학까지 마칠 수 있도록 헌신했던 가족 구성원 특히 부모님의 은혜에 보답해야 한다는 유교적 습속은 한국 대학생들이 엄청난 금욕적 생활과 규율을 견디도록 한 문화적 동력으로 작동했다. 그런데 이런 작동 속에서 연장자나 부모에 대한 무조건적인 복종 관념의 사회문화적 기원만을 추적하는 것은 일면적이다. 부모의 은혜에 대한 보답이라는 말은, 부모가 어려운 상황에서도 헌신적으로 자식 교육을 위해 매진한 데 대한 되갚음을 의미한다. 이런 점에서 부모에 대한 효는 분명 일방적인 것이 아니었다. 쌍방향으로 주고받는 부모의 사랑과 자식의 효의 관계는 일방적으로 매도될 성질의 것이 아니다.

물론 역사적으로 부모에 대한 효를 강조하는 유교문화적 전통이 사람들을 권위주의적 통치체제에 순응하도록 하는 부정적 역할을 하기도 했다는 점은 부인될 수 없다. 다만 지적하고 싶은 것은 다음과 같다. 전통의 다양한 작동 방식을 종합적으로 이해하고자 하지 않고, 전통의 어느 한 측면만을 들어 전통 일반을 총체적으로 부인하고 배척하는 태도는 합리적이지 않다. 그러므로 다음과 같은 두유명의 지적은 경청할 만하다.

보통 '부모에 대한 공경'으로 여겨지는 효는 많은 사람에게 유가 윤리의 근본 덕목이자 적당한 인간관계를 이해하는 기초로 인식된다. 계급적으로 정의된 복종의 형식으로서의 효는 가끔 독재 정치에 대한 이론적 기초를 제공하는 것으로 표현된다. 비록 그것이 효가 실제로 중국의 전통적 정치·문

---

30) 입신양명의 길을 걸었던 사람들의 선택을 도덕적으로 비난할 생각은 추호도 없다. 공부를 열심히 해서 사회적 신분 상승을 도모한다는 한국 사회의 유동성과 개방성을 문화적 배경으로 하는 조선 사회의 유교적 전통이 강하게 존재하고 있었다는 점이 중요하다.

화에서 어떻게 사용되었는지에 대한 정확한 표현이더라도 유학 전통 안에서 본래 그러한 목적으로 의도되었다고 생각할 수는 없다. 사실상 유학의 효 개념은 정치적 지배와는 부차적으로 관련이 있을 뿐이다. 효는 독재 권력을 실현하기 위한 기초로 생각될 수 없다.[31]

관계지향적인 유교적 사유가 나름 개인의 자발성과 자율성을 긍정하는 이론임을 모르지는 않지만, 사회적 관계 속에서 개인의 독립성과 자유가 질식될 가능성도 엄존한다.

이는 서구 개인주의의 어두운 면과는 정반대의 모습이다. 주지하듯이 서구 개인주의는 타인과의 관계를 오로지 이로움을 실현하기 위한 부차적인 것으로 전락시킴으로써 타자와의 관계를 개인의 이익 추구를 위한 수단으로 변질시킬 위험을 안고 있다. 이는 서구 근대의 개인주의를 원자론적 개인주의로 보면서 개인의 사회적 성격을 망각한 사유 방식에 불과하다는 점을 지적하는 헤겔의 개인주의 비판에서도 잘 나타난다.

그러나 서구 근대의 개인주의가 원자론적 개인주의의 함정에 빠지기 쉽다고 해서 개인의 독립과 자율성을 존중하는 태도 자체까지도 비판의 대상으로 삼는 것은 지나치다. 유교 전통이 지닌 관계지향적 사유 방식의 한계를 경계하되, 타자와의 성공적인 관계를 통해 비로소 각 개인의 의미 있는 삶도 실현될 수 있다는 유교적 사유의 핵심은 오히려 존중되어야 할 것이다.

앞에서 언급된 1970년대와 1980년대 대학생들의 존재 방식과 유교 전통 사이의 연관성의 문제로 되돌아가자. 그 당시 많은 학생이 가족의 희생에 보답할 방법으로 세속에서의 출세와 입신양명주의의 길을 걸어갔다는 점은 이미 언급했다. 그러나 그런 입신양명주의 혹은 입신출세주의만이 대학생들

---

31) 두유명, 『뚜웨이밍의 유학 강의』(정용환 옮김, 청계, 1999), 285쪽.

이 택한 유일한 길은 아니었다. 그 당시 사회적 책임을 다하기 위해 다른 길을 걸었던 수많은 학생이 존재했다는 것도 주지의 사실이기 때문이다. 이 시기에 활동한 사람들의 인터뷰에는 그들이 왜 학생운동과 노동운동에 투신했는가를 보여 주는 정신이 잘 드러나 있다.

교육받은 사람들은 특권을 누리는 계층인데, 이런 특권을 개인의 이익을 위해서 사용하는 것은 틀린 것이다. 특권을 누리는 학생들, 즉 지식인들은 교육받지 못하고 사회에서 어려움을 겪는 사람들을 위해 애써야 한다. 그런 행위가 바로 교육을 받은 사람으로서 마땅히 해야 할 행위라는 것이다. 이남희는 이들의 도덕적 정신을 "주로 지식인에 대한 유교적 관념"에 뿌리를 두고 있는 사회적 및 역사적 책임 의식이라고 해석한다. 그가 학생운동 출신으로서 노동운동에 투신한 경력이 있는 사람들과 가졌던 인터뷰를 살펴보자.

나는 대학에 갈 정도로 충분히 특권이 있는 사람으로서, 그리고 우리 사회에 빚을 지고 있는 사람으로서 오로지 남한의 민주화를 위해 일했다.

어느 누구도 우리 사회의 책임을 피할 수 없다. 특별히 고등교육을 받고 사회적 양심을 지닌 사람들은 새로운 윤리적 그리고 도덕적 사회질서를 창조하기 위해 자진해서 나서야 할 필요가 있다. 이런 단순한 이유로 나는 공장에 일하러 갔다.[32]

학생운동과 노동운동에 매진했던 사람들의 인터뷰를 통해 배움과 학문의 궁극적 목적이 자신의 이기적 욕망 추구나 세속에서의 명예와 부와 같은 물질적 성공에 있는 것도 아니요, 또 개인만의 도덕적 완성이 아닌, 다른 인간과 생명체의 내적 본성의 실현에 있다는 유교적 사유 방식의 반복을 어렵지 않게 발견할 수 있다.

---

32) Lee Namhee, *The Making of Minjung*, 244~245쪽.

더욱 중요한 것은 대학생들이 자신을 사회의 불의와 부패를 개혁할 책임을 지고 있는 지식인으로 이해하는 태도와, 그런 태도를 삶에 구현하기 위해 헌신했던 학생들의 행동 방식이 한국의 일반 시민들로부터 인정받고 승인받았다는 사실이다. 바로 여기에 한국 민주화운동의 성공을 이해하는 열쇠가 있다. 만약 일반 사람들이 사회적 책임을 다하려는 지식인의 태도와 삶의 방식에 광범위한 동의와 지지를 보내지 않았더라면 한국의 학생운동과 민주화운동은 그처럼 강력한 생명력과 역동성을 확보하기 힘들었을 것이다.

이처럼 한국 민주화운동의 바탕에는 사회적 책임을 다하려는 실천적 지식인들과, 이들을 바람직한 인간상으로 인정하고 존중하는 일반 사람들 사이의 내적 연대성과 공유의식이 있었다. 그리고 이런 민주주의를 향한 독특한 저항 형태는 유교적 이상사회에 대해 사회 구성원들이 공유하는, 조선 사회로부터 유래된 전통적인 집단의식에 뿌리를 두고 있다.

달리 말하자면, 한국 민주화운동의 내적 동력은 유교적인 이상을 실현하기 위해 사회를 변형시키고자 했던 조선 사회 전체의 수백 년 동안의 경험, 그리고 불의에 타협하지 않고 명분을 위해 때로는 자신을 희생하는 것도 마다하지 않았던 선비적 삶에 대한 집단적 공감의 누적된 경험에 그 뿌리를 두고 있다. 이런 맥락에서 1980년대 한국의 민주화운동의 주력 부대인 노동자와 학생의 연대는 19세기 말에 나타난 올곧은 선비와 일반 백성의 연대에 의한 농민전쟁의 반복이었다고 평가되어야 한다.

공적인 대의를 위해 개인의 이익이나 가족의 안위를 포기하는 행위는 한국의 유교적 전통에서 반복적으로 등장하는 행위이다. 조선을 일본의 식민지로 전락시키는 데 앞장섰던 일본인 이토 히로부미(伊藤博文)를 암살한 안중근 의사도 "국가를 위해 가족을 잊겠다"[33]라고 말했다. 일제강점기의 독립운동가이자 해방 후 민주주의를 위해 헌신했던 김창숙(1879~1962)도

---

33) 이기웅 편역, 『안중근, 전쟁은 끝나지 않았다』(열화당, 2000), 25쪽.

일제강점기에 족보를 만드는 행위를 비판했을 뿐만 아니라 가족의 행복을 위해 일제와 협력할 것을 요구하는 집안사람들을 비판했다. 그는 그런 사람들은 "이익을 좋아하고 염치를 모르는 자들"이라 해서 절교를 선언하면서, "성현의 글을 읽는 귀중함이란 그 이치를 바르게 알고 그 의리를 확실하게 실천하는 일일 것"이라고 강조한다.[34]

유교 전통이 한국 사회의 민주주의에 끼친 또 다른 영향력 중의 하나로는 대한민국 헌법에 각인된 평등 지향의 이념을 들 수 있다. 예를 들어 대동大同사상의 영향력을 살펴보자. 대동사상은 조선 후기 사회에서 분명하게 감지되기 시작해서, 이후 계급적인 차별에 저항하고 세계평화를 지향하는 이념으로 전개된다.

이 책에서 여러 번 언급된, 조소앙이 기초한 것으로 알려진 1919년의 「대한독립선언서」(「무오독립선언」)는 당대를 강권의 시대에서 자유·평등·정의·인도·평화가 실현되는 대동의 세계로 이행하는 시기로 규정한 뒤 이런 시대의 흐름을 '천의天意'에 의한 것으로 이해하고 있으며, 한민족의 독립과 자립 역시 천하의 공의와 대의에 따르는 정의로운 것으로 천명하고 있다. 특히 이 선언서는 자유와 민주를 수용하면서도 평등의 이념을 핵심적 가치로 내세우는 것으로 평가된다.

역사학자 정연태는 「대한독립선언서」에 나타난 평등사상의 기원을 사회주의적 사상의 영향 외에 조선 사회의 전통적인 대동사상의 균평 이념에서 구한다. 이처럼 대동사상과 긴밀하게 연결된 균평均平·균등均等 등의 이념은 조선 후기의 민란과 갑오농민전쟁은 물론이고 1919년 3·1운동에도 영향을 주었으며[35] 대한민국 제헌헌법의 전문과 이익균점법을 통해 구체화된 헌법에서의 경제적 평등 조항으로까지 이어졌다.[36]

---

34) 심산사상연구회 편, 『金昌淑文存』(성균관대학교 대동문화연구원, 1987), 111~114쪽.
35) 정연태, 『한국 근대와 식민지근대화 논쟁: 장기근대사론을 제기하며』, 395~397쪽 참조

3. 민주화운동과 유교 전통의 변형

한국의 민주화운동과 유교적 전통의 생산적인 만남을 잘 보여 주는 또 다른 예는 독립운동과 민주화운동을 위해 목숨을 바쳐 투쟁했던 사람들에 대한 기억 행위와 관련된 것이다.

독립투사, 애국지사, 민주열사 등의 용어에서 보듯이 오늘날 한국 사회는 사회와 국가를 위해 일신의 영달을 도모하지 않고 살신성인의 모습으로 헌신한 인물들을 사士(선비)로 칭하면서 추앙한다. 이처럼 한국 현대사에서 유교적 정치문화는 그 일상화된 용어에서도 변형된 형태로 존재하고 있다. 이런 현상이 과연 용어상의 문제일 뿐일까? 그렇지 않다.

민족이나 국가가 위기에 처했을 때 목숨 바쳐 투쟁한 사람들에게 독립투사 獨立鬪士니 애국지사愛國志士니 하는 명칭을 부여하면서 그들의 숭고한 희생과 투쟁 정신을 기리는 모습에서 우리는, 조선 사회의 이상적인 선비에 대한 선망이 망국과 식민지 지배라는 변화된 조건에서 어떻게 변형되고 지속되어 왔는지를 확인할 수 있다. 한국인들은 선비에 대한 상을 통해 독립운동과 민주화를 위한 투쟁 등에 정당성을 부여하고 그런 실천에 연대하고 공감하는 감각을 키워 왔던 셈이다.

달리 말하자면, 한국인들이 엄청난 고난과 희생이 요구되는 독립운동과 민주화운동을 지속해서 전개할 수 있었던 배경에는 그 독립운동과 민주화운동을 가능하게 만들어 주는 바람직한 인간과 사회에 대한 한국인들의 공유된 이해가 있었다. 그런 공유된 이해 즉 사회적 상상은 암묵적이거나 무의식적으

---

36) 한국 사회가 민주주의로 이행하는 역사에서 비할 데 없는 영향을 준 1980년 5・18 광주민주화운동도 대동 정신의 발로로 이해되어야 한다는 주장이 있다. 5・18 민주화운동의 마지막 수배자였던 윤한봉(1947~2007)은 광주항쟁을 대동 정신의 발현으로 본다. 그는 대동 정신을 화평, 평화, 평등의 이상으로 간주하면서 이를 사회주의적 이념과 친화성이 있는 것으로 본다. 안재성, 『윤한봉: 5・18 민주화운동 마지막 수배자』(창비, 2017), 347~348쪽 참조.

로 표현될 수도 있지만 대부분 공적인 기억 행위에서 의식적으로 표출된다.

그리고 그런 공적 기억에서 동원되는 수사와 어휘는 가장 강력하게 호소력을 띠지 않으면 안 된다. 호소력 없는 이야기와 어휘로 이루어진 공적 기억과 애도 활동이란 상상할 수 없기 때문이다. 그런 점에서, 가령 '순교자'와 같은 식으로가 아니라 독립투사獨立鬪士나 애국지사愛國志士, 민주열사民主烈士 등과 같이 '선비'(士)라는 이름으로 독립운동과 민주화운동을 기념하고 있다는 의미는 매우 중요하다.[37]

민주투사, 애국지사 등과 같은 이런 언어적 사용의 창조적 변형 속에서는 선비(士)의 민중화 혹은 보편화의 측면도 발견할 수 있다. 조선 사회에서도 선비는 세습적인 신분이 아니었으며, 특히 후기에 이르러서는 평민화 내지 평등화의 경향이 분명하게 드러난다. 개화파의 선구자인 박규수는 선비(士)를 "효제충순의 덕"을 지닌 사람으로 규정한다. 그러니까, 신분상으로는 사士·농農·공工·상商의 구분이 분명 있겠지만 농공상農工商의 신분이라 하더라도 효제충순의 덕을 갖추면 선비요 사회적 신분이 사士라 하더라도 효제충순의 덕을 실현하지 못하면 선비가 될 수 없다는 뜻이다. 그래서 박규수는 이 효제충순의 덕만 있다면 "천한 필부匹夫로부터 귀한 천자天子에 이르기까지" 모두 다 선비라고 말한다.[38]

19세기 후반에 이르러 선비 개념은 더욱더 민주화되고 보편화된다. 사민평등과 인간평등 지향을 분명하게 보여 주는 선비 개념의 변화는, 동학의 "사람이 곧 하늘이다"라는 인내천人乃天 사상과 만인萬人의 군자화君子化

---

37) 2013년 5월 3~4일에 연세대학교 국학연구원과 싱가포르 남양공과대학과의 공동학술대회에서 이 글의 축약본이 처음 발표되었다. 학술대회가 끝난 후 싱가포르에 있는 손문의 기념관에 들렀는데, 그곳 정원에 '烈士樹'라는 기념 나무가 있었던 기억이 생생하다. 이 경험을 통해 한국, 중국, 일본 등에서의 선비 개념의 현대적 변천 과정에 대한 비교 연구의 필요성을 거듭 깨닫게 되었다.

38) 박규수, 「범희문이 학교를 일으키고 인재 선발 제도를 깨끗이 할 것을 청하다」, 『환재집』 제11권.

사상으로 전개된다. 모든 사람이 하늘이듯 모든 사람이 다 군자가 될 수 있는 존엄한 존재이며, 따라서 사람들 사이의 차별은 존재할 수 없다는 동학의 선언은 유학 전통 속에 내장된 만민평등사상의 급진적 표출이다. 성리학의 경천애인敬天愛人, 내외합일지도內外合一之道, 천인합일天人合一의 사상은 곧 사람이 곧 하늘이라는 동학의 '인내천人乃天' 사상으로 급진화하는 것이다. 달리 말하자면, 경천애인이라는 유교적 민본주의 사상은 사람을 하늘처럼 섬기라는 사인여천事人如天의 사상으로 급진화한다.

유교적인 선비 의식의 민중화 또는 보편화 현상은 민중의 주체적인 정치활동에서도 구체화된다. '보국안민'이라는 전형적인 유교적 이념을 내걸고 조선의 기득권 계층과 일본 제국주의에 저항했던 갑오농민전쟁은 말할 것도 없고, 1901년 제주도에서 일어난 민란을 보자. 일반 백성들과 양반들은 그 민란의 지도자로 관노 출신의 이재수를 추대했다. 이 민란에는 여성들도 대규모로 참여했는데, 이는 여성에게서도 사士 의식이 확산하고 있음을 보여 준다.[39]

그리하여 일제강점기를 거치면서는 조국과 민족과 민중을 위해 헌신하는, 이상적 인간형에 걸맞은 모든 사람이 선비라는 칭호를 부여받게 된다. 학력이 보잘것없는 노동운동가 출신이라 해도 나라와 민족과 민주주의를 위해 투쟁했다면 마찬가지로 그는 열사나 투사의 칭호를 부여받고 기림을 받는다. 대표적인 인물이 바로 한국 노동운동의 상징이라고도 할 수 있는 전태일(1948~1970)이다. 그는 1970년 11월, 분신을 통해 한국 노동자들의 비참한 현실을 고발함으로써 노동 문제의 심각성을 일깨운 인물이다.[40]

---

39) 조경달, 『민중과 유토피아』, 146~149쪽 참조. 2015년에 개봉된 영화 『암살』이 보여 주듯이 여성들도 일제 식민지시기에 조국의 독립을 위해 목숨을 바쳤다.
40) 체 게바라(Che Guevara)가 1960년대에 유럽과 미국의 수많은 학생의 마음을 사로잡았던 것처럼 전태일은 한국 학생들에게 사회적 양심과 책임 의식을 일깨우는 상징적 인물이었다. Lee Namhee, *The Making of Minjung*, p.218.

그의 학력은 초등학교가 전부였으나, 전태일 열사로 불리면서 1970~80년대의 민주화운동에서 수없이 호명되었던 인물이다.

혹자는 필자의 해석에 대해 다음과 같이 반론할지도 모른다. 그것은 추앙받을 만한 인물만을 선비로 본 것이 아니라, '운전기사' 같은 용어에서 보듯이 모든 사람을 선비 즉 사士로 보는 용법이라고 말이다. 그러나 이것은 앞서 언급한 선비 개념의 일반명사화, 즉 모든 사람을 선비로 보는 현상의 반영이라고 보아야 할 것이다.

특히 지행합일의 전통에서 보듯이, 배움과 학문에 대한 유교적 상상력은 학생들과 지식인들의 광범위한 사회참여 의식을 가능하게 했다. 대학생들이, 심지어 중고등학생들이 왜 민족주의적 저항운동과 민주화운동에 지속해서 참여했는가? 이들은 왜 역사와 사회의 문제를 고민하는 주체이자 한국 사회가 안고 있는 문제 해결의 주체로서 강한 책임 의식을 갖게 되었는가? 또한 한국 사회는 왜 이런 운동에 대해 존경과 승인의 태도를 견지했는가? 이런 물음에 대한 대답은 우리를 한국 사회 정치문화의 유교적 전통으로 나아가게 한다. 한국 민주화운동의 경로와 형식은 올곧은 선비가 바로 올바른 정치를 구현할 수 있다고 보는, 내성외왕內聖外王이라는 유교적 정치 이상이 조선 사회에서 오랜 세월에 걸쳐 일상의 문화로 받아들여진 배경에서 이해될 수 있을 것이다.

지식인과 학문에 대한 숭상과 선망은 정치와 도덕의 일치를 이상적인 정치 질서로 간주하였던 유교적인 정치이념이 대다수 시민에 의해 내면화되어 일상의 도덕으로 뿌리내리고 있었음을 보여 준다. 그리고 이런 일상화는 배우는 사람으로 하여금 대의를 위해 헌신하도록 유도하고 고무시킨다. 지식인에 대한 사회적 기대와 여망을 저버리고서는 훌륭한 학자 혹은 배우는 사람이라는 정체성을 유지하기 힘들 것이기 때문이다. 달리 말하자면, 유교적 정치문화가 일반화된 사회에서는 바람직한 지식인상에 대한 집단적인 감각에 어긋나게 행동하는 지식인이라면 사회적 인정을 박탈당할 위험을 감수해야 한다.

결국, 이러한 유교적 정치 전통에 대한 광범위한 사회적 동의와 공통의 이해가 바로 사회적 엘리트들과 일반 백성들이 함께 독립운동과 민주화 과정에서 집단적인 행동을 할 수 있게끔 만든 '사회적 상상'이었다. 그러므로 학생과 지식인층이 한국 사회에서 특별한 역할을 할 수 있었던 현상은, 배운 사람들은 시대정신과 도덕의 대변자여야 한다고 보는 유교적 정치문화 전통의 현대적 반복으로 해석되어야 할 것이다. 그리고 그런 학생들의 사회적 비판과 저항에 대해 그 도덕적 정당성을 승인하는 많은 대중이 존재했는데, 그런 지지가 가능했던 것도 대중과 지식인들이 유교적인 정치문화를 공통으로 내면화한 결과로 보아야 한다.

앞에서 보았듯이 1970년 11월 노동자 전태일이 분신으로 노동자의 처참한 인권유린 상황에 대해 항거했을 때, 한국의 대학생들과 지식인들은 커다란 충격을 받았다. 배움조차 힘들었던 전태일 열사의 한이 알려졌을 때, 대학생과 지식인들은 자신들이 열악한 처지에 놓인 사람들의 목소리를 무시했음을 치열하게 반성하면서 사회적 약자와의 연대투쟁에 나서게 되었다. 요즈음 유행하는 자크 랑시에르(Jacques Rancière)의 말을 전용한다면, 사회에서 아무런 몫을 갖고 있지 않은 배제된 자들과의 연대 없이는 사회가 온전할 수 없음을 자각한 수많은 젊은 학생들은 고통 받는 사람들의 편에 서서 그들과 함께 연대해 가고자 했다.

이런 거대한 사회적 흐름도 유교적 지식인의 '우환의식'(책임의식)의 발로라는 맥락에서 이해될 수 있다. 전태일 열사의 분신 이후 한국 사회에서는 노동자와 학생의 연대가 점차 중시되어, 노학연대는 민주화운동 기간 내내 중요한 투쟁 방식의 하나가 되었다. 이런 투쟁 방법과 투쟁 문화도 사회적 책임을 다하려는 지식인과 일반 백성들이 함께 투쟁해 나가는, 유교적 전통의 현대적 계승으로 해석되어야 한다.

그런데 이렇게 선비 정신의 지속성이나 유교적 정치문화와 연동되어 있는 집단적인 정치적 행동 속에 드러나는 특유한 패턴 등도 중요하지만, 유교적 전통이 민주주의를 향한 투쟁 과정에서 민주주의와 창조적으로 접맥되는 현상도 매우 중요하다. 이것이 한국 민주주의의 과정, 더 나아가 한국 근대성의 고유성을 새롭게 이해할 수 있는 결정적 지점이 된다고 생각하기 때문이다. 이 경우 필자는 단순히 유교적 사상이 민주주의와 친화성을 지니고 있다는 측면에만 주목하지 않는다.

물론 사상적으로 보더라도 유교적 민본주의는 민주주의 사상과 중첩되는 측면을 보여 준다. 따라서 민주주의와 유교적 정치사상 사이의 내적 친화성을 밝히는 작업이 중요함은 두말할 나위가 없다. 그러나 필자는 그에 못지않게, 유교적 습속과 생활방식의 차원에서 작동하는 사회적 상상으로서의 유교적 정치문화가 한국 사회의 오늘날의 모습을 형성하는 데 끼친 영향이나, 그것을 매개로 유교적 사유 방식이 변화해 가는 양상에도 주목할 필요가 있다고 생각한다.

이미 강조했듯이 이런 변화는 서구 근대의 민주주의를 문화적 번역 행위를 통해 능동적으로 수용하는 작업을 매개로 한 것이다. 그리고 그런 변화 과정을 통해 유교적 사상이 지닌 현실 비판의 잠재성이나 민주공화주의적 요소가 더욱 확실하게 드러날 수 있게 되었다는 점도 이 책 전반에 걸쳐서 강조되고 있는 사항이다. 간단하게 말해, 필자는 유교적 대동 이념의 혁신성이 일제강점기의 독립운동 이념을 통해 민주공화주의와 창조적으로 접맥되어 제헌헌법의 근본정신과 오늘날의 민주주의로 연결될 수 있었음을 강조했다.

끝으로 민주화운동 과정에서 우리는 현대사회라는 변화된 상황에서 유교적 전통이 민중적·민주적 방식으로 전개되는 양상과 관련해 흥미로운 현상을 언급하고자 한다. 우선 효와 충이라는 유교적 관념이 민주적 사유 방식과 결합하면서 충忠 관념에도 변화가 초래된다는 점이다. 즉 충이 군주에 대한 충이나 백성을 위해 하늘의 이치를 대변하는 단순한 민본주의적인 충이 아니라, 민주주의의 주인인 백성과 민중에 대한 충으로 변형되는 것이다. 물론 전통적인 유교적 사유 방식에서도 충의 진정한 대상은 천리와 같은 도덕적 원칙이었지만, 도덕적 원칙에 대한 충성이 민주주의 운동 과정에서 민주주의적 원리에 대한 충성으로 변형되는 모습이 등장한다.

그 대표적인 경우가 김대중 전 대통령의 민주적 충성 이론이다. 민주적 충성 이론은 오늘날 민주시민 교육과 관련해서도 큰 의미를 지닌다. 각자도생의 극단적 경쟁 사회로 우리 사회가 전락하게 된 데에는 어찌 보면 절차적 민주주의가 어느 정도 성공적으로 정착하면서 더 강력해진 개인주의적 권리 담론의 사회적 확산도 영향을 주었다고 여겨진다. 시민들 사이의 연대성을 회복하기 위해 우리는 다시 민주적 충성의 역사적 경험을 재발굴하여 이를 새롭게 기억할 필요가 있을 것이다.[41]

독립운동과 민주화운동 과정에서 나타났던 유교 전통의 민중화民衆化 및 민주화 경향이 사상사에서도 나타나고 있다는 점도 특기할 만한 현상인데, 여기에서 특별히 다루고자 하는 것은 유교문화와 서구 기독교의 만남을 통해 나타난 유교와 기독교 사이의 상호 융합의 양상이다. 이와 관련해 기독교와 유교가 만나는 대표적인 두 가지 사례만을 들고자 한다.

우선 20세기 한국 개신교의 가장 독창적인 사상가로 인정받는 다석多夕 유영모(1890~1981)의 『대학』 해석을 보자. 그는 『대학』에 나오는 "대학지도大

---

41) 김대중, 「충효사상과 21세기 한국」 참조 바람. 충 관념을 백성과 연결하는 것은 『춘추좌전』에 그 기원이 있다. '魯桓公 6년조' 참조 "소위 도라고 하는 것은 백성에게 충실하고 신령에게 신실한 것입니다. 위에서 백성을 이롭게 하려는 생각이 충이고, 축사(제관)가 신령에게 바른말을 하는 것이 신입니다."(所謂道, 忠於民而信於神也. 上思利民, 忠也, 祝史正辭, 信也.) 좌구명, 『춘추좌전』1(신동준 옮김, 한길사, 2006), 92쪽. 지식인을 민중의 대표로 보고 지식계급의 의미를 민중에게 충성을 바치는 것으로 생각하는 견해는 중국의 마르크스주의자인 리다자오(李大釗)에게서도 발견된다. 쉬지린(許紀霖), 『왜 다시 계몽이 필요한가』(송인재 옮김, 글항아리, 2013), 140쪽.

學之道, 재명명덕在明明德, 재친민在親民, 재지어지선在至於至善" 구절 중의 '친민親民'을 '백성을 어버이 모시듯 해야 한다'로 해석한다.[42] 유교적 효 관념을 백성에 대한 효 관념으로 재해석한 것이다. 이렇게 그는 백성인 민民을 천자天子로 보았고, 이제 민民은 수동적 객체가 아니라 세상을 다스리고 구원하는 주체로 이해되기에 이른다. 그는 기독교인으로서 천자天子인 민중을 하느님(神)처럼 섬기고 받들어야 한다고 보았다.[43] 유영모의 유교적 민본주의에 대한 재해석은 인간의 존엄성과 민주주의 그리고 인권에 대한 독자적인 해석으로 이해될 수 있다.[44]

또 하나의 중요한 사례는 장공長空 김재준(1901~1987)의 사상이다. 그는 한국의 진보적 기독교계를 대표하는 신학자이자 민주주의 운동가였다. 유학자였던 부친의 영향으로 그 역시 어렸을 적부터 유학을 공부해서, 열 살 이전에 이미 동양 고전 사서를 다 암기할 정도였다고 한다.[45] 유교에서 기독교로 개종한 이후에는 유교의 보수적 성격을 비판하기도 했지만, 그러면서도 유교 속의 민본주의적인 요소, 정치참여적 전통, 효 사상 등을 비판적으로 계승하고자 했다.[46] 그는 유교와 불교의 핵심 교리가 기독교 안에서 비로소 성취되었다고 믿는 신앙인이었지만[47] 자신의 기독교 사상에 녹아들어 있는 유교적 요소들을 인정했다. 그래서 누구보다도 엄격하게 유교의 가부장적인 권위주의가 초래한 폐단을 비판하면서도 유교의 효와 충이 왕이나 부모에 대한 맹목적인 복종이나 순종이 아님을 강조했고, 효가

---

42) 박재순, 『다석 유영모의 철학과 사상』(한울아카데미, 2013), 94쪽.
43) 같은 책, 103~104쪽 참조.
44) 유교, 불교, 도교 등 동아시아 전통사상과의 비판적 대결 속에서 인권 및 민주주의에 대한 새로운 이해를 도출하여 기존 민주주의 및 인권 이해의 한계를 넘어서려는 노력을 더 기울여야 할 것이다.
45) 김경재, 『김재준 평전』(삼인, 2014), 38쪽.
46) 손규태, 『장공 김재준의 정치신학과 윤리 사상』(대한기독교서회, 2012), 104쪽·112쪽 참조.
47) 장공김재준목사기념사업회 편, 『김재준 전집』18(한국신학대학교 출판부, 1992), 437쪽.

기독교의 하느님과 연결될 수 있다고도 주장했다.[48]

김재준이 민주화운동에 헌신하고 한국 개신교의 진보적인 현실참여의
전통을 세울 수 있었던 것도 어린 시절에 배웠던 공맹 사상의 영향으로
이해될 수 있다. 물론 김재준이 현실참여의 신학적 전통을 세우는 데 기독교
의 영향이 지대했음은 자명하다. 그러나 그가 초월적 하느님이 아닌 역사
속의 하느님에 대해 더 강한 관심을 가졌던 데에는 유교적 전통의 영향도
무척 컸다.[49] 그의 사회참여적 정치신학의 이론적 배경이 되는 다음과
같은 주장을 보자.

> 예수의 종교는 어떤 것인가? 그것은 우선 그 방향에 있어서 하늘이 땅에로,
> 하나님이 인간이 되어 역사 가운데 오신 종교다.…… 무엇 때문에 오셨는
> 가?…… 하늘이 땅에 내려온 것은, 땅을 하늘에 올라가기 위함이 아니라
> 하늘이 땅의 몸이 되기 위함이었다. 하나님 아들이 인간이 된 것은 인간들의
> 혼, 인간성이 하나님 아들딸로서의 바탕을 갖게 하기 위함이었다. 어디까지나
> 현존한 땅을 위하고 현존한 인간을 위한 것이었다. 부활 승천한 예수도
> '다시 오실 이'로 올라가신 것이요, 그 반대는 아니었다.[50]

이처럼 김재준에게 기독교 하나님은 철저하게 이 땅 위에 역사하는 존재이
지, 초월적인 저세상으로 가는 것을 강조하는 존재가 아니었다. 그의 현세구
원적 종교관은 그에게 현실 사회의 부당함을 강하게 비판할 수 있게 하는
동력을 부여했는데, 이런 신앙관은 유교적 현세주의 및 비판 전통과 맥을
같이하는 것이었다.

유영모와 김재준의 '유교적 기독교', 즉 기독교와 유교의 창조적인 대화는

---

48) 『김재준 전집』 3(한국신학대학교 출판부, 1992), 111쪽.
49) 이에 대해서는 한문덕, 「장공 김재준의 신학 사상의 유교적 요소」, 장공김재준목사기념사
업회 편, 『장공 김재준의 신학 세계』(한신대학교 출판부, 2006) 참조.
50) 김경재, 『김재준 평전』, 219쪽에서 재인용.

전통의 수용이 맹목적인 수용이 아니라 전통에 대한 창조적 해석과 적용의 활동임을 보여 준다. 달리 말하자면, 이 두 사상가에서 우리는 유교적 전통 역시 자기완결적으로 폐쇄된 것이 아니라 다른 문화와의 개방적 대화를 통해 새롭게 변혁되면서 존립하고 있음을 알 수 있다.

4. 한국 근대성의 성찰과 유럽중심주의 상대화의 길

유교문화와 한국 현대사회 사이의 긍정적 연계 가능성에 대한 탐색은 여러 의미를 지닌다. 앞으로 더 상세하게 분석되어야 할 과제들이지만, 이 글에서 탐구되는 주제가 왜 학술적으로 중요한지 간단하게나마 설명해 보겠다. 무엇보다도 그것은 근대성(modernity)에 대한 철학적 성찰과 관련되어 있다.

근대성에 대한 철학적 성찰은 우리 현실을 제대로 인식하는 데 필요하다. 일본을 필두로 하여 한국, 대만, 싱가포르, 중국 등이 자본주의적 근대화에서 이룩한 성공은 유럽의 근대성이 비서구 사회가 도달하고자 하는 문명의 기준으로 설정될 수 없음을 보여 준다. 현대적 관료제 국가, 국민국가, 시장경제, 과학기술 등의 제도적 변화를 보면 전 세계가 수렴과 획일성을 띠는 모습을 나타내고 있다. 그러나 이런 현대적 제도들을 이해하고 자신의 것으로 삼아서 생명력을 불어넣은 모습들은 각 나라의 문화에 따라 다르다. 따라서 한국적 근대성의 고유한 성격을 이해하기 위해서는 서구중심주의적 사고방식을 비판적으로 보지 않으면 안 된다.

서구 근대와 전통의 이항 대립을 넘어서고자 할 때 사상적으로 가장 중요한 과제의 하나는 인권의 보편성 및 시민 자치의 이념을 어떤 방식으로 이해할 것인가이다. 우리에게 요구되는 것은 인권과 민주주의를 본래부터

서구에 속하는, 달리 말하자면 비서구 사회와의 만남으로부터 전혀 영향받지
않고 서구만이 독자적으로 이룩해 낸 성과로 보는 태도와 결별하는 것이다.
물론 그렇다고 해서 인권과 민주주의에 대한 이념의 명료화 및 그것의
제도적 실현에 대한 개념화가 서구의 역사에 의해-이를테면 고대 아테네 및
로마 공화정의 역사는 물론이고 서구 기독교의 역사적 전개의 맥락에 의해- 재해석되고
규정됨으로써 서구 사회가 인권 및 민주주의에 대해 나름의 독특한 내용과
형식을 부여했다는 점을 부인하는 것은 아니다. 간단하게 말해, 인권과
민주주의의 발전과정에서 서구 사회가 끼친 긍정적인 역할을 부인하지는
않는다.

서구의 인권과 민주주의가 비서구 사회와의 접촉과 만남을 매개로 성숙해
왔음을 긍정하는 것과 마찬가지로, 그것이 동아시아 전통 사회 및 역사와는
전혀 무관하다는 식의 태도는 이제 견지될 수 없다. 서구중심주의적 사유
방식에 대한 비판은 인권 및 민주와 같은 근대 유럽이 발전[51]시킨 보편적
가치를 더욱 진지하게 받아들이는 방법이기도 하다. 서구중심주의를 상대화
혹은 '지방화'(provincializing)[52]하는 작업이 수행되지 않는 한, 문명 사이의
관계에서 관철되는 유럽 근대의 폭력성은 극복될 수 없다. 나아가, 그런
폭력성의 제거가 수행되지 않는 한 유럽이 발전시킨 인권과 민주주의는
참다운 인류의 보편적 가치로 승인될 수도 없을 것이다. 그런 까닭에 필자는
서구중심주의를 상대화하는 작업을 '유럽적 보편주의'에 의해, 그러니까
유럽 중심적 인식 패러다임으로 인해 제약되고 굴절된 민주주의 및 인권과
같은 보편적 가치들을 참다운 방식으로 구현할 방법이라고 역설했던 것이다.

유럽적 보편주의 혹은 서구중심주의적 인식 패러다임을 상대화하는 작업
은, 동아시아 전통과 역사 속에서 인권과 민주주의의 동아시아적 유형과

---

51) 인권과 민주주의를 유럽이 창안했다고는 생각하지 않기에 '발전'이라는 용어를 사용했다.
52) 디페시 차크라바르티, 『유럽을 지방화하기: 포스트 식민 사상과 역사적 차이』 참조

버전을 인식하고 이를 통해 동아시아 및 우리의 역사적 전통을 새로이 이해해 보려는 작업으로 이어져야 한다. 앞에서 시도한 것이 바로 이런 작업이다. 비록 그 결과가 충분하지 않을지도 모르겠지만 말이다.

거듭 말하지만, 이런 시도는 서구 근대를 근대의 전형으로 설정하고 조선 사회를 전근대로 대립시켜 놓은 뒤 후자에서 전자에 유사한 것을 찾아내려 하는, 기존의 서구중심주의적 역사 인식 방법을 반복하고자 하는 것이 아니다. 오히려 이 시도는, 조반니 아리기(G. Arrighi)가 동아시아의 명나라·청나라 시기에 비자본주의적 시장 기반 발전 경로가 성장하고 있었던 사실에 주목했던 것[53]과 유사하게, 동아시아의 역사 즉 동아시아의 문화와 사상 속에서 서구 근대와는 다른 독자적인 근대의 유형을 인식하려는 시도에 가깝다고 할 수 있을 것이다.

따라서 유럽적 보편주의를 넘어서는 방법으로 동아시아 역사 속에 구현된 '동아시아적 민주주의'와 그것이 지니는 오늘날의 의미를 발굴하는 작업은 인권 및 민주주의에 대한 유럽적 이해의 한계를 넘어서는 방법이기도 하다. 그리고 이런 방법은 유럽중심주의에 의해 식민화된 동아시아의 과거 및 전통에 대한 탈식민화 작업을 구현하는 것과 연관해 이해되어야 한다. 과거의 탈식민화는 식민 지배가 공식적으로 끝난 지 오래인 오늘날에도 매우 중요한 사상 과제이다.

냉정하게 말해 제국주의에 대한 저항으로 이루어진 20세기 중엽 이후의 탈식민은 성공적인 모습만을 보여 주진 못했다. 제국주의로부터 해방된 탈식민 국가들은 그들이 내세운 평등과 해방의 약속을 이행하지 못했다. 탈식민화된 독립된 주권 국가들이 서구 사회와 비교해 더 나은 민주주의나 더 평등하고 인간적인 사회를 형성하는 데 성공했다고 보기 힘들다.

그렇다고 이런 실패의 모습만을 과장하여 서구중심주의를 다시 받아들이

---

53) 조반니 아리기, 『베이징의 애덤 스미스: 21세기의 계보』 참조.

는 태도도 해법이 아니다. 오늘날에도 우리 사회는 곳곳에서 일본 제국주의의 식민주의적 폭력의 역사적 제약을 극복하지 못하고 있다. 분단도 일본 제국주의의 식민 지배의 결과이기도 하지만, 한일 사이의 역사 문제 등도 여전히 한국과 동아시아에서 식민적 폭력이 계속되고 있음을 보여 주는 상징이다.

그러므로 식민적 폭력에 의한 타자화의 경험으로 인해 여전히 고통을 겪는 우리 사회의 탈식민의 과제를 새롭게 하기 위해서라도 우리는 과거의 식민화를 탈식민화하는 작업에 몰두할 필요가 있다. 과거의 식민화는 서구 근대를 선진 문명의 정점으로 설정한 뒤 다른 문명을 열등하고 야만적인 것으로 강등시켜 타자화한 결과이다. 따라서 식민화된 과거 및 전통을 탈식민화하여 새로운 대화의 상대로 삼는 작업은 서구 근대성의 식민주의적 사유 방식과 다르게 세계를 해석하고 상상하는 힘을 길러낼 길일 터이다. 전통의 탈식민화 작업은 제국주의적 문명론에 따라 타자화되어 인류 역사에서 배제되어 있던 비서구 사회의 과거 목소리를 복원하는 작업이기 때문이다.

문화제국주의적인 인식론적 폭력에 의해 역사 이전의 세계 혹은 인류사의 초년기로 강등된 전통의 목소리를 되찾는 작업 없이는 유럽중심주의가 그 지적 헤게모니를 상실하는 일은 결코 없을 것이다. 전통의 탈식민화를 통해 전통과의 새로운 대화를 시도하는 작업은 기존 탈식민 작업의 실패를 거울삼아서 유럽적 보편주의의 한계를 넘어 참다운 보편주의로 나가는 길을 모색함으로써 성찰적 탈식민의 길을 구체화하려는 것이다. 성찰적 탈식민화는 유럽중심주의나 제국주의에 대한 반(anti) 정립의 차원을 넘어서 서구 근대문명의 어두운 면을 해결할 대안적 사유의 모색으로 이어지지 않으면 안 된다. 구체적으로 말하자면, 성찰적 탈식민의 방법으로 이해되어도 좋은 동아시아 전통과의 새로운 대화는 근대 유럽에 의해 독점적 방식으로 전유되어 온 인권과 민주주의에 대한 기존 이해를 넘어서서 그것을 전체 인류의 보편적 가치로 전환하는 데 이바지할 수 있을 것이다.

앞에서 시도했듯이 유교적 가치와 사상 그리고 그것과 연결된 유교국가 조선의 역사를 그 나름의 보편적 가치를 실현해 온 과정으로 해석하려는 작업도 유럽중심주의로 인해 굴절(변질)되어 있는 보편적 가치인 인권과 민주주의에 대한 이해를 확충하기 위한 노력과 연결되어 있다. 그러므로 한국의 자본주의적 경제 질서와 민주주의를 포함하여 오늘날 한국 사회의 전반적인 모습을 제대로 이해하기 위해서도 근대화 과정에서 전통과 근대의 변증법이 어떤 방식으로 이루어졌는지에 관한 연구가 필요하다.

이를 통해 우리는 한국의 사회현실을 철학적 사유의 과제로 삼아서 서구 지식에 대한 과도한 의존 상태를 넘어 스스로 사유할 수 있는 주체적 역량을 일구어낼 수 있을 것이다. 그리고 이런 연구를 바탕으로 동양과 서양 혹은 전통과 근대의 대화가 한층 더 내실을 갖게 되어 성숙된 상호간 대화의 작업이 더욱 확장될 것이며, 우리는 이를 통해 생태 위기가 보여 주는 커다란 문명 대전환의 시대에 어울리는 자유와 민주주의에 대한 대안적 이해를 추구하는 가운데 더 나은 방식으로 전 지구적 차원의 협력의 길을 확장할 수 있을 것이다.

그리하여 궁극적으로 우리는 서구 근대의 원리를 포용하되 그 부정적인 측면을 극복할 수 있는 인간과 비인간 생명체 모두를 포함한 지구 행성을 더 잘 보살피는 생태지향적이며, 탈식민주의적이며, 더 평등하고 민주적인 대안적 문명사회의 길에 한 걸음 더 다가갈 수 있게 될 것이다.

제12장
유교적 근대성의 생태적 전환의 길1)

1. 들어가는 말: 유교 전통, 동아시아 그리고 한국 근대성

오늘날의 우리 사회와 조선 사회의 유교 전통은 어떤 관계 속에 있는가? 이 글은 이 물음을 한국 근대성(modernity)2)에 대한 새로운 해석의 가능성과 관련하여 다루어 보고자 한다. 우리의 전통 특히 유교적 전통과 한국 사회의 근대성 사이의 관계에 관해 질문을 하는 것은 한국 사회 발전 경로의 고유성이 무엇인지를 해명하는 작업이기도 하다.

한국 사회의 근대성을 이론화하려는 작업에서 서구의 역사 발전 모델을

---

1) 이 글은 「전통과 근대: 한국의 유교적 근대성 논의를 중심으로」(『사회와철학』 30(2015)를 수정한 것이다.

2) 근대란 modern age의 번역어인데, modern이라는 용어는 과거와는 다른 새로운 시대라는 시대구분 의식을 담고 있으며 오늘날과 연결된 시대로 이해될 수 있다. 근대성 혹은 근대성으로 번역되는 modernity는 현대라는 시대가 지니는 근본적인 성격을 지칭하는 개념으로서 현대라는 시대가 지향해야 하는 규범적인 이상을 나타내기도 한다. 유럽에서 modern의 라틴어에 해당되는 modernus는 5세기 말, 즉 고대 로마에서 기독교 세계로의 이행기에 처음 등장했다고 한다. 이 용어에는 새로운 기독교적 세기의 도래에 대한 의식이 포함되어 있다. modo에서 파생된 형용사인 modernus는 '새로운'(neu)이라는 뜻과 아울러 '당시의'(derzeitig)라는 뜻도 지니고 있다. 한스 로베르트 야우스(H. R. Jauß), 『도전으로서의 문학사』(장영태 옮김, 문학과지성사, 1998), 21~22쪽. 영국에서의 modern 의 용법의 역사를 보면 셰익스피어(1564~1616) 시대까지만 해도 "비속한, 용렬한, 범속한"(vulgar, mean, common) 등의 의미를 지니고 있었으나 18세기 중엽부터 "근래의, 최근의, 옛것이 아닌, 고풍이 아닌"(late, recent, not ancient, not antique)의 뜻으로 사용되었다. 물론 오늘날에도 modern은 시대 개념으로 쓰이기도 하지만 '오늘날의, 요즘의, 최근의'라는 뜻으로 사용되기도 한다. 이에 대해서는 김홍규, 『근대의 특권화를 넘어서: 식민지 근대성론과 내재적 발전론에 대한 이중 비판』(창비, 2013), 202쪽 참조

한국을 비롯한 동아시아 지역에 적용하는 것에 대해 부정적인 태도를 보이는 것은 한국 지식인 사회에서도 낯설지 않다. 따라서 이러한 서구중심주의적 역사 인식의 패러다임을 비판하는 작업은 한국 사회의 근대성을 서구 근대성의 단순한 수입이나 이식이라는 관점으로 보려는 시도와의 결별을 의미한다. 이는 서구중심주의적 시각으로는 한국을 비롯한 동아시아의 독자적인 역사상을 제대로 이해할 수 없다는 자각의 표현이다. 더 나아가 이런 시도의 배경 뒤에는 한국의 급속한 경제성장 및 민주주의 성취에 대한 경험이 자리하고 있다. 그러나 그런 발전이 어떻게 가능했던 것인지, 그런 발전의 고유한 동력학을 형성하는 데 전통이 어떤 방식으로 영향을 주었는지와 같은 핵심적인 문제들은 여전히 제대로 해명되지 못했다.

그런데 요즈음 한국 근대성의 고유한 논리를 유교적 전통과 관련해 새롭게 해명하려는 움직임이 비교적 활발하게 진행되고 있다. 그뿐만 아니라, 유교 전통과 한국 근대성 사이의 관계가 새로 주목을 받는 것과 마찬가지로 일본 및 중국 근대성의 길을 해명하는 작업에서도 유교 전통의 중요성을 재평가하려는 의미 있는 시도들이 존재한다. 예를 들어, 일본이 에도시대에 오규 소라이(荻生徂徠, 1666~1728)의 학문에 의해 주자학이 해체되면서 근대로의 자생적인 길을 준비하고 있었던 데 반해 조선과 중국은 소위 전근대적인 사유 방식인 주자학적인 유교의 영향력에 지나치게 포섭되어 있었기 때문에 서구적 근대로의 길을 제대로 준비할 수 없었다는 식의 종래의 통설적 이해[3]는 많은 비판을 받고 있다.

이런 통념은 유교가 근대화의 장애물이라는 시각을 자명한 것으로 전제하고 있다. 그러나 이런 통념과는 달리 유교적인 정치문화가 일본의 근대화에 긍정적인 영향을 주었음을 보여 주는 박훈의 저서 『메이지유신은 어떻게

---

3) 이런 견해를 대변하는 이론가는 마루야마 마사오이다. 그의 이론에 대해서는 마루야마 마사오, 『일본정치사상사연구』(김석근 옮김, 통나무, 1998) 참조.

가능했는가』(2014)나, 한국과 일본의 근대성의 경로가 보여 주는 차이점을 유교국가 모델 수용 방식의 차이에서 해명하고 있는 미야지마 히로시의 『일본의 역사관을 비판한다』(2013)는 한국 및 일본의 근대성에 대한 새로운 성찰의 시도로서 눈에 띈다.

중국 근대성의 경로를 새롭게 규명하는 연구 중에서 필자가 높이 사는 연구 결과는 미야지마 히로시의 유교적 근대론과 미조구치 유조(溝口雄三, 1932~2010)의 여러 저서들이다. 특히 미조구치 유조는 『중국의 충격』(2009), 『중국의 공과 사』(2004), 『중국의 예치시스템』(2001) 등에서 서구중심주의적 근대관을 넘어서서 중국의 독자적인 근대로의 길을 유교 전통의 변형 속에서 찾고 있다. 또 중국을 대표하는 신좌파 지식인으로 유명한 왕후이(汪暉)도 유교적인 전통 사회의 의미를 새롭게 성찰하면서 중국의 근대성의 문제를 고민하는 학자로 알려져 있다.(『아시아는 세계다』, 2011)

이 글에서는 오늘날 한국 사회의 근대성을 해명하는 작업에서 매우 중요한 성과로 평가될 수 있는 장은주의 유교적 근대성 이론을 비판적으로 검토해 보겠다. 필자는 한국 사회 고유의 근대성의 논리를 해명하기 위해서는 유교적 전통이 한국 근대성의 형성에 끼친 영향부터 이해해야 한다는 그의 문제의식에 적극적으로 동의한다. 그러나 한국 근대성의 동학과 성격에 대한 그의 해석에는 비판적이다. 그래서 필자는 유교 전통과 한국 현대사회와의 만남 가운데 그 부정적 측면에 주목하는 장은주와는 달리 둘 사이의 접합에서 출현하는 긍정적 계기에도 응당 관심을 기울여야 할 필요가 있음을 드러내고자 한다.

아울러 한국 근대성의 고유한 동학과 그 병리적 현상의 정신사적 조건을 해명하기 위해서는 반드시 조선 사회에서부터 누적되어 온 우리 사회의 유교 전통을 유교문명권에 속하는 중국 및 일본의 유교 전통과 비교하는 연구가 필요함을 강조하고자 한다. 특히 일본 유교 전통과 조선 유교 전통의 유사성과 차이점을 염두에 두지 않고서는 한국 고유의 근대성 형성에 작동하고 있는 유교 전통의 존재 방식을 해명하는 작업에서도 불가피하게 여러 심각한 오류를 초래하지 않을 수 없다는 점을 보여 줄 것이다.

이어서 필자는 유교적 능력주의 전통과 오늘날 한국 사회가 맺고 있는 관계를 살펴보고, 능력주의적 정의관의 한계를 넘어서 유가적 정의관의 현대화 가능성을 시도해 볼 것이다. 마지막으로 우리는 한국 근대성이 나아갈 길로 그것의 생태적 전환의 필요성을 검토해 볼 것이다.

2. 유교 전통과 한국 근대성: 장은주의 유교적 근대성 이론을 중심으로

한국 사회의 근대성을 다루는 연구에서 왜 많은 학자가 새삼스럽게 유교 전통에 주목하는가? 우리는 그 이유를 사회학자 송호근의 문제의식에서 찾아볼 수 있다. 한국의 사회과학(넓게는 인문학 전체라고 보아도 무방할 것이다)은 서구 이론으로써 한국 사회를 분석하려는 이상 아무리 애를 써보아도 늘 한계를 느낄 수밖에 없었다고 송호근은 회고한다. "서양 인식론으로 재단하다가는 본질을 왜곡"하는 오류를 범하기 때문이라는 것이다.

그리고 그런 오류의 배후에는 한국 사회의 전반적인 영역을 규정하고 있는 "유교적 습속"에 대한 부정적 평가가 놓여 있다고 송호근은 생각한다. 왜냐하면 서구중심적 근대화 이론에 익숙한 사회과학은 한국과 같은 비서구 사회를 후진국이나 전근대 국가로 보면서 전근대적인 전통과 서구적인 근대 사이의 단절만을 강조하는 이분법에 익숙해 있기 때문이다. 그런 시각은 한국 사회에 대한 "표층"은 어느 정도 이해하는 듯하지만 "심층의 깊이는 가늠할 수 없는 암흑 상자"로 내버려 두는 것에 불과하다고 그는 말한다.[4]

---

4) 송호근, 『인민의 탄생』, 9~15쪽.

따라서 송호근은 한국 사회의 다양한 모습을 제대로 이해하기 위해서는 한국 사회의 심층을 형성하고 있는 유교적 습속을 이해해야 하고, 이를 위해서는 당연히 그런 유교적 습속을 형성했던 '세계 최고의 유교 국가'인 조선 사회를 알아야 한다고 강조한다. 이처럼 현재의 한국 사회의 기원을 조선 사회에서 형성된 유교적 생활양식 및 사고방식의 지속적 영향사의 맥락에서 이해하려는 접근 방식을 그는 "전기, 중세, 근대를 하나의 연장선에서 파악"하려는 연구 방법이라고 하면서, 이런 연속론적 입장을 근대를 "중세, 또는 조선 초기와 단절적으로 규정하는" 한국 역사학계의 "단절론적 관점"과 대비시킨다.5)

송호근을 포함하여 한국 근대성과 유교 전통 사이의 밀접한 연관성에 주목하는 최근의 여러 학자 사이에도 많은 의견 차이가 있다. 간단하게 말해, 유교적 전통과 한국 근대성 사이의 내적 연관성을 강조한다는 점에서는 공통되지만, 그에 대한 평가들은 상당히 다르다. 예를 들어, 김상준과 미야지마 히로시는 유교 전통이 오늘날의 한국 사회 형성에 끼친 영향 가운데 부정적인 현상보다는 긍정적인 현상에 더 주목한다. 특히 이들은 단순히 국가 주도의 경제성장에 유교적인 에토스가 긍정적 영향을 주었다는 점을 강조하는 아시아적 가치론이나 유교자본주의론과도 다르게, 한국 사회가 민주주의로 이행하는 과정에서 유교적 정치문화가 준 긍정적 의미에 주목하거나 한국 시민사회의 역동성 및 한국 민족주의의 평화지향적 특성에 유교적 전통이 지속적으로 영향력을 행사하고 있다는 점을 강조한다. 장은주도 한국 현대사회의 형성과 발전과정의 문화적 기원을 유교적 전통문화 속에서 찾고자 한다. 특히 장은주 주도적인 문제의식은, 한국 근대성의 기원과

---

5) 같은 책, 28쪽 참조. 물론 송호근이 '조선 사회의 심층에 대한 이해'라는 문제의식을 설득력 있게 실현했는지는 회의적이다. 그 역시 도처에서 서구 중심적 분석 틀에 사로잡혀 있기 때문이다. 송호근의 한계에 대해서는 배항섭, 「서구중심주의와 근대중심주의, 역사 인식의 天網인가」, 『개념과 소통』 14(2014) 참조.

궤적을 유교적인 습속과 연관해 해명하는 과정에서 한국 사회의 병리적 현상의 뿌리를 진단하고 그에 대한 비판적 대안을 모색하는 데 있다.

장은주에 의하면, 근대성을 향한 한국 사회의 노력이 성공과 함께 심각한 여러 모순을 산출하고 있다는 점에서 한국의 근대성은 '성공의 역설'을 보여 준다.[6] 그는 한국 사회의 위기를 한국 근대성의 내적 동학에서 구하고자 한다. 이런 점에서 그는 먼저 탈근대주의적 접근 방식과 자신의 접근방법을 차별화시킨다. 그는 서구적 근대성 자체가 지닌 내적 한계 같은 것을 한국 사회의 근대성에서 구하는 시도는 하지 않고, 대신 우리 사회의 "문화적 차원"에서 한국 근대성의 위기를 찾아야 한다고 강조한다.[7]

예를 들어 대형교회에서의 목사직 세습 현상, 재벌의 세습적 지배구조, 한국 사회를 지배하는 연고주의나 서열주의 같은 사회현상을 볼 때 근대 외부로의 탈주나 근대의 초극은 아무런 의미를 지니지 못한다는 것이다.[8] 그래서 장은주는 우리 사회에서 유행했던 다양한 포스트모더니즘 사조들이 지적으로 아무런 생산성을 보여 주지 못한 채 우리 사회의 지적 식민주의의 문제점만을 드러내었을 뿐이라고 비판한다.[9]

물론 장은주는 서구중심주의적 근대성 이론을 한국 사회의 근대성을 분석하는 기준으로 삼고 있는 것도 아니다. 서구적 맥락에서 형성된 근대성 이론은 서구와 다른 역사적·문화적 맥락을 지니는 한국 사회를 이해하는 데 불충분하다. 그는 앞에서 거론된 한국 사회의 병리적 현상들이 아직 근대화가 제대로 진행되지 않아서 생긴 현상이라고는 보지 않는다. 우리 사회는 아직 진정한 의미의 근대화를 달성하지 못했기 때문에 여러 병리적

---

6) 장은주,『유교적 근대성의 미래: 한국 근대성의 정당성 위기와 인간적 이상으로서의 민주주의』, 16쪽.
7) 같은 책, 17쪽.
8) 같은 책, 17~18쪽 및 40쪽.
9) 같은 책, 40쪽.

현상과 위기를 겪고 있다고 보는 시각은 서구중심적일 뿐이다. 이미 한국 사회의 근대성 성취는 눈이 부실 정도이며, 따라서 한국 사회의 문제들을 봉건적이라고 규정하거나 아직 충분하게 근대화가 되지 않아서 생긴 문제라고 보는 것은 무리라고 그는 강조한다.

그런 생각들은 한국을 비롯한 비서구 사회가 서구와 동일한 역사 발전의 궤도를 겪을 것이라는 전제가 참일 경우에만 의미를 지닐 수 있다. 그러나 우리의 역사는 서구의 근대성과 다른 길을 걷고 있다. 간단하게 말해, 장은주가 보기에 한국 사회는 "너무도 뚜렷하고 성공적인 근대사회이긴 하되 무언가 조금 다른 종류의 근대사회"이다.[10] 그리고 그런 다른 길은 서구적 근대성에 비해 지체되어 있거나 저발전되어 있는 것이 아니고 또 기형적인 특수한 사회이기 때문에 형성된 것도 아니다.[11]

그래서 장은주가 시도하고자 하는 것은 서구중심주의적 사유 방식을 상대화하면서 한국 사회의 근대성이 보여 주는 다른 종류의 성격과 그 근원에 대한 분석이다. 그는 한국의 근대성을 "유교적 근대성"으로 명명한다. 그리고 이 유교적 근대성을 좀 더 상세하게 "서구적 근대성과 우리 고유의 문화적 전통의 상호적응적 결합의 산물 속에서 성립한 하나의 '혼종 근대성'(hybrid modernity)"이라고 규정한다.

한국 사회가 서구 근대성과 다른 종류의 근대성의 모습을 보이게 된 까닭을 유교문화 전통이 서구 근대성과 만나 변형되면서 한국적 근대성을 특별한 방식으로 규정했다는 점에서 구하는 것이다. 그리하여 장은주는 한국 근대성의 고유성을 규정하는, 유교적 삶의 문법에 기원을 두고 있는 두 가지 문화적 특질을 다음과 같이 설명한다. "하나는 집단과 공동체의 가치를 강조하는 '개인의 부재'라는 특징이고, 다른 하나는 서구에서보다

---

10) 같은 책, 18쪽.
11) 같은 책, 54쪽.

더 강한 물신숭배 같은 것을 낳는 '현세적 물질주의'라는 경향이다."[12]

앞에서 보았듯이 장은주는 서구의 근대성과는 다른 한국 근대성만의 고유한 발전 동학을 해명하기 위해서는 유교 전통의 역할에 주목해야 한다고 믿는다. 그에 의하면, 우리의 전통적 삶의 문법이자 양식이었던 유교적 생활방식은 우리 사회 근대성의 방향을 제약하는 동시에 자기 스스로도 근대화 과정에서 변형을 겪은 결과 유교적 근대성이라는 한국 고유의 근대성으로 형성되었다. 그래서 그는 한국의 근대성이 "서구적 근대성의 압도적 영향" 아래 이루어진 것임을 인정하면서도, 그것은 결국 한국의 고유한 문화적 전통에 의해 매개되어 형성된 독자적인 근대성이라고 생각한다.

서구적 유래를 지닌 근대성 또한 비서구 사회의 전통에 의해 매개됨으로써 다양한 형태를 지니게 된 것으로 이해되어야 한다. 그러므로 장은주는 "근대성"을 기본적으로 "다중 근대성"(multiple modernities)으로 이해한다.[13] 이런 다중 근대성의 입장에서 볼 때, 한국의 근대성은 "전통과 서구적 근대성이 독특한 방식으로 접합"되었다는 점에서 혼종적인 근대성이며[14] 그 혼종 근대성이 유교적 특색을 보인다는 점에서 유교적 근대성이라고 할 수 있다고 그는 주장한다.

장은주에 의하면, 유교적 문화 전통은 외부로부터 주어진 서구적 근대성에 적응하면서 한국 근대성의 논리와 문법을 규정했다. 이처럼 한국 근대성 형성에 주된 역할을 한 유교란 바로, 유교적 사상 전통이나 양반들의 유교가 아니라, 일반 사람들의 일상생활에 내면화된 윤리로서의 유교적 전통이다.[15] 따라서 한국 근대성의 고유한 동학을 규정했던 유교 전통의 의미를 제대로 이해하기 위해서는 그것을 인간의 "사회적 실천" 내지 "문화적 실천"이라는

---

12) 같은 책, 29~30쪽.
13) 같은 책, 28~29쪽.
14) 같은 책, 84~85쪽 참조.
15) 같은 책, 88쪽.

맥락에서 파악해야 한다.16)

서구 근대를 기원으로 하면서도 그것이 상이한 사회와 역사적 맥락에 따라 다양한 양상으로 드러난다는 다중 근대성 이론을 받아들이는 장은주는 유교적인 전통문화는 자체적으로는 근대성을 산출하진 못했다고 본다. 그러나 그것은 서구적인 근대성의 충격을 매개로 근대성을 추진해 나갈 다양한 요소들을 풍부하게 갖고 있었다. 이런 맥락에서 그는 이렇게 말한다.

세계 긍정과 현실 적응을 향한 유교적인 윤리적 지향은 전근대적인 사회관계 안에서는 개인들에게 위계적 사회질서에 대한 절대적 순응과 전통과 관습에 대한 무조건적인 긍정에 대해 도덕적 강제로 작용했을 것임에 틀림없다. 그리고 그런 차원에서, 베버의 지적처럼 유교 사회들은 자신의 힘으로는 자본주의적 근대사회를 '창조'(schaffen)해 낼 수 없었을지도 모른다. 그러나 다른 한편으로, 우리는 그런 윤리적 지향이 적어도 강제된 자본주의적 근대화의 압력 속에서라면 그 근대화 과정을 촉진시킬 수 있는 모든 근본적인 문화적 요소를 함축하고 있음을 어렵지 않게 확인할 수 있다. 베버가 이 세계 그 어느 곳에서도 발견할 수 없었다고 말했던 유교 사회의 경제적 복리에 대한 매우 적극적인 가치평가가 그것이고, 나아가 물질적 재화에 대한 매우 강렬한 공리주의적·실용주의적 태도가 그러하며, 유교적 사회 성원 일반의 물질주의적 윤리적 지향이 그렇다.17)

한국 사회의 유교의 근대적 성격을 다루면서 장은주는 강력한 현세적 물질주의나 입신출세주의가 유교적 전통에서 곧바로 도출된 것이 아니라 서구적 근대성의 도전에 응전하면서 변형된 방식으로 등장한 역사적 산물임을 강조한다. 물론 이런 변형이 속류의 유교적 삶의 방식이나 유교적 전통문화의 문법과는 완전히 다른 것이라고 보아서는 안 되겠지만, 유교적인

---

16) 같은 책, 79쪽.
17) 같은 책, 104쪽.

삶의 방식은 현실적인 인간관계 속에서의 성공이나 출세를 "인간의 도덕적인 완성"과 매우 밀접하게 연결시켜 바라보고 있었기 때문에 서구적 근대성에 대한 응전 속에서 "입신출세주의로 자연스럽게 변질"될 수 있었다는 것이다. 달리 말하자면 서구적인 근대화의 압력에 따라 전통적인 유교 국가체제나 사회질서가 해체되면서 생긴 "유교적 문화 논리의 공리주의적·물질주의적 발전은 상당히 자연스러워 보인다"는 것이다.[18]

서구적 근대성의 도전에 응전하고 창조적으로 적응하면서 유교 전통문화 속에 내장되어 있던 '현세적·윤리적 지향'이라는 근대적 본성은 우리 사회의 구성원들에게 현실에서의 세속적 성공이나 물질적 행복의 추구를 통해서 개인의 자아실현 전망을 지닐 수 있게 해 주었다. 그리고 그런 유교적 문법의 세속화로 인해 한국인들은 세속적 성공을 통한 사회적 인정 추구를 통해 그들의 삶의 의미를 확보할 수 있다고 믿게 되었다. 그 결과 유교적 전통문화에 익숙한 사람들에게는 현실 세계에서의 성공은 거의 "종교적 구원의 차원"에 어울릴법한 최상의 가치를 지니게 되었다고 장은주는 진단한다.[19]

그러므로 장은주에 의하면 유교적 근대성으로 규정되는 한국의 근대성은 자체 내에 엄청난 사회 병리적 현상과 문제점들을 초래할 한계를 갖고 있다. 한국의 고유한 근대성을 가능하게 한 유교적인 도덕적 문법과 그것을 내면화한 유교적인 삶의 양식, 즉 유교적인 도덕적·문화적 지평은 한국인으로 하여금 세속적이고 물질적인 성공을 사회적 인정 투쟁의 궁극적 목적으로 설정하도록 해 인권이나 개인 존중 및 민주주의적 사회를 구성하는 문화적 조건들의 성공적 발현을 불가능하게 만들기 때문이다. 그래서 그는 다음과 같이 말한다.

---

18) 같은 책, 105~106쪽.
19) 같은 책, 108쪽.

유교적 근대성은 개인 없는 근대성이며, 이러한 근대성에서 근대적 정체성의
내적 지평은 원천적으로 낯설다. 유교적인 근대적 정체성을 가진 사람들은
개인의 성공적이고 좋은 삶을 위한 개인적이고 내면적인 지평을 알지 못한다.
그들의 근대적 정체성의 지평은 외적인 가족과 집단을 향해 있다. 그들에게는
가족의 집단적 번영과 풍요, 그리고 그 틀에서 인정받는 개인의 성공이
어떤 유사 종교적인 최고선이다. 그런 정체성이 만들어 내는 모듬살이의
양식에 대한 사회적 상상에서 우리가 서구를 통해 알고 있는 인권, 개인의
도덕적 자율의 존중, 관용, 민주주의적 평등, 연대와 같은 민주적 가치들은
제대로 된 도덕적 위상을 가지기 힘들다. 우리 유교적 근대성의 불편한
진실이다.[20]

장은주는 한국의 유교적 근대성을 분석하면서 유교적 사유에서는 민주주의
및 자율성의 이념이 낯선 원리였다고 이해한다. 이매뉴얼 월러스틴의 용어를
사용하자면, 기술적 근대성과 더불어 서구 근대의 또 다른 모습을 보여 주는
해방적 근대성[21]이라 불리는 개인의 자율성 및 민주주의와 같은 공적 자치의
이념, 그리고 그와 결부된 생활방식 등은 동아시아의 유교적 사유 방식 및
유교적 삶의 방식에서는 자생적으로 전개되기 힘들었으리라는 것이다.

간단하게 말하자면, 개인의 자율성 및 민주주의와 유교적 삶의 양식
및 그 도덕적 문법 사이에는 친화성이 거의 없다고 장은주는 생각한다.
"한마디로 민주주의적 가치와 이념은 우리의 유교적 근대성에 온전하게
내재적인 것은 아니다."[22] 그래서 그는 한국의 근대성으로부터 구현된 민주
주의를 "타락한 민주주의의 형식으로서의 '주리스토크라시'(Juristocracy)"[23]
라고 규정한다.

---

20) 같은 책, 139쪽.
21) 이매뉴얼 월러스틴, 『자유주의 이후』(강문구 옮김, 당대, 1996), 179쪽.
22) 장은주, 『유교적 근대성의 미래』, 133쪽.
23) 같은 책, 138쪽.

장은주에 의하면 한국에서 작동하는 주리스토크라시, 즉 "타락한 민주주의의 형식"이라고까지 규정된 사법지배체제는 유교적인 정치적 근대성의 표현이다. 이 체제는 우리 사회의 지배 세력이 민주주의와 법치의 외피 속에서 법을 수단으로 삼아 자신의 권력을 재생산하는 억압적인 지배체제이다. 그는 이런 '타락한' 형식의 민주주의를 탄생시키는 문화적 배경으로 성취원리, 즉 능력주의 사회의 원리를 최상의 가치로 삼는 유교적 관료지배체제의 전통에 주목한다.

많은 사람이 오늘날 우리 사회의 일그러진 정치적 근대성의 배후를 일제에 의한 식민지적 근대화나 박정희 정권기의 파시즘적 근대화 과정의 폭력성에서만 구하고 있지만, 그것은 온전치 못하다. 한국의 정치적 근대성 형성에 결정적인 영향을 행사했던 전통적인 유교적 삶의 문법을 간과하고 있기 때문이다. 대신 장은주는 '사법지배체제'를 유교적 전통문화의 배경 위에서 탄생된 한국의 "정치적 근대성의 본질적인 한 양상"이라고 말한다.[24]

3. 유교적 근대성 이론의 문제점

한국의 유교적인 '도덕적·문화적 지평'은 서구 근대성을 창조적 방식으로 모방하면서 형성된 유교적 혹은 혼종적 근대성의 고유성을 규정하고 있는데, 이에 주목하는 것은 장은주 이론의 부인할 수 없는 긍정적 측면이다. 이런 그의 시도는 서구적 근대성을 근대성의 유일한 모델로 설정하면서 비서구 사회가 서구적 근대성으로 수렴될 것이라고 보는 서구중심주의적 시각의 한계를 넘어설 수 있는 중요한 통찰을 제공하고 있다. 물론 그 역시 서구 근대를 유일한 근대로 보는 다중 근대성을 수용함으로 인해 생기는 한계

---

24) 같은 책, 139쪽.

때문에 그 통찰이 잘 구현되기 힘들긴 하지만 말이다.

더 나아가 장은주는 한국 근대성의 잠재성에 주목하는 동시에 그것이 어떤 모순을 동반하고 있는지도 고찰함으로써 종합적인 인식을 추구한다. 그래서 그의 유교적 근대성 이론은 그동안 산업화 및 민주화에서 거둔 일정한 역사적 성취에도 불구하고 여전히 불충분한 민주주의나, 가족주의 및 지역주의 그리고 족벌사학 및 재벌들의 경영권 세습 등 우리 사회가 안고 있는 여러 사회적 문제와 병리 현상을 우리 사회 특유의 '도덕적·문화적 지평'의 작용 연관 속에서 진단하고 그에 대한 대안을 제시하려 한다.

이처럼 장은주는 유교적 근대성 혹은 혼종 근대성 이론을 통해 서구 근대성을 근대성 자체의 모델로 설정하면서 그것이 비서구 사회로 확산할 것이라고 믿는 부당한 일반화의 오류를 넘어선다. 그리고 그는 한국 사회의 고유한 근대성의 작동 논리를 해명하면서 그 내적 모순과 균열의 역사적 맥락을 성찰함으로써 우리 사회를 내재적으로 비판할 수 있는 새로운 근대성 이론과 개념을 제공하고 있다. 그가 제시한 유교적 근대성 이론의 세부적인 측면이나 유교 전통에 대한 그의 이해에 대해서는 의견을 달리하는 사람들도 그의 유교적 근대성 이론의 중요성을 부인하지는 않을 것이다.

그러나 장은주의 유교적 근대성은 여러 문제점을 안고 있다. 필자 또한 서구적 근대성과 구별되는 독자적 발전 경로를 보여 주고 있는 한국의 근대성은 유교 전통과 관련되어 이해되어야 한다는 점에 대해서는 입장을 같이하지만, 한국 사회의 근대성을 규정하는 유교적인 습속과 전통의 작용방식 및 영향사에 대한 해석에 대해서는 의견을 달리한다.

이 자리에서는 장은주가 받아들이는 다중 근대성이 과연 타당한지를 다루지 않을 것이다. 그러므로 비서구 사회, 예를 들면 송대 이후 중국을 비롯한 동아시아 지역이 나름의 '비자본주의적 근대'라는 다른 근대의 길을 걷고 있었다고 볼 여지는 없는지 등의 문제를 거론하지 않을 것이다.

그 대신에 필자는 유교적 전통이 한국의 근대성 형성에 작용하는 방식에 대한 그의 이론이 지니는 문제점에 초점을 두고자 한다. 이런 맥락에서 그의 이론은 다음 세 가지 점에서 한계를 지니는 것으로 여겨진다.

첫째로, 장은주의 유교적 근대성 이론은 전통적인 유교 사회에서 축적된 유교적 습속에 내재해 있는 해방적 요소를 과소평가한다.

장은주는 한국의 근대성을 유교적 근대성으로 규정하고 그 기본적 성향을 물질적 현세주의나 입신양명주의에 대한 종교적 숭배 현상으로 이해한다. 그리하여 그는 "유교에는 개인형성적 작용이 없다"라고 진단하면서, 유교에서의 개인은 늘 가족의 일원으로서 효를 다하고 국가에는 충성을 다함으로써 "사회질서와 조화해야 하는, 처음부터 끝까지 사회적 개인"이라고 평가한다. 특히 그는 예치시스템의 영향력에 주목하여, 예를 통해 인간관계를 규제하는 유교적 전통에서는 인간의 인격적 완성이 예적 규범을 철저하게 내면화하고 성실하게 행동으로 옮김으로써 이루어질 수 있다고 본다. 그래서 동아시아 유교 사회에서의 사람은 "어떤 내면적이며 고유한 도덕적 세계의 지평"을 확보하는 것보다는 오히려 "외적으로 검증받고 평가될 수 있는 행동 규범의 완수"만을 고차적인 가치 규범으로 받아들이게 된다는 것이다.[25]

그러나 전통적인 동아시아, 특히 중국과 조선의 유교 사회가 과연 개인의 자발성에 관한 아무런 자각을 하고 있지 못한 몰개인주의적 사회였는지는 의문이다. 유교문화에는 나름의 개인의 자발성을 존중하는 기나긴 전통이 존재했기 때문이다.[26] 여기에서 상세히 논할 것은 아니지만, 유교적 전통 가운데 예禮를 통해 인간관계를 규율하려는 점에만 주목하고 인仁에 대해서는 언급하지 않은 것도 문제이다.

---

25) 같은 책, 92~93쪽.
26) 이에 대해서는 나종석, 「인권에 대한 유교적 정당화의 가능성에 대한 연구」, 나종석·박영도·조경란 엮음, 『유학이 오늘의 문제에 답을 줄 수 있는가』(혜안, 2014), 47~57쪽 참조

물론, 인과 예의 관계는 간단치 않다. 그러나 예가 없는 인간의 행동이 가져올 위험성을 경계하는 것과 마찬가지로 인이 뒷받침되지 않은 예 역시 인간의 도덕적 완성을 저해하는 폐단에 불과하다고 보는 것이 유학의 전통이다. 유학의 전통을 창시한 공자가 바라보았던 개인은 "진실로 사회적 존재이며 철저하게 행동지향적"인 존재이지만, "이러한 사회적 본성과 행동지향성이 개인의 일관된 내면적 삶과 결코 양립할 수 없다"고 생각하는 것은 설득력이 없다.

벤자민 슈워츠에 의하면 공자에게 중요한 것은 "단순한 구체적 행위가 아니라 인격체로서의 살아 있는 인간과 결부되는 특징, 능력, 내면적인 정신 성향"이기에 그렇다. 그래서 슈워츠는 공자의 핵심적이고 혁신적인 사상인 인仁을 "자아 인식과 반성을 포함하는 인간 개체 내면의 도덕적 삶을 가리키는 것"으로 정의할 수 있다고 주장한다.27)

유학 전통 속에 들어 있는 개인의 자발성과 개인의 도덕적 완성에 대한 긍정적인 평가를 과소평가함으로써 장은주의 유교적 근대성 이론은 전통적인 유교 사회에서 실현된 능력주의 사회의 성격을 제대로 포착하지 못한다. 예를 들어 그는 다음과 같이 말한다. "세계 긍정과 현실 적응을 향한 유교적인 윤리적 지향은 전근대적인 사회관계 안에서는 개인들에게 위계적 사회질서에 대한 절대적 순응과 전통과 관습에 대한 무조건적인 긍정에 대해 도덕적 강제로 작용했을 것임에 틀림없다."28)

이처럼 개인주의의 결여를 유교적 전통문화의 근본 성격으로 규정하고 있으면서도 장은주는 "유교적 메리토크라시"를 유교문화의 핵심적 요소로 강조한다. 그에 의하면 유교적 메리토크라시는 유교문화가 창출한 "서구적 근대성보다 더 근대적이며 심지어 서구적 근대성의 발전에서 어떤 모범이

---

27) 벤자민 슈워츠(Benjamin Schwartz), 『중국 고대 사상의 세계』(나성 옮김 살림, 2004), 113~118쪽.
28) 장은주, 『유교적 근대성의 미래』, 104쪽.

되기까지 했다고 할 수 있는 문화적 요소"이다.[29]

장은주가 강조하는 메리토크라시는 타고난 혈통이나 신분 및 계급으로
인해 재산과 권력, 명예 등이 정해지는 것을 부인하고 개인의 능력에 따라
사람들의 사회적 지위나 권력을 배분하는 이념을 의미한다. 조선이나 명·청
시대 중국에서 실시된 과거제도는 능력에 따라 관료를 선발하는 제도였다.
여기에서 장은주는 이론적인 모호함을 보여 주고 있다. 과거제도가 개인의
능력이나 노력을 통해 그 사회에서의 지위가 결정되는 제도라고 한다면,
동아시아의 전통적인 유교 사회는 이미 개인의 자발성을 이념으로만 긍정하
는 데 그치지 않고 그런 이념을 현실에서 실현하기 위해 애쓰는 개방적
사회의 성격을 지니고 있었다고 볼 수 있다.[30]

그럼에도 장은주는 유교적인 전통에서 실현된 메리토크라시적인 인재
선발 방식에서 개인의 자발성에 대한 긍정적 태도를 독해해 내려고 하지
않는다. 오히려 그는 유교의 메리토크라시적 전통이 지니는 의미를 오로지
한국 사회의 구성원으로 하여금 입신출세주의나 과도한 물질적 행복 추구의
경향 등을 고무하는 측면에서만 해석하고자 한다. 그리하여 그는 한국의
유교적 근대성에서 메리토크라시 이념은 "심각한 사회적 위계와 불평등을
정당화하는 문화 논리"로 작동하고 있기 때문에, 그것이야말로 개인의 평등
한 존엄성에 대한 사회적 인정의 실현이나 민주주의의 진정한 발전을 저해하
는 "문화적·도덕적 원천"이라고 강조한다.[31]

물론 이런 해석이 전적으로 오류라고 할 수 없다. 유교 전통의 현세지향적

---

29) 같은 책, 122쪽.
30) 일본은 한국이나 중국과 달리 과거제도를 실시하지 않았으며 에도시대는 사무라이의
    세습신분제 사회였다. 영국이 관리 임용에 시험을 채택한 것은 1870년 이후이고, 미국은
    1883년에 이르러서이다. 그런데 이런 "관리 등용 시험제도의 시작은 중국 과거의 영향이
    라고 보는 견해가 유력하다." 미야자키 이치사다(宮崎市定), 『중국의 시험지옥: 과거』(박
    근철·이근명 옮김, 청년사, 1993), 230쪽.
31) 장은주, 『유교적 근대성의 미래』, 125쪽.

인 도덕적 태도가 특정한 역사적 맥락에서 극단적인 입신출세주의나 입신양명주의 같은 사회병리적 현상을 초래할 수도 있다는 것을 부인하기는 어렵기 때문이다. 그러나 더욱더 중요한 사실은, 입신양명주의조차도 개인을 타고난 신분이나 혈통에 의한 귀속 의식에서 평가하는 것이 아니라, 개인의 능력과 노력에 의한 신분 상승과 권력 및 재산의 재분배를 원칙적으로 승인하는 유교적인 합리적 사유를 바탕으로 하고 있다는 점이다.

둘째로, 장은주의 이론은 한국 근대성의 '문화적·도덕적 지평'을 형성한 유교적 전통이 개항기, 식민지 시기, 분단과 전쟁 그리고 개발독재 과정에서 어떤 방식으로 변용되었는지에 대한 분석을 소홀히 한다.

장은주는 물질적 현세주의나 입신양명주의라는 유교적 에토스가 기독교의 목사직 세습을 당연시하는 분위기나 학벌과 정실주의적 인간관계를 중시하는 현대사회의 분위기를 재생산하는 데 강력하게 영향력을 발휘하고 있다고 보는데, 이런 식의 분석은 일면적이다. 그것은 유교적 전통이 식민지 지배의 과정에서 변형되었으며, 그런 변형된 유교적 전통이 경제성장 제일주의의 근대화 기획과 결합되었기 때문이다. 이런 모습들을 종합적으로 분석하지 않은 채 막연히 모든 것을 유교적 전통 혹은 유교적인 문화적·도덕적 삶의 양식의 영향사로 설정하는 것은 서구적 근대성과 유교적 전통과의 다양한 결합양식들을 획일화해 버리는 것이다.

이런 획일적인 접근 방식을 따르게 되면 조선 사회의 유교적 전통, 구한말 혁신유림의 유교 전통, 1930년대 후반 일제 식민지기에 총독부에 의해 유포된 황도皇道유학의 전통이 모두 아무런 차이가 없게 된다. 그리하여, 장은주는 표면적으로 그렇지 않다고 강조하지만,[32] 사실상 한국 근대성의 병리적 현상들을 초래한 물신주의적인 입신양명주의는 역사적 구성물이 아니라 유교적 전통 자체의 본질적 성격으로 치부되는 경향으로 이어질 수밖에

---

32) 장은주, 『유교적 근대성의 미래』, 191쪽 참조.

없다. 한국 현대사회의 천박한 물질주의적 경향이나 몰개인주의적인 집단주의적 경향, 극단적인 사회적 불평등을 능력에 따른 자연스러운 현상으로 정당화하는 모습 등을 "우연적인 역사적·정치적 구성의 산물"이라고 하면서도 다른 한편으로는 그런 모습이 "유교적 도덕 이해 그 자체의 함축"이라고 강조하는 것도 이런 염려를 가중시킨다.[33]

마지막 세 번째로, 장은주는 유교 전통이 한국 근대성의 형성을 하나가 아닌 다양한 방식으로 규정하고 있다는 점을 종합적이고 균형 있는 관점으로 바라보고 있지 않다. 이는 위에서 거론된 두 번째 문제점과 중첩되지만 별도로 거론될 필요가 있다.

두 번째 문제점은, 예를 들어 유교적 전통이 자체 내에 강력한 입신출세주의나 물질주의적 현세 지향의 성격을 갖고 있다손 치더라도 그런 전통이 상이한 역사적 맥락에서 어떻게 변용되고 있는지, 그리고 그런 변용 과정을 주도한 당대의 권력 구조가 무엇인지를 함께 염두에 두지 못하고 있다는 점과 관련된 것이다. 간단하게 말하자면, 두 번째 문제점은 장은주의 유교적 근대성 이론이 아쉽게도 문화환원론의 유혹에서 크게 벗어나 있지 않다는 지적이다.

이와 달리 세 번째 문제에서 거론되는 것은, 장은주가 유교 전통으로부터 나온 여러 갈래의 영향사에 대한 관심을 소홀히 하고 있지 않은가에 대한 비판이다. 그는 한국의 독특한 근대화 과정을 "유교적 문화 전통과의 연관 속에서 총체적이고 체계적으로 파악"[34]해야 한다고 강조하면서도 그런 문제의식을 제대로 살리고 있지 못하다.

장은주는 한국 사회의 가족주의, 연고주의, 권위주의 및 집단주의 등을 유교적 전통에 기인한 것으로 보는데, 이런 이해 자체가 전적으로 틀린

---

33) 같은 책, 126쪽 및 191쪽.
34) 같은 책, 62쪽.

것은 아니다. 그러나 유교적인 정치문화나 습속이 과연 한국 사회의 권위주의적이고 집단주의적인, 그리고 전체주의적인 성향을 확정하는 방식으로만 작동해 왔는지를 엄밀하게 검토해 볼 필요가 있다. 오해의 소지를 없애기 위해 달리 표현해 본다면, 장은주는 유교 전통의 작동 방식을 한국 사회의 집단주의적이고 권위주의적인 질서가 형성되는 맥락 속에서만 분석하려는 경향을 보인다고 비판받을 소지가 있다. 그의 유교적 근대성 이론은 한국의 민주주의적 근대성이나 저항적 근대성이 유교 전통과 맺고 있는 관련성을 온전하게 담아내지 못하고 있다.

이렇게 본다면 세 번째 문제는 위에서 언급된 첫 번째 문제와도 깊게 연결되어 있음을 알 수 있다. 그의 유교적 근대성 이론은 유교 전통이 지니는 해방적 요소를 주변적인 것으로 배제하고 있기 때문이다.

4. 충효일치 이념의 기원 : 한국과 일본의 유교 전통의 차이

유교 전통 속에서의 개인의 자율성 문제는 이미 다룬 적이 있기에, 이 글에서는 위에서 거론된 두 번째와 세 번째 문제를 통해 장은주의 유교적 근대성의 문제점을 좀 더 명료하게 해 볼 것이다. 우선 충효 이데올로기로 대변되는 개인주의 부재 및 집단주의 문화에 대한 문제를 살펴보자.

장은주는 한국의 유교적 근대성이 "개인 없는 근대성"임을 강조하면서, 권위주의적 근대화 과정에서 대중들이 박정희의 지배체제에 광범위하게 '동의'했던 사실을 설명하기 위해서는 한국 사회의 유교적 성격을 함께 고려할 필요가 있다고 말한다.[35] 그에 의하면, 유교적인 도덕적·문화적 가치관과 생활방식의 영향으로 인해 사람들은 인권과 민주주의와 같은

---

35) 같은 책, 95쪽 각주 66 참조.

보편적 가치를 폄하하고 박정희가 주장한 '한국적 민주주의'에 대해 동의해 주었다고 본다. 박정희에 대한 종교적인 숭배에 버금가는 열광도 마찬가지 이다.[36]

특히 "유교적·권위주의적 훈육 또는 길들이기"를 사람들이 자연스러운 것으로 받아들이게 된 현상을 설명하면서 장은주는 일제 시기의 「교육칙어」 나 박정희 시기의 「국민교육헌장」을 예로 든다. 한국인들이 삼강오륜과 충효 사상을 내면적으로 체화했던 것처럼 그런 교육의 내용을 별다른 저항감 없이 받아들였던 것도 유교적인 전통문화의 도덕적 지평이 개인의 존중과는 거리가 먼 것이기 때문이었다는 것이다. "개인의 절대적 자기희생과 가족이 나 조직 및 국가에 대한 헌신, 갈등의 회피, 단결과 질서와 규율 같은 것이 강조되었고, 충효의 도덕이 지시하는 것과 같은 '위계의 존중과 권위에 대한 순응'의 태도나 규칙 같은 것이 그 자체로 도덕으로 자리를 잡았다."[37]

그러나 박정희 시대 이후 우리 사회에 널리 퍼진 충효 관념이 과연 조선 사회에서 누적된 유교적인 문화적·도덕적 지평에서 출현한 것인지는 진지 하게 따져 보아야 할 문제이다. 유교 전통에서 효와 충이 중요한 도덕관념이 었다는 점은 부인될 수 없다. 그리고 유교 전통에서 효와 충의 관계는 매우 긴 역사를 지닌 주제였다. 효와 충의 관계에 대해 유교에서는 '부자천합 父子天合'과 '군신의합君臣義合'의 대조가 존재했었다.

『예기禮記』「곡례曲禮」편에서는 만약 부모가 잘못된 행위를 할 경우 자식은 "세 번을 간청해도 듣지 않으면 울면서라도 그에 따르지만"(三諫而不聽, 則號泣 而隨之) 임금에 대해서는 "세 번을 간해서 듣지 않으면 그를 떠난다"(三諫而不聽, 則逃之)라고 했는데,[38] 이에 대해 맹자는 "군주가 과실이 있으면 간하고,

---

36) 같은 책, 130~131쪽.
37) 같은 책, 131쪽.
38) 『禮記』 上(이상옥 옮김, 명문당, 2003), 167쪽.

반복하여도 듣지 않으면 떠나가는 것"(君有大過則諫, 反覆之而不聽, 則去)이라고
강조했다.39)

이처럼 중국과 조선에서는 '부자천합父子天合'과 '군신의합君臣義合'이 유
교의 기본 명제로 받아들여졌고, 그에 따라 효가 충보다 더 근원적인 도덕관념
으로 이해되었다. 그러나 일본의 경우는 이와 달랐다. 일본의 유교 전통에서
도 충과 효가 인간이 행할 결정적인 덕목으로 강조된 것은 중국이나 조선과
똑같았지만 어디까지나 충이 우선이었던 것은 일본 유교 전통의 독특성이었
다. 이에 대해서는 뒤에서 다시 살펴보기로 하고, 먼저 충보다 효가 더
강조되었던 조선 유교 전통의 몇 가지 사례를 보자.

우선 구한말에 단발령을 내린 왕명을 거부했던 김평묵金平默(1819~1891)의
경우이다. 화서華西 이항로李恒老(1792~1868)의 학통을 계승한 그는, "잘못된
왕명을 따르지 않는 것이 왕의 잘못을 구제하는 길이고, 왕의 잘못을 구제함이
야말로 충"이라고 하면서 단발령을 내린 왕명에 따르기를 거부했다.40) 구한
말 의병장 이인영李隣榮(1868~1909)의 효행에 관한 일화도 조선에서 효가
충보다 더 중요한 것으로 간주되었음을 잘 보여 준다. 당시 의병 총대장직을
맡고 있던 이인영은 서울 진입 총공격을 눈앞에 두고 있었는데, 부친이
세상을 떠났다는 소식을 받자마자 "'불효는 불충'이라면서 그날로 총대장직
을 그만두고 귀향해 버렸다.41)

일본 유교 전통과 조선 유교 전통 사이의 차이점은 충효의 관계에 국한되지
않는다. 충성의 궁극적인 대상에 대해서도 일본과 조선의 유교 전통은
사뭇 다른 모습을 보여 준다. 충성의 대상을 천황이나 국가로 한정하는
일본의 유교 전통42)과 달리 조선에서는 충성의 궁극적인 대상이 보편적

---

39) 주희, 『孟子集註』, 311~312쪽.
40) 윤사순, 『한국 유학사』 하, 170쪽.
41) 한영우, 『다시 찾는 우리 역사』, 506쪽 참조
42) 일본에는 원리에 대한 충성을 강조하는 흐름이 전무했다는 주장은 아니다. 이 주제에

원리인 천리天理 및 인의仁義였다. 따라서 김평묵의 주장에서 보듯이 왕이라 할지라도 도덕과 정치의 근본 원칙인 천리天理를 어기는 행위는 비판받아야 하는 것이었다. 조선의 유교적 전통에서 볼 때 하늘의 공공성(천리의 공)은 왕도 순종해야 할 도덕적 권위의 궁극적 기반이었던 것이다.[43] 인간이 그런 천리天理를 자신의 내적인 도덕적 이상으로 간직하고 있다는 점에서는 왕이나 일반 백성이 모두 근본적으로 차이가 없다는 것이 조선 주자학의 기본 주장이었다.[44]

한국과 일본의 유교 전통이 지닌 차이점에 대한 인식도 긴 역사를 갖고 있다. 이미 1909년에 『대한매일신보』의 논설에서는 조선 유학의 대표로 화서 이항로를 그리고 야마자키 안사이(山崎闇齋, 1618~1682)를 일본 유학의 대표로 들면서 양국 유교의 전통을 대비한 바 있었다.[45]

이항로는 구한말의 위기 상황에서조차 국가의 존망보다도 유학의 근본정신을 지키는 것이 더 우선적인 과제라고 보았다. 이항로가 서양의 침략에 강력하게 대응한 것은 유교문명의 도를 지키고자 함이었다. 그에게 '소중화'인 조선을 외세의 침략으로부터 보호하는 것은 단순히 위기에 처한 국가를 구하는 차원에 그치는 것이 아니었다. 그것은 유교문명을 지키는 작업과 결부된 인류 보편의 과제였다.

제6장에서도 언급한 이항로의 주장을 보면, 그는 서양이 유교 문명의 도를 어지럽히는 장본인이라고 진단하면서 조선에만 존재하는 유교 문명의 한 줄기 밝은 정신을 지키는 것을 선비가 목표로 삼아야 할 제일의 과제라고

대한 보다 상세한 서술로는 나종석, 『대동민주유학과 21세기 실학』, 제13장 참조
43) 주자학에서의 천리의 공공성 이론에 대해서는 나종석, 「성리학적 공공성의 민주적 재구성 가능성」, 나종석·박영도·조경란 엮음, 『유교적 공공성과 타자』(혜안, 2014), 83쪽 이하 참조
44) 나종석, 「인권에 대한 유교적 정당화의 가능성에 대한 연구」, 49쪽 이하 참조
45) 노관범, 『고전통변』(김영사, 2014), 137쪽. 물론 조선이 망하기 직전에 『대한매일신보』는 한국과 일본의 유학 전통의 차이에서 조선의 국력이 약화되고 일본의 국력이 강해졌다고 보고 조선 유교 전통의 무기력을 비판했다. 같은 책, 같은 곳 참조

역설한다. 달리 말하자면 천지를 위해 마음을 세워 그 도를 어지럽히는 오랑캐 서구와 대결하는 일이 나라의 존망보다도 더 중하다고 그는 말한다.[46]

조선의 이황을 크게 염모했던 야마자키 안사이는 에도시대 일본 주자학의 원류原流를 이루는 해남파海南派의 집대성자이다. 그는 "주자를 배워서 잘못 된다면 주자와 더불어 잘못되는 것이니 무슨 유감이 있겠는가"라고 할 정도로 경건한 주자학자였다.[47] 그런 야마자키 안사이였는데, 그가 제자들과 함께한 자리에서 공자와 맹자가 군대를 이끌고 일본을 공격할 경우 자신들이 어떻게 행동해야 할지에 대해 대화를 나눈 적이 있었다. 그 내용을 보면 매우 흥미롭다. 그는 국가에 대한 충성을 충성의 궁극적 대상으로 삼고 있기 때문이다. 대화 내용은 다음과 같다.

> 야마자키 안사이가 일찍이 여러 제자들에게 질문하였다. "지금 중국에서 공자를 대장으로 삼고 맹자를 부장으로 삼아서 수만의 기병을 이끌고 우리나라를 공격해 온다면, 공맹의 도를 배운 우리들은 어떻게 해야 하는가?" 제자들이 대답하지 못하고서 "저희들은 어찌할 바를 모르겠으니 선생님의 말씀을 듣고 싶습니다"라고 하자, 야마자키 안사이가 말하였다. "불행히도 이런 난리를 만난다면 우리들은 갑옷을 걸치고 창을 쥐고서 그들과 싸워야 된다. 그리하여 공자와 맹자를 사로잡아 나라의 은혜에 보답하는 것, 이것이 바로 공맹의 도이다."[48]

충성이 국가와 천황으로 환원되고 있는 경향은 야마자키 안사이에 국한된 것이 아니다. 이런 인식은 일본 유학의 기본적 특성으로 보아도 좋을 정도로 일본 유학의 전통에서 반복적으로 등장한다. 에도시대 말기에 활동했던

---

46) 강재언, 『선비의 나라 한국유학 2천년』(하우봉 옮김, 한길사, 2003), 435쪽 참조.
47) 마루야마 마사오, 『일본정치사상사연구』, 143쪽 이하 참조.
48) 황준걸, 『일본 논어 해석학』(이영호 옮김, 성균관대학교 출판부, 2011), 123쪽에서 재인용. 야마자키 안사이가 말년에 일본 신도를 받아들인 것도 우연이 아니다. 이에 대해서는 마루야마 마사오, 『일본정치사상사연구』, 146쪽 참조.

요시다 쇼인(吉田松陰, 1830~1859)의 다음 말도 군신 관계에 대한 일본의 이해방식을 잘 보여 준다.

공자와 맹자가 자신들이 태어난 나라를 버리고 다른 나라에 가서 군주를 섬긴 것은 유감스러운 일이다. 무릇 군주와 아버지는 그 의리가 한 가지이다. 우리가 군주를 어리석고 어둡다고 해서 태어난 나라를 버리고 다른 곳의 군주를 따르는 것은, 우리가 아버지를 완고하고 어리석다고 해서 집을 나와 이웃집 노인네를 아버지로 삼는 것과 같다. 공자와 맹자의 이런 의리를 잃어버린 행동은 아무리 해도 변명할 수 없으니, 한 나라의 신하가 이를테면 반년만 차면 떠나가는 노비와도 같다. 그 군주의 선악을 가려서 옮아가는 것은 원래부터 그런 것이다. 일본의 신하는…… 신하라면 주인과 생사고락을 같이하며, 죽음에 이른다고 할지라도 군주를 버리고 가는 도리는 결코 없다.[49]

요시다 쇼인이 주장하는 "무릇 군주와 아버지는 그 의리가 한 가지"라는 명제는 주목을 요한다. 이는 일본 특유의 충효일치 관념과 맥을 같이하기 때문이다. 일본 특유의 충효일치의 이론은 메이지유신 이후 1890년에 반포된 일본의 「교육칙어敎育勅語」에서 명료화되는데, 이를 보면 국가와 국민의 관계가 부모와 자손의 관계와 구조적으로 동일하다는 생각이 등장한다. 그리하여 부모에 대한 효가 군주에 대한 충에 비해 선차적인 것으로 이해되어 온 조선과는 달리 일본의 유교 전통에서는 '충효'로 변형된다. 즉 천황에 대한 충이 가장 우선적인 것이 되어, 천황에 대해 모든 것을 헌신하는 충이야말로 그 자체로 부모에 대한 효에 해당한다고 이해되기에 이른다.[50] 「교육칙어」를 입안한 모토다 나가자네(元田永孚)는 효와 충의 순서를 역전시

---

49) 시마다 겐지(島田虔次), 『주자학과 양명학』, 64~65쪽에서 재인용.

50) 우에노 지즈코(上野千鶴子), 『근대가족의 성립과 종언』(이미지문화연구소 옮김, 당대, 2009), 93~95쪽.

켜 충과 효를 떼려야 뗄 수 없는 충효일치로 만들었다.

군주 혹은 천황에 대한 충성이 바로 부모에 대한 효라는 충효일치의 관념은 효와 충의 관계에 대해 내린 일본 사상 고유의 결론이었다. 황실을 본가로, 각 국민을 분가로 보면서 천황은 일본이라는 가족국가의 가장에 해당하고 국민은 천황의 어린 자식이라고 여겨, 천황에 대한 충성을 참다운 효라고 강조하는 도덕관념이 국민도덕의 기본 원칙이 된 것이다.[51] 모토다 나가자네의 사례처럼 가족에 대한 효를 국가에 대한 충성으로 귀일시키는 충효일치의 관념은 일본이 그들만의 독특한 현대적 천황제 국가를 형성시킬 수 있게 하는 이론적 토대를 제공했다.[52]

이러한 충효일치 사상은 일제 식민지기에 황도皇道유학으로 전개된다. 조선에서 경성제대 교수로 있으면서 조선 유교사상사에 대한 다종의 저서를 낸 다카하시 도루(高橋亨, 1878~1967)는 '황도유학'을 주창하여 일제강점기 식민지 조선의 지식인들에게 커다란 영향을 주었다. 황도유학은 1930년대 중반 이후 일본의 유교 전통을 식민지 조선에 전파하기 위해 만들어 낸 담론이다. 다카하시 도루가 황도유학을 주창한 것은 1939년 12월에 발표된 글 「왕도유교에서 황도유교로」에서였다.[53]

황도유학의 핵심적 주장은 충을 효보다 중요하게 간주하면서 충과 효의 대상을 일본의 국체인 만세일계의 천황으로 제한하고 역성혁명을 부정하는 것이었다. 이를 다카하시 도루는 다음과 같이 주장한다.

---

51) 박진우, 「일본 내셔널리즘과 천황제」, 박진우 편저, 『21세기 천황제와 일본: 일본 지식인과의 대담』(논형, 2006), 21쪽 참조.
52) 모토다 나가자네는 구마모토번에서 활동한 유학자로, 정부에서 천황의 교육을 담당하도록 특별히 선발한 전문가 중 한 명이었다. 그는 한학의 담당자로『논어』와『서경』 강독을 통해 메이지 천황에게 유교적 성왕 이론을 가르친 인물이었다. 하라 다케시(原武史),『직소와 왕권: 한국과 일본의 민본주의 사상사 비교』, 184쪽 참조.
53) 1939년 이후 다카하시 도루에 의해 황도유학이 주창된 것을 계기로 조선 사회에서는 황도유학이 공론화된다. 이에 대해서는 정욱재, 「조선 유도연합회의 결성과 '황도유학'」, 『한국독립운동사연구』 33(2009), 227~264쪽 참조.

오늘날 조선에서 크게 진흥해야 할 유교 교화는 그런 미지근한 유교의 가르침이 아니며, 충분하게 일본의 국수國粹에 동화한 국민정신과 국민도덕을 계발과 배양 및 함양해 온 황도적인 유교가 되어야 할 것이다. 우리는 지나 유교의 정치사상인 역성혁명, 선양禪讓, 방벌을 배제하고 충효불일치 및 효를 충보다 중시하는 도덕사상을 부인하며, 그리하여 우리 국체에 따른 대의명분으로써 정치사상의 근본을 세워 충효일체로써 도덕의 골자로 삼아야 할 것이다. 또 지나를 중화로서 숭배하는 것을 폐지하고 우리나라를 중조中祖로 삼으며 우리 국사의 정화를 존중해야 할 것이다. 이러한 것은 참으로 우리 일본 유교도가 품고 있는 정치도덕사상으로서, 이제부터의 조선 유교도도 이렇게 하여 세태에 기여하며 스스로를 살려나가야 하는 것이다. 조선의 유교 단체는 황도유교를 선포하고 발양하지 않으면 안 될 것이다.54)

위 인용문이 보여 주듯이 조선 총독부와 더불어 일본 식민주의 관학자 다카하시 도루가 황도유학의 이론으로 꾀한 것은 당연히 조선 독립 정신의 뿌리를 이루고 있는 조선 유교의 전통을 해체하여 조선인들을 일본의 총력전 체제에 동원하기 위함이었다.

또한 위 인용문에서 보듯이 황도유학은 "역성혁명, 선양禪讓, 방벌을 배제하고 충효불일치 및 효를 충보다 중시하는 도덕 사상을 부인"하고, 천황제 체제와의 일치를 꾀하면서 천황에 대한 충성이 바로 효와 같다는 충효일체 사상을 진정한 유교 사상이라고 강조한다. 여기에서 보듯이 황도유학이라 불리는 일본화한 유교 정치사상은 천하위공의 대동 이념이나 평천하 의식을 기본으로 하는 천의 보편적 공공성 의식을 결여하고 있다.

충과 효가 유교적 전통에서 매우 귀중하게 간주되는 사회윤리의 기본이라고는 하지만, 앞에서 보았듯이 조선 및 중국에서의 충효관과 일본의 그것

사이에는 상당한 차이가 존재한다. 대의멸친과 멸사봉공滅私奉公, 충효일치를 공자의 사상이자 유교 사상의 핵심이라고 간주하는 것은 유교의 일본적 변형을 유교 사상 자체로 오인한 결과이다.

한국과 중국의 유학은 늘 자기에서 출발하여 제가, 치국, 평천하에 이르는 식으로 동심원적 방향으로 인의仁義의 윤리를 확장해 가는 것을 궁극적 지향으로 삼았다. 그런 점에서 한 국가나 한 가정에만 모든 것을 바치는 충과 효의 관념은 유교 사상의 본래 정신에서 볼 때나 한국 및 중국의 유교 전통에서 볼 때 매우 이질적이다. 그러므로 충효일치 및 멸사봉공의 이념을 국가주의적인 방식으로 활용하여 비판적 시민들을 순응적 대중으로 순치시킨 박정희 정권의 작업은, 조선 유교 전통의 정치적 동원이 아니라 일본 제국주의를 매개로 우리 사회에 전파된 일본 유교 전통의 지속으로 이해되어야 마땅하다.

그런데 앞에서 본 것처럼 장은주는 오늘날 한국 사회를 특징짓는 유교적 근대성의 하나로 물질주의적인 경쟁 원리에 대한 종교적 숭배를 들면서, 그 원인을 유교적 전통문화의 변용에서 찾을 뿐 유교적 전통문화가 식민지 시대를 통해 일본 유교 전통의 영향으로 변형되어 있음을 간과한다. 또한 장은주는 일본의 에도시대가 중국의 명말청초 및 조선의 전통 사회와 동일한 유교문화를 공유하면서도 중요한 지점에서 다른 모습을 보이고 있다는 점에 대해서도 충분한 관심을 기울이지 않는다. 그래서 그는 유교적 특징을 지니는 근대성은 한국만이 아니라 일본, 중국, 베트남 등과 같은 유교문화권을 공유하는 여러 나라들 사이에서 "다소간 동질적"일 것이라고 결론짓는다.[55]

그러나 이런 결론은 성급하다. 한국 근대성을 유교적 전통문화와의 연관 속에서 해명하는 작업이 중요한 만큼이나 한·중·일 3국의 유교문화 전통의 성격을 비교하는 연구 또한 절실히 요구된다. 그런 인식의 토대 위에서

---

55) 장은주, 『유교적 근대성의 미래』, 89쪽.

비로소 우리는 19세기 후반 이후 전면화되는 서세동점의 시기에 한·중·일 3국이 걸어간 길의 상이성을 좀 더 분명하게 인식할 수 있을 것이다.

5. 유교적 정치문화와 민주주의 그리고 한국의 근대성

앞의 제3절에서 언급했듯이 장은주가 주장하는 유교적 근대성의 또 다른 문제점은 한국 근대성의 '해방적 측면'에 대한 설명이 부족하다는 점이다. 물론 그는 한국의 근현대사가 동학혁명에서 80년대 민주화운동에 이르는 근대성의 해방적 기획을 실현하기 위해 엄청난 희생과 노력을 했다는 점, 그리고 그런 움직임의 성과도 존재한다는 사실을 부인하지 않는다. 그가 한국 사회의 병리적 현상들의 문화적 심층을 유교적 전통문화의 영향사에서 구하는 것도 모든 인간의 존엄한 삶을 보장해 줄 '민주적 공화주의'를 우리의 삶의 맥락과 조건 속에서 더 잘 실현할 방법을 모색하기 위해서이다.[56]
그러나 문제는 장은주가 한국 사회 해방운동의 생명력 그리고 민주주의의 제도적 실현을 향한 도정을 한국 근대성의 고유한 동학을 이해하기 위한 핵심 주제로 삼지 않는다는 점이다. 그는 한국의 유교적 근대성의 "정치적 형식"을 박정희가 권위주의와 독재를 정당화하기 위해 내세운 '한국적 민주주의'라고 본다.[57] 그래서 그는 다음과 같이 주장한다.

한마디로 민주주의적 가치와 이념은 우리의 유교적 근대성에 온전하게 내재적인 것이 아니다. 그것들은 우리 근대성의 삶의 조건과 경험에 충분히 부합하지 못한다고 배척되거나, 최소한 주변화되었다. 우리 근대인들은 그것들을 자연스럽게 여길 새로운 '사회상'을 발전시킬 기회를 충분히 갖지

---

56) 같은 책, 237쪽.
57) 같은 책, 211쪽.

못했다. 대신 어떤 민족주의적이고 물질주의적인 부국강병의 이상과 유교적·메리토크라시적으로 정당화되는 능력에 따른 불평등 사회의 이상이 지배적이게 되었다. 이런 문화적·도덕적 지평 위에서 민주주의가 제대로 형성되고 작동할 까닭이 없다.58)

앞에서 살펴본 것처럼 장은주가 구상하는 한국의 유교적 근대성 이론에 의하면 유교적인 사회적 상상 혹은 일반 사람들의 삶 속에 깊게 배태된 유교적인 생활양식 및 도덕의식은 능력주의(메리토크라시) 원칙의 성공적 관철이라는 패러다임에 한정되어 있다.

그러나 이런 한정은 한국의 근대성을 민주주의와는 상당히 이질적인 성격을 지니는 것으로 몰고 간다. 장은주 유교적 근대성 이론에는 제국주의 열강의 침략에 대한 저항운동뿐만 아니라 일제강점기에서의 줄기찬 독립운동, 분단된 상황에서 독재 권력에 저항한 민주화운동이 어떤 방식으로 한국의 근대성을 구성하는 요소가 될 수 있었는지, 그리고 그런 움직임이 유교적 전통문화와는 어떤 방식으로 연결되어 있는지에 대한 성찰이 부족한 것도 이런 현상과 무관하지 않다.

달리 말하자면 장은주는 조선 건국에서 시작하여 동학농민전쟁에서 정점에 이르는, 유교적 민본주의 이상을 구현하려는 조선 사회의 다양한 역사적 경험이 일본의 제국주의적 침략에 대한 저항 및 식민지 독립운동을 거쳐 오늘날 우리 사회 민주공화국의 실현과 어떤 관련을 맺고 있는지에 대한 분석을 수행하지 않았다. 이를테면 "어떤 민족주의적이고 물질주의적인 부국 강병의 이상"이 우리 사회의 지배적 습속이라고 할지라도, 그것이 과연 조선 사회의 유교 전통이나 독립운동의 정신에서 무리 없이 도출된 것인지를 성찰하지 않는다. 그러므로 만약 장은주가 주장하듯이 한국의 유교적 근대성

58) 같은 책, 133쪽.

이 나름의 민주주의 및 인간의 존엄한 삶을 실현할 문화적 배경으로 작동하기 힘든 것이라면 민주적 공화주의가 −비록 충분하지 않다고 할지라도− 어떻게 우리 사회의 현실에 뿌리내릴 수 있었는지 궁금하다.

물론 이런 식의 반론에 대해 그는 우리 사회의 민주주의는 필자가 생각하는 것과 달리 피상적인 것에 지나지 않는다고 응답할 수도 있을 것이다. 실제로 그는 "전통적인 유교적 메리토크라시적 이념은 근대화된 조건 속에서 민주적·평등주의적 지향과 결합되기보다는 사회적 불평등의 정당화 논리의 성격을 더 강하게 갖게 된 것"이라고 본다.[59] 그래서 그는 인권의 보편성과 민주주의적 이념은 우리 사회의 유교적 근대성에 "온전하게 내재적인 것"이 아니라고 강조하면서 한국의 민주주의를 "유사민주주의" 혹은 "결손민주주의(defeckte Demokratie)"라고 규정하고, 심지어 우리 사회의 민주주의는 결손민주주의 중에서도 "더 악질적인, 곧 권위주의와의 경계가 희미해져 버린 '비자유민주주의(iliberal Demokratie)'"의 유형으로 "전락해 버렸다"고까지 비판한다.[60]

게다가 장은주는 유교적 근대성이 창출한 온갖 사회 병리적 현상들을 극복하기 위해 우리 사회의 문화적 삶의 문법을 혁신하는 "문화혁명"[61]까지도 주장한다. 이런 주장도 그의 유교적 근대성 이론에서 볼 때 논리적으로는 자연스럽다. 그러나 이것은 어디까지나 한국 사회의 정치적 근대성과 유교적 문화 전통 사이의 부정적 상관성에 대한 그의 분석과 진단이 옳다는 가정 아래서만 그렇다.

결국 자본주의적 근대성의 병리적 현상과 유교적 전통을 긴밀하게 연결시

---

59) 같은 책, 128쪽.
60) 같은 책, 134~135쪽. 물론 한국 민주주의의 잠재력과 그 전망에 대한 장은주 비판적이고 비관적인 전망은, 2016년에 시작되어 박근혜 전 대통령의 탄핵과 문재인 정부로의 이행을 주도했던 '촛불혁명'이 발생하기 이전의 암담한 우리 현실에 터를 두고 있다.
61) 같은 책, 207쪽.

키면서 유교 전통이 한국 근대성의 또 다른 축인 민주적 근대성의 형성에 매우 부정적인 영향을 주었다고 박하게 평가하는 것은 우리 사회 민주주의의 더 나은 전망을 성찰하는 작업을 방해한다. 달리 말하자면 비민주주의적이고 불평등한 사회를 초래한 유교 전통의 영향력만을 일방적으로 강조하는 장은주의 유교적 근대성 이론은 "현실분석과 해방 기획의 결합을 추구하는 비판적 사회이론의 자기배반"[62]을 피하고자 하는 그의 문제의식을 해결될 수 없는 딜레마의 상황으로 몰고 가는 것처럼 보인다.

한국 현실을 압도적으로 규정하고 있는 유교적 전통문화 속에 민주주의적 가치와 이념이 내재되어 있지 않았다면 어떻게 민주적 공화주의의 좀 더 온전한 실현이라는 해방의 기획이 우리의 현실과 매개될 수 있을지 분명하지 않기 때문이다. 그리고 이런 문제는 한국 사회의 근대성 형성에 지대한 영향력을 행사해 온 유교적 생활방식과 민주적 공화주의 사이의 상생적인 만남의 가능성을 주변적인 것으로 만들고 있다는 점과 연결되어 있다.

필자가 다른 글에서 한국의 민주주의와 유교문화 사이의 긍정적인 상호 연관성을 주장했던[63] 것은 한국의 근대가 서구 및 일본(동아시아에서의 서구)의 충격으로 인해 비로소 시작되었다는 서구편향적 시각을 상대화하는 작업의 일환이었다. 또한 필자는 선행 연구에서 조선의 유교 국가 전통이 한말의 의병운동과 일제강점기의 독립운동 그리고 해방 이후의 민주화 과정에서 끊임없이 되살아나고 변형되는 과정을 분석할 필요가 있다고 강조하기도 했는데, 그런 측면에 대한 적절한 이해가 없이는 한국의 근대화 과정에 담긴 독특한 논리가 충분하게 드러나지 못할 것이라 생각했기 때문이다. 사실 한국이 경제 발전과 민주화에서 이룩한 성취에 대한 많은 관심에도 불구하고 한국학계는 이런 변화가 어떻게 이루어졌는지에 대한 설득력

---

62) 같은 책, 75쪽.
63) 나종석, 『대동민주유학과 21세기 실학』, 제14장 '한국 민주주의와 유교문화' 참조.

있는 논리를 제공하고 있지 못하다. 이런 노력의 공백을 메우려는 필자의 노력은 이 책 제9장에서 이루어지고 있다.

반복되는 내용인지라 상세하게 분석할 수 없으나, 필자는 한말 혁신유림의 개혁운동에서부터 독립운동과 민주주의로 이어지는 역사 전개의 과정에서 유교적인 전통이 긍정적으로 이바지한 측면이 존재한다고 생각한다. 한말 의병운동이나 일제강점기의 독립운동에 헌신하고 이론적 기초를 제공한 인물들은 대부분 신채호나 박은식 같은 한국의 유교적 전통문화를 더 잘 이해하고 그 긍정적 가치를 부인하지 않으면서 그것을 창조적으로 활용할 줄 알았던 혁신유림 출신이었다.

또한 한국 민족주의의 양상은 타자를 배제하는 폭력적인 성격만을 지닌 것도 아니었다. 한국의 민족 담론에도 여러 갈래의 다양한 목소리들이 존재한다. 예를 들어, 한국의 저항적 민족주의는 진보적 성격을 지니고 있었으며 배타적 민족주의를 순치하고 세계시민주의로 나갈 평화 지향적 특성을 뚜렷하게 간직하고 있었다. 이 책 제9장에서 논했듯이 3·1운동의 민족정신에는 유교적인 문명주의 정신이 녹아들어 있다. 그리고 유교적 민본주의에서 비롯된 유교적 문명주의는 유교적 세계시민주의 혹은 유교적 평천하사상이라고도 볼 수 있는데, 이처럼 한국의 민족주의에는 조선 사회의 유교적 경험에서 기원하는 대동大同사회에 대한 희망이 변형되어 면면히 흐르고 있는 것이다.

필자가 강조하고 싶은 것은, 유교적 정치문화의 민주적 잠재성은 단순히 텍스트 속에서만 존재하는 것이 아니라 한국 사회의 근대성 속에서 나름의 방식으로 현실화되고 있었다는 점이다. 제헌헌법 정신이 어떻게 조선의 유교 전통에서 기원한 대동적 이념—예를 들어 균평 이념이나 평천하적 세계시민주의 등—을 비판적으로 이어받고 있는지는 이 책에서 이미 충분히 설명되었으리라 믿는다.

그러므로 그 대신 여기에서 필자는 제헌헌법의 제15조에 주목하는데, 그 조항의 내용은 다음과 같다. "재산권은 보장된다. 그 내용과 한계는 법률로써 정한다." 더 나아가, 우리에게 잘 알려지지는 않았지만, 제헌헌법에는 기업의 활동으로 형성된 이익을 노동자와 자본가가 나누어 갖는 것을 명문화한 '이익균점법' 조항이 있었다. 설령 이 조항이 박정희 정권 시절 개헌을 거치면서 삭제되었다고 해도 우리는 제헌헌법 정신이 매우 평등 지향적이었음을 상기할 필요가 있다. 그리고 소유의 사회적 성격에 대한 제헌헌법의 원칙이 이승만 독재 정권과 박정희 개발독재 과정을 거치면서 상당히 축소되었다고는 해도, 제헌헌법이 보장하는 소유의 공공성 규정은 흔히 경제민주화 조항으로 불리는 오늘날의 헌법(1987년 개정된)에도 여전히 살아 있다.

헌법 제119조 2항에 따르면 "국가는 균형 있는 국민경제의 성장 및 안정과 적정한 소득의 분배를 유지하고, 시장의 지배와 경제력의 남용을 방지하며, 경제 주체 간의 조화를 통한 경제의 민주화를 위하여 경제에 관한 규제와 조정을 할 수 있다." 이처럼 '소유의 공공성'을 명시하고 있는 1987년 개정된 헌법도 제헌헌법의 규정과 마찬가지로 전통적 유교의 평등 이념을 계승한 것으로 해석될 수 있다.

앞에서 살펴본 것처럼, 장은주는 물질만능주의적이고 출세 지향적인 유교 전통의 규정으로 인해 우리 사회는 "유교적·메리토크라시적으로 정당화되는 능력에 따른 불평등 사회의 이상이 지배적"인 사회로 되었기에 우리 사회의 민주주의가 "제대로 형성되고 작동할 까닭이 없다"라고 결론짓는다. 그러나 제헌헌법에 풍부하게 가로 새겨져 있었던 경제적 공공성 원리가 독재 권력을 거치면서 매우 축소되었다는 점을 고려한다면, 그리고 능력주의가 지니는 양가성−이를테면 불평등을 정당화하는 얼굴과, 민주주의와 결합해 왔던 면모−을 염두에 둔다면, 그의 주장은 과도하고 몰역사적이라는 반론에 직면하게 된다.

그러므로 한국의 근대성을 유교적 전통과의 상호작용의 맥락에서 분석할 때는 유교적 전통이 입신양명주의와 결합되는 측면과 동시에 사회비판적인 운동은 물론이고 민주주의의 형성 경로와 결합되는 양상에도 주목해야 한다.

6. 유교적 능력주의와 한국 사회의 민주주의

앞에서 우리는 이미 한국 사회의 정치적 근대성, 즉 민주주의의 질적 특성을 제대로 이해하기 위해서는 한국 사회의 민주주의와 유교적 정치문화 사이의 긍정적 연관성에 주목할 필요가 있음을 살펴보았다. 또한 능력주의 원칙을 나름대로 내면화한 유교적 생활 습속이 우리 사회의 자본주의적 근대성의 내적 동력학과 그 병리적 현상의 근원에 대한 인식에서 필수적임을 인정하면서도, 장은주가 제안한 유교적 근대성 이론의 문제점을 극복할 방안의 하나로서 한국 사회의 민주주의를 유교적 정치문화의 지속적 영향사의 맥락에서 이해하려는 시도가 중요함을 역설했다.

그래서 필자는 선행 연구에서 조선 후기 사회에 이르러 일반 백성들에게까지 보편화되고 내면화되는 유교적 전통과 정치문화 등이 오늘날 우리 사회가 이룩한 정치적 민주화의 문화적 동력으로 이어지고 있음을 다음과 같이 요약했다.

조선의 유교적 전통 사회에서 축적된 인간의 주체성과 자발성의 존중, 능력 있는 사람이라면 누구나 다 사회에서 존중받고 성공할 수 있는 동등한 존재라는 능력주의 문화, 모든 사람이 사회 속에서 소외됨이 없는 사회 구성원으로 대우받아야 한다는 대동세계의 관념, 유가의 이상적 세상인 요순 성왕의 시대를 만드는 데 일반 백성들도 당연한 책임을 지고 있는 당당한 정치 주체라는 관념, 유교적 세계관을 내면화하여 모든 백성이 다 요순 성왕과 같은 존재가 될 수 있다는 각성을 바탕으로 위기에 처한 나라를 구하기 위해 몸소 실천에 나선 역사적 경험 등은 우리 사회의 민주주의 의 문화적 동력이자 그 정신사적 조건으로 보아야 할 것이다.[64]

장은주는 「메리토크라시와 민주주의: 유교적 근대성의 맥락에서」라는 2017년 글에서 그의 유교적 근대성 이론에 대한 필자의 반론에 나름의 응답을 보여 주었다.[65] 그는 메리토크라시 즉 능력주의 이념과 민주주의 사이의 관계에 대해 그 이전과 달리 좀 더 긍정적으로 검토한다.

장은주는 능력주의, 특히 유교적 전통에 기반을 둔 메리토크라시의 긍정적 영향사라는 맥락에서 한국 사회의 민주주의의 정신사적 조건을 탐구하려는 필자의 시도를 "우리 민주주의의 잠재력과 역동성을 이해하는 데에서 아주 중요한 통찰을 제시했다"라고 긍정적으로 평가한다. 더 나아가 그는 유교적 능력주의 전통과 한국 사회의 정치적 근대성 즉 민주주의와의 관계에 관련하여 다음과 같은 주장을 한다.

우선 나는 한국 민주주의와 관련하여, 메리토크라시를 매개로 한 유교적 근대성이 우리에게 남겨 준 가장 중요한 역사적 유산은 한국적 시민의 탄생이라고 생각한다. 이 한국적 시민은 명백히 민주주의의 주체이자 대상인 바로 그 시민이되, 서구 사회에서 발전했던 '부르주아'도 '시토와엥'도 아닌 유교적 군자의 민주적 후예다. 이 시민은, 단순히 부르주아로서 어떤 사적 이익의 추구를 위해서도 아니고 시토와엥으로서 정치적 삶이 주는 고유한 가치와 의미 그 자체를 향유하기 위해서도 아니라, 말하자면 민주적 '우환의

64) 나종석, 『대동민주유학과 21세기 실학』, 275쪽.
65) 장은주, 「메리토크라시와 민주주의: 유교적 근대성의 맥락에서」, 『철학연구』 119(철학연구회, 2017), 1~33쪽. 그는 이 글을 저자의 논문(「전통과 현대: 한국의 유교적 근대성 논의를 중심으로」)에 대한 응답이라고 말한다.

식'을 내면화하고서 사회적 불의의 궁극적 감시자이자 그에 대한 저항자로서 한국 민주주의의 최후의 보루를 지켜내 왔다.[66]

실제로 능력주의 사회는 대개 민주주의 사회와 함께 진행되어 왔다. 영국의 정치철학자 데이비드 밀러에 따르면 능력주의 이념은 "지난 두 세기 동안 자유주의적이고 사회 민주적인 사유의 주춧돌이었다."[67]

마찬가지로 능력주의 사회를 비판하면서 능력주의적 정의관의 한계를 넘어설 자유 및 평등에 관한 민주주의적 해석을 발전시키고 있는 존 롤스도 능력주의는 미국에서 상식이라고 말한다. 롤스에 따르면 능력주의 사회는 "재능이 있으면 출세할 수 있다는 원칙을 따르고 있으며, 기회균등을 경제적 번영이나 정치적 지배를 향해 인간의 정력을 해방시키는 방식으로 이용"하고 있다. 그러니까, 노력과 재능을 지닌 사람은 응당히 그런 능력에 따른 성과를 향유할 마땅한 자격이 있다고 믿는 것이 바로 능력주의이며, 그렇지 못한 배분 방식은 부당하고 정의롭지 못하다는 신념이 바로 능력주의이다. 소득이나 재산은 물론이고 인간의 일반 생활에서 중요한 모든 가치 즉 좋은 것(善)이 "도덕적 응분(moral desert)에 따라 분배"됨은 당연하다는 생각이 미국 사회에서는 넘쳐난다.[68]

물론 장은주는 메리토크라시와 민주주의 사이의 긍정적 관계에도 불구하고 여전히 능력주의 원칙이 심각한 사회경제적 불평등 구조의 재생산을 산출할 뿐만 아니라 그것을 정당화함으로써 민주주의 토대를 잠식하는 '배반의 이데올로기'로 기능한다는 점을 역설한다. 유교적 메리토크라시는 물론이고 메리토크라시 이념이 일반적으로 다른 정의의 원칙에 의해 시정되

---

66) 같은 글, 26~27쪽.
67) David Miller, *Principles of Social Justice*, p.177.
68) 존 롤스, 『정의론』, 158쪽 및 409쪽. 능력주의와 민주주의 사이의 관계에 관한 더 상세한 언급은, 나종석, 『대동민주주의와 21세기 유가적 비판이론의 모색』, 제10장 참조

지 않는다면 자체적으로 심각한 사회적 불평등을 정당화함으로써 민주주의 사회를 위기로 몰고 갈 위험성이 있다는 그의 지적은 매우 설득력이 있다.[69]

능력주의의 확산으로 인한 민주주의의 위기는 우리 사회만이 겪는 문제가 아니다. 세계화의 급속한 진행과 결합된 신자유주의와 시장근본주의에 의해 민주주의는 커다란 위기에 직면했다. 미국이나 영국은 물론이고 프랑스, 오스트리아, 독일과 같은 유럽연합의 핵심적 국가들도 그런 위기를 겪고 있다. 장은주도 강조하듯이 서구 사회의 여러 국가가 겪는 민주주의의 위기는 메리토크라시 이념의 확산과 결합되어 있다. 장은주에 따르면 독일의 경우만 보더라도 메리토크라시 이념을 사회 전체에 확산시켜 사회적 불평등을 심화시킨 정치 세력은 역설적이게도 사회민주당이었다.[70]

낸시 프레이저(Nancy Fraser)에 의하면 미국에서 트럼프가 승리한 것은 단순히 국제금융에 대한 저항의 표현이었던 것만이 아니라 "'진보' 신자유주의"에 대한 거부를 의미한다. 미국식 진보 신자유주의는 페미니즘, 인종차별주의 반대, 다문화주의 및 성소수자 권리 옹호와 같은 새로운 사회운동의 주류적 흐름과 월가, 실리콘밸리, 할리우드 등의 고가 서비스 기반 사업 분야와의 연합으로 정의된다. 이런 진보적 신자유주의는 1992년 빌 클린턴의 대통령 당선을 계기로 새로운 정치적 흐름으로 승인받았는데, 영국의 토니 블레어의 신노동당도 이런 흐름의 영국판이었다고 한다.

그런데 낸시 프레이저에 의하면 "버락 오바마를 포함한 클린턴의 후임자들이 지속한 클린턴의 정책은 모든 노동자의 생활 여건을 저하시켰는데, 특히 공업 생산에 종사하는 노동자들의 생활을 악화시켰다." 그래서 그는 진보 신자유주의의 상징이라 할 수 있는 클린턴주의가 "노조의 약화, 실질임금의 하락, 일자리의 불안정한 상승, '맞벌이 가족' 증가에 막대한 책임이

---

69) 능력주의 원칙이 지니는 논리적 한계에 대해서는 나종석, 『대동민주유학과 21세기 실학』, 제5장 참조
70) 장은주, 「메리토크라시와 민주주의: 유교적 근대성의 맥락에서」, 16쪽.

있다"라고 결론짓는다.[71]

흥미롭게도 낸시 프레이저도 진보 신자유주의를 분석하면서 그것이 "평등에 반하는 능력주의를 진보와 동일시"하고 있다고 이해한다. 달리 말하자면, 진보 신자유주의는 "1960년대와 1970년대에 번성한 더 포괄적이고 반계급적이고 평등주의적이고 반자본주의적인 해방"을 "승자 독식 기업 위계질서에서 '재능 있는' 여성, 소수자, 동성애자의 부상"을 옹호하는 새로운 해방으로 대체해 버렸다.[72] 이처럼 능력주의 원칙이 평등의 이념이나 다른 더 적절한 정의의 원칙에 의해 시정되지 않는다면 그것은 수많은 불평등을 양산하는 주범으로 전락하기 쉽다.

장은주는 유교적 메리토크라시 전통이 강력한 우리 사회에서는 사회적 경쟁 체제에서 발생하는 패자를 배제하는 모습이 더 극적으로 표현될 수 있음을 염려한다. 그래서 그는 한국 사회의 민주주의와 다양한 방식으로 연결되어 있는 유교적 메리토크라시 전통의 영향사를 이전보다 좀 더 종합적이고 균형 잡힌 시각 속에서 분석하고, 그런 바탕 위에서 우리 사회의 민주주의가 더 나은 길로 나갈 가능성을 모색한다. 이런 그의 시도는 많은 공감을 불러일으킨다.

그러나 필자는 "메리토크라시 이념은 본디 유교의 사회 및 정치 철학적 이념의 어떤 본질적 핵심이라 할 만한 것"[73]이라고 보는 장은주의 입장에 동의하면서도, 능력주의 원칙만으로는 유교적 정치문화와 우리 사회에 끼친 역사 형성적 힘을 종합적으로 이해하기에는 역부족이라고 본다. 거듭 강조하지만 메리토크라시 이념이 유교의 핵심적인 사상을 구성한다는 것은 맞는 말이다. 그렇지만, 설령 그것이 어떤 능력주의인가라는 물음을 도외시

---

71) 낸시 프레이저, 「진보 신자유주의 대 반동 포퓰리즘: 홉슨의 선택」, 지그문트 바우만 외 지음, 『거대한 후퇴』(박지영 외 옮김, 살림, 2017), 82~84쪽.
72) 같은 글, 84~85쪽.
73) 장은주, 「메리토크라시와 민주주의: 유교적 근대성의 맥락에서」, 4쪽.

한다고 해도 유교적 정치사상의 근원적 통찰을 메리토크라시로는 충분히 담아내기 힘들다. 특히 천 사상이나 천하위공의 사상에 뿌리를 두고 있는 대동세계의 이념과 그것의 지속적 영향사를 메리토크라시 이념으로 제대로 이해하기 힘들 것이기 때문이다.

주지하듯이 유교적 전통에서는 천과 공의 개념이 밀접하게 연결되어 있다. 그래서 천리의 공이나 천하위공 이념은 인간의 도덕적 잠재력의 평등성에 대한 긍정과 깊게 연결되어 있다. 인간의 도덕적 평등성 역시 하늘 즉 천으로부터 연원하는 것으로 이해되기 때문이다. 필자가 보기에 유교적 메리토크라시 이념은 유교적인 도덕적 평등주의 및 천하위공 사상에 토대를 두고 있다. 달리 말하자면, 능력 있는 사람이 더 나은 대우를 받아야 마땅하다고 보는, 능력주의 원칙이 전제하는 단순한 형식적 의미의 기회 평등을 옹호하는 차원을 넘어서는 소중한 통찰이 유교적 대동세계의 이상이나 천하위공의 이념 속에 함축되어 있다고 필자는 생각한다.

물론 오늘날 한국 사회를 지배하는 능력주의 정의관이 유가적인 능력주의 문화에서 비롯된 면이 있음을 부인할 수 없을지라도, 그 역시 상이한 역사적 맥락 속에서 변형되었고 그 과정에서 유가적 능력주의가 지니는 긍정적 차원이 상실되었다는 점도 무시해서는 안 된다. 다시 말해, 오늘날 분단이라는 제약과 결합해서 전개되어 왔던 자본주의 사회 속에서 작동하는 능력주의는 유가적 전통에서 이해되어 온 대동적 능력주의 개념과는 사뭇 다르다는 점이 고려되어야 한다는 말이다. 달리 말해 효율성 중심과 생산성 중심의 글로벌 자본주의 사회에서 작동하는 능력주의와 유교 국가 조선의 대동사회 지향의 능력주의는 서로 통하는 면모 못지않게 다른 면을 지니고 있음을 망각해서는 안 된다는 말이다.

필자는 오늘날 한국 사회에서 관철되는 자본주의적 혹은 개인주의적 능력주의와 대비하기 위해서 유가적 능력주의를 대동적 능력주의라는 개념으로 표현한다. 이때 유가적인 대동적 능력주의는 신자유주의적인 능력주의 담론과 달리 화이부동和而不同과 천하위공의 대동적 이상으로 규제되는 능력주의라는 점이 강조되어야 한다. 신자유주의적 능력주의는 개인의 능력과 노력에 의한 사회적인 성공과 실패를 가장 공정한 정의관으로 받아들이지만, 유가적인 대동적 능력주의는 각자가 자신의 개성을 발휘할 수 있게 하면서도 그런 개성의 균등한 발현은 그것을 가능하게 하는 전제조건인 조화로운 공동체 혹은 사회적 연대 형성이라는 이상이 충족될 때 비로소 작동하게 된다는 점을 망각하지 않는다.

이런 맥락에서 필자는 선행 연구에서 유가적 대동사상의 재해석을 통해 오늘날 한국 사회에서 주도적 정의관으로 받아들여지는 능력주의적 정의관의 한계를 극복할 대안적 정의관을 모색했다.[74] 유가적인 대동적 능력주의를 재구성하면서 필자는 공적이나 성취라는 요소를 다루지 않는 자유주의적-예를 들면 존 롤스적인- 정의관은 능력주의를 비판하는 데 충분하지 못하다고 여겨서, 공적과 성취를 진지하게 다루는 기여적 정의의 가능성을 유가적 사상 전통 내에서 새롭게 발굴하고자 했다.

그런데 대동적 능력주의 관념에 따르면 기여적 정의만으로는 사회적 정의가 충분히 실현될 수 없다. 그러므로 우리는 대동적 이상사회가 필요와 평등의 원칙과 더불어 기여적 정의를 정당화할 수 있다고 이해해도 좋을 것이다. 유가적인 대동적 능력주의의 이상에 대한 개괄적인 설명을 토대로 필자는 유가적 대동사상 속에서 재구성될 수 있는 사회적 정의관의 네 가지 기본 원칙을 다음과 같이 요약해 보았다.

첫째로, 공맹은 요순 성왕이 보통 사람과 동등하다고 주장하거나 사회적

---

74) 능력주의적 정의관의 한계 및 유가적 대동 이념 속에 존재하는 능력주의에 대한 새로운 해석에 대해서는 나종석, 『대동민주주의와 21세기 유가적 비판이론의 모색』, 제11장 제4절을 참조 바람.

이동성 즉 사회적 지위는 그에 적절한 재능을 지닌 사람에게 돌아가야 함을 주장한다는 점에서 기회의 평등을 보장한다. 둘째로, 공맹은 소득이나 재산의 불평등을 완전히 제거한 획일적 평등을 추구하지는 않지만, 맹자의 정전제 주장은 말할 것도 없고 공맹의 균평의 관념이나 조화로운 사회에 관한 생각을 보면 사회가 모든 사람에게 조건의 평등을 제공해야 함을 주장하는 것으로도 이해할 수 있을 것이다. 셋째로, 우리는 환鰥 · 과寡 · 고 孤 · 독獨으로 상징되는, 사회적으로 가장 불리한 위치에 있는 사람들을 우선 배려해야 한다는 주장에서 보듯이 공맹의 이상사회는 조건의 평등을 주장함과 아울러, 사회적 재화는 그것—예를 들어 의식주 및 건강에 필요한 적절한 서비스—을 필요로 하는 사람에게 우선 분배되어야 한다는 원리도 긍정하고 있음을 알 수 있다. 마지막으로, 유가적 사회정의관은 평등이나 필요의 원칙 이외에도 사회적 재화, 특히 소득이나 재산이 사회적 업적이나 공헌에 비례해 분배되어야 한다는 일종의 기여적 정의관도 포함한다. 이는 기회의 평등 및 조건의 평등을 보장하면서도 각 개인의 사회적 활동이 지닌 사회에 대한 의미 있는 기여와 공헌의 정도에 비례해서 사회적 재화의 일정한 정도의 불평등을 정당화할 수 있음을 뜻한다.[75]

이상에서 본 것처럼 장은주의 유교적 근대성 이론은 많은 장점과 한계를 동시에 보여 주고 있다. 한국의 근대성과 그 특질을 형성하는 데 유교 전통이 끼친 영향사에 주목하는 것은 미야지마 히로시의 유교적 근대론과 아울러 장은주의 유교적 근대성 이론의 미덕이다. 이 글만이 아니라 이 저서 전반을 통해서도 분명하게 드러나듯이 필자 역시 넓게 보면 나름의 유교적 근대성 이론을 옹호하고 있다. 그럼에도 앞에서 서술된 내용을 바탕으로 필자의 유교적인 대동 근대성 이론과 장은주의 유교적 근대성 이론의 차이를 요약해 보면 다음과 같다.

장은주의 유교적 근대성은 한국 사회가 보여 주는 부정적이고 병리적인

---

75) 같은 책, 579쪽.

현상에 우리의 유교적 전통이 어떤 방식으로 작동하고 있는지를 해명한 연구라는 점에서 부정적인 유교적 근대성 이론이라고 볼 수 있을 것이다. 그러나 그의 유교적 근대성 이론도 궁극적으로는 한국 사회의 변화를 지향하는 비판적 문제의식을 담고 있다. 달리 말하자면 그의 유교적 근대성 이론은 그가 추구하는 비판이론의 한 요소라고 여겨진다.

이런 점에서는 필자가 서술하는 한국사회의 유교적 근대성 이론 역시 비판적인 유교적 근대성 이론이라고 명명할 수 있다고 본다. 물론 필자는 장은주의 유교적 근대성 이론과 비교해 유교 전통이 우리 사회의 독특한 민주공화주의의 경로와 그 내용을 형성하는 데 긍정적으로 이바지하는 면모를 강조한다. 더 나아가 필자는 유교적 전통이 한국사회의 이중 혁명 즉 산업화와 민주화 과정에서 큰 역할을 했다고 볼 뿐만 아니라, 한국 사회를 좀 더 바람직한 방향으로 변화시킬 비판적 잠재력을 여러 제약 조건으로 인해 충분히 발현되지 못한 상태로 존속하고 있는(변형된 형태이긴 하지만) 유교적 대동 이념에서 구하려고 한다.

달리 말하자면, 우리 근현대사의 역사를 형성하는 힘으로 작동해 왔지만 여러 구조적 제약으로 인해 여전히 주변화되어 있는, 미발未發의 상태로 존재하는 대동민주주의의 잠재력은 한국 사회의 문제점을 비판하고 그것을 헤쳐 나가고자 할 때 우리가 기댈 희망임을 강조한다는 점에서 필자의 대동민주주의 이론은 비판적인 유교적 근대성 이론이라 할 수 있다.

그러니까 필자는 한국 사회의 근대성이 대동 정신의 구현을 지향하며, 이를 실천에 옮기는 정치적 행위자의 성격이 천하와 나라와 백성 및 온 생명을 책임지려는 선비 정신에 토대를 두고 있다고 본다. 그런 맥락에서 한국의 근대는 대동 근대이자 선비 근대라고 볼 수 있을 것이고 그런 근대성에 대한 철학적 담론인 필자의 유교적 근대성 이론을 선비 근대성 이론이라고 개념화할 수 있을 것이다. 그리고 한국 근대성을 특징짓는 대동 이념과 선비 정신의 비판적 잠재성은 21세기 생태 위기 시대에도 여전히 계승되어야 한다는 점에서 비판적 유교적 근대성 이론 혹은 비판적 선비 근대성 이론이라고 할 수 있을 것이다.

7. 한국 근대성의 생태적 전환의 길

필자의 비판적 유교적 근대성 이론의 주축인 대동민주주의가 대안적 근대성 이론이자 21세기 비판이론으로 전개되려면 많은 길을 걸어가야 한다. 필자는 이에 관해 최근 저서 『대동민주주의와 21세기 유가적 비판이론의 모색』에서 그 기본 방향을 그려 보았다. 이하에서는 이 저서를 관통하는 유가적 비판이론의 기본 문제의식의 일단을 설명하고자 한다.

21세기 인류(여기에서 '인류'라는 개념이 지니는 이데올로기적 성격이나 모호성을 일단 논외로 하자)는 중층적 위기, 그러니까 이를테면 생태 위기(ecological crisis), AI나 정보 기술의 발전으로 상징되는 과학기술문명이 초래한 위기 그리고 신자유주의적 세계화 혹은 지구화(globalization)로 인해 초래된 불평등 심화와 사회 전반의 극단적 양극화 등과 같은 복합적이고 다차원적인 위기로 도전받고 있다. 이런 다양한 위기가 상호작용하면서 인류가 처한 위기는 더욱 복잡해지고 유례를 찾아볼 수 없는 대규모의 재앙적 상황으로 돌입하고 있다. 또한 이런 위기는 그 어느 지역이나 국가에 한정되어 있지 않고 인류와 비인간 생명체 전체에 이르고 있다.

특히 생태 위기는 인류가 과거에 직면했던 위기와 근본적으로 차원이 다른 면모를 보인다. 한 가지만 예를 들자면 인류는 오늘날처럼 인간으로서의 '종' 자체가 종말에 이를지도 모르는 불확실성의 시대를 접해본 적이 없다. 더구나 지구라는 행성 위에서 인류라는 생명체 자체가 완전히 사라질 수 있다는 생각이 단순한 상상이 아니라, 상당한 개연성을 띠고 있는데, 역설적이게도 이런 인류의 생존 위기 자체는 인간의 자연에 대한 무분별한 개입과 지배 시도의 파멸적인 부메랑으로 인해 초래된 결과라는 점도 예사롭지 않다. 일례로 지구온난화의 진행으로 인한 기후변화나 코로나바이러스의 침입은 인간의 활동에 따른 결과이다.

따라서 오늘날의 생태 위기 시대는 인간 활동의 힘이 증가하여 지구 시스템(Earth System)에 변동을 초래하여 행성으로서의 지구의 행로를 바꿀 수 있는 지질학적 변동의 행위자임이 드러난 시대라는 점에서 인류세 (Anthropocene)[76]가 언급되고 있을 정도이다. 이런 상황에서 인류의 미래를 고민할 때 인간의 사회적이고 역사적 세계에만 초점을 두는 관점은 철저하게 재검토되어야 한다. 서구 근대의 화석연료에 기반한 "탄소 민주주의"(Carbon Democracy) 사회[77]가 자명한 것이라고 간주하는 자연과 인간의 이원론은 이제 지속할 수 없다. 자연을 저렴하고 무한하게 끝없이 착취하고 사용한 후 버려도 되는 일회용의 싸구려 에너지 저장고로 보면서 이에 대한 지배에 기초하는 탄소 사회는 지속 불가능한 것으로 드러났다.

이처럼 생태 위기를 비롯한 인류 사회가 직면한 중층적이고 복합적인 위기를 극복하려면 전 지구적 차원의 공존과 협력이 필요할 뿐만 아니라 인류와 자연의 상호의존이라는 사태를 다시 직시해야 한다. 그러려면 우리는 인간이 자연의 지배자라는 신화에서 벗어나 인간을 포함한 모든 생명체가 서로 유기적 관계를 맺고 거주하는 행성 지구를 새롭게 사유하는 세계관의 대전환이 요구된다. 그런데도 오늘날 주도적인 정치이론은 자유, 평등,

---

76) 윌 스테픈 · 자크 그린발 · 파울 크뤼천 · 존 맥닐, 「인류세: 개념적, 역사적 관점」, 파울 크뤼천 외, 『인류세와 기후 위기의 대 가속』(김용우 외 옮김, 한울, 2022), 참조. 인류세 개념에 대한 설명과 그것을 둘러싼 논쟁점에 대해서는 얼 C. 엘리스, 『인류세』(김용진 · 박범순 옮김, 교유서가, 2021) 참조 바람.

77) 탄소 민주주의란 개념은 티머시 미첼에게서 기인한 것이다. 티머시 미첼, 『탄소 민주주의』 (에너지기후정책연구소 옮김, 생각비행, 2017).

정의 그리고 민주주의에 대한 정치적 상상력과 사유를 여전히 철저하게 이성 중심적이며 인간 중심적 관점에 한정하고 있다.

어진 생명의 마음(仁)을 화두로 해 이루어지는 21세기 유가적 비판이론으로서의 생명대동사상은 서구 근대가 자신의 역사적 맥락에서 전개해 온 자율성과 민주주의 그리고 그와 연관된 핵심 어휘들을 기각하지 않고, 그것을 중요한 사상의 표준으로 삼으면서도 이를 비판적 대결의 맞수로 이해한다. 그러므로 생명대동사상은 서구 근대를 이해하는 데 핵심적 지위를 차지하는 인권과 민주주의 혹은 자율성과 민주주의 등과 대화하면서 동아시아 사상 내에서 이와 통하는 공통의 지평을 발굴하는 작업에 그치지 않고, 동아시아 역사와 유가 사상의 전통 속에 미발未發의 상태로 내장된 비서구적 자유 및 민주주의 이해를 명료화하여 서구적 자율성의 이해가 지니는 한계를 드러내는 작업으로 나간다.

요약해 보자면 동아시아 유교 전통의 핵심인 인仁을 '돌봄의 자유'(freedom as care) 혹은 '생명 속의 자유'(freedom in life)로 재정의하고 이를 바탕으로 하여 인정仁政의 이념을 지구적 비상사태인 생태 위기를 극복할 생태·대동 민주주의로 창신創新하는 작업은 술이부작述而不作과 법고창신法古創新이라는 유교 전통의 사유를 활용하여 그 자신의 재탄생을 알리는 선언서인 셈이다. 이하에서 성리학을 포함한 유가 사상이 21세기 생태 위기 시대를 극복할 사상으로 거듭나기 위해서 어떤 길을 걸어야 할지에 관한 필자의 생각을 개괄적으로나마 그려 보고자 한다.[78]

공자에게서 연원하는 유가 사상은 서구적인 주체성에 관한 사유 방식과 다른 면모를 보여 준다. 유가적 사상의 핵심을 구성하는 공자의 인仁에 대한 강조에는 사람 및 여타 생명체의 취약성에 대한 민감성이 깔려 있다.

---

[78] 이하 내용은 나종석, 『대동민주주의와 21세기 유가적 비판이론의 모색』, 제12장 중 607~608쪽, 제15장 754~755쪽 그리고 제18장 900~907쪽을 토대로 재구성하면서 수정·보완한 것임.

공자가 인간을 홀로 독립해서 존재할 수 없는, 타자와의 관계를 벗어날 수 없는 존재임을 강조하는 것을 고려할 때, 삶의 취약성은 본디 관계적 존재의 본성에 뿌리박고 있는 것으로 이해되어야 한다. 그러니까 공자의 인仁 사상은 인간이란 타자로부터 상처받을 수 있는 존재라는 점에 대한 자각과 긴밀하게 연결되어 있다. 서로에게 의존해 있다는 사태의 중요성은 그런 의존적 관계가 무릇 늘 조화롭기 때문만이 아니라, 인간의 삶(과 생명체)의 근본 사태인 상호의존적 관계 자체가 인간에게 심각한 해악을 가할 수 있다는 점과도 관련되어 있다. 달리 말해, 역설적으로 들릴지라도 죽임과 살해를 일삼는 사회적 관계야말로 인간의 삶의 취약성과 상처받을 수 있음의 본연의 장소라는 것이다. 이런 맥락에서 주디스 버틀러는 상호의존적 "관계의 한 속성으로서의 취약성"을 강조한다.[79]

그렇기에 인간과 생명체가 상처받을 수 있는 취약한 존재라는 점에 관한 자각은 창조적이고 자유로운 인간의 생명 활동을 억누르는 온갖 사회적 관계에 맞서 생명을 소중하게 여기고 그런 생명의 역량을 잘 보살펴서 번영과 성공으로 이어질 수 있게 하는 도움, 즉 성공적인 돌봄 관계를 형성할 필요가 있다는 통찰과 밀접하게 연결되어 있다. 캐럴 길리건이 주장하듯이 사람들이 서로 연결되어 있다는 사실에서 우리는 타자에 대한 폭력이란 결국은 자신을 파괴하는 행위와 같음을 알게 된다.[80] 여기에서 우리는 돌봄 실천으로서의 자율성이 인간과 생명이 모두 다 소중하다는 평등 의식을 전제하고 있음을 깨닫게 된다.

달리 말하자면 삶과 생명체의 취약성에 터를 두고 있는 상호의존적 관계에 대한 유가적 강조는, 독립적인 주체 사이의 평등과는 다르면서도 인간과 생명체의 평등 개념을 포함하고 있음을 잊어서는 안 된다. 독립적이고

---

79) 주디스 버틀러, 『비폭력의 힘: 윤리학─정치학 잇기』(김정아 옮김, 문학동네, 2021), 66쪽.
80) 캐럴 길리건, 『침묵에서 말하기로』(이경미 옮김, 심심, 2020), 201쪽.

자율적인 주체 상호의 평등이 지니는 허구성과 한계를 반복할 필요는 없지만, 우리가 자율성을 함께 돌보는 행위로 재규정하는 것처럼 자유주의적(더 나아가 서구적 평등관, 이를테면 공화주의적 평등관이나 마르크스의 '자유로운 생산자들의 연합체'라는 구상에서 보듯이 사회주의적 평등관을 포함하여) 평등관의 비판적 재규정이 요구된다. 타자의 돌봄 없이는 살아갈 수 없으며, 그렇기에 돌봄은 모든 생명체가 필요로 하는 보편적 요구라는 점에서 인간과 생명은 평등한 존재라는 인식이 새로운 평등 개념의 요체이다. 그러므로 우리는 대안적 평등관을 서로가 의존하고 있는 의존성의 사태에서 우러나는 상호의존적 평등관이라고 개념 정의해 봄직도 할 것이다.

돌봄의 자율성 이론은 서양 근대에서 자유의 사회성을 가장 탁월하게 이론화하고 있다고 평가받는 헤겔적인 사회적 자유론의 한계도 넘어선다. 헤겔과 오늘날 호네트 등의 사회적 자유론은 근본적으로 대칭적 인간관계를 중심으로 자유를 바라보고 있을 뿐만 아니라, 생태적 사유가 모자란 인간중심주의적 사유 패러다임에 사로잡혀 있다. 따라서 서로 돌봄을 실천하는 행위를 통해서만 상호의존 관계 내에 구성적 요소로 작동하는 폭력성(타자의 생명에 해를 가하는 행위)은 극복 가능하며, 상호의존적 평등의 이상을 구현할 성공적인 상호의존적 인간관계 자체가 존립할 수 있다.

이런 통찰은 차마 해치지 못하는 마음과 관계적 존재를 강조하는 공맹 사상과 통한다. 인간은 처음부터 자율적이고 독립적인 주체로 태어나는 것이 아니라, 아무리 애를 써도 완전히 극복할 수 없는 상호의존성의 맥락에서 살아가는 존재이다. 따라서 서로가 함께 돌봄을 실천할 때만이 폭력적으로 강요된 예속적인 의존관계로부터 해방된 비예속적인 상호의존관계가 구성될 수 있으며, 이를 통해서만 인간의 인간다움을 실현할 수 있다. 필자가 보기에 공자는 인仁 개념을 통해 이런 점을 강조하고 있다. 그러므로 공자의 인仁 개념은 자신과 타자 모두의 생명의 소중함을 보호하면서 의미 있는 삶을 형성하기 위해 관계의 개선에 관심을 기울이는 돌봄 행위로서의 자율성을 함축하고 있다고 보아도 틀리지 않을 것이다.

유럽 근대의 자본주의 시스템, 그러니까 자유주의적 민주주의가 인간(부유한 유럽 백인 남성을 인간의 표상으로 설정하면서)을 자연의 정복자이자 지배자로 그리고 자연을 한갓 인간의 이익을 충족하기 위한 수단으로 바라보는 태도에 기반하고 있지만, 그와 같은 무한한 성장중심주의적 자본주의 사회는 본래 실현 불가능한 기획이었다고 볼 수 있을 것이다. 그런 유럽 근대의 자본주의 체제가 전 지구적 차원으로 성공적으로 확장되어 자신을 가능하게 해 주는 타자를 마음껏 포식한 신자유주의적 자본주의 체제의 작동 결과가 바로 인류 문명 전체와 지구상의 생명공동체를 파멸로 몰고 가는 생태 위기로 드러나게 된 셈이다.

이런 상황에서 서구 근대성의 규범적 이념의 토대라 할 민주주의와 자율에 대한 근본적 성찰이 진행되는 것도 자연스럽고, 이와 더불어 이른바 서구적인 자유민주주의 정치체제가 과연 인류가 당면한 생태 위기를 극복할 역량을 지니고 있는지에 대한 회의의 목소리가 등장하는 것도 이상한 일은 아니다.

그러나 더 바람직한 길은, 민주주의와 자율성의 이념을 전적으로 폐기하지 않은 채 생태사회로 전환하는 길을 모색하는 것일 터이다. 그러므로 우리는 자연, 생명, 인간을 한갓 부품이나 효율성 증대를 위한 자원으로만 취급하는 자본주의적 폭력을 제어할 방식과 더불어 생태주의적 문명사회로의 전환을 위해 민주주의와 인권의 소중함을 새롭게 규정할 필요가 있을 것이다. 좀 추상적이고 선언적이긴 하지만, 생태민주주의적 관점에서, 그러니까 자연과 인간의 공생관계를 형성하는 맥락에서 우리는 편협한 인간중심주의라는 시각에 사로잡힌 민주주의와 인권의 자율성 담론의 잠재성을 재구성할 필요가 있다.

그러므로 인간과 비인간 생명체 그리고 이런 생명체가 번영할 수 있는 생태계 전체를 책임지라는 요청에 대한 응답으로서 돌봄 중심의 새로운 자율성 이론과 상호의존적 평등관은 서구 근대의 인간중심적(anthropocentric)이고, 이성중심적(logos-centric)이며 상호대칭적 관계를 모델로 하는 독립성 본위(independence-oriented)의 주체성과 자유 개념의 한계를 극복할 대안적 자율성 및 평등 개념으로 이해될 수 있을 것이다.

달리 말하자면 서구 근대의 개인주의적인 자유와 평등 개념을 대체할 것으로 제언된 돌봄으로서의 자유와 상호의존적 평등 이론은 취약성(vulnerability), 상호의존성(interdependence), 불확실성(uncertainty) 등이 인간을 포함한 모든 생명체의 근본적 존재 구조라는 점에서 출발한다. 그리고 이런 성찰의 바탕 위에서 모든 생명체가 성공적으로 번영할 조건을 책임지면서 돌보는 상호돌봄 행위와 상호의존적 평등을 대안적 자유 및 평등 이론으로 정의하면서 우리는 이를 21세기 인류가 필요로 하는 도덕과 정치이론의 핵심으로 받아들여야 할 것이다.

이처럼 생태 위기 시대에 적합한 민주주의 사회의 모색을 위해 새로운 대안적 자유 이론을 바탕으로 해서 우리는, 자연과 인간의 생태적 상호의존성에 대한 무관심으로 인해 자연과 인간을 파멸로 이끌어 가는 오늘날의 사회를 비판할 수 있는 도덕 및 정치의 근본 원칙이 무엇인지를 이해할 수 있게 된다. 필자는 이런 생태적 사유로의 전환에서 요구되는 자유론의 새로운 가능성을 생태적 자유론이자 돌봄의 자유론 혹은 생명 자유론의 관점에서 모색하고 있다. 이런 대안적 자유론은 유가 사상의 변형과 함께한다. 물론 이런 유가적 사유 전통에서 길어낸 새로운 자유론, 이름하여 돌봄의 자유론에 관해서는 『대동민주주의와 21세기 유가적 비판이론의 모색』 제12장에서 상세하게 다루었다.

앞에서도 언급했듯이 돌봄과 보살핌의 정신에서 출발하는 자유론, 돌봄 자유론은 유가적 자유론의 새로운 길이다. 이런 생각의 일단을 더 설명해 보자. 거칠게 말하자면 대안적 자유론으로서의 돌봄의 자유론이자 생태적 자유론은 헤겔의 '생명에서 정신으로의 이행'에서 자유를 이해하지 않고 생명 속의 자유를 지향한다. 생명과의 단절에서 자유로운 정신세계가 구출될 수 있다는 사유 방식과 단절하고 '생명'과 '인간의 역사적·사회적 세계'의 상호의존성 및 연속성을 중심으로 자유를 재규정하려는 것이다.

그러니까 돌봄의 자유론의 철학적 토대는 유가적 혹은 성리학적으로 재해석된 생명 사상인데, 이에 대해서는 『대동민주주의와 21세기 유가적 비판이론의 모색』 제16장과 17장에서 상세하게 언급해 두었다. 유가적 생명 사상에 따르면 생명과 인은 내적으로 공속한다. 특히 성리학은 우주 내에서 약동하는 다양한 생명의 생성과 그 변함없는 지속적인 창조적 생명력을 천지가 만물을 낳은 마음인 인仁으로 해석했다. 간단하게 말해 천지가 만물을 낳은 마음을 인仁이라고 하는 성리학적 생명 사상은 사실상 인을 생명의 근본 원리로 보고 있는 셈이다. 그리고 생명의 근본적 힘이라고 할 이런 인仁을 성리학은 생의生意라고도 했다.

유가적인 생명 사상을 토대로 해 대동민주주의의 자율성 이론이자 유가적 어짊에 대한 새로운 해석으로 제안된 돌봄의 자유론 혹은 생명 속 자유 개념은 오늘날 자본주의 사회에서 널리 퍼져 있는 인간관, 즉 개인주의적 인간관을 따르지 않는다. 개인주의적 인간관은 인간이 이기적인 욕망에 따라 행동하는 경제적 인간(호모 에코노미쿠스)의 형태로 나타나든, 선택의 자유를 지닌 소유 개인주의적 형태로 나타나든, 권리의 궁극적 담지자로서의 자율적인 개인주의의 형태로 나타나든, 그 근본적 성격에서 동일하다.

이에 비해 돌봄의 자유론은 철저하게 사회적 자유론이나 관계적 자율성 관점을 수용하면서도 이를 생태적 상호의존성의 맥락으로 확장한다. 이 경우 우리의 길을 비춰 주는 실마리는 바로 성리학적 어짊의 개념, 즉 천지만물이 한 몸이라는 자각이야말로 인仁의 궁극적 경지라는 이론이다.

따라서 유가적 생명 사상은 자연과 인간 모두를 한갓 지배의 대상이자 다른 것으로 대체 가능한 부품으로 전락시켜 버리는 무시무시한 기술의 본질과 그에 연동해 있는 현대 자본주의적 과학기술문명의 세계를 극복하기 위해, 비유기체적인 자연과 생명 그리고 정신세계 사이의 상호의존성과 연속성에 대한 새로운 자각을 바탕으로 하는 사유를 모색하고자 한다.

대동민주주의와 돌봄의 자율성 이론에서 볼 때 자유와 민주주의에 대한 새로운 사유의 실마리는 인간 역시 상처받을 수 있는 생명체라는 점에 대한 철저한 자각이어야 한다. 그리고 이런 승인을 바탕으로 우리는 생명과 자유로운 정신세계 사이의 근본적 단절과 질적 전환을 강조하는 서구 근대의 인격과 물건의 이원론과의 비판적 대결을 수행해야 한다.

8. 나가는 말

이미 여러 차례 언급한 바 있는 『예기禮記』 「예운禮運」편에 나타난 유교의 천하위공 및 대동사회 이념에 따르면, 능력과 덕성이 있는 사람을 존중하는 것은 천하위공의 실현 즉 유가가 꿈꾼 이상사회인 대동세계를 구현하는 목적과 관련되어 있다. 그리고 거기에서는 능력(힘)이나 노력도 오로지 자신의 사사로운 이익 추구를 위한 수단이나 개인의 입신 영달 및 입신출세를 위한 수단으로 삼아서는 안 된다는 점이 강조되어 있다.

그러므로 유교적 능력주의 이념이 대동세계 및 천하위공의 이념과의 연관 속에서 이해되지 않는다면 그 본래의 뜻이 변질될 수 있음은 당연하다. 그럴 경우에는 대도大道가 상실되고 난세가 초래될 것이기 때문에, 능력주의 원칙이 천하의 공공성과 별개로 자립해서 유일한 사회의 구성 원리로 관철되는 것은 매우 경계해야 마땅한 사항이었을 것이다. 요약해서 말하자면,

유교가 꿈꾸는 이상사회는 능력주의 이념을 극단적으로 신봉하는 사회가 아님은 두말할 나위가 없을 것이다.

물론 천하위공 및 대동세계의 이상에서 민주주의적 평등 원칙을 곧바로 도출하는 것은 성급한 일일 것이다. 그러나 역사적으로 천하위공의 사상이 민주공화제의 이념과 만난 것도 사실이다. 중국이나 한국의 역사 및 지성사가 이런 점을 보여 준 바 있다. 또한 천하위공 및 대동세계의 이상을 지향하는 유교 사상은 한국 사회로 하여금 근현대사 속에서 서구 민주공화주의와의 창조적 만남을 가능하게 하는 매개의 역할을 했다고 본다. 그래서 필자는 한국 사회의 근현대 역사를 해명할 실마리로 대동민주주의라는 개념을 제안한 바 있다.

대동민주주의라는 개념은 "대동적 세계를 이상적 사회로 상상해 온 동아시아 고유의 유교적 정치문화와 서구적 근대의 해방적 계기인 민주주의가 결합되어 한국 사회에서 독특하게 형성되어 온 민주주의 역사 및 그것을 추동한 기본 정신을 표현"하기 위해 제안된 것이다.[81] 그리고 대동민주정신은 한국의 독립운동을 거쳐 제헌헌법에는 물론이고 최근의 촛불혁명에 이르기까지 우리 사회의 민주주의 역사를 구성하는 중요한 원동력으로 현재에 이르고 있다.

이런 점에서 볼 때 오늘날 한국 사회의 민주주의 성숙과 발전에 장애가 되는 자본주의적 혹은 개인주의적 능력주의 원칙의 과도한 일반화 및 관철을 제어하기 위한 문화적 자산의 하나로서 천하위공의 유교적 대동 정신의 정의관에 주목할 필요가 있을 것이다.

그렇지만 필자 또한 사유의 변화만으로는 현실 사회가 곧바로 변화될 수는 없을 것이라는 점을 모르진 않는다. 진부한 말로 들릴지 모르나, 철학이나 이론이 실천을 대신할 수 없다. 그리고 사유가 현실의 권력관계나 다양한

---

81) 나종석, 『대동민주유학과 21세기 실학』, 26쪽.

이해관계로 환원될 수 없다고 해서 세계에 대한 기존의 주류적 통념을 비판하고 새로운 대안적 사유를 탐색하는 이론적 성찰이 현실 세계의 복잡한 관계에서 전적으로 벗어난 활동일 수 없음도 두말할 나위가 없다. 역사적 현실 세계 속에 활동하는 언어와 개념을 통해 특정 세계가 어떤지를 규정하고 정의하는 작업 자체가 현실 자체를 구성하는 힘이라는 점을 부정하긴 힘들다. 따라서 사유 역시 구체적 현실 속에서 존재하면서 그 현실을 형성하는 요소임에는 분명하다.

오늘날 능력주의적 정의관에 대한 우리 사회의 거의 신화적 믿음에 가까운 맹신에도 불구하고 우리 사회에서 정의란 무엇인가라는 물음이 많은 사람의 관심을 끌고 있다. 그러나 정의에 대한 이론적 성찰은 전 지구적 정의만이 아니라, 생태적인 기후 정의 문제까지도 포괄할 수 있도록 확충되어야 하는 시대가 되었다. 이와 관련해 필자는 이미 대동 이념의 생태적 전환의 필요성을 강조했다.

그러나 무엇이 정의롭고 그렇지 않은지를 둘러싸고 진행되는 논쟁, 즉 정의를 둘러싼 언어와 개념에 대한 서로 다른 이해방식의 충돌은 정치 세계에서의 실천과 밀접하게 관련되어 있을 뿐 아니라, 공통의 세계를 형성하는 정치적 실천에서 사소하지 않은 역할을 한다. 그러니까 언어와 개념에 대한 새로운 숙고와 사고는 정치적 권력을 쟁취하려는 투쟁의 수단으로 환원되지 않는 고유한 자립성을 지니면서도 나름의 정치적인 힘을 발휘한다는 것이다.

언어와 개념이 지니는 정치적 실천의 힘에 대한 강조는 동과 서를 관통하는 오래된 지혜이기도 하다. 이와 관련해 이름을 바로잡는 일, 즉 정명正名이야말로 정치적 실천에서 결정적 의미를 지닌다고 본 공자나 인간의 정치적 공동체에서는 그 어떤 생명체의 세계보다도 더 정의로움과 부정의함, 좋은 것과 나쁜 것과 같은 핵심적인 윤리적 개념을 공유하는 일이 중요하다는 아리스토텔레스의 언급을 상기하는 것으로 족할 것이다. 마찬가지로 특히 철학을 공부하는 필자의 작업도 '지금 그리고 바로 여기'라는 우리의 현실에서 사람들이 살아갈 더 바람직한 방향을 재설정하는 데 나름 긍정적 역할을 할 수 있으리라는 점을 전제하고 있다.

따라서 역사 속에서 우리에게 전해져 내려오는, 그렇지만 냉전 반공주의의 힘을 부추기는 한반도의 분단체제의 지속성으로 인해 여전히 충분하게 발현되고 있지 못한 미발未發의 계기로 남아 있는 유가적인 대동적 이념의 정의 원칙을 명료화하고, 이를 21세기 생태 위기 시대에 어울리는 방식으로 확충해 가는 작업은 여전히 중요하다.

그런 성찰은 아마 오늘날 우리 사회를 지배하고 있는 능력주의적 정의관의 한계가 무엇인지를 해명하고 다른 대안적 정의관이 가능하다는 희망을 품는 데 한몫을 할 수 있다고 본다. 그리고 그런 희망 자체가 우리가 겪는 문제에 대한 해답은 아니겠지만, 우리 사회가 좀 더 나은 방향으로 나갈 수 있게 하는 데 나름 중요한 실천적 힘을 발휘할 것으로 생각한다.

참고 문헌

『고종실록』.

『동몽선습』, 한국고전종합DB.

『맹자』, 동양고전연구회 역주, 민음사, 2016.

『사직서의궤』, 한국고전번역원.

『서경』, 김학주 옮김, 명문당, 2002.

『서경』, 신동준 옮김, 인간사랑, 2016.

『선조수정실록』.

『숙종실록』.

『순자』, 김학주 옮김, 을유문화사, 2001.

『순조실록』.

『승정원일기』 54책(탈초본 988책).

『승정원일기』 62책(탈초본 1115책).

『시경』, 정상홍 옮김, 을유출판사, 2014.

『영조실록』.

『예기』 상·중·하, 이상옥 옮김, 명문당, 2003.

『일성록』.

『정조실록』.

『정종실록』.

『주례』, 이준영 옮김, 자유문고, 2002.

『중종실록』.

『태조실록』.

『통색촬요』, 박헌순 외 옮김, 한국고전번역원, 2016.

『현종개수실록』.

『효경』, 김학주 옮김, 명문당, 2006.

『효종실록』.

『聚語』, 「報恩官衙通告 癸巳三月十一日 東學人掛書于三門外」, 동학농민전쟁종합정보
    시스템(http://www.e-donghak.or.kr/dirFrameSet.jsp?item=sa)

奇大升 엮음, 『국역 주자문록: 고봉 기대승이 엮은 주자의 문집』, 김근호 외 옮김, 예문서원, 2019.

金在魯, 『禮記補註』, 성백효·박성자·이영준 공역, 해동경사연구소, 한국고전종합DB, 2017.

安鼎, 『조선문명사』, 송강호 역주, 우리역사연구재단, 2015.

呂不韋, 『여씨춘추』, 정하현 옮김, 소명, 2011.

黎靖德 편, 『주자어류』 2·4, 허탁 외 옮김, 청계, 2001.

柳壽垣, 『迂書』, 한영국 옮김, 한국고전번역원, 1981.

李肯翊, 『연려실기술』, 김규성 옮김, 한국고전번역원, 1967.

李珥, 『栗谷先生全書』, 권오돈 외 옮김, 한국고전번역원, 1968.

_____, 『栗谷全書』, 한국고전번역원, 1986.

李瀷, 『성호사설』, 최석기 옮김, 한길사, 2007.

_____, 『성호사설』, 한국고전번역원, 1978.

_____, 『성호전집』, 한국고전번역원, 2015.

鄭道傳, 『조선경국전』 상, 김동주 옮김, 한국고전번역원, 1977.

_____, 『삼봉집』, 김도련 옮김, 한국고전번역원, 1977.

_____, 『조선경국전』 상, 정병철 편저, 『증보 삼봉집 Ⅱ』, 한국학술정보, 2009.

丁若鏞, 『여유당전서』 제1집, 시문집, 한국고전번역원, 1983.

_____, 『정다산 시문선: 경세제민의 작품을 중심으로』, 김지용 역주, 교문사, 1991.

_____, 『역주 논어고금주』 4, 이지형 옮김, 사암, 2010.

正祖, 『홍재전서』 권161~168, 『일득록』, 한국고전번역원.

_____, 『홍재전서』, 권12·31, 한국고전번역원.

趙翼, 『포저집』, 이상현 옮김, 한국고전번역원, 2005.

左丘明, 『춘추좌씨전』 중, 문선규 옮김, 명문당, 2009.

_____, 『춘추좌전』 1, 신동준 옮김, 한길사, 2006.

朱熹, 『논어집주』, 성백효 옮김, 전통문화연구회, 1990.

_____, 『대학』, 최석기 옮김, 한길사, 2014.

_____, 『대학중용집주』, 성백효 옮김, 전통문화연구회, 1991.

_____, 『맹자집주』, 성백효 옮김, 전통문화연구회, 1991.

_____, 『주자대전』 3·5·8·9, 주자대전번역연구단 옮김, 전남대학교 철학연구교육 센터·대구한의대학교 국제문화연구소, 2010.

_____, 『주자봉사』, 주자사상연구회 옮김, 혜안, 2011.

朱熹·呂祖謙 편저, 『근사록집해』 1·2, 이광호 역주, 아카넷, 2004.

崔致遠, 『계원필경집』, 이상현 옮김, 한국고전번역원, 2010.

韓元震, 『주자언론동이고』, 곽신환 역주, 소명출판, 2002.

黃玹, 『오동나무 아래에서 역사를 기록하다: 황현이 본 갑오농민전쟁』, 김종익 옮김, 역사비평사, 2016.

가라타니 고진(柄谷行人), 『근대문학의 종언』, 조영일 옮김, 도서출판b, 2006.

강만길 편, 『조소앙』, 한길사, 1982.

_____, 『한국민족운동사론』, 서해문집, 2008.

_____, 『고쳐 쓴 한국 근대사』, 창비, 2015.

_____, 『고쳐 쓴 한국 현대사』, 창비, 2015.

강상규, 『조선정치사의 발견: 조선의 정치지형과 문명전환의 위기』, 창비, 2013.

강재언, 『선비의 나라 한국유학 2천년』, 하우봉 옮김, 한길사, 2003.

강정인, 『넘나듦(通涉)의 정치사상』, 후마니타스, 2013.

고려대 민족문화연구원 '우리가 살고 싶은 나라' HK기획연구팀, 『더 나은 민주주의를 위한 정치철학』, 학술대회 자료집, 2015. 10. 30.

곽준혁, 『경계와 편견을 넘어서: 우리 시대 정치철학자들과의 대화』, 한길사, 2010.

권연웅, 『경연과 임금 길들이기』, 지식산업사, 2015.

권오영, 『근대이행기의 유림』, 돌베개, 2012.

권용혁, 『가족과 근대성』, 이학사, 2021.

김경용, 『과거제도와 한국 현대교육의 재인식』, 교육과학사, 2009.

김경재, 『김재준 평전』, 삼인, 2014.

김구, 『백범일지』, 도진순 주해, 돌베개, 2015.

김기승, 『조소앙이 꿈꾼 세계: 육성교에서 삼균주의까지』, 지영사, 2003.

_____, 『조소앙』, 역사공간, 2015.

김대중, 『통일지향의 평화를 향하여』, 김대중평화센터 엮음, 한겨레출판, 2007.

김덕영, 『환원근대: 한국 근대화와 근대성의 사회학적 보편사를 위하여』, 길, 2014.

김동춘, 『1997년 이후 한국 사회의 성찰: 기업사회로의 변환과 과제』, 길, 2006.

김명호, 『환재 박규수 연구』, 창비, 2008.

김문식, 『정조의 제왕학』, 태학사, 2007.

김백철, 『조선 후기 영조의 탕평 정치』, 태학사, 2010.

_____, 『두 얼굴의 영조: 18세기 탕평 군주상의 재검토』, 태학사, 2014.

김상준, 『맹자의 땀 성왕의 피: 중층근대와 동아시아 유교문명』, 아카넷, 2011.

_____, 『유교의 정치적 무의식』, 글항아리, 2014.

김상환, 『공자의 생활난: 김수영과 『논어』』, 북코리아, 2016.

김소진, 『한국독립선언서연구』, 국학자료원, 1999.

김옥균 · 박영효 · 서재필, 『갑신정변 회고록』, 조일문 · 신복룡 편역, 건국대학교 출판부, 2006.

김위현, 『동농 김가진전』, 학민사, 2009.

김인걸, 『조선 후기 공론 정치의 새로운 전개: 18, 19세기 향회, 민회를 중심으로』, 서울대학교 출판문화원, 2017.

김인걸 외, 『정조와 정조시대』, 서울대학교 출판문화원, 2011.

김자현, 『임진전쟁과 민족의 탄생』, 윌리엄 하부시 · 김지수 편집, 주채영 옮김, 너머북스, 2019.

김정인, 『민주주의를 향한 역사: 시대의 건널목, 19세기 한국사의 재발견』, 책과함께, 2015.

김정한 엮음, 『최장집의 한국 민주주의론』, 소명출판, 2013.

김지수, 『정의의 감정들』, 김대홍 옮김, 너머북스, 2020.

김필동, 『한국 사회조직사연구: 계조직의 구조적 특성과 역사적 변동』, 일조각, 1992.

_____, 『차별과 연대: 조선 사회의 신분과 조직』, 문학과지성사, 1999.

김호, 『100년 전 살인사건』, 후마니스트, 2018.

김홍규, 『근대의 특권화를 넘어서: 식민지 근대성론과 내재적 발전론에 대한 이중 비판』, 창비, 2013.

나오미 클라인, 『미래가 불타고 있다: 기후 재앙 대 그린 뉴딜』, 이순희 옮김, 열린책들, 2021.

나종석, 『헤겔 정치철학의 통찰과 맹목: 서구 근대성과 복수의 근대성 사이』, 에코리브르, 2012.

_____, 『대동민주유학과 21세기 실학: 한국 민주주의론의 재정립』, 도서출판b, 2017.

_____, 『대동민주주의와 21세기 유가적 비판이론의 모색』, 예문서원, 2023.

나종석 외, 『유학과 동아시아: 다른 근대의 길』, 도서출판b, 2018.

노관범, 『고전통변』, 김영사, 2014.

_____, 『백암 박은식 평전』, 이조, 2021.

대니얼 벨, 『차이나 모델』, 김기협 옮김, 서해문집, 2017.

데이비드 밀러, 『정치철학』, 이신철 옮김, 교유서가, 2022.

디페시 차크라바르티, 『유럽을 지방화하기: 포스트식민 사상과 역사적 차이』, 김택현 · 안준범 옮김, 그린비, 2014.

뚜웨이밍(杜維明), 『뚜웨이밍의 유학강의』, 정용환 옮김, 청계, 1999.

_____, 『문명들의 대화』, 김태성 옮김, 휴머니스트, 2006.

로버트 달, 『미국 헌법과 민주주의』, 박상훈·박수형 옮김, 후마니타스, 2004.

로베스피에르, 『로베스피에르: 덕치와 공포정치』, 배재현 옮김, 프레시안북, 2009.

리-시앙 리사 로즌리, 『유교와 여성 – 오리엔탈리즘적 페미니즘을 넘어서』, 정환희 옮김, 필로소픽, 2023.

마거릿 캐노번, 『인민』, 김만권 옮김, 그린비, 2015.

마루야마 마사오(丸山眞男), 『일본정치사상사연구』, 김석근 옮김, 통나무, 1995.

_____, 『현대정치의 사상과 행동』, 김석근 옮김, 한길사, 1997.

마루카와 데쓰시(丸川哲史), 『리저널리즘』, 백지운·윤여일 옮김, 그린비, 2008.

마르티나 도이힐러, 『조상의 눈 아래에서: 한국의 친족, 신분 그리고 지역성』, 김우영·문옥표 옮김, 너머북스 2018.

마리아 미즈, 『가부장제와 자본주의: 여성, 자연, 식민지와 세계적 규모의 자본축적』, 최재인 옮김, 갈무리, 2014.

마사 누스바움, 『혐오와 수치심: 인간다움을 파괴하는 감정들』, 조계원 옮김, 민음사, 2015.

마우리지오 비롤리, 『나라 사랑을 말하다: 애국주의와 민족주의』, 박의경 옮김, 전남대학교출판문화원, 2020.

마이클 샌델, 『공정하다는 착각』, 함규진 옮김, 와이즈베리, 2020.

마이클 영, 『능력주의』, 유강은 옮김, 이매진, 2020.

마커스 래디커, 『노예선』, 박지순 옮김, 갈무리, 2018.

마크 릴라 외 엮음, 『이사야 벌린의 지적 유산』, 서유경 옮김, 동아시아, 2006.

미셸 푸코, 『성의 역사 제1권: 앎의 의지』, 이규현 옮김, 나남, 1994.

미야자키 이치사다(宮崎市定), 『중국의 시험지옥: 과거(科擧)』, 박근철·이근명 옮김, 청년사, 1993.

미야지마 히로시(宮嶋博史), 『양반』, 노영구 옮김, 강, 2006.

_____, 『나의 한국사 공부: 한국사의 새로운 이해를 찾아서』, 너머북스, 2013.

미우라 쿠니오(三浦國雄), 『인간 주자』, 김영식·이승연 옮김, 창작과비평사, 1996.

_____, 『주자어류선집』, 이승연 옮김, 예문서원, 2012.

미조구치 유조(溝口雄三), 『개념과 시대로 읽는 중국사상 명강의』, 최진석 옮김, 소나무, 2004.

미조구치 유조 외, 『중국의 예치시스템』, 동국대동양사연구실 옮김, 청계, 2001.

_____, 『중국의 공과 사』, 정태섭·김용섭 옮김, 신서원, 2004.

_____, 『중국제국을 움직인 네 가지 힘』, 조영렬 옮김, 글항아리, 2012.

박권일, 『한국의 능력주의: 한국이 기꺼이 참거나 죽어도 못 참는 것에 대하여』, 이데아, 2021.

박노자, 『나는 폭력의 세기를 고발한다』, 인물과사상사, 2005.

_____, 『우승열패의 신화』, 한겨레출판, 2007.

박민영, 『임시정부 국무령 석주 이상룡』, 지식산업사, 2020.

박병호, 『개정판 한국법제사고』, 민속원, 2021.

박은식, 『한국독립운동지혈사』, 김도형 옮김, 소명출판, 2008.

_____, 『왕양명 실기』, 이종란 옮김, 한길사, 2010.

_____, 『대통령이 들려주는 우리 역사』, 조준희 옮김, 박문사, 2011.

_____, 『한국통사』, 김태웅 역해, 아카넷, 2012.

박재순, 『다석 유영모의 철학과 사상』, 한울아카데미, 2013.

박정심, 『한국 근대사상사』, 천년의상상, 2016.

박찬승, 『대한민국은 민주공화국이다』, 돌베개, 2013.

박현모, 『정조 사후 63년: 세도 정치기(1800~1863) 국내외 정치 연구』, 창비, 2011.

박훈, 『메이지 유신은 어떻게 가능했는가』, 민음사, 2014.

_____, 『메이지 유신과 사대부적 정치문화』, 서울대학교출판문화원, 2019.

박희병, 『범애와 평등: 홍대용의 사회사상』, 돌베개, 2013.

배병삼, 『맹자, 마음의 정치학』 1, 사계절, 2019.

백남운, 『조선민족의 진로·재론』, 범우, 2007.

백영서, 『동아시아의 귀환: 중국의 근대성을 묻는다』, 창비, 2000.

_____, 『동아시아 담론의 계보와 미래』, 나남, 2022.

버나드 마넹, 『선거는 민주적인가: 현대 대의민주주의의 원칙에 대한 비판적 고찰』, 곽준혁 옮김, 후마니타스, 2004.

베네딕트 앤더슨, 『경계 너머의 삶』, 손영미 옮김, 연암서가, 2019.

벤자민 슈워츠, 『중국 고대 사상의 세계』, 나성 옮김, 살림, 2004.

브루스 커밍스, 『한국현대사』, 김동노 외 옮김, 창비, 2001.

서중석, 『한국현대 민족운동연구: 해방후 민족국가 건설운동과 통일전선』, 역사비평사, 1996.

_____, 『한국현대 민족운동연구 2: 1948~1950 민주주의·민족주의 그리고 반공주의』, 역사비평사, 1996.

_____, 『신흥무관학교와 망명자들』, 역사비평사, 2001.

서중석·김덕련,『서중석의 현대사 이야기 1: 해방과 분단 친일파, 현대사의 환희와 분노의 교차로』, 오월의봄, 2015.

서희경,『대한민국 헌법의 탄생: 한국 헌정사, 만민공동회에서 제헌까지』, 창비, 2012.

세일라 벤하비브,『타자의 권리: 외국인, 거류민 그리고 시민』, 이상훈 옮김, 철학과현실사, 2008.

소공권(蕭公權),『중국정치사상사』, 최명·손문호 옮김, 서울대학교 출판부, 2002.

손규태,『장공 김재준의 정치신학과 윤리사상』, 대한기독교서회, 2012.

송양섭,『18세기 조선의 공공성과 민본이념: 손상익하의 정치학, 그 이상과 현실』, 태학사, 2015.

송준호,『조선 사회사 연구』, 일조각, 1987.

송호근,『인민의 탄생 : 공론장의 구조변동』, 민음사, 2011.

_____,『시민의 탄생 : 조선의 근대와 공론장의 지각변동』, 민음사, 2013.

수전 벅모스,『헤겔, 아이티, 보편사』, 김성호 옮김, 문학동네, 2012.

쉬지린(許紀霖),『왜 다시 계몽이 필요한가』, 송인재 옮김, 글항아리, 2013.

스튜어트 화이트,『평등이란 무엇인가』, 강정인·권도혁 옮김, 까치, 2016.

시마다 겐지(島田虔次),『주자학과 양명학』, 김석근 옮김, 에이케이커뮤니케이션즈, 2020.

신복룡,『개정증보판 대동단실기』, 선인, 2014.

신용하,『박은식의 사회사상 연구』, 서울대학교출판부, 1998.

_____,『증보 신채호의 사회사상연구』, 나남, 2004.

신우철,『비교헌법사: 대한민국 입헌주의의 연원』, 법문사, 2008.

신채호,『신채호전집』 제1권, 단재신채호선생기념사업회 편, 형설출판사, 1982.

_____,『단재 신채호전집』 하, 단재신채호선생기념사업회 편, 형설출판사, 1987.

_____,『단재 신채호전집』 별집, 단재신채호선생기념사업회 편, 형설출판사, 1987.

_____,『단재 신채호의 천고』, 최광식 역주, 아연출판부, 2004.

심산사상연구회 편,『김창숙문존』, 성균관대학교 대동문화연구원, 1987.

아리스토텔레스,『정치학』, 천병희 옮김, 숲, 2009.

아자 가트·알렉산더 야콥슨,『민족: 정치적 종족성과 민족주의, 그 오랜 역사와 깊은 뿌리』, 유나영 옮김, 고유서가, 2020.

안병직 편,『신채호』, 한길사, 1995.

안병직·이영훈 대담,『대한민국 역사의 기로에 서다』, 기파랑, 2007.

안재성,『윤한봉: 5·18 민주화운동 마지막 수배자』, 창비, 2017.

안재홍,『신민족주의와 신민주주의』, 民友社, 1945; 한국학진흥사업 성과포털, 민세안
　　　　재홍전집 자료집성 및 DB화.

_____,『韓民族의 基本進路』, 朝洋社出版部, 1949; 한국학진흥사업 성과포털, 민세안재
　　　　홍전집 자료집성 및 DB화.

안재홍선집 간행위원회 편,『민세 안재홍 선집』1, 지식산업사, 1981.

_____,『민세 안재홍 선집』2, 지식산업사, 1981.

_____,『민세 안재홍 선집』4, 지식산업사, 1992.

알레스데어 매킨타이어,『덕의 상실』, 이진우 옮김, 문예출판사, 1997.

알렉산더 우드사이드,『잃어버린 근대성들』, 민병희 옮김, 너머북스, 2012.

앤서니 스미스,『세계화 시대의 민족과 민족주의』, 이재석 옮김, 남지, 1997.

_____,『족류: 상징주의와 민족주의』, 김인중 옮김, 아카넷, 2016.

_____,『민족의 인종적 기원』, 이재석 옮김, 그린비, 2018.

앨런 라이언,『정치사상사: 헤로도토스에서 현재까지』, 남경태 · 이광일 옮김, 문학동
　　　　네, 2017.

야스카와 주노스케,『후쿠자와 유키치의 아시아 침략 사상을 묻는다』, 이향철 옮김,
　　　　역사비평사, 2011.

얼 C. 엘리스,『인류세』, 김용진 · 박범순 옮김, 교유서가, 2021.

에드워드 와그너,『조선 왕조 사회의 성취와 귀속』, 이훈상 · 손숙경 옮김, 일조각,
　　　　2007.

에릭 홉스봄,『1780년 이후의 민족과 민족주의』, 강명세 옮김, 창비, 2008.

에티엔 발리바르,『정치체에 대한 권리』, 진태원 옮김, 후마니타스, 2011.

역사비평 편집위원회 엮음,『논쟁으로 읽는 한국사 1 ― 전현대』, 역사비평사, 2011.

역사학회 편,『정조와 18세기: 역사로서 18세기, 서구와 동아시아의 비교사적 성찰』,
　　　　푸른역사, 2013.

오드 아르네 베스타,『제국과 의로운 민족: 한중 관계 600년사―하버드대 라이샤워
　　　　강연』, 옥창준 옮김, 너머북스, 2022.

와다 하루키(和田春樹),『이것만은 알아두어야 할 한일 100년사』, 송주명 옮김, 북&월드,
　　　　2015.

와타나베 히로시(渡邊浩),『일본정치사상사: 17~19세기』, 김선희 · 박홍규 옮김, 고려
　　　　대학교 출판문화원, 2017.

우에노 지즈코(上野千鶴子),『근대가족의 성립과 종언』, 이미지문화연구소 옮김, 당대,
　　　　2009.

위르겐 하버마스,『분열된 서구』, 장은주 · 하주영 옮김, 나남출판, 2009.

위잉스(余英時), 『주희의 역사세계』 상, 이원석 옮김, 글항아리, 2015.

윌 킴리카, 『다문화주의 개론』, 박병섭 옮김, 실크로드, 2013.

_____, 『다문화 오디세이: 다양성의 새로운 국제정치를 향해가기』, 이유혁 · 진주영 옮김, 소명출판, 2017.

_____, 『현대 정치철학의 이해』, 장동진 옮김, 동명사, 2018.

윤사순, 『한국유학사』 하, 지식산업사, 2012.

윤치호, 김상태 편역, 『윤치호 일기: 1916~1943』, 역사비평사, 2001.

_____, 『윤치호 일기』 2, 박정신 옮김, 연세대학교 출판부, 2003.

윤평중, 『시장의 철학』, 나남출판, 2016.

이기웅 편역, 『안중근, 전쟁은 끝나지 않았다』, 열화당, 2000.

이만열 편, 『박은식』, 한길사, 1980.

이매뉴얼 월러스틴, 『자유주의 이후』, 강문구 옮김, 당대, 1996.

_____, 『유럽적 보편주의: 권력의 레토릭』, 김재오 옮김, 창비, 2008.

이병천, 『한국 자본주의 모델: 이승만에서 박근혜까지, 자학과 자만을 넘어』, 책세상, 2014.

_____, 『한국 자본주의 만들기: 압축과 불균형의 이중주』, 해남, 2020.

이삼성, 『제국』, 소화, 2014.

_____, 『한반도의 전쟁과 평화: 핵무장국가 북한과 세계의 선택』, 한길사, 2018.

_____, 『동아시아 대분단체제론』, 한길사, 2023.

이상룡, 안동독립운동기념관 편, 『석주유고』 상 · 하, 경인문화사, 2008.

이상익, 『유교 전통과 자유민주주의』, 심산, 2004.

이영훈, 『대한민국 이야기』, 기파랑, 2007.

_____, 『한국경제사 1: 한국인의 역사적 전개』, 일조각, 2016.

이영훈 편, 『수량경제사로 다시 본 조선 후기』, 서울대학교 출판부, 2004.

_____, 『한국형 시장경제체제』, 서울대학교 출판문화원, 2014.

이정철, 『대동법: 조선 최고의 개혁』, 역사비평사, 2010.

이철승, 『우리철학, 어떻게 할 것인가』, 학고방, 2020.

이헌창, 『김육 평전』, 민음사, 2021.

이헌창 엮음, 『조선 후기 재정과 시장: 경제체제론의 접근』, 서울대학교 출판문화원, 2015.

이흥재, 『노동법 제정과 전진한의 역할』, 서울대학교 출판문화원, 2010.

임마누엘 칸트, 『윤리형이상학』, 백종현 옮김, 아카넷, 2012.

임마누엘 페스트라이쉬, 『한국인만 모르는 다른 대한민국』, 21세기북스, 2013.

임형택, 『실사구시의 한국학』, 창비, 2009.

자오팅양(趙汀陽), 『천하체계: 21세기 중국의 세계인식』, 노승현 옮김, 길, 2010.

장경섭, 『가족·생애·정치경제: 압축적 근대성의 미시적 기초』, 창비, 2009.

장공김재준목사기념사업회 편, 『김재준전집』 3·18, 한국신학대학 출판부, 1992.

장명국, 『대동단 총재 김가진』, 석탑출판, 2021.

장은주, 『정치의 이동: 분배 정의를 넘어 존엄으로 진보를 리프레임하라』, 상상너머, 2012.

_____, 『유교적 근대성의 미래: 한국 근대성의 정당성 위기와 인간적 이상으로서의 민주주의』, 한국학술정보, 2014.

정병준, 『1945년 해방 직후사』, 돌베개, 2023.

정순우, 『서당의 사회사』, 태학사, 2013.

정연태, 『한국근대와 식민지근대화 논쟁: 장기근대사론을 제기하며』, 푸른역사, 2011.

정옥자, 『조선후기 조선중화사상 연구』, 일지사, 1998.

정용화, 『문명의 정치사상: 유길준과 근대한국』, 문학과지성사, 2004.

정윤재, 『안재홍 평전』, 민음사, 2018.

정종섭 편, 『한국헌법사문류』, 박영사, 2002.

정창렬, 정창렬저작집 간행위원회 편, 『정창렬 저작집 1: 갑오농민전쟁』, 선인, 2014.

정희진, 『다시 페미니즘의 도전: 한국 사회 성정치학의 도전들』, 교양인, 2023.

조경달, 『이단의 민중반란: 동학과 갑오농민전쟁 그리고 조선 민중의 내셔널리즘』, 박맹수 옮김, 역사비평사, 2008.

_____, 『민중과 유토피아: 한국 근대 민중운동사』, 허영란 옮김, 역사비평사, 2009.

_____, 『식민지기 조선의 지식인과 민중 - 식민지 근대성론 비판』, 정다운 옮김, 선인, 2012.

_____, 『식민지 조선과 일본』, 최혜주 옮김, 한양대학교 출판부, 2015.

_____, 『근대 조선과 일본: 조선의 개항부터 대한제국의 멸망까지』, 최덕수 옮김, 열린책들, 2015.

조광, 『조선 후기사회와 천주교』, 경인문화사, 2010.

조동걸·한국독립운동사편찬위원회 편, 『한국독립운동의 역사 1: 한국독립운동의 이념과 방략』, 경인문화사, 2007.

조동일, 『동아시아 문명론』, 지식산업사, 2010.

조반니 아리기, 『베이징의 애덤 스미스: 21세기의 계보』, 강진아 옮김, 길, 2009.

조지훈, 『지조론』, 나남출판, 2016.

존 그레이, 『자유주의』, 손철성 옮김, 이후, 2007.

존 로크, 『통치론: 시민정부의 참된 기원, 범위 및 그 목적에 관한 시론』, 강정인·문지영 옮김, 까치, 2003.

존 롤스, 『정의론』, 황경식 옮김, 이학사, 2008.

_____, 『정치적 자유주의 증보판』, 장동진 옮김, 동명사, 2016.

_____, 『공정으로서의 정의: 재서술』, 에린 켈리 엮음, 김주휘 옮김, 이학사, 2016.

_____, 『만민법』, 장동진 외 옮김, 동명사, 2017.

존 스튜어트 밀, 『대의정부론』, 서병훈 옮김, 아카넷, 2012.

주디스 버틀러, 『비폭력의 힘: 윤리학―정치학 잇기』, 김정아 옮김, 문학동네, 2021.

줄리아 칭, 『유교와 기독교』, 임찬순·최효선 옮김, 서광사, 1993.

진태원, 『을의 민주주의: 새로운 혁명을 위하여』, 그린비, 2017.

질 망스롱, 『프랑스 공화국 식민사 입문: 인권을 유린한 식민침탈』, 우무상 옮김, 경북대학교 출판부, 2013.

찰스 밀스, 『인종 계약』, 정범진 옮김, 아침이슬, 2006.

찰스 테일러, 『불안한 현대사회』, 송영배 옮김, 이학사, 2001.

_____, 『근대의 사회적 상상: 경제·공론장·인민주권』, 이상길 옮김, 이음, 2010.

_____, 『자아의 원천들』, 권기돈·하주영 옮김, 새물결, 2015.

최원식, 『제국 이후의 동아시아』, 창비, 2009.

최원식·백영서 엮음, 『동아시아의 '동양' 인식: 19~20세기』, 문학과지성사, 1997.

최익한·송찬섭 엮음, 『실학파와 정다산』, 서해문집, 2011.

최장집, 『한국민주주의의 이론』, 한길사, 1993.

_____, 『민주화 이후의 민주주의: 한국 민주주의의 보수적 기원과 위기』, 개정2판, 후마니타스, 2010.

카를 슈미트, 『정치신학: 주권론에 관한 네 개의 장』, 김항 옮김, 그린비, 2010.

_____, 『합법성과 정당성』, 김도균 옮김, 길, 2015.

칼 폴라니, 『칼 폴라니 새로운 문명을 말하다』, 홍기빈 옮김, 착한책가게, 2015.

캐럴 길리건, 『침묵에서 말하기로』, 이경미 옮김, 심심, 2020.

클라이브 폰팅, 『클라이브 폰팅의 세계사 2: 근세에서 현대까지』, 박혜원 옮김, 민음사, 2019.

토마 피케티, 『21세기 자본』, 장경덕 외 옮김, 글항아리, 2014.

티머시 미첼, 『탄소 민주주의』, 에너지기후정책연구소 옮김, 생각비행, 2017.

파올로 제르바우도, 『거대한 반격: 포퓰리즘과 팬데믹 이후의 정치』, 남상백 옮김, 다른백년, 2022.

폴 우드러프, 『최초의 민주주의: 오래된 이상과 도전』, 이윤철 옮김, 돌베개, 2012.

표영삼, 『동학 1: 수운의 삶과 생각』, 통나무, 2004.

프란츠 파농, 『대지의 저주받은 사람들』, 남경태 옮김, 그린비, 2007.

피터 볼, 『역사 속의 성리학』, 김영민 옮김, 예문서원, 2010.

필립 페팃, 『왜 다시 자유인가』, 곽준혁 외 옮김, 한길사. 2019.

하라 다케시(原武史), 『직소와 왕권: 한국과 일본의 민본주의 사상사 비교』, 김익한·김
　　　　민철 옮김, 지식산업사, 2000.

한국유교학회 편, 『유교와 페미니즘』, 철학과현실사, 2001.

한상권, 『조선 후기사회와 訴冤제도: 상언·격쟁 연구』, 일조각, 1996.

한스 로베르트 야우스, 『도전으로서의 문학사』, 장영태 옮김, 문학과지성사, 1998.

한스 큉, 『가톨릭의 역사』, 배국원 옮김, 을유문화사, 2003.

한영우, 『과거, 출세의 사다리: 족보를 통해 본 조선 문과 급제자의 신분이동 태조~선
　　　　조 대』, 지식산업사, 2013.

_____, 『다시 찾는 우리역사』, 경세원, 2014.

한우근, 『한국통사』, 을유문화사, 1970.

한태연·갈봉근·김효전 외, 『한국헌법사』 상, 한국정신문화연구원, 1988.

함영대, 『성호학파의 맹자학』, 태학사, 2011.

헤어프리트 뮌클러, 『제국: 평천하의 논리』, 공진성 옮김, 책세상, 2015.

황준지에(黃俊傑), 『일본 논어 해석학』, 이영호 역주, 성균관대학교 출판부, 2011.

_____, 『이천년 맹자를 읽다: 중국맹자학사』, 함영대 옮김, 성균관대학교 출판부,
　　　　2016.

황태연, 『대한민국 국호의 유래와 민국의 의미』, 청계, 2016.

_____, 『한국 근대화의 정치사상』, 청계, 2018.

헌법재판소 법령정보

강경현, 「"대동민주"와 조선주자학」, 『헤겔연구』 43, 2018.

권순철, 「'선비' 개념의 생성과 변화」, 김석근 엮음, 『선비 정신과 한국 사회: 미래의
　　　　리더십을 찾아서』, 아산서원, 2016.

김건우, 「한말 유학자의 위기의식과 근대문명 담론 비판: 간재 전우의 양계초 비판을
　　　　중심으로」, 『유교사상문화연구』 61, 2015.

김구, 「나의 소원」, 『백범일지』, 도진순 주해, 돌베개, 2015.

김기봉, 「태양왕과 만천명월주인옹: 루이 14세와 정조」, 역사학회 편, 『정조와 18세기:
　　　　역사로서 18세기, 서구와 동아시아의 비교사적 성찰』, 푸른역사, 2014.

김기승, 「해제」, 『석주유고』 상, 안동독립운동기념관 편, 경인문화사, 2008.

김대중, 「민족에의 경애와 신뢰」, 『씨알의소리』, 1975년 4월호.

_____, 「충효사상과 21세기 한국」, 『신동아』, 1999년 5월호.

_____, 「통일과 민족의 운명(1993년 11월 30일)」, 연세대학교 김대중도서관 엮음, 『김대중전집』 II 제16권, 연세대학교 출판문화원, 2019.

김도균, 「해제: 민주주의와 법치주의의 변증법」, 카를 슈미트, 『합법성과 정당성』, 김도균 옮김, 길, 2015.

김돈, 「조선 중기 사림의 공론과 그 구현 형태」, 『국사관논총』 86, 국사편찬위원회, 1999.

김백철, 「'탕평'을 어떻게 볼 것인가」, 이태진·김백철 엮음, 『조선 후기 탕평 정치의 재조명』 상, 태학사, 2011.

_____, 「영조 대 '민국' 논의와 변화된 왕정상」, 이태진·김백철 엮음, 『조선 후기 탕평 정치의 재조명』 상, 태학사. 2011.

김삼웅, 「현대사 100년의 혈사와 통사 9회」, 『오마이뉴스』, 최종 업데이트 2019.02.10, 18:12; 검색일 2022년 2월 13일 오후 10시 21분.

김상환, 「대동 민주 유학론이 넘어서야 할 의심들」, 『창작과비평』 200, 2023, 여름호.

김성우, 「해제」, 『통색촬요』, 박헌순 외 옮김, 한국고전번역원, 2016.

김성윤, 「조선 시대 대동 사회론의 수용과 전개」, 『朝鮮時代史學報』 30, 2004.

_____, 「탕평의 원리와 탕평론」, 이태진·김백철 엮음, 『조선 후기 탕평 정치의 재조명』 하, 태학사, 2011.

김용달, 「광복 전후 좌·우파 독립운동세력의 국가건설론」, 『한국독립운동사연구』 46, 2013.

김인걸, 「조선 후기 향촌사회 권력구조의 변동과 '민'」, 『한국문화』 9, 1988.

_____, 「조선 후기 촌락조직의 변모와 1862년 농민항쟁의 조직기반」, 『진단학보』 67, 1989.

_____, 「총론: 정조와 그의 시대」, 김인걸 외 지음, 『정조와 정조시대』, 서울대학교 출판문화원, 2011.

_____, 「정조의 '국체' 인식」, 김인걸 외 지음, 『정조와 정조시대』, 서울대학교 출판문화원, 2011.

김학준, 「추천사」, 정윤재, 『안재홍 평전』, 민음사, 2018.

김현우, 「박은식 '대동사상'의 사상적 연원과 전개」, 『양명학』 10, 2013.

나종석, 「시장과 민주주의: 적대적 공생관계?」, 『헤겔연구』 17, 2005.

_____, 「주희 公 이론의 민주적 재구성 가능성」, 『철학연구』 128, 2013.

_____, 「한국 민주주의와 유교문화: 한국 민주주의론을 위한 예비적 고찰」, 『가톨릭철학』 21, 2013.

_____, 「성리학적 공공성의 민주적 재구성 가능성」, 나종석 · 박영도 · 조경란 엮음, 『유교적 공공성과 타자』, 혜안, 2014.

_____, 「인권에 대한 유교적 정당화의 가능성에 대한 연구」, 나종석 외 편저, 『유학이 오늘의 문제에 답을 줄 수 있는가』, 혜안, 2014.

_____, 「전통과 근대: 한국의 유교적 근대성 논의를 중심으로」, 『사회와철학』 30, 2015.

_____, 「다산 정약용을 통해 본 유교와 천주교의 만남: 한국적 근대성의 논리를 둘러싼 논쟁의 맥락에서」, 『사회와철학』 31, 2016.

_____, 「사회인문학의 이중적 성찰: 대동민주 유학의 관점에서」, 『사회와철학』 35, 2018.

_____, 「한국 민주공화국 헌법 이념의 탄생과 유교 전통」, 『철학연구』 147, 대한철학회, 2018.

_____, 「주자학과 대동사상」, 『儒敎思想文化硏究』 81, 2020.

_____, 「대니얼 벨의 정치적 능력주의에 대한 비판적 고찰」, 『사회와철학』 41, 2021.

낸시 프레이저, 「진보 신자유주의 대 반동 포퓰리즘: 홉슨의 선택」, 지그문트 바우만 외 지음, 『거대한 후퇴』, 박지영 외 옮김, 살림, 2017.

노대환, 「19세기 정조의 잔영과 그에 대한 기억」, 『역사비평』 116, 2016.

대니엘 가드너, 「도학의 회복─주희의 교육활동」, 黎靖德 편, 『주자어류』 4, 허탁 외 옮김, 청계, 2001.

마이클 하트와 안토니오 네그리─한겨레 이메일 인터뷰 전문. 등록: 2020-04-13, 18:07; 수정: 2020-04-14 14:44.

미야지마 히로시(宮嶋博史), 「동아시아 소농사회의 형성」, 『인문과학연구』 5, 1999.

_____, 「프로젝트로서의 동아시아」, 임지현 · 이성시 외, 『국사의 신화를 넘어서』, 휴머니스트, 2004.

박광용, 「영조 대 탕평 정국과 왕정 체제 정비」, 『조선 후기 탕평 정치의 재조명』 하, 태학사. 2011.

_____, 「조선의 18세기, 국정 운영 틀의 혁신」, 역사학회 편, 『정조와 18세기: 역사로서 18세기, 서구와 동아시아의 비교사적 성찰』, 푸른역사, 2014.

박규수, 「범희문이 학교를 일으키고 인재 선발 제도를 깨끗이 할 것을 청하다」, 『환재집』 제11권, 성균관대학교 대동문화연구원, 이성민 옮김, 한국고전종합DB, 2016.

박은식, 「人民의 生活上 自立으로 國家가 自立을 成함」, 『西友』 8號, 1907; 『白巖朴殷植全集』 5권, 백암박은식전집편찬위원회, 동방미디어, 2002.

_____, 「유교 발달이 평화를 위한 최대의 기초」, 『황성신문』, 1909년 11월 6일.

_____, 「일본 양명학회 주간에게」, 이만열 편, 『박은식』, 한길사, 1980.

_____, 「유교구신론」, 이만열 편, 『박은식』, 한길사, 1980.

_____, 「몽배금태조」, 『대통령이 들려주는 우리 역사』, 조준희 옮김, 박문사, 2011.

박이택, 「17, 18세기 환곡에 대한 제도론적 접근: 재량적 규제체계의 역할을 중심으로」, 이헌창 엮음, 『조선 후기 재정과 시장: 경제체제론의 접근』. 서울대학교출판문화원, 2010.

박지원, 「原士」, 『연암집 제10권』 별집, 한국고전번역원, 신호열・김명호 옮김, 한국고전종합DB, 2004.

박진우, 「일본 내셔널리즘과 천황제」, 박진우 편저, 『21세기 천황제와 일본: 일본 지식인과의 대담』, 논형, 2006.

박찬승, 「한국에서의 '민족' 개념의 형성」, 『개념과 소통』 1, 한림대학교 한림과학원, 2008.

박현순, 「정조 대 서울・지방의 분화와 지방 사족의 등용」, 김인걸 외 지음, 『정조와 정조시대』, 서울대학교 출판문화원, 2011.

배항섭, 「조선후기 토지소유 구조 및 매매관습에 대한 비교사적 검토」, 『한국사연구』 149, 2010.

_____, 「서구중심주의와 근대중심주의, 역사 인식의 天網인가」, 『개념과 소통』 14, 2014.

서동진, 「안철수는 상징되지 않는다」, 『르몽드 디플로마티크』, 2011년 10월 10일.

선우현, 「상징폭력으로서의 '개천에서 용 난다'」, 사회와철학연구회 지음, 『한국 교육 현실의 철학적 성찰』, 씨아이알, 2014.

송양섭, 「19세기 부세 운영과 '향중공론'의 대두」, 『역사비평』 116, 2016.

슬라보예 지젝, 「슬라보예 지젝 서문」, 로베스피에르, 『로베스피에르: 덕치와 공포정치』, 배재현 옮김, 프레시안북, 2009.

신병주, 「정여립: 반역자인가, 혁명아인가?」, 『선비문화』 6, 2005.

신채호, 「동양주의에 대한 비평」, 최원식・백영서 엮음, 『동아시아인의 '동양' 인식: 19~20세기』, 문학과지성사, 1997.

아비샤이 마갈릿, 「민족주의라는 뒤틀린 나무」, 마크 릴라 외 엮음, 『이사야 벌린의 지적 유산』, 서유경 옮김, 동아시아, 2006.

안병욱, 「조선 후기 자치와 저항조직으로서의 향회」, 『성심여대 논문집』 18, 1986.

_____, 「조선 후기 대동론의 수용과 형성」, 『역사와현실』 47, 2003.

안재홍, 「삼균주의와 신민주주의」, 『한성일보』 1946년 12월; 한국학진흥사업 성과포털, 민세안재홍전집 자료집성 및 DB화.

_____, 「신민주주의의 과학성과 통일독립의 과업」, 『신천지』 38호, 1949년 8월; 한국학 진흥사업 성과포털, 민세안재홍전집 자료집성 및 DB화.

_____, 「신민족주의의 과학성과 통일 독립의 과제」, 최원식·백영서 엮음, 『동아시아 의 '동양' 인식: 19~20세기』, 문학과지성사, 1997.

어니스트 겔너, 「근대화와 민족주의」, 백낙청 엮음, 『민족이란 무엇인가』, 창작과비평 사, 1981.

오수창, 「18세기 조선 정치사상과 그 전후 맥락」, 역사학회 편, 『정조와 18세기: 역사로 서 18세기, 서구와 동아시아의 비교사적 성찰』, 푸른역사, 2014.

_____, 「오늘날의 역사학, 정조 연간 탕평 정치 및 19세기 세도 정치의 삼각대화」, 『역사비평』 116, 2016.

윌 스테픈·자크 그린발·파울 크뤼천·존 맥닐, 「인류세: 개념적, 역사적 관점」, 파울 크뤼천 외, 『인류세와 기후 위기의 대 가속』, 김용우 외 옮김, 한울, 2022.

유강은, 「옮긴이 글: 능력주의 말하기, 『능력주의』 읽기」, 마이클 영, 『능력주의』, 유강은 옮김, 이매진, 2020.

이경구, 「총론: 새롭게 보는 정조와 19세기」, 『역사비평』 115, 2016.

이광수, 「박영효 씨를 만난 이야기: 갑신정변 회고록」, 김옥균·박영효·서재필, 『갑신 정변 회고록』, 조일문·신복룡 편역, 건국대학교 출판부, 2006.

이남희, 「여성선비(女士)와 女中君子: 조선 후기 지식인 여성의 자의식」, 김석근 엮음, 『선비 정신과 한국 사회』, 아산서원, 2016.

이만열, 「단재 신채호의 민족운동과 역사연구」, 충남대학교 충청문화연구소 편, 『단재 신채호의 사상과 민족운동』, 대전광역시, 2010.

이봉규, 「경학적 맥락에서 본 다산의 정치론」, 송재소 외 지음, 『다산 정약용 연구』, 사람의 무늬, 2012.

이상익, 「송대 주자학에서의 민심과 공론」, 장현근 외 지음, 『민의와 의론』, 이학사, 2012.

이영훈, 「18·19세기 대저리의 신분구성과 자치질서」, 안병직·이영훈 편저, 『맛질의 농민들: 한국근세촌락생활사』, 일조각, 2001.

_____, 「민족사에서 문명사로의 전환을 위하여」, 임지현·이성시 외, 『국사의 신화를 넘어서』, 휴머니스트, 2004.

_____, 「총설: 조선 후기 경제사 연구의 새로운 동향과 과제」, 이영훈 편, 『수량경제사로 다시 본 조선 후기』, 서울대학교 출판부, 2004.

_____, 「한국 사회의 역사적 특질」, 이영훈 엮음, 『한국형 시장경제체제』, 서울대학교 출판문화원, 2014.

이종란, 「박은식의 구국 활동과 양명학」, 박은식, 『왕양명실기』, 이종란 옮김, 한길사, 2010.

이준형, 「유사」, 안동독립운동기념관 편, 『석주유고』 하, 경인문화사, 2008.

이태진, 「18~19세기 서울의 근대적 도시발달 양상」, 『고종 시대의 재조명』, 태학사, 2000.

_____, 「18세기 한국사에서의 민(民)의 사회적 · 정치적 위상」, 이태진 · 김백철 엮음, 『조선 후기 탕평 정치의 재조명』 상, 태학사, 2011.

_____, 「조선 시대 '민본' 의식의 변천과 18세기 '민국' 이념의 대두」, 이태진 · 김백철 엮음, 『조선 후기 탕평 정치의 재조명』 상, 태학사, 2011.

이헌창, 「근대 경제성장의 기반 형성기로서의 18세기 조선의 성취와 한계」, 역사학회 편, 『정조와 18세기: 역사로서 18세기, 서구와 동아시아의 비교사적 성찰』, 푸른역사, 2014.

_____, 「총론」, 이헌창 엮음, 『조선 후기 재정과 시장: 경제체제론의 접근』, 서울대학교 출판문화원, 2015.

이호룡, 「신채호의 아나키즘」, 충남대학교 충청문화연구소 편, 『단재 신채호의 사상과 민족운동』, 대전광역시, 2010.

장석준, 「『거대한 반격』, 올해의 토론 지평 여는 책이 나오다: [장석준 칼럼] 파올로 제르바우도의 『거대한 반격』을 읽고」, 『프레시안』. 기사입력 2022.04.19, 11:16:45; 최종수정 2022.04.19, 11:42:37; 최종검색, 2023년 08월 29일.

장은주, 「메리토크라시와 민주주의: 유교적 근대성의 맥락에서」, 『철학연구』 119, 철학연구회, 2017.

전진영 · 김유정, 「OECD 국가의 민주주의 지수 비교 및 시사점」, 『국제 통계 동향과 분석』 제12호, 국회입법조사처, 2020.

정욱재, 「조선유도연합회의 결성과 '황도유학'」, 『한국독립운동사연구』 33, 2009.

제헌국회 속기록 1회 18호—신생 대한민국의 역사적 · 사상적 계승성에 관한 질의응답; 헌정사 자료 DB, 한국사데이터베이스(https://db.history.go.kr/), 2023년 6월 25일 검색.

조선통일민주주의전선중앙위원회, 「전 남조선 정치 활동가 안재홍」, 『조국의 평화통일을 위하여』, 평양: 조국통일민주주의전선중앙위원회, 1956.

조일문·신복룡, 「해제」, 김옥균·박영효·서재필, 김옥균·박영효·서재필, 『갑신정변 회고록』, 조일문·신복룡 편역, 건국대학교 출판부, 2006.

존 던컨, 「한국사 연구자의 딜레마」, 배항섭 엮음, 『동아시아는 몇 시인가?』, 너머북스, 2015.

주자사상연구회, 「조선 후기 『주자봉사』의 간행과 활용」, 주희, 『朱子封事』, 주자사상연구회 옮김, 혜안, 2011.

주진오, 「독립협회의 개화론과 민족주의」, 『현상과인식』 20, 1996.

천광싱, 「경험으로 본 한국―대만의 지적 교류와 연대」, 최원식·백영서 엮음, 『대만을 보는 눈』, 창비, 2013.

최성환, 「조선 후기 정치의 맥락에서 탕평 군주 정조 읽기」, 『역사비평』 115, 2016.

최장집, 「한국어판 서문: 민주주의와 헌정주의―미국과 한국」, 로버트 달, 『미국 헌법과 민주주의』, 박상훈·박수형 옮김, 후마니타스, 2004.

_____, 「자유주의적 민주주의의 위기: 한국에서의 비자유주의적 민주주의에 관한 하나의 이해」, <네이버 열린연단 강연 발표문>(2023년 2월 25일).

최제우, 「수덕문」, 라명재 주해, 『천도교 경전 공부하기』, 모시는사람들, 2010.

한문덕, 「장공 김재준의 신학사상의 유교적 요소」, 장공김재준목사기념사업회 편, 『장공 김재준의 신학세계』, 한신대학 출판부, 2006.

한상권, 「정조의 군주관」, 『조선시대사학보』 41, 2007.

_____, 「정조의 군주론과 왕정」, 김인걸 외, 『정조와 정조시대』, 서울대학교 출판문화원, 2011.

한승완, 「'자유주의적 민족주의'와 '헌법 애국주의'」, 『사회와철학』 20, 2010.

한승현, 「중국의 18세기 : 서유럽과 조선과의 비교를 중심으로」, 역사학회 편, 『정조와 18세기: 역사로서 18세기, 서구와 동아시아의 비교사적 고찰』, 푸른역사, 2014.

한홍구·제임스 팔레, 「미국 한국학의 선구자 제임스 팔레: 정년 기념 대담」, 『정신문화연구』 24(2), 2001.

함재학, 「유교적 입헌주의와 한국의 헌정사」, 『헌법학연구』 제14권 제3호, 2008.

헨리 임, 「현대적·민주적 구성물로서의 '민족': 신채호의 역사서술」, 신기욱·마이클 로빈슨 엮음, 『한국의 식민지 근대성』, 도면회 옮김, 삼인, 2005.

Miller, D., *Principles of Social Justice*, Cambridge, MA: Harvard University Press, 2000.

Namhee, Lee, *The Making of Minjung―Democracy and the Politics of Representation in South-Korea*, New York: Cornell University Press, 2007.

Tamir, Yael, *Liberal Nationalism*, Princeton: Princeton University Press, 1993.

Taylor, Charles, *Philosophy and the Human Sciences, Philosophical Papers 2*, Cambridge/Mass.: Cambridge University Press, 1985.

Yark, Bernard, *Nationalism and the Moral Psychology of Community*, Chicago: Chicago University Press, 2012.

Park, Chong-Min and Shin, Doh Chull, "Do Asian Values Deter Popular Support for Democracy The Case of South Korea", *Asian Barometer Working Paper* No.26, 2004.

Kymlicka, Will and Straehle, Christine, "Cosmopolitanism, Nation-States, and Minority Nationalism: A Critical Review of Recent Literature", *European Journal of Philosophy*, 7:1, 1999.

Pettit, Philip, Meritocratic Representation, in: *The East Asian Challenge for Democracy : Political Meritocracy in Comparative Perspective*, edited by Bell, Daniel A. and Li, Chenyang, Cambridge University Press, 2013.

찾아보기

【인명】

【개념어구】

【서명 및 편명】